保証・人的担保の論点と解釈

平野裕之

慶應義塾大学出版会

はしがき

　保証制度は、態様また規律は時代により一様ではないが、ローマ、更にはメソポタミアの時代から存在し、近代民法典においては、保証人が主債務者との情義的関係に基づいて、主債務者のために人助けで保証人になる事例が念頭に置かれていた。そのため、担保制度であるが、第三者提供型担保であり保証人の保護を模索することが探られていた。ところが、現在では、保証の事例は多様であり、保証人、保証をする意図・背景なども多様になっている。また、保証契約の前提である、主債務者と保証人の保証委託契約に注目がされるようになっている。そのため、保証法理をその多様性に応じて再構築することが必要になる。立法としても多様な保証規定が求められており、事実、2017年債権法改正では、保証人が個人かどうか、また、経営者保証人、第三者保証人等の区別が意識され、更には主債務により適用されている制度も変わっている。保証法も多様化の時代に突入したことをあらわしている。ここに至るまでは、伊藤進教授を中心とした機関保証論（機関信用保証論）、そして、椿寿夫教授による法人保証論といった議論がなされ、古典的な情義的保証とは異なる保証類型があり、保証人またその保証する債務に応じた多様な法理の模索が続けられてきた。本書はその成果の上に成り立っている。

　本書では、保証を中心とした人的担保をめぐる問題を扱っている。併存的債務引受（連帯債務）については、負担部分ゼロであれば全面的に、そうでなくても相互に部分的に保証をしている関係にあり、保証と形式のみの差しか認められないため、これも本書で扱うことにした。また、保証に類似する人的担保として、損害担保契約と経営指導念書についても言及することにした。しかし、フランスでは保証の説明で取り上げられる弁済者代位については、保証が中心となるが、保証だけでなく物上保証にも関わり、更には代位弁済者一般に認められるので、本書の対象から外し、共同保証における弁済者代位の可能性など、必要な限りで言及するに止めた。また、保証契約締結における錯誤の問題は、錯誤一般の議論が必要になるため、これも対象から除外した。比較法については、必要に応じて言及したが、フランスについては、2021年に担保法改正による保証規定の大改正があったばかりであり参考になる内容が多いため、詳しく紹介している。

　保証法は、明治民法の制定時の状況またその当時の保証法規定と比較すると大きな変化が見られる。実体としては、個人保証の他に、有償での事業者による保証（保証委託契約）が登場し、これらを同じ法理で規律することは適切ではなく、保証類型

に応じた多様な保証法理が模索されることになる。また、抵当権につき根抵当権という新たな制度が登場したように、実務の要請に対応して、根保証という取引が現れているが、個人保証人保護という観点から必要な規定が置かれたにすぎない。個人保証人を含めて、根保証一般に通ずる総則規定は実現されていない。事業者保証人による根保証は依然として一切判例法に委ねられている。本書は、保証をめぐる論点を網羅的に扱うものであり、特定の論点について掘り下げた論文集ではない。勝本正晃『債権総論』上・中（1～3）といったとてつもない本があり、近時では、吉田克己『物権法』Ⅰ～Ⅲといった驚異的な本がある。これらの本と同レベルに保証の部分を取り上げた解説書である。

　本書の主張の中心は、多様な保証法という観点からの保証法の再構成であるが、個別的には通説に異を唱えている点が少なくない。まず、保証制度を「担保」（人的担保）ということを徹底して構成した。すなわち保証制度とは、被担保債権の「担保」であり、被担保債権の回収、被担保債権の履行であるということを直截に構成して、「代位弁済義務」とし、被担保債権である主債務の弁済、被担保債権たる主債務の弁済請求権と構成した。他には、事前「求償権」は認めず、被担保債務を履行して人的担保の解放を免責請求する権利として再構成した。また、根保証については、西村博士の「基本的保証責任」やフランスの「保証する債務」にはよらず、「根保証特約」の効果として1つの根保証債務の成立を認め、預金債権のように主債務の変動により金額が変動する債務と構成した。そして、極度額は「責任」を制限するだけで、根保証債務は主債務の全額分成立するものと考えている。経営支援状については、保証と独立担保と異なる「第三の人的担保」として、親会社などに特化されたものであり、債務者が債務の履行ができるように経営支援をする「為す債務」と構成し、その活用を提案した。その他、細かい点は述べたらきりがない。例えば、連帯保証の連帯特約は、「連帯」（債務のように補充性や分別の利益を否定する）「特約」にすぎず、連帯債務にするものであるはずはなくそのような特約がされた保証が連帯保証と呼ぶ慣わしになっているにすぎないと理解する。

　ところで、私が保証の研究をする切っ掛けになったのは、先に述べた椿先生による法人保証研究に参加させて頂いたことが1つであるが、もう1つ大きな切っ掛けがある。明治大学法学部の立石芳枝ゼミ（定年前の最後のゼミ生）における同級生であった、岡島順治弁護士から意見書を求められたことである。本書でも取り上げる東京高判平17・8・10金判1226号15頁の事案である。第1審で保証人が敗訴し、主債務者たる会社が破綻しているのを知りつつ、債権者が保証人から債権回収をすることを考えて、保証人に主債務者の破綻を秘匿しつつ保証をさせたという事例であるが、岡島弁護士によればかなり悪質な事例であり、正義感に燃えた岡島弁護士が判例集に掲載されるような判決を勝ち取りたいという熱意がひしひしと伝わってき

た。逆転勝訴を勝ち取りえたのは、岡島弁護士の熱意の結果である。

　条文の引用については、民法は条数のみで引用している。また、欄外の注については学説の引用は欄外に掲げたが、判例および立法資料については、便宜上本文に括弧書きで引用した。また、カタカナ文の判決文や教科書の引用については、便宜上ひらがな文に変更し、判決文については適宜句読点を付け加えた。また、公文書に従う必然性はないが、令和4年1月7日の文化審議会による「公用文作成の考え方（建議）」が公表されているため、本書も場合によってはこれに倣った部分もある（引用文の「……」は『……』に変更しない等）。これまでの「論点と解釈」シリーズ同様に、今回も本書の出版について岡田智武氏には大変お世話になった。出版界——慶應義塾大学「出版会」の誤りではない——最高の編集者に担当していただき、おかげでいい本になったものと自負している。この場を借りてお礼を申し上げたい。次は『共有の論点と解釈』を予定している。

　最後に末筆ながら、ひと言どうしても言及させていただきたいことがある。本書の執筆中の2023年8月9日に、上記にも言及した椿寿夫教授が94歳（あと数日で95歳であった）で亡くなられた。椿先生の法人保証の研究に参加させていただかなければ、本書はありえなかった。更に言えば、私が大学院に進学した時に椿先生は明治大学に赴任してこられ、図々しくも個人的にご指導をいただいた。週に1回は先生と話すため、授業が終わって椿先生が研究室（10号館地下の元の法学部長室という破格の扱いであった）に戻られるのを、忠犬ハチ公のごとく毎回研究室の前で待っていたのは今になっては懐かしい。更には自宅まで押しかけドイツ法の文献の講読を通じてドイツ法また民法のなんたるや、更には研究者のなんたるやを学ばせていただいた。自分が教師になった後、どれだけ貴重な時間を奪っていたことが分かるようになった。若き研究者見習いとして自分のことしか考える心の余裕がなかったこともあり、今になっては反省しきりである。ただ、「酒を飲まないやつには研究は教えてやらん」といわれていたが、これだけは果たせなかった。椿先生のご指導がなければ、現在の私はなかったといってよい。改めて感謝を申し上げると共にご冥福をお祈りし、そして、本書を椿先生に捧げたい（合掌）。

2023年12月

平野　裕之

目　次

第5章　主債務者または保証人について生じた事由の効力（影響関係）……135

第6章　保証人の求償権……155

第7章　特殊な保証1……197
──連帯保証

第10章　保証以外の人的担保 1 299
──併存的債務引受

第11章　保証以外の人的担保 2 313
──損害担保契約（独立的人的担保）

第12章　保証以外の人的担保3·······339
──経営指導念書（支援表明・経営支援状）

結章　保証および人的担保の将来 ·······357

参考文献 （太字の略称で引用する）

【教科書】

安達三季生『債権総論講義〔新訂第 3 版〕』（信山社・1995）：**安達**

淡路剛久『債権総論』（有斐閣・2002）：**淡路**

池田真朗『新標準講義 民法債権総論〔全訂 3 版〕』（慶應義塾大学出版会・2019）：**池田**

石坂音四郎『日本民法第 3 編（債権）第 5 巻』（有斐閣・1915）：**石坂**

石田文次郎『債権総論』（早稲田大学出版部・1947）：**石田文**

石田穣『債権総論（民法大系 4）』（信山社・2022）：**石田穣**

石本雅男『債権法総論』（法律文化社・1961）：**石本**

磯谷幸次郎『債権法論（総論）』（厳松堂・1925）：**磯谷**

内田貴『民法Ⅲ債権総論・担保物権〔第 4 版〕』（東京大学出版会・2020）：**内田**

梅謙次郎『民法要義 巻之三 債権編』（有斐閣・1912版復刻）：**梅**

近江幸治『民法講義Ⅳ〔債権総論〕〔第 4 版〕』（成文堂・2020）：**近江**

大村敦志『新基本民法 4 債権編〔第 2 版〕』（有斐閣・2019）：**大村**

岡松參太郎『註釈民法理由 下巻（債権編）〔第 2 版〕』（有斐閣・1897）：**岡松**

岡村玄治『債権法総論』（厳松堂・1924）：**岡村**

奥田昌道『債権総論〔増補版〕』（悠々社・1992）：**奥田**

奥田昌道・佐々木茂美『新版債権総論 中巻』（判例タイムズ社・2021）：**奥田・佐々木・中**

小野秀誠『債権総論』（信山社・2013）：**小野**

於保不二雄『債権総論〔新版〕』（有斐閣・1972）：**於保**

加賀山茂『現代民法担保法』（信山社・2009）：**加賀山**

加藤雅信『新民法体系Ⅲ債権総論』（有斐閣・2005）：**加藤**

勝本正晃『債権総論〈中巻 第 1〉』（厳松堂・1934）：**勝本**

嘉山幹一『債権総論』（敬文堂書店・1925）：**嘉山**

川井健『民法概論 3 債権総論〔第 2 版補訂版〕』（有斐閣・2009）：**川井**

川島武宜『債権法総則講義（第一）』（岩波書店・1949）：**川島**

川名兼四郎『債権法要論』（金刺芳流堂・1915）：**川名**

北川善太郎『債権総論〔第 2 版〕』（有斐閣・1996）：**北川**

沢井裕『テキストブック債権総論〔補訂版〕』（有斐閣・1985）：**沢井**

潮見佳男『新債権総論Ⅰ』（信山社・2017）：**潮見Ⅰ**

潮見佳男『新債権総論Ⅱ』（信山社・2017）：**潮見Ⅱ**

清水元『プログレッシブ民法［債権総論］』（成文堂・2010）：**清水**

末弘厳太郎『債権総論』（日本評論社・1938）：**末弘**

鈴木禄弥『債権法講義〔四訂版〕』（創文社・2001）：**鈴木**

高橋眞『入門債権総論』（成文堂・2013）：**高橋**

田山輝明『債権総論〔第 2 版〕』（成文堂・2008）：**田山**

円谷峻『債権総論〔第 2 版〕』（成文堂・2010）：**円谷**

中島玉吉『民法釈義 巻之三 債権総論上』（金刺芳流堂・1921）：**中島**

中田裕康『債権総論〔第 4 版〕』（岩波書店・2020）：**中田**

中舎寛樹『債権法』（日本評論社・2018）：**中舎**

西村信雄『訂正債権法総論』（法律文化社・1958）　：西村
野澤正充『債権総論〔第 3 版〕』（日本評論社・2020）　：野澤
鳩山秀夫『増訂改版 日本債権法（総論）』（岩波書店・1921）　：鳩山
林良平〔安永正昭補訂〕・石田喜久夫・髙木多喜男『債権総論〔第三版〕』（青林書院・1996）　：林ほか
　＊保証部分は髙木多喜男執筆部分
平井宜雄『債権総論〔第 2 版〕』（弘文堂・1994）　：平井
平野裕之『債権総論〔第 2 版〕』（日本評論社・2023）　：平野
船越隆司『債権総論』（尚学社・1999）　：船越
星野英一『民法概論Ⅲ（債権総論）』（良書普及会・1978）　：星野
前田達明『口述債権総論〔第 3 版〕』（成文堂・1993）　：前田
松井宏興『債権総論〔第 2 版〕』（成文堂・2020）　：松井
松坂佐一『民法提要（債権総論）〔第 4 版〕』（有斐閣・1982）　：松坂
水本浩『債権総論』（有斐閣・1989）　：水本
山中康雄『債権総論』（厳松堂・1953）　：山中
柚木馨・髙木多喜男補訂『判例債権法総論〔補訂版〕』（有斐閣・1971）　：柚木・髙木
横田秀雄『債権総論』（清水書店・1918）　：横田
我妻栄『新訂債権総論』（岩波書店・1964）　：我妻

【注釈書】

近藤英吉・柚木馨『註釈 日本民法 債権編 総則中』（厳松堂・1935）　：近藤・柚木
西村信雄編『注釈民法（11）』（有斐閣・1965）　：注民（11）〔執筆者名〕
松岡久和ほか編『改正債権法コンメンタール』（法律文化社・2020）　：改正債権法コンメ〔執筆者名〕

【保証関連文献】

天野稔・上原敬・高橋恒夫・瀧浪武・畑憲文『新しい保証の実務 Q&A』（経済法令研究会・2005）
荒木新五『新しい保証制度と動産・債権譲渡登記制度』（日本法令・2004）
伊藤進『信用保証協会保証法概論』（信山社出版・1992）
伊藤進『保証・人的担保論（私法研究著作集：第 6 巻）』（信山社・1996）　：伊藤・保証・人的担保論
伊藤進『担保制度論（私法研究著作集：第15巻）』（信山社・2005）　：伊藤・担保制度論
井上繁規編『判例 check 保証の無効・取消・制限』（新日本法規出版・2001）
江口浩一郎編『信用保証〔第 3 版〕』（金融財政事情研究会・2005）
小田大輔・山崎良太編著『経営者保証ガイドライン実践活用 Q&A：担保・保証に依存しない融資はこう進める』（銀行研修社・2018）
勝本正晃『総合判例研究叢書（2）民法28 連帯保証債務』（有斐閣・1966）
加藤一郎・林良平集編代表『担保法大系 第 5 巻』（金融財政事情研究会・1984）　：担保法大系第 5 巻
児島幸良・北川展子・寳田圭介『Q&A 保証の新実務』（金融財政事情研究会・2020）
小林信明・中井康之編『経営者保証ガイドラインの実務と課題〔第 2 版〕』（商事法務・2020）
坂井秀行・野本俊輔編『Q&A 民法改正と保証契約の実務』（新日本法規出版・2005）
島津邦夫『信用保証』（金融財政事情研究会・1991）
鈴木銀治郎・滝口博一・椿原直編著『保証の法律相談（最新青林法律相談：30)』（青林書院・2020）　：鈴木ほか・保証の法律相談
鈴木禄弥・竹内昭夫編『金融取引法大系 第 5 巻 担保・保証』（有斐閣・1984）　：金融取引法大系第 5 巻
須藤英章監修・経営紛争研究会 編著『保証契約の法律と実務 Q&A：中小企業の経営者による個人保証』（日本加除出版・2019）　：経営紛争研究会・Q&A
関沢正彦監修『信用保証協会の保証〔第 5 版〕（法人融資手引シリーズ）』（金融財政事情研究会・

　　　2015）

全国信用保証協会連合会編『信用保証〔第 2 版〕』（金融財政事情研究会・1996）

全国クレジット・サラ金問題対策協議会出版部 編著『民法（債権法）改正と保証人保護：保証被害
　　　をなくすために』（全国クレジット・サラ金問題対策協議会出版部・2011）

宗宮英俊・宝金敏明・岩田好二『改正民法保証法』（日本法令・2018）　：宗宮ほか・保証法

高橋眞『求償権と代位の研究』（成文堂・1996）　：高橋・代位

滝川宣信『経営指導念書の理論と実際』（民事法研究会・2001）　：滝川・経営指導念書

筒井建夫・村松秀樹編著『一問一答民法（債権法）改正』（商事法務・2018）　：一問一答

筒井健夫ほか『Q&A 改正債権法と保証実務』（金融財政事情研究会・2019）　：筒井ほか・Q&A

椿寿夫編著『法人保証の現状と課題（別冊 NBL 61 号）』（商事法務・2000）　：別冊 NBL61 号

椿寿夫・伊藤進編著『法人保証の研究（明治大学社会科学研究所叢書）』（有斐閣・2005）
　　　：椿ほか・研究

椿寿夫・堀龍兒・河野玄逸編『法人保証・法人根保証の法理：その理論と実務』（商事法務・
　　　2010）　：椿ほか・法理

道垣内弘人・中井康之編『債権法改正と実務上の課題』（有斐閣・2019）　：実務上の課題

「倒産と担保・保証」実務研究会編『倒産と担保・保証〔第 2 版〕』（商事法務・2021）
　　　：倒産と実務

両部美勝・中務嗣治郎監修『信用保証協会保証付融資の債権管理』（金融財政事情研究会・2017）

中島拓『よくわかる！家賃債務保証の知識』（日本経済新聞出版社・2016）

中野哲弘 編『担保・保証（現代裁判法大系：4）』（新日本法規出版・1998）

中舎寛樹『多数当事者間契約の研究』（日本評論社・2019）　：中舎・多数当事者間契約

新潟県弁護士会編『保証の実務〔新版〕』（新潟県弁護士会・2012）

新潟県弁護士会編『保証のトラブル相談 Q&A：基礎知識から具体的解決策まで（トラブル相談シリ
　　　ーズ）』（民事法研究会・2019）

西村信雄『継続的保証の研究』（有斐閣・1952）　：西村・継続的保証

西村信雄『身元保証の研究』（有斐閣・1965）　：西村・身元保証

西村信雄『身元保証ニ関スル法律（特別法コンメンタール）』（第一法規出版・1973）
　　　：西村・コンメンタール

日本弁護士連合会消費者問題対策委員会編『保証被害救済の実践と裁判例』（民事法研究会・2013）

平野裕之『保証人保護の判例総合解説〔第 2 版〕』（信山社・2005）

平沼騏一郎 述『保証法（英吉利法律学校第 1 年級講義録）』（英吉利法律学校・1888〔明21〕）〔国会
　　　図書館デジタルデータ参照可能〕

福田誠治『保証委託の法律関係』（有斐閣・2010）　：福田・保証委託

弁護士法人 Y&P 法律事務所・税理士法人山田 & パートナーズ『新民法で変わった保証制度と税務』
　　　（第一法規・2022）

民法（債権法）改正検討委員会編『債権法改正の基本方針（別冊 NBL 126 号）』（商事法務・2009）
　　　：債権法改正の基本方針

吉川大二郎『身元保証法釈義』（大同書院・1933）

吉田徹・筒井健夫編著『改正民法の解説〔保証制度・現代語化〕』（商事法務・2005）
　　　：吉田・筒井・保証制度

松室致『仏国民法保証法講義』（中央法学会・1888〔明21〕）〔国会図書館デジタルデータ参照可能〕

吉田猫次郎『連帯保証人：悪しき制度が招く悲劇とその解決策（宝島社新書）』（宝島社・2006）

吉田猫次郎『連帯保証人：ハンコ押したらすごかった、でもあきらめるのはまだ早い！（ワニブック
　　　ス〈plus〉新書）』（ワニ・プラス・2011）

渡邊力『求償権の基本構造』（関西学院大学出版会・2006）　：渡邊・求償権

【フランスの文献略記】（2021年改正後のもののみ）

J.-J. Ansault, Y. Picod, *Droit des sûretés*, 4ᵉ éd., P.U.F., 2022 ： J.-J. Ansault, Y. Picod

L. Aynès, A. Aynès, P. Crocq, *Droit des sûretés*, 16ᵉ éd., LGDJ, 2022 ： L. Aynès, A. Aynès, P. Crocq

L. Bougerol, G. Mégret, *Le guide du droit de cautionnement*, Dalloz, 2022 ： L. Bougerol, G. Mégret

M. Cabrillac, C. Mouly, S. Cabrillac, P. Pétal, *Droit des sûretés*, 11ᵉ éd., Lexis Nexis, 2022 ： M.Cabrillac,C. Mouly, S. Cabrillac, P. Pétal

P. Delebecque, P. Simler, Droit des sûretés et de la publicité foncière, 8ᵉ éd., Dalloz, 2023 ： P. Delebecque, P. Simler

A. Gouëzel, *Le nouveau droit des sûretés*, Dalloz, 2023 ： A. Gouëzel

D. Legeais, *Droit des sûretés et garanties du crédit*, 15ᵉ éd., LGDJ, 2022 ： D. Legeais

S. Piedelièvre, *Droit des sûretés - Cours magistral*, 3ᵉ éd., Ellipses, 2022 ： S. Piedelièvre

P. Simler, *La réforme du droit des sûretés*, Lexis Nexis, 2022 ： P. Simler

【外国の立法等】

＊ ドイツ民法の翻訳については、国立国会図書館調査及び立法考査局（山口和人訳）『ドイツ民法Ⅱ（債務関係法）（調査資料2015‐1‐a)』（2015）によった。

＊「ヨーロッパ私法の原則・定義・モデル準則　共通参照枠」は、本書ではDCFRで引用し、その条文訳は、窪田充見ほか監訳『ヨーロッパ私法の原則・定義・モデル準則　共通参照枠』（法律文化社・2013）による。

＊ 条文また文献の引用は慣用されている略称による。また、民法については、条数のみで引用する。

＊ フランスにおける、2016年2月10日のオルドナンス2016-131号による債権法改正は、「2016年改正／改正法」と略称し、2021年11月15日のオルドナンス2021-1193号による担保法改正は、「2021年改正／改正法」と略称する。

保証および人的担保総論

1　担保の意義

(1)　担保の意義・必要性——第三者による担保

　債権（本書では、特に断らない限り金銭債権を念頭に置いて考える）は、その発生原因また発生時期を問わず、債権回収の場面においては金額に応じて平等に扱われるのが原則である（**債権者平等の原則**[1]）。債権には回収不能のリスクが伴い、債権者は回収不能を避けるため、事前に種々の方策を講じておく必要がある。また、債権者がそのような方策を講じていなくても、一定の債権については法が優先的な保護を与えることが、政策的ないし理論的に要請されまた許容される。このように、債権の回収を確保するための制度を広く**担保**ということができる。その中でも本書で扱うのは、第三者が、債務者が融資や取引をできるよう支援する**第三者提供型の約定担保**である。

◆債権の担保 or 債務の担保

　民法上、「**債権の担保**」（342条）、「**債務の担保**」（369条1項）と両方の表現が使われるが、旧民法に債権担保編という編があったように、債権の担保という表現が一般的には使用される。被担保債務よりも被担保債権という表現によることが多いように思われる。保証においては、債務者が複数の多数当事者の債権関係に規定されているため——債権も多数だが債務が多数な方に着目される——、「保証債務」と表示される（第5款の表題、447条等）。旧民法には、保証債務と

---

1)　フランス民法2285条では、債務者の財産は債権者の共通の担保であり、その財産は債権額に応じて債権者に分配され、債権者に優先権が認められる場合を例外とすることが宣言されている。

いう用語はなく、「保証」とのみ表示されていた。

　「担保」に話を戻すと、「担保」の定義はなく、また、「担保」という言葉が出てくるのは、上記規定だけである。いわゆる仮登記担保法は「金銭債務を担保するため」という表現がみられる。留置権規定には、「担保」という表現はどこにもみられない。そもそも民法には「担保物権」という用語はなく、学者が考えた表現ないし概念である。「物的担保」、「人的担保」も同様である。旧民法は「債権担保篇」を設定し、ここに物的担保と人的担保をまとめており画期的であった。なお、債権者が債権回収不能のリスクを回避する方法としては、「担保」以外に、信用保険や保証保険といった**保険制度**[2]の利用も考えられている。

J-3　　　　　　　　　　　　　　　**(2)　法定担保と約定担保**

　担保には、当事者の合意により設定される**約定担保**と、法により政策的ないし理論的根拠に基づいて当然に成立が認められる**法定担保**とがある。約定担保の取得も、**債権回収の自由競争**の一つとして理解される。実質担保である連帯債務（☞ J-11）については、合意がなくても連帯債務を認める法律規定があれば、それは実質的に法定の人的担保を認めるに等しいことになる（例えば、日常家事債務について夫婦の連帯債務を規定した761条）。本書で扱う「保証」とその他の人的担保は、若干の例外を除いて、合意によることが必要な約定担保（例外☞**注149**）、しかも上記のように債務者以外の者が提供する第三者提供型の担保である。

---

2)　①債権者が保険会社と保険契約をする**信用保険（assurance-crédit）**と、②債務者が保険会社と保険契約を締結する**保証保険（assurence-cautionnement）**とがある。前者でも、債権者からその費用を利息とは別に債務者は徴求されるので、費用負担が最終的に債務者であることには変わりない。フランスでは、**sûreté** の他に **garantie** という用語ないし概念があり、基本的には同意語として用いられるが、全面的に一致するものではない。sûreté は物的担保、人的担保といった法典の表示に用いられ、保険や直接訴権など債権回収に資する制度は含まれないが、これらも garantie であると考えられている。sûreté は一般用語としては sécurité と同意義で使用されるが、民法はより狭い意味でこの後を使用しており、「債務者の不払いのリスクに対して債権者に対して与えられる garantie」という意味で理解される（P. Delebecque, P. Simler, nᵒ 1, p. 3）。

2　物的担保と人的担保

(1)　物的担保（担保物権）　　　　J-4

(a)　物的担保と人的担保の区別

　　ア　日本民法における位置づけ　　民法は、物権編に、総論に続けて、物権各論の規定を置き、所有権等の後に、留置権、先取特権、質権および抵当権を規定している。民法には、「担保物権」といった用語はなく、学説が整理また説明のために用いている概念また用語である。また、「物的担保」もそうである。1804年制定のフランス民法典では、所有権や用益権は第2編、保証や抵当権などは第3編に規定されていた。そして、売買、賃貸借などの債権契約に続けて、第14章「保証」、第17章「質」、第18章「先取特権及び抵当権」が各論として規定されるというかなりアトランダムな構成になっていた。

　　イ　物的担保と人的担保とを担保として括る　　この点、旧民法には、J-2　J-5に述べたように、「債権担保篇」があり、第一部「対人担保」（保証と連帯債務）と第二部「物上担保」（留置権、動産室、不動産質、先取特権、抵当［抵当権と表示されていない]）に分けられていた。フランス民法では、2006年担保法改正により、第4編「担保」が創設され、第一部「人的担保」と第二部「物的担保」に整理して規定されている。その内容については次に述べるが、この2つの担保に分類することは、学説により昔から行われていたものであり、ボアソナードにより旧民法に採用され、21世紀にフランス民法でも採用されたのである[3]。DCFR（参考文献参照）もこの区別を採用する[4]。

(b)　物的担保の意義　　　　J-6

　　ア　担保物権と非典型担保を含む　　「物的」担保または担保「物権」とは、債権担保のための物権（他物権）を債務者または第三者（物上保証人）の財産に成立させるものであり、その内容も、弁済まで留置するだけの同時履行の抗弁権と変わることのない留置権から、抵当権のように目的財産に優先弁済権が認められるものもある。更には、担保物権の設定という形を取らず、所有権等の財産権の「移転」または移転を「留保」するといった形で、債権担保の目的を達しようとする譲渡担保や所有権留保といった、実務慣行から生まれてきた担保取引がある。これも財産を担保の対象とするため、担保物権を設定するものではないが物的担

保に含められる。

J-7　　イ　広く財産を目的とする担保　　この結果、物的担保は担保物権の上位概念ということになる。また、「物的」とはいうが、次の「人的」担保に対する概念であり、「物」以外を対象とするという点も注意が必要である。例えば、権利質や、抵当権などが物上代位により債権に存続することがある——債権譲渡担保や代理受領なども——。結局、物的担保とは、次に述べる人的担保に対する消去法による定義であり、「財産」を何らかの形で担保にとるものを広く含んで考えられている。A→B、B→Cと債権がある場合に、第三債務者CにBの指図でAに支払わせる délégation（☞10-28）は、代理受領も担保的な機能をもつが、債務者を増やすというよりは債権質の代用である。債権者AB間で、債権回収が競合したらAの債権を優先するというのは、人的な一般先取特権を成立させるような合意である。

---

3)　**＊人的担保の意義・分類**　　現行フランス民法は、第4編「担保（**Des sûretés**）」を、第1章「人的担保（**Des sûretés personnelles**）」と第2章「物的担保（**Des sûretés rêelles**）」とに分類するが、人的担保については定義をせず、「本章に規定する人的担保は、保証、独立担保及び経営指導念書である」と規定するのみである（2287-1条）。他方で、物的担保については、2021年改正法は定義規定を創設し、物的担保は、債権者の優先的または排他的な支払を受けられるようにする特定の財産または全体の財産の供与（affectation）であると規定する（2323-1条）。物的担保と人的担保を比較検討する近時のテーズとして、C. Lledo, Essai d'une théorie générale des sûretés réelles, LGDJ, 2023. n°s 271 et s., pp.207 et s. がある。日本法においても、「法律概念として「人的担保」とはどのようなものであるかについては、それほど確固たる概念構成が行われているとは思われない」と評されている（伊藤進「人的担保の基本的問題」**伊藤・担保制度論**52頁）。また、伊藤教授は、「人的担保概念は、種々の担保制度の分類概念、整理概念にすぎないとみることができ」、共通する特質を検討することによって、法的処理における共通性を見出すことにより「人的担保法理の形成を試み、法理概念として形成することが可能かどうかを検討することが要請される」と、人的担保概念の学理的意義について問題提起をしている（同57頁）。伊藤教授は、人的担保を、**1-45**のように分類し、それぞれの類型に応じた理論を検討すると共に、それらに共通する法理としての人的担保法理を模索することが必要であるという（同58頁以下、61頁）。

4)　**DCFR** 第IV編「各種の契約及びそれに基づく権利義務」G部は、「人的担保」と題して、第1章「通則」に続けて、第2章「付従的人的担保」、第3章「独立的人的担保」、第4章「消費者による人的担保の特則」を規定している。「付従的人的担保」を、「主たる債務者が債権者に対して負う現在又は将来の債務の履行請求権を担保するために、担保提供者が債権者のために引き受けた債務であって、主たる債務の履行責任があるときに限り、その債務の履行責任がその範囲で生じるもの」と定義されている（**DCFR** Ⅳ. G.-1:101条(a)）。保証債務と経営支援状が考えられている（同1:102条(1)(a)は、付従的人的担保に「拘束力のある支援状によって引き受けられたものを含む」ものと規定する）。他方で、「独立的人的担保」は、「担保提供者が担保を目的として債権者のために引受けた債務であって、他の者が債権者に対して負う債務に付従しないことが明示又は黙示に表示されたもの」と定義されている（同(b)）。

4

◆保証と抵当権、譲渡担保権などとの利点の比較──債権者の観点、債務者の観点

(1) **保証の物的担保に対する利点・不利な点**　　人的担保としては保証を比較の対象とするが、個人保証では、保証人の資力に依拠し確実性の点で不安がある。他方、利点として、無償で保証人をとるため費用がかからないことがある。以上の点につき、銀行などの有償保証であれば、資力がありまた再保険などを講じていることから債権者は確実な担保を得ることになる。その場合に、主債務者との保証委託契約は有償になり、債務者にとっては負担が増えるが、債権者の負担は増えることはない。実行については、主債務者が無資力になっても、保証人が支払ってくれれば担保権実行の手間が省ける。個人保証人については、貸金等債務の根保証では、保証意思宣明証公正証書の作成が必要になるが（465条の6）、その費用は債権者が負担するものではない。主債務者の説明義務、債権者の種々の説明義務もあって、主債務者の負担は大きい。保証では、債権者にも情報提供義務が負わされる（458条の2、458条の3）。フランスのように個人保証人保護が図られている立法では、個人によらないで銀行による保証の要請が高まり、また、倒産手続における物的担保の保護が弱体化されていることから（☞ J-9）、相対的に銀行保証や互助保証組合による保証（☞ J-42）の需要が高くなる。

(2) **物的担保の保証に対する利点・不利な点**　　他方で、物的担保についてみると、不動産など　J-9
の財産を有しない者でないと設定ができないが、保証同様に、第三者（物上保証人）に設定してもらうことは考えられる。特定の財産について優先弁済権を取得するので、担保としての確実性がある。非占有担保なので、債務者に目的不動産を利用しつつ、収益から被担保債権の支払いを受けられる。抵当権設定費用は、債務者が負担するので債権者は負担しない。しかし、抵当権は実行まで、適切な管理がされているか監視が必要になり、実行の妨害がされやすく、実行が競売によらざるを得ないため手続が面倒であり市場価格では売れないといった難点がある。また、抵当権ではなく譲渡担保であれば、私的実行ができるという利点がある。なお、人的担保も物的担保も、根抵当権、根保証が可能である。しかし、フランスのように、抵当権が倒産手続では種々の先取特権に劣後する扱いを受ける立法では（☞注14）、抵当権が必ずしも担保の女王として期待できないことになる。フランスでは、①歴史的には人的担保優位の状況であったのが、②公示制度の完備による物的担保制度の確立に伴い物的担保（抵当権）が担保の主役となり、③それが20世紀後半になって人的担保に注目され同等の重要性が認められるようになっているといわれる。

---

(2)　人的担保　　　　　　　　　　　　　　　　J-10

(a)　人的担保の意義

　　ア　**人的担保の基本形としての保証**　　旧民法には債権担保篇に、「対人担保」として保証と連帯債務とが規定されていた。2006年のフランス民法に導入された第4編「担保」には、「人的担保」として、保証の他に、独立担保（損害担保契約）と経営指導念書とが列挙されている。人的担保は、債務者以外の第三者に債務を負担させることによって、債務者以外の者の財産に責任財産を拡大し、債権回収の可能性を高めるという形の担保である。被担保債権があり付従性が認められることは必須ではない（独立担保）。保証の場合、債務者が任意に履行しなくても、第三者による任意の履行が期待できる点は、物的担保に対して大きな利点

である[5]。なお、連帯債務は旧民法では人的担保として規定されていたものの、現行法は多数当事者の債権関係に規定し――これは保証も同じ――、学理的にも担保とはされていない。

J-11 **◆担保としての連帯債務――負担部分のない連帯債務者**

(1) **分割債務者相互に保証をさせることができる**　例えば、Aから園芸用品を、園芸を趣味とするママ友BCが（共同事業を営んでいるわけではない）、大量に購入すると割引が受けられるため共同して10万円で購入し、引渡しを受けた商品を半分に分けたとする。特約がなければ、427条の分割主義の原則より、BCはそれぞれAに対して5万円の代金債務を負担する。この場合に、Aは債権担保の方法として、保証を利用することができる。それは、BにCの5万円の代金債務につき、CにBの5万円の代金債務をにつき相互に保証させることである（Bだけ不安であれば、Cのみに保証されることも可能）。この結果、AはBCいずれに対しても10万円の支払を請求できることになる。Bの10万円の債務についていえば、5万円は自分の代金債務、5万円はCの代金債務の保証債務になる。**この法律関係は保証の規定また法理により規律され**、例えば、Bが10万円をAに支払えば、Cに5万円求償できる。Cが免除を受ければ、Bの保証債務は付従性で消滅し、Bは自己の5万円の代金のみを支払えばよい[6]。

J-12 (2) **連帯特約の実質は相互保証**　連帯債務は、これと同じことを、保証ではなく「連帯債務」の特約で実現するものであり、実質は相互保証の特約たる「担保」契約である[7]。また、負担部分ゼロの連帯債務も認められるので、実質相互保証どころか、実質全面的保証なのに連帯債務とすることも可能になり、保証規定との関係が問題になる（負担部分のない連帯債務☞6-109、7-6）。連帯債務は保証とは債務負担の形式が異なる。連帯債務の場合には、BCの債務はいずれも10万円の代金債務となり、合計20万円の代金債務が併存することになる。しかし、1つの10万円の回収という目的のための2つの債務なので、債権者が10万円の支払いを受ければ全ての債務が消滅する（共同の免責）。連帯債務では付従性はなく、「それぞれ独立に全部の給付をなすべき

---

5)　S. Piedelièvre, n° 35, p.27, 人的担保という概念は、財産につき留置や優先弁済といった債権の効力を高める形での担保ではなく、債務者以外の者の財産を責任財産として拡大する担保という形で、物的担保に対して消去法的になされる整理にすぎず、人的担保という統一概念を認めて、人的担保に共通する一般法理を打ち立てることは意図されていない。民法は人的担保について、保証、独立担保および経営支援状を列挙しているが、人的担保はこれに限定されないと考えられている。例えば、P. Delebecque, P. Simler, n°s 13 et s., pp.13 et s. は、他に人的担保として、constitut、連帯債務、不可分債務、支払指図（délégation）、履行支援（port-fort d'exécution）、直接訴権、保険（信用保険 l'assurance-crédit と保証保険 l'assurance-cautionnement とに分けられる）をあげる。

6)　フランスでは、担保たる連帯債務として、連帯債務者が利益を受けない場合が問題とされており（☞注652）、それ以外の連帯債務では各債務者が債務負担につき利益を有するものと考えられている。日本では不可分的利益を理由に不可分債務とされる共同賃借人の事例や、組合の合有債務とされる共同事業を営んでいる場合に匹敵する。そのような実体のない共同購入のJ-11の事例では、自分の取得する分の利益しかなく、債務負担について部分的利益しか取得しないことになり、利益を受けるかどうかでいうと部分的に利益を受ける場合に該当する。負担部分を超えた部分は実質保証と同じことになる。

7)　その完全体が保証債務である。だとすると、その完全体である保証債務を連帯債務にする連帯保証特約というものは理解不能になる。本書では、連帯特約とは、保証債務を同時に連帯債務にする特約ではなく、補充性の抗弁、分別の利益を放棄する特約と理解し、そのような特約がされた保証を連帯保証と位置づける（☞7-1以下）。相互保証という理解については、福田誠治「連帯債務の学説史」平井一雄・清水元編『日本民法学史・続編』[信山社・2015] 287頁以下参照）。

債務を負担」するが[8]、同一目的性により説明をすることになる[9]。

J-13

(3) 民法の規定と保証規定・法理の適用　　共同利益が考えられる組合の合有債務とは異なり、連帯債務は相互保証という実質を有するため、連帯債務は保証と共通の規律を受けることが多い（求償など）。ところが、2017年の債権法改正では、免除や時効の絶対効を否定し──改正前は負担部分の限度で絶対効──、連帯債務の実質保証性からの乖離が生じている。しかし、連帯債務は、付従性が制限されてはいるものの、実質は相互保証として債権担保的性格を有しており、立法としては疑問である──必要ならば特約によればよいという安易なスタンス──。いずれも改正前規定に戻し、他の連帯債務者に影響がない場合は、その者限りの不訴求の意思表示と認めれば足りる。1人の債務者につき免責的債務引受がされたならば、その負担部分について、他の連帯債務者の同意がない限りその債務を免責すべきである（☞注325）。そのほか、保証規定や法理を、どこまで連帯債務──そうではない不真正連帯債務とは一線を画する──に適用するべきなのかは検討を要する[10]。なお、判例は共同賃借人の事例などにおいて不可分債務を連帯債務の代用的に用いている[11]。

イ　保証以外の人的担保　　人的担保としては、保証の他に、国際取引における**損害担保契約**、国内取引である**身元保証**、また、**経営指導念書**による債務者支援の約束がある（☞12-1～）。条文規定はなく、契約自由の原則からこれらが認

J-14

---

8)　**山中**169頁。

9)　ドイツ普通法では、19世紀前半において、連帯債務を2つに分け（**連帯二分論**）、複数人に単一の債務が帰属する共同連帯と、債務者の数だけ債務を認める単純連帯とが認められていた（椿寿夫「連帯債務論序説」同『民法研究I』［第一法規・1983］29頁以下参照）。その後、いずれも債務者の数だけ債務が存在し（後者の例は共同不法行為）、共同連帯は、債務者の間に緊密な関係があるとして、区別されるようになる。これが日本では連帯債務・不真正連帯債務の二分論になるが、債務者間の緊密な関係の有無・程度を基準として連帯債務と不真正連帯債務を分けることには批判がなされ、2017年の民法改正はこの区別をなくし、不真正連帯債務概念を放棄しようとした。全て連帯債務とし、連帯債務にもバリエーションがあり、また、民法は最低限の規制をし、当事者が自由に異なる内容を定めることができ、1つのしかし柔軟な連帯債務概念により処理しようとしたのである。

10)　連帯債務には弁済者代位は適用がないと考えられているが、それは、債務者間に求償権が認められ、また、例えば連帯債務者が3人いる場合には、444条が用意されているためである。ただ、連帯債務者の1人に対する債権について担保が付けられている場合には、共同保証人間の弁済者代位と同様に、担保を取得させるために弁済者代位を認める余地はある。

11)　**＊不可分債務の転用**　2017年改正は、意思表示による不可分を否定し、不可分債務を「債務の目的」が性質上不可分な場合に限定した（430条）。共同賃借人の賃料債務を不可分債務とする改正前の判例は維持されることになる。賃料債務（大判大11・11・24民集1巻670頁）の他、不動産の共同賃借人の、賃借物返還義務不履行による損害賠償義務（大判昭7・8・29新聞3593号7頁）、共有の山林について看守を依頼した看守料支払義務（大判昭7・6・8裁判例6民179頁）についても、不可分債務とされている。学説には、責任無能力者についての監督者と代理監督者の責任、被用者と使用者責任を負う使用者の責任、動物占有者と保管者の責任につき、「1つの損害賠償給付を不可分に多数当事者が履行すべき責に任ずる場合として、不可分債務の一場合と考える」という主張がある（**山中**171～172頁）。2017年改正法では、連帯債務と不可分債務を厳格に分け、性質上不可分な給付については連帯債務にできないが（436条）、共同賃借人について連帯債務にする合意は有効なはずである。合意は連帯債務にしかできないと、合意がないと不可分債務というのは誠に不思議な債務である。

められることは疑いないが——国内取引で保証規制を回避するために用いられるのは問題がある——、その規律は判例に任されている。これらは第三者に債務を負担させ、財産に担保権の成立を認めるものでないという消去法として「人的担保」として括られている。損害担保契約については、保険と同様に損失の塡補を目的としており、主債務者が損害賠償義務を負い、その保証債務を負担するのではなく、債権者に生じた損害についての損害賠償を引受ける契約である。「物的担保ではない」という消去法的整理概念である以上に、人的担保は共通法理を打ち立てられるような学理的な概念とまでは考えられていない（検討課題とはされている☞注3）。

J-15　(b)　**民法における保証の位置づけ**　　3つの立法が考えられる。

　　　　ア　**契約類型として位置づける立法**　　民法において保証（保証契約）をどこに規定するのかは、立法によって分かれる。まず、保証「契約」ということで「契約」ということに着目して、契約編に典型契約の1つとして規定する立法がある（ドイツ民法、改正前のフランス民法［当初規定の2288条〜2320条の32か条］など）。

J-16　　　　イ　**多数当事者の債権関係として位置づける立法**　　ところが、日本民法は、主債務者と保証人と債務者が複数いることから、多数当事者の債権関係の中に保証債務を規定した。連帯債務も、負担部分を超える部分は実質的には保証債務であり、求償関連の規定などある程度パラレルな扱いが適切であり、連帯債務の規定を必要に応じて保証債務に準用している。しかし、連帯保証に連帯債務の規定を広く準用するのは、「連帯」ということに目を奪われた規律であり適切ではない（☞7-10〜）。

J-17　　　　ウ　**担保制度として位置づける立法**　　旧民法は、担保篇という独立した篇を作り、「対人担保」（人的担保）と物上担保（物的担保）とを規定し、前者に「保証」を位置づけた（債権担保篇3条以下）。これは先見の明のある立法であり、学理的には、「担保」を人的担保と物的担保とに分けることが一般化しており、そのため、2006年のフランス民法の改正（オルドナンスによる改正）は、第4編「担保」という新たな編を作り、そこに、人的担保と物的担保とを規定し、前者に保証を位置づけている。学理的には適切であるが、保証が「債務」であることを考えれば、連帯債務と並べて規定することも捨てがたい。

(3)　担保としての保証の位置づけ　　　　　J-18

(a)　**物的担保の補足？**　　債権者は確実な物的担保を債務者が提供することを望み、債務者が財産を有しない場合には、物上保証人による物的担保を求め、それも無理であれば、保証ということになる。他方で、賃貸借など抵当権を設定するまでもない取引では、保証が重宝されている——日常的な取引では前払金方式による損失回避が普通——。ただ、会社の場合には、経営者による保証は常に要求されるのが実態である（ただし、**経営者保証のガイドライン**のおかげで近時はかなり緩和された☞**注53**）。用いられる保証も、以下のように大別される。

(b)　**社会生活における助け合いの行為——義理人情に基づき軽率に行われる**　　　J-19

　　ア　助け合いの行為——滅多に責任をとらされないことが軽率さを後押し
保証人が、主たる債務者に委託に応じて保証を引き受けるのは、有償「取引」とは異質な、無償委任（準委任）であり、事務管理と連続する、社会生活における相互の助け合いに基づく「情義的行為」として行われている。主債務者が、信用不安はないのに、万が一の場合のために債権者から保証人を立てなければ取引をしてもらえないと泣きついて、保証人が人助けだと思ってこれに応じることが多い（古典的な保証類型）。今すぐ金を貸してくれというのであれば、たとえ事業はうまくいっている、必ず返すと言われても断るであろうが、保証だと承諾の慎重度・抑止の程度に雲泥の差があり、心理的なハードルが大きく下がる。

　　イ　万が一のリスクを軽視　　親兄弟であれば信用不安を認識し、自分が財　J-20
産を失うリスクを認識しつつそれを「覚悟」して保証するであろう。この場合は、金を貸してくれといわれても貸すものと思われる。ところがそこまでの義理がない関係の場合には、金を貸してくれと言われれば断るが、経営はうまくいっている、絶対に迷惑を掛けない、人助けだと思って名前だけでも貸してくれと泣きつかれれば、お人好しの者は断れずに保証人になってしまう。これは物的担保でも、物上保証人に同様に当てはまる。このようなお人好しの保証人は、よほど実効的な規制をしないと避けられない。保証意思宣明公正証書については、手続が面倒なので止めるといった抑止にはなるかもしれないが[12]、断れない者はどうあろうと断れないのであり、より有効な規制が必要になる。

(c)　**有償取引**（ただし、**保証委託契約**）**としての保証の登場**　　他人の情けに依存　J-21
した担保制度は、これで主債務者が無償にて担保が得られ取引ができる、融資を

受けられるアパートが借りられるということになり、社会的にはいわば「必要悪」である。しかし、これに依存しない選択肢もなければならない。

　そのため、保証保険など別の制度の設計が求められ、また、保証自体も姿を変えることになる。ただし、債権者と保証人との保証契約それ自体は、いかなる事例も無償の片務契約である。しかも、変容するのは、主債務者と保証人との保証委託契約であり、有償の保証委託契約を利用することが普及している。企業取引と個人取引のいずれにおいてでもある。これは、合理的な計算によりなされる「有償取引」であり、保険にも似た射倖契約――射倖契約は双務契約についての分類なので、保証契約や無償の保証委託契約は射倖契約ではない――たる「取引」である。

(4) 保証を考える際の注意点

(a) 多様な保証法理を認める必要性

　ア　情義的保証が念頭に置かれていた　　当初の民法規定は、保証人を区別せず保証一般論として議論がなされていた。例えば、西村博士により、「保証一般の特殊性」として、以下の点が指摘されていた[13]。

【表 J-22】西村博士の指摘する保証一般の特殊性
① 　保証の人的責任性
② 　保証の無償性
③ 　保証の情義性
④ 　保証債務の未必性
⑤ 　保証の軽率性

　確かに①と④は、全ての保証に共通の性格である。しかし、②③⑤は情義的保証には妥当するが、企業による有償保証にはあてはまらない。また、無償であっ

---

12) 　この点は意外に大きな意義かもしれない。主債務者が契約書を提示して、保証人に署名をお願いするというのであれば、断ると後々の人間関係も面倒なので軽率に署名押印してしまうが、わざわざ公証役場までいって手続をしてくれということになると、それ自体が面倒だということで断ることが期待される。
13) 　**西村・継続的保証**15頁以下、**注民（11）**150頁［西村］。⑤は④に関連して言及されている（**西村・継続的保証**51頁）。

ても、③⑤は経営者が自分の会社の債務を保証したり、親会社や関連会社が子会社や関連会社の債務を保証する場合にはあてはまらない。自己またはグループ企業の利益を考えてのことであり、情義的な人助けといった動機によるものではない[14]。

イ　多様性に応じた保証法理の使い分けの必要性——新しい保証法　古典 J-23 的には保証人は、上記の要素があてはまる情義的な個人保証人を念頭において、担保という本質に反しない限度で保証人を可能な限り保護することが、保証法の指針とされていた。しかし、有償の公的な機関による信用保証協会による保証が普及するに及び、機関保証ということが論じられるようになり[15]、機関保証は民法上の保証とは異なるといった主張もなされた。その後より広く個人保証に対し

---

14)　**＊フランスにおける個人保証からの変容**　類似の状況はフランスにも見られる。農業社会においては、保証は、不動産による物的担保の補完的な存在にすぎなかった。友達や親族によって行われる情義的契約（contrat de bien-faisance）にすぎず、その性質からして無償であり、商品取引経済において異質な存在であった。なぜならば、保証人は何ら個人的に経済的な利益を受けないからである。そのため、売買や賃貸借のような「重要な契約」（grands contrats）に対して、「重要性の低い契約」（petits contrats）と考えられていた。
　ところが、現在では、保証は取引社会において重要な位置を占めている。その理由はいろいろ考えられる。①まず、商人か個人かを問わず与信が発達しており、与信には必ず担保が求められる。保証は設定が簡単で、方式不要であり（個人保証は別）費用もかからない。担保法において「銀行化」（bancarisé）が見られ、銀行が保証をすることが増えている。今や銀行保証は金融機関の非常に重要な一部をなしているといわれる（P. Delebecque, P. Simler, nº 36, p.32）。既に1964年に、J.-P. Wattiez, Le cautionnement bancaire : le rôle des banques et de établissements financiers, 1964, Sirey が出版されている。J.-J. Ansault, Y. Picod, nº 25, pp.50 et s. も、保証の銀行化および事業化（professionnalisation）を近時の保証の特徴として指摘する。銀行とその他の与信機関および保険会社だけが、有償での保証を行うことができるということである。
　②1967年7月13日の法律により倒産手続における物的担保の効力が弱体化されたことは大きい。物的担保に代え保証しかも銀行による確実な保証を利用する需要が高くなっていく。物的担保の設定の方式の厳格さ、とりわけ、破産や更正手続において、物的担保を有する債権者は、倒産手続において先取特権に優先されるリスクがあるが、保証にはそのようなリスクはない（フランスの2005年倒産法改正については、能登真規子「フランス倒産法における保証人の法的地位（1）〜（3・完）」彦根論叢351号［2004］139頁、352号［2005］1頁、353号［2005］121頁参照）。③また、心理的プレッシャーを掛ける手段として機能することも考慮されている。主債務者が保証人に迷惑をかけないように支払へのプレッシャーがかかることになる。また、債務者たる会社の経営者については、しっかりした経営をすることへの担保になる（以上は、L. Aynès, A. Aynès, P. Crocq, nºˢ 30 et s., p.43 による）。経営者や親会社による保証については、cautionnement intéressé と呼んでいる。公的機関としては、2012年に Oséo, CDC Entreprises, Fonds stratégique d'investissement（FSI）et du FSI Régions を再編して作られた Bpifrance（banque publique d'investissement［フランス投資銀行］）は、中小企業への与信、支援を行う公的金融機関であり、保証も引き受けている。もちろん、日本同様に住居の購入や建築に際して金融機関から融資を受ける場合（un crédit immobilier）、抵当権の設定に代えて、銀行の子会社である保証会社（une société de cautionnement）が有償で保証委託を引き受けて保証をすることがなされている（L. Bougerol, G. Mégret, nº 13.81, p.95）。

15)　**伊藤・保証・人的担保論**所収の諸論文、その後、機関信用保証へと表現を変更する（**注62**参照）。

て法人保証ということが論じられるに至る[16]。

J-24　❶　**情義的保証は残る**　保証はどう利用されるべきなのか、物的担保制度の改善、保険など別の有償取引の発展により代替され、将来的にはなくなるべき制度であろうか。個人保証をとってみても、個人保証禁止を求める意見も強いが（☞J-40）[17]、社会生活における助け合い行為としての意義また要請は捨てきれない。主債務者についても、有償の保証や有償の他の取引によらないですむという経費節約の意義は大きい。情義的保証人が今後も見込まれることから[18]、民法も根保証の規制、保証意思宣明公正証書の作成、主債務者の依頼に際する情報提供義務など、種々の個人保証人保護規定を置いている（貸金業法も個人保証人保護規定あり☞2-7）。更にはいわゆるソフトローによる規制もある（☞J-25）。

J-25　**◆金融庁の監督指針（2023年）——ソフトローによる規制（第三者保証）**
（1）　**ソフトローによる規制**　金融庁による「主要行等向けの総合的な監督指針」（令和5年6月）の「Ⅲ　主要行等監督上の評価項目」において、「Ⅲ-9　『経営者保証に関するガイドライン』の融資慣行としての浸透・定着等」に続き、「Ⅲ-10　経営者以外の第三者の個人連帯保証を求めないことを原則とする融資慣行の確立等」において、まず、「Ⅲ-10-1　意義」で(2)のように説明される。後述の「経営者保証に関するガイドライン」と共にいわゆるソフトローによる規制である。違反してなされた保証契約の私法上の効力が否定されるものではない。また信用保証協会の求償保証についても第三者保証（経営者保証人ではない個人保証）は禁止されており（☞注41）、金融取引については情義的保証の問題は事実上解消されたに等しい。

J-26　（2）　**問題点の確認**　「一般に、多くの中小企業（個人事業主を含む。）においては、家計と経営が未分離であることや、財務諸表の信頼性が必ずしも十分でないなどの指摘があることから、こうした中小企業に対する融資においては、企業の信用補完や経営に対する規律付けの観点から、

---

16)　椿寿夫「法人保証序説」**椿ほか・研究**2頁以下、椿寿夫「保証における法人保証・法人根保証の役割」**椿ほか・法理**1頁以下参照。

17)　2017年改正に際しても、当初は「部会資料36」73頁に、「(1)保証契約の締結の制限」と題して、「主債務者が消費者の場合における個人を保証人とする保証契約や、主債務者が事業者の場合における経営者以外の個人を保証人とする保証契約については、一定の例外（債権者が消費者である場合など）を除き、無効とする旨の規定を設けるという考え方があり得るが、どのように考えるか」ということが、検討課題として提示されていた。そこでは、「実務上有用なものまで過剰に規制することとなるおそれや、無効とすべき保証契約の範囲を適切に画することができるかどうか」といった問題点が指摘されていた。

18)　＊**個人保証の重要性低下の原因**　椿寿夫「法人保証序説」**椿ほか・研究**13頁は、西村博士が特徴を指摘するような個人保証人は、急速に、しかも顕著に減少しているのではあるまいかと推測している。その原因とし、①地縁・血縁に基づく協同体的意識の減退・消滅、②社会生活一般における個人主義的思考と行動様式の定着、③保証とりわけその危険性に関する法的知識の普及、④債権者の側における保証以外の手段とくに保険の利用ないし創設、⑤法人による保証の出現および拡大なども、その返還の原因となり結果となってきたと評する。例えば、賃貸保証でいうと、賃貸保証会社による保証が普及しており、賃貸人によっては保証会社の保証しか認めない事例もある。選択を認める場合、保証人を頼める者がいれば、保証料を節約するため、個人保証を親族に頼むのが実情である。情義的保証の無償での助け合いという利点は、捨てきれないところである。

経営者に対する個人保証を求める場合がある。他方、<u>経営者以外の第三者の個人保証については、</u><u>副次的な信用補完や経営者のモラル確保のための機能がある一方、直接的な経営責任がない第三</u><u>者に債権者と同等の保証債務を負わせることが適当なのか</u>」、「保証履行時における保証人に対する対応如何によっては、経営者としての再起を図るチャンスを失わせたり、社会生活を営む基盤すら失わせるという問題を生じさせているのではないかとの指摘があることに鑑み、金融機関には、<u>保証履行時において、保証人の資産・収入を踏まえたきめ細かな対応が求められる</u>」。「こうした状況に鑑み、「金融資本市場及び金融産業の活性化等のためのアクションプラン」（平成22年12月24日公表）において、<u>経営者以外の第三者の個人連帯保証を求めないことを原則とする融資慣行</u><u>を確立し、また、保証履行時における保証人の資産・収入を踏まえた対応を促進</u>」することとしたところであり、金融機関においては、こうした趣旨を十分に踏まえた対応を行う必要がある」。

(3)　**対策**　「Ⅲ－10－2　主な着眼点」では、以下のようなことを求めている。　　J-27

(a)　**原則──経営者以外の個人保証を求めない**　「(1)経営者以外の第三者の個人連帯保証を求めないことを原則とする融資慣行の確立」と題して、「個人連帯保証契約については、経営者以外の第三者の個人連帯保証を求めないことを原則とする方針を定めているか。また、方針を定める際や例外的に経営者以外の第三者との間で個人連帯保証契約を締結する際には、必要に応じ、「信用保証協会における第三者保証人徴求の原則禁止について」における考え方を踏まえているか。特に、経営者以外の第三者が、経営に実質的に関与していないにもかかわらず、例外的に個人連帯保証契約を締結する場合には、当該契約は契約者本人による自発的な意思に基づく申し出によるものであって、金融機関から要求されたものではないことが確保されているか」を考慮する事を求めている。

(b)　**例外**　「ただし、下記のような特別な事情がある場合については、例外とします」として、　J-28①「実質的な経営権を有している者、営業許可名義人又は経営者本人の配偶者（当該経営者本人と共に当該事業に従事する配偶者に限る。）が連帯保証人となる場合」、②「経営者本人の健康上の理由のため、事業承継予定者が連帯保証人となる場合」、③「財務内容その他の経営の状況を総合的に判断して、通常考えられる保証のリスク許容額を超える保証依頼がある場合であって、当該事業の協力者や支援者から積極的に連帯保証の申し出があった場合（ただし、協力者等が自発的に連帯保証の申し出を行ったことが客観的に認められる場合に限る。）」の3つをあげる。民法465条の9に対応する事例である。

(c)　**保証履行時における保証人の履行能力等を踏まえた対応の促進**　この表題の下に、「保証　J-29人（個人事業主たる主債務者を含む。）に保証債務（当該主債務者の債務を含む。）の履行を求める場合には、上記意義にある指摘に鑑み、保証債務弁済の履行状況及び保証債務を負うに至った経緯などその責任の度合いに留意し、保証人の生活実態を十分に踏まえて判断される各保証人の履行能力に応じた合理的な負担方法とするなど、きめ細かな対応を行う態勢となっているか」。「また、第三者の個人連帯保証の保証履行時等においても、「経営者保証に関するガイドライン」は適用され得るとの点に留意し、必要に応じ、ガイドラインの活用を検討し、ガイドラインに基づく対応を行う態勢となっているか（Ⅲ－9－2参照）」という点を、留意点として指摘する。

◆2022年中小企業活性化パッケージ──ソフトローによる保証の規制（経営者保証）　　J-30

(1)　**中小企業活性化パッケージ**　2022年3月4日、経済産業省は、コロナ資金繰り支援の継続や増大する債務に苦しむ中小企業の収益力改善・事業再生・再チャレンジを促す総合的な支援策を展開するため、金融庁・財務省とも連携の上、**中小企業活性化パッケージ**」を策定し、これを公表している。コロナ禍で資金繰りが悪化したり、借入金が増加したりしている中小企業を対象に、**「収益力改善・事業再生・再チャレンジ」**という3つのフェーズで総合的な支援を行うことを予定している。「再チャレンジフェーズ」では、「①経営者の個人破産回避のルール明確化 → 個人破産

回避に向け、「経営者保証ガイドライン」に基づく保証債務整理の申出を受けた場合には、金融機関が誠実に対応する、との考え方を明確化【21年度中】」とされている[19]。

(2) **中小企業活性化パッケージ NEXT** また、2022年9月8日には、「中小企業活性化パッケージ NEXT」が策定公表されている。「Ⅱ．**中小企業の収益力改善・事業再生・再チャレンジの総合的支援**」では、「再チャレンジフェーズ」では、「①経営者の個人破産回避のルール明確化」につき「更に加速するための追加措置」として、「経営者の個人破産回避に向けた取組の促進」として、①「→ 再チャレンジのネックとなる個人保証について、個人保証に依存しない融資慣行の確立に向けた施策を本年中にとりまとめ」、②「→ 融資先の廃業時等に「経営者保証に関するガイドライン」に基づく保証債務整理を行った割合を把握するなど、金融機関に対して、よりきめ細かいフォローアップを行う」ことを掲げている[20]。

❷ **多様な保証法理へ** 情義的な個人保証以外の保証も多様である。公的機関による機関保証と、金融機関や住宅ローンの貸主たる銀行の子会社による有償保証、また、賃貸保証会社などの有償保証は、有償といっても一枚岩ではない。また、無償であっても、親会社やグループ会社による保証は、情義的関係によるものではない。更には、個人保証でも、個人が有償で合理的計算に依拠して行う場合、また、無償でも個人会社の経営者、その家族等間接的に利益を受ける個人による保証もあり、個人保証でさえ多様である。こうして、保証法も1つの法理で規律されるべきではなく、その特殊性に応じた適切な規律が考えられるべきである。近時の世界的立法の趨勢として、保証の一般規定に対して、個人保証の特則を設けて個人保証人を保護しようとする傾向が見られる。

---

19) 横田直忠（中小企業庁金融課）「担当者に聞く「中小企業活性化パッケージ」」では、以下のように説明されている。
「事業再生が難しいとなると、いよいよ「廃業」が視野に入ってきます。しかし、中小企業では融資時に経営者が会社の連帯保証人となっているケースが多く、現状では中小企業が倒産する場合には、経営者も約7割個人破産をしてしまう、といった報道もあります。このことが、事業再生に対する経営者の心理的なハードルの高さとなり、早期の事業再生の決断が難しい原因の一つになっていました」。「再チャレンジフェーズでは、「個人破産回避に向けたルールの明確化」を行っています。「廃業時における『経営者保証に関するガイドライン』の基本的考え方」がこれに当たりますが、自己破産によらない経営者保証の債務整理の申し出があった場合に、金融機関（債権者）はどのような対応をとるべきか。また、経営者（債務者・保証人）はどうするべきか。債務整理を担当する専門家（弁護士等）は、どのような考え方で臨むべきかが示されています」。「このような取組を通じて、「廃業しても経営者は個人破産を回避できる」「廃業イコール個人破産ではない」ことを多くの人に知っていただければと思います」。

20) これらの施策については、2023年2月28日に武蔵野大学で開催された「変革の時代の民事立法のあり方とビジネス法務学——中小企業金融の近未来」においても強調されていたところである（島田佳樹「中小企業金融の現下の課題」池田眞朗編著『検討！ ABL から事業成長担保権へ』[武蔵野大学出版会・2023] 24頁以下、山井翔平「我が国における ABL の現状と、事業成長担保権への期待」同90頁以下）。

(b)　3つの契約からなる密接不可分の取引——多角的法律関係　　　J-33

　　ア　3つの契約に分解整理できる　　また、保証をめぐる法律関係は、三面
的取引——3者で1つの契約をする3者間契約ではなく、①主債務者・保証人間
に保証委託契約、②債権者・保証人間に保証契約、③債権者・主債務者間に主債
務を発生させる契約（フランスでは、基本となる契約 contrat de vase と呼ばれる）があ
る——である点に特殊性がある。この点は、他の人的担保にもあてはまる。情義
的保証も、保証人が債権者のために義理人情で保証をしているのでなく、保証な
しには取引をしてもらえない主債務者のためである。しかも、主債務者・保証人
間の契約で直ちに債権者に担保が付与される第三者のためにする契約ではない。
個人保証が助け合いの行為だとしても、債権者は保証人による主債務に対する助
け合いを利用して（ないし便乗して）利益を受けているのである。

　　イ　3つの契約を要素とする取引　　上記のように、保証は、債権者と主債　　J-34
務者との原因取引を中心とし、その担保のための従たる取引である。担保という
ことから、主債務をめぐる取引の有効性やその変更の影響を受け——不利な効果
は制限される（448条2項）——、逆に保証契約の効力が否定されたり制限され
ることが、主債務の原因関係たる契約関係に影響を及ぼすことも考えられる。そ
して、主債務者と保証人との保証委託契約は、表だって主役にはならないが、陰
の主役ともいうべき重要性を持つ関係であり、これが情義的関係であることが、
債権者との保証契約において保証人が保護される根源になる。主債務者と保証人
との間の詐欺や法律関係の破綻（夫婦の離婚等）が、保証契約（根保証契約）にど
のような影響を及ぼすのか、債権者は主債務者・保証人間の事情について保証人
に対してどのような配慮をすべきなのか等が検討されるべきである。

3　保証法学の発展と本書の構成

(a)　保証規定の導入からその後の発展　　　J-35

　　ア　ヨーロッパ保証法の導入　　日本の保証規定は、古来からの日本の旧慣
を明文化したものではなく、基本的には旧民法を通じてフランス民法に由来する
規定である[21)]。保証については、民法制定後、特に注目を受けた法分野とはいえ
ず、教科書でドイツやフランスの保証理論を参考として、粛々と議論がされるに

止まっていた。その一方で、民法施行後、貸金業者らが債務者に対して保証人を立てることを求め、お人好しの保証人が軽率に保証人になり責任をとらされる悲劇が起きていたことは想像に難くない。

J-36 　　イ　身元保証、根保証の法発展、個別判例の積み重ね　　その中で、身元保証についての重要な判例が続き、身元保証に注目する学説が登場し、西村信雄博士は、この研究を発展させ、継続的保証の研究の第一人者になっている[22]。その後、包括根保証をめぐって判例が積み重ねられ、必然的にその評釈をめぐって議論が掘り下げられる。その他にも、売主の債務の保証、原状回復義務の保証、保証の付従性等、個別的問題をめぐって重要な判例が出され、保証法の分野全体もそれなりの判例・学説の発展を遂げていた。

J-37 (b)　第二次世界大戦後の保証法の多様化
　　ア　機関保証、法人保証、多面的法律関係　　①昭和30年代以降には、公的な機関による有償の保証が普及し、機関保証論が唱えられ（伊藤）、個人保証に対する特殊性が注目され、また、法人保証論そして多様な保証論が展開される

---

21)　**＊ローマ法、フランス古法の保証法**　更にはローマ法に遡ることになる（**注民（11）**141頁以下［西村信雄］参照）。古典期ローマ法では、債権者に対して家族構成員全員が責任を負担するという家族の連帯責任に由来し、連帯債務と十分に区別されず、人的な性格が強く、相続の対象にならず、主たる債務に対して付従性は認められず、検索の抗弁も分別の抗弁も認められていなかった（adpromissio と呼ばれる）。これが検索の抗弁、分別の抗弁が認められることにより次第に緩和されていき、主債務者また他の保証人への求償が認められるようになる。ローマ帝国の末期には、adpromissio は姿を消し、2つの契約が登場し、この2つが結びついて現在の保証契約になっていく。①1つは fidejussio であり、主債務者による履行を保証する要式契約である。これは付従性が認められ、また、検索の抗弁が認められた。②もう1つは、諾成契約である委任（mandat）である。保証人は、債権者に対して、主債務者に与信することを受託する（与信の受託）。
　　フランスでは、フランク族においても、家族関係に基づいた親族らによる保証があり、封建制度の下で非常に厳しいものであり、まさに債権者の人質とでもいうべきものであった。14世紀には、不動産担保の発展による人的担保の衰退が見られ、古法と教会法によるローマ法の修正が行われ、保証は、付従性、検索の抗弁、分別の抗弁などは保持したまま、弁済者代位による債権者の権利の保証人への移転が認められるようになる。ローマ法の信用委任による求償権の取得よりも、保護が強化されることになる。この成果が、1804年のフランス民法典に盛り込まれることになる（以上は、L. Aynès, A. Aynès, P. Crocq, p.42, n°s 27 et s. による）。なお、fidejussio という用語は、例えば共同保証人（cofidéjusseur）といった用語に残っているが、これは co-caution では語呂が悪いためといわれる（M. Cabrillac, C. Mouly, S. Cabrillac, P. Pétal, n° 60, p.50）。
22)　その成果を集めたのが、**西村・継続的保証、西村・身元保証**である。
23)　情義的保証人を念頭において展開されてきた保証法理に対して、現在では、法人保証が、その目的や機能において多様であり、その社会的・経済的な意義や重要性は、到底個人保証の比ではなく、「法人保証こそが現代の人的担保の主流・主役であり、法人保証とその法的処理を抜きにして現代の保証なり保証理論を正確に捉え、論じることができない」とまでいわれる（國井和朗「協会保証の問題点」**別冊 NBL61号**88〜89頁）。

16

ようになる（椿）[23]。②信用保証協会による保証事例をめぐって、事前求償権、弁済者代位等の判例が登場し、これを契機として学説の議論が盛り上がることになる。③継続的保証も根抵当権が理念とされ、継続的保証から根保証へと学説が移行することになる（荒川、石井、松本）。④学理的には、主債務者・保証人間の保証委託契約に注目がされ（福田）、多角的法律関係の研究の一環として注目される（中舎）。⑤また、請求払無因保証（損害担保契約）や経営指導念書といった、保証以外の人的担保も注目されるようになる。

イ　保証法の改正

❶　**2004年保証法改正**　　バブル経済崩壊後、金融機関が個人保証人からの回収を図るようになり、また、商工ローン保証のように保証人に対する強硬な取立が社会問題になる。杜撰な審査の上に、保証人から回収すればよいと安易になされた融資の付けが保証人に回される事態が多発し、経営者保証、個人（第三者）保証人が実務上注目を浴びるようになる。保証規定は民法制定後一度も改正されることがなかったが、2004年に要式契約化と貸金等債務についての個人根保証人保護規定が導入された[24]。2004年改正は、金融業界との調整ができたため、ひとまず貸金等債務の個人根保証について包括根保証の禁止等の立法をするものであり、両院の付帯決議では引き続き改正の検討を続けることが求められている。その後、2017年改正に際して、保証規定が個人保証人保護を超えて大きく改正された。

---

24)　**＊フランスにおける保証法改正の動き**　　同様の状況はフランスにも見られ、保証規定は1804年制定以降改正がされていなかったが、まず、消費法典（消費者法をまとめた法典であり、私法に限られない）を2003年8月1日の法律により改正して、個人保証人を保護する諸規定が導入された（2021年改正により改正を加えて民法に導入され削除されている）。その後、2006年12月23日のオルドナンスによる民法改正（担保法改正）がなされたが、物的担保の改正に限られ、担保編を創設して人的担保もまとめるため、保証規定を移しただけで、保証については内容の変更はされていない（保証規定の改正はオルドナンスへの授権の対象にはされなかったが、人的担保に独立担保と経営指導念書の規定をそれぞれ1か条創設）。その後、司法大臣により、Hキャピタン協会の下にグリマルディ教授に改正草案の作成が委託され（第2グリマルディ委員会）、2017年9月に予備草案が公表されている。2019年5月22日のパクタ法（loi PACTA）により、オルドナンスによる改正が授権される。この授権に基づき、2021年改正（2021年9月15日のオルドナンス）は、物的担保を再改正するだけでなく、保証規定を初めて全面的に改正した（ただし、PACTE法により改正が授権されなかった独立担保と経営指導念書は改正なし）──2006年の改正では実現しなかった2005年のグリマルディ草案の保証部分を大いに参照している（ジャン＝ジャック＝アンソー・片山直也・齋藤由起訳「2017年フランス担保法改正準備草案に関する一考察」法学研究93巻8号［2020］87頁）──。授権内容として保証については、制度をより読みやすくすること、実効性を改善すること、個人保証人の保護を確保することが指示されている。2020年12月にはオルドナンスの準備草案がパブコメに付されるが、Hキャピタン協会の案を大きく受け継いでいる。2021年改正の意図は担保法の「単純化、明確化及び現代化」にあり、これに依拠して、担保法改正が成立している。

J-39　❷　**2017年債権法改正**　　2004年改正後も日弁連や各地の弁護士会により、個人保証禁止を求める決議が採用され、一時期立法への機運は高まっていた（☞ J-40）。2017年の民法改正でも保証規定の改正はその目玉の１つになった。個人根保証の規制の範囲が拡大され、保証意思宣明公正証書制度、主債務者の保証委託に際する情報提供義務またその違反の場合の保証人の保証契約の取消権、保証契約締結後の情報提供義務など保証人保護（個人保証人を超えた保護も含まれる）のための規定が導入される。それに限らず、保証についての規定の改正が種々図られている。また、この時期、ソフトロー次元での規制がなされ（☞ J-25～）、経営者保証のガイドライン（☞注53）も作成され、現在、立法論議は沈静化し、状況を見守っているところである。

J-40　◆**個人保証の制限──第三者保証の禁止をめぐる改正論議**
　⑴　**制限を求める意見と中間試案**　　日弁連また各地の弁護士会により、個人保証の禁止を求める決議がされ[25]、法制審でもこの点は議論された。**中間論点整理**では、「⑴　保証契約の締結の制限」と題して、「主債務者が消費者の場合における個人を保証人とする保証契約や、主債務者が事業者の場合における経営者以外の個人を保証人とする保証契約については、一定の例外（債権者が消費者である場合など）を除き、無効とする旨の規定を設けるという考え方があり得るが、どのように考えるか」と問題提起がされ（「部会資料36」73頁）、**中間試案**では、以下のように個人保証を制限する案が出された。

　6　保証人保護の方策の拡充
　⑴　個人保証の制限　　次に掲げる保証契約は、保証人が主たる債務者の［いわゆる経営者］であるものを除き、無効とするかどうかについて、引き続き検討する。
　　ア　主たる債務の範囲に金銭の貸渡し又は手形の割引を受けることによって負担する債務（貸金等債務）が含まれる根保証契約であって、保証人が個人であるもの
　　イ　債務者が事業者である貸金等債務を主たる債務とする保証契約であって、保証人が個人であるもの

J-41　⑵　**制限規定の代わりに保証意思宣明公正証書制度が導入される**　　個人保証の制限については、パブコメにおいて賛成する意見も多く見られた反面、反対する意見、個人保証の有用性──担保のない事業者にとっての必要性、また、有償保証を利用すると保証料の負担が増える──から疑問視したり、例外たる経営者保証の基準を設定することも困難性などが指摘された。また、ソフトローによる第三者保証が禁止されている（☞ J-27）。そのため、法制審では、個人保証の制限──第三者保証の禁止──を断念し[26]、これに代えて個人が軽率に保証人になることを阻止する制

---

25)　大阪弁護士会民法改正問題特別委員会編『債権法の未来　改正が見送られた重要論点』（商事法務・2023）275頁以下参照。
26)　大阪弁護士会民法改正問題特別委員会編・前掲書（**注25**）281頁は、ノンバンクなどにはソフトローによる規制は適用されないことから、将来的には、第三者保証を無効とする制度を導入することが望まれるという。

度を導入することが検討された。その結果、導入されたのが、後述の保証意思宣言公正証書の制度である（☞2-41）。それによる保護の対象から、経営者らを除外する規定を設けたが、配偶者については国会審議において議論がなされた（☞2-63）。

◆フランスにおける業種ごとの互助保証組合　　　　　　　　　　　　　　　　　　　J-42

(1)　**登場と発展**　　日本では法人保証の代表として信用保証組合による保証があるが、フランスには、他の国には少ない業界ごとの**互助保証**（le cautionnement mutuel）が普及している点が特徴的である。互助保証は、19世紀後半にささやかながら誕生し発展し、2つの大戦の間から1970年代において、国により推進され支援され発展する。互助保証（組合）による保証のおかげで、銀行からの融資が受けられまた利息を安くすることができる。互助保証は、財産を有しない者また財産を担保に出したくない者により、物的担保の代わりに用いられた。当初特別の法的規制はなかったが、1917年3月13日の法律により関連法令が制定され、これは、現在では金銭・財政法典の L. 515- 4条以下に規定されている。法律による規制がされることにより、互助保証組合の規制が図られ、債権者たる銀行に安心感が与えられた。その後、1970年代中頃まで、SDR（準公的機関たる地方開発会社）が補償基金（fonds de garantie）を設立し、公的資金により互助保証組合は支援される。

(2)　**衰退**　　互助保証組合による保証は、銀行自由化により銀行と競合することになり、衰退す　J-43 ることになる。1979年4月に「互助保証及び企業融資」と題する「サラザン報告書」が公表される。この報告書では、以下のように互助保証の更なる発展が推奨されている。①このような保証はフランスでとりわけ発展している。②互助保証組合は補償基金により設立され、市場原理により基金の収入に依存し、経営の唯一の財源は保証料によって担われている。③互助保証組合についての租税上の不利な扱いは解消されるべきである。④互助保証のカバーする事業領域は拡大されるべきであり、特にサービス産業においてである。SDR または公的機関による補償基金を創設して、互助保証の活動を強化すべきであり、互助保証組合また関連の補償基金についての全国的団体が組織されるべきである。

　　現在、互助保証組合の活動はいろいろな原因で弱体化している。①ますます銀行保証との競合が増している。②中小企業自体の衰退。③与信機関についての法的規制に互助保証組合も服すること、より詳しくいうと、1989年4月17日の指令の結果、ratios Cooke（バーゼル委員会の推奨する最低限の自己資本比率）を遵守しなければならなくなったことが原因である。この結果、多くの互助保証組合は姿を消し、特殊な領域に生き残っているにすぎない。

(3)　**規律**　　債権者と互助保証組合との法律関係については、基本的に民法の規律に服すること　J-44 になる。その独自性が認められるのは、主債務者と互助保証組合との関係であり、互助保証の原理に服する。同一の金融機関からの借主等、または、同一の事業を営む組合員が、共通の pot（基金）に拠出金を預託する（借り入れる金額または責任保証される金額の1〜3％）。拠出金の金額に応じて、補償基金は借主の債務につき補償をすることになる。主債務者たる借主または組合員が支払わないと、基金が債権者に支払うことになる。基金は主債務者に求償権を取得する。保証されている会社の経営者が債権者に全額を支払った場合には、補償基金になお手段が残されている限り、基金から経営者に支払がなされる[27]。

◆物上保証人について──保証規定の適用　　　　　　　　　　　　　　　　　　　　　J-45

(1)　**保証規定の適用の可否**　　他人の債務のために第三者が担保を負担するというのは、保証に限らず物的担保でも考えられる（物上保証）。負担するのが債務（一般財産が責任財産になる）か

---

27)　以上は、M. Cabrillac, C. Mouly, S. Cabrillac, P. Pétal, n°s 427 et s., pp.317 et s. による。

特定の財産についての物的担保なのかは、責任内容について大きな違いがあり、この2つをパラレルに扱うことはできない。しかし、ある程度は同様の保護が考えられ、例えば弁済者代位、担保保存義務違反による免責などは保証人・物上保証人のいずれにも適用される。民法は、質権の物上保証人の事後求償権について、保証規定に従い求償権を取得することを規定し（351条）、これを抵当権に準用している（372条。事前求償権は解釈に任される☞6-81）。求償権以外の保証規定、例えば検索の抗弁が物上保証人に類推適用になるのかは議論されているところである。2017年改正で保証人保護規定が増えたため、改めて問題にならざるをえない。

J-46　**(2)　フランス2021年担保法改正**

　　(a)　保証規定の準用規定の新設　　この点、フランスでも、日本と同様に、保証について個人保証人保護規定が増えており、2021年の担保法改正では注目すべき規定が導入された。改正前には、物上保証人についての特別の保護規定も、保証の準用規定もなかったが[28]――弁済者代位は保証人について規定している――、2325条2項が設けられ、物的担保が第三者により設定された場合には、保証についての多くの規定が準用されている。準用されていない規定――債務と責任財産とのバランスを問題にするバランス原則（☞1-14）は、物上保証は特定の財産に限定されるため、準用されていない――については、反対解釈を求める趣旨なのか、それとも解釈に任せたものなのか理解は分かれる[29]。

J-47　　　**(b)　準用されている規定**　　準用されている規定は多い。①債権者の保証人に対する義務に関わるものとして、2299条（主債務者への不適切な融資の警告義務違反による保証人の免責☞1-13、2-101）、2302条（債権者の主債務者の決済状況についての保証人への毎年の通知義務☞注297）、2303条（債権者の、主債務の期限の利益喪失の保証人への通知義務☞注297）、②副保証についての規定として、2304条（前2条の副保証人への通知義務＝保証人の債務への物上保証人への適用）、③保証人の債権者に対する抗弁として、2305条（検索の抗弁）、2305-1条（検索の抗弁の要件）、④主債務者への求償について2308条（求償権）、2310条（連帯した主債務者が複数いる場合の求償権）、2311条（事前事後の通知義務違反による弁済の場合の求償制限）、⑤弁済者代位について、2309条（弁済者代位）、2314条（債権者の担保保存義務違反による保証人の免責）、⑥共同保証人間の求償及び弁済者代位についての2312条（保証人が複数いる場合の、保証人間の求償権と弁済者代位）である。

J-48　　　**(c)　日本法への示唆**　　④の求償権については明文規定があり（上述）、⑤の弁済者代位については準用ではなく、代位権者を法定代位権者に広く認めている。⑥の物上保証人が複数いる場合については、日本では物件価格に応じた代位を認めており（501条3項3号）、固有の求償権まで認めるべきかは疑問である。③については、催告及び検索の抗弁権規定を類推適用すべきかは議論があり、適用を肯定すると、債務者設定の抵当権とは真逆で（394条参照）、まず債務者の一般

28）　Cass. ch. mixte, 2 déc. 2005, Bull. civ., ch. mixte n° 7 は、物上保証（cautionnement réel）とはいうが、それは「保証」ではなく、他人の債務を履行する債務を負担するものではないと宣言していた。また、消費法典のバランス原則の物上保証人への適用も否定されていた（C. Lledo, *op. cit.*, n° 461, pp.316 et s.）。2006年担保法改正で、質権につき、第三者が設定した場合、債権者は担保が設定された財産について訴権を有するにすぎないことを明記し、2021年改正で物的担保の総論規定に一般規定が設けられた。2325条2項前段は、第三者によって物的担保が設定された場合には、債権者は担保の設定された財産に対して訴権を有するにすぎないことを規定する。

29）　P. Simler, n° 60, pp.64 et s. は、これは例外規定であるため限定をしたものと反対解釈をするのが論理的であるが（保証の33規定のうち12規定が準用されている）、他にも物上保証人に適用可能な規定が多くあると主張して検討をしている。L. Bougerol, G. Mégret, n° 0.21, p. 8 は、保証人による主債務者の抗弁援用を認める2298条が準用されていないのは残念であるが、担保としての付従性は共通して認められるので、準用規定がなくても付従性により同様の結論を導けるものという。

財産からの回収が必要になる。立法的に解決するか、解釈に任せたままにするか議論が必要である。①については、物上保証人も抵当権の実行を阻止するために代位弁済をすることが考えられ、458条の2、458条の3だけでなく、465条の10の債務者が委託する場合の情報提供義務を準用することは認められてもよい。保証意思宣明公正証書規定の準用は不要である。個人根保証規定については、根抵当権規定でほぼ十分なように思われ、準用は混乱を招くだけである。付従性に基づく抗弁は、準用規定がなくても、抵当権の付従性から同様の解決ができ、時効の援用権については145条括弧書きがある。

(c)　**本書の構成**　　本書では以上に述べた問題意識に基づいて、保証法の多様化　J-49 を検証しまた保証を「担保」という観点から徹底した構成を探りたい。主債務を被担保債権、保証債務を担保として再構築を試みたい。また、客観的に保証法また人的担保法の現状の確認をする。考察の順序としては、「保証債務の意義および性質」（第1章）、「保証債務の成立——保証契約」（第2章）、「保証債務の範囲」（第3章）、「保証債務の対外関係——債権者・保証人間の法律関係」（第4章）、「主債務者または保証人について生じた事由の効力（影響関係）」（第5章）、「保証人の求償権」（第6章）と、保証についての基礎理論を検討する。そして、特殊な保証として、「連帯保証」（第7章）、「共同保証」（第8章）、「根保証」（第9章）で検討する。いずれにおいても、個人保証といった主体による特則に注意をするが、根保証については民法の規定が個人根保証だけしか置かれていないので、法人保証をむしろ補足することになる。そして、保証以外の人的担保として、「併存的債務引受」（第10章）、損害担保契約（独立的人的担保）（第11章）、「経営指導念書」（第12章）について検討し、保証とは異なるその意義を探り活用の可能性について検討してみたい。

◆保証法の構成

　　ちなみに、日本法とフランス法の保証規定の構成は以下のようになっている。フランスでは、消費法典の消費者与信の編に「人的担保」また「保証」の節があり、保証についての規定があった。しかし、2021年改正で民法に関連規定が置かれたことから削除される（L.314-15〜L.314-18、L.331-1〜L.333-2）。消費者与信に損害担保契約を使用することを禁止する L.314-19条が残されたのみである。

【表J-49】①　日本民法の保証規定

第5款　保証債務
　第1目　総則
　第2目　個人根保証契約
　第3目　事業に係る債務についての保証契約の原則

【表 J-49】②　フランス民法の保証規定

第 1 章　保証

　第 1 節　総論規定

　第 2 節　保証の成立及び範囲

　第 3 節　保証の効力

　　第 1 款　債権者と保証人間における保証の効力

　　第 2 款　債務者と債務者間における保証の効力

　　第 3 款　保証人間における保証の効力

　第Ⅳ節　保証の消滅

＊ドイツ民法は、第20節「保証（Bürgschaft）」とタイトルを置いて、款も部も分けること
　なく規定を列挙するだけ。

第1章

保証債務の意義および性質

1 保証債務の意義と現代的課題

(1) 保証債務の意義など[30]

(a) 保証債務の意義——被担保債権のための「担保」

ア 「その履行をする責任」　民法は、「保証人は、主たる債務者がその債務を履行しないときに、<u>その履行を</u>する責任を負う」と規定する（446条1項[31]）。

---

30)　＊**「保証」という用語と保証の分類**　「保証」という用語を使った表現としては、「保証人」、「保証契約」、「保証債務」という用語がある。学理的には一般的に「保証」といった表現が使われることがあり——旧民法は「保証」とのみ規定していた——、「保証」に関わる全ての問題を表す際に使われる。また、動詞として「保証する」という表現はなく「保証をする」と表現する（458条の2、459条の2、460条、462条2項、463条など）。保証をするとは、保証契約をすると同意義といってよい。
　　保証の分類としては、①広義の保証の下に、付従的保証と独立的保証（損害担保契約が考えられている）を区別し、②一時的保証と継続的保証が対置されていた（**注民（11）**141頁［西村信雄］）。隔世の感があり、現在では既に説明したように、個人保証、消費者保証、事業者保証、法人保証などといった分類に注目されるようになっている。なお、「有償保証」と俗に言われるが、保証契約ではなく保証委託契約についての問題である（☞**2-80**）。

31)　この規定については、「主たる債務者がその債務を履行しないときに」と規定されていることから、「保証債務の補充的性質を明にしたものなり」と説明される（**岡松**172頁）。しかし、担保としての性質、被担保債権が債務不履行にあるという担保権実行のための共通の要件を宣言したにすぎないと考えるべきである。保証債務の補充性は、保証ということから当然に出てくる性質ではなく、保証人保護のために法が特に認めた権利であると考えるべきである。任意規定であり変更可能であるが、消費者契約法10条の適用を検討する余地がある。しかし、この点は殆ど議論がなく、補充性を排除する特約は有効であることが当然視されている。
　　なお、主債務者が「その債務を履行しないときに」と規定されていることから、停止条件付き債務かのようであるが、保証債務は保証契約と同時に成立し、これは上記のように補充的債務であることを示したものにすぎないと説明される（**磯谷**453頁）。

他人の債務——**主たる債務**ないし**主債務**という（本書では主債務という）——について「その履行」をする債権者に対する義務を**保証債務**といい、その債務者を**保証人**という。また、主債務を負担する者を**主たる債務者**ないし**主債務者**という（本書では主債務者という）。保証債務は「主たる債務」に対して「従たる債務」[32]、主債務者に対し、「保証人は従たる債務者」といわれ[33]、保証債務には付従性が認められる（☞1-51）。「その履行」の「その」は、主債務を履行するのか、主たる債務と同一内容の自己の保証債務を履行するのかは、明確ではなく解釈に任される（☞1-31〜）。履行する「義務」ではなく「責任」と規定されている保証「債務」を否定する学説もあるが（☞1-44）、この点に大きな意義を認める必要はない。

1-2　　**イ　主債務の要件**　　446条1項は、保証の対象となる主債務について特に要件を明記していない。他人が代わりに履行できる債務であれば何でも可能である。金銭債務の支払保証だけでなく、他人が履行できる為す債務（賃借人の残置物の撤去など）の履行保証でもよい。有料老人ホーム入居契約では、金銭債務の保証と区別して、残置物の撤去だけでなく入居者の成年後見申請や適切な措置を採る義務を負う身元引受けとが区別されている（☞11-18）[34]。同一内容でなければならないので、他人が代わりに履行できる債務であることが必要だと考えられてきたが、近時は、保証は主債務と同一である必要はないという学説も現れている（☞注81）。

　　実際に行われているのは金銭債務の保証である。特に断らない限り、以下では金銭債務の保証を念頭において説明をしていく。

1-3　　**◆副保証（保証債務のための保証）**

　　⑴　**副保証の意義**　　保証人が、自分の保証債務につき、抵当権等の物的担保を設定することが可能なのと同様に、第三者に更に保証をしてもらうことも可能である。旧民法債権担保篇7条2項は、「保証人は亦第三者を引受人として己れを保証せしむることを得此引受人に対しては保証人は主たる債務者の地位を有す」と規定する。例えば、AのBに対する100万円の債権につきCが保証人になり、更にCの保証債務を主債務としてAD間でなす保証が副保証である（または「複保証」[35]）[36]。副保証の主債務は、Bの債務ではなくCの保証債務であり、保証債務の不履行に対

---

32)　**内田**411頁。
33)　**梅**140頁。
34)　通常の賃貸借ではこの点は明確に区別して規定されておらず、契約解釈によることになる。あくまでも金銭債務の保証であり、明渡しが遅れたことによる損害の賠償義務と共に、賃貸人が残置物の処理に用いた費用の損害賠償義務を保証するにすぎないのか、契約解釈によることになる。個人保証人の保護という観点からは、明確に規定されていない限りは、金銭債務の保証に止まるものと解される。

する担保である。したがって、B の主たる債務が有効であっても、C の保証債務が無効で成立しない場合には、D の副保証も成立しない。副保証の付従性が認められる主債務は保証債務である。主債務が消滅すれば、保証債務が消滅するのでその付従性で副保証が消滅するだけであり、B の主債務について直接の付従性があるわけではない。実際には、債権者は共同保証を求め、副保証がされることは殆どない。

(2)　副保証の法律関係――― CD の共同保証ではない　　　　　　　　　　　　　　　　　　1-4

　(a)　主債務者 B について生じた事由　　A の B に対する債権の保証人として CD がいるのではないから共同保証ではない。C の債務は A の B に対する債権について付従性・随伴性が認められ、D の債務の付従性・随伴性の対象となるのは、A の B に対する主たる債権ではなく A の C に対する保証債権になる。しかし、それが A の B に対する債権に対して随伴性があるので、芋づる式に全て随伴することになる。付従性についていうと、主債務者 B が弁済すると、保証債務が消滅し、それにより副保証債務も消滅する。C が A に対して債権を有する場合、D はこれを援用して支払を拒絶できる（457条 3 項）。B が A に対して債権があり相殺ができる場合、D は457条 3 項は援用できないが、C が457条 3 項の拒絶権を有することを、D が457条 2 項で援用できることになる。A の B に対する債権の時効が完成したり、その発生原因たる契約につき主債務者 B に取消権や解除条件が認められる場合も同様である[37]。B についての時効の更新は C に及び、457条 1 項の趣旨を拡大し、そのことにより D にも更新の効力が拡大されると解すべきである。

　(b)　主債務者に対する求償　　D は C の債務を代位弁済するが、C の債務が B の債務の代位弁　　1-5
済義務なので、結局は B の債務を C に代わって弁済することになる。この結果、D の C に対する求償権と同時に、C の B に対する求償権が成立する―――保証委託契約は、BC 間、CD 間にあり、BD 間にはない―――D は C だけでなく B の債務も代位弁済するので、B に対しても事前事後の通知義務を負うと解すべきである。D に B に対する直接の求償権を認める余地もあるが（☞**注36**）、債権者代位権を利用することもできる（転用を認めるべき）。免責請求権も、D は C に対して、C

---

35)　**川名**364頁は「複保証」と呼ぶ。**磯谷**469頁も、保証債務に保証をつけることを「複保証」と呼び、更に別に「副保証」というものを認める。これは主債務の保証であるが、例えば A が保証をしており、A の保証が無効、取消しになったり、A が保証債務を履行できないときのために B がなす保証であり、いわば B の保証債務に主債務に対する補充性だけでなく、A の保証債務に対しても補充性を認める反面、A の保証債務が保証契約の無効等により消滅しても責任を免れないものである。

36)　そのような保証も有効であり―――**鳩山**295頁は、副保証を「保証債務を更に保証するものなり」と説明しており、このような理解ともとれないではない―――CD は共同保証人ではなく、D が100万円支払えば50万円ではなく100万円を C に求償できる。また、C が B に100万円の求償ができるだけでなく―――C が D の求償に応じたことが必要とすべきかは問題になる―――B の債務を代位弁済したことにもなるので（☞**1-5**）、B に対して100万円の求償（不当利得返還請求）ができることになる。

37)　フランス民法2291条は、主債務だけでなく保証人の債務についても保証が可能であることを明記する。S. Piedelièvre, nº 64, p.49 は、本文の例で言うと、副保証人 D は、副保証の主債務者は C であり、C についての主債務者 B についての事由を援用できず、また、支払っても副保証の主債務者 C に求償できるだけで、B には求償ができないと説明する。なお、2302条（毎年の債務残高の債権者の報告義務）および2303条（主債務者が期限を失った場合の債権者の通知義務）により保証人が受けた情報を、保証人は副保証人に対して自己の費用で 1 か月以内に提供することを義務づけられる（2304条）。スイス債務法498 1 項は、副保証人は、主債務者と単純保証人と同様に、主債務について保証するものと規定する。フランスでは、副保証人は le certificateur de caution といい、sous-caution は求償保証人であり（求償保証は sous-cautionnement）、2291-1 条に規定されている（改正前は規定がなく解釈により認められていたが、明文規定を用意した）。

はBに対して求められながら、これも債権者代位権を転用して、Cが無資力かどうかを問うことなく、DがCのBに対する免責請求権を行使できると考えるべきである。なお、保証人が保証の履行に備えて、保険会社と保険契約を締結する場合、それは保証人と保険会社との契約である。

1-6　　◆求償保証
　（1）　**根保証人のための求償保証は根保証か**　　保証人の将来の主債務者に対する求償権についての保証のことを、**求償保証**という[38]。保証と異なる取引ではなく、保証に関する規定により規律される[39]。特定債務についての特定保証の場合には、求償保証もその債務額を限度とする特定保証になる。ところが、主債務の保証が根保証の場合には、その根保証の性質により、求償保証が根保証になるかどうかが変わってくる（☞ 9-187）。①抵当権類似型の場合には、確定時の特定された債務を保証することになり、特定債務の保証であり根保証ではないが、②保証債務集積型では、主債務が発生するごとに保証債務が成立し、その履行により求償権が発生するのでこれを保証するのは根保証になる[40]。

1-7　　（2）　**求償保証についての規制**
　　（a）　**脱法規制の必要性**　　以上によると、主債務についての根保証を法人保証により極度額なしに行い、その求償保証を個人保証によるならば、保証債務集積型は個人根保証になるので、個人根保証の規律を受け極度額がなければ無効になる。ところが、個人による求償保証を根抵当権類似型で行うと、金額は確定してはいないが特定債務の保証になり、個人根保証の規制を受けなくなってしまう。しかし、確定時の債務は金額も不明であり、実質的には根保証に等しい。そのため、個人根保証の規制が求償保証の形を取ることで潜脱されないように、民法は規制をしている（465条の5 ☞ 9-187）。

1-8　　（b）　**有償保証＋求償保証の過剰な負担**　　求償保証は、例えば信用保証協会による有償保証などで使われており[41]、主債務者としては保証料を支払って保証してもらう保証人を立てるのを免れると思いきや、有償保証の求償権のために保証人をださなければならないことになる。個人保証の代わりに信用保証協会の保証を使った意味がなくなってしまう。現在では、信用保証協会によ

---

38)　スイス債務法498条2項は、求償保証を（L'arrière-caution）と呼び2291条に規定し、支払をした保証人の主債務者に対する求償権を担保する保証と規定する。

39)　**石坂**991頁。

40)　**筒井ほか・Q & A**80頁。

41)　＊**信用保証協会および金融機関が第三者保証をとることの禁止**　　信用保証協会による保証については、中小企業庁金融課が平成18年3月31日の「**信用保証協会における第三者保証人徴求の原則禁止について**」という通達により、その求償権について個人保証を取ることを原則として禁止している。ただし特別事情がある場合を例外としており、それは以下の3つである。また、金融機関が債権者となる場合については、求償保証に限ることなく、金融庁により**主要行等向けの総合的な監督指針**（令和5年6月）により、広く第三者保証を取ることが原則的に否定されている（☞ J-25）。なお、会社の債務の保証において、経営者以外の個人保証人のことを「**第三者保証人**」と呼ぶ。

> ①　実質的な経営権を有している者、営業許可名義人又は経営者本人の配偶者（当該経営者本人と共に当該事業に従事する配偶者に限る。）が連帯保証人となる場合
> ②　経営者本人の健康上の理由のため、事業承継予定者が連帯保証人となる場合
> ③　財務内容その他の経営の状況を総合的に判断して、通常考えられる保証のリスク許容額を超える保証依頼がある場合であって、当該事業の協力者や支援者から積極的に連帯保証の申し出があった場合（ただし、協力者等が自発的に連帯保証の申し出を行ったことが客観的に認められる場合に限る。）

る保証については、ソフトローレベルで、個人保証人を求償保証にとることを避けるように指導されている（☞注41）。そのため、求償保証には、経営者保証が使われるにすぎない。なお、全国有料老人ホーム協会による会員の倒産に備えた前払金の返還義務の保全措置（老人福祉法29条 9 項）としての保証につき、会員の信用に僅かでも不安がある場合には親会社に求償保証をしてもらうのではなく、親会社に共同保証人になってもらい——求償保証とは異なり、まず親会社が支払うことを義務づけ、協会による保証の発動を回避している——、465条に対する特約をして協会からの親会社への共同保証人間の100％の求償を認める特約を結んでいる。

(b)　**保証は人的担保制度**　保証債務は担保制度の一種であり、抵当権などの**物的担保**に対して**人的担保**といわれる。フランス民法では、保証は当初典型契約の 1 つとして規定されていたが、2006年の担保法改正により担保編に「人的担保」の章を設けてここに移された（内容的改正なし）。保証債務は、債権者から見ると履行を請求できる債務者を増やし、責任財産を増やすことになるので、債権の回収がより確実なものとなる。保証は、主債務者に、保証人に迷惑をかけてはいけないと破綻を避けるよう誠実に経営をし、また、弁済をすることへの心理的プレッシャーになる——これは物上保証にも共通——。　　1-9

(2)　保証法の現代的課題——保証人に応じた多様な保証法理　　1-10

(a)　**個人保証**（消費者保証）[42]

　ア　情義的関係に基づく軽率な保証人　これまでの保証法理は、いわゆる**情義的保証人**、即ち主債務者に頼まれて義理人情により断れずに、また、まさか責任を追及されることはないと考えて軽率に保証契約をしてしまう、憐れむべき保護の対象となる保証人を念頭においていた。そのため、保証法においては、担保の要請と調整させつつどこまで保証人を保護するかが課題とされた[43]。即ち、担保という観点から、いざというときに機能するという債権者の期待を保護する必要があるが、保証人の責任を可能な限り軽減することが理念とされ、また、運

---

42)　**＊個人保証をとることの主債務者への心理的な履行の強制機能**　個人保証人に保証債務を負担させるという法的効果に加えて、事実上の効果として、主債務者に保証人に迷惑をかけてはいけないというプレッシャーを与え、経営をしっかり行う、また、あぶなくなっても保証の対象である主債務を優先して支払うことが期待できる、また、保証人についても、自分が迷惑を受けないように、主債務者を監視してその経営をしっかり運用させるといったことが期待できる。保証人には保証債務を負担させているので、主債務者の経営を監督し、適切な支援などをする義務を負担させることも、契約自由なので可能であるが、その賠償義務を認めても、保証債務以上の保護を債権者が受けられるわけではない。

用として「個人保証からの脱却」が求められている。その根拠をまとめると以下のようである（【表1-10】）。

【表1-10】個人保証（情義的保証）の特殊性

① 主債務者との情義的関係に基づいて助け合いとして保証人になるものである。

② 保証契約自体、また、主債務者との保証委託のいずれにおいても無償である。

③ 保証人は、保証（特に根保証）契約の内容をよく理解していないことが多い。

④ 保証人は、主債務者の営業状況につき十分な情報を得ておらず、また、その経営に影響を及ぼすことはできない。

⑤ 保証されている取引により、保証人が経済的な利益を受ける関係にはない。

⑥ 万が一の場合以外は履行の必要性がなく、債務を負った意識は薄く忘れがち。

⑦ ⑥のため、軽率に支払わされることはないと保証に応じている。

1-11 　◆個人保証人保護のための諸規定

　日本においては債権担保において、依然として個人保証への依存度が高く、商工ローンの貸付けについての保証人など、その過酷な取立に苦しむ保証人の存在が、社会問題となった[44]。そのため、日弁連は、そのような実態に鑑み、個人保証人を禁止することを提案した[45]。しかし、保証の実用性は否定できないところであり、保証を条件として取引をしてもらうことができる。また、有償保証のように保証料を支払わず、相互のお互い様の関係で保証をし合うこともあり、市民が必ずしも「保証＝悪」という意識を持っているわけではない。そのため、「保証は2017年改正でもっとも注目を集めた論点の１つである」といわれ、国会での質疑も保証とりわけ保証意思宣明証書に集中した。その他にも、2017年改正民法は、未だ十分とはいえないが、個人保証人を保護する諸規定を導入している。民法の個人保証人に関わる――限定していないものも含めて――規定を整理すると以下のようになる。

【表1-11】個人保証の扱い

〈債権者〉　　　　〈債権の種類〉　　　〈個人保証人への限定〉

---

43) スイス債務法では、1941年12月10日の第20章「保証」を改正する法律により、保証規定が全面的に改正され、軽率な保証人の保護、保証人の責任の軽減、保証人の求償権の強化が図られている。また、この章により保証人に与えられる権利は予め放棄することはできない強行規定とされている（スイス債務法492条４項）。スイスでは、1941年の改正で厳しい保証人保護が図られたため、一種の独立担保が広く用いられるようになったといわれる（P. Delebecque, P. Simler, p.328 note１）。

44) 1999年（平成11年）の貸金業法の改正により、貸金業者が個人保証人をとる場合には、保証契約締結前に保証内容について書面を交付して説明すること、保証契約書の交付義務、主債務者に対して追加融資をした場合には、その契約内容を明らかにした書面を交付する義務などが規定された（貸金業法17条）。

45) ＊日本弁護士連合会「保証制度の抜本的改正を求める意見書」　2012年（平成24年）１月20日、個人保証の原則禁止、債権者の保証契約締結に際する情報提供義務、主債務者の履行状況についての情報提供義務などの規定の導入を提案していた。これに依拠し、各地の弁護士会で同様の提案が相次いだ。

1. 事業者か否か問わない	種類を問わない	なし（458条の3はあり）	催告・検索の抗弁（451条、452条）、分別の利益（456条）、債権者の主債務につき期限利益喪失があった場合の情報提供義務（458条の3）
2. 事業者か否か問わない	種類を問わない	なし（しかし、受託保証人）	主たる債務者の通知義務（463条2項）、事前求償権（460条）、債権者の主債務の履行状況についての情報提供義務（458条の2）
3. 事業者か否か問わない	種類を問わない	あり	包括根保証禁止（465条の2）、元本確定についての465条の4第1項
4. 事業者か否か問わない	貸金等債務	あり	元本確定期日についての規定（465条の3）、元本確定についての465条の4第2項
5. 事業者か否か問わない	貸金等債務	あり（適用除外あり）	保証意思宣明公正証書（465条の6以下）
6. 事業者か否か問わない	事業のために負担する債務	あり	主債務者による依頼時の情報提供義務（465条の10）

◆フランスにおける個人保証人の保護[46)]　　　　　　　　　　　　　　　　　1-12

(1)　主債務者に対する過大な融資の場合の保証人に対する警告義務

(a)　**改正前の判例**　2007年2月13日の破毀院商事部判決（Bull. civ. IV, nº 31）は、専門事業者たる金融機関が、主債務者に対してその資力からして不適切に過大（過剰）な融資をする場合、主債務者が返済をできず、保証人が責任を問われる可能性が高い場合、金融機関に保証人に対するそのことの警告義務（devoir de mise en garde）を認めている――判例では主債務者に対しても債権者の警告義務を認める――。これに違反した場合には、金融機関の保証人に対する不法行為を認め、損害賠償義務を認めて、保証人はこれと保証債務とを相殺して、残額のみを支払えばよいものとした。金融機関の融資に関わる義務に限定されていた。これに関連する規定は消費法典にも存在していなかった。

(b)　**2021年改正による拡大・明文化**　2021年改正は、判例を拡大しつつ明文化している[47)]。　1-13
改正により導入された2299条は、事業者たる債権者（金融機関に限定されない）は、個人保証人に対して、主債務者（特に限定はなく、法人でもよい）の債務が、その経済的能力にとり不適切であり過大なものである場合に（過大融資、過大取引）、そのことを保証人に警告すべき義務を負うことを規定し（1項）、この違反により、保証人が受ける損害の限度で、債権者は保証人に対する権利を失うものと規定している（2項）。事業者であれば債権者を問わず、また貸金債権（主債務者への過大融資）に限定していない。主債務者の資産との関係で過重な取引の場合、主債務者が支払えない可能性、つまり保証人が責任を問われる可能性があるため、そのことを保証人に警告する義務を広く認めたのである。また、保証人が相殺をするまでもなく、当然に減額されることになっている。

(2)　**保証人の収入と資産と比較して適切な範囲への制限（バランス原則）**　　他方で、保証の範囲　1-14
は自由に決められ、無制限の根保証であっても規制がなく、上記のように過重な与信を不法行為として借主を救済する判例があったにすぎない。そのため、個人保証人保護のために立法により対処され、1989年12月31日の法律（Neiertz法）が消費者与信と住宅ローンの保証について**バランス原則**を導入し、2003年8月1日の法律（Dutreil法）が、これを全ての個人保証人に拡大したのである。その後、2003年改正により、消費法典に導入された個人保証人を保護するバランス

原則の規定（消費法典 L. 332-1条［当初は L. 341-4条］——注48のルクセンブルク民法に採用されていた）は、修正の上で民法に導入されている（民法2300条）。これにより消費法典の規定は削除されている。本規定によると、事業者たる債権者と個人保証人との間で保証契約が締結されるに際して、保証人の財産とその収入とが明らかに不釣り合いなものである場合には、保証契約締結時において、負担することが可能であった金額にその責任は制限されることになる[48]。もちろく根保証にも適用される。これは**バランス制度**（le régime de la proportionnalité）や**バランス原則**（le principe de proportionnalité）と呼ばれる。これはその保証人の抗弁にすぎず、全ての者に対抗でき、債権者だけでなく共同保証人（の求償）に対しても対抗でき、援用できるの

---

46)　**＊フランスにおける個人保証人保護の立法史**　　フランスにおける個人保証人保護の立法史を概説すると以下のようになる（P. Delebecque, P. Simler, n° 38 et s., pp.35 et s. による）。①個人への与信また住宅ローンについての1978年1月10日の法律及び1978年7月13日の法律により、債権者に与信情報について保証人への通知を義務づける。②1984年3月1日の法律により、担保保存義務についての免除特約を禁止し、金融機関に、主債務についての現況について保証人に知らせる義務を負わせた。③1978年1月10日の法律を改正する1989年6月23日の法律により、消費者与信の保証人に、消費者借主についての保護規定を拡大する。④1989年12月31日の法律（Neiertz法）により、消費者保証について厳格な要式主義——2つの手書き事項を要求——を導入する（その後、消費法典に導入され、その後2021年改正で民法に導入される）。なお、1992年1月18日の法律により消費法典が制定される。⑤1994年2月11日の法律は、事業債権の債権者に、不確定期間につき保証をした個人保証人——この頃から「消費者」保証人ではなく「個人保証人」といわれるようになる——に対する毎年の主債務額についての通知義務を拡大する。⑥1994年7月21日の法律は、居住用不動産の賃貸借における個人保証人につき、手書きによる記入を必要として、その違反により保証契約を無効とする。⑦1998年7月29日の法律は、全ての根保証人に対する債権者の毎年の情報提供義務、債務超過債務者に対する生存保障（reste à vivre）の利益を認める。⑧2003年8月1日の法律（消費法典の改正）は、全ての事業上の債務に個人保証人の手書要件を拡大し、バランス原則を導入する。

　フランス民法における個人保証人保護規定をまとめると、①手書きによる書面の作成（2297条）、②期間の定めのない根保証人の解約権（2315条、2316条）、③根保証の場合の根保証人死亡による保証する債務の消滅（2317条）、④バランス原則（2300条）、⑤事情に精通しない保証人に対する保護義務（2299条）がある。

　ドイツ法については、原田昌和「巨額な共同責任の反良俗性（1）（2・完）」論叢147巻1号（2000）24頁、148巻1号（2000）85頁、同「極端に巨額な保証債務の反良俗性（1）（2・完）」論叢148巻2号（2000）18頁、149巻5号（2001）46頁、齋藤由起「近親者保証の実質的機能と保証人保護（1）〜（3・完）」北法55巻1号（2004）113頁、2号（2004）657頁、3号（2004）213頁、フランス法につき、能登真紀子「保証人の「過大な責任」」名法227号（2008）371頁、大澤慎太郎「フランスにおける保証人の保護に関する法律の生成と展開（1）（2・完）」比較法学42巻2号（2009）47頁、（2010）3号25頁、同「フランス法における保証債務の履行と保証人の保護」早稲田法学91巻3号（2016）231頁がある。その他、齋藤由起「過大な責任からの保証人の保護」ジュリ1417号（2011）79頁以下参照。なお、過大であることは要件ではないが、スイス債務法500条1項は、自然人である保証人の保証額は、毎年3％、不動産担保により担保されている場合には1％当然に減額（法定の減額）されるものと規定する。また、スイス債務法509条3項は、保証債務は契約締結から20年で消滅するという除斥期間を置いている。主債務が更新により存続するとしても、20年がデッドラインになる。

47)　この規定は、予備草案にはなかったが、学説が明文化を切望したために導入されたものである（P. Simler, n° 31, p.34）。改正前の損害賠償では、保証債務を負担したことが損害なので相殺により一切の責任を免れるものであり、一切免責か一切免責なしかの処理であったが、損害の限度での減額に変更したので、抑止効果は弱まったという評価がある（J.-J. Ansault, Y. Picod, n° 62, p.133）。しかし、ゼロとされた事例も、相当額の減額を認めることが可能になったという柔軟な運用が可能になったと積極的な評価も可能なものと思われる。

はその保証人だけなので、他の保証人は共同保証人の 1 人の免責を援用することはできないと考えられている[49]。

(3)　生活保護の保障　　以上の要件を充たし、個人保証人が責任を負う場合にも、個人保証人の 1-15
生活を保持する可能性を残さなければならない。そのため、1998 年 7 月29日の法律98-657号の
103条により、個人保証人につき最低限の資金を奪うことは許されないと規定し、これが改正前
2301条後段に採用されていたが、2021年改正法はこの後段部分を独立させて条文化した（2307
条）。ただし、規定の意義については疑問視されている。①自然人については債務超過清算手続に
おいて、2307条によることなく、債権者（特に事業者に限定なし）の権利は、消費法典 L.
731- 2 条（家庭及び社会［保障］事業法典 L. 262-2 の規定する生活に必要な費用）の定める最
低の資金（ressources）を奪うことまでは認められないものと規定している。②また、民事執行
手続法典 L. 162-2 条により、債権者は自然人の銀行口座の差押えにつき、最低収入保障（RSA
= revenu de solidarité active）の金額までは手を付けられないことになっている。これらが個
人保証人の最後の砦になる。

◆保証債務の相続性──根保証については後述 1-16

(1)　相続性は肯定されている──包括根保証は例外　　判例・通説は、個別の保証債務について
相続性を肯定し、ただ包括根保証人たる地位の相続性を否定していた。また、2004年改正民法は、
限定根保証である個人根保証において、根保証人の死亡を確定事由とした。ただし、この点、学
説には、個人保証の情義性から、全ての個人保証債務につき一身専属的債務として相続性を否定
する主張がある（☞ 1 -17）。しかし、歴史的には保証債務の相続性が否定されたこともあり、民
法典によっては敢えて保証債務の相続性を宣言する規定が置かれることがある。しかし、今は保
証債務の相続性を認めることは当然視されている[50]。学説もかつては次にみるように相続否定説も
見られたが、今では否定説は見られない[51]。

(2)　相続否定説の主張　　中川一郎教授は以下のように、保証債務の相続性を否定する[52]。 1-17
　明治以前は保証債務は相続性を有せず、ゲルマン法もそうであり、ローマ法も古くはやはり相
続性が否定されていた。保証債務に相続性を認めたのは政策的なものであり、本来保証債務は非
相続性が固有のものであった。保証は、義理・人情・徳義といったものが、保証人をして保証契
約締結の心理的強制をすること、保証人は対価なしに無償でなされること、保証人自身にさえ責
任を負担させるのが不合理であるのに、これを相続人に相続させることは、道徳ないし正義感に

---

48)　消費法典から民法に規定を移す際になされた大きな変更が 2 つある。① 1 つは、改正前は、債
　権者が保証の主張ができないとされていたのが、契約時に支払うことのできた金額に減額されると
　明記されたことである（証明責任は保証人）。②もう 1 つは、改正前は、契約後に資力が増えたこ
　とを債権者が主張することを認めていたが、契約時の資力に固定し、その後の変動を考慮しないこ
　とである。全ての種類の主債務に適用を拡大することも草案段階では意図されていたが、この点は
　実現されず事業上の債務の個人保証という要件は維持されている。共同保証の場合の債務額、夫婦
　の場合の夫婦の財産との関係で資産の計算など、解釈に残された問題はあるが、改正法でも解釈に
　任されたままである（P. Delebecque, P. Simler, nº 126, pp.136 et s.）。なお、ルクセンブルク民法
　2016条 3 項は、事業上の債権者は、自然人たる保証人との保証契約につき、その契約締結の際に、
　その責任が保証人の財産と収入と明らかに不釣合いな場合には、保証人が請求された時点における
　保証人の財産が、その債務に対処可能なものでない限り、契約の効力を主張しえないものと規定す
　る。これはフランスにおける民法2300条に修正されて規定される前の消費法典 L.332- 1 条と同じ
　規定である。
49)　J.-J. Ansault, Y. Picod, nº 79, p.174. また、この主張は時効にはかからないと考えられている（D.
　Legeais, nº 169, p.142)。

反する。保証の非相続性は、継続的債権関係を発生せしむる純粋無償契約一般の特性である。さらには、保証債務は一身専属的なものと見ることもできる。保証に非相続性を認めることは、「元来廃滅の運命にある此不合理制度としての保証を、それが制度として存する限り、幾分なりとも合理的ならしめんとすることに外ならない。又、他方それは保証制度を廃滅させ、より合理的な身元保険・信用保険制度への進化を促進するものである」。

1-18　　　**イ　経営者保証人**　　同じ個人保証でも、会社の経営者が会社の債務について保証する**経営者保証**は、情義的保証人たるいわゆる**第三者保証**（経営者以外による保証）に対して合理的な差が認められるべきである[53]。経営者保証は主債務

---

50)　フランス民法改正前2294条は、保証人の義務は相続人に承継されることを明文をもって規定していたが（ベルギー民法2017条、ルクセンブルク民法2017条も同様）、改正2994条は相続人は被相続人の死亡前の債務についてのみ責任を負うこと（1項）、これと異なる合意は無効であること（2項）を規定する。スイス民法591条は、保証債務の相続について、単純相続がされたとしても、財産分離のような清算を認め、相続財産の清算の場合に相続財産から配当を受けられる金額の限度で相続人は責任を負うものと規定する。これは、スイスでは17世紀の末まで、保証は一代限りと考えられていた伝統と共に、保証債務の未必性が原因であると説明されている（**西村・継続的保証**49頁以下）。ケベック民法2361条は、保証人の死亡は、反対の合意があろうとも、保証契約を終了させる（met fin au cautinnement）と規定する。2364条は、保証契約が終了した場合には、その時点で存在している債務については責任を免れないと規定しているので、根保証契約の終了の規定にすぎないようである。

51)　フランスでは、2006年担保法改正と同年の2006年6月23日の法律により導入された786条2項により、単純承認をした相続人が、①承諾の際に知らないことを正当化される債務があり、②その債務によりその固有の財産が危険にさらされる恐れがある場合には、債務を認識した時から5か月以内に申し立てることにより、その債務の全てまたは一部を債権者に免責してもらうことができるものとされている。

52)　中川一郎「保証債務の非相続性」論叢37巻5号（1937）866頁以下。また、中川善之助・泉久雄『相続法〔第4版〕』（有斐閣・2000）176頁以下は、そもそも保証債務の相続性を否定すべきものとする。長尾治助「債務の相続」『現代家族法大系4相続I相続の基礎』（有斐閣・1980）258頁は、消費者保証の場合には一時的保証でも相続性を否定し、それ以外の例えば会社の取締役がした保証については、無償性・情義性・軽率性といった特性を有していないので相続性を肯定する。

53)　**＊経営者保証ガイドライン**　　会社が取引をしたり融資を受ける際には、経営者（代表取締役）の保証が求められるのが普通である。これは、株を保有している個人企業の場合だけでなく、いわゆる雇われ経営者でも同じである。このことを嫌って経営者が見つからないという懸念があるため、経営者保証の改善が求められ、保証への過度の依存を避けることが検討課題とされている。

　経営者保証の規制は、先に述べたように2004年改正法の出発点をなした問題であり、中小企業庁と金融庁の後押しで、日本商工会議所と全国銀行協会が事務局となった「経営者保証に関するガイドライン研究会」が、経営者保証を提供せず融資を受ける際や保証債務の整理の際の「中小企業・経営者・金融機関共通の自主的なルール」として、2013年（平成25年）12月に「**経営者保証ガイドライン**」が策定・公表されている（平成25年12月5日公表、平成26年2月1日適用開始）。経営者保証に依存しない融資の一層の促進についてのガイドラインが示されている。文献として、小林信明／中井康之・編『経営者保証ガイドラインの実務と課題〔第2版〕』（商事法務・2021）、野村剛司・編著『実践　経営者保証ガイドライン　個人保証の整理』（青林書院・2020）がある。また、事業承継時に経営者保証が後継者候補確保の障害となっていることを踏まえ、政府として「事業承継時の経営者保証解除に向けた総合的な対策」（令和元年5月）を実施している。なお、令和元年12月24日に、日本商工会議所と一般社団法人全国銀行協会を事務局とする「経営者保証に関するガイドライン研究会」（座長：小林信明）が、12月24日、<u>事業承継に焦点を当てた</u>「経営者保証に関するガイドライン」の<u>特則</u>を公表している。

者の経営状況を熟知し、また、その破綻は自分の経営責任である。保証意思宣明
公正証書については、経営者保証人は保護の対象外とされている（☞ **2 -61**）。ただ、
個人＝会社といえるような会社取締役の場合と雇われ取締役とでは、同じ経営者
保証人でもその扱いに差が認められてよい[54]。個人保証人も【表 1 -18】のよう
に多様であり、ある程度の枠付けは必要であるが、灰色の領域が残るのは仕方な
く柔軟な解決の余地を残しておく必要がある。

【表 1 -18】個人保証人も多様

①　情義的保証人（第三者保証）

　ⓐ経営者の配偶者（財布は 1 つであり利益を受ける）

　ⓑ配偶者以外の親族

　ⓒ知人、友人

　ⓓ同業者（相互に保証して助け合う）

②　経営者保証人（広義）

　ⓐ会社＝経営者に等しい場合（狭義の経営者保証）

　ⓑ共同経営者（株式を数人で支配している場合）

　ⓒ雇われ経営者（会社から利益を受ける）

　ⓓ名義だけの取締役など（実質は従業員など）

③　経営者保証に準ずる場合

　ⓐ共同経営者（個人事業者が主債務者の場合）

　ⓑ経営者の配偶者（事業に参加している場合）

④　有償保証を業とする個人事業者たる保証人

(b)　事業者保証（法人保証）

1-19

ア　有償取引としての事業者保証（法人保証）──有償の保証委託契約

現代における保証は、個人保証以外に多様なものが存在しており、これを同一の
規律に服せしめるのは適切ではない。まず、信用保証協会の保証[55]、銀行や商工
ローンがそのローンのために設立した保証会社による保証[56]、更には、銀行によ
る保証（支払承諾[57]）、賃貸借における保証会社による保証のように、<u>保証料を</u>

---

54)　実質的に会社＝経営者の場合には、例えば、経営者保証人の他に第三者保証人が共同保証人に
なっている場合、前者については465条を適用することが制限されるべきである。また、保証人と
物上保証人とがいる場合にも、頭割りによる弁済者代位を認めることには躊躇する。前者について
は、少なくとも法人格否認の法理が適用になる事例については、主債務者と同視して100％の負担
を認めるべきである。経営者ガイドラインによる保護は必要であるが、他の保証人の保護が個人会
社の経営者保証人保護に優先せられるべきである。

とって合理的な計算で行われる保証がある——保証契約ではなく、主債務者との保証委託契約において保証料が徴求される——。また、親会社や関連会社の債務を、事業者たる会社が保証することもある[58]。これらには情義的保証についての保証人保護法理を適用する必要はない[59]。椿教授は、「法人保証」という概念を

---

55)　＊**信用保証協会および類似の機関**　　信用保証協会は1953年（昭和28年）制定の「信用保証協会法」に依拠する認可法人であり、全国で51の信用保証協会がある。同法1条はその目的として「この法律は、中小企業者等が銀行その他の金融機関から貸付等を受けるについてその貸付金等の債務を保証することを主たる業務とする信用保証協会の制度を確立し、もつて中小企業者等に対する金融の円滑化を図ることを目的とする」と宣言する（業務につき☞**注789**）。これは、政府が、中小企業が融資を得られるために信用保証協会を各都道府県（川崎市なども）に設立するものである。そのほか、協同体的な団体による有償の保証として、昭和27年の中小漁業融資保証法による漁業信用基金協会の信用保証、昭和36年の農業信用保証保険法による農業信用基金協会の保証等多数ある（村田利喜弥「信用保証協類似機関の保証」**別冊 NBL61号**20頁以下参照）。これら公的信用保証機関による保証を上位概念として「機関保証」という。農協の準組合員に対する貸付金について基金協会・県保証センターが保証を行った場合、その保証債務を再保証する信用保証機関として、全国農協保証センター（一般社団法人）がある。信用保証協会については、村田利喜弥「信用保証協会の保証」**別冊 NBL61号**14頁以下、同「信用保証協会の（根）保証」**椿ほか・研究**179頁、伊藤進「信用保証協会の保証の現状と問題点」**椿ほか・研究**68頁参照。フランスでは、19世紀後半に、業種ごとにその事業者団体による「互助」保証団体が設立され（数百あると言われる）、業界に属する事業者が融資を受けるに際して互助的観点からの保証を行っている（☞ **J-42**）。

56)　＊**保証料も合わせて利息制限法で規制**　　金融機関が設立した子会社たる保証会社については、借主保護の観点からは疑問がある（☞**2-81**）。保証があるので、確かに融資機関に対しては抵当権の設定は不要である。例えば、住宅ローンを利用する場合、銀行はその子会社による有償保証を利用させて担保はこれだけである。では、借主は購入した住宅に抵当権の設定が不要なのかというと、保証会社に保証料を支払わされる上に、保証会社の求償権のために住宅に抵当権を設定させられるのである。抵当権の債権者が異なるだけで、保証料という余計な費用負担が増えただけで、借主としては何もよいことがない。金融機関が債権回収機関を独立させて、保証料名目で利益を増やしているだけといってもよい。そのため、商工ローンの保証につき、保証料も一体として利息制限法に違反するかどうかが判断する判決がだされ、その後、利息制限法の改正により条文化された。即ち、利息制限法8条1項は、「営業的金銭消費貸借上の債務を主たる債務とする保証（業として行うものに限る。以下同じ。）がされた場合における保証料（主たる債務者が支払うものに限る。以下同じ。）の契約は、その保証料が当該主たる債務の元本に係る法定上限額（第1条及び第5条の規定の例により計算した金額をいう。以下同じ。）から当該主たる債務について支払うべき利息の額を減じて得た金額を超えるときは、その超過部分について、無効とする」と規定した（主債務の利息の利率を事後的に増加させる場合にもこの規律が及ぶことは、同9条1項に規定）。

57)　支払承諾については、北原重信「支払承諾の内容と実務上の問題点」**担保法大系第5巻**700頁以下参照。銀行による支払承諾は、銀行法10条2項1号の銀行の付随業務の1つであり、その内訳は、「手形引受」、「信用状」、「保証」と分類し、「保証」が更に「借入保証」と「その他」に分けられる。

58)　堀龍兒「事業会社にかかわる法人保証の諸問題」**別冊 NBL61号**110頁によると、事業会社は、子会社や役員を派遣するなどして経営支配下にある関係会社の、金融機関よりの借入金債務について連帯保証をすることがあり、それは、子会社等の経営状態が良くないか、事業会社への依存度が強いとき等に限られるということである。取締役保証のように、親会社が保証を求められるのが通例というものではない。

59)　消費者契約という観点からは、債権者と保証会社との保証契約は事業者間契約ということになり、消費者保護を考える余地はない。むしろ主債務者の保証人との保証委託契約、個人たる共同保証人と保証会社との共同保証人間の求償についての特約などが、消費者契約として問題になる（伊藤進「ローン保証の特質」**伊藤・保証・人的担保論**250頁参照）。

提案し、これを①「協会保証」と②「企業保証（広義）」とに分け、後者を更に、ⓐ銀行保証、ⓑ保証会社保証、ⓒ企業保証（狭義）とに分けている[60]。保証人が法人かどうかで区別することは、日本の保証規定の特徴である。

◆「機関保証論」（機関信用保証論）について　　　　　　　　　　　　　　1-20

(1)　契約の内容からの分類　　信用保証協会を代表とする公的な保証機関による保証の法的性格については議論があり、学説の整理の仕方も一様ではない。例えば、①債務の保証とする債務保証説、②信用を補完するものとする信用補完説、③信用委任契約と分析する信用委任説[61]、④必ずしも内容は理解が一致していないが機関保証といった特殊性を認める機関保証説[62]に分類されることがある[63]。①と③は説明するまでもないが、②は債務保証を否定するものではないものの、「信用の保証」といったことを給付利益とするものといえ、④は機能を超えて法的にどう異なるのか、必ずしも論証は完全にはなされていない。信用保証協会の保証については、信用の保証であることから、共同保証において特別扱いをすることや、随伴性に疑問が提起されている[64]。

(2)　民法上の保証債務か否という観点から　　また、保証債務かどうかという点から、①機関保証を保証と捉える立場も、ⓐ特約また法令により修正がされているにすぎないという理解と[65]、ⓑ機関保証という特殊な保証類型であり、特約によることなく、法解釈を通じて適切な解決を実現しようとする考えとに分かれる。②また、民法上の保証とは異なる制度として理解するものも、ⓐ債務保証ではなく「信用の保証」として理解するもの（ただし、内容は明らかではないと評される）[66]、ⓑ「信用委任」（☞12-2）と構成し、信用委任によって発生した保証債務という位置づけをするものに分けられる[67]。法的分析はともかく、「その保証の直接のねらいはあくまでも債務者の信用獲得に役立つものであり、債務者の信用の補完という性格の強い保証である」[68]ということは否定できない。

1-21

---

60)　椿寿夫「保証における法人保証・法人根保証の役割」**椿ほか・法理**11頁の表参照。

61)　鈴木正和「制度保証の法的性格の明確化」信用保証58号21頁の主張にかかる考えのようであるが、筆者は未見である。信用委任については**12-2**参照。

62)　＊**伊藤進教授の「機関信用保証」論**　伊藤進教授は、信用保証協会の保証を「機関・信用保証」と分析する。注66のような特質から、「債務の保証」性もあるが主たる内容は「信用の保証」であり、公的機関による合理的計算に基づく有償保証として、個人保証を念頭においた補償理論とは異なる扱いをしようとしている（伊藤進「信用保証協会の保証の現状と問題点」**伊藤・保証・人的担保論**140頁以下。名称についていうと、従前は「機関保証」と使用していたのを、信用ということを強調するため、「機関信用保証」と呼び名を変えている（伊藤進「「機関信用保証」論」**伊藤・担保制度論**72頁）。伊藤教授は、機関信用保証の特質として、①（約定）により組み立てられた保証、②三面一体契約性（☞注232）、③信用「枠」保証性、④政策保証性、⑤補充性の強化、⑦二次的債務代弁性をあげ（同75頁以下）、機関信用保証は、「民商法上の保証規定や保証法理によって法的に基礎づけることはできない」、「機関信用保証」は約定によって組み立てられ、一体的三面契約として締結され、保証取引上の慣習ないし慣習法として形成されてきた新しい種類の保証として基礎づけられるものである」という（同83頁。

63)　伊藤進「信用保証協会の保証の現状と問題点」**伊藤・保証・人的担保論**137頁以下、上野隆司「信用保証協会保証の特色」**担保法大系第5巻**458頁以下参照。

64)　上野・前掲論文（**注63**）460頁。

65)　例えば、札幌高判昭37・6・12金法315号78頁は、「「債務の保証」の内容については特段の規定を設けていないのであるから、その要件及び効力については特約のないかぎり当然民法上の保証の規定によるべく、それが制度上信用の保証であって債務の保証ではないから、民法上の保証とは異なるという法律上の根拠はない」と述べる。

1-22　(3)　**機関保証論に対して疑問を投げかける学説**　　上記の学説の中の民法の保証との異質性を強調する上記のような考えに対しては、潮見教授は疑問を提起している[69]。即ち、「協会保証は民法上の保証債務と共通するものであり、契約ないし取引の特性さらには保証の公共性・公益性に即して保証の典型枠組みが一定の変容を受けたものと捉えるのが適切である」。「民商法上の保証債務」と異質の構造をもつものとしての「機関信用保証論」を、あるべき理論枠組みとして構築することについては、にわかには賛同しがたい」、と述べる。確かにファイナンスリース契約であれば、賃貸借につき特約がされているという以上の特殊な契約類型である。しかし、信用保証協会による機関保証は、保証にすぎず特約で修正がされている以上のものではなく、上記批判は正当である。

1-23　(4)　**考察**　　信用保証協会による保証が、債権者主導で作成される保証契約書とは大きく異なること、また、個人保証人保護という視点が当てはまらないこと（法人保証論）、公的資金が投入され公的性格があること、中小企業の育成という政策立法により生まれた制度であること等、従前の保証法理とは毛色が大きく異なることは否定できない。この点、フランスの互助保証組合による保証（☞ J-42）は、債権者・保証人間はとりたてて変わらず、主債務者・保証人間が特殊だという指摘は、日本の協会保証にも妥当する。確かに保証委託契約は情義的保証の場合と全く異なる契約である。ただそれだけでなく、債権者・保証人の保証契約についても、保証人が主導で締結される保証契約において保証人の保護が図られており、私法による後見的な保証人保護を考える必要がないという点で大きな差がある。しかし、この程度の強弱の差を超えて、機関信用保証論者自らが認めるように、信用付与という度合いが強いという程度の差にすぎず、保証契約性を変容させるほどのものとまでは考える必要はない。個人保証でなければ法人保証として[70]括られるが、法人保証もまた一枚岩ではない。

1-24　　**イ　親会社、関連会社による保証**　　また、保証料をとらない無償の保証（保証委託契約）にも、**親会社**が子会社の債務を保証したり、**関連会社**間の保証の

---

66)　伊藤教授は、機関保証（機関信用保証）も債務の保証であることを認めるが信用を保証する方が主であり、他方、通常の保証も信用を保証する要素を含んでおり、債務を保証する方が主であるという（伊藤進「信用保証協会の保証の現状と問題点」**伊藤・保証・人的担保論**135頁）。信用保証の特質としては、①公共性の強い保証であること、②信用を保証するという要素が非常に強いこと、③機関保証としての性格を持っていること、④大量取引、反復継続性という特質を持っていること、⑤保証内容が定型化していること、⑥有償性があること、⑦修正された付従性および補充性が堅持されていることが上げられる（伊藤・前掲論文134頁以下）。

67)　伊藤進「「機関保証」理論の動向」**伊藤・保証・人的担保論**92頁以下参照。

68)　伊藤進「「機関保証」理論の動向」**伊藤・保証・人的担保論**96頁。

69)　**潮見Ⅱ**795頁。

70)　**潮見Ⅱ**798頁は、法人保証論に対して、「ここでされるべきは、「民法上の保証」の枠組みと「法人保証」に関する規律がいかに違っているのかを示すことではなく、「民法上の保証」に関する規律を凌駕する法人保証人保護の規律の正当化ないし合理性（あるいは不合理性）を機関保証、営利営業型保証その他の法人が保証人となる場面で明らかにすることである」という。

　法人保証を持ち出したのは、保証も多様であり、保証法理も多様であることを認識させるためである。何度も述べたように、無償保証も、無償の助け合いの精神に基づく情義的保証、グループ企業の支援行為としての無償の保証、経営者の自分の経営する会社のための無償の保証等に分けることができる。保険に匹敵する「有償取引」としての有償の保証委託契約に基づく保証も、中小企業育成という政策立法たる公的性格をもったもの、汎用性のある完全に「有償取引」であるもの、自己の貸付けのために保証をする子会社を作って行わせるものなど多様であり、保証をめぐる個別問題において、特約を重視しつつ、それぞれの特殊性に応じた適切な解決が探求されるべきである。

ように、**グループ企業の内部でそのグループ全体の利益のために保証がされる事
例がある**[71]——保証を避け、経営指導念書に止めることも多い（☞**12-33**）——。
無償ではあるが、情義的関係から保証がされているものではない。これらの保証
類型では、個人保証と同じ規律をする必要はなく、解釈論また立法論として、保
証（保証委託契約）の事例類型に対応した柔軟な差を認めるべきである（保証主体
に応じた多様な保証法理の承認）。保証法理として、保証類型によりどのような点に
どのような差を認めるかが、解明されるべき検討課題となる。

(c)　保証法の再構成の必要性　　　　　　　　　　　　　　　　　　1-25

ア　多様な保証法理

❶　情義的保証以外も多様　　全ての保証を同じ1つの法理で律するのは適切
ではない。中小企業振興のための公的資金の導入された信用保証協会による保証
に代表される準公的機関による保証は、個人保証についての法理があてはまらな
いというだけで、その本質が保証であることは否定できない（☞**1-23**）。また、
個人保証についての法理があてはまらない保証も1つではなく多様である。銀行
による支払承諾、銀行の子会社たる保証会社による住宅ローン保証、賃貸保証等
の、それ自体独自の合理的「取引」たる射倖契約（有償保証委託契約）に基づく保
証も登場している。更には、無償でも（保証委託関係において）、親会社による保証、
また、個人保証でも、経営者自身による会社債務の保証、雇われ経営者である代
表取締役の保証も、情義的保証とは異なる[72]。

❷　多様で柔軟性のある保証法理　　付従性など、個人保証、法人保証を問わ　1-26
ず保証に普遍的に当てはまる法理があることは否定できない。それ以外について、
特に保証人保護のための規制について、どのような保証に、どのような保護が与
えられるのか、保護が不要な保証はどのような保証か。その上で、民法や判例法

---

71)　**＊法人保証の特殊事例**　　関連会社ではない無償の法人保証の事例として、バブル期のリゾー
　　ト開発に伴い、建設会社が不動産開発会社から工事を受注するに際して、受注を受ける見返りとし
　　て、開発会社が金融機関から融資を受ける際の保証人になるという事例がある。バブル経済崩壊
　　により、リゾート経営が頓挫し開発会社が倒産するに伴い、保証をした建設会社にとっては、結局は
　　支払を受けた建設請負代金を保証人として取り上げられるにも等しく、建設会社まで連鎖倒産に追
　　い込まれることになる。
72)　フランスでの議論を見ると、cautinnement d'affaires（ビジネスとしての保証）という類型化が
　　され、これも2つに分けられる（L. Aynès, A. Aynès, P. Crocq, n° 33, p43）。①まず、会社の経営者、
　　会社の多数株式保有者、親会社による保証では、主債務者が与信を得られることにつき自ら利害関
　　係を有している。②銀行がその顧客の依頼を受けた保証をするのは、主債務者から保証料を報酬と
　　して取得することによる利益を狙ってのものである。

理とは異なる保護を受けようというのは、保証人主導による特約で対処すること
に任せればよいとされるのはどのような保証か、きめ細かな検討が必要になる。
2017年改正では、保証人が誰か、保証債務また主債務がどのようなものなのか
により、異なる規制が導入されており、多様な保証法が実現されている。

1-27　　　　**イ　主債務者・保証人間に光を当てた保証法の考察——これも多様**
　　**❶　主債務者・保証人間に注目すべし——有償保証委託契約は保険類似の射倖
契約**　　保証をめぐる法律関係で注目されるべきは、これまで光の当てられるこ
とのなかった[73]主債務者・保証人間の関係に注目がされるようになっているこ
とである（☞1-29、2-75、6-4）。主債務者・保証人間に何らの特別関係もなくて
も、有償保証であれば、有償取引同様に対価さえ支払ってくれれば誰でも保証の
依頼を受け、委託契約の履行として保証契約を債権者と締結する——もう一段契
約が控えているところが、同じ射倖契約たる保険契約とは異なる——。無償の場
合には、主債務者・保証人間で、正式に保証委託契約が書面により締結されるこ
とはない。

1-28　　　**❷　無償事例は情義的助け合いの関係に尽きない**　　有償契約・無償契約との
対比において後者を際立たせるのは、情義的人間関係に支えられて保証の依頼を
引き受けるということである。ところが、無償・有償という典型的な峻別では済
まないのが保証の特殊性であり、無償だが、親会社や関連会社による保証、個人
会社の経営者保証というように、自分ないし自分の企業グループの利益のために
保証をする場合もある[74]。会社の代表取締役や従業員、更には配偶者など、自己
にも間接的に利益があり、情義的関係で助け合いの精神に基づいて行うものでは
ない事例もある。ただし、最後の場合には、事実上断れないという点では、情義
的保証人と共通している。

1-29　　　**❸　保証委託関係についても多様な法理へ**　　まず、有償取引である有償保証
委託契約も多様である。債権者側の保証会社、中立的な事業者たる保証会社（個

---

73)　ただし、保証規定の中にも、保証人・主債務者間の法律関係を規律する規定が散見される。保
　　証人・主債務者間の求償関係（459条以下）、主債務者の受託保証人に対する情報提供義務（465条
　　の10）や事後の通知義務（463条2項）といった規定がある。
74)　経営者保証については、遠藤歩「平成16年保証法改正に関する一考察——経営者保証と第三者
　　保証の区別を中心として」『ドイツ法の継受と現代日本法』（日本評論社・2009）、同「平成16年保
　　証法改正に関する一考察——経営者保証と第三者保証の区別を中心に」私法72号（2010）199頁以
　　下参照。

人での営業でもよい）、準公的な保証機関による保証などがある。業界団体が会員の債務を保証する特殊事例として有料老人ホーム協会の入居金返還債務の保証がある。経営者保証などは、他の第三者担保負担者との関係（共同保証人間の求償、物上保証人との弁済者代位）も考える必要があり、これは場合によっては親会社による保証も同様であり、経済的実態などを勘案して処理されるべきである。「機関保証」「法人保証」という提案は卓見であるが、主体の性質だけに止まる問題ではないので、より視野を広げて保証法の多様化を考える必要がある。

2　保証債務の法的性質（法的構成）　1-30

（1）　保証債務は主債務とは別個の債務である[75]

(a)　「その履行をする責任」[76]　　主債務の他に保証債務を認めず、保証人は責任だけを引き受けるものと理解する加賀山説もあるが（☞1-44）、民法は、主債務とは別に保証債務が存在することを認め、保証債務を多数当事者の債権関係に規定した。債権者には、保証人に対する債権（保証債権ないし保証債務の履行請求権）があることを前提として、それに対して抗弁が規定されている。ただ、保証

---

75)　保証人と主債務者は「1つのまた同一の負債（dette）」を負担しており、両者の「負債の単一性（unicitée de la dette）、他方で、義務関係の二重性（dualité de liens d'obligation）がある」といわれる（P. Delebecque, P. Simler, nº 43, p.40）。本書の代位弁済義務説では、弁済されるべき被担保債務は主債務であり、その代位弁済義務を保証人も負うという意味で、債務は2つあることになり、この説明は頷くことができる。また、共同債務者とは異なり、保証人は「次順位における（en seconde ligne）」債務者にすぎず、共同債務者はいずれも主として（à titre principal）責任を負うのに対して、保証人は二次的に（à titre subsidiaire）責任を負うものにすぎないともいわれる（P. Delebecque, P. Simler, nº 43, p.40）。このことから、保証は有効な債務についてのみ認められ、主債務の内容を超えることはできないことが導かれる。

76)　ドイツ民法765条1項は、「債権者に対し、第三者の債務の履行を保証する義務を負う」と規定する。フランス民法では、旧2288条は「債権者に対してその債務を満足させる義務を負う」と規定されていたが、2021年改正により新2288条は「債権者に対して、債務者が支払わない場合に、債務者の債務を支払うことを義務づけ」られるものと変更した。「支払う」（payer）と表現され金銭債務の保証しか規定されていないが、これは弁済（paiment）が弁済全てを含むのと同様であり、為す債務を含めて全ての債務の保証を含める趣旨であると考えられている（P. Simler, nº 9, p.12）。スイス債務法492条は、「債務者が契約により負担された弁済の担保」（garantir le paiement de la dette contractée par le débiteur）を義務づけられるものと規定する。ケベック民法2333条は、債務者が満足を得られない時に、「債務者の債務を履行する」（exêcuter l'obligation du débiteur）義務を負うものと規定する。

人の主債務者が履行をしない場合の「その履行をする責任」の理解は分かれる。ここで「その」とは、①保証債務のことで、保証債務を履行する責任なのか、それとも、②主債務のことで、主債務を代わりに（代位弁済として）履行する責任なのであろうか[77]。②のように読むのが日本語的には素直であるが、以下に見るように学説は分かれる[78]。なお、主債務とは別個に保証債務を認めるとはいえ、担保ということから、主債務とは独立して消滅時効にかからないようになっている（457条1項☞5-26）[79]。

1-31　　ア　同一内容別債務説（同一内容説）

❶　同一内容の従たる債務

ⅰ　**多数当事者の債権関係**　まず、「その履行」とは、保証債務の履行であり、主債務と同一内容の債務を負担するという理解がある。保証債務は主債務と同じ内容の債務と考え、ただ2つの債務の間に主従の関係（付従性）が認められると考える**同一内容別債務説**[80]であり、これが通説である[81]。ちなみに、同一内容の債務であるが1つの目的を達成するための連帯債務では、どの債務者が弁

---

77)　＊**「履行の担保」説**　古くから学説は2つに分けて説明されている。例えば、**石坂**983頁以下は、①主債務を弁済すべき債務とする見解と（その例にフランス民法が上げられる）、②他人の債務の履行を担保する債務とする見解（ドイツ民法とスイス債務法が例とされる）とがあり、一身専属的債務（例えば、芸術家の債務）についても保証債務が成立するかという点で差が生じるという。①では保証債務は成立し得ず、②では、主たる債務自体は一身専属的給付の場合には主債務者が履行すべきであるが、債権者に損害なからしめる義務を負うが故に、一身専属的給付義務も保証できることになる。①では、将来の損害賠償義務の保証にすぎないが、②だと保証人が履行するのは損害賠償であるが、主債務自体の「履行の担保」を直ちにしていることになり、一身専属的給付義務についてこのような意味で保証債務が債務不履行前に成立していることになると説明される。

78)　本書の代位弁済義務説（☞1-36）とは異なり、同一内容説では、連帯債務とどう区別するかが問題になる。この点、連帯債務では複数の債務に主従はなく並列的であるのに対して、主債務と保証債務とでは、被担保債権と担保という主従の関係が認められる。

79)　秋山智恵子「保証債務の『別個』性の意義──特に、主たる債務の時効中断について」新報117巻9・10号（2011）133頁以下も参照。スイス債務法は、保証債務に20年というデッドラインを画している（☞**注46**）。

80)　**鳩山**291頁、**石坂**979頁、**磯谷**120頁、**我妻**450頁、**於保**253頁、**柚木・髙木**274頁、**松坂**165頁、**林ほか**428頁、**淡路**380頁、**川井**204頁、**近江**184頁など。

81)　＊**同一内容性への疑問提起をする学説**　金銭債務では問題にならないが、例えば建物の建築についての建築保証では、保証人は自ら工事を行うことを約束するのではなく、建設会社を手配して建物を完成させることを約束しているにすぎない──履行補助者の利用ではなく、そもそも手配だけしか債務として負担していない──場合には（全国建物調査診断センターによる工事完成保証はこの類型）、主債務との同一性がないことになる。この場合、同一性はないが保証に準ずるので「準保証」と扱う学説もあるが（**於保**258頁以下）、近時は直截に保証債務の同一内容性を要件ないし本質としない学説が有力である（**平井**307頁、**淡路**385頁注30）、**内田**416頁、**潮見Ⅱ**638頁、**中田**567頁）。本書の立場は**1-34**に述べる。

【図 1-31】同一内容説

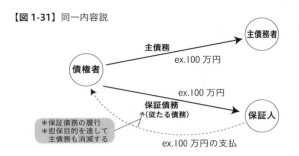

済しようと、共通の目的が達成され、全ての債務が消滅することになる。

ii　**担保として構成する**　保証債務は「純然たる担保」であり主債務に対 1-32
して「従たる債務」であるといわれる[82]。主債務が100万円の金銭債務であると
すると、保証債務も100万円の金銭債務であるが、2つの債務の関係には主従の
関係が認められると考えるのである。被担保債権・担保といった関係を認めるの
である。同一内容の別債務であるが、446条1項を根拠に、「主たる債務について
責任を負うのみならず、主たる債務を履行すべき債務をも負っているのである」
と説明されている[83]。担保ということから、保証債務を別個に認めつつ付従性を
付与することになる。そのため、主債務者による弁済による保証債務の消滅につ
いては、付従性によって説明がなされる。

◆**不代替的給付義務の保証と同一内容説** 1-33
(1)　**同一内容という要件の緩和**　詳しい分析は後述するが（☞ 1 -48以下）、不代替的給付や為
す債務を目的とする債務を保証する場合に、保証債務の内容をどう理解すべきかは議論がある[84]。
　①まず、同一内容でなければならず、売主や請負人の債務といった金銭債務以外について、債

---

82)　**岡松**170頁。
83)　**山中**183～184頁。
84)　代替物の売主、代替的サービス給付の債務者のための保証の場合、その旨が明確に合意されて
いない限り、その不履行についての種々の債務の保証にすぎないと思われるが、契約上の代替物の
引渡義務、また、代替的為すサービス給付義務について保証債務を負担することが考えられる。そ
の場合、保証人も履行しないというだけならば特別の問題はないが、保証人が不完全履行をした、
更には拡大損害を与えた場合、主債務者の責任はどうなるのであろうか。保証人について生じた事
由は、満足事由以外は主債務者に効力を及ぼさないので、保証人が為した不完全履行や拡大損害の
惹起について、主債務者は責任を負わないことになる。保証人が履行補助者になるわけでもない。
ただし、不完全履行で、追完義務については、主債務者も負うと考えてよい。①追完義務の理解に
ついて、不完全な履行なので完全に契約上の債務が消滅していない結果、縮減しつつ残された契約
上の債務として考えると（本書の立場）、主債務者の債務も消滅しておらず追完義務が存続してい
ることになる。②他方で、契約上の債務が消滅して追完義務が――担保責任の効果として――成立
するのだとすると、主債務が追完義務を新たに負担することになる。

務不履行を停止条件として、即ち将来債務の保証として解除による原状回復請求権や損害賠償義務を保証の対象にしているとして、同一内容性をあくまでも貫徹することが考えられる[85]（同一内容貫徹説・停止条件付き将来債務保証説）。②他方で、主債務がなす債務などで、保証債務は原状回復義務や損害賠償義務とする点は同一であるが、ⓐ同一内容ではないので、「準保証」として保証ではなく保証に準ずる債務とする考え[86]（準保証説）、また、ⓑ同一内容性という保証債務の要件を放棄する近時の有力説（同一内容不要説）がある[87]。

1-34　　(2)　**本書の立場**　　本書の代位弁済義務説（☞ 1-36）では、保証債務は主債務の代位弁済義務なので、上記の分類に合わせれば①しか考えられず、それで特に不都合はない。契約自由の原則からして、建築請負において、後述の経営指導念書のように、建築する債務を保証するのではなく、親会社として子会社による建築につき適切に管理し、資金の支援をするなどして債務不履行を生じないように配慮する義務を引き受ける、債務者たる子会社が履行できなくなった場合に、注文者が解除して新たな業者を探すのに助力をする等の債務を負担することは可能である。残工事のためにかかった費用を支払うことを約束することも可能である。これを準保証というかは、経営指導念書を含めて言葉の問題である。保証規定をどこまで類推適用すべきか問題点ごとに検討すべきである。

1-35　　　❷　　**保証債務の履行＝担保の実行**（**被担保債権の回収**）　　　主債務100万円、保証債務100万円と２つの金銭債務があっても、連帯債務のように同一の給付を目的としているため、いずれが100万円を支払えば全債務が消滅するという関係（☞ 1-31）とは多少異なる。主債務者が100万円を支払えば、保証人の100万円の債務は担保なので付従性で消滅する。保証人が100万円を債権者に支払えば、債権者は担保により債権回収したので、被担保債権である主債務は消滅する——はずであるが弁済者代位が生じる——。同一内容別債務説でも、保証人は、債権者との関係では、「自分の債務を弁済する」ものであるが、主債務者に対する関係では、「他人の債務を弁済する実質を有する」と説明される[88]。

---

85)　**我妻**460頁等通説。

86)　**於保**258頁以下。

87)　**＊フランスにおける建築保証**　　フランスでは、不動産建築が無事に完成することの保証（les garaanties de bonne fin des constructions immobilières ou d'achêvement des travaux）については、主債務者（建築会社）と保証人とにより契約が締結され、注文主が承諾して（受益の意思表示）権利を取得することになる。これが保証なのかは議論があり、破毀院は保証とは認めていない（M. Cabrillac, C. Mouly, S. Cabrillac, P. Pétal, n° 450, pp.342 et s.）。銀行がなす不動産建築の完成保証は、不履行の場合の残りの工事のための金銭による補償（indemnisation）にすぎないからである。保証をされた業者が途中で建築を止めてしまった場合、残りの工事をするために必要な費用を支払うことになる——日本では残工事部分の契約解除がされ、費用が高くなった点の損害賠償が問題になるだけであるが、工事の完成自体を保証対象としているためである——。個人住宅の建築については消費者保護の観点から、建築・居住法典 L. 231-6 条により、建築保証人に、建築業者または管理業者による続行工事がなされない場合、保証人はその責任で建築を完成させる者を定める義務を負い、雨をしのげる状態にまで建築が至っている場合には、自ら完成をさせる契約の締結を注文者に提案することができるものとされている。

イ　代位弁済義務説[89]　　　　　　　　　　　　　　　　　　　　　1-36

❶　担保からの被担保債権の回収

i　条文上の根拠
保証は、被担保債権を保証という人的担保から回収する担保制度であり、被担保債権の回収、即ち主債務の支払がされるものでなければならず、保証人により**主債務が弁済される**ものと構成すべきである。そのため、本書は、主債務者が「その債務を履行しないとき」、「その履行を」する義務というので、保証人も独自の債務を債権者に対して負担するが、「**その履行**」とは**主債務（被担保債務）の履行**のことであると考える。債権者は保証人に対して主債務者に対する債権を代位弁済するよう請求でき、これにより債権回収を図る制度である[90]。また、459条1項を見ると、「主たる債務者に<u>代わって弁済</u>」をすることが規定されており──それだから弁済者代位が成立する──、保証債務の履行が主債務を代わりに弁済することであることがここから窺える[91]。

ii　主債務を弁済しておりそれが保証人の義務
岡村博士は、「保証人の　　1-37

---

88)　**我妻**487頁。本文の例では、主債務も保証債務もいずれも100万円の金銭債務であるが、保証債務は「独立の目的を有するものにあらずして唯主たる債務を担保する目的のみの為めに存するものなり」（**鳩山**293頁）と、債務の「目的」を問題にする説明もある。

89)　保証人が履行するのは主債務であり、それを第三者弁済するものであり、かつ、そのことを債権者に義務づけられているのである。他人の債務の履行をしているのは履行補助者と同様であるが、弁済（履行）の主体が第三者たる保証人であり──履行補助者の場合には第三者を使用して債務者が履行している──、また、債務者との契約で義務づけられているのではなく、債権者との関係で義務づけられている。しかも金銭債権が問題であり「担保」制度として構成されている点に大きな差がある。

90)　ドイツ民法765条1項は、「保証契約により、保証人は、第三者の債権者に対し、<u>第三者の債務の履行を保証する義務を負う</u>」と規定する。「履行を保証する」の内容は結局解釈に任される。フランス民法は、当初規定は、旧2288条（ナポレオン法典2011条）で、主債務者が債務を満足（satisfaire）させない場合に、債権者に対して債務を満足させることを義務づけられると規定する（ベルギー民法2011条、ルクセンブルグ民法2011条は全く同じである）。ナポレオン法典の準備作業段階では、「債務につき保証人になる者は、債務者が支払わない場合に、債権者に対して、債務者が債権者に負担するところの義務を負う（s'oblige ……ce que celui-ci lui doit）」という規定が作られ、この規定は殆ど議論がされず、軽微な修正を経て旧2011条になっている（R. Broussais, La rêforme du cautionnement civil par l'ordonnance du 15 septembre 2021 à l'aune de la jurisprudence contemporaine（1804-1945）, in R. Broussais, M. Hoyer, E. Petitprez, Le droit du cautionnement depuis l'ordonnance du 15 septembre 2021, CEPRISCA, 2023, n° 5 , p.46）。この点、2021年改正法は、改正2288条1項に、payer la dette du débiteur（債務者の債務を支払う）ことを義務づけられるものと規定した。

91)　**石坂**985頁は、主債務を弁済する債務か他人の債務を担保する債務か2つの考えを提示して、民法の規定から（旧446条）、前者を支持する。即ち、「保証債務は主たる債務者の債務を履行すべき債務なりと解すべく、主たる債務者の債務の履行を担保する債務なりと解するを得ず」と述べる。**川名**350頁は、「債務者が負担する所の債務を履行する債務」と説明する。なお、「附従性という流布した概念は、はたして他人の債務を履行すべき債務という二重構造を支持しなければ、説明できないもの」かは疑問であると批判がされている（**注民（11）**196頁〔椿寿夫〕）。

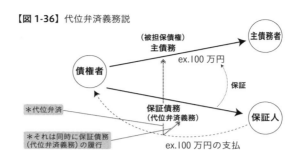

【図 1-36】 代位弁済義務説

履行すべき債務と主たる債務者が履行すべき債務とは同一の債務也と云うべく、乃ち保証債務と主たる債務とは同一の債務にして別個の債務にあらずと解するを正当とす」という[92]。履行としては主債務の履行しか考えられないことから──物的担保ならそうなる──、保証債務を独立して認めないというのであり、保証債務否定説と同じことになる（☞1-44）。しかし、主債務者の債務を代わりに履行することを保証人が債権者に約束しているのであり、それも1つの債務である（代位弁済義務）。主債務の給付をすべき義務だとしても、それ自体1つの債務なので、主債務（被担保債務）とは別の債務と認めることに支障はない。

1-38　　　ⅲ　**代位弁済義務であることの帰結**　　保証債務は、被担保債務たる主債務の履行義務であり、主債務を代わりに履行する義務（代位弁済義務）なので、その内容は主債務次第である──合わせ鏡のような債務──。主債務が100万円の金銭債務なら100万円を代わりに支払う債務、即ち100万円の代位弁済義務、要するに100万円の金銭債務になる。そのため、保証人が債権者に対して金銭債権を有していれば、相殺適状が認められる（505条1項）。保証債務については、「担保」給付と理解する学説もある（☞1-42、1-43）。

1-39　　　❷　**保証債務の履行とは主債務の代位弁済──債権者の主債務者に対する債権の回収**　　この構成であれば、保証債務の履行は、債権者に対する代位弁済義務たる保証債務の履行であるが、そこでなされる弁済は主債務の代位弁済（第三者弁済）という、いわば弁済ないし履行の二重構造が認められることになる。主債務者との履行引受契約は、主債務者に対して代位弁済義務を負担することになるが、担保ではなく実質与信──主債務者に貸金を交付して、主債務者が債権者に

---

92)　**岡村**194頁。

支払うのを省略して直接債権者に支払う——であるのとは異なる。第三者弁済であるため、求償権が認められ弁済者代位が成立することを説明しやすい。

◆保証人による主債務者の単独相続——その後の保証債務の履行　　　1-40

(1)　**主債務者による承認と扱う判例**　　債務者が保証債務を負担する契約をしても無効であるが[93]、それは成立要件としてにすぎず、一度成立した保証債務については、保証人が主債務者を単独相続しても、2 つの地位が混同で消滅することはなく[94]——免責請求権など保証委託契約上の債務は混同で消滅——、主債務者と保証人たる地位とが併存することになる[95]。主債務者兼保証人は、いずれの債務を履行してもよい。では、一部の履行をして債務が残る場合、時効の更新事由としての債務承認の対象はどう考えるべきであろうか。この点、判例は、「保証債務の弁済は、通常、主たる債務が消滅せずに存在していることを当然の前提とする」こと、また、「保証債務の弁済であっても、債権者に対し、併せて負担している主たる債務の承認を表示することを包含するものといえる」ことから、「特段の事情のない限り、主たる債務者による承認として当該主たる債務の消滅時効を中断する効力を有する」ものとした（最判平25・9・13民集67巻 6 号1356頁）。改正法では債務承認は時効の更新事由になる（152条 1 項）。

(2)　**保証人による承認だが有効と考えるべき**　　主債務者の死亡を知らず、保証人が保証債務を　　1-41
履行した場合には問題になる。保証人は主債務を代位弁済するので、主債務を承認していることになる（当然、保証債務も）。保証人が主債務を承認しても、それは他人の債務の承認であり無効であって、債権者と保証人との関係でも、更新の効果は認められない。ところが、保証人は知ら

---

93)　**＊個人事業者における事業財産と個人財産の分離（フランス）**　　ただし、この点、フランスでは興味深い問題がある。2010年 6 月15日の法律により導入された **EURL** 制度（entreprise unipersonnelle à responsabilité limitée）——個人事業者につき、私的財産と事業財産とを分離することを認める制度——は、手続が芳しくなかった。そのため、2022年 2 月14日の独立した事業活動のための法律により、個人事業者につき、当然に財産の分離を認める制度（**EIRL** = Entrepreneur individuel à responsabilité limitée）が（商法 L. 526-22条以下）導入された（2022年 5 月15日以降）。改正前は、同一人でも財産が 2 つに分けられるので、例えば事業上の債務について、個人として保証人となることができるのかといったことが議論されていた。しかし、これを認めると、個人事業者の財産の分離を認めた趣旨が没却されるために、債権者は、債務者たる個人事業者に財産分離を放棄させるしかないと考えられていた。ところが、現在の法制度では、当然に分離され、これを否定することができなくなった。その代わり、特定の債権者のために、財産分離の効果を放棄することを認める制度を導入した（商法 L. 526-26条）——他方で、一方の財産の債務のために、他方の財産により保証をすることは明文で禁止した（商法 L. 526-22条 3 項）——法人化して財産を分離しても、経営者が保証人になることを求められることとのバランスからいうと、不合理ではないのかもしれない。経営者保証については、個人保証の保護を否定する法理とされ、経営者保証を規制する法令はないので、経営者保証人の保護とのバランスも考える必要がない。

94)　フランスでは、**保証人と主債務者たる地位が同一人に帰属するに至った場合**、「債務について主たる債務者になった者は、同じ債務について保証人になることはできない」とされ、判例は保証債務の消滅を認めたが（Cass. com., 28 avril 1964, Bull. civ. 1964, III, n°215）、学説は批判的である。2 つの債務は、別の原因によるものであり、態様も異なり、保証債務は従たるものである、担保を消滅させることになる、保証債務に債務名義がある場合にその行使を認める必要があるなどといわれている（M. Cabrillac, C. Mouly, S. Cabrillac, P. Pétal, n° 367, pp.266 et s.）。

95)　スイス債務法509条 2 項は、主債務者と保証人たる地位が同一人に帰属した場合（相続や合併の事例）には、債権者は保証を主張することの特別の利益を保持するものと規定する。従って、保証債務は存続することになる。保証債務に独自の担保があったり、違約金の約束がある場合には意義が認められる。

なくても主債務者を相続していて、その当時主債務者たる地位も有していたならば、客観的には承認権限のある者による承認であり、主債務について債務承認の効力、即ち時効の更新の効力が認められると考えるべきである。

1-42 **◆保証債務の内容をめぐる異説**

(1) **担保するという給付義務**[96]

(a) **於保教授の主張** 於保教授は、「担保する給付」概念を提案し、「終局的には担保実現のための与える給付がなされることもあるが、担保給付の本体は担保状態にある」という[97]。**注77**の「履行担保」説と等しいものと思われる。代位弁済義務説は、代位弁済のみを取り上げるのに対して、不履行に対する救済を受けられる「履行の担保」を一身専属的給付義務についても直ちに与えているのであり、それも一種の給付であり義務でありその履行であると理解することになる。まさに「担保」制度の理解に関わる問題であり、例えば相殺予約をした場合、信用不安が生じた場合に相殺をして債権回収ができるが、相殺予約により債権回収につき担保を得ているという安心がえられる。それを1つの給付として位置づける考えである。

1-43 (b) **金山教授の主張** 於保説を承継する考えとして、金山教授の考えがある。金山教授は、盗難保険において、保険契約者は、「保険者の担保する給付（安全）を見えない形であれ受けていると評価すべきなのである。保証契約においても、保証の要素の履行は同様に考えられる。つまり、債権者は主債務者との関係でいわば不払いの潜在的な被害者なわけであるが、その場合に備えて普段から保証人に担保する給付をなさしめているわけである」という[98]。保証には、保険を受けているというのと同様に、いざというときにも履行が受けられるという安心を債権者に与えるということが給付として意味があるのであり、単なる金銭債務とは異なるというのである。保証債務の履行そのものとは別に、保証債務を負担していることを担保する債務の履行をしているものと位置づけるのである。

1-44 (2) **保証債務否定説（責任財産の人的拡大）** 加賀山教授は、保証を物上保証と同様に「債務なき責任」と理解し、「物上保証人と保証人との違いは、前者が、担保に差し出した1つの価値の範囲内で有限責任を負うに過ぎないため、一般財産からの弁済の責任を負わないのに対して、保証人は、主たる債務の額の範囲で無限責任を負うため、一般財産からの弁済の責任を負うことになる点だけである」という[99]。「履行をする責任」と規定されていることから、保証「債務」という第5款のタイトルは無視して、債務は主債務だけとする。抵当権についても物権が別個に成立するのではなく債権の効力を高める責任的効力が認められるだけであり、保証についても保証債務はなく主債務につき保証人の一般財産に責任が拡大されるだけであると考える[100]。保証「債権」はなく、債権者は保証人には履行請求できず、その一般財産に対して強制執行をするだけとなる。しかし、保証人に対して履行を求める訴訟の提起が認められており、裁判外でも保証人への請求は普通に行われており、保証「債権」を否定することは、実務を根本から覆すことになる[101]。債

---

96) **我妻**450頁は、保証債務の内容の理解については、①主債務と同一内容の債務とする説（わが国の通説といえるという）、②他人の債務を履行することを内容とするという説、また、③他人の債務の履行を担保することを内容とするという説があると整理する。しかし、表現に差があるだけで、実際には大差がないと評する。

97) **於保**25頁以下。福田教授は、主債務者と保証人間の保証委託契約につき、保証契約の締結だけでなく、弁済期までの信用付与を受託保証人の主債務者に対する債務とする（☞ **6-65**）。本文の議論は、債権者に対する保証人の保証契約上の債務の問題である。

98) 金山直樹「与える給付と担保する給付」同『現代における契約と給付』（有斐閣・2013）203頁以下。

99) **加賀山**145頁以下。

権者代位権や詐害行為取消権は類推適用として認めるのであろうか。

◆伊藤進教授の「人的担保制度の類型」論　　　　　　　　　　　　1-45
　　伊藤進教授は、「人的担保制度」の類型化に際して、最も重要な要素は「何を担保しようとしているのか」、「担保の客体となるもの」に注目することであるとして、【表1-45】のように類型化をする（なお、**注3**も参照）[102]。

【表1-45】伊藤教授による人的担保の分類

①	「債権担保」型人的担保	被担保社の「債務」を担保する類型
②	「信用担保」型人的担保	被担保者の「信用」を補完することを目的都市、ただ最終的は「債務」を担保する類型
③	「地位担保」型人的担保	被担保者の契約当事者としての「地位」を担保するもの（工事完成保証がその典型）
④	「賠償担保」型人的担保	被担保者の債務不履行や不法行為による「賠償」責任を担保する類型
⑤	「損失担保」型人的担保	債権者の「損失」を担保する類型

　　保証ではなく「人的担保」の類型化と自ら述べているように、【表1-45】は保証の類型化ではない。損害担保契約、保証保険、信用保険などを検討対象にしており、⑤については、独立担保たる身元保証、損害担保契約、保証保険、信用保険が該当し、被担保債権に相当するものの存在を必要としない担保であるという。なお、経営指導念書は、不履行による債権回収のための担保とは異なり、不履行予防債務型とでも言うべき為す債務を負担するものであり、⑥「不履行予防」型人的担保といえるかもしれない。

---

(2)　主債務との同一内容性（代位弁済可能性）　　　　　　1-46

(a)　他人が履行できる債務であることが必要

　　ア　為す債務も可能　　同一内容の別の債務と構成すれば当然、代位弁済義務と構成しても、保証債務は主債務を代位弁済する義務であるから、合わせ鏡のように主債務と同じ内容となる――ただし、量的に一部保証も可能――。金銭債

---

100)　保証人も債務を負担することを否定しないが、「保証債務と主たる債務とは一箇の債務」と考える学説もある（**岡村**200頁。同93頁以下も参照☞**1-37**）。ただし、**注民（II）**201頁［椿寿夫］は、「債務単一説」につき、「現在、採り上げるに値いする学説で、これを主張する者はない」と表している。

101)　**我妻**449頁は、債務としては主債務だけがあるという説は、これを理由として、保証人の弁済によって主債務の消滅することや、主債務者に生じた事由が保証人に影響を及ぼすことを説こうとするのであれば、「それは保証債務の目的とその附従性によってこれを説こうとする説に遥かに及ばない」と批判する。また、債務を負うことなく「責任」のみを負うというのは、ゲルマン法の沿革には適するであろうが、保証人も保証債務を負うというのが、日本の民法の解釈としては妥当であるともいう（**我妻**450頁）。

102)　伊藤進「人的担保制度の序論的研究」**伊藤・保証・人的担保論**51頁以下。

務である必要はないが、第三者により履行が可能な債務でなければならない。種類物の供給だけでなく、運送、工事などの為す債務でもよい[103]。

1-47　　　**イ　一身専属的給付について**　　一身専属的給付については保証債務は成立しえず、その不履行による損害賠償義務等の将来債務の保証が考えられるだけである。例えば、Aが、芸術家Bに彫刻の作成、または、作曲家Bにある大会のテーマ曲の作曲を依頼し、CがBの連帯保証人になったとする。Bの債務は一身専属的債務であり、Cは、代わりに彫刻をするないし作曲をする債務を保証人として引き受けたのではなく、Bが債務不履行をした場合の「責任」、即ち損害賠償義務を引き受けたものと解釈される。場合によっては付随義務として、経営指導念書のように、主債務者が適切に履行できるよう協力・支援をする為す債務を負担することも考えられる。

1-48　　(b)　**特定物売主の債務の保証**

　　　　ア　特定物債務の保証を認める大審院判決（大決大13・1・30民集3巻53頁）

　　❶　**事案**　　AからBが不動産を買い受け、その際、YはAのために保証人となった──Bの権利義務をXが承継──。その後、Aが履行しないうちに、本件不動産がAの債権者により差し押さえられ、不動産は競売に付されYが競落し所有者となった。そのため、XはYに対し保証債務の履行として所有権移転手続を求め、また、仮登記仮処分命令を申請したため、売主の所有権移転登記義務が保証債務の対象になるのかが問題になった。

1-49　　　❷　**大審院判決**　　原審は、YはAの債務不履行による損害賠償義務を保証するにすぎないとして、Xの申請を却下した。しかし、大審院は、「不動産の売渡なるものは唯主債務者に於てのみ之を能くすと云う性質のものに非ざると共に、保証人が其の間何等かの事由により当該不動産の所有権を取得し、以て自ら本旨に従う履行を為し得るに至ること是固より不可能の事に属せざるは、夫の他人の権利の売買が一般に有効なることに鑑るも亦思半に過ぐべければなり」と説

---

103)　公共工事については、他の業者に保証を頼み合う関係になると談合を誘発する危険性があることから、平成9年に、「公共工事の履行保証については、早急に、工事完成保証人制度を廃止し、金銭的保証を中心とする新たな履行保証体系へ移行すること」が求められ（現在では、履行保証保険・履行ボンドが用いられている）、「履行保証措置を免除する（いわゆる無保証とする）ことについては、請負者が債務不履行に陥る可能性や債務不履行時の影響等を勘案し、慎重に検討すること」とされている。こうして「工事完成保証人制度」は現在では用いられていない。もちろん、民間工事では工事完成保証は可能である。

明し、「不動産の売買に際し売主の保証を為したる者に対し、買主が当該所有権移転の請求権を有する」と判示し、原審判決を破棄した（大決大13・1・30民集3巻53頁）。

　　イ　最高裁判決による変更（最大判昭40・6・30民集19巻4号1143頁）　し　1-50
かし、最大判昭40・6・30民集19巻4号1143頁は、「特定物の売買における売主のための保証においては、通常その契約から直接に生ずる売主の債務につき保証人が自ら履行の責に任ずるというよりも、むしろ、売主の債務不履行に基因して売主が買主に対し負担することあるべき債務につき、責に任ずる趣旨でなされるものと解するのが相当である」と判示した。大判大6・10・27（☞3-5）の変更は明言しているが、1-49の大決大13・1・30の変更は宣言していない。しかし、これを変更したものと考えてよく、債務不履行による損害賠償義務や原状回復義務——錯誤、詐欺、強迫などの取消しによる原状回復義務は別——についての保証債務と考えるべきである[104]。

(3)　保証債務の付従性・随伴性　　1-51

　保証債務は主たる債務（主債務）に対して「従たる債務」といわれる。主たる債務と従たる債務とは異なり、被担保債権のための「担保」としての義務という趣旨である。この結果、物的担保と共に「担保」としての通有性が認められ、①被担保債権が必要であり、また、②それと同じ債務を負担するという形式を採るため、主債務の内容を超えないということが、保証債務が「従たる債務」ということの意味である。これは**付従性**と呼ばれ、この帰結として【表1-51】の4つが導かれ、④は特に**随伴性**と呼ばれる。

【表1-51】保証債務の付従性

①　成立に関する付従性

②　消滅に関する付従性

③　内容（態様）に関する付従性

④　帰属に関する付従性（随伴性）

---

104)　1-49判決の所有権移転登記請求を認める結論は、契約に立ち会い販売に協力しているので、Yは177条の「第三者」ではないといえ（背信的悪意）、そして、抹消登記に代えて所有権移転登記を認めることは可能なことから——妄贈与事件等（最判昭46・10・28民集25巻7号1069頁）——、変更後の判例（☞1-50）の下でも実現は可能である。

1-52 **(a) 成立・消滅上の付従性**

ア 成立に関する付従性

❶ 債務が成立しない場合 保証債務も担保として被担保債権（主債務）の存在が、その成立要件——保証契約の成立要件ともいってよい——かつ存続要件になる。代位弁済義務ということからは、代位弁済する債務の存在が必要である。このように、主債務がその発生原因である契約の無効または取消しにより発生しない場合には、保証債務も発生しない（**成立における付従性**）——保証契約は無効——。付従性が問題になる場合には、保証債務は成立せず保証契約も無効になると考えるべきである。停止条件付きの債務の保証も有効である[105]。また、将来の債務のための保証契約も有効であり、主債務が成立した時に保証債務も成立する[106]——保証契約が有効だからである——。

1-53 **❷ 同額の不当利得返還請求権が成立する場合** 金銭消費貸借契約が締結され、借主の貸金債務について連帯保証がされたが、消費貸借契約が無効であった場合、金銭の交付があれば同額の金銭債務（不当利得返還義務）が成立する。保証契約を有効とし、不当利得返還義務の連帯保証として認めることができないであろうか。農協による員外貸付けにつきそれを行った代表理事が保証人になった事例で、消費貸借契約を無効とし、貸金債権の成立を否定し、その連帯保証契約も無効とする判決がある（最判昭40・4・26民集20巻4号849頁）。保証債務を否定しても、代表理事としての損害賠償義務を認めることは可能である。

1-54 **◆原状回復義務についての保証として有効と認められないか**
(1) 契約解釈（規範的解釈）によるべきか 消費貸借契約が無効である場合ないし同契約の取消しがされた場合、既に貸金が交付されていて原状回復請求権として貸金返還請求権が成立する。この場合、経済的には貸金債権と変わることはない。貸金債務のための保証人に、原状回復義務について保証人としての責任を認めても、結論として不当ではない[107]。問題はその法的構成である。まず、契約の規範的解釈によることが考えられる。しかし、契約解除の場合とは異なり、契約が

---

105) 停止条件付き債務の場合には、停止条件付きの債務が既に成立しており（法律上の障害があり時効が起算されない）、例えばある大会で優勝したら100万円与える債務について保証がされている場合、保証債務も既に成立しているが付従性により条件成就しなければ履行請求ができない。契約解除の場合の原状回復義務についての保証は（☞3-9）、主債務は停止条件付きではなく単なる将来債権（債務）であり、それが発生したらそれを保証するというものであり、保証債務だけについて停止条件がついているにすぎない。

106) 消費貸借が書面で合意された場合、金銭の交付がなくても契約は成立するが、貸金債権は金銭が交付された時点で成立する。このいわゆる諾成的消費貸借上の債権の保証の場合、抵当権のように付従性を緩和して、貸金債権の成立前に保証債務だけの成立を認める必要はない。

107) **内田**346頁参照。

無効な場合の原状回復請求権まで予想して保証はしておらず、規範的解釈により原状回復義務まで保証の対象になっているという理解は適切とはいえない。

(2) 無効行為の転換の可能性　　契約解釈以外の法理としては、せっかくなされた契約を尊重する favor contractus（契約尊重の法理）によるのが適切である。そこで、消費貸借契約上の貸金債権の保証であり、貸金債権が成立しなければ保証債務も無効になるが、特に当事者や第三者に不利益をもたらすものではないため、同額の金額の返還請求権についての連帯保証として効力を認めるべきである。法理としては無効行為の転換の法理によることになる[108]。　　　　　　1-55

◆449条による独立債務負担の推定　　　　　　　　　　　　　　　　　　　1-56

(1)　449条の規定　　民法は、「行為能力の制限によって取り消すことができる債務を保証した者は、保証契約の時においてその取消しの原因を知っていたときは、主たる債務の不履行の場合又はその債務の取消しの場合においてこれと<u>同一の目的を有する独立の債務</u>を負担したものと推定する」と規定する[109]。契約上の債務を保証した場合、契約が取り消されれば債務も消滅し、付従性により保証債務も消滅する。それなのに、保証債務とは別に、「同一の目的を有する独立の債務」を負担したものと推定するというのは、どういう意味なのであろうか。本規定はフランス法に由来するが、その沿革からは随分とずれがあり再考が必要なように思われる。以下に検討してみたい。

(a)　行為能力の制限による取消しの場合　　　　　　　　　　　　　　　1-57

ア　同一目的の「独立の債務」の負担　　例えば、Aが未成年で親の同意が得られないが商品をBから購入しようとしており、相手方BはAが親の同意を得られないため取消しのリスクがあるので販売に躊躇しているとする。この場合、CがAのために責任を負うことを約束し保証人になり、Bがこれを信頼してAに商品を販売したとする。その後、Aの親が契約を取り消した場

---

108)　**＊保証は原状回復義務に及ぶ（フランス）**　　フランスでは、2016年改正により1352-9条が設けられ、債務の支払のための担保については、原状回復義務について当然に及ぶ、ただし保証人は期限の利益を奪われることはないと規定する。この結果、消費貸借契約が無効（取消し）であっても、金銭の交付があれば、貸金債務の保証人はその返還義務（原状回復義務）について当然に保証人としての責任を負うが、当初の貸金についての期限を対抗することができることになる。本規定は、1982年11月17日の破毀院商事部判決（Cass. com., 17 nov. 1982 : Bull. civ. 1982, IV, n° 357, p.301）に由来するものであり、同判決は、「消費貸借契約の「当事者が取り消された合意以前の状態に回復していない限り［交付した貸金の返還を受けない限り］、貸付け契約に固有の返還義務 (l'obligation de resttution inhérenye au contrat de prêt) は有効に存在しており、それを考慮して貸付けがなされた保証は、この有効な債務が消滅しない限り存在し続ける」ものと判示する——貸金の返還請求権が残るのは事実であるが、日本では原状回復義務（不当利得返還請求権）であり契約上の債権ではないと考えるが、契約上の債権と位置づける点につきフランスでも議論があり、上記の規定により立法的に解決された——。また、レジオン（lésion）による減額、債務不履行による解除、担保責任による解除、解除条件の成就などにもあてはまるといわれ、この解決の根拠付けは簡単であるといわれる。主債務を生じさせる契約の消滅原因は、保証には関わらず波及しない、主債務者の錯誤があっても、保証人には錯誤はない。主債務を生じさせる契約の要式性が守られなくても、保証には影響しないといわれる（M. Cabrillac, C. Mouly, S. Cabrillac, P. Pétal, n° 268, p.188)。保証契約には失効の原因がないというのは、付従性を無視した議論のように思われる。説明だけの問題であるが、本書は付従性により保証債務は消滅するはずであるが、無効行為の転換により原状回復義務についての保証としての効力を認めたい。

109)　本規定については、前田陽一「取消・追認と保証をめぐる一考察」立教法学36号（1992）116頁、柴崎暁「民法449条の成立と付従性なき人的担保」山形大学法政論叢24・25合併号（2002）53頁参照。なお、担保の付従性一般については、鳥山泰志「担保権存在条件としての「債権」（1）〜（3・完）」一橋法学3巻1号（2004）19頁、2号（2004）551頁、3号（2004）1013頁参照。

合、C は「同一の目的を有する……債務」を負担したものと推定される。「同一の目的を有する……債務」とはこの事例では代金債務であり、「独立の」というので、C は取消しがされても B に対して代金の支払を義務づけられるのであろうか。

1-58 　　　イ　「独立の債務」とは何か　　　この点、売主は履行義務を負わないのに代金を取得するのは不当であり——保証人との契約の成立を認めれば可能（100条本文参照）——、損害担保契約と解されている。即ち、AB 間の売買契約は取り消されたため、B が受けた損害を賠償する損害担保契約を推定した規定であると考えられている。取消しまでは代金債務の保証、取消しがされると独立債務の負担が停止条件付きにされていたことになる[110]。また、制限能力者の取消しについての原状回復義務については、取消し可能なことを知って保証している事例であり、解除の議論（☞3-5～）同様、保証契約の解釈として保証の対象と認めることができる。制限能力者が原状回復義務を免れる場合、目的物の価格が下落して他に安くしか売れなかった場合などの場合に、売主の損害が問題になり、売主 B はこれを C に賠償請求できることになる（私見は☞1-60～）。A への求償が可能かは微妙である。

1-59 　　　(b)　債務不履行の場合　　　また、449条には、「主たる債務の不履行の場合」も規定されているが、この規定については議論がある。①保証人が主債務者として履行の責任を負うものと考える学説[111]、②保証人がここでも独立債務を負担するという学説[112]、③この規定は無意味であり債務不履行には適用しない学説（現在の通説）とがある。主債務者たる制限能力者と共にその保証人として損害賠償義務について責任を負う（保証債務）にすぎず、449条の規定の結果ではないという考えもあるが[113]、未成年者に帰責事由がなく責任を負わないのに保証人が損害賠償責任を負うと約束したとは推定できず、不履行という部分の文字については無意義と解されている[114]。本書の立場では、ここでも本規定を無視し③による。

1-60 　(2)　449条の再考
　　　(a)　旧民法に由来する　　　449条は、旧民法債権担保篇9条に由来する。同規定は「総て有効なる義務は之を保証することを得」（1項）と規定した後に、「無能力者の取消すことを得べき義務と雖も亦有効に之を保証することを得其義務が裁判上にて取消されたる後と雖も保証は其効力を存す但保証人が其保証の際債務者の無能力を知りたるときに限る」（2項）と規定していた。一見して明らかなようにフランス民法に由来する。現行法の債務不履行についての規定はなかった。また、裁判所によって取消しが認められても、「保証は其効力を存す」という意味は不明である。先の例では、C の A の代金債務の保証債務は、AB 間の売買契約の取消し後も存続するというのであろうか。そういう独立債務の負担であろうか、そうならば、BC 間の売買契約の成立を認めないと、一方的に B を利することになることは 1-59 に述べた通りである。

1-61 　　　(b)　フランス民法の規定
　　　　ア　改正前規定　　　当初のフランス民法2289条は、1項で、有効な債務についてしか保証はなしえないと規定し、2項で、未成年を理由に、個人的な抗弁として無効とすることができる場

---

110)　類似の損害担保契約としては、銀行が提携ローンを実行する場合には、提携先の販売業者が銀行に対して、銀行の住宅等のローン実行によって被る損害を担保する契約があり、主債務の成立に瑕疵があり借入れ契約が無効とされたり取り消されたりする場合でも、提携先販売業者には実行した貸付金相当額の支払を求めることを可能とするものである（峯崎二郎「損害担保契約」**担保法大系第5巻**751頁）。

111)　**横田**575頁。

112)　**磯谷**172頁以下、**近藤・柚木**223頁、**嘉山**301頁。

113)　**岡村**198頁。

114)　**山中**184頁、**我妻**459頁、**於保**260頁、**柚木・髙木**281頁、**平井**306頁。これに対し、**石田穣**852頁は無意味と解することに反対。

合には、保証をすることが可能であると規定していた[115]。未成年者自身が契約をする場合に、その近親者が保証人になって信用を与えることが考えられており、判例・学説は解釈により無能力者一般にこの適用を拡大していた。ただ、未成年者の行為の取消しを恐れて契約をしてもらえないのを補完するものであり、保証と同時に porte-fort の合意が含まれていると説明されている。

しかし、フランスの「無効」の理解の影響もあり、無能力者の行為はフランス民法では「無効」であり、1 項を適用すると保証債務は不成立となりそうであるが、そうではないことを確認した規定とも考えられる。この規定を理解するには、フランス法の「無効」を理解することが必要である。ちなみに、ドイツ民法には、449条のような規定はない。

　❶　**相対的無効（取消し可能）な契約上の債務の保証は可能**　　フランスには無効という概念　　**1-62**
しかなく――形成権という概念を介さない――、これが解釈により絶対的無効と、相対的無効とに分けられ、無能力無効は後者の相対的無効――無効と取消しを分ける立法では、取消し――である。無効な契約上の債務の保証ができないとすると、絶対的無効はよいが、相対的無効は、ドイツや日本のように無効と取消しを分ける立法では取消しであり、取消しがあるまでは有効なので、取り消しうる契約上の債務を有効に保証できることになる。上記規定は、無効でも相対的無効な債務は保証が可能なことを確認しただけの規定であり、取消しがされた場合に porte-fort まで引き受けたと解する必要はなかった。ただ無能力者とは別に、保証人に相対的無効の主張（＝取消し）を認めるか、悪意の場合にはこれを否定するかが問題とされるべきであった。次に述べる。

　❷　**解釈上の論点――保証人が無効を主張できるか**　　ところが、「無効」という立法なので、　　**1-63**
主債務者たる未成年が無効を主張していなくても――相対的無効は当事者しか主張しえない――、保証人が無効を主張できるのかということが問題になる[116]。日本では「取消し」とされているため、取消権を保証人について認めるのかというのとパラレルな問題が生じる。保証人が主債務者の無能力を知って敢えて保証した場合には、保証人に独自の相対的無効の主張を認める必要はない。そのため、悪意の場合には、保証人は無効を独自に主張できないことを規定する必要があった。他方、保証人が善意の場合には、保証人も履行拒絶ができてよいが、これを保証債務は自然債務として成立する、要するに債務は無効ではないが強制できないと、取消しにおける抗弁権説と同じ解決を解釈によって実現しようとしていた。

　　イ　改正規定　　フランス民法の2021年改正法は、2293条で、1 項で有効な債務でなけれ　　**1-64**
ば保証し得ないことを規定するのは同じであるが、同条 2 項で、「しかし、契約をする能力がないことを知りつつ自然人について保証人になった者は、その債務につき責任を負う」と規定する[117]。保証人に独自の無効主張権を認めることを前提としつつ[118]、保証人が相対的無効（取消し可能で

---

115)　L. Aynès, A. Aynès, P. Crocq, nº 57, p.71 は、この規定を、歴史的惰性の産物として批判的に評価する。即ち、家族的連帯に由来し、債権者に無能力者たる債務者の親族に対して履行の責任を問うことを認めたものであり、これがさしたる議論なしに古法、そしてフランス民法典へと受け継がれてしまったという。なお、スイス法については、**注民（Ⅱ）**236頁［中井美雄］参照。

116)　形成権という概念を明確にして構成しないが、絶対的無効とは異なり相対的無効では、正当な利益を有する者のみが無効の主張ができると考えられている。そして、主債務を生じさせた契約が相対的無効（取消し可能）な場合には、保証人も主債務者の主張できる抗弁ということで保証人にも、付従性を理由に無効の主張が認められる。無効の主張は、既履行の場合には、無効を訴求の根拠にする形で（par voie d'action）主張する場合――返還請求――には時効が適用されるが、未履行の場合には、無効を抗弁として（par voie d'exception）主張する場合には時効にはかからないと考えられている（L. Bougerol, G. Mégret, nᵒˢ 22-32, p.169）。時効は主債務者が時効の利益を放棄しても、保証人は時効を主張できると考えられているが、契約の無効については、主債務者が追認しても保証人は無効を主張できるのか不明である。付従性が根拠ならば、主張できなくなるようであるが、取消しでは、取消権者の問題と正面から構成して議論しないもどかしさが感じられる。

あること）につき悪意の場合には、独自の無効の主張を否定するものと理解すべきである――日本では悪意でも457条3項の抗弁権は否定されない――。保証人に主債務者の主張できる全ての抗弁の主張を認め、2293条2項を別とするという2298条1項は、この程度の趣旨として理解すべきである。無能力者により無効が主張された場合まで責任を負うという、損害担保契約を認める規定ではない。

1-65 　　　(c)　449条の再考の提案
　　　　ア　449条の問題点の確認　　　フランスでは主債務を生じさせる契約が「無効」であることから、保証債務を自然債務であるとしたり――保証人に独自の無効主張権（取消権）を認めるかが問題になるが、自然債務として拒絶を認めるので、抗弁権説に等しい――請合いといった理解をすることがされていた[119]。取消しがあっても保証は存続するという旧民法の規定は請合説の影響を受けたものといえる。現行449条の起草者梅は、旧民法では取り消しうる債務の保証債務は自然債務と考えていたが、民法では自然債務は認めない趣旨であり、これを独立した債務としたと説明する[120]。無効と取消しを区別したのに、依然としてフランスの民法の無効の議論についての混乱を引きずっている。また、現行民法で自然債務を否定したことの影響が見られる。

1-66 　　　　イ　449条廃止提案　　　無効と取消しを区別した以上、取り消されるまで主債務も保証債務も有効であり、保証人に独自の取消権を認める必要はないが、449条はこれを認めることを前提として、保証人が悪意であれば独自の取消権を認めないという趣旨の規定であった。「独立」というのはその程度の趣旨であった。しかし、現行法では抗弁権構成によっているため（457条3項）、善意であることを必要としない以上、その前提を失ったことになる。ましていわんや、債務不履

---

117)　スイス債務法492条3項は、錯誤または無能力により（無効であり）債務者が責任を負わない場合に、その契約上の債務を、無効原因を知りつつ保証した者は、保証について責任を負うものと規定し、また、主債務が時効が完成していることを知りつつ保証した場合についても同様とすることを規定する。同502条1項は、この規定を受けて、保証人は、主債務者の主張しうる事由を援用できるが、錯誤、無能力、消滅時効はこの限りではないものとする。同3項は、賭けや賭博による債務を保証した者は、このことを知っていたとしても、主債務者が主張しうる事由を主張しうるものと規定する。ケベック民法2340条2項は、同1項で有効な債務についてのみ保証が可能であるという規定に引き続き、「そのことを知っていることを要件として、無能力を援用して免れることができる債務、また、自然債務についても保証することができる」と規定する。

118)　ただし、2021年改正前は、主債務者に「純粋に人的に帰属する」抗弁は、保証人は援用できないとされていたため、主債務者が詐欺により主債務を発生させた契約をしていたとしても、その無効（無効の概念しかないので、詐欺、強迫、無能力も全て無効とされ、ただ取消しに匹敵する相対的取消しとされる）は主債務者のみが主張でき、保証人は援用できないという判例があった（Cass. ch. mixte, 8 juin 2007, Bull. ch. mixte, n° 5）。相対的無効の主張権者（取消権者）の問題で否定したのではなく、保証人の主張できる抗弁から「純粋に人的な抗弁」が除外されることが理由である。しかし、2021年改正によりこの「純粋に人的な抗弁」を除くという制限はなくなったので、相対的無効の主張権者のみの問題になった。相対的無効は、保護の対象である契約当事者のみが主張でき、その主張があれば保証人も主張できるが、主債務者の主張前が問題である。L. Aynès, A. Aynès, P. Crocq, n° 45, p.55 は、2293条2項により保証人は主債務者の抗弁を無能力以外は主張できるが、主債務を生じさせた契約に行きすぎた干渉を認めるべきでなく、主債務者が無効の主張を放棄する権利を害することはできず、保証債務との関係でのみその効力を生じるにすぎないという。主債務者がその後に追認したないし先に追認していたら、保証人はそれに拘束されるのかは**注116**に述べたように不明である。

119)　柴崎・前掲論文（**注109**）54頁以下。

120)　柴崎・前掲論文（**注109**）65頁以下。

121)　『民法修正案理由書』（八尾新助・1898）373頁（原案448条についての説明。国会図書館のデジタル図書を参照した）。

行についてまで規定するのは余計である。もし449条の意義を認めるのであれば、取り消しうる
ことを知って保証した場合には、取消し後の原状回復義務も保証していると推定する規定として
転用することに尽きる。損害担保契約を推定した規定と考える必要はない。449条は無視してよ
い規定である。

◆詐欺または強迫による契約における詐欺または強迫を行った者の債務の保証　　　　1-67
⑴　449条の他の取消原因への類推適用

　(a)　問題の確認　　A が、B に詐欺または強迫を働いて、①100万円を借り入れた（借入れケー
ス）、ないし、②A が B から甲画を100万円で購入し（購入ケース）、C が A の100万円の債務を
保証した（①ケース）、D が A の代金債務を保証した（②ケース）とする。449条にあわせれば、
取消権者のために保証人がいる②の場合がパラレルな事例になる。①では B が取り消して、B の
A に対する不当利得返還請求権が成立し、②では、B が取り消して、A の B に対する原状回復請
求権（目的物が返還できない場合の価額返還）が成立する。この場合、CD が取消原因を知ってい
たならば、449条を類推適用することができるのかが議論されている。

　(b)　類推適用説もある　　449条が詐欺や強迫取消しを対象としていないのは、「詐欺強暴等を
奨励スルノ結果ヲ生センコトヲ恐ルルカ為メナリ」と、その理由が説明されている[121]。しかし、
敢えてこの場合に、449条を類推適用する考えがある[122]。また、錯誤の場合に限って類推適用を
認める考えもある[123]。しかし、449条の損害担保契約の推定は疑問であり、これを無視する本書
の立場では（☞ 1-66）、類推適用を論じる必要もない。知らずに保証した場合でも、上記の例で
は原状回復義務についてまで保証の範囲とすべきかを問題にすれば足りる。この点を次に述べる。

⑵　449条に依拠しない解決　　A は B に対して、借入金を受けていれば原状回復義務（121条の　　1-69
2 第 1 項）として100万円の返還義務務を負う。契約上の借入金の返還義務と経済的に同一である。
この問題を、保証債務の範囲の問題（保証契約の解釈の問題）として解決しようとする学説もあ
る[124]。①の被害者 B のための保証の場合には、原状回復義務のための保証と認めてよいが（☞
1-54）、②の詐欺や強迫者のための保証の場合には、449条を類推適用して損害担保契約を認め
るべきではないのみならず、原状回復義務についての保証を認めるべきではない。①の場合には、
悪意の保証人には、詐欺・強迫を幇助した共同不法行為者として B に対する損害賠償義務を認め
ることもできる。

◆成立上の付従性の主張が制限された特殊事例（最判昭41・11・18民集30巻 9 号1845頁）　　1-70
⑴　事案　　最判昭41・11・18民集30巻 9 号1845頁は、亡 A が、B および C の代理人と称して
X に対し金員借入の申入れをなし、B らの代理人として X と金銭消費貸借契約を締結するととも
に、B らの債務につき連帯保証をする旨の契約を締結した事例で（借入金は A が受領）、X が A の相
続人 Y らに対して、相続分に応じて連帯保証債務の履行を求めた事例である。B との消費貸借契
約の成立を主張し、B の相続人への支払請求もされているが、無権代理でありこの請求は退けら

---

122)　**内田**414頁。偽造した契約書によるものであり主債務が成立しないが、保証人が事情は知りつ
　つ保証をした場合、449条のような規定かないため、保証人は保証債務について責任を負わないも
　のとした判例がある（大判昭 5 ・11・13大審院判例集 4 巻民107頁）。主債務を生じさせた取引につ
　き、債権者が有効だと信じて取引をしたことにより被った損害について、保証人は共同不法行為者
　として賠償責任を負う。

123)　**潮見** II 666頁は、スイス債務法492条 3 項（☞**注117**）も掲げて、449条の類推適用を錯誤取消し
　については肯定する。

124)　**中田**574頁。

れている。

1-71 **(2) 原審判決**　　原審は以下のように判示して、XのYらに対する請求を認容する。

「他人の代理人として金銭消費貸借契約をなし且つ自らその連帯保証をする旨約した者は特段の事情なき限り相手方に対し、右代理権がなかったことを理由として、相手方と本人との間に右金銭消費貸借が成立せず、したがって自らの連帯保証債務もまた成立しなかったものであると<u>主張しえない関係にある</u>と解するのが相当である。けだし、このことは無権代理行為が故意になされた場合については、相手方に責むべき点がない限り、信義誠実の原則上当然であるのみならず、過失により右代理権ありと信じ又は単に代理権を証明しえない場合についても、連帯保証債務は附従性の有無の点を除いては主債務と同一内容の債務であり、且つ民法第117条によれば無権代理人は、同条第2項の特別の場合を除き、相手方の請求により自ら履行の責に任ずる地位にあるのであるから右附従性を理由として自ら負担することを約した債務の成立を否認することをえないと解するのを相当とするからである」。

1-72 **(3) 最高裁判旨**　　最高裁も、Yらの上告を退け、Xの請求を認めている。

「他人の代理人と称して金銭消費貸借契約を締結し、かつ、自らその他人のため連帯保証契約を締結した者が、債権者の提起した右連帯保証債務の履行を求める訴訟において、右代理権の不存在を主張し、主たる債務の成立を否定し、ひいては連帯保証債務の成立を否定することは、特別の事情のない限り、信義則上許されないものと解するのが相当である」。「これを本件についてみるに、……この点に関する原審の判断は正当であり、原判決に所論の違法はない」。

1-73 **(4) 分析**　　消費貸借契約の成立、連帯保証契約の成立を否定する「主張をしえない」（原審判決）、「否定することは……信義則上許されない」（最高裁判決）というのは、いささか曖昧である。成立はしていないことは認めるが、その主張をし得ず、その反射として成立しているものとして扱うというのに等しい。架空の法人を作りその代表者として取引をしても、117条1項を類推適用して責任を認めるように、117条1項の類推適用を認めるか、また、Aが借入金を受け取っているので、704条の不当利得返還義務が成立しており、これらを問題にすれば足りた。117条1項の責任を追及すればよいのに[125]、保証の履行請求がされたためやむなく信義則を援用して解決したものであり、付従性の例外として保証債務の成立が肯定された事例として、本判決の先例価値を認めることは疑問である[126]。

1-74 **イ　消滅に関する付従性——付従性による保証債務の消滅**

❶ **原則である**　　保証債務は、その弁済や免除などにより消滅するだけでなく、主債務の消滅によっても消滅する。主債務が弁済、免除、消滅時効の援用などにより消滅すれば——消滅時効の場合に援用が必要なので、主債務者が援用していない場合には、保証人には時効援用権が認められる（145条括弧書き）——、保証債務も被担保債務の消滅により付従性で消滅する（**消滅に関する付従性または存続上の付従性**）[127]。主債務を発生させた契約の取消しや解除による消滅は、保証契約を従たる契約としてその失効をもたらすものと、契約の関係としてアプローチをすることも考えられる。

---

125)　平井宜雄「判批」法協84巻11号106頁は、裁判所が釈明してそのように変更させるべきであったという。

126)　**柚木・髙木**281頁。

◆不訴求の意思表示　　　　　　　　　　　　　　　　　　　　　　　　　　　1-75

(1)　**免除であれば付従性で保証債務も消滅**　　主債務者が債権者により債務免除を受け、主債務が消滅すれば保証債務も付従性により消滅する。しかし、債権者が免除ではなく、主債務者に対して不訴求の意思表示をして、主債務者の債務が自然債務になったならばどう考えるべきであろうか。フランスでは、2016年改正により旧1287条が改正されて1350- 2 条が規定されている。同１項は内容的変更がない。共同保証人について他の保証人が負担部分について債務を免れるように改正し（ 2 項）、また、主債務者の免除（la remise de dette）により、保証人は連帯保証の場合であっても債務を免れるものと規定された（同 3 項）。

(2)　**不訴求の意思表示について**　　　　　　　　　　　　　　　　　　　　　　　1-76

(a)　**保証債務には影響がないという理解（判例）**　　フランスの判例は、旧1287条 1 項は、債務者に対する債権者の「訴求する権利」（droit d'agir）の放棄には適用にならないと判示する（Cass. com., 22 mai 2007, p.1999, note Deshayes）。この判決によれば、債務免除（la remise de dette）――日本とは異なり契約である――とは異なり、訴求の免除（la remise de poursuites）によっては、主債務（obligation principale）は消滅しないことになる。この分析は債務二元論によれば正当化でき、強制権限（Haftung）を放棄したにすぎず、債務（dette）それ自体（Schuld）は放棄していないことになる。

(b)　**付従性をめぐる疑問**　　このような理解に対しては、債権者は保証人に対しては訴権（action）を保持しているので、主債務者は保証人から求償請求を受けることになり、免責の利益を得られていないと批判される。また、保証債務の付従性を逸脱することになり、保証人は主債務者に認められる抗弁を援用できること（2298条 1 項）、保証債務は主債務の負担を超えることはできないこと（2296条 1 項）と抵触するものと批判される[128]。個人の再生手続において、主債務者について決定された再生計画については、商法 L. 631-20条により保証人による援用を否定していたが、これは削除され、2021年 9 月15日のオルドナンスは商法の改正もしており、商法 L. 631-14条は、保証人らによる更生計画の援用を認めている。

(c)　**日本法についての検討**　　担保というものは債務者から回収できないときのための制度であり、付従性の緩和が必要とされる場合が考えられる。債務者を免除したり不訴求の合意をしても、保証人がそれを援用しないことを保証契約時また免除等の時に合意することは有効である（**付従**

---

127)　フランス民法では、保証の節に保証の消滅の款があり、その冒頭の2313条で、①保証も他の債務と同一の原因で消滅することを宣言する一方で（ 1 項）――独自の消滅原因――、主債務の消滅によっても消滅することを規定する（ 2 項）――付従性による消滅原因――。旧民法債権担保篇は、ほぼ同様の構成で「第 3 節　保証の消滅」において、44条 1 項で「保証は義務消滅の通常の原因に由り直接に消滅す」と規定し、46条では「保証は主たる義務消滅の総ての原因に由りて間接に消滅す」（ 1 項）、「債権者と主たる債務者との間に為したる代物弁済、更改、免除、相殺及び混同の保証人に対する効力は財産編第461条、第501条、第506条、第521条及び第538条に於て之を規定す」（ 2 項）と規定していた。現行民法は下位の「目」を設けず規定を羅列したが、消滅についての規定をまとめることはなく、457条 2 項で、消滅を含むより広い付従性を宣言する規定によっている。

128)　J.-J. Ansault, Y. Picod, n° 108, pp.222 et s., D. Legeais, n° 195, p.159. このような解決は欺瞞的である、何故ならば実際には主債務者を解放していないからだと説明される。債権者は保証人に対し支払を請求でき、支払をした保証人は主債務者に結局求償することになり、主債務者は支払を免れていないからである。そのため、保証人に対する権利の留保は無効であり、保証人は債務を免れるといわれる（M. Cabrillac, C. Mouly, S. Cabrillac, P. Pétal, n° 359, pp.263 et s.）。この立場では、主債務者に対する訴求する権利の放棄（la renonntiation au droit d'agir）は――本書にいう不訴求の意思表示――、保証人に効力を生じないことが判例により認められているが、保証人からの求償を受けるので免責されていないのに、主債務者を誤解させるものと批判することになる（M. Cabrillac, C. Mouly, S. Cabrillac, P. Pétal, n° 361, p.264）。

性の抗弁の放棄）。その後支払をした保証人は、免除の場合には主債務者に求償できないが、不訴求の合意の場合には主債務者に求償ができると考えるべきである。破産法のような法律規定がない限り、保証人による付従性の抗弁の放棄の意思表示が必要であり、個人保証人については明示の放棄の約束が、保証契約時または免除等の時に必要であるが、法人保証の場合には明示的に反対の合意がない限り、黙示的に放棄をしているものと扱われるべきである。債権者・主債務者間の合意を不訴求の合意と構成すれば問題が当然に解決されるのではなく、付従性の抗弁の放棄の意思表示を伴うか、その趣旨の法律規定が必要と考えるべきである。

1-79　　❷　**保証債務だけ存続する例外事例**　　主債務者が個人であり破産免責がされた場合、担保はこのようなときのためのものであり、主債務の消滅または自然債務化は保証債務には影響を及ぼさないことは **5-11** 以下に述べる。また、私的清算手続において、債権者が主債務者に対して債権放棄をしても、保証人を免除しない限り、保証人の責任はなくならないと考えられる。ただし、これをどう付従性との関係で説明するのかは議論がある。法人が破産手続の結了により解散した場合、主債務者が死亡し相続人が限定承認をした場合なども問題になる（☞**5-16**）。

1-80　　(b)　**内容（態様）に関する付従性**

　　　ア　**主債務と同じ内容の債務として成立**

　　　❶　**代位弁済義務が主債務を超えることはあり得ない**　　同一内容別債務説（☞**1-31**）と代位弁済義務（☞**1-36**）のいずれであっても、保証債務の内容は主債務と同一内容であり、その内容を超えることはできない（**内容に関する付従性**）。民法は、「保証人の負担が債務の目的又は態様において主たる債務より重いときは、これを主たる債務の限度に減縮する」と規定している（448条1項）[129]。代位弁済義務説からは、主債務の代位弁済義務が主債務を上回ることはあり得ない[130]。敢えて異なる合意がされた場合、例えば100万円の債務について、保証人が甲画を引き渡すことを合意した場合、第三者弁済として代物弁済をすることを予約したものと考えるべきである[131]。

---

129)　旧民法債権担保篇6条に由来する規定であり、「保証人の義務は主たる義務より一層大なることを得ず又一層重き体様に服することを得ず若し保証人の義務か一層大なるとき又は一層重きときは主たる債務の限度及び体様に之を減ず」と規定していた。

130)　主債務について私署証書にしながら、保証債務につき公正証書で執行認容特約を付けることは許されるといわれる。「債務の目的、態様を重くする者に非ざる」ことが理由とされている（**梅**146頁）。「債権行使の方法又は効力に強弱の差あるに過ぎざるものにして、債務の目的又は体様に相違あるものに非ず」ともいわれる（**磯谷**458頁）。催告また検索の抗弁が認められない事例であることが前提になる。

131)　**林ほか**437頁。技巧的ではあるが、保証債務を負担した上で、保証債務の代物弁済──代位弁済義務説では主債務の代物弁済の予約をしている構成することも考えられる。

❷　独自の義務なので別個に違約金などの合意は可能　　ただし、保証債務は 1-81
主債務とは別の義務であるため——代位弁済義務——、保証債務につき別個に担
保を設定することができるように——保証債務否定説ではできない——、保証債
務についてだけ違約金を定めることはできる（447条2項）[132]。主債務につき利息
5％、保証債務は利息10％という合意はできない。しかし、主債務について遅延
利息を5％と約束し、保証債務について独自に10％の遅延利息を定めることが可
能というのは疑問である。債権者に主債務者から回収できる金額を超える保護を
与える必要はなく、立法論的にはこの点は、少なくとも個人保証人については規
制すべきである。

イ　保証契約後における主債務の内容の変更——保証人に不利な変更は付従 1-82
性が制限される

❶　保証人に不利な変更は付従性が制限される　　主債務の保証契約後の変更
についても、保証債務もそれに併せて変更される。ただし、「主たる債務の目的
又は態様が保証契約の締結後に<u>加重されたとき</u>であっても、保証人の負担は加重
されない」（448条2項）[133]。即ち、不利益な変更は、保証人が一度引き受けた負
担を不利に変更することになるため、付従性を制限し、保証人の同意を得なけれ
ば保証人に対抗できないものとしたのである[134]。特定保証だけでなく、根保証
にも適用される[135]。

---

132)　**＊保証債務の不履行**　　この場合、保証債務の違約金の支払は、主債務の代位弁済にはならな
　　いので、その金額は主債務者に対する求償権の範囲には含まれない。447条2項は、保証債務否定
　　説（☞1-44）は無視することになる。物的担保とは異なり、「債務」を負担するので、主債務の損
　　害賠償義務を保証するのではなく、保証債務自体の債務不履行による損害賠償義務が問題になる。
　　本書の立場では保証債務は代位弁済義務なので、主債務について419条の制限がありながら、保証
　　債務の不履行を理由にしたら保証人に対しては419条の制限なしに実損害の賠償を請求できる可能
　　性はある（**磯谷**477頁はこれを肯定）。しかし、独立担保ではなく、「債務」の形式を採っていても
　　担保であり、保証債務自体の債務不履行を独自に問題にすることは疑問である。保証債務の不履行
　　を独自に問題にすることは許されないと考え、447条2項は無視すべきである。
133)　ドイツ民法767条1項は、保証人の義務について、保証契約時の主債務が基準となり、その後
　　に、**主債務者の法律行為によっては**、保証人の義務が加重されることはないものと規定する。
134)　債権譲渡がされて債権者が変わることは、債権譲渡が自由とされている以上、不利益変更とし
　　て保証人に対抗しえないという扱いは受けない。問題なのは、主債務者が異議をとどめない承諾を
　　した場合の保証人への効力である。例えば、既に弁済していたのに、主債務者が債権の譲受人に対
　　して異議をとどめない承諾をして弁済を対抗できず、支払を免れなくなった場合、保証人も免責さ
　　れていたのに譲受人に対して保証債務を免れないのであろうか。判例は否定し（大判昭15・10・9
　　民集19巻1966頁）、学説も否定で異論がないところである。2017年改正法では、異議をとどめない
　　承諾制度は廃止されたが、抗弁放棄は可能と言われている。しかし、主債務者の行為により保証人
　　がいわれのない不利益を受けるべきではない点は変わらないので、主債務者の抗弁放棄は、保証人
　　には対抗できないと考えられる。

1-83 **❷ 変更の具体例**　例えば、主債務の利息の利率が 5 ％であったのを、保証契約がされた後に、債権者と主債務者の合意により 7 ％に変更しても、保証人が責任を負うのは 5 ％の限度のままである。ただし、保証人の承諾を得れば、変更後の主債務の保証とすることができる。利息が 3 ％に引き下げられた場合には、448条 1 項の適用により、保証債務も 3 ％を限度とする責任に変更される。期限の猶予については、保証人は、448条 1 項によりこれを援用するか、不利な変更であるとして——その間の利息が増える——459条の 2 の制限を受けることなく、当初の期限に支払う選択ができると考えるべきである[136]。

1-84 **◆債務転形論（同一性理論）との関係**　例えば、種類債務を保証し、主債務者が履行をしなかったので、債権者が契約を解除せず塡補賠償を選択したとする（415条 2 項 2 号、3 号）。従前の判例では、塡補賠償は、当初の契約上の給付義務が同一性を保って内容が変更したものであり（債務転形論ないし同一性理論）、保証債務も付従性により同一性を保って塡補賠償義務へと内容が変更されることになる[137]。しかし、改正法では、債務転形論は否定されたというのが一般的理解である。元の契約上の債務は消滅し、債務者は別の債務として塡補賠償義務を負担することになる。この立場では、塡補賠償義務に保証債務の効力が及ぶことは債務の同一性以外に求める必要がある。この点、契約解除による原状回復義務について、将来債務の保証として保証契約の解釈により説明するのと同様に、将来債務の保証として保証契約の解釈により導くことができる[138]。

1-85 **◆一度消滅した主債務の復活**　一度弁済（例えば代物弁済）により主債務が消滅後、主債務者と債権者との合意により弁済がなかったことにされ、主債務が復活しても、これを保証人には対抗できない。ただし、詐害行為取消しにより取り消された場合には、保証人はそのような事態を覚悟すべきであり、保証人にも効力が及ぶと考えるべきである[139]。主債務を生じさせた契約を、主債務者が制限行為能力取消しをした後に、取消しを債権者の同意を得て撤回した場合も、一度取消しにより保証債務が消滅し

---

135)　例えば、賃貸保証についていえば、賃料の増額、違約金の約定は、根保証人には対抗できないが、賃貸期間の更新や延長は、判例によれば保証人にも効力を対抗できる（☞ 9 -90）。不利な変更も保証人の同意があれば対抗できるが、更新については事前承認しているものと扱われるからである。

136)　この問題については、齋藤由紀「主たる債務の弁済期の延期による保証人への影響」『21世紀民事法学の挑戦（加藤雅信先生古稀記念）下巻』（信山社・2018）509頁参照。

137)　林ほか438頁。

138)　中田187頁。

139)　主債務者がなした代物弁済が、債権者により錯誤取消しがされた場合や、他人物代物弁済であり債権者が契約を解除した場合も、消滅した主債務が復活し、付従性により消滅した保証債務も復活することになる。保証人は「第三者」には該当しないからである。フランス民法旧2315条は、債権者が主債務の支払として不動産を受け入れた場合（代物弁済）、他人物であり債権者が解除をしても、保証人の免責には影響を与えない旨規定していたが、この規定は2021年改正で削除された。これは原則に服せしめる趣旨であり、保証債務も消滅しなかったことになると考えられている（L. Aynès, A. Aynès, P. Crocq, n° 162, p.163）。

ているので、復活させても保証人には対抗できない。賃貸保証（根保証）において、賃貸人が賃借人の賃料不払いにより賃貸借契約を解除した場合、やはり賃借人と協議して解除を撤回した場合には、解除までの債務についての保証の効力は解除により消滅させられないが、根保証契約は終了しており復活することはない[140]。

(C)　保証債務の随伴性

1-86

ア　保証債権の譲渡ではない　　連帯債務の場合には、連帯債務者ごとに独立した債権が成立するので、連帯債務者の1人に対する債権だけを譲渡することができる。これに対し、保証債務の場合には、保証人に対する債権だけ譲渡することはできず、また、主債務者に対する債権を譲渡しながら、保証人に対する債権は保持するということはできない。保証債務は主債務を被担保債権とする「担保」にすぎないからである。主債務者に対する債権が譲渡された場合、保証人に対する債権も当然に移転する[141]。この場面での付従性を特に**随伴性**と呼ぶ[142]。被担保債権を譲渡すれば、抵当権の譲渡をするまでもなく、抵当権の付従性の効果として抵当権が譲受人に移転するのと同様であり、担保に共通の効力である。

イ　保証人に対する対抗要件は不要　　抵当権についていうと、被担保債権

1-87

の債権譲渡について具備すれば、抵当権が譲渡されたわけではなく抵当権の移転については対抗要件具備を要しない。これと同様に、主債務について債権譲渡の対抗要件を具備すれば、保証債権の移転につき別個に対抗要件は要しない。保証人は467条1項の「債務者」ではなく、同2項の「第三者」でもない。①保証人に対する債権が譲渡されたわけではなく、随伴性による移転である。②結果の妥当性からも、保証人は弁済前に主債務者への事前の通知義務があり、これを尽くしていれば主債務者から債権譲渡の事実を知りうるからである。保証人がこの確

---

140)　賃貸保証（根保証である）は、敷金同様に、賃貸借契約終了により終了するのではなく、明渡しにより終了する。根抵当権類似型の場合にも、賃貸借契約の終了により確定しその時点の賃借人の債務が保証されるのではなく、明渡しがあって初めて確定し、その時点の賃借人の債務が保証されることになる。そのため、解除撤回までの遅延賠償は保証の対象になり、解除撤回後に通常の賃料債務に戻ってからは──撤回しないと遅延分の損害賠償義務について保証が及んでいたので、バランス論的には悩むが──明渡しはされていなくても根保証は終了すると考えられる。その後、結局再度解除になり明渡しがされた場合、損傷等についての原状回復義務については、一度当初の解除で発生していたので、根保証人の責任は免れないが、ただ責任の加重はできないので、その後の損傷により原状回復義務が加重されても責任を負うことはないと思われる。

141)　**＊随伴性を排除する特約**　　特約で随伴性を排除することができ、その場合には、もし債権者が主債務についての債権を譲渡しても、保証債務は随伴せず、譲渡人が保証人に対する債権だけ有することはできないので、保証債務は消滅する（**於保**275頁）。

142)　随伴性は、債権担保としての性質から導かれるのであって、保証の性質そのものではないという考え方も可能と言われている（**淡路**380頁）。

認をせず、譲渡人に支払ってもそれは無効であり、過失があるので478条の適用もない。

（4）　保証債務の補充性——単純保証の原則

(a)　補充性の意義　　　民法は、保証人の責任を、原則として債権者が主債務者に請求し、その財産から債権回収をしたが回収しえなかった残額についての責任に制限をした。即ち、保証人にいわゆる催告および検索の抗弁権を認めている（452条、453条☞ **4 -32**以下）。債権者は、主債務者から回収できない分を補充的に保証人から回収することができるにすぎず、これを保証債務の**補充性**という[143]。補充性の認められる保証を、**単純保証**という。抵当権では、物上保証には補充性が認められていないが、453条を類推適用して、物上保証人には394条 1 項の適用を制限することも考えられる。

1-89　**(b)　補充性についての規定は強行規定ではない**　　　補充性は、付従性とは異なり保証債務ということから当然に導かれるものではなく、保証人保護のために民法が特に創設した保護である。452条、453条は強行規定ではなく——スイス債務法では保証規定は全て強行規定（☞**注43**）——、民法は、補充性を排除し保証人を主債務者と連帯して責任を負わせる特約を可能としている（454条）[144]。実際の保証契約は間違いなく連帯保証とされている——信用保証協会の保証は別、また、学生支援機構の奨学金の返還も親族保証人以外は単純保証である（☞**8 -37**）——。補充性は有名無実化されており、立法論としては、個人保証人については連帯特約を禁止すること——債権者に適時執行義務（☞**注279**）も認める——も考えられる。

---

143)　**＊最終不足額保証**　　　ドイツ法には、最終不足額保証という、補充性を更に強化した保証がある。債権者が回収できなかった主債務の最終的欠損についてのみ、保証人が履行する責任を負う保証であり、「欠損」の内容は合意により決まり、特定の担保を実行した場合の不足額を指すものなど様々なものがあるといわれる（山本敬三「契約としての保証」『法律行為法・契約法の課題と展望』[2022] 156頁）。地方公共団体の損失補償契約は、民法上の保証よりも補充性が場合により強化、場合により緩和された保証と考えることができる（山本宣之「民法の補償理論からみた安曇野事件訴訟」産法 9 巻 1 = 2 号 [2012] 72頁以下）。

144)　**DCFR** IV. G.- 2 :106(1)は、人的担保の「担保提供者は、<u>その旨の合意があるときは</u>、担保提供者の責任が補充的なものであることを債権者に対して主張することができる。……」と規定する。下線のように、補充性が原則ではなく、積極的に補充性を付与することを合意しなければ補充性は認められない。ただし、消費者保証については、 4 :105条(b)により、別段の明示的な合意がない限り、補充性が認められている。

第2章
保証債務の成立──保証契約

1　保証契約

（1）　保証契約による保証債務の成立[145]

　保証契約をめぐっては、無権代理（表見代理）、錯誤、主債務者の詐欺等の、保証契約締結段階にかかわる問題が多いが、本書ではこの問題には立ち入らない[146]。ただひと言述べておくと、2017年改正により、この点についての予防がかなり図られている。主債務者に保証人への保証委託に際する情報提供義務を規定し、その違反に債権者の認識可能性があれば、保証人に保証契約の取消権を認めている（465条の10☞**2-18**以下）[147]。また、事業上の貸金等債務の保証の場合に限られているが、保証意思宣明公正証書の作成が要求され（465条の6☞**2-41**以下）、これは本人が必ず行わなければならないため、無権代理を予防できる。

---

145)　旧民法債権担保篇3条1項は、フランス民法に倣い、「保証ハ任意ノモノ有リ法律上ノモノ有リ又裁判上ノモノ有リ」と規定し、法定の保証債務や判決による保証債務を認めていた。現行法は、保証契約については446条2項、3項に規定をしたが、これに保証債務の発生原因を原因とする趣旨ではない。発生原因については何も規定していない。契約による他、遺言により保証債務を成立させることは可能と考えられている（**鳩山**296頁は反対）。なお、446条2項については、山本宣之「民法446条2項の保証の書面性について（上）（下）」産法47巻3・4号（2014）261頁、48巻1・2号（2015）158頁、木納敏和「保証契約の書面性（民法446条2項）をめぐる実務的問題に関する一考察」『債権法の近未来像──下森定先生傘寿記念論文集』（酒井書店・2010）133頁以下、堀川信一「保証契約の成否並びに民法446条2項における「書面」の解釈」『民事責任の法理──円谷峻先生古稀祝賀論文集』（成文堂・2015）259頁以下参照。フランス民法では、保証契約は、保証人が個人の場合には書面が要求されるが（☞**注159**）、それ以外の法人が保証人の場合には、原則通り諾成契約である。

2-2 (a) **要式契約である**

　　ア　**要式契約とした理由**　　民法は保証契約[148]についても諾成契約という原則を貫いていたが、2004年の改正により「保証契約は、書面でしなければ、その効力を生じない」（446条2項）と規定され、保証契約は要式契約とされた[149]。

---

146)　なお、2016年改正前のフランス民法にはコーズ（cause）の規定があり、コーズを欠いた契約、コーズについて錯誤のある契約は無効とされていた（旧1131条）。保証契約のコーズは何かが議論されていたが、2016年改正によりコーズ規定が削除され、この議論の意義は失われたと考えられている。ところで、保証については、主債務者たる会社Aの支配株主であったBがAの債務を保証したが、支配株主だから保証したのでありその後少数株主になったため、Bがコーズを失ったとして保証契約の無効を主張した事例がある（lempereur判決）。Bの保証債務のコーズは、Aが与信を受けることにより、Bが与信を受けられるという思惑（consideration）であり、コーズは契約時に確定されるとして、破毀院はBの主張を認めなかった（Cass. com., 8 nov. 1972, Bull. civ. IV, n° 278）。コーズ不存在ではなく、契約時にあったコーズの喪失の問題であり、多数株主であったのに、多数株主でなくなった、経営者であったのに退任した、夫婦であったのに離婚したといった事例が問題である。コーズ規定がなくなった現在、この問題は、コーズではなく意思自治の問題になった、将来の債務の保証（日本でいう根保証）では、保証人は解約をして義務を免れることができると考えられている（L. Aynès, A. Aynès, P. Crocq, n° 128, p.139）。

147)　2002年のEC指令案またその後の各国の対応、そして、イングランド法を詳細に紹介するものとして、西村曜子「保証契約締結プロセスの規律（1）〜（4・完）：イングランドにおける信頼の濫用法理の考察を中心に」北法69巻2号（2018）466頁、69巻6号（2019）284頁、70巻1号（2019）37頁、70巻2号（2019）35頁がある。

148)　保証契約は、保証人のみが債務を負担するため片務契約と解されている（**岡松**170頁、**鳩山**296頁）。保証人に対して保証料が支払われる場合、保証契約においてではなく、主債務者と保証人との保証委託契約において、保証をしてもらうこと（保証給付）の対価――支払は求償ができる――としてである。保険であれば、債権者が支払不能保険を保険会社と締結するが、保証契約においても、債権者が保証人に対価を支払うことを約束することも可能である。その場合には、保証契約が双務契約になる。なお、保証契約において、対価関係に立つ給付義務ではないが、信義則上の義務として、事業者たる債権者の個人保証人に対する信義則上の種々の配慮義務が認められる（☞ **2 -99**以下）。

149)　＊**法律規定による保証債務の成立**　　法定の保証債務として、**梅**139頁は、合名会社の社員の会社債務についての履行義務を挙げている。合名会社の社員、合資会社の無限責任社員の会社債務の弁済義務（会社法580条）や問屋の履行担保責任（商553条）は、法定の保証債務と評されている（**於保**256頁注(1)、**奥田**383頁、**淡路**382頁）。**石坂**996頁は、合名会社の社員の責任について、通常の保証と同一に論じることはできず、賠償保証の性質を有するものという。

　　会社法580条1項や商法553条は、法定の保証債務と解されているが、そのような性質決定をすることの意義は明確ではなく、各法制の趣旨に即して考え、必要に応じて民法の保証の規定を類推適用すればよいという主張もある（**中田**568頁）。使用者責任を、被用者の不法行為責任について代わりに履行すべき義務にすぎないとすれば、実質的に保証債務にすぎないが、使用者責任を固有の責任原理に基づく損害賠償責任と考えれば（報償責任）、不真正連帯債務にすぎないことになる。他方で、上記の法定の債務については、金銭債務についていうと、代位弁済をすべき法定の義務であり、本書の保証債務を代位弁済義務と構成する立場では、法定の保証債務と分析してかまわない。どこまで民法の保証規定を適用するかは、それぞれの制度の趣旨による。例えば、補充責任であれば補充性の抗弁まで認めてよい。他方、金銭債務以外については、問屋の買い付けの場合に、目的物が特定物の場合には問題になる。問屋なので自ら買主になり所有権を取得しており、売主が引き渡さない場合の責任は損害賠償責任が問題になり、将来の債務である損害賠償義務の法定の保証と考えられる。種類物売買の場合には、他から仕入れて引き渡す義務を法定の保証債務として負担することになる。

個人保証人に限定されていない。①保証契約は無償かつ片務契約であるから、その認定は慎重になされるべきであると評されていたが[150]、書面を要求することで保証がされたか否かの争いを避けようとしたのである。②また、保証人に、保証を書面で行うことで、軽率な保証を予防し、③更には、保証人に保証をしたとの認識を強化し、④書面でいつでもその内容を確認できるようにしたのである[151]——ただし、書面の交付は成立要件にはなっていない（☞2-6）——。

◆保証書の債権者への差入れ　　2-3

(1)　独立した保証契約書の作成は必要ではない　　保証契約書は、債権者と保証人との契約書であるが、主債務を生じさせる債権者と主債務者との契約についての契約書とは別に作成される必要はなく、1つの契約で行われることが多い。例えば、金銭消費貸借契約書、賃貸借契約書等の保証人欄に保証人として署名するのでもよい（大阪高判平20・12・10金法1870号53頁）[152]。この場合、1つの契約に、当事者を異にする2つの契約（賃貸保証では、賃貸借契約と保証契約）が規定されることになる。もちろん保証委託契約は、有償の場合には別に契約書が作成され、保証料などが合意されるが、無償の場合には口約束で済まされるのが普通である。

(2)　保証書の債権者への差入れでもよいか　　2-4

(a)　どうして問題になるか　　保証人により保証書を署名押印して債権者に交付するのでもよいのか（保証書の差入れ）は議論がある。保証は「契約」なので、合意が書面によりなされることが必要になり、保証人が債権者に保証人になることを引き受ける旨の一方的意思表示では、保証契約の書面ではない。これを認めたら保証意思宣明証書を債権者に交付すればそれだけでよくなってしまう。贈与も本来ならば贈与「契約」が書面により為される必要があるはずであるが、この点は緩和され贈与者の贈与する旨の書面の交付だけでもよいと考えられている——筆者は無償契約に拘束力を認めるためにはハードルが高くてよいと考えており、厳格に贈与契約書を必要と考える——。

(b)　評価　　法務省の立法担当官は保証書の差入れも書面要件を充たすものと説明し、学説も多くはこれを容認する[153]。しかし、これに対し、保証契約書を作成するか、申込み・承諾ともに書面でされることを必要とする学説[154]、個人保証については書面要件の認定は厳格になされるべきであり、契約書でない書面では書面要件を充たさないという学説[155]がある。筆者も反対説に賛　　2-5

---

150)　**平井**304頁。

151)　個人保証人について——法人の従業員等は措く——、代理人への保証人の代理権授与（保証契約締結の代理権付与）について書面が必要なのかは問題になる（山本・前掲論文（**注145**）（下）158頁以下参照）。

152)　同判決は、「446条2項が保証契約について書面を要求する趣旨は、保証契約が無償で、情義に基づいて行われる場合が多いことや、保証契約の際には保証人に対して現実に履行を求めることになるかどうかが不確定であり、保証人において自己の責任を十分に認識していない場合が少なくないことから、保証を慎重ならしめるために、保証意思が外部的にも明らかになる場合に限って契約としての拘束力を認めるという点にあるところ、Yは、A等から依頼されて、AのXに対する債務を保証する意思で、金銭消費貸借契約書の借主欄に署名押印をした《証拠略》というのであるから、これによって、主債務者であるAと同じ債務を連帯して負担する意思が明確に示されていることに違いはなく、保証意思が外部的に明らかにされているといえるからである」という。

153)　**吉田・筒井・保証制度**13頁。**潮見Ⅱ**643頁、**中田**569頁、**近江**187頁、**奥田・佐々木・中**634頁等が賛成する。

成である。保証「契約」を書面ですることが要求されているのであり、主債務を生じさせる契約書と一体として保証契約書が作成されることになろうが、それにより保証人が主債務の発生原因について詳しく認識することができ、また、保証人にその責任を自覚させるために望ましいからである。

2-6　　**イ　口頭の合意による補完の不許可、書面交付義務など**　　書面については公正証書であることは要求されておらず、必要な記載事項──根保証では極度額は必須（465条の2第3項）──も法定されていない。しかし、口頭で合意がされても、その内容が書面に記載されていなければ、契約内容とは認められない。また、主債務を生じさせる契約と別個に保証契約書を作ることも要求されていない。業法とは異なり、書面の保証人への交付は要求されておらず、書面が保証人に交付されなくても、保証契約は有効に成立する[156]。

2-7　　**◆貸金業法による貸金業者の保証人への書面交付義務**
　　商工ローンをめぐる保証関係の事件が多発したことを踏まえて、1999年（平成11年）に貸金業法17条が改正され貸金業者に保証人に対する書面交付義務が規定された。違反には100万円以下の罰金が科せられる（49条）。①契約締結前の書面の交付義務として、16条の2第3項により、貸金業者の商号、名称または氏名および住所、保証期間、保証金額等の法定の事項を記載した署名を保証人予定者に交付することを義務づけられる。②また、17条4項により、保証契約を締結したならば、遅滞なく、同様の法定事項を記載した書面の交付を義務づけられる。これに違反して締結された保証契約については、無効とする規定はないが、解釈により無効と考えることができる[157]。

2-8　　**ウ　電子書面によることが可能**　　「書面」とは伝統的には「紙」が作成されるものであるが、電磁的記録によってなされた保証契約も「書面」によるものとみなされている（446条3項）。電磁的記録については、民法は定義規定を置く代わりに、151条4項に括弧書きで、「（電子的方式、磁気的方式その他人の知覚によっては認識することができない方式で作られる記録であって、電子計算機による情報処理の用に供されるものをいう。下線下同じ。）」と定義規定を置いている。「以下同じ」と規

---

154)　**加藤**467頁。
155)　**内田**405頁。
156)　**DCFR** IV. G.- 4 :104条は、消費者保証につき、人的担保契約は、持続性のある媒体による文書形式で行わなければならず、かつ、担保負担者が署名しなければならないが、この要件を充たさなければ、担保契約は無効とされるが、書面の担保負担者への交付は要件にはなっていない。
157)　今西康人「判批」リマークス22号40頁は、「これらを強行法規と考えると、今後は強行法規違反による契約の無効、あるいは違反を理由に保証債務の履行請求を信義則違反とする構成も可能である」という。**潮見 II** 645頁も、違反に刑罰規定があることから、強行規定違反により保証契約が無効となるという。

定して、それ以降の条文はこの定義に従うことになる（同様の規定として465条の３第１項があるが、表記の仕方が異っている）。

◆書面要件をめぐる問題点 2-9

(1) **保証契約の記載内容**　保証契約書にはどのような記載がされれば、446条２項の要件が充たされるのであろうか。保証人の書名押印が偽造された事例での傍論であるが、東京高判平24・１・19裁判所 watch は、「保証人となろうとする者がする保証契約の申込み又は承諾の意思表示は、口頭で行ってもその効力を生じず、保証債務の内容が明確に記載された保証契約書又はその申込み若しくは承諾の意思表示が記載された書面にその者が署名し若しくは記名して押印し、又はその内容を了知した上で他の者に指示ないし依頼して署名ないし記名押印の代行をさせることにより、書面を作成した場合、その他保証人となろうとする者が保証債務の内容を了知した上で債権者に対して書面で上記と同視し得る程度に明確に保証意思を表示したと認められる場合に限り、その効力を生ずる」とした。偽造された書面であり無効とする（東京地判平23・１・20判タ1350号195頁も書面要件の充足を否定）。

(2) **書面によらない保証契約上の保証債務が履行された場合** 2-10

(a) **履行がされても無効**　贈与契約の場合には、書面がなくても履行後は返還請求できないが（550条）、保証契約にはそのような制限はない。そのような規定を置くと、債権者により強引な取り立てを助長することになるので、敢えて同様の規定を置くことを避けたのである[158]。保証契約が書面によらない場合に保証が履行されてもその弁済は債務がなく無効であり、保証人は債権者に対して返還請求ができることになる[159]。

(b) **主債務者への求償の可否**　ただし、債権者が支払不能になっていたり所在不明になっていたりして、債権者に返還請求するよりも、主債務者に求償できた方が、保証人としては有利な場合も考えられる。そのため、保証人は、無効を主張せず主債務者への求償をすることができ、債権者や主債務者からは無効を主張できないと考えられている[160]。相対的無効という弥縫策は避けたいところであり、また、追認可能とすると、債権者が追認を迫り面倒である。そのため、この場合には、例外的に、保証人の債権者に対する不当利得返還請求権を自働債権とし、債権者の主債務者に対する債権を受働債権とする代位弁済的相殺ができる——これにより主債務者への求償権が成立しまた弁済者代位の効力も認められる——と考えたい。 2-11

(3) **書面はあるが無権代理の場合**　また、保証契約に書面が作成されているが無権代理人により行われた場合に、本人（保証）の追認は口頭でも有効になしうるのであろうか（472条の４第４項参照）。保証契約における要式契約の趣旨が、証拠を残して後日の紛争を回避するというのではなく、契約締結を慎重ならしめるという趣旨であるとすれば、軽率に口頭で追認して有効というのではその趣旨を没却する。では、書面で追認がされれば有効になると考えてよいであろうか。主債務を生じさせる契約と別個に保証契約書を作成するのではなく、その契約書の保証人欄に署名押印をすることを考えれば、追認書を別に作成するのでは足りず、保証人の署名欄に改めて追認がされたことを追記し、保証人に署名押印してもらう方法が考えられる。もし貸金等債務で、保証意思宣明証書も偽造（ないし替え玉による）である場合には、これへの追認はあり得ず、この場合には全てやり直すしかない。 2-12

---

158) **吉田・筒井・保証制度**14頁。

　(b)　**保証契約の当事者など**

　　ア　保証契約の当事者　　①保証契約は、債権者と保証債務を引き受ける保証人との契約により締結されるのが普通である。主債務者の委託を受けているの

---

159)　**＊フランスでは手書きまで必要**
（1）　**2003年消費法典による手書き要件の導入**　　フランスでは、消費法典の第3編「与信」第3章「保証」の2003年8月1日の法律による改正により、自然人による事業者たる債権者に対する保証契約について、私署証書による場合には、手書きの署名が必要とされ（要件は、①保証人が自然人であること、②債権者が事業者であること、③私署証書によることである。2021年改正法は②は次述のように要件から外される）、条文に文例が書かれておりその定型の手書きによることが求められていた（旧 L. 331-1、L. 331-2［連帯特約がある場合］）。この要求される文例に従った手書きがなされていないと、保証契約は無効とされていた。連帯特約についてのみ手書き要件を充たしていない場合、保証契約は全体として有効であり、連帯特約の部分のみが無効と考えられていた。また、賃貸保証についても、1989年7月6日の法律22-1条にも同様の手書き要件が規定されていた（これが参考にされたのか）。2011年3月28日の法律により、公正証書（1369条3項）および弁護士の副署のある書面（1374条3項）については、手書き要件は免除されている。
（2）　**2021年改正により民法に移される**　　2021年改正によりこれらの規定は削除され、民法の2297条に内容を修正の上規定された。この改正は2021年改正の目玉の1つと言われている。①記載の方式について従うべき文例まで設定されていたため、それを充たしているのか実際には議論を生じる事例があったが、定式を要件とすることを止め、主債務者が支払わない場合に責任を負う旨が手書きで書かれればよい（1項）。金額について、数字と文字での記載を要求し、これが食い違う場合には文字を優先した。②検索の抗弁と分別の抗弁の放棄は、連帯保証と規定するのでは足りず、これらの抗弁を放棄することを手書きで書くことが必要であり、これを欠くとこれらの抗弁が保持されることも明記された（2項）。③更には消費法典では債権者が事業者であることを要求していたが、これは削除され個人債権者にも保証人が個人である限り適用されることになった。④主債務者と保証人の保証委託契約についても、本条に従うことも規定された（3項）。しかし、これを充たさず保証委託契約が無効になった場合、保証契約に及ぼす効果については何も規定されていない。
（3）　**不遵守の効果**　　なお、この規定の不遵守の効果については、保証契約が無効（nullité）となることが明記されている。この無効は、保護的公序（ordre public de protection）であり相対的無効となり、保証人が知りつつ追認をすれば有効になる（支払が有効になる）と考えられている（Cass. com., 5 fév. 2013, D. 2013. 1708, obs. P. Crocq）。学説も、これを相対的無効であり追認の可能性を認めるが（D. Legeais, p.131, n° 158）、実際には無効であることを熟知しながら履行をするということとは殆ど考えられないと評される（L. Bougerol, G. Mégret, n° 13. 163, p.114）。
（4）　**その他の比較法**
　（a）　**ドイツ法**　　ドイツ民法766条は、保証契約が有効であるためには、書面により保証の意思表示を行うことを必要とし、電磁的方式によることは日本とは異なり認められていない（フランスは保証につき電磁的方法は認めない。スイス債務法はこれを認める）。注目されるのは、「保証人が主たる債務を履行したときは、方式の不備は、治癒される」と明記していることである。
　（b）　**スイス法**　　スイス債務法493条2項は、個人保証人については保証意思の表明は公正証書が必要であるが、200フランを超えない場合には、私署証書に保証人が、金額と連帯保証の場合には連帯する旨を手書きすることでよいものとされている。契約後の保証金額の増額と単純保証の連帯保証への変更を除き、契約後の変更は書面によることが必要である（同5項前段）。スイス債務法493条1項は、同一の書面に保証人が負担する金額の総額を記載した書面または電子的記録によることが、保証が有効となる為の要件であることを規定する。また、個人保証人については、保証が有効になるには公正証書が必要とされ（493条2項）、また、保証が2000フランを超えない場合には、同一の書面に保証人が手書きで、負担する金額また連帯保証の場合には連帯することを記入することが必要とされる。
160)　**中田**570頁。

が普通であるが、それは要件ではない（☞ 2-15）。②保証契約は、主債務者と保証人との契約により第三者のためにする契約で行うことも可能である[161]。その場合には、債権者の受益の意思表示により、債権者の保証人に対する債権が成立する。この場合、保証引受契約を超えて、保証人に対する保証債権を債権者に成立させることが合意されることになる[162]。

イ　主債務・主債務者が未確定でもよい　主債務者については、根保証で　2-14
は特定していなくてもよい。いわゆるホステス保証の場合には、ホステスが店に雇用されるに際して、自分の客をつけで飲食させる場合にはその債務について保証をするという、主債務者未定の包括的な根保証契約の合意がなされている[163]。また、**売掛保証**のように──請求代行やファクタリング（買取型）が選択肢とされる──、売主（債権者）と保証人たる会社とで、買主（債務者）に知らせることなく包括的保証──保証契約が有償保証であり更に保険がつけられる──がなされる取引もある。

(2)　主債務者の依頼・同意は不要　　2-15

(a)　**主債務者の保証委託は不要**　保証契約は保証人と債権者の間の契約であり（例外もあり☞ 8-17）、主債務者は当事者ではない。通常は主債務者から頼まれて保証人になるのであるが、主債務者の依頼は保証契約の要件ではなく、主債務者

---

161)　**内田**402頁。フランスでも、主債務者・保証人間の第三者のためにする契約によることは可能と考えられており、数多くの判例がある（P. Delebecque, P. Simler, n° 83, p.79）。

162)　フランスにおける事業者預託金保証（les garanties financière professionnelles）は、弁護士、旅行業者、不動産業者らにより利用されている担保である。担保する者と債務者となる事業者との間で担保契約が締結され、預託金が預けられる。事業者に不履行があった場合に、その顧客が担保負担者（預託金の管理者）から預託金の支払を受けることになり、債権者（顧客）と担保する者との間には保証契約のような契約関係はない。これを保証と分析する学説もあるが、民法の保証に対して特約が多数されていると考えざるをえなくなる。通説はこれを保証と分析することには反対であり、保証の規定とは抵触する制度であり、とりわけ保証の消滅原因はこの制度と抵触する。そのため、これを直接訴権（action directe）の合意と理解している。債務者たる事業者の預託金を管理する会社に対する預託金の返還請求権につき、事業者の債権者たる客に、事業者に対する債権のために預託金管理者に対する直接訴権を認めることになる（以上につき、D. Legeais, n°s 83 et s., p.79による）。

163)　平野裕之「経営者保証、ホステス保証及び取締役保証──情義的保証人（個人保証人）保護法理の周辺」『新美育文先生還暦記念論集　現代民事法の課題』（信山社・2009）121頁参照。債務者を特定しているが設立中の会社であり、未だ法人格を取得していなくてもよい（フランスの判例として、Cass. civ. 1 re, 3 déc. 1980, juricaf n° 79-12. 619）。

の同意なしに債権者と保証人とで保証契約を締結することも可能である。保証契約は主債務者の意思に反してさえ行うことができ、462条2項はこれを前提としている。ただ委託の有無により、また委託を受けない場合も主債務者の意思に反しているか否かにより、求償権の内容において差が生じることになる（☞6-1）。また、事前求償権は、受託保証人にのみ認められる。このように主債務者の委託があるかどうかで少なからぬ法的効果に差が生じる（☞【表2-15】）。

【表2-15】主債務者の委託の有無による差

① 求償権の内容が異なる（459条以下、462条）
② 債権者の主債務の履行状況についての情報提供義務は、委託を受けた保証人に対してのみ認められる（458条の2）
③ 保証人の主債務者への事前通知義務は、受託保証人についてのみ負わされる（463条1項）
④ 主債務者の保証人への事後通知義務は、受託保証人に対してのみ負わされる（同2項）
⑤ 保証意思宣明公正証書の作成は主債務者の委託がある場合に限られる（465条の6）
⑥ 主債務者の情報提供義務違反による取消権は、受託保証人にのみ認められる（465条の10）

2-16　**◆保証委託契約が無効であったり取り消された場合**

　　主債務者による保証委託が何らかの原因で無効であっても、保証契約の効力に影響を及ぼさないと考えられている（大判大6・9・25民録23輯1364頁[164]）。主債務者の強迫や詐欺により委託がなされた場合に、保証人は保証委託契約を取り消して、保証契約の締結を拒否できるが、既に保証契約を締結してしまった場合には、それは第三者による強迫また詐欺になる。強迫については、保証人は保証契約を取消し可能であるが、詐欺については債権者が主債務者の詐欺を知り得た場合に限り、保証人は債権者との保証契約を取り消すことができる（96条2項）。この点については、465条の10が制定されたことにより、保証人保護は若干ながら前進している（☞2-18）。

2-17　(b)　**主債務者による委託に際する保証人保護の必要性**　　主債務者は保証人への依頼に際して、既に信用不安があるのに事業はうまくいっていると説明したり、また、信用不安の状況にあることを秘匿することがみられる。債権者との保証契約においては第三者の詐欺となり、また、錯誤としては動機の錯誤になる。債権者は、自己の本来負うべき主債務者倒産のリスクを情義的保証人に転嫁するものであるため、このような詐欺・秘匿がまま行われることから（予見可能性がある）、信義則上、主債務者の信用状態についての調査義務、調査して主債務者の信用不

164）　学説としては、**林ほか**431頁、**川井**208頁、**内田**402頁、**近江**187頁など。

安に気がついたならば、保証人に情報提供をすべき義務を負うと考えるべきである[165]。改正法では、主債務者による保証委託に際する情報提供義務が認められたが（☞2-18以下）、保証人保護としては十分ではない。

2 事業債務の個人保証についての特則

(1) 主債務者の保証委託に際する情報提供義務──事業上の債務の個人保証一般　2-18

(a) 主債務者の保証委託に際する情報提供義務

　ア　３つの事項についての情報提供義務　　2017年改正法では、個人保証人保護規定の導入が議論され、いくつかの注目される規定が導入された（契約成立後の債権者の情報提供義務については☞5-4）[166]。

　まず、事業のために負担する債務（以下、「事業債務」という）を主債務とする個人保証または個人根保証を、主債務者が委託をする場合には、「委託を受ける者に対し、次に掲げる事項に関する情報を提供しなければならない」として（465条の10第１項）、保証人になるかどうかの判断に重要な【表2-18】の３つについての情報提供義務を導入した[167]。

---

165)　最判平28・１・12民集70巻１号１頁は、信用保証組合Ｙと金融機関Ｘとの保証契約につき、「Ｘ及びＹは、本件基本契約上の付随義務として、個々の保証契約を締結して融資を実行するのに先立ち、相互に主債務者が反社会的勢力であるか否かについてその時点において一般的に行われている調査方法等に鑑みて相当と認められる調査をすべき義務を負う」ことを認め、「Ｘがこの義務に違反して、その結果、反社会的勢力を主債務者とする融資について保証契約が締結された場合には、本件免責条項にいうＸが『保証契約に違反したとき』に当たる」ものと判示した。そして、「本件についてこれをみると、本件各貸付けの主債務者は反社会的勢力であるところ、Ｘが上記の調査義務に違反して、その結果、本件各保証契約が締結されたといえる場合には、Ｙは、本件免責条項により本件各保証契約に基づく保証債務の履行の責めを免れるというべきである。そして、その免責の範囲は、上記の点についてのＹの調査状況等も勘案して定められるのが相当である」として、この点を審理させるために破棄差戻しを命じている。免責の効力は当然に生じることが前提であり、信用保証協会に援用権を認める規定という理解ではない。

166)　この問題については、齋藤由紀「保証人に対する情報提供義務」法教478号（2020）23頁以下参照。

167)　なお、主債務についての説明義務は規定されていないが、保証を委託する主債務について説明しないで委託、また、保証人が同意することは考えられず、当然主債務についての説明がされることは前提になっている。**筒井ほか・Ｑ＆Ａ**59頁は、主債務者や債権者は、保証を委託する際にまた保証契約を締結する際に、主債務の内容を説明すべきであるという。465条の10を離れて、このような説明義務を認めるべきであり賛成したい。

> **【表2-18】主債務者の保証委託に際する情報提供義務**
>
> ① 「財産及び収支の状況」（1号）[168]
> ② 「主たる債務以外に負担している債務の有無並びにその額及び履行状況」（2号）
> ③ 「主たる債務の担保として他に提供し、又は提供しようとするものがあるときは、その旨及びその内容」（3号）

2-19　　**イ　事業債務についての個人保証に限られる**　　①保証人については、保護の対象は個人保証人に限られ、法人保証人には適用されない（同第3項）。②主債務については、貸金等債務に限らず、「事業のために負担する債務」全てに適用される。賃貸保証でも、事業のための賃借であれば適用される。他方、住宅ローンの保証、居住用の賃貸保証、病院への入院保証、有料老人ホームへの入居についての保証など個人債務についての保証には適用されない。情報提供の時期は「委託を・す・る・と・き・は」と規定されているが、法令用語で時を示す場合は「時」で表示し、「とき」とは場合の意味で用いられる表現であるから、基準時は規定されていないことになる[169]。保証契約締結までになされればよい。

2-20　(b)　**情報提供義務違反の効果**

　　ア　取消権の付与　　主債務者が上記の情報提供義務に違反し、必要な情報提供を怠ったり、また、虚偽の情報提供をした場合——故意は不要であり、過失さえなくてもよい——、保証人が例えば主債務者の信用不安を知らず、または、主債務者に信用不安はないと誤認して保証契約を締結してしまうことになる。従来は、第三者の詐欺、動機の錯誤が問題になり、保証人の保護は認められなかっ

---

168)　一般的な事業法人であれば、財産に関する情報としては貸借対照表（BS）、収支に関する情報としては損益計算書（P/L）を提供することになる（**筒井ほか・Q & A**60頁）。キャッシュ・フロー計算書や資金繰り表に記載された情報はこれに該当しない。貸借対照表が1年に1回しか作成されない場合で、最後の作成から相当の期間が経過している場合には補足的な資料を作成することにより、追加の情報提供を行うことが必要になる（長島・大野・常松法律事務所編『アドバンス債権法』（商事法務・2023）449頁［三上二郎］。また、主債務者が個人たる事業者である場合には、確定申告書や確定申告の際の財産債務調書を提供することになると考えられる（**筒井ほか・Q & A**60頁、長島・大野・常松法律事務所・前掲書450頁［三上］）。

169)　まず、当然、委託の際に情報提供をなすべきであるが、一度説明をした後に、保証契約締結までに時間が空き、その間に説明をした事由について、保証をするかどうかの判断に影響を及ぼす重大な状況の変更があった場合には、改めて情報を提供する義務があると考えられる（**筒井ほか・Q & A**58頁）。なお、主債務者が保証契約の更新を委託する場合、それは新たな保証契約の締結を委託するのに等しいので、再度465条の10の情報提供義務が認められる（**筒井ほか・Q & A**75頁）。

たが、改正法は保証人に情報提供義務違反の事例につき取消権を認めたのである。
【表2-20】の要件を充たすと、保証人は、「保証契約を取り消すことができる」
（同第2項）。465条の9のような、経営者等についての適用除外規定はない[170]。

> **【表2-20】主債務者の情報提供義務違反による保証人の取消権の要件**
> ① 情報の不提供または事実と異なる情報の提供がされたこと（情報提供義務違反）
> ② それにより委託を受けた者が465条の10第1項1号から3号の「事項について誤認をし」たこと（誤認）
> ③ 「それによって保証契約の申込み又はその承諾の意思表示をした」こと（②③で二重の因果関係）
> ④ 「主たる債務者がその事項に関して情報を提供せず又は事実と異なる情報を提供したことを債権者が知り又は知ることができた」こと（債権者の悪意または過失）

◆誤認の重要性は必要か　　　　　　　　　　　　　　　　　　　　　　　2-21

　465条の10第2項により、保証人が保証契約を取り消しうるのは、主債務者が情報提供義務の対象たる事項につき、情報提供をしなかったか、または、誤った情報提供を行った場合である。では、この違反がある場合に、債権者が知りまたは知り得たならば、常に保証契約の取消しが可能であろうか。この点、個人事業者については、事業上の債務だけでなく、個人としての債務も開示する必要がある。数千万円の住宅ローンを開示しなければ、保証人の取消権を認めるべきであるが、僅かな金額のクレジットの債務について開示しなかったことで取消しを認めるべきではない。保証をするか否かの判断を誤らせるようなリスクの誤認を生じさせたかどうかがポイントであると言われている[171]。

イ　立法の意義──錯誤よりも要件を緩和したのか　　　　　　　　　　2-22

❶　**改正前の錯誤無効**　　保証人が主債務者の資力を誤認して保証契約を締結した場合、改正法前から錯誤無効（旧95条）が問題とされてきた。判例の主流的な解決は、①動機──例えば、主債務者が資力十分なので、保証人の責任が追及

170）　そのため、取締役らにも465条の10は適用になるが、経営者保証の場合には、同規定に基づく情報提供義務の履行を受けているかの確認などの手続は不要と考えられている（三井住友銀行総務部法務室・井上聡、松尾博憲編著『practical金融法務　債権法改正〔第2版〕』〔金融財政事情研究会・2020〕139〜140頁）。取締役もいろいろであり、すべての取締役が手続を不要とされるわけではないが、代表者（代取）の場合には当該法人の内情に通じていることが多く、情報提供を怠られたり、誤った情報提供がされても、誤認に基づく契約締結はなく取消しは認められないと考えられている（西村あさひ法律事務所編『債権法実務相談』〔商事法務・2020〕152頁〔阿部由羅〕）。**筒井ほか・Q＆A**57頁は、主債務者の情報提供義務を認めた上で、代表者が資料を有していることなどを確認するなど簡易な方法によることが許されるという。

171）　《座談会》松尾博憲ほか「改正債権法の金融実務への影響」金法2118号（2019）15頁の松尾発言。

されることは考えられないから保証人になる——が明示または黙示に相手方（債
権者）に表示され、かつ、②動機が法律行為の内容にされている——主債務者が
資力十分であることを保証をするための要件にする——ことを要求するものであ
る。そのため、債権者が主債務者の信用不安を知り、かつ、保証人がその点の誤
解をしていることを知りつつ、保証契約をさせたといった相当悪質な事例でない
と（東京高判平17・8・10金判1226号15頁[172]）、錯誤無効は認められなかった。

2-23　❷　**改正錯誤法**　　錯誤規定は、書きぶりが大きく変更されている。審議過程
では侃々諤々の議論がされたが、担当官の解説によれば判例を変更する趣旨はな
い[173]。とはいえ、条文には動機の表示は要件として明記され、法律行為の内容
となることについては、明記せず事例によって要否が判断されることになる。こ

---

172)　**＊フランスにおける保証人による錯誤**　　本判決については、筆者は担当の岡島順治弁護士よ
り依頼をされて意見書を書いており、また、判例タイムズ1194号100頁に解説を書いている。なお、
フランスでも、保証人により主債務者の支払能力についての錯誤が主張されることが多いといわれ
る（J.-J. Ansault, Y. Picod, nᵒ 64, p.134）——錯誤が認められるのは、主債務についているはずの担
保が無効であったり抵当権の順位が劣後するものであった場合だといわれる（D. Legeais, nᵒ 95,
p.90）——。1972年3月1日の破毀院第1民事の判決（Cass. civ. 1ʳᵉ, 1ʳᵉ mars 1982, D., 1983, 63
et note Agostini）により、保証人による主債務者の支払能力についての錯誤は、保証人が明確にそ
のことを合意の決定的要件として表示をしていた場合に限り、取消しを可能としている。そのため、
保証人による錯誤の主張の救済の戸は閉ざされたと言われる。ただし、その後に黙示でもよいとし
た判決も出されている（Cass. com., 1ʳᵉ oct. 2002, D., 2003, p.1617, note Picod）。事案は限定根保証
をした会社が保証から4か月後に倒産したというものであり、会社の部外者であることが重視され
ている。そのため、部外者である保証人（caution profane）と会社に精通した保証人（caution
avertie）——経営者保証人（caution dirigeante）に限らない——の区別に注目がされることになる。
学説には批判的な見解もあるが——経営者と親族関係にある保証人（cautions ayant des liens
familiaux avec les dirigeants）は微妙だといわれる——、しかし、保証人にとって主債務者の資力は
殆どの場合でも黙示的な条件とされているといえるので——黙示的表示まで認めるかは別として
——、制限をすることはやむを得ないと評価されている。そして、2016年改正により錯誤規定が改
正され、新1135条は、「単なる動機（……）についての錯誤は、当事者が、それを合意の決定的要
素として明示した場合を除き、無効［注、相対的無効といわれ、無効と取消しを分ける立法では取
消しに相当する］の原因とは認められない」と規定したため、1977年判決を解釈により緩和するこ
とはできなくなった（M. Cabrillac, C. Mouly, S. Cabrillac, P. Pétal, nᵒ 90, pp.71 et s.）。ただし、「契約
の単なる動機や給付の価値についての錯誤であっても、非難可能な詐欺による場合の結果による場
合には、無効の原因になる」と規定されている（1139条）。フランスでは、判例により不作為
（réticence）による詐欺が広く認められており、保証人の主債務の信用不安があることを知る債権
者が、保証人がそのことを知らずに保証に応じようとしているのをそのまま利用して保証契約を
締結すれば、詐欺を理由とした無効の主張が可能になる。保証人が主債務者の取引に関与しておら
ず、その財政状態について関知しておらず、債権者が銀行であり、信義則に従って契約を締結する義務
（2299条で考慮されている義務）の違反を非難できる場合には、詐欺的不作為と認められると考え
られている（M. Cabrillac, C. Mouly, S. Cabrillac, P. Pétal, nᵒˢ 93 et s., pp.73 et s.）。日本では、詐欺は
容易には認められず法状況が異なるので、錯誤の成立を緩和するか他の制度を導入するかいずれか
が必要になる。なお、主債務者の資力に比して過大な融資の場合の、債権者の保証人に対する警告
義務の違反による保証人の責任の全部または一部の免責が2299条で規定され（☞1-13）、これによ
る解決も期待できる。

の点、主債務者が反社会勢力の場合についての判決（☞6-11）とは異なり、性質上法律行為の内容化まで要求されず、動機の表示だけで債権者の保護として足りると考えることができる。主債務者が資力十分と信じているという動機の表示を明示または黙示にしていれば、法律行為の内容とされていなくてもよく、ただ債権者の取引安全保護との調整のため、債権者が主債務者の資力不安を知っていたまたは知り得たことで足りると考えられる。

❸　**465条の10と改正錯誤法**　465条の10第3項では、虚偽の表示がされた　2-24
または表示されなかった事情が、保証契約の基礎とされていることを、保証契約締結に際しにおいて保証人が債権者に表示していたこと（95条3項参照）は必要とされていない。この点は、特別規定ということになるが、この点の意義は殆どない。つまり、どんな信用状態でも保証人になるといった親子や夫婦といった特別関係もないのに、他人の保証人になるというのは、主債務者に信用不安はなく保証人としての責任は問われることはないと保証人が考えていると、経験則上判断され、黙示の表示を認定できるからである。法律行為の内容化は不要であるが、債権者の悪意または有過失を要件とする465条の10は、95条の確認規定でしかすぎなくなる[174]。

❹　**債権者の悪意または過失が必要──債権者の確認義務（調査義務）**　465　2-25

173）　95条の基礎事情の錯誤については、「保証契約の内容に取り込まれる」ことを必要とする解釈もあり（**実務上の課題**201頁［潮見］）、この立場からも、465条の10第2項は、95条に対してより大きな例外を認めたことになる。保証契約における保証人の錯誤をめぐる議論については、西村曜子「保証契約締結プロセスの規律（4・完）：イングランドにおける信頼の濫用法理の考察を中心に」北法70巻2号（2019）37頁以下が詳しい。同論文は、イングランド法における保証人の信頼の濫用法理から理論的解決のモデルとして、「保証人が主債務者から対価を受けることなく無償にて保証を引き受ける場合には、保証契約は、主債務者をも含む三者契約であると捉え、主債務者が保証人からの信頼を濫用して行った不当威圧について債権者の悪意を擬制し、債権者が合理的措置をとり行わない限りは、保証契約の取消しを認めるというスキーム」を提案する（同論文79頁以下）。

174）　鹿野菜穂子監修 / 日本弁護士連合会消費者問題対策委員会編『改正民法と消費者関連法の実務』（民事法研究会・2020）167頁は、主債務者が粉飾決済を行っており、保証人も債権者もその内容を真実と思って（＝共通錯誤）保証契約を締結した場合、465条の10第2項による取消しに加えて、95条1項2号による錯誤取消しも可能と考えている。

175）　「部会資料70A」13〜14頁は、以下のように説明をしている。「保証契約の当事者は債権者と保証人であるから、主債務者が素案アの説明義務を果たさなかったからといって保証契約を取り消すことができることとすれば、<u>債権者のあずかり知らない事情によって担保を失う</u>という不利益を債権者に課すことになってしまう。そこで、素案イは、第三者詐欺に関する規定と同様に、債権者が、主債務者による説明義務の不履行、虚偽の説明の事実を知り、又は知ることができた場合に限って、保証契約の取消しを認めるものである。これにより、予想外に保証債務の履行を求められることを回避するという保証人の利益と、あずかり知らない事情によって担保を失われるのを回避するという債権者の利益とを調整しようとしている」（下線筆者）。

条の10は、債権者の保護との調整を考えて[175]、【表2-20】①の主債務者の義務違反、保証人についての②③だけでは足りず、④の債権者の故意または過失を要件とした。これは95条2項の要件にはないが、表示されていることは不要であるものの、債権者の悪意または認識可能性を要求したにすぎず、錯誤にない要件を設定したというよりも錯誤における要件を緩和したものといえる。

2-26　　❺　**債権者の確認義務のさじ加減により大きく変わる**　　解釈により、①債権者に、主債務者の委託に際して保証人に必要な情報提供がされたか確認義務を認め[176]、また、②債権者に主債務者の信用状況等について確認義務を認めれば[177]、これらの義務を尽くせば、保証人の契約締結を阻止できたのであり「過失」が認められ、【表2-20】④の要件を充たすことになる。本規定を活かすも殺すも、債権者にどのような義務を認め、その「過失」を広く認める運用をするかどうかにかかっている。①債権者とりわけ金融機関には、「事実上確認義務が課せられる可能性があり、それを前提とした実務が望ましい」と評されており[178]、本書の立場は更に積極的な運用を提案する。②しかし、債権者に確認義務を認めることには慎重な意見も強い[179]。

2-27　　ウ　立法の評価——再立法論　　合理的な取引である有償保証——ただし、有償取引なのは保証委託契約——であれば、上記のようなリスクは保証人が引き受けるべきである。上記のような要件さえ適切ではなく、法律行為の内容化まで要求してよい。しかし、保証人が情義的関係で断れずに無償でまた何らの利益を受けることなく保証依頼に応じている場合には、債権者が自己が本来負担すべき債権回収不能のリスクを、このような保証人に転嫁できるためには、ハードルを

---

176)　**＊情報提供がなされたか否かの確認**　　主債務者により法定の情報の提供がなされたか否かの確認については、債権者は、主債務者と保証人の連名による確認書を徴収することで足りるという考えもあるが（名藤朝気・大橋香名子・土肥里香「保証に関する民法改正と金融機関の実務対応」金法2019号［2015］51頁）、情報提供がされたかどうかの確認として、これで足りるのかは疑問視もされている（日本弁護士連合会消費者問題対策委員会・前掲書（**注174**）166頁）。**筒井ほか・Q＆A**69～70頁は、「提供した情報の内容について確認する直接的な法的義務を負っているものではないが、債権者は、主債務者の情報提供義務の履行について積極的に確認すべきであると考えられる」という。

177)　**＊提供された情報内容についての債権者の確認義務**　　主債務者の提供した情報の内容についての債権者の確認義務については、最判平28・1・12民集70巻1号1頁は反社勢力についての確認義務を認めていることから、全く確認義務がないとはいえないと考えられている（日本弁護士連合会消費者問題対策委員会・前掲書（**注174**）166頁）。

178)　**内田**438頁。日本弁護士連合会消費者問題対策委員会・前掲書（**注174**）165頁は、主債務者が、債権者に提供した情報と保証人に提供した情報をつき合わせ、その内容の正確性をチェックすることは可能であるから、一定の調査義務の存在を認めることはできようという。

より高くすることが許容される。95条では保護できない、債権者が主債務者の信用不安を知り得なかった場合にも、保証人保護を認めるべきである。そのため、立法論としては、465条の10第３項から、債権者の悪意または有過失という要件を削除することを提案したい。

◆**保証契約締結に際する債権者の情報提供義務**　　　　　　　　　　　　2-28

(1)　債権者の情報提供の必要性　　事業者たる債権者は、個人たる保証人と保証契約を締結するに際して、主債務者の財産状態を調査し知り得た情報を保証人に提供することを、信義則上義務づけられると考えるべきである[180]。債権者は、その負担すべきリスクを第三者たる保証人に転嫁するものであり、保証人が軽率で無償にて保証人になることを知っている以上、保証人になるかどうかの判断において重要な事項につき、債権者として主債務者につき調査するはずであり、それにより知り得た情報を提供すべきである。その際、主債務者から法定の情報提供がなされたかどうか確認をすべきである。ただし、主債務者と債権者が提供した情報の比較検討をするのは、保証人の責任である──会計書類など確認するのは難しいかもしれない──。その違反については、不法行為による損害賠償請求も考えられるが、不作為による詐欺、錯誤取消しの要件の緩和などによる救済の他、信義則上責任を制限するという中間的な解決も考えられる[181]。

(2)　DCFR の規定　　　　　　　　　　　　　　　　　　　　　　　　2-29

(a)　債権者の情報提供義務　　DCFR IV. G.- 4 :103条は、参考になる規定を設けている。同(1)は、債権者に、人的担保の提供前に、担保を負担しようとする者に対して、①設定しようとする担保の一般的効果、および、②債権者が入手可能な情報により、主債務者の財産状況に照らして、担保提供者がさらされる可能性のある特別の危険について説明義務を負わせている。この違反の効果として、後述(c)の権利が担保提供者には認められる。

(b)　情義的保証における中立的な助言を経たことの確認義務　　　　　　2-30

ア　確認義務　　同(2)は、①主債務者と担保提供者との信用関係（日本で言う情義的関係）があるために、担保提供者が自由にまた適切な情報に基づいて行動することができない重大な危険があることを、債権者が知りまたは知るべき理由があったときは、②債権者は、担保提供者が

---

179)　金融業界からは、保証人が主債務者から適切な説明を受けているかどうかは、保証意思宣明の際に公証人によりチェックされるので、債権者としては公証人の作成した宣明証書を徴求されれば足りると主張されている（岡本雅弘ほか「債権法改正と金融実務への影響」金法2004号［2014］25頁［三上徹］）。実務はそのようになろうが、情報提供されたかどうかの確認を超えて、その内容（特に主債務者の資産状況など）が、債権者が把握している内容と合致しているかどうかのチェックまで債権者には求められる（白石大「保証」ジュリ1511号［2017］36頁参照）。主債務者が粉飾決済をして債権者と共に保証人もだましていた場合には、債権者・保証人間の保証契約は共通錯誤になり、95条の錯誤取消しを認めることができる（**実務上の課題**200頁［岡］）。また、新井・後掲（**注301**）講演録164〜165頁は「実務上、債権者として安心をするためには、いわゆる表明保証、すなわち一定の事項が真実かつ正確であるということを表明し、その内容を保証するということを債権者は、主たる債務者と保証人双方から取り付けるという対応をすると、一番確実な形になるかと思います」と説明する。

180)　なお、2006年12月の貸金業法の改正により12条の６が追加され、貸金業者の禁止行為としてその第３号に「保証人となろうとする者に対し、主たる債務者が弁済することが確実であると誤解させるおそれのあることを告げる行為」を規定している。

181)　**石田穣**878頁以下は、同様の義務を債権者に認めるが、465条の10第２項を参照として（類推適用か）、保証人に保証契約の取消権を認める。

中立的な助言を受けたことを確認する義務を認めている。

2-31　　　　**イ　中立的助言から 5 日の撤回・取消権**　　同(3)は、この助言が、担保の申込みまたは担保設定契約に署名した日から遅くとも 5 日前になされていないときは、担保提供者は中立的な助言を受けてから合理的な期間内に、「申込を撤回し又は契約を取り消すことができる」ものとし、特別の事情がない限り、 5 日間を合理的な期間としている。

2-32　　　　(c)　**上記義務違反の場合の担保提供者の撤回権・取消権**　　更に、同(4)は、(1)の情報提供義務違反、(2)の中立的な助言がなされないときは、担保提供者は、「いつでも申込を撤回し又は契約を取り消すことができる」という。「又は」でつながっており、(1)の義務違反と(2)の義務違反の両方がある必要はなく、いずれかの義務違反があればよいことになる。

2-33　　　　(d)　**評価**　　(a)については、「債権者が入手可能な情報により」と債権者に過大な負担をさせない配慮がされていて適切である。(b)については、情義的関係があることを要件にすることは、定義や限界付けの点で難渋することは、立法に際して予想される。それを敢えて承知の上で、判例による解釈（司法による立法）に委ねるということも 1 つの解決である。ただし、中立的助言については、保証意思宣明証書の作成が義務づけられていない場合にのみ問題になり、要件はかなり曖昧である。日本では、このような制度の導入は難しい。(a)だけは導入する可能性はあるが今後の検討課題である。

2-34　　(3)　**法制審において検討課題とされた債権者の情報提供義務**

　　　　(a)　**中間論点整理**　　「民法（債権関係）の改正に関する中間的な論点整理案」（部会資料26）36頁では、「保証契約締結の際に、債権者に対して、保証人がその知識や経験に照らして保証の意味を理解するのに十分な説明をすることを義務付けたり、主債務者の資力に関する情報を保証人に提供することを義務付けたりするなどの方策を採用するかどうかについて、保証に限られない一般的な説明義務や情報提供義務（後記第21、 2 [71頁]）との関係や、主債務者の信用情報に関する債権者の守秘義務などにも留意しつつ、更に検討してはどうか」との検討課題を提案していた。

2-35　　　　(b)　**中間試案**　　「民法（債権関係）の改正に関する中間試案」33頁は、「(2) 契約締結時の説明義務、情報提供義務」と題して、具体的に以下のような案を提示する。

　　　　「事業者である債権者が、個人を保証人とする保証契約を締結しようとする場合には、保証人に対し、次のような事項を説明しなければならないものとし、債権者がこれを怠ったときは、保証人がその保証契約を取り消すことができるものとするかどうかについて、引き続き検討する」。

> ア　保証人は主たる債務者がその債務を履行しないときにその履行をする責任を負うこと。
> イ　連帯保証である場合には、連帯保証人は催告の抗弁、検索の抗弁及び分別の利益を有しないこと。
> ウ　主たる債務の内容（元本の額、利息・損害金の内容、条件・期限の定め等）
> エ　保証が主たる債務者の委託を受けて保証をした場合には、主たる債務者の信用状況

2-36　　　　(c)　**採用されず465条の10が規定される**　　しかし、上記の債権者の情報提供義務は採用されず、主債務者の情報提供義務がこれに変わって採用される。部会資料70A13頁によれば、不採用の理由は以下のようである[182]。

　　　　「中間試案においては、主たる債務者ではなく、債権者が、委託を受けた保証人に対し、主債務者の信用状況を説明しなければならないこととされていた。しかし、主債務者と保証人との間に保証委託契約の両当事者という関係がある場合に、主債務者に関する情報の提供義務を債権者に負わせることには合理性がないという批判がある。また、債権者が主債務者の資力について十分

な情報を有しているという保障もなく、むしろ十分に把握するのは困難であることも多いと考えられる。そこで、素案アは、主債務者の資力等についての説明責任を主債務者自身に負わせることとしたものである」。

　(d)　評価　　主債務者に、保証委託契約の申込みに際して、保証人側の意思決定に必要な情報 2-37
の提供を義務づけることは適切である[183]。問題はその違反の効果である。無条件に保証人に取消しを認めるべきであったが、債権者が違反を知りまたは知り得たことを要件にした。債権者は、保証契約の締結に際して、保証人が主債務者から適切な情報提供を受けているかを確認すべきであり、仮に虚偽の説明をしていることを知り得なかったとしても、そのリスクは、債権者が負担すべきである。465条の10については、2-27に述べたように、債権者の悪意または有過失を要件とする部分を削除する改正がされるべきである[184]。このようにリスクの多い制度として、個人保証の利用の抑止が図られることが好ましい。もちろん情義的保証人に限られ、経営者保証は情報提供を受けるまでもないが──名義だけの場合は別──、それは条文で要件にするのではなく解釈、即ち判例法の形成に任せるべきである。

---

182)　法制審議会民法（債権関係）部会第80回会議議事録80頁の笹井関係官の説明では、「中間試案では、債権者に説明義務を課すこととしていましたが、これに対しては、債権者が必ずしも主債務者の信用状況について情報を有しているとは限らないこと、守秘義務との関係で問題が生ずるおそれがあることなどの意見がパブリックコメントの手続に寄せられたことからこのような批判を考慮したものです」ということである。

183)　**＊横浜地川崎支判平26・11・26判時2266号95頁**　　表記判決は、以下のように画期的な内容を判示している。
　　「債権者は、連帯保証契約や根抵当権設定契約を締結する際には、保証人や物上保証人に対して、その契約内容を正確に理解させ、また、冷静な考慮のもとで、保証引受けの可否を決定できるようにさせ、契約内容に誤りがある場合には、事後的に契約内容を是正する機会を与えるべき<u>信義上の保証人保護義務</u>を認めるのが相当である」。「原告会社は、本件両契約締結時において、連帯保証人及び物上保証人となる被告Cに対し、被告Dが主債務を弁済しない場合は、本件各不動産が競売にかけられて所有権を喪失するリスクがあるにもかかわらず、これを説明せず、更に、上記リスクは、被告Dの収入及び資力によるのに、これらの事情を考慮せず、また、本件両契約を締結する際、被告Cが高齢で、判断能力に乏しいことが窺われるにもかかわらず、熟慮期間を与えずに関係書類に署名捺印させたうえ、本件両契約書を交付しなかったことが認められる」。「以上によれば、原告会社は、本件両契約に伴う信義則上の義務である上記保証人保護義務に違反したものである」。「原告会社は、本件両契約締結の際、上記保証人保護義務を怠り、被告Cをして本件両契約を締結させたことにより、被告Cに対して、実質的に300万円を借り受けるという契約目的を逸脱し、重大な不利益を与えたものであるから、原告会社の上記保証人保護義務の不履行は、本件両契約にとって、重要な義務違反であるといえる」。「被告Cが、第一準備書面において、原告会社に対し、保証人保護義務の不履行に基づき、本件両契約を解除する旨の意思表示をしたことは明らかである」。「したがって、本件両契約は、いずれも、<u>契約締結時における保証人保護義務の不履行に基づき解除されたものであり、効力を有しない</u>」。

184)　これに対して、保証人保護と、自らの義務違反とはいえない事象によって保証契約の取消という不利益を受ける債権者との間の、「公平なリスク分担という観点から検討されるべきであり」、「債権者に無限定かつ厳格な確認義務が課されるものと理解すべきではない」と言われる（三井住友銀行総務部法務室ほか編・前掲書（**注170**）129頁）。確かに、特別規定がなければその通りである。しかし、債権者が、自己の負担すべき債権回収不能のリスクを、情義的関係で断れない、しかも無償で引き受ける個人保証人に転嫁するという事情を考慮して、個人保証人保護に天秤の針を傾かせて、政策的に本文のような立法を提案するというのが本書の立場である。

2-38 **◆その他の採用されなかった個人保証人保護規定**

(1) **中間的な論点整理** 「民法（債権関係）の改正に関する中間的な論点整理案」（部会資料26）36頁では、「より具体的な提案として、一定額を超える保証契約の締結には保証人に対して説明した内容を公正証書に残すことや、保証契約書における一定の重要部分について保証人による手書きを要求すること、過大な保証の禁止を導入すること、事業者である債権者が上記の説明義務等に違反した場合において保証人が個人であるときは、保証人に取消権を与えることなどの方策が示されていることから、これらの方策の当否についても、検討してはどうか」という、検討案を提示していた。

2-39 (2) **中間試案** 中間試案34頁では、「(4) その他の方策」として、「保証人が個人である場合におけるその責任制限の方策として、次のような制度を設けるかどうかについて、引き続き検討する」として、以下の検討課題を提示する。

> ア　裁判所は、主たる債務の内容、保証契約の締結に至る経緯やその後の経過、保証期間、保証人の支払能力その他一切の事情を考慮して、保証債務の額を減免することができるものとする。
> イ　保証契約を締結した当時における保証債務の内容がその当時における保証人の財産・収入に照らして過大であったときは、債権者は、保証債務の履行を請求する時点におけるその内容がその時点における保証人の財産・収入に照らして過大でないときを除き、保証人に対し、保証債務の［過大な部分の］履行を請求することができないものとする。

2-40 (3) **導入は見送られた** 「部会資料80-3」21頁によると、「この点については、第89回会議で、責任制限を導入すべきであるとの意見も出されたが、他方で、その理論上、実際上の問題点について種々の指摘があり、成案を得られる見込みがないことから、取り上げないこととし」たということである。「法制審議会民法（債権関係）部会第89回会議議事録」1〜2頁において、脇村関係官は以下のような問題を指摘している。

「保証人の責任を一定の時点で区切り、保証人がその後に得る収入の額については責任を負わないこととすることをどのように評価するかが重要になると思われます。そして、その関係では保証人が継続的に給与を得ているような場合に、その給与を見込んで保証契約を締結する場合や将来的に収入を得ることを見込んで保証契約を締結する場合などを考慮する必要があるように思われますし、保証人が有する財産をどのように把握しているのかも重要な問題になると思われます」。「仮に保証人の責任の限度を保証人が責任を減縮した時点で保証人が有している財産の額とするとしましても、……責任財産の制限を受けることができる保証契約の範囲、責任財産の範囲を判断する基準となる時点、保証人が複数の債務を負担する場合の処理、保証人が有する財産の把握の正確性の確保、倒産手続を開始した場合の取扱い等を解決しなければなりません」。「加えて、責任を減縮するとして、どのような形で裁判上争うこととするのかについても解決しなければなりませんが、保証人が有する財産の把握の性格［正確？］性の担保等とも絡み、解決が困難な問題が多く含まれていると思われます」。

2-41 (2)　保証意思宣明公正証書の作成──事業債務たる貸金等債務の個人保証（委託の有無は問わない）

(a)　**導入された制度──保証契約が無効とされる点に意義あり**

❶　保証意思宣明公正証書を作成しないと保証契約は無効　　民法465条の6

第1項は、「事業のために負担した貸金等債務を主たる債務とする保証契約又は主たる債務の範囲に事業のために負担する貸金等債務が含まれる根保証契約は、<u>その契約の締結に先立ち、その締結の日前一箇月以内に作成された公正証書で保証人になろうとする者が保証債務を履行する意思を表示していなければ、その効力を生じない</u>」と規定する[185]。保証契約の新たな有効要件が規定されたことになり、保証契約締結前に保証意思宣明証書が作成されたこと、また、それから1か月以内に契約が締結されたことが有効要件になる。以下、「保証人になろうとする者」を、「保証予定者」と呼ぶことにする。

◆保証意思宣明証書の法的性質　　　　2-42
(1)　**事実実験公正証書か**　　法律行為以外の私権に関する事実について作成する公正証書を事実実験公正証書といい、延命措置の差控え、中止等の宣言を公証人が聞き取って作成する「尊厳死宣言公正証書」はこのようなものである。では、保証意思宣明公正証書も、保証人予定者が、保証意思を表示したことを公証人が聞き取って、これを記載するものであるが、事実実験公正証書なのであろうか。しかし、この点はそうではないと考えられている。

(2)　**法律行為に関する公正証書に準ずる**　　保証意思宣明公正証書は、保証人予定者の口授を公証人が機械的に記録するという制度ではない。保証人予定者が、自己のなそうとしている保証契約を法的に正確に理解しているかを確認し、それだけでなく、本当に主債務者が倒産した場合に自分が責任を取る覚悟があるのかを確認した上で、公正証書が作成されるものである。保証人予定者が機械的に口授しても、保証人予定者にこの理解や覚悟が確認できなければ、公証人は公正証書作成を拒否すべきである。また、保証意思の表明は法律行為ではないが、保証契約の有効要件になっており、**法律行為に関する公正証書に準ずる公正証書である**[186]。

❷　**主債務者に費用負担を増やしただけか**　　断れない情義的保証人に対して、2-44　この制度にどれほど事前予防の機能が期待できるのかは疑問がある。地方であれば公証役場に行くのが一手間であるため、面倒なのでと断る理由ができたのは意外と大きいかもしれない。この手続を経ないで締結された保証契約を当然に無効とすることには、大きな意義がある。取消しと構成すると、主債務者との関係を慮って取消しを躊躇する保証人がいるかもしれないので、当然無効と構成したことは評価できる。しかし、金融関係がこの手続を見落とすことは考えられず、無

---

185)　**＊保証契約・根保証契約の締結にその後の更新や内容の変更も含まれるか**　　465条の6で問題されているのは保証契約・根保証契約の締結であるが、更新については新たな契約締結と等しいのでその適用があることは疑いない（☞ **2-90**）。問題になるのは、契約内容を加重する変更である。例えば、主債務者が取引量を増やし、極度額を1000万円から2000万円に増額する場合、改めて変更の合意の前に保証意思宣明公正証書の作成が必要になるのかどうかである。この点は**2-67**に論じる。

186)　**宗宮ほか・保証法**96頁など、異論を聞かない。なお、保証意思宣明公正証書の文例については、**宗宮ほか・保証法**163頁以下がある。

駄な公正証書作成の費用負担が、主債務者——委任事務処理のための費用なので保証人は主債務者に求償できる（650条1項）——に増えただけである[187]。

2-45 (b) **制度趣旨**

ア　事後的なクーリングオフ制度ではなく事前予防

❶　立法担当官による趣旨説明　　改正法は、事業債務たる「貸金等債務」（その定義は465条の3第1項に規定）——貸金等債務以外の事業債務には適用にならない——についての個人保証ないし個人根保証については、保証契約締結の1か月以内に保証予定者が公正証書により「保証債務を履行する意思を表示していなければ、<u>その効力を生じない</u>」ものと規定した（465条の6第1項）。個人保証人が十分にリスクを自覚せず、安易に保証契約を締結してしまうことが多いため、「個人がリスクを十分に自覚せず安易に保証人になることを防止するため、このような保証を全面的に禁止するのではなく、公的機関である公証人が保証人になろうとする者の保証意思を事前に確認することとした上で、この意思確認の手続を経ていない保証契約を無効とするなどの特則を設け」たというのが、制度趣旨である[188]。

2-46　　**❷　抑止こそ必要**　　しかし、保証のなんたるかを全く理解していない者がどれほどいるかは疑問である[189]。公証人のすべきことは、保証のなんたるかを理解させることよりも、保証人になって悲惨な運命をたどった実例を示して、そのようなリスクを犯してまでしなければならない義理があるのか、保証委託契約に同意してしまっていても解除できることを説明して（651条1項）、家族にも迷惑が及ぶので、極力再考を促すことである[190]。そして、公証人に説得されたということを口実にすれば、保証予定者も一旦引き受けた保証委託を断りやすい。このように特に必要な場合以外は、公証人が水際で抑止をしてこそ、このような制度を導入した意義がある。

---

187)　立法論としては、保証意思宣明公正証書の作成費用は債権者が負担するものと規定すべきである。担保提供の費用なので、主債務者が債権者との関係では負担することになりそうであるが、貸主から借主に費用償還請求もできないことも明記すべきである。ソフトローで、第三者保証について規制がされているので（☞注41）、そちらに期待するしかない。

188)　**筒井ほか・Q&A**6頁。もっと面倒な手続で、無効になるリスクも伴うという制度にして、事実上第三者保証人を取らないように抑止するという、制度の導入も考えられるが——仮登記担保制度のように——、それは期待されていないようである。ただし、前掲《座談会》**(注171)** 18頁［中村弘明発言］は、実務面の難しさもあって、第三者保証をとらないという実務に進みそうな気がしますという感想が述べられている。

◆**クーリングオフ制度は導入されなかった**[191]　　　　　　　　　　　　　**2-47**

　この制度は、契約をした後に後悔をして後戻りをすることを認める制度ではない。即ち、クーリングオフ的な制度ではない。日弁連では、クーリングオフ制度の導入も検討したが、これは実現されなかった。保証の場合には、まさか責任を取らされるとは思わずに軽率に契約をして、契約後もまさか責任を取らされることはないと信じているため、すぐさま後悔をすることはない。後悔をするのは、その後に主債務者が倒産などして責任を取らされる時になった時においてである。また、実際にやっぱりやめたいと思っても、債権者は、融資の実行をクーリングオフ期間を経過するまで行わず、主債務者は融資を受けるために、保証人にお願いだから解除しないでくれと泣

---

189)　**＊公証人が保証予定者に確認すべき内容**　　①**一問一答**145頁は、「当該保証債務を負うことによって直面し得る具体的な不利益」を理解しているか、例えば、保証債務を履行できなければ、住居用の不動産を強制執行されて生活の本拠を失う、給与を差し押さえられ生活の維持が困難になる、預金を差し押さえられて当座の生活にも困窮するといった事態が生じることを、十分に理解しているかを見極めるという（**筒井ほか・Ｑ＆Ａ**133頁以下も同様）。しかし、こういった法的制度また債務を負うとこうなることは漠然と認識しているはずであり、よほどの無知な人間でなければこの漠然とした認識さえもないというのは考えられない。この可能性は知っているが、人間関係もあり、まさか責任を取らされることはないだろうと信じて、また殆どの場合には保証人が責任を取らされることはないことから、保証委託に応じているのである。このような理解の確認をしたところでどれだけの意味があるのか甚だ疑問である。②また、**一問一答**145〜146頁では、主債務者の資力や収支について説明を受けているか、その情報を踏まえて保証人になろうとしているのかの確認も必要なものという（**宗宮ほか・保証法**136頁、147頁以下もこの点の確認をするのが相当であるという）。これはある意味重要である。保証委託を受けた者が主債務者から提供された資料から、主債務者の破綻の危険性がどの程度あるのか、公証人が判断して忠告をすることになる。場合によっては、この資料から公証人は場合によっては保証人になることを止めるよう忠告する義務さえ負担することになる。この義務は公証人の責任問題に繋がる重要な義務である。これを怠ると主債務者が破綻し保証人が責任を問われる場合に、損害賠償請求を受けるという爆弾を抱え込むことになる。③**一問一答**146頁では、保証人になろうと決断した経緯についても確認することが考えられるという。この点の確認をした上で、公証人はどのような助言をすべきであろうか。確認だけで止まってよいはずはない。

190)　**＊確認されるべき「保証意思」**　　保証や根保証のなんたるかを漠然とさえも理解していない者はいないと思われる。保証の法的知識を講釈して理解できたかどうかの確認を、デリバティブ取引の説明義務のように行うのとは異なる。保証を「理解」しているかの確認ではなく、保証意思、というよりも保証人としての「覚悟」の確認がなされるべきである。主債務者から経営は大丈夫だから迷惑はかけないと説明されて、責任を取らされることはないと信じて人助けとして──保証人がいないと融資が受けられない──、名前を貸すだけといった程度の意識しかない場合もある。確認されるべきは、保証意思の「本気度」である。もし主債務者が事業に失敗した場合には──これがあり得ることを公証人は説明すべき──、私財をなげうって、家族を犠牲にして、また今の生活の崩壊を招いてでも支払う「覚悟」があるのかを確認すべきである。この確認をされれば、「そこまでは考えていません」という回答が得られる者は相当数いるはずであり、被害者予備軍になることを阻止できることになる。阻止されて公正証書が作成されなかった場合、公証人は報酬として受けられる金額はどうなるのか不明である。

191)　**＊民法に移されなかった個人保証人保護規定（フランス）**　　フランスの2021年改正は、消費法典のバランス原則を民法に規定し、消費法典の規定を削除したが、民法に移されなかった個人保証人保護規定も残されている。私署証書による（従って公正証書による場合は除く）200ユーロ以上で75,000ユーロ以下の与信、不動産与信（住宅ローン）の個人保証人につき、予め借主と共に保証人にも書面が交付されなければならず、保証人も借主と同じ熟慮また撤回の期間が付与される（消費法典 L. 312-1条、L. 312-12条、L. 313-24条）。消費者信用については書面受領から14日間の撤回権が借主および保証人に認められ（L. 312-19条）、不動産与信の場合には、書面受領の日から10日間過ぎるまでは、貸主は承諾して保証契約を成立させることができない（L. 313-34条）。

きつくことになり、実際には解除は容易ではない。そのため、クーリングオフという、契約締結後の保護ではなく、契約締結前の段階での保護を導入したのである。

2-48 　　イ　続けて直ちに保証契約書を公正証書で作成できるか

　❶　熟慮期間を与える制度ではない　　この制度は、1か月しないと保証契約を締結してはいけないという熟慮期間を与える制度ではない（フランス法につき☞注191）。むしろ保証予定者としては、保証意思宣明公正証書まで作成してしまったら後戻りはできないと考えるものと思われる。立法論としては、熟慮期間を保障する制度の導入も考えられる。公証人は、保証予定者に解約は可能であることを説明し、解約通知書を作成して交付し、保証予定者が気が変わったならばこれに記入して郵送して解約することができる状態に置くことを義務づけ、そのための熟慮期間を例えば1週間保障することが考えられる。

2-49 　❷　直ちに保証契約の締結も可能　　現行法では、①この手順を踏んで1か月以内であればよいので、同じ機会に、まず保証予定者が単独で保証意思宣明証書を作成して、その後直ちに債権者と保証契約を締結することさえ可能になる[192]。同一書面ではできないが同じ機会に保証契約も行ってもよいことになる[193]。②しかし、同日に保証契約まで締結することは、制度趣旨を没却するものであり（無駄に証書作成費用を主債務者に負担させることになる）、許されないという主張がある[194]。ただし、保証契約を無効と解することは難しい。

2-50 　　ウ　公証人の努力にかかっている　　繰り返すが、この制度は、公証人が個人保証の被害防止の役割を果たすことを期待したものである。公証人は主債務者により提供された情報を分析し、保証のなんたるか、保証による過去の悲劇を説明し、保証しなければならない関係か等を聞き出して、保証予定者に必要がなければやめるよう助言をして、水際で被害の発生を回避することが期待されている[195]。断れない者はどうあっても断れないが、公証人は粛々と書面を作ればよ

---

192)　しかも、公正証書であるため、保証契約書に執行認容文言を入れてもらって執行力を付与することができる。**宗宮ほか・保証法**138〜139頁は、両公正証書が同日に作成されることが不適当であるとはいえないというが、不自然さが感じられたとしても、作成の延期を勧告するのが相当であるが、それでも求められれば嘱託を拒否することはできないであろうという。

193)　保証意思宣明公正証書の作成後に、保証契約の内容が変更され異なる内容の保証契約が締結された場合（例えば、極度額100万円が200万円に加重された、50万円に軽減された）、軽減は保証意思宣明証書の作成をやり直す必要はないが（白石・前掲論文（**注179**）39頁）、軽微な加重は措くが、加重については、保証人の同意を得ていても無効と考えられる。この同意だけ公正証書で行うことにより有効とできるのかについては、**2-67**で検討する。

194)　茆原洋子「保証被害救済の実務と民法改正」現代消費者法39号（2018）48頁。

84

いというものではない。この制度が機能するかどうかは、ひとえに公証人の努力にかかっている[196]。

(c)　**保証意思宣明公正証書の要件**[197]

2-51

ア　**事業上の貸金等債務の個人保証・根保証**　保証意思宣明公正証書の作成が必要とされる事例は、【表2-51】の要件を充たす事例である。

【表2-51】保証意思宣明公正証書の要件

① 債務（保証契約）についての要件

ⓐ 「事業のために負担した」

ⓑ 「貸金等債務を主たる債務とする保証契約」または「主たる債務の範囲に事業のために負担する貸金等債務が含まれる根保証契約」であること（465条の6第1項）

② 保証人について要件

ⓐ 保証人が法人ではないこと

ⓑ 個人であっても経営者等の例外に該当しないこと（同第3項）

---

195)　**＊民法の一部を改正する法律の施行に伴う公証事務の取扱いについて**　白石・前掲論文（**注179**）38頁、**改正債権法コンメ**387頁［齋藤由起］。公証人を介在させることにより「安易に理由もなく重大な負担を引き受けてしまうことが防止されるだろうと考えられた」と説明されているが（山本敬三『民法の基礎から学ぶ民法改正』［岩波書店・2017］140頁）、人間関係から断わることが難しい情義的保証人にとって、無駄な手間と費用が増えるだけで、公証人にも予防の役割が期待できるのか疑問視されている（茆原・前掲論文（**注194**）48頁以下）。法務省民総第190号令和元年6月24日の法務省民事局長の「**民法の一部を改正する法律の施行に伴う公証事務の取扱いについて**」という通達が発せられている（法務省民総第190号［令和元年6月24日］）。なお、料金は1件あたり**1万1000円**と定められている（同20頁）。

196)　前注通達同3頁は、次のように説明する。「保証意思宣明公正証書は、保証契約の締結という法律行為そのものについて作成されるものではなく、その準備行為として作成されるものであるため、法律行為に関する公正証書そのものではない。しかし、その作成がその後に締結される保証契約の有効要件となっているため、法律行為に関する公正証書に準ずるものとして扱うのが相当である。したがって、保証意思宣明公正証書の作成には、公証人法（明治41年法律第53号）第26条や公証人法施行規則（昭和24年法務府令第9号）第13条など法律行為に関する公正証書に関する規定が適用又は類推適用されることになる。そのため、保証意思宣明公正証書は、保証予定者が口授したという事実を公証人が五感の作用により認識した結果としてそのまま記載すれば足りるものではなく、公証人は、保証予定者が真に保証のリスクを十分に理解した上でその保証契約を締結し、保証債務を履行する意思を有していることを確認することができなければ、作成を拒絶しなければならない」。

197)　**＊公正証書以外への拡大（立法論）**　公正証書となると公証人の所まで出向かなければならず、公証人の数は限られており、特に地方ではかなり遠出になる可能性がある。この点参考になるのは、フランスでは個人保証人保護のために手書き要件が設定されているが、公正証書による場合と弁護士の副署がある場合が除外されていることである（☞**注159(1)**）。公証人だけでなく弁護士にも保証意思宣明公正証書を作成することを認めるよう改正をすることが考えられる。こうしてアクセスの点で容易になれば、一定金額以上（例えば500万円以上）については貸金等債務以外の保証にも保証意思宣明公正証書の作成を義務づけることも考えられる。

個人の住宅ローンや就学金の借受けの保証契約は、貸金等債務であるが、事業のために負担したものではなくこれに該当しない。他方、個人がアパートを建築しその経営をするための資金を借りる場合には、不動産賃貸業を行うための借入れであり、事業性と貸金等債務性のいずれの要件も充たす[198]。

2-52　　　**イ　事業貸金等債務の法人根保証の個人による求償保証**　　以上の規律は、主債務が事業のために負担した「貸金等債務」である場合、また、同債務を主債務の範囲に含む場合（根保証）の保証人の求償権についての保証（いわゆる求償保証）、また、主債務にこのような求償権が含まれる根保証に準用されている（465条の8第1項）。この場合も、法人が保証人になる場合には適用除外とされる（同2項）。

2-53　　**◆使途が特定されていないカードローン債務の根保証**

融資目的が特定されておらず、事実上、事業上の使途目的にも使えるカードローン（フリーローン）の債務についての根保証は——例として、使途目的が特定されていないキャッシングカードを用いた貸金業者の債権についての根保証があげられる——、465条の6の適用が**肯定されている**[199]。465条の6の「事業上のために負担した貸金等債務」は、個人用も含まれてもよく、事業上の貸金等債務だけのための根保証に限られない。この場合の保証意思宣明証書を作成しない保証契約は、個人用の借入れだけ有効と考えるべきではなく、全て根保証契約は無効になると考えるべきである。

2-54　　**◆事業以外の使途で借り受けたが、実際には事業資金に使用された場合**

465条の6は、「事業のために負担した貸金等債務」が主債務であることが要件であり、「貸金等債務」の使途が「事業のため」であることが必要である。使途を定めずに貸した場合は、これに該当しない。事業以外の目的で借りて、保証人を依頼したが、実際には振り込まれた金銭を事業資金に使用してしまった場合、遡及的に465条の6が適用になり、保証契約が無効になることはない。「事業のために負担した」という文言により、借主が貸金等債務を負担した時点で使途は判断されることが示されていると説明されている[200]。ただし、貸主と借主が通謀して、事業資金のためなのに、事業資金以外の借入れの契約を仮装し、保証人に保証意思宣明公正証書の作成をさせなかった場合には、465条の6の潜脱になり保証契約は無効と考えられる。仮装を保証人も

---

198)　**一問一答**147〜148頁。三井住友銀行総務部法務室ほか編・前掲書（**注170**）105頁も、実務上は該当するものとして扱うのが穏当であるとする。

199)　**筒井ほか・Q & A**107頁（事業資金として使用することが排除されていないことが理由である）。松嶋一重「保証債務（その1）」金法2012号（2015）46頁、日本弁護士連合会消費者問題対策委員会編・前掲書（**注174**）155頁も適用肯定説に立つ。なお、フリーローンであるが、「事業用途に用いることはできない」と使途が限定された場合には、保証意思宣明公正証書の作成は不要となる。主債務者がこれに反して、事業用途に使用しても変わることはない。ただし、債権者と主債務者が、保証意思宣明公正証書の作成を潜脱するため、事業資金以外の用途に限定したとしても、465条の6の適用は避けられず、保証意思宣明公正証書が作成されなければ保証契約は無効になると考えられている（**筒井ほか・Q & A**110頁）。

200)　**一問一答**149頁。

了解していたとしても、465条の 6 の手続を省略する合意は無効であることから、保証契約はやはり無効になると考えられる。

◆準消費貸借上の債務 2-55

(1)　新たな保証人

(a)　問題提起　準消費貸借契約は、本来は、金銭債権者が、その返済資金の融資をするが、貸付金の交付とそれによる借入債務の返済とを、当事者の合意により行ったものとみなし（金銭の占有改定）、旧債権を消滅させ、新たに貸金債権を成立させる契約である。その際、準消費貸借上の債権のために個人保証人をとる場合に、保証意思宣明構成証書を作成することが必要であろうか。①貸金債権以外の債権（例えば代金債権）について準消費貸借契約がされる場合と、②貸金債権について準消費貸借契約がされる場合とが考えられる。

(b)　元の債務の性質による　判例は、準消費貸借について、当初の権利の同一性を維持する 2-56 ことを原則としている。そのため、代金債権の準消費貸借については、代金債権に期限の猶予を付与し、その代わりに保証人を出させるのに等しいことになる。(a)の①の場合には保証意思宣明公正証書の作成は不要と考えられるが、②の元の債権が貸金債権であれば作成が必要と考えられる[201]。②では、当初の貸付時ではないが、貸金債権についての保証に広く適用され、貸金債権についての保証人の追加の事例にも適用になるのであり、②も成立の貸金債権の保証になるからである。

(2)　当初の債務についての保証人　先の①②のいずれの場合についても、当初の債務について 2-57 保証人がいる場合、まず①の場合には、代金債務のままであり、新たに貸金債権が成立するものではないため当初の債務につき保証意思宣明公正証書の作成は不要であり、代金債務が存続するので保証も存続することになる。ただその際に債務内容について重大な変更がされた場合には、保証人には対抗ができない。②の場合には、当初の貸金債権につき保証意思宣明公正証書が作成されて有効に保証が成立しているならば、実質的には期限の猶予に等しいので、新たな保証意思宣明公正証書の作成は不要である。期限の猶予を主張するかどうかは保証人に任される（☞ 6 -37）。また、その際に内容に変更がされれば保証人に不利なものは対抗できない。保証人が同意すれば対抗が可能であるが、重大な変更の場合には、同意のために新たに保証意思宣明公正証書の作成が必要になる（☞ 2 -67）。

(d)　保証意思宣明公正証書の作成手続 2-58

ア　保証人になろうとする者による口授　保証予定者は、公証人に、①特定債務の保証の場合には、債権者、主債務者、主債務の元本、利息、違約金、損害賠償額などの合意の有無・内容、自ら履行する意思を有し、連帯保証の場合には主債務者への請求・強制執行を経ずに保証人が履行しなければならないことを、「公証人に口授すること」が必要である（465条の 6 第 2 項 1 号イ）[202]。②根保証の

---

201)　**筒井ほか・Ｑ＆Ａ**102頁以下、**宗宮ほか・保証法**133頁。また、**筒井ほか・Ｑ＆Ａ**105頁は、貸金債務について和解がなされ、これにつき保証人が出される場合には、保証意思宣明公正証書の作成が必要と考えられている（同前105頁）。これは、裁判上の和解の場合も同様であり、第三者として関与する保証人の保証意思を裁判官が確認できるが、例外規定がないため、保証意思宣明公正証書を作成させてから裁判上の和解をすることになる（同前107頁）。

場合には、極度額や元本確定期日の有無、確定までに生じる主債務についての履行をすることも口授すべき内容となる（同1号ロ）。

2-59　◆第三者の立会い

　保証予定者による公正証書作成手続において、**主債務者や債権者の立会いが可能なのか**について、**注195**の通達7頁は、以下のようにこれを禁じている。あくまでも運用指針にすぎず有効要件ではないので、公証人がうっかり主債務者の立会いをさせてしまったとしても、作成された公正証書は無効にはならない。

　「保証予定者が口授をする際に、債権者、主債務者その他の第三者が立ち会うと、保証予定者がその者から不当な干渉を受けるおそれがある。このため、公証人が保証予定者から口授を受ける際には、介助者を同席させる必要があるなどの合理的な理由がある場合を除き、第三者を立ち会わせるべきではなく、特に、債権者や主債務者（これらが法人その他の団体である場合の従業員等の関係者を含む。）は、立ち会わせないものとする」。

2-60　　イ　公証人による筆記、主債務者による署名・押印　　公証人は、この口授を筆記し、保証予定者に読み聞かせ、または閲覧させ（同第2項2号）、保証人となろうとする者は、この書面に署名・押印をし（同第2項3号）──これができない場合には公証人がその事由を付記して、署名に代えることができる──、最後に公証人が条の方式に従って作成したものであることを付記し、これに署名・押印をする（同第2項4号）。

2-61　◆保証意思宣明公正証書の適用除外[203]

　(1)　適用対象外とされる個人保証人

　(a)　経営者等　　「主たる債務者が法人である場合のその理事、取締役、執行役又はこれらに準ずる者[204]」には[205]、保証意思宣明公正証書の作成は不要とされている（465条の9第1項）[206]。これらの者は、主債務者の事業の状況等を把握している者であり、これを把握せずに軽率に保証人になるという類型の者ではない[207]。正式に取締役等に選任されていれば、実質的にはいわゆる名目的取締役であっても、適用除外になる[208]。また、主債務者の支払不能は、自己の経営リスクであることも、特別扱いする理由である。ただし、法人化している以上は、別人格であり、法人財産と個人財産とは別であり──フランスでは、法人化していない個人事業者も事業財産と個人

────────

202)　「口授」については、保証人となろうとする者が口がきけない者である場合には、通訳人（手話）により申述し、または、自署して「口授」に代えなければならない（465条の7第1項）。また、保証人になろうとする者が耳の聞こえない者である場合には、公証人による読み聞かせは、通訳人の通訳をもって代えることができる（同第2項）。いずれの場合にも、公証人は、これらの特例によったことを付記することが必要である（同第3項）。

203)　要件該当性判断の基準時は、保証意思宣明公正証書作成から保証契約までであり、保証契約締結後にこの要件を欠くことになっても、将来に向かって保証契約が無効になることはない。

204)　「準ずる者」としては、宗教法人における責任役員（宗教法人法18条）、持分会社における業務執行社員が定められた場合の業務執行社員（会社法591条、593条）が例としてあげられている（**筒井ほか・Q＆A**140頁）。

88

財産とは別の財産とされる――、ガイドラインにより適切な範囲に限定されているが、常に経営者が保証人とされる実態には問題がないわけではない。

(b)　経営者等以外の者

2-62

ア　主債務者が法人の場合　主債務者が法人である場合に、①「主たる債務者の総株主の議決権（株主総会において決議をすることができる事項の全部につき議決権を行使することができない株式についての議決権を除く。以下この号において同じ。）の過半数を有する者」（同 2 号イ）、②「主たる債務者の総株主の議決権の過半数を他の株式会社が有する場合における当該他の株式会社の総株主の議決権の過半数を有する者」（同 2 号ロ）、③「主たる債務者の総株主の議決権の過半数を他の株式会社及び当該他の株式会社の総株主の議決権の過半数を有する者が有する場合における当該他の株式会社の総株主の議決権の過半数を有する者」（同 2 号ハ）、および、④「株式会社以外の法人が主たる債務者である場合におけるイ、ロ又はハに掲げる者に準ずる者」（同 2 号ニ）についても、経営者に準じて、保証意思宣明公正証書の作成は不要とされている。

イ　主債務者が法人ではない場合　主債務者が法人でない場合につき、①主債務者と「共同して事業を行う者」、または、②「主たる債務者が行う事業に現に従事している主たる債務者の配偶者」も、保証意思宣明公正証書の作成は不要とされている（465条の 9 第 3 号）[209]。①は例えば AB が共同で組合契約を締結して弁護士事務所を共同経営し、A が代表として、事務所経営用の資金を借り入れれば、組合員として組合債務について責任を負担するが（675条 2 項）、A 名義で借り入れて B が保証人になる場合である。A の単独の経営で、B が事実上手伝っているという程度では、②の類型になり、配偶者以外は適用除外とはされない。②は、夫の経営する飲食店、農業、漁業などに、妻が事実上家族労働で事業を手伝っているような場合である。従事している

2-63

---

205)　金融庁の監督指針では**「事業承継予定者」**が適用除外とされており、法制審の審議では、これを保証意思宣明公正証書作成につき適用除外とすることを求める意見も出されたが、採用されなかった。未だ実際に取締役になっていない以上は、主債務者の事業の状況を把握することができる立場にあるとは言いがたく、保証のリスクを十分に認識せずに保証契約を締結するおそれがあるためである（**筒井ほか・Q & A**152頁）。また、採用するとした場合に、その定義が困難であるという事情もある（日本弁護士連合会消費者問題対策委員会・前掲書（**注174**）159頁参照）。

206)　「法人」であればよいので、NPO 法人の貸金等債務について代表者が保証する場合にも適用除外になる。更には、区分所有者の管理組合が法人化されている場合（殆どない）、その理事長が、管理組合の貸金等債務について保証人になる場合も適用除外になる。事業上の債務といってよいが、管理組合が借入れをするということは考えられないので、実際に問題になることはない。

207)　ところが、主債務者の情報提供義務についての465条の10では、適用除外が法人以外には設けられていないのは、立法として一貫しているのかどうか疑問になる。ただし、この点は、運用に差を認めることは本文に述べた（☞注170）。

208)　**実務上の課題**182頁［潮見］、三井住友銀行総務部法務室ほか編・前掲書（**注170**）113頁。ただし責任の限定には、限定根保証であっても、名目的取締役の責任を制限した改正前の判例は参考になる。最判平22・ 1 ・29判タ1318号85頁（詳しい評釈として、齋藤由起「判批」阪大法学60巻 6 号243頁）は、X 社の関連会社である従業員 3 人の A 社の従業員であった Y が登記上代表取締役にされ、Y には裁量権がなく関連会社によって全て A 社の運用は決定され、A 社が近い将来資金繰りに行き詰まることが目に見えていた状況で、Y に関連会社 X 社の A 社に対する融資について保証人にさせたという、かなり悪質な事例がある。最高裁は、事例判決であるが、「経営に関する裁量をほとんど与えられていない経営体制の下で、経験も浅く若年の単なる従業員に等しい立場にあった Y だけに、同社の事業活動による損失の負担を求めるものといわざるを得ず、Y が同社の代表取締役に就任した当時の同社の経営状況、就任の経緯、X の同社に対する金員貸付けの条件、Y は本件保証契約の締結を拒むことが事実上困難な立場にあったことなどをも考慮すると、権利の濫用に当たり許されない」と判示した。全面的に責任を否定したのである。暴利行為として保証契約を無効とし、また、不法行為にもなることを認めて、Y による慰謝料請求を認めることも考えられてよい。

ことと、会計帳簿等を知り経営内容を知っていることとは別であり、夫の事業の営業状態を知るのは従事しているからというよりも夫婦だからである。このような例外を認めるべきなのか、要件はこれでよいのか、国会審議で最ももめた問題点の１つであり、将来再度検討課題とされることが付帯決議で議決されている[210]。

2-64　(2)　**債権者が適用除外事例と誤解した場合**

　　(a)　**客観的には適用除外要件を充たしていなければ、保証契約は無効**　　債権者が、保証意思宣明公正証書を作成していない保証人と保証契約を締結したが、債権者が、保証人が適用除外の要件を充たしていると誤信した場合、この信頼を保護する手当はされていない。例えば、債権者（また主債務者）が正式の夫婦だと信じていたが、籍を入れていなかった場合、適用除外の要件を充たしていないことになる。問題となる事例は、保証人が自ら正式の夫婦であると虚偽の情報を債権者に提供した場合である。また、妻が実際には夫の事業に従事していないのに、これを従事しているものと説明して債権者を誤解させ、保証意思宣明公正証書が作成されなかった場合も同様に問題になる。公正証書作成費用が主債務者の負担になるため、主債務者がこの費用を節約するために、虚偽の説明をしまた保証委託者にもさせることが考えられる[211]。

---

209)　＊**配偶者が適用除外とされた経緯**

　(1)　**部会第88回会議での追加**　　2014年３月18日の部会第86回会議に提出された「要綱案のたたき台（10）」（部会資料76A６頁）では、「ア　主たる債務者が法人その他の団体である場合のその理事、取締役、執行役又はこれらに準ずる者」および「イ　主たる債務者が法人である場合のその総社員又は総株主の議決権の過半数を有する者」が適用除外とされていたにすぎない。ところが、同年５月20日の部会第88回会議で提案された「要綱案のたたき台（12）」（部会資料78A18頁）には、「ウ　主たる債務者が個人である場合の主たる債務者と共同して事業を行う者又は主たる債務者の配偶者（主たる債務者が行う事業に従事しているものに限る。）」が追加された。

　(2)　**追加された理由**　　部会資料78A21頁によると、この追加の理由として次のように説明されている。

　「これは、第86回会議において、主たる債務者が個人事業主である場合における配偶者を保証制限の例外とすべきであるとの意見があったことを踏まえたものである。主たる債務者が個人事業主である場合には、経営と家計が一般に未分離であるため、配偶者を保証人とする必要性が定型的に認められると考えられることや、配偶者が事業に従事している場合に限定すれば、自ら又は他方の配偶者である事業主を通じて事業の状態を知ることができること、自らが従事する配偶者の事業のための貸金等債務等に保証をすることは、事業を継続することに主眼があり、情義に基づくという側面が弱いこと等を考慮したものである」。

　(3)　**部会第86回会議での追加の契機となった発言**　　この追加の契機となった発言は、中原委員の「個人事業主の場合、配偶者と一緒に事業を行っているケースが多いと思います。あるいは事業を承継することが予定されている子息と一緒に行っているケースもあると思います。これらの場合に配偶者や事業継承予定者に保証人になってもらうことは社会的に見ても是認されるのではないかと思います」という発言（「第86回会議 議事録」14頁）、また、中原委員の「単に配偶者や子若しくは相続予定者、事業継承予定者というのではなくて、正に個人事業主が共同経営に当たっているような場合については認めていいのではないか」という発言（同17頁）であると思われる。

210)　配偶者は法律上の配偶者に限られ、保証契約の有効・無効に関わるものであるため、形式的な要件が採用されていると説明されている（**一問一答**156頁）。夫が主債務者たる会社を設立し株式全てを保有しており、妻がこの会社の事業を手伝っていても、適用除外にはならない。夫が事業を個人で行うか、法人化しているかで、妻が保証人になる場合の扱いが大きく変わってくる。保証意思宣明公正証書自体に対して評価できる制度ではないので、大きな問題ではない——これを経ないと保証契約は無効なので意義は大きいとも言える——。配偶者については、根保証で離婚を確定事由にする等の法的保護が導入されるべきである。**潮見Ⅱ**774頁も、立法論として疑問を提起している。

(b)　債権者（金融機関）の保護

ア　配偶者の事例　この場合の債権者の保護については、①まず、保証契約は無効であり、債権者は保証人に対して不法行為（709条）により損害賠償を請求することができるにすぎないという考えがある[212]。②また、禁反言の法理に対応する信義則によって、「保証人による（根）保証契約の無効主張を許さず、保証人に対する保証債務の履行請求を認める余地は否定されるものではない」という主張がある[213]。善意の債権者はいずれの主張によるか選択できると考えるが、②の方がハードルは高く、債権者に善意無過失まで必要とされると考えられる。

2-65

イ　取締役の事例　正式には取締役に選任されていないのに、取締役として登記されており、そのことに当該取締役が承諾を与えていた場合には、「善意の債権者に対して、自らが取締役でないことを主張できず、そのため、保証意思宣明公正証書の作成なく締結された保証契約が無効であると主張することができないこともあり得る」と考えられている[214]。取締役を辞任したが、辞任の登記がされておらず、取締役として保証契約を締結した場合、やはり判例（最判昭62・4・16集民150号685頁）に従えば、「不実の登記を残存させることにつき明示的に承諾を与えているなどの特段の事情がある場合には」、保証意思宣明公正証書が作成されずに保証契約が締結されても「無効であるなどと主張することは許されないことがあり得る」といわれる[215]。

2-66

◆保証意思宣明公正証書作成後の保証内容の変更

保証意思宣明公正証書を作成して保証契約を締結後、主債務の内容が変更された場合、それが保証人に有利な変更であれば、保証人に効力が及び、不利な変更の場合には保証人には効力が及ばないため（448条 2 項）、いずれにしても公正証書を再度作成することは必要ではない[216]。したがって、問題になるのは、保証人に不利な変更であり、債権者が変更に保証人の同意をもらってその効力が保証人に及ぶ場合である。変更の対象が、保証意思宣明公正証書の法定の口授事項であれば、保証人の同意に先立って改めて保証意思宣明公正証書を作成することが必要と考えられる[217]。この作成から30日以内に保証人の同意が得られたのでなければ、保証人のなした同意は無

2-67

---

211)　**＊主債務者と保証人による表明保証の徴求**　三井住友銀行総務部法務室ほか編・前掲書（**注170**）112頁は、債権者が、保証人から共同事業者であること、現に事業に従事する配偶者であることについて表明保証をさせて、金融機関がこの点一切確認することなく、保証人にリスクを負担させる（表明保証の責任追及をする）ようなことは許されないという。①また、主債務者に情報提供義務違反があった場合、保証人が表明保証をしたことを理由に、債権者が損害賠償請求をすることはできないと解される（**筒井ほか・Q＆A**72頁、長島・大野・常松法律事務所・前掲書（**注168**）451頁［三上二郎］）。②西村あさひ法律事務所編・前掲書（**注170**）146頁［宮澤哲］は、表明保証を理由に、保証が有効であった場合に回収できた金額を賠償請求できることになったのであり、結果として有効な保証を認めるのと変わりがなくなるため、債権者に一定の範囲で保証人に関する事実関係を調査・確認することが期待されていることから、債権者の過失を考慮して過失相殺がされるべきであるという。結局、一切賠償を認めないか、過失相殺をして賠償を認めるかの対立になる。ただ情報提供を受けたという表明保証ではなく、受けた情報についても表明保証に書いてもらうのがよく、それが法定の事由を充たしているか、内容が、債権者が主債務者から入手した情報と齟齬がないか、確認ができたまたすべきであり、これを尽くしていれば過失を否定できる。

212)　**実務上の課題**182頁［潮見佳男］。

213)　鎌田薫ほか『重要論点　実務民報（債権関係）改正』（商事法務・2019）154頁［内田貴］。

214)　**筒井ほか・Q＆A**141～142頁。

215)　**筒井ほか・Q＆A**142頁（**注 2**）。

216)　保証意思宣明公正証書の再作成が必要かどうかは、①変更対象が法定口授事項か否か、そして、②変更が保証人に不利益かどうかにかかっている（児島幸良・實田圭介「保証意思宣明証書の再作成」金法2152号［2020］4頁）。

効であり、内容変更を保証人に対抗できないことになる。

2-68 ◆保証意思宣明公正証書と保証契約の内容に食い違いがある場合

(1) 保証人に不利な場合　　例えば、保証意思宣明公正証書では借金が2000万円となっているのに、保証契約では3000万円となっていたり、または、保証意思宣明公正証書では利率が3％となっているのに、保証契約では5％となっている場合、保証人が気がつかずに保証意思宣明証書と同じであると思って確認せずに署名押印した場合、その保証契約は無効になる――ただし、軽微な齟齬の場合には公正証書を優先させ契約自体は有効と考えてよい――。3000万円の保証契約、利率5％の保証契約についての保証意思宣明公正証書は作成されていないからである[218]。保証意思宣明公正証書の法定口授事項については、保証契約と内容的に異なれば、原則的には保証契約はその効力を生じないといわれている[219]。

2-69 (2) 保証人に有利な場合　　これに対し、保証意思宣明公正証書では借入金が2000万円であったが、借主がその後に他から資金調達ができ1000万円の融資でよくなったため、保証契約では借入金は1000万円とされた場合、保証契約は無効であろうか。①法務省の立法担当官は、保証契約を特定する要素にずれがある場合には、保証意思宣明公正証書により確認された保証意思と保証契約との間に同一性を認めることができないというほかないとして、保証契約を無効とする[220]。②しかし、保証意思宣明公正証書作成後に変更した旨を付記し、同一性を保持でき、保証人に有利な変更である限り、保証契約を有効と考えてよい[221]。再度作成する手間とまた主債務者が費用を負担することになることを考えると、必要性も許容性もあると考えられる。

2-70 ◆根保証契約の更新と保証意思宣明公正証書

保証意思宣明公正証書を作成し、根保証契約が締結された後、根保証契約を更新するには、改めて保証意思宣明公正証書の作成が必要なのであろうか。確定期日を合意で先に延ばすことになり、その他の根保証の契約内容は同一性を保つことになる。しかし、根保証における保証意思宣明公正証書の法定の口授事項について、合意で変更することになり保証人に不利な変更であることから、保証意思宣明公正証書の作成が必要になり、これをせずに更新の合意をしても無効である[222]。再度更新の時点で、更新の依頼につき465条の10の主債務者に情報提供義務が負わされ、新たな状況を把握した上で更新に応じるかどうか保証意思の確認が必要になり、再度更新についての保証意思宣明公正証書の作成が必要になるからである。

217)　**筒井ほか・Q＆A**163頁、長島・大野・常松法律事務所編・前掲書（**注168**）441頁［三上二郎］。
218)　**筒井ほか・Q＆A**157頁。
219)　**宗宮ほか・保証法**150頁。
220)　**筒井ほか・Q＆A**157頁。
221)　**宗宮ほか・保証法**151頁は、債務の間に同一性があると認められる限り、「保証契約の主たる債務の元本額が上記公正証書記載の元本額の範囲内であり、そこで確認された保証意思に全て包摂される関係にあるといえる」として、保証契約を有効という。利息についても、減額は同様であるが、増額の場合には保証契約全体が無効になるとされる（同154頁）。また、根保証で、元本確定期日が短縮された場合は保証契約は有効であるが、延長された場合には無効であるとされる（同155～156頁）。保証人に有利な変更の場合には、保証契約の効力を否定しない考えが有力である（松嶋・前掲論文（**注199**）49頁など）。
222)　**筒井ほか・Q＆A**168頁。

3　保証契約の特別の要件

(1)　主債務の要件

保証債務は他人の債務を代位弁済する債務であるから、保証債務が成立するためには、主債務（被担保債務）が保証人により履行できる債務であることが必要となる（売主の債務の保証につき☞1-48）。将来の債務の保証契約も主債務さえ特定されていれば有効に成立する。ホステス保証のように、主債務者を特定することなく保証契約を締結した場合には、その要件を充たした主債務が発生して初めて個々の保証債務が成立することになる。いわゆる根保証契約という、将来発生する不特定多数債務を包括的に保証する契約も有効であるが、これにも2種類がある（☞9-20以下）。

(2)　保証人の要件

(a)　**保証人を立てる義務がある場合に必要な保証人の要件**　契約、法律または裁判所の命令によって債務者が保証人を立てる義務があるときは、保証人は次の2つの要件を充たす者でなければならない（450条1項）。ただし、債務者は他の担保を提供してこの義務を免れることができる（451条）。

【表2-72】債務者が保証人提供義務を負う場合の保証人の要件
① 「行為能力者であること」（1号）
② 「弁済をする資力を有すること」（2号）

保証人が保証契約締結後この要件を欠くことになった場合、債権者は債務者に対して、要件を充たす別の保証人を立てるよう要求できる（450条2項）。抵当権における担保価値維持保存義務に匹敵する義務を主債務者に負わせるものである。ただし、債権者自ら保証人を指名した場合には、①②の義務を充たす保証人を立てる義務は認められない（450条3項）。①②の要件を充たさない保証人を主債務者が立てた場合、債権者は保証契約の締結を拒絶でき、また、主債務が既に発生していれば期限の利益が失われる（137条3号）。

2-73 **(b) 保証人が要件を初めから欠いていた場合**　債権者が、要件を充たさない保証人との保証契約を締結した場合でも、先の①②の要件は有効要件ではないので、保証契約は有効に成立し、保証人は責任を免れない。ⓐ債権者が保証人の不適合につき悪意であれば、450条3項を類推適用して債権者は代わりの保証人を立てることを請求しえない[223]。ⓑ債権者が善意のときは、債務者は保証人を立てる義務を未だ尽くしたことにはならず、債権者は資格を充たした保証人を立てるよう請求できる（450条2項はこの義務を尽したのに認められる特別規定）。

4 保証をめぐる三面構造

2-74 ## (1)　3つの契約により構成される取引

　第三者（物上保証人）に抵当権の設定を依頼する場合には、①債務者と第三者との債務者の債務のための抵当権の設定の依頼、②これに基づく債権者と第三者の抵当権設定契約、そして、③債権者・債務者間において消費貸借契約の締結がされる。③が3つの取引の中心であり、交渉過程の予備的合意で、債権者・債務者間に担保提供を義務づける合意がされる。これが抵当権の設定ではなく、保証を依頼する場合には、【表2-74】の3つの契約により構成される（①の交渉過程で保証の提供を義務づける合意がなされる）。

【表2-74】保証をめぐる3つの契約
① 被担保債権を発生させる原因関係たる契約：　債権者・主債務者間の貸付等の契約
② 担保契約：　債権者・保証人間の保証契約

③ 担保契約の委託契約：　主債務者・保証人間の保証委託契約（場合によっては＋履行の
　　　　　　　　　　　　　　引受による与信契約）

2-75 **◆保証委託契約の意義[224]**
　(1)　第三者による信用供与
　　(a)　債権者と担保契約をして主債務者を支援することを約束する契約

---

223)　**於保**262頁、**奥田**389頁。

【図 2-74】

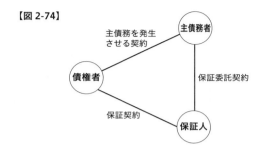

　　ア　形式は保証契約の締結の委託　　保証委託契約や物上保証の委託契約は、①債権者と保証契約、抵当権設定契約をすることを委託する契約である。債務者が融資や取引を受けられるよう担保を提供することにより「支援」することを依頼する契約である。債権者との保証契約の締結という法律行為を行うことを引き受ける点に着目すれば、法律行為を行うことを委託する委任契約であるが、代理人や問屋として法律行為をするように<u>他人の事務</u>を代理人としてまたは自己の名で行うのではない。特殊な人的担保契約である。

　　イ　保証委託契約の法的規制　　フランスでは個人保証の場合に保証委託契約も書面の作成が必要とされているが（☞注159(2)）、日本では書面は必要ではない。しかし、保証委託契約を要式契約とし、債権者にその内容の確認を義務づけ、保証委託契約が書面によらない場合には保証契約も無効になる、また、保証委託契約と保証契約との内容に食い違いがある場合には、保証委託契約の内容が優先するといった立法も考えられる。また、保証委託契約後、保証人が頭を冷やして解除できるように（651条1項）、保証契約締結まで1週間を置かなければならず、これに違反した場合には保証人に取消権を認める（取消し期間は1年程度）といった立法も考えられる。　2-76

　　ウ　実質的な給付の内容　　その実体は、債務者が担保の提供により、債権者から融資を受けられたり取引をしてもらえるように支援する契約である。そして、債務者が支払わないと抵当　2-77

---

224)　＊主債務者と保証人の関係（フランス）　　フランスでは、主債務者と保証人の関係は多様であり（無償・有償、合意・一方的、情義的関係・取引関係等）、詳細な分析はなされていないといわれる（この問題についての文献として、J. François, «Le problême de la nature juridique du contrat caution-débiteur», D. 2001. chron. 2580がある）。事務管理や委任であるといわれるが、正確には典型契約に分類されるものではない。古くから委任といわれることが多いが、本人の名また本人の計算で行動することを義務づけられているわけではなく、委任ではないことは明らかで、典型契約に該当する契約はなく、独自の人的担保に固有の契約だといわれる。この点、保証人の義務内容からして、与信契約（contrats de crédit）の一種であるとも分析されている（P. Delebecque, P. Simler, n° 212, p.240）。また、保証の予約（promesse）ともいわれるが、保証人と主債務者との契約であり、また、契約は既に成立している、第三者のためにする契約もいわれるが、主債務者・保証人間の契約上の権利を債権者に与えるものではない。そのため、結局は無名契約（sui generis）かどうかを考察する必要があるが、学理的な意味しかなく、求償権が認められることは民法の規定上疑いないので、殆どの学説が興味を示さないことはやむを得ないと評される（J.-J. Ansault, Y. Picod, n° 22, pp.46 et s.）。主債務者と保証人間の契約関係は訴訟で議論されることもなく、不十分な表面的な分析がされてきたにすぎない（M. Cabrillac, C. Mouly, S. Cabrillac, P. Pétal, n° 69, p.59）。保証人は主債務者との関係における事由を債権者に援用できず、保証料を支払わない、詐欺を働いたからといって、保証債務の履行を拒絶できず、また、主債務者との関係が破綻したとしても、保証契約が終了することはない。そのような可能性を認めるのは、担保を脆弱なものとすると説明される。なお、保証契約と主債務者・保証人間の関係は un groupe de contrats（密接不可分に結びついた複数の契約関係）を構成するものではないといわれる。

権を実行される、保証人として責任をとらされるという**射倖的なリスクを負担**することを引き受けることになる[225]。保証人として履行をするのは、保証契約上の保証債務の履行義務の履行にすぎず、主債務者との保証委託契約では、代位弁済までは義務づけられていない。主債務者は、保証人に代わりに履行するよう請求する債権は、保証委託契約により取得することはなく、そのためには保証の委託に加えて履行の引受契約が必要である。

2-78　　　(b)　**主債務者（保証委託者）の義務**　　　有償の場合には、主債務者（保証委託者）は保証人に対して保証料を対価として支払うことを義務づけられる（☞2-80）。有償契約の場合には、保証委託契約は射倖契約になる。無償の場合にも、無償で射倖的なリスクを引き受ける契約になる。保証委託契約においては、主債務者は保証人に対して、弁済期に弁済をして保証人を解放できるように適切な事業運営をして、弁済期になったら自ら履行をして保証人に迷惑を掛けず、これを免責させることを義務づけられる[226]。履行の引受により、主債務者が履行できない場合に代位弁済による与信を引き受けている場合は別として――この場合には免責請求権（事前求償権）は認められない――、保証人は主債務者に対して代位弁済を義務づけられない。その当然の帰結として、主債務者の**保証人免責義務**が導かれる[227]。主債務者の債権者への履行は、保証人に対するこの保証人免責義務の履行でもある。

2-79　　(2)　**履行引受が別にない限り代位弁済義務は引き受けていない**　　　繰り返すが、抵当権が実行されて他人の債務を履行するのに等しい結果となることを容認するように、保証債務の履行を強制され他人の債務を履行することになること――保証債務を負担すること――を容認しているが、主債務者との関係で履行の引受をしているわけではない。それは債権者との契約で負担した保証債務の履行であり、主債務者との履行引受契約がない限り、主債務者に対して代位弁済義務まで引き受けていない。主債務者からいうと、保証人に対して代位弁済の履行引受がない以上、保証人は主債務者に対して代位弁済を義務づけられておらず、主債務者は保証人に対して代位弁済をするよう請求できない。保証委託契約の履行のための費用は、契約書作成費用や保証契約締結のための交通費、保証意思宣明公正証書の作成費用や公証役場までの往復の交通費になり、**代位弁済費用は委任事務の履行費用ではない**。この点は6-4以下に詳しく論じる。

2-80　　(3)　**有償の保証委託契約**

　　　(a)　**対価として保証料が支払われる**　　　保証委託契約が有償の場合にも、特定の債務についての保証――その金額を金利を付けて分割払いにする場合と一括払いの場合が考えられる――と、賃貸保証のような継続的契約関係についての保証――限度額や保証対象たる債務は合意で決めら

---

225)　受託保証人の主債務者に対する保証委託契約上の義務につき、秦光昭「受託保証人の債務者に対する注意義務」ジュリ1131号（1998）109頁以下参照。

226)　その他付随義務として、主債務者には、支払状況について保証人から照会を受けたら必要な情報を提供する義務があり、また、照会がなくても、支払が遅れ保証人に迷惑がかかることが予見できる場合には、支払が遅滞することまた遅滞していることを保証人に知らせるべき信義則上の義務が認められる。

227)　**福田・保証委託**2頁も、保証委託の目的は信用供与であり、主債務の弁済期到来により終了し、事後求償という選択肢とは別の手段を受託保証人に認めるべきであると主張する。従来の学説は、弁済期後の事後求償権を保証委託における中心的な清算手段と位置づけ、弁済前の事前請求に疑問を呈してきたと評する。この点、筆者としては、事前の求償権だから疑問なのであり、保証人はまず弁済をさせられることから保護されるべきであり、主債務者の保証人免責義務を中心的な義務と位置づける。根保証において、主債務者の背信行為に特別解約権を認める考えは、このような理解の下で合理性を増すことになる。**福田・保証委託**15頁は、保証委託後に情義関係が破綻すれば、主債務の弁済期到来後は、「主債務者は保証人の求めに応じて速やかに免責のための措置をとるべきである」という。本書では、情義的関係の破綻は必要ではなく、むしろ情義的関係があるからこそ、主債務者は保証人に感謝をして先ずその免責に努力をすべきであると考えている。

れる──が考えられる。保証人の保証委託契約上の債務は保証債務を負担することであり、その対価が保証料になる。代位弁済までは給付義務になっていないため、代位弁済することへの別料金は徴求されないが、賃貸保証のように代位弁済することも委託内容になっている場合には、代位弁済するごとに手数料が取られることになる[228]。保証料は、信用付与の対価と抽象的にはいえるが、その金額の算定は、保険同様に、主債務者の支払不能のリスクそして求償不能のリスクを確率的に計算して、収益が得られるような金額に設定することになる。また、賃貸保証では算定式が変わってくる（☞ 2 -82）。

（b）　保証料の算定の仕方

2-81

　ア　金銭の貸付け　例えば、住宅ローンの保証も、各社により金額が異なるが、保証料全額を一括払いする方式──借り換えをした場合には清算され、新たに保証契約を締結して保証料を支払う──、また、利息を上乗せして毎月のローンの返済に組み入れる方式がある。ただ、求償権のために住宅に抵当権が設定されている場合には、実質的には債権回収費用を保証料として取っているに等しい。保証会社を設立してその保証を求め、保証料金名目で利息制限法を潜脱されないよう、利息制限法が2006年（平成18年）に改正され（ 8 条、 9 条☞**注56**）[229]、保証料が利息と合算して利息の上限を超えている場合、上限を超えている部分の保証料の契約は無効であるとされる。①［元本の額］10万円未満＝［保証料＋利息］年20％、②10万円以上100万円未満＝年18％、③100万円以上＝年15％となる。

　イ　賃貸保証　賃貸保証の場合に、①「初回保証料」として、家賃の 0.5 か月〜 1 か月分を支払い、②「更新保証料」として 1 年ごとに 1 万円、③他に「月額保証料」を家賃の 1 〜 2 ％を支払うのが相場のようである。保証の限度額は「家賃24か月分」などとされ、項目も賃料以外にどこまで含むかも契約による。金額が高いほど、項目が多いほど保証の利用料が高くなる。保証会社によっては、賃料は保証会社が支払い、賃借人は賃料相当額を保証会社に支払うタイプもあり、賃貸人との関係では賃料の代行委託のようなものになる。そうでなくても、滞納があると保証会社が速やかに支払い[230]──根保証の個別保証債務集積型になる──、保証会社が賃借人から回収するが、 1 回あたり3000〜5000円ほどの手数料をとられる。代位弁済も委託契約の内容になっており、代位弁済をすることに対価が支払われることになる[231]。月額保証料だけという賃

2-82

228）　貸主たる銀行の関連会社による有償保証の事例で、東京地判平 7 ・ 9 ・22判時1570号72頁は、「委託を受けた保証人は、委任事務の受任者として善良なる管理者の注意をもって受任事務を処理しなければならない」と宣言する。そして、「保証人が主債務者の債務（以下「原債務」という。）を代位弁済するに当たっては、右の注意義務を尽くす必要があり、これを怠ったときは、債務者に対する求償権を失ったり、その範囲に制限を受けたりすることがあるばかりでなく、場合によっては損害賠償責任を負担することもある」。「問題は、その場合に尽くすべき注意義務の内容、程度であるが、このような、債権者からの連帯保証債務の履行請求に応じてされた代位弁済にあっては、弁済当時、原債務の支払遅滞が発生していることを示す資料が存在するかどうかを確認し、これが確認できた場合には、他方で、原債務が消滅するなどして既に存在しなかったり、同時履行の抗弁が付着しているなど、保証債務者が原債務を弁済することが相当でないような事情が客観的な資料の裏付けをもって存在するかどうかを、具体的状況下で、保証人として通常行うべき調査により確認すれば足りるものと解すべきである」と述べる（義務違反を否定する）。

229）　最判平15・7・18判時1834号 3 頁は、「Yの受ける利息等とD信用保証株式会社の受ける保証料等の合計額が法所定の制限利率により計算した利息の額を超えていること、……D信用保証株式会社の設立経緯、保証料等の割合、業務の内容及び実態並びにその組織の体制等によれば、Yは、法を潜脱し、100％子会社であるD信用保証株式会社に保証料等を取得させ、最終的には同社から受ける株式への配当等を通じて保証料等を自らに還流させる目的で、借主をしてD信用保証株式会社に対する保証委託をさせていたということができるから、D信用保証株式会社の受ける保証料等は、法 3 条所定のみなし利息に当たるというべきである」と判示していた。

貸保証もある。また、別に個人の連帯保証人を立てる場合には（共同保証になる）保証料が安く
なるというのもある。

2-83　　(4)　その他

(a)　任意解約権（解除権）　　保証委託契約は委任契約であり、保証受託者（保証予定者）は、
保証委託契約の合意をしても、理由なく任意に契約を解除することができる（651条1項）。主債
務者に不利な時期の解除は損害賠償義務を生じさせるが、ただし、保証人にやむを得ない事由が
ある場合にはこの限りではない（同2項）。先に述べたように、保証意思宣明公正証書作成に際し
て、公証人は、任意解除ができることを保証人予定者に明確に伝えるべきであり（☞2-46）、リ
スクがあるので、必要でもなければ止めた方がよいことを説明することが好ましい。

2-84　　(b)　履行費用について　　保証債務の履行は委任事務処理の結果負担した義務の履行であり、
履行引受契約が別個になされていない限り、委任事務の履行費用そのものではない。しかし、主
債務者の債務を消滅させたことに変わりなく、また、委託された人的担保を負担したことの帰結
であり、委任事務処理費用ではないがそれに準じて扱うべきである。要するに被担保債務の弁済
であり、求償できるのは当然である。また、委任事務を処理するのに必要と認められる債務を負
担したといえるのかも微妙であるが（650条2項）、これも拡大して適用し、保証人に主債務者に
対する免責請求権を認めるべきである（☞4-26）。

2-85　　(2)　3つの取引の構造

(a)　1つの貸付取引の関連取引

　　ア　保証人が関与する形態　　①親会社や関連会社の保証では、債権者に対
して、自分が保証人になるので主債務者に融資をしたり取引を行うよう要請する
ことになる――経営支援状の差入れのように――。②また、主債務者が信用保証
など有償保証を利用して、債権者と保証契約をしてもらうこともある。③賃貸保
証のように、賃貸人の提携している保証会社の利用を義務づけられることもある。
④他方、情義的保証人は、主債務者に頼まれるままに差し出された契約書の保証
人欄に署名押印することが考えられる。どの場合にも保証委託契約なしに保証契
約が行われることはないが、②③の有償の場合には、それ自体が独自の取引行為
となる（☞2-75◆）。

2-86　　イ　3つの契約は密接不可分であるが1つの契約ではない　　保証人の立場
についていうと、①親会社や経営者取締役のように、主債務者と一体的関係にあ

---

230)　そのため、賃料債務の債務不履行はないことになり、賃貸人が賃貸借契約を解除することはな
　　い。しかし、保証会社がいつまでも滞納されても追い出せないので困るため、保証会社が賃貸借契
　　約を解除できるという特約条項が設定されている（最判令4・12・12民集76巻7号1696頁参照）。
231)　保証会社が毎月賃料を賃貸人に支払い、賃借人は保証会社に賃料を支払う形式を採る保証会社
　　もあり、この場合には、保証というよりも、実体は家賃の取り立ての代行業者である。

る場合、②逆に住宅ローン保証の子会社たる保証会社のように債権者と保証人が一体関係にある場合、③また、保証人が中立的な有償取引業者であり停止条件つきの与信者に近い場合、④主債務者に依頼されているが、主債務者と一体的な関係や取引から利益を受ける関係にあるわけではない場合など、多様である。保証人保護と債権者の債権回収不能のリスクの負担との調整は、これらの事情により大きく変わってくる。契約の効力の影響関係も、これらの差がどう影響するのか検討する余地はある。いずれにせよ、主従の契約があることは 2 者間契約と同じであるが、第三者が与信者になるので、債務者との保証委託契約が第三の契約として 3 つの契約をつなげる架け橋になっており、この点において独自の構造としての特殊性が認められる。

(b)　主債務を発生させる原因契約

2-87

　　ア　この効力否定の他の契約への効力　　まず、【表 2 -74】①の原因関係たる契約は、被担保債権を発生させる契約であり──不法行為の損害賠償請求権のように契約によらない場合も考えられる──、被担保債権の成立が同②③の契約の前提ないし行為基礎になる。ただし、貸付け契約が無効でも、同一金額の不当利得返還請求権が成立するため、この保証──この保証の委託──へと、無効行為の転換をすることが考えられる (☞1-55)。売買契約の代金債務の保証で、買主による取消しがされた場合の原状回復義務についても同様である。

　　イ　他の契約の効力否定の影響　　他方で、【表 2 -74】②③の効力が否定 　2-88 された場合の、①の原因契約への影響はどう考えるべきであろうか。③の効力否定が②の効力否定につながるわけではなく、注目すべきは、【表 2 -74】②の保証契約の効力が否定される場合である。保証の提供が、①の原因契約において貸付けがなされるための要件であれば、担保を実行する前に、保証契約の無効が判明すれば、債権者は実行を拒絶できる。3 者で合意をしているわけではないが、担保があるから融資をすることが前提なので、保証契約の有効な成立を、原因契約の停止条件とする黙示の合意を認める (契約解釈)、または、保証契約が有効に締結されないことが失効原因となると考えることができる。

(c)　担保契約 (従たる契約) としての保証契約

2-89

　　ア　保証契約の効力否定の他の契約への効力　　まず、保証契約の無効、取消しが認められる場合、その影響が問題になるのは、原因契約である。担保を提供するからこそ、主債務者は融資を受けられるのであり、融資のための条件とい

うことが、債権者・主債務者間の原因契約では当然の前提となっている。また、主債務者が、保証人を提供することを契約により義務づけられているといえる。そのため、①融資実行後は、債権者は主債務者に新たな保証人の提供を求め（450条2項）、これがなされなければ期限の利益喪失を主張できる（137条3号）。②融資の実行前は、債権者（貸主）に、有効な保証を提供するまで融資の実行に対する拒絶権、保証人を立てない場合の契約解除権が認められる。物的担保における担保価値維持保存義務のような、人的担保の維持保存義務である。

2-90　　　イ　保証委託契約の無効・取消しの影響関係

❶　**保証契約にも問題は拡大**　　次に、保証委託契約が、強迫や詐欺、更には錯誤を理由に取消しが可能な場合、同時に、債権者との保証契約についても、第三者による強迫・詐欺、また、主債務者の信用状態についての錯誤が問題になる。保証契約について第三者の詐欺や強迫になるが、詐欺については96条2項の制限がある。2017年改正法では、465条の10の取消権を問題にできる。錯誤では、保証人が主債務者との保証委託契約を取り消したことが、保証契約にどのような効力を及ぼすのであろうか。

2-91　　❷　**錯誤取消しの可能性**　　保証委託契約と保証契約は別の契約であり、前者の錯誤は保証契約には何ら影響がないと考えるべきであろうか。債権者の取引の安全を考慮する必要があり、保証委託契約の取消しにより、保証契約が当然に失効するとは考えられない。ただし、主債務者の信用状態や反社会勢力かどうかなどの事情は、債権者が与信機関として調査すべき事情であり、適切に調査をすれば知り得た場合には、保証人に錯誤があれば、自己の債権回収不能のリスクを保証人に転嫁するための正当化根拠を失うので、保証人に保証契約の錯誤取消しを認めるべきである。これは情義的保証人に当てはまる処理であり、合理的取引である有償保証については、保証料を取り再保険に入る等の対応を有償保証人（事業者たる保証人）は行うべきであり、保証人は錯誤取消しを認める必要はない（☞ **6-15**の判例参照）。

2-92　　　　　　　　　　　　**(3)　保証人保護からみた影響構造**

(a)　**主債務者・保証人間が隠れたキーポイント**　　上記のように保証委託契約が無効の場合、三面構造だからといって、当然に保証契約の失効をもたらすもので

はない。保証人保護は、保証人の立場により一律ではなく、保証取引を多角的関係と捉える中舎教授は、この関係をキーポイントと捉えて、以下のようにいう[232]。

主債務者と保証人「の関係が保証委託契約によって強固に設定されているほど、保証債務の独立性・附従性が減退して、両者の共同性が強まるのに対して、両者の関係が委託によらない保証のように希薄であるほど、保証債務の附従性がそのまま維持されるかまたはさらに強められて、保証債務の二次的責任性が強まるという感じである」。

(b) 三面取引構造の再確認　2-93

ア　債権者主導の三面取引

❶　第三者による人的担保設定契約　　与信契約などの原因関係では、主債務者が原因契約の付随的義務として、約束した担保の提供を義務づけられる（450条１項が適用になる）。主債務者が、第三者に担保提供を委託するのは、自己の債務の履行という自己の事務の処理を委託するのではなく、物上保証人に抵当権を債権者に対して設定してもらうように、いわば人的担保を債権者に対して設定してもらうものである。このように、保証契約は、形式上は保証債務を負担する契約であるが、人的担保設定契約としての扱いが保障されるべきである。

❷　債権者が債務者に義務づけ、債務者が保証人に依頼　　保証人が主債務者　2-94
から依頼を受けていることは、保証人の提供を主債務者に求めた債権者は承知の上である。債権者が保証人と保証契約を締結するのは、主債務者との関係で担保提供義務の履行を受ける関係になる。原因関係の合意の要件を充たした保証人でなければ、履行にはならないことになり、債権者は改めて主債務者に対して保証人の提供を求めることができる（450条２項）。保証契約が無効になった場合も、別の保証人の提供を求めることができる。もちろん、主債務者が保証人に委託するのは、上記義務の履行の一環であり、その後の保証契約の締結も含めて、全て

---

232)　**中舎・多数当事者間契約**325〜326頁。伊藤進「「機関信用保証」論」**伊藤・担保制度論**78頁以下は、保証契約と保証委託契約とを「一体」として捉えることを提案する。即ち、「このように関連づけることによって、保証人と債権者との保証約定と非承認と被保証人（主債務者）との保証委託約定の内容が、その保証全体の内容となる。この意味では、単に三角関係の特性を持つだけではなく、保証人・債権者・被保証人（主債務者）の三当事者による一体的契約としての性格をもったものとみるべきである。機関信用保証は、このような三面的一体契約性を特質とするものである」と述べる。

債権者が目論んだ取引の予定通りの進行として、契約が次々と成立しているのである。

2-95　　❸　**保証委託契約**　　債権者により求められ主債務者は、仕方なく知人などに保証人になることを委託することになる。もちろん情義的保証人では、口頭で保証委託契約が締結されるにすぎず、この点について書面が作成されることはなく、軽率にあれよあれよと進んでいく。改正民法はこのプロセスに主債務者の保証人に対する情報提供義務を導入し（☞ 2-18）、また口頭で成立後に保証意思宣明公正証書の作成を要求した（☞ 2-41）。これは立法としては大きな前進である。

2-96　　　**イ　主債務者主導の三面取引**　　主債務者が、独立した保証機関である信用保証組合の保証を利用して与信を受けようとする場合、主債務者が信用保証協会の保証を利用した借入れを申し込み、これに基づき委託をし、信用保証協会が用意した保証契約書により保証契約が締結されることになる。これに対して、有償保証であっても、住宅ローンにおける銀行の子会社たる保証会社による保証を義務づけている場合には、債権者が融資と共に保証委託契約を代理人として締結することになる。有償委任の場合には、書面で正式に保証委託契約が締結されるが、**ア**とも締結のプロセスは異なる。有償の保証委託契約は保険などと同様に射倖契約ではあるものの合理的「取引」であり、再保証、保険等で対処されることになる。

2-97　　　**ウ　保証人主導の三面取引**　　親会社による子会社の債務の保証は、経営指導念書同様に、親会社が、子会社が行おうとする取引につき、自分が保証人になるから安心して取引をしてくれるよう相手方（債権者）に対して働きかけるために行われるものである。この場合、親会社と子会社との間で保証委託契約が書面で締結されることはないものと思われる[233]。親会社による保証など、非情義的保証では、主債務者と保証人とに密接なつながりがあるので、主債務者の保証依頼に際する情報提供義務などの保証人保護は不要である。なお、全株式を有する経営者による保証は、自己の利益のための保証であるが、主債務者＝保証人といった一体的関係で取引全体が進められる保証である。

---

233)　堀龍兒「事業会社の（根）保証」**椿ほか・法理**49頁は、子会社、関係会社であっても別法人であり、事業会社の権利保全のためにも、契約書を取り交わすことが好ましいと述べる。実態は不明であるが、実際には契約書を作らないため、このような忠言を述べているものと思われる。

(4)　三面関係についてのまとめ

　「契約」としてはあまり光があてられることのない——有償の保証委託契約は別——が、保証人が主債務者との関係は、保証の法的問題を考える上で重要である。有償か否か、情義的関係によるものか、企業グループか、主債務たる会社の経営者かといった事情により、保証人の債権者との関係における保護が大きく変わってくるからである。この観点からは、非常に大雑把であるが、【表2 -98】のように保証人を分けることができる。どの類型で問題が生じているのか、常に意識して解決を考える必要がある。

【表2 -98】保証人を基軸とした保証取引の分類

① 　情義的保証人

　　ⓐ 　全くの無関係者

　　ⓑ 　主債務者ないしその経営者の家族など

　　ⓒ 　主債務者たる会社の取締役（雇われ取締役）、従業員など

② 　自己の利害関係に基づく保証人

　　ⓐ 　主債務者たる会社の多数株式を有する経営者

　　ⓑ 　主債務者を支援する親会社、関連会社

③ 　有償保証人

　　ⓐ 　独立した有償保証会社

　　ⓑ 　債権者が設立した子会社たる保証会社

　　ⓒ 　公的な機関による信用保証

　　ⓓ 　その他（有料老人ホーム協会による会員ホームの一時金返還義務の保証等）

◆**債権者の保証人に対する義務**

⑴　**日本における立法・解釈**　　保証契約は、債権者に権利を付与し、保証人に債務を負担させるにすぎず、給付義務としては債権者には保証人に対する債務負担はない。しかし、現在では、債権者に法定の種々の義務が認められており、また、解釈論として問題になることは各所で説明する。まず、契約締結に際しては、債権者の保証人に対する、保証人が主債務の信用状態について誤認をしていないか確認義務を認めるべきかは解釈に任される。他方で、2017年改正で、債権者には、保証人の照会に対する履行状況についての説明義務（458条の2）、また、主債務者の期限の利益喪失についての通知義務（458条の3）が規定された。担保保存義務（504条）は当初から規定がある。その他、民法に規定はないが、単純保証に限らず、相殺により債権を回収する、主債務者との取引について適切に行うなどの信義則上の義務も考えられる（☞4 -30）。この義務違反は、不法行為になり、保証人に債権者に対する損害賠償請求権を認めるのではなく、信義則上相当な範囲に保証債務を免責すべきである。

　　(2)　フランス法

　　(a)　**2021年改正前からの義務・救済**　　フランスでは、債権者の行為により保証人が害される場合に、保証人には法定または解釈による救済が保証人（個人保証人）に認められている。①担保保存義務違反による免責がある（2314条）。②情報提供義務また保護義務の違反による、債権者の保証人に対する損害賠償義務が考えられる。③また、履行期間が長い場合において保証人を保護する義務違反が認められ、④バランス原則の違反があることなどである。⑤更に、債権者が保証人に対して不法行為責任を負う場合も考えられる。その場合には、保証人が、この損害賠償請求権を自働債権とする相殺により、保証債務を消滅させることができるが、主債務は消滅せず、保証人の主債務者に対する求償権は成立しないというのが判例である（Cass. com., 13 mars 2121, D. 212, p.1043, note A. Dadoun）。そのため、主債務者から回収できなくなった損害の賠償請求権による保証債務のみの相殺とは、実質的には保証債務の免責に等しい。

　　(b)　**2021年改正法**

　　ア　**主債務者に対する過大融資の保証人に対する警告義務**　　2021年改正は、資産・収入とのバランス原則を民法に規定するだけでなく（2300条☞1-14）。従前の判例（Cass. civ., 13 fév. 2007 : Bull. civ. IV, n° 31）により認められていた債権者の主債務者への不適切な融資についての保証人に対する「警告義務」（l'obligation de mise en garde）を明文化した（2299条）。金融機関の、主債務者の資力との関係で不適切な過剰融資の事例で、借主また事情に通じない保証人（cautions non averti）──リスクについて通じていない素人たる家族などによる保証人であり、経営者保証人は含まれない──に対する義務違反による損害賠償義務を認める。2299条は、この判例に依拠したものであり、準備草案にはなかったが、判例を明文化することを求める意見が強かったために導入されたものである。「事業者たる債権者は、自然人である保証人に対して、主債務者の負担がその経済的能力に適切ではないときには、警告をすることを義務づけられる」（1項）、「[前項に]違反した場合には、債権者は、保証人が受けた損害の限度で、その保証人に対する権利を失う」（2項）と規定する[234]。

　　イ　**他の規定との関係など**　　2299条は、次条のバランス原則の規定（2300条）と完全に重複して無駄なものというわけではない。バランス原則は、<u>保証人の保証契約時の資力とのバランス</u>を問題にするが、上記規定は、主債務者の資力に対して適切ではない融資（過剰ないし過大融資）が問題になっている。この要件を充たした上で、かつ、保証人の資力とのバランスを失するという二重の要件を設定することは不要である[235]。保証人が、主債務者に対する過剰融資につ

---

234)　当然に減額がなされ相殺をするまでもない。過剰融資の警告義務は、主債務者に対しても成立するが、これは相殺が必要であり、保証人は付従性により主債務者の相殺を援用できる（P. Simler, p.37, n° 31）。2299条は、2325条2項により物上保証人にも準用されている。被担保権が損害額分減額されることになる。保証人の損害は、知っていたならば保証人にならなかったという「機会の喪失（perte d'une chance）」と考えるが、保証債務の金額全部が損害ということにはならず──多くの場合は負担した債権額が損害と認定される──、機会の重要性、保証人が保証をしなかった可能性によって評価されるといわれる（P. Delebecque, P. Simler, n° 135, p.153）。改正法は、自然人たる保証人一切を保護の対象としており、主債務者の事情に精通した保証人（caution averti）は保護の必要がないと、無制限な適用拡大に対して金融機関の代表からは批判がされていた。しかし、精通した保証人かどうかで争いが生じ、精通しているかどうかは損害の有無・程度の評価で柔軟に対処でき、判例は保証人の経験を機会の喪失という損害の評価について考慮するものと考えられている（A. Gouëzel, n° 175, pp.97 et s.）。損害賠償そして相殺という法的構成から、債権の減額を直截に認めることの利点として、①損害の問題を回避しまた相殺を介さなくてよいこと、また、②保証人が抗弁として行使することができ、このことから消滅時効が考えられないことが指摘されている（A. Gouëzel, n° 186, pp.104 et s.）。

235)　P. Simler, n° 31, p.35.

いての保証人になること避ける機会を奪われたことによる損害賠償が問題になるからである──準備草案では、判例を明文化して、「保証人が契約をしないという機会を奪われた限度で」と規定していたが、「被った損害の限度で」と損害内容の特定を避けた──。また、契約をするに際して相手方の意思決定に決定的に重大な情報の提供を義務づける1112-1条を強化するものである。改正前の判例は、素人（profane）である個人保証に適用を制限していたが、改正法はそのような限定をせず全ての個人保証人を保護している。そのため、主債務者たる会社の経営者も保護されることになる──過大融資であることについて善意であることが必要──。

第3章

保証債務の範囲

1 総論的確認

3-1

(a) **利息などを含める任意規定あり**　　保証の対象となる債務は、保証契約により当事者が自由に決められる。この点につき、民法は「保証債務は、主たる債務に関する利息、違約金、損害賠償その他その債務に従たるすべてのものを包含する」と規定した（447条1項）。解釈規定ないし任意規定にすぎず、利息については保証しないなどの合意は契約自由の原則のもと有効である。どのような債務を保証の対象（被担保債務）にするかは契約自由に任され、明示的に合意がなければ、契約解釈により解決されることになる[236)]。推定規定がない限り、保証の範囲にある債務が含まれることについては、債権者が主張立証責任を負う。

(b) **保証契約の解釈（規範的解釈）の問題**　　保証債務の範囲に含まれるのか

3-2

---

236)　**＊保証契約の解釈（フランス）**　　①フランスでは、保証契約の解釈につき、まず契約解釈の一般規定が適用される。契約書の文言よりも、当事者の共通の意思が探求されるべきものとされている（1156条1項）。また、共通の意思が不明の場合には、同様の状況に置かれた合理人（personne raisonnable）が考えるであろう内容として解釈される（同2項）。個々の条項は、全体的な整合性を考慮して解釈されなければならず（1189条1項）、個別に決められた条項については債務者に有利に、約款の条項についてはその約款の作成者に不利に解釈されなければならない（1190条）。ある条項に2つの解釈が可能な場合に、無効とするのではなく優先されるべき意味によって決められるべきである（1191条）。明確な条項を解釈で制限したら変更することは許されない（1192条）──約款規制によるしかない。②次に保証に特化して規定があり、保証契約は明確に合意されることが必要であり（2294条1条）、また、契約されたところの限界を超えて内容を解釈により拡大することは許されない（同2項）。この規定のため、保証契約は厳格な解釈（interpretation stricte）に服すると評される。後者の規定のため、その債務が保証された契約と直接に結びつけられた債務だけが保証の対象となり、また、日本でいう根保証については、「保証についての厳格な解釈の原則」が適用され、主債務者の債権者に対する全ての債務とされていても、主債務者の事業活動と直接の関係のない債務を除外することができる（D. Legeais, n°s 171 et s., pp.143 et s.）。

が議論されている債務として、【表3 - 2】のような主債務を発生させた契約が解除された場合の損害賠償義務および原状回復義務がある。

【表3 - 2】保証債務の範囲をめぐる問題点
① 売主の債務の保証人は、売主が債務を履行せず買主により契約を解除された場合に、損害賠償義務や受領した代金の返還義務につき責任を負うのか
② 買主の債務の保証人は、買主が債務を履行せず売主により契約を解除された場合に、損害賠償義務や目的物が返還不能の場合の価額賠償義務について責任を負うのか

　この問題は保証契約の解釈の問題になるが、いわゆる**規範的解釈**が適用され、解釈に名を借りた判例による任意規定の創造が期待されている。保証人保護、また、約款条項については約款法理を考慮することが必要になる。この他、消費貸借契約上の貸金債権につき保証をしたが、消費貸借契約が無効である場合、結局は貸金債権と同額の不当利得返還請求権が成立するため、その債務の保証へのいわば無効行為の転換が認められないかが問題とされている[237]。

3-3 2 契約解除の事例における債務

(1) 契約解除による損害賠償義務

(a) **判例は保証の対象に含める**　古くには、賃貸保証は賃料債務の保証であり、契約解除後に賃借物の返還義務不履行による損害賠償義務は保証の範囲に含まれないとした判決があった（大判昭14・1・28新聞4392号7頁）。しかし、売主の債務の保証（大判明38・7・10民録13輯1150頁）、買主の債務の保証（大判明40・7・2民

---

237)　農協による員外貸付けの事例につき、不当利得返還債権の保証であったと認めるべきであるという上告理由が、原審判決は「右消費貸借が原判示の理由により無効である以上、右保証もまた無効であ」ると判断しており理由不備はないとして退けられている（最判昭41・4・26民集20巻4号849頁）。他方で、抵当権設定またその実行後の事例で（競落人［買受人］に対する抹消登記請求求）、労金の員外貸付けを無効としつつ、「結局債務のあることにおいては変りはない」、「本件抵当権も、その設定の趣旨からして、経済的には、債権者たる労働金庫の有する右債権の担保たる意義を有するものとみられるから、Xとしては、右債務を弁済せずして、右貸付の無効を理由に、本件抵当権ないしその実行手続の無効を主張することは、信義則上許されない」とされている（最判昭44・7・4民集23巻8号1347頁）。違反を知ってなした理事そのものが抵当権を設定したものであり、理事が保証人になりかつ支払後の事例に限り、本判決の射程が及ぶことになろう。

録15輯735頁）、賃借人の債務についての賃貸保証（大判明43・4・15民録16輯325頁、大判昭13・1・31民集17巻1号27頁）において、解除の効果論に拘泥せずに、契約解除後の債務についての保証人の責任が認められている。契約解釈の問題であり、妥当な結論である。

(b)　**学説も今や肯定**　　学説には、契約解除における直接効果説を貫いて、契約　**3-4**
解除後の損害賠償義務は契約上の債務とは別個独立の債務であるとして、保証人の責任を否定する学説があった[238]。しかし、現在では、保証契約でどこまで保証がされているかという**保証契約の解釈**という観点から考えられるようになっており、保証人の責任を肯定するのが通説である[239]。なお、履行不能や契約解除における塡補賠償についても、同一性理論（☞1-84）から導くのではなく、保証契約の解釈に依拠すべきである。

---

(2)　契約解除による原状回復義務[240]　　3-5

(a)　**保証契約の解釈により処理される**

　ア　**契約上の義務ではないとして否定する旧判例**

❶　**保証の対象外とする**　　かつては、契約解除につき直接効果説を採用し、原状回復義務は不当利得返還義務であり、契約上の義務でないことから、保証人の責任を否定する判例（大判明36・4・23民録9輯484頁、大判明41・6・4民録14輯663頁、大判大6・10・27民録23輯1867頁）、そして学説があった[241]。契約上の債務を保証しているのであり、契約が解除されれば契約上の債務がなくなることが理由

---

238)　**勝本**372頁等。**柚木・高木**284頁は、取消しの場合に主債務が消滅し保証債務が消滅する以上、解除も取消し同様に考える直接効果説の立場から、「解除の場合にこれと異にする理はない」といい、原状回復義務については、その本質において不当利得返還義務であり、損害賠償請求義務は、債務の不存在を前提とする信頼利益の賠償義務であるため、「保証債務の内容をかかる全然別個の法定義務に拡張することは、正当でない」と断言する。

239)　**我妻**468頁、**於保**264頁、**前田**361頁。

240)　**＊主債務の原因契約についての無効・取消し**　　解除の場合と同様に、法的構成を離れて、どのような債務を保証したかという保証契約の解釈によって解決される（**近江**193頁、**中田**578頁）。債務の履行を確保することが意図されているので、債務不履行による損害賠償義務や原状回復義務は保証の対象になるが、例えば、詐欺の売主についての保証は、その損害賠償義務や代金返還義務には及ばないと考えられる。ただ、例えば、詐欺を知りつつまたは容易に知り得たのに、買主や売主の債務について保証をしたのは幇助（719条2項［過失でもよい］）に該当し、損害賠償義務を負う。

241)　**鳩山**305頁、**勝本**373頁など。

である。確かに、解除により原状回復義務や損害賠償義務が生じるが、それは契約上の債務ではない。

3-6　　❷　**理論的に不可能というのではなく契約解釈**　　契約自由なのでどのような債務を保証するか、当事者が自由に決められる。旧判例は、契約上の債務の保証は、契約上の債務を保証しただけであり、明示的に合意がされていない限り、契約上の債務ではない原状回復義務まで保証する合意はされていないと、契約解釈をしたのである。理論的に、原状回復義務は保証の対象になり得ないというのではなく、契約解釈として契約上の義務のみが保証されていると結論づけるのである。反対の特約を否定するものではなく、事実上の推定である。しかし、契約解釈は、主観的な意思の探求ではなく、「もし契約時に交渉してその点を決めていたらどう合意がされていたのか」を追求する「規範的解釈」（補充的解釈）がなされるべきであり、学説により疑問が提起される。

3-7　　イ　**学説が判例の契約解釈を批判**　　①否定説に対しては、契約解除の効果論の問題を離れて、保証契約においていかなる債務が保証されているのかという、**保証契約の解釈の問題**として解決すべきであるとの批判がされた[242]。②そして、契約当事者のため保証をした者は、契約当事者として負担することあるべき債務を一切保証し、契約の不履行によって相手方に損失を被らせないという趣旨で契約をしているものと解し、解除後の原状回復義務や損害賠償義務も保証債務の範囲に含まれると考えるのが通説になっている[243]。判例も①は当然承知であり、否定説を原則としつつ特約で処理していた（大判明42・5・19民録15輯504頁）。即ち、特約で明示しない限り、保証対象にはしていないと契約解釈をしていたのである。ところが、現在では、判例変更がされ、保証契約の解釈として原状回復義務を保証の範囲に含むことを逆に原則として認めている（☞3-8）[244]。

---

242)　例えば、**磯谷**479頁は、「保証債務を設定したる根本的精神を無視するもの」と評する。

243)　**我妻**468頁、**於保**264頁、**前田**361頁。

244)　**＊買主の原状回復義務について**　　買主の代金債務について保証した場合には、明確に保証の対象が代金債務と定められている。買主が代金を支払わなければ保証人はその責任を負うが、買主が契約を解除され、目的物を返還できず原状回復義務（代金債務と実質的には等しい）を負う場合に、確かに明示的には保証対象ではなく、保証人も代金債務についての責任だけ念頭においていても、規範的解釈としてはこれも保証対象にして不合理ではない。学説には、保証内容について保証人の認識が低く保証人の予期しているところとはいえないと批判するものがある（安井宏「保証債務」『基本問題セミナー民法2債権法』[一粒社・1988] 83頁）。しかし、保証人は解除により代金債務の保証を免れることになり、契約解除は債権者を保護する制度でありながら、解除を選んだら担保を奪われるというのは債権者に酷であり、保証人にすぎた利益を与えることになる。

(b)　**新判例──売主の債務の保証事例**　①売主の債務の保証について、特定物　3-8
債務自体が保証の対象になるのかという議論は先に言及した（☞1-48）。不履行
による原状回復義務ではなく、売主の履行義務自体が保証の対象になるのかが議
論され、これを肯定した。②解除の場合の原状回復義務については、買主の債務
の保証事例では、3-5判例（否定）があった。次の判例は①の1-48判例の変更を
明言しておらず、②の3-5判例についてのみ変更を明言する[245]。この点、①の
1-48判例も変更するものと評価すべきである（☞1-50、3-10）。

　　ア　**新判例の判旨**　最大判昭40・6・30民集19巻4号1143頁は、①「特　3-9
定物の売買における売主のための保証においては、<u>通常</u>その契約から直接に生ず
る売主の債務につき保証人が自ら履行の責に任ずるというよりも、むしろ、売主
の債務不履行に基因して売主が買主に対し負担することあるべき債務につき、責
に任ずる趣旨でなされるものと解するのが相当である」とし、②「保証人は、債
務不履行により売主が買主に対し負担する損害賠償義務についてはもちろん、<u>特
に反対の意思表示のないかぎり</u>、売主の債務不履行により契約が解除された場合
における原状回復義務についても保証の責に任ずる」と明言する（大判大6・
10・27を変更することを宣言する）[246]。

　　イ　**新判例の射程**　　　　　　　　　　　　　　　　　　　　　3-10
　●　**売主の債務の保証についての先例の変更**　　最大判昭40・6・30は、
3-9①と②の2つの判断をしている。①は、契約上の売主の履行義務自体が保証
されているのかという議論であり、大決大13・1・30民集3巻53頁（☞1-48）
の変更を宣言することなく、「通常」売主の不履行により生じる金銭債務を保証
しているという。売主の履行義務の保証を認めるかどうかはペンディングにした
ままであるが、実質的に大決大13・1・30民集3巻53頁は変更されたと考えて
よい。

---

245)　**柚木・髙木**285頁は、最判昭40・6・30を、債務の性質を離れ、保証当事者の意思を根拠とし
　　ていることから、保証当事者の意思は、買主の保証の場合、更には不特定物売買の場合では、「別
　　異に解する可能性がある」ことから、「本判決をもって、大審院判決を全面的に変更したと解釈す
　　ることは困難であり、今後の判例に注意すべきである」と述べる。
246)　その後、請負人の債務の保証につき、最判昭47・3・23民集26巻2号274頁は、「工事代金の前
　　払を受ける請負人のための保証は、特段の事情の存しないかぎり、請負人の債務不履行に基づき請
　　負契約が解除権の行使によって解除された結果請負人の負担することあるべき前払金返還債務につ
　　いても、少なくとも請負契約上前払すべきものと定められた金額の限度においては、保証する趣旨
　　でなされるものと解しえられる」と判示する。

3-11　　❷　**解除の場合の原状回復義務についての先例の変更**　　3-9②は、売主の不履行によって生じる種々の金銭債務を保証していると解すべきであり、「特に反対の意思表示のないかぎり」と留保を付けて、その対象が原状回復義務にも及ぶことを認める。そして、旧判例を変更することを明言する。もちろん「反対の特約」が可能であり、売主の債務不履行による損害賠償義務のみ保証し、代金の返還義務については保証の対象外と明示的に合意すれば、それは有効である。損害賠償義務の保証と、原状回復義務の不保証とは矛盾するものではない。学説も必ず原状回復義務が保証の対象になるというのではなく、個々の契約の解釈によることを認めている[247]。

3-12　# 3　一部保証

(a)　**2つの解決の可能性**　　例えば、主債務が100万円の債務であるとして、保証人が50万円のみ保証するという合意も可能である——履行遅滞により利息が膨らみ元利合計が100万円以上になっても、50万円を限度する責任になる——限定根保証の場合に、確定した債務が1000万円で、限度額が500万円であれば、結果的に一部保証になる（ただし、この場合には保証債務は1000万円で、責任が500万円に制限される☞9-184）。一部保証の内容としては【表3-12】の2つの合意が考えられ[248]、いずれか不明な場合に、いずれと解釈すべきかが問題となる[249]。

---

247)　**林ほか**440頁、**淡路**388頁、辻伸行「判批」『担保法の判例II』（有斐閣・1994）204頁など。買主の保証人は代金債務の保証を覚悟していたのであり、原状回復義務や損害賠償義務も保証の対象とするとしても、代金額を限度とすべきであるという学説もある（北村実「売買契約解除による原状回復義務と買主保証人の責任」法時50巻3号［1978］143頁）。

248)　この他に割合的に考える提案があり、100万円の債務について50万円の保証というのは、50％の保証ということであり、50万円を主債務者が弁済した後には、残り50万円について25万円の責任を保証人は負うという提案をする（小杉茂雄「保証の改正をどのように考えるか」『法律時報増刊民法改正を考える』［日本評論社・2008］235頁）。これを確定後の限定根保証にも適用する。

249)　初めから一部保証であれば保証契約の解釈の問題になるが、一部無権代理や一部無効や一部取消しの場合、例えば500万円の借入れについて保証人になる契約締結の代理権を与えたが、1000万円を借り入れその保証契約を代理して締結した場合、500万円の限度で有権代理になる。この場合には、保証契約の解釈ではなく、保証債務の性質などを考慮して解決がされるべきである。そうすると、担保としての不可分性からは500万円が残っている限りは責任を負うことになる。

> **【表3-12】一部保証の場合の責任内容**
> ①　50万円だけは債権者が確実に回収できることを保証する趣旨のもの：　この場合、主債務者が50万円弁済すればその目的は達せられ、50万円主債務が残っていても保証債務は消滅する。
> ②　単に保証人が支払うべき限度を50万円に限定したにすぎない趣旨のもの：　この場合には、主債務者が50万円を支払っても、主債務が残っている限り50万円を限度として保証債務を負い続けることになる。

(b)　合意が不明な場合の契約解釈　　　　　　　　　　　　　　　　　3-13

　ア　債権者に有利な解決をする学説　　いずれと定めるかは当事者の自由であるが、保証は債権担保であることから債権者に有利に解釈をして、いずれか不明の場合は②と推定されるという主張がある[250]。それが取引界の慣行にも適すると考えられることが理由である。債権者主導で保証をとる取引であるから、債権者を中心として、保証契約書を作成した債権者の意思の推定が重視されている。

　イ　個人保証人には保証人に有利な解決をする可能性がある　　たしかに、3-14
保証人も事業者であればそのような扱いは不合理ではない。他方、保証契約書は事業者たる債権者により一方的に作成されることを考えれば、約款について不明な場合の「作成者に不利に」の原則を適用して、債権者が①か②か明確に規定せず、保証人が①と理解する可能性のある条項を作成した以上は、保証人に有利な①と解釈することが考えられる[251]。しかし、敢えて①と理解する個人は滅多にいないと思われる。①は説明されてようやく理解できるような構成であり、その旨明確に合意した場合に限り認められるべきである（従来の考えを改める）。

◆共同保証の場合　　　　　　　　　　　　　　　　　　　　　　　　3-15

(1)　分別の利益との関係　　例えば、ＡのＢに対する100万円の貸付けに際して、ＣとＤとが保証人になる場合、①保証連帯も連帯保証もなければ、分別の利益が認められ、50万円ずつの保証債務（一部保証）になる（456条）。この点、合意で明確にすることができる。②ＣＤを連帯保証にしつつ、50万円ずつの一部保証とすることも考えられる。③また、ＣＤとも１/２の一部保証としつつ、保証連帯とすることも考えられる。いずれの場合も、ＣＤいずれも、50万円の保証債務

---

250)　**我妻**467頁、**奥田**392頁、**平井**309頁、**船越**323頁、**近江**Ⅰ193頁、**内田**418、**中田**576頁。
251)　なお、一部保証の場合に、債権の一部、例えば100万円のうち50万円が譲渡された場合には、不可分性があるので譲渡人の50万円の債権、譲受人の50万円の債権いずれも保証の対象とされたままとなる。従って、譲受人と譲渡人のそれぞれの50万円の債権はいずれも50万円の保証債務により保証されていて、両者が50万円を先に回収することができる。根保証の場合については**9-185**に述べる。

を負担するのみであり、例えば C が50万円を支払っても、C の保証債務だけが消滅し、D の50万円の保証債務は残ったままであり、共同の免責を与えていないので、C から D への求償権は発生しない。

3-16　**(2)　債務者による一部弁済がされた場合**　　問題は、主債務者 B が50万円を支払い、主債務が50万円になった場合である。CD の保証債務はどうなるのであろうか。そして、分別の利益による場合は、いずれの扱いになるのであろうか。①の分別の利益の結果一部保証となる事例は、主債務が50万円になれば、CD はそれぞれ25万円の債務になる。②では、CD それぞれの連帯保証の限度を50万円にしただけであり、CD は50万円の連帯保証債務を負担したままになる。そのため、C が50万円を支払えば、D に25万円の求償が可能になる（465条１項）。これに対し、③では、主債務の50％ずつの保証なので、CD はそれぞれ25万円ずつの保証債務を負担することになる。C が25万円を支払っても、D への求償は問題にならない。

第4章

保証債務の対外関係
——債権者・保証人間の法律関係

1 債権者の保証人に対する権利 4-1

　保証は人的担保であり、主債務が履行期において履行されない場合（担保権実行の要件具備）、債権者は保証人に対して保証債務の履行——被担保債務の支払＝主債務の代位弁済——を請求することができる。債権者は保証人に対して「債権」を取得し、任意の支払を請求でき（保証債務否定説もある☞**1-44**）、保証人の責任財産に対して強制執行が可能である。また、相殺も可能である。

　これに対して、保証人は、①保証債務独自の事由として、ⓐ保証契約についての不成立・無効・取消しを主張でき、保証人だけ債権者から免除を受けることも可能である。ⓑまた、単純保証では、補充性の抗弁を対抗できる（☞**4-32～**）。②付従性による主張（☞**4-2～**）も、ⓐ主債務が消滅し付従性で保証債務が消滅したという主張[252]、ⓑ同時履行の抗弁権などの援用、ⓒ主債務者が取消権を有することを抗弁権として主張することが認められている。

---

252)　**＊保証債務の消滅原因**　　保証債務の消滅原因は、**付従性によるもの**（par voie accessoire）と**独立したもの**（par voie principale）とに分けられる（Mouly は異説）。後者については、保証債務の免除、保証債務の時効という債務一般の消滅原因が適用されるだけでなく——もちろん保証債務の弁済、相殺なども——、担保保存義務違反のように、保証独自の消滅原因もある。このような分類は日本でも一般になされているものである。

2 付従性に基づく抗弁

(1) 主債務についての抗弁を援用できる

(a) 抗弁権および主債務者による形成権の行使 「保証人は、主たる債務者が主張することができる抗弁をもって債権者に対抗することができる」(457条2項)[253]。保証は、主債務を代わりに弁済する義務であり、①主債務者の有する抗弁権を援用できる。例えば、代金債務についての保証人は、主債務者である買主の同時履行の抗弁権を対抗することができる。②主債務を生じさせた契約が無効であったり、取消しや解除により効力を失った場合、主債務が発生していないまたは消滅し、保証債務が付従性で発生していないまたは消滅したことを主張できる。要するに、主債務者が債権者に主張できる事由を、保証人も援用できるのである。付従性(☞1-51)の帰結である。

4-3 (b) 形成権が主債務者により行使されていない場合 主債務に付着する抗弁については、「主たる債務者の権利を処分するものに非ざるときは保証人に於ても之を援用するを得」るものといわれる[254]。履行拒絶を超えて、契約の取消しや解除を主張することは、契約当事者であることが必要である。債権の消滅時効は、契約当事者という制限はない。これまで議論されてきたのは、契約の取消権、解

---

253) フランス民法では、改正前2313条1項は、主債務者に帰属する主債務に付着する全ての抗弁を援用することができると規定しつつ、同2項は、主債務者に純粋に人的な(purement personelle)抗弁を援用することはできないと規定され、純粋に人的な抗弁とは何かが議論されていた。改正法では、2298条は、2つの例外を除き、保証人は、主債務者に帰属する、債務について固有のまたは人的な抗弁を全て援用できるものと規定し、例外は2298条1項ただし書による2293条の場合(無能力を理由に取消し可能な債務の保証)および同2項による破産手続により主債務者に与えられる法的または裁判上の利益に限られることになった。純粋に人的な抗弁という制限はなくなった。消費法典における消費者のための2年の消滅時効につき、2019年の破毀院判決は(Cass. civ. 1re, 11 déc. 2019, D. 2020. 523, note M. Nicolle)、消費者のために人的な抗弁として、保証人による援用を否定していたが、改正2298条は、債務者が対抗できる一切の抗弁の援用を認めるため、保証人による援用が可能になる(M. Cabrillac, C. Mouly, S. Cabrillac, P. Pétal, no 67, p.57)。
　フランスでは、取消しが無効(相対的無効)とされているように、形成権概念が明確になっていない。そのため、消滅時効も、援用により債務が消滅するのかどうかも必ずしも明確ではない。しかし、取消しもそうであるが、日本のように保証人は抗弁権のみを認めるといった議論はされていない。時効についても完成により当然に消滅し、時効の利益を放棄できるだけといった理解のようである。そのためか、保証人も時効の援用でき、主債務者が時効の利益を放棄しても保証人には影響はないと説明されている(D. Legeais, no 201, p.162)。主債務についての不利益な変更は保証人に対抗できないという原則によるのか、明確ではない。
254) **岡村**195頁。

除権、また、債務だけについては時効援用権、相殺権である。保証人にも、これらの相対的な形成権を認めるか、それとも主債務者がこれらの形成権を有していることを援用して拒絶権を認めるかが議論されてきた。以下に考察をしよう。

◆主債務者による抗弁権の放棄 4-4

　主債務の「目的又は態様」が、保証契約締結後に「加重」されても、保証人には対抗できず、保証契約当時の「目的又は態様」でのみ責任を負担したままである（448条2項）。これは、抗弁権の放棄も同様である。主債務者が同時履行の抗弁権を有しているのに先履行を約束しても、保証人は同時履行の抗弁権を援用することができる。なお、ドイツ民法768条2項は「保証人は、主債務者が抗弁権を放棄したことによっては抗弁権を失わない」旨規定する。日本では、448条2項により同様の結論を導くことになる。同時履行の抗弁権の放棄はこの通りでよい。取消権の放棄（追認）のように、保証人に抗弁権が認められる形成権については、これを主債務者が放棄した場合には保証人はこれに従わざるを得ない。保証人の抗弁権は消滅することになる。これに対し、時効援用権は、保証人に独自の援用権を認めるので、主債務者が援用権を放棄しても、保証人の援用権には影響はない（☞4-7）。

(2)　主債務のみ時効が完成した場合[255)]──主債務の消滅時効の援用 4-5

(a)　２つの事例──保証人に時効援用が認められる

　ア　主債務だけ時効が完成した場合　　保証人が保証債務の承認をして保証債務の時効の更新がされている場合などでは、主債務の時効は完成したが、保証債務の時効は完成していないということが起こる。しかし、この場合についても、主債務が消滅すると保証債務も付従性により消滅する関係にあり、保証人も主債務の時効を援用する利益があるため、主債務者の絶対的援用権とは別に、保証人に主債務の消滅時効につき固有の相対的援用権が認められている（大判大4・7・13民録21輯1387頁など）。2017年改正により、145条括弧書きに保証人が援用権者として明記された[256)]。反対説もあったが[257)]、否定されたことになる。

---

255)　除斥期間については、賃貸保証における600条1項くらいしか考えられないが、消滅時効と異なり援用不要で当然に消滅するので、保証人も除斥期間の経過による主債務の消滅を援用できる。

256)　保証債務に副保証がついていたり、主たる債務者に対する求償権につき求償保証がされていたり、または第三者が物上保証人として抵当権を設定している場合、間接の更に間接であるが、これらの者にも主たる債務の時効援用権が認められるのであろうか。例えば副保証人でいうと、自分の主たる債務である保証債務は時効にかかっていない。保証人は副保証人に対して、主債務者として保証人の利益保護義務があり（☞4-26）、時効を援用すべきであるが、これをしていなければ、いわゆる債権者代位権の転用により副保証人に代位行使を認めることは考えられる。145条括弧書きでは、相対的な援用権を認めることができそうである。

4-6 　　イ　主債務と保証債務の両方の時効が完成した場合　　主債務と保証債務とにつき共に消滅時効が完成した場合——同時である必要はない——、保証人はそれぞれにつき時効援用権（以下、単に「援用権」と表記する）を取得し、いずれを行使しても保証債務の履行を拒絶することができる。この場合に、保証人がいずれかの援用権を放棄または信義則により喪失した場合に、他方の援用権がどうなるのか問題になる。なお、主債務の時効完成前に保証債務だけが時効にかかることはない（457条1項）。以下には、まず主債務のみ時効にかかった事例について説明をする。

4-7 　(b)　**主債務の時効についての主債務者および保証人の援用・放棄の関係**[258]
　　ア　主債務者の援用・放棄の保証人に対する効力
　　❶　**主債務者が時効の利益を放棄した場合**　　判例・通説は、主債務者と保証人の両者に、主債務の時効についての援用権の成立を認めるため、それぞれのなした時効の利益の放棄（援用権の放棄）は他に影響を及ぼさないのが原則である。そのため、主債務者が時効の利益を放棄しても、保証人の援用権には影響はない（大判大5・12・25民録22輯2494頁、大判昭6・6・4民集10巻401頁）。保証人は自己との相対的な関係で主債務の時効による消滅、そして付従性による保証債務の消滅を主張することができる。主債務者が、時効完成後の債務承認により信義則上援用権を喪失した場合も、同様に考えられる。

4-8 　　**❷**　**主債務者がまず時効の援用をした場合**　　主債務者による時効の援用は、主債務者による弁済同様に絶対効が認められる。その後、保証人は、主債務者の援用による主たる債務の消滅、そして、付従性による保証債務の消滅を援用でき

---

257)　**＊援用権者についての異説（石田穣）**　　石田穣教授は、162条2項は別として、原則として時効制度を権利取得者・無義務者の保護制度として位置づける立場から、援用権者についての狭い考えを採用し、消滅時効につき、保証人などについては援用権を認めず、債務者が援用できる間は拒絶権を認めるにとどめている（石田穣『民法総則』［信山社・2014］546頁以下、**石田穣**867頁）。消滅時効につき抗弁権構成を採用するドイツ民法は、保証人が時効の抗弁を援用することになる。フランス民法では、消滅時効の規定の仕方は、訴権（actions）が時効にかかるというものであり（2224条）、債権ではなく訴権が消滅し強制しえなくなるので当然にその効力は発生し、結局はドイツにおける扱いに等しい。形成権たる援用権を誰に認めるかという議論は不要であり、主債務の消滅時効が完成すると、付従性により、保証債務が消滅し——こう書かれるが、正確には主債務の訴権の消滅であろう——、これは2298条1項の保証人は主債務者の全ての抗弁を援用できるということの単純な適用にすぎないといわれる（M. Cabrillac, C. Mouly, S. Cabrillac, P. Pétal, n⁰ 263, p.265）。そのため、主債務者が時効の援用をしていなくても、保証人は主債務の時効を援用することが認められている（Cass. com., 19 nov. 1996, Bull. civ. IV, n⁰ 276）。
258)　この問題につき、金山直樹「主たる債務の時効と保証人による弁済」金法1398号（1994）50頁参照。

る。この「援用」は形成権の行使（意思表示）としての時効の援用ではなく、主債務者が弁済をして保証債務も消滅したということを援用するのと同じであり、訴訟上の抗弁の主張といった程度の意味である。保証人は自己の主債務の援用権の行使をする必要はない。

❸　**主債務者が時効の援用も放棄もしていない段階**　主債務者が時効の利益　4-9
の放棄も援用もいずれもしていない段階で、保証人が、自己の主債務の援用権を放棄することはできる。その場合、もはや保証人は、自己の援用権を行使することはできなくなる[259]。支払約束による信義則による援用権の喪失も同様である。しかし、その後に、主債務者が時効を援用すれば、その効果は絶対効なので、保証人は、弁済と同様に付従性による保証債務の消滅を主張することができる。また、保証人は自己の援用権を失っても、主債務者が援用権を有している限り、457条3項を類推適用してないし457条2項に基づいて、主債務者が援用できることを理由に履行を拒絶することができると考えられる。

(3)　主債務と保証債務のいずれも時効が完成している場合　　4-10

(a)　**主債務者が時効の援用をした場合**　主債務者が時効の援用をした場合には、

---

259)　＊**求償権自体の成立の否定？**　①この場合、停止条件説では時効完成後も主債務は存続しており、保証人は弁済により主債務を消滅させたことになるので、主債務者に対して求償権を取得し、ただ463条1項が適用される限り、主債務者は保証人の求償に対して主債務の時効を援用して求償権を消滅させることができるにすぎない。その場合、保証人は改めて債権者に対して不当利得返還請求をすることはできない。②ところが、東京高判平11・5・25金判1078号33頁（信用保証協会による保証の事例）は、「連帯保証人であるXは、訴外銀行からの弁済請求に対して、主債務者であるYとは別個にそれぞれの連帯保証人あるいは主債務者の立場において消滅時効の援用をしてその弁済を拒否することも、その援用をしないで弁済をすることも可能であるが、時効利益の放棄は相対的な効力しかなく、連帯保証人が時効利益の放棄をしても、主たる債務者がその援用権を失うものでないから、<u>委託を受けた連帯保証人が主たる債務の消滅時効の援用ができるのにそれをせずに弁済をして主債務を消滅させても</u>、それは<u>主債務者に利益をもたらすものではなく</u>、主たる債務者のためにする保証委託契約の本旨に適うものとは認め難く、連帯保証人には主債務者に対して求償し得ない」、求償権の成立自体を否定する。協会保証であり、事前通知義務が排除されているため②のような処理によりなかったことから、求償権自体の否定によったものであるが、この特約を見落とし事件の大筋を見落とした判決であると批判されている（野口恵三「判批」NBL679号[1999] 69頁）。ただし、主債務者からの申告を待つまでもなく保証人が容易に知り得べき時効完成については、保証委任契約（協会保証であり弁済まで含まれる）の善管注意義務として、主債務者に援用するのかどうか確認を義務づけられ、特約が有効なので時効援用ができなくなった主債務者の保証人に対する損害賠償請求を認める余地はある。福田誠治「求償制度の解釈目標（下）」駒澤法学22巻2号（2023）8頁は、保証人の時効援用義務（主債務者との関係での義務）を問題として、無過失の保証人には求償権を認めるべきであるという。

その効果は放棄とは異なり絶対効が認められる。主債務者による弁済の事例と同様に、保証債務は付従性により当然に消滅する。その後に、保証人が主債務の援用権また保証債務の援用権を放棄しても、既に保証債務は消滅しており、それは無効であり、保証人との関係で主債務が復活することはない。

4-11 (b) **保証人がまず援用権の放棄をした場合**（喪失も含む）

ア **保証人が保証債務の援用権の放棄をした場合**

❶ **主債務の時効援用を認める考え**　保証人が保証債務の援用権を放棄した場合、その後に主債務の援用権を行使することができるのであろうか。保証人が保証債務の支払を約束し、信義則上援用権が消滅する場合にも同様の問題がある。判例は、保証債務につき時効中断（現在は更新・完成猶予）があっても、また、保証人が時効援用権の放棄をしたとしても、主債務の援用権の行使は可能であるという（大判昭7・6・21民集11巻1186頁[260]）。保証人が時効完成後に承認したという事実だけで、主債務の時効を援用しないという意思を示したものとみることはできないとして、判例を支持する学説もある[261]。同様に保証人に主債務の時効の援用を認める下級審判決がある[262]。

4-12 ❷ **矛盾禁止に触れないか**　しかし、保証人が保証債務の履行を約束しておいて、主債務の援用権を行使できるというのは、矛盾行為禁止に触れないか――債権者は保証人からの債権回収に信頼し、主債務者についての権利行使を怠るこ

---

260)　本判決は、連帯保証も「保証債務の特有たる主たる債務に附従する性質を失はざるを以て、主たる債務が消滅したるときは保証債務も亦消滅に帰する」。「而して保証人は主たる債務者の債務か時効に因り消滅したることを主張することを得るは夙に本院判例の認むるところなるにより、本件の如き主たる債務者と連帯して保証債務を負担したる被上告人も亦自己債務に対する消滅時効か中断せられ若は時効の利益を拋棄したるときと雖、主たる債務者の債務が時効に因り消滅したることを主張するを妨げざると同時に、叙上の如き事実ありたればとて単に此の一事に依りＹに於て主たる債務か時効に因り消滅したることを主張する意思なきものと云ふを得ず」。「本件Ｘの訴外Ａに対する債権は本訴提起前消滅時効の完成に因り消滅したるものなれば、其の後右両人間に其の債権の存在を認めたる判決確定したればとて、Ｘと右債権に付保証人たるＹとの関係に於てはＹは主たる債務か時効に因り消滅したることを主張することを得るものとす」という。

261)　**柚木・髙木**296頁、酒井廣幸『時効の管理〔民法改正対応版〕』（新日本法規・2018）519頁など。

262)　大阪高判平5・10・4判タ832号215頁は、「本件のように主債務について時効が完成した後に保証人が保証債務を承認した場合に主債務の時効消滅を主張しうるかどうかは別の問題である。本来保証人としてはその保証債務を履行した場合主債務者に対して求償することができるのに、主債務の時効が完成し主債務者がこれを援用してその債務を免れた場合には求償の途を絶たれることになり、保証債務は主債務が消滅した場合これに附従して消滅する性質の債務である（尤も、時効消滅の場合その援用が相対的であるから、保証人において援用しない限り保証人に対する請求は可能である。）ことを考えると、保証人は主債務の時効消滅後に自己の保証債務を承認したとしても、改めて主債務の消滅時効を援用することができると解するのが相当である」という。

とが考えられる──という問題がある。やはり、保証人は、主債務の援用権も失うと考えるべきである。問題はその説明である。保証債務の援用権だけでなく、主債務の援用権も放棄していると意思表示解釈をするか、ないしは、保証債務の援用権の放棄により、主債務の援用権についても信義則上援用が許されなくなると考えるべきである。もちろん、その後に主債務者が時効を援用すれば、その絶対効により保証債務は付従性で消滅し、保証人はそのことを主張（援用）することができる（☞4-15）。

◆保証人による一部弁済と残債務の更新（債務承認による）　　　　4-13
　債務者による債務の一部の支払は、残債務について債務承認（152条1項）となり、時効の更新（改正前の中断）が認められる。では、保証人が債務の一部の弁済をした場合、残債務についての更新が認められるのであろうか。まず、保証債務については更新を認めてよい。しかし、主債務については、保証人に承認権限はなく、その承認は無効であり、債権者・保証人間においても更新の効力は認められない[263]。そうすると、その後時効期間を満了すると、主債務者について主債務の時効が完成することになり、保証人が完成前に一部を支払っていたからといって、その後に完成した主債務の時効を援用することが信義則により否定されることはない（東京高判平7・2・14金法1417号58頁、最判平7・9・8金法1441号29頁）。

イ　保証人が主債務の援用権の放棄をした場合　　　4-14

保証人が主債務についての時効援用権を放棄したら、保証債務の援用権はどうなるであろうか。形式的に考えれば、影響はないと考えることはできる。主債務の時効は援用しないが、保証債務の時効を援用するという意思表示はあり得ないわけではない。しかし、実際問題として、時効完成を知って支払を約束すれば、それは両援用権の放棄と考えられる。知らなくても、両援用権について信義則上の喪失事由と認めるべきである。アとイを分けること自体が疑問である。

(c)　保証人の援用権放棄・喪失後における主債務者による時効援用　　　4-15

ア　主債務者の援用は絶対効　　(b)のように、保証人が主債務また保証債務の援用権を放棄ないし喪失したとしても、主債務者が時効を援用したならば、主債務者の援用は絶対効を有するため、保証債務は付従性により消滅することになる。このように、保証人は自己の援用権は認められないが、主債務者の援用による保証債務の付従性による消滅を主張することは、主債務者が弁済をした場合と同様に認められることになる（大判昭5・1・29新聞3092号15頁、大判昭10・10・15新

---

263)　**潮見II**680頁。

聞3904号13頁)。形成権たる援用権を失うだけであり、訴訟上の主張の意味での援用が信義則上否定されることはない[264]。

4-16 **イ 独立債務を負担していれば別** ところが、保証人が自己の援用権を放棄するだけでなく、その後に主債務者が時効の援用をしたとしても、必ず支払うことを約束した場合、その後に主債務者の援用による保証債務の消滅を主張することは、先の支払約束と抵触する。即ち、この場合には、付従性のない独立債務を負担する合意——付従性を放棄する特約——がされたものと契約解釈がされる。契約自由の原則からして、時効にかかった債務について、保証人が上記のような合意をすることはできる。ただし、それは極めて希であるため、その認定は慎重になされるべきあり、その旨の明示の意思表示が必要である。

4-17 **(d) 主債務者の放棄後**

「主債務の消滅時効完成後に、主債務者が当該債務を承認し、保証人が、主債務者の債務承認を知って、保証債務を承認した場合」について、判例は、「保証人がその後主債務の消滅時効を援用することは信義則に照らして許されない」とする（最判昭44・3・20判時557号237頁［ただし、代表取締役による保証事例］）。時効完成後の債務承認により信義則上援用ができなくなることを認めた最判昭41・4・20民集20巻4号702頁を引用する。この点、保証債務は主債務（被担保債務）を弁済する債務なので、保証債務の承認はその代位弁済の対象である主債務（被担保債務）の承認も含むと考えるべきである[265]。また、保証債務の時効援用権の放棄は、同時に主債務の時効援用権の放棄になると考えるべきである[266]。

4-18 **◆主債務者の時効援用後の保証人による弁済**
(1) 保証人が悪意の事例 保証人が、主債務の時効完成また主債務者による援用を知りながら、

---

264) 松久三四彦「消滅時効制度の根拠と中断の範囲（2・完）」北法31巻2号（1980）430頁以下（同『時効制度の構造と解釈』［有斐閣・2011］所収）は、保証債務につき、保証人の承認や債権者の裁判上の請求により時効が中断（現在は完成猶予）しているのに、主債務者に対する時効中断措置（完成猶予措置）を採らず、主債務者につき時効が完成しても、保証人に時効の援用を認めることに疑問を呈する。しかし、債権者が、主たる債務者に対する中断措置を採らなかったのに、保証人に転嫁しうるというのは妥当では言えないと批判されている（**淡路**394頁）。物上保証人や求償保証人も同様である。

265) **鈴木ほか・保証の法律相談**126頁［加藤弘之］は、保証債務の承認の趣旨が、主債務について時効の利益の放棄といえるだけの事情が存在するかどうかによるものと分析する。

266) 西村信雄「判批」法時41巻11号（1969）147頁は、保証人Yは、金融関係に明るく、主債務が時効完成していたこと、また、保証債務も時効が完成していたことを十分承知していたのであり、それなのに保証債務を承認したというのは、時効の利益の放棄の事実を認めることができると評する。

敢えて債権者に弁済をした場合には、その弁済をめぐる法律関係はどう考えるべきであろうか。

①まず、主債務者の援用も相対効と考えて、保証人との関係では主債務は存続しており、保証人の弁済は有効であるが、主債務者との関係では主債務者を自分の弁済により免責したのではないため求償権を認めないという処理が考えられる[267]。②他方、主債務者の援用は絶対効であることを認め、悪意なので非債弁済（705条）になり、主債務者に求償できないだけでなく、債権者への返還請求も否定することが考えられる[268]。次の主債務者の不法行為責任を問題にする考えは、ここでは保証人の救済は否定することになるものと思われる。

(2)　**保証人が善意の場合**　保証人が善意であった場合でも、事前の通知をしなければ、主債務者の時効援用の抗弁の対抗を受け、求償はできない。かといって、4-18①説では債権者との関係では弁済は有効になるので、債権者への返還請求もできない[269]。4-18②説では、通知は怠っても、善意なので債権者への不当利得返還請求はできることになる。保証人が事前の通知をしたが、主債務者が援用した旨の情報提供を怠ったため、保証人が支払をしたのであれば、保証人の保護が必要になる。①説では、債権者への返還請求はできないが、保証人の主債務者への求償が可能になる。②説では、債権者への不当利得返還請求が可能ではあるものの、主債務者への求償は認められず、不法行為による損害賠償請求を認めるしかない[270]。債権者と主債務者とは不真正連帯債務の関係になる。主債務者の援用は絶対効と考えるべきであり、②説によりつつ、主債務者に対する損害賠償請求権を認める解決が適切である。 4-19

◆**主債務者の破産免責ないし破産手続終結による法人の消滅と消滅時効** 4-20
(1)　**主債務者が自然人で破産免責がされた事例**

(a)　**付従性が制限される**　主債務者が個人の場合には破産免責を受けられるが（破産法248条1項）、「免責許可の決定は、破産債権者が破産者の保証人その他破産者と共に債務を負担する者に対して有する権利及び破産者以外の者が破産債権者のために供した担保に影響を及ぼさない」（破産法253条2項）。この場合、破産免責を受けた主債務については、自然債務になると考えられ依然として債務は存続し、保証債務は付従性を制限され、主債務が自然債務であり履行の強制を受けないことを保証債務の履行請求に対して対抗できない（☞5-11～）。保証人が保証債務について債務承認により時効の更新がされているが、主債務が破産免責後5年経過したとして時効の完成を主張し、保証債務の付従性による消滅を主張できるのかが問題になる。

(b)　**その後の主債務の時効は観念できない**　最判平11・11・9民集53巻8号1403頁は、「免責決定の効力を受ける債権は、債権者において訴えをもって履行を請求しその強制的実現を図ることができなくなり、右債権については、もはや民法166条1項に定める「権利ヲ行使スルコトヲ得ル時」を起算点とする消滅時効の進行を観念することができない」ため（従って、永久に時効は完成しない）、「免責決定の効力の及ぶ債務の保証人は、その債権についての消滅時効を援用することはできない」とされた。債務者には時効の利益を免責とは別に考える必要はなく、適切な解決である。 4-21

(2)　**主債務者が法人で破産手続終結により法人格が消滅した事例**　主債務が法人であり、破産手続終結により法人格が消滅した場合、保証債務への効力についての規定はないが、5-16に述べるように、学説には、保証人との関係では主債務者は存続し、主債務も存続すると考える学説がある。そうすると、破産免責と同様の問題が生じてくる。この点、最判平15・3・14民集57巻3 4-22

---

267)　**我妻**482頁［援用相対効説］。
268)　**近江**237頁［非債弁済説］。
269)　金山・前掲論文（**注258**）53頁以下参照。
270)　**中田**584頁。

号286頁は、主債務者が破産手続終結により法人格を失った後、保証人が主債務について時効完成を主張した事例で、「会社が破産宣告を受けた後破産終結決定がされて会社の法人格が消滅した場合には、これにより会社の負担していた債務も消滅するものと解すべきであり、この場合、もはや存在しない債務について時効による消滅を観念する余地はない。この理は、同債務について保証人のある場合においても変わら」ず、「保証人は、主債務についての消滅時効が会社の法人格の消滅後に完成したことを主張して時効の援用をすることはできない」として、この主張を退ける。主債務が消滅すると明言しているので、破産免責とは異なり保証債務の存続を認める規定がないので、保証債務の付従性との調和という別の問題が残される（☞5-17）。ただし、根抵当権については、167条2項による時効が認められる（東京高判平11・3・17金法1547号46頁［信論］）

4-23 ### （4）　主債務を生じさせた契約の取消権・解除権

ⓐ　相対的取消権は認められない

　主債務を生じさせた契約が主債務者により取り消された場合、付従性により保証債務も消滅する。では、未だ主債務者により取消しがなされていない段階において、保証人にいかなる権利を認めるべきであろうか。主債務者が夜逃げしたり、会社であり事実上倒産している場合には、主債務者による取消しが期待できない。時効では援用の利益があるため保証人に固有の援用権が認められたが、145条の「当事者」の解釈によるため導けたものであり、取消しについては、保証人にも取消しの利益があるからといって相対的取消権を認めることはできない。取消権者は120条に法定され、そこには保証人は含まれていないからである。保証人が自己との相対的関係での取消権を認める肯定説も主張されたが[271]、通説・判例は、形式的に120条の取消権者に保証人は含まれないと解し保証人の取消権を否定している（大判昭20・5・21民集24巻9頁）。

4-24 #### ⓑ　抗弁権説を明文化

　　ア　抗弁権説の採用　　　通説は、主債務者が取消可能であり効果不確定の間

271）　例えば、末弘厳太郎「主債務者の取消権と保証人」『民法雑記帳（下巻）』（日本評論社・1953）9頁以下。**磯谷**490〜491頁は、「保証人は取消の抗弁を提出して保証債務を消滅せしむることを得べし」といい、また、主債務者が適法に追認しても、保証人の有する取消権には影響はなく、保証人は自由に取消しができるという。

272）　ドイツ民法770条1項は、主債務者が、その債務を生じさせた法律行為を取り消すことができる限り、保証人は、債権者に対する弁済を拒絶することができるものと規定し、また、債権者が、主債務者の弁済期に達した債権に対して相殺ができる限りにおいて、保証人は同様に拒絶ができるものと規定する（同2項）。フランスでは、取消しは相対的「無効」と説明されるので、議論に混乱がみられる（☞1-61〜）。

に、主債務者が取消しをして拒絶をできるということから、保証人に付従性を根拠として拒絶権を認めていた（**抗弁権説**）272)。保証人が支払うと、主債務者がその後に取消しをして求償ができなくなる——債権者から取り戻すことになる——危険性があるので、保証人としては主債務者が取り消すかどうか様子を見る必要もある。改正法は抗弁権説を明文化し、「主たる債務者が債権者に対して相殺権、取消権又は解除権を有するときは、これらの権利の行使によって<u>主たる債務者がその債務を免れるべき限度において</u>、保証人は、債権者に対して債務の履行を拒むことができる」という規定を新設した（457条3項）273)。持分会社の社員の補充的責任についても、同様の規定が導入されている（会社法581条2項）。

　　イ　保証人に相対的な取消権等は認めない　　時効援用権については、**保証人に固有の援用権を認め**、主債務者が時効の利益を放棄したり時効援用権を失っても、保証人は自己の相対的援用権を行使することができる（☞4-7）。これに対し、取消権、解除権、相殺権では、例えば主債務者が追認すると、保証人は抗弁権を失うことになる。もし相対的取消権を認めると、その場合でも保証人は、相対的取消しをして保証債務の履行を拒絶できる。449条はこれを否定する趣旨がある——条文に「主たる債務者がその債務を免れるべき限度において」と制限した——。契約の取消しと解除は契約当事者に認められる権利であるという事情があるが、相殺権にはその事情はない。保証人の時効援用権について再考を促す契機になるものと思われる。

4-25

◆**主債務者の保証人保護義務と保証人の免責請求権**

4-26

　457条3項は、主債務者がその後の求償拒絶をする可能性があるのに保証人に支払わせるのは酷であり、保証人保護のために政策的に抗弁権を創設したものと考えることができる（457条2項の確認規定ではなく、創設規定）。その意味で、この抗弁権を放棄する特約は、個人保証人については消費者契約法10条に抵触して無効と考えるべきである。また、代金減額請求権（563条）についても類推適用をすることが考えられるが、借地借家法の賃料減額請求権への類推適用は無理である。
　ところで、保証委託契約上、主債務者には**保証人保護義務**があり（主債務者の保証人免責義務につき☞2-78）、取引通念より支障がない限り、これらの権利を行使して保証人を**解放すべきで**

---

273)　**DCFR** IV. G.- 2 :103条(4)は、担保提供者（保証人などの人的担保）は、無能力を知っていた場合に、そのことを主張できないが（同(3)）、主債務者がそれ以外の理由に基づいて被担保債権を生じさせた契約を取り消すことができる場合、主債務者が取消しをしていないときは、「履行を拒絶することができる」と規定し、また、同(5)は、被担保債権が相殺できる場合にも、適切な修正をした上で(4)の規定を適用するものと規定する（拒絶ができる）。解除は含まれていないが、取消しと相殺を並べて規定し、また、抗弁権説に依拠しており、457条2項、3項と類似した規定である。

ある。また、受託保証人には、主債務者に対して免責請求権があり（☞10-1）、受託保証人は、主債務者にこれらの権利を行使するよう求めることができる。主債務者が取消しをしていない場合でも、受託保証人は、主債務者に対する**免責請求権を被保全債権として、主債務者の取消権を代位行使できる**と考えるべきである（423条1項）。責任財産の保全ではないので、主債務者の無資力は不要である。

4-27 ### （5） 主債務者の相殺権[274)]

(a) 抗弁権説による改正

　主債務者が債権者に対して反対債権を有しており相殺適状にあるが、主債務者からも債権者からもいずれからも相殺の意思表示がされていない場合、保証人は債権者の請求に対してどのような主張をなしうるであろうか。当初は、保証人は「主たる債務者の債権による相殺をもって債権者に対抗することができる」と規定されていて（旧457条2項）、保証人に相殺権まで認めるものなのか議論されていた。この点、①相殺権まで認める**処分権説**[275)]と、②付従性に基づく拒絶権を認める**抗弁権説**との争いがあった。確立した判例があったわけではなく、取消権とは異なり時効援用権同様の相対的な相殺権を認める可能性もあったが、抗弁権説による立法が採用された（457条3項）[276)]。

---

274)　**＊物上保証人への類推適用**　457条3項は物上保証人に類推適用できるのであろうか。旧457条2項の物上保証人への類推適用を認めた判例もある（大阪高判昭56・6・23判時1023号65頁）。学説に物上保証人は目的物件の価額の限度で債務を負担するという物上債務論の観点から（不可分性にもかかわらず、物件価額の弁済により抵当権を消滅させることができる）、旧457条2項の類推適用を認める主張がある（鈴木録弥「『債務なき責任』について」同『物的担保制度をめぐる論集』［テイハン・2000］41頁以下）。物上債務という概念を認めなくても、457条2項の類推適用を肯定することは可能であり、本書も類推適用を肯定したい。

275)　梅172頁は、主債務者が相殺できるのにこれをせず保証人に弁済をさせるのは不当であり、保証人に相殺を認めると、主債務者も保証人も債務を免れ、債権者も主債務者に対する債務を免れるので、「実際の煩雑を省くこと大」という。相殺まですることを認めるつもりである。なお、旧457条2項は、旧民法の当然相殺主義を前提とした規定（財産篇521条1項後段）の「相殺を以て対抗することを得」という表現を受け継いでいた。

276)　ただし、主債務者について破産手続が開始した場合には、破産管財人からの相殺は制限されるため、保証人の抗弁権もこれに応じて制限される。即ち、破産法102条は、「破産管財人は、破産財団に属する債権をもって破産債権と相殺することが破産債権者の一般の利益に適合するときは、裁判所の許可を得て、その相殺をすることができる」と規定しており、①破産債権者の一般の利益に適合し、裁判所の許可を得ている場合にのみ、保証人も相殺の抗弁権が認められるにすぎない。

277)　遠藤研一郎「保証の『補充性』概念の序論的考察」『高齢社会における民法・信託法の展開 新井誠先生古稀記念論文集』（日本評論社・2021）126頁以下。

(b)　新たな解釈など　　　　　　　　　　　　　　　　　　　　4-28

　　ア　相殺についての抗弁の補充性による根拠づけ　　遠藤教授は、457条３項（相殺）を、保証債務の附従性ではなく補充性によって根拠づけており注目される[277]。主債務者の相殺権の援用ではなく、連帯保証でもこの限度で補充性の抗弁を認めたことになり、債権者に対して相殺によって債権回収ができる限り、相殺により主債務者から回収するよう主張する拒絶権が認められることになる。主債務者に相殺権が成立していることが前提要件であり、主債務者が相殺権を放棄すれば、保証人の抗弁権も消滅する[278]——不利益変更の対抗不能（448条２項）の適用可能性はある——。

　　イ　保証人による相殺権の代位行使　　上記の相殺の抗弁権を補充性により　4-29
根拠づける考えは卓見である。本書は更に進めて、保証人は主債務者に対して免責請求権を持ち（☞2-78、4-26）、逆に言うと、主債務者としては保証人を免責させる**保証人保護義務**を負うので、保証人は主債務者が相殺をしなければ——相殺しない約束をしても、保証人を害するので保証人に対抗できない——、保証人は免責請求権を保全するために、主債務者の相殺権を代位行使できる（423条１項）

---

278)　**＊フランス法における保証人による相殺の抗弁**　　この点、フランスの解釈は異なる。先ず相殺制度自体に注意を要する。フランス民法では、当初規定では当然相殺主義が採用され、相殺の要件が充たされれば当然に相殺の効果が生じるものとされていた（旧1289条）。そして、旧1294条１項は、「保証人は、債権者が主債務者に対してなすべき相殺（la compensation de ce que le créancier doit au débiteur principal）を対抗する（opposer）ことができる」と規定していた。
　　ところが、2016年改正の1347条２項では、相殺は、援用されることが必要であり（援用必要）、相殺の要件が充たされた時にその効力が認められるものと変更された（遡及効）。そして、1347-6条１項は、保証人が主債務者・債権者間の相殺を対抗できる（opposer）という規定は、「なされた相殺」（compensation intervenue）を対抗できると変更された。そのため、既に主債務者ないし債権者が相殺をしている場合に、保証人の援用は限られることになった。この点は、2016年改正法（オルドナンス）の議会による2018年４月20日の追認法で問題とされ、改正1347-6条１項は旧1294条１項の上記の規定に戻された（要するに改正なし）。これは、主債務者が相殺をしないことにより保証人の保護が否定されるべきではないと考えられたためである。改正前の当然相殺主義の時代の判例は、主債務者・債権者のいずれも相殺の意思表示をしていなくても、保証人の相殺の援用を認め（Cass. I re civ., I er juin 1983, Bull. civ. I, n os 165）、また、主債務者が相殺権を放棄しても、合意の相対効を理由に、保証人には対抗できないとされている（Cass. com., 26 oct. 1999 : JCP E2000, 413, obs. Simler ; G. 2001, somm. 696, obs. Aynès）。また、債権者が受働債権（主債務者の債権者に対する債権）を支払って、相殺を放棄しても、保証人が同意しない限り、保証人に対抗できないと考えられている（M. Cabrillac, C. Mouly, S. Cabrillac, P. Pétal, n p 236, p.170）。ただ、連帯している債務者は、共同の債務者の１人——連帯債務、保証連帯——の相殺を援用できないとされており、これも内容的に改正前後で変更はない（旧1294条３項、改正1347-6条２項）。
　　ただし、援用権構成に変更したので理論的問題は残る。保証人に相殺の援用権を認めるというのが相対的な援用権を認める趣旨なのか抗弁権に止まるのか、時効の援用もそうであるが、フランスでは明らかにされていない。

と考えるべきである。責任財産の保全事例ではないので、主債務者の無資力は要件ではない。なお、債権者も保証人保護義務があり、主債務者が無資力であるのに相殺をせず、主債務者に支払った場合、504条の趣旨を類推して、相殺により回収できた金額につき保証人は保証債務を免れると考えるべきである。

4-30　◆債権者の保証人保護義務

(1)　**一般法理としての債権者の保証人保護義務**　　保証は担保であり、債権者は保証があることを頼りに主債務者に信用不安が生じても取引を行うことが許され、即ち保証人からの回収を考え、保証人の保護の考慮を入れることなく取引をし、また、主債務者から債権を回収するか保証人から回収するか──補充性がない限り──自由なのであろうか。債権者にも、信義則上、情義的な個人保証人に対してその利益に配慮すべき義務が認められるべきであるが、2017年改正に際しては、個人保証人禁止と共に、それが無理であれば次善の策として、債権者の保証人に対する情報提供義務、適時執行義務[279]、保証人の資力とのバランスを欠く金額の保証についての免責などの諸規定の導入が議論されたが、これらは導入されていない。しかし、現行法において、債権者の保証人の利益に対する配慮義務が否定されたわけではない。

4-31　(2)　**現行民法における関連規定**　　まず、原則として保証債務には補充性が認められ、債権者は保証人からの請求を要することなく（この点は455条より拡大）、まず主債務者から回収すべきであり（453条）、これを怠ると保証人が免責されるのである（455条）[280]。これが特約により排除されたとしても、本文に述べたように457条3項から、解釈により債権者の相殺による主債務者からの債権回収義務を認めることができる。更には、504条（担保保存義務）につき、債権者の、保証人を含む代位権者の債務者からの回収の負担を必要以上に大きくしないよう配慮する義務を認めた規定として理解する遠藤教授の主張がある[281]。遠藤教授は、504条も「有責的債権者からの保証人保護という観点から、民法455条と軌を一にする」という[282]。また、455条や504条の趣旨から、債権者の主債務者からの適切な回収義務を導き出すことは可能であり、信義則上、同義務を問題とする場面も想定しうるという[283]。本書もこの考えと基本思想は共有しており、信義則上の責任制限を認める（☞ 4 -38）。

---

279)　**債権法改正の基本方針**【3.1.7.06】は、債権者に**適時執行義務**を認め、これを怠った場合に、適時に執行していれば回収できた額について保証人を免責することを提案していた。しかし、反対も強く（例えば、岡伸浩「民法（債権法）改正における保証をめぐる考察」慶應法学20号［2011］64頁は反対）、結局、債権者の適時執行義務は導入されず（遠藤研一郎「債権者における保証人保護義務の一班」新報129巻10・11号［2023］39頁以下参照）、保証人保護のために、事前予防の諸規定（保証意思宣明公正証書、主債務者の情報提供義務）、また、保証契約後の債権者の情報提供義務、期限利益喪失の通知義務が導入されるに止まった。債権者が債権回収を怠ったことによる、また、主債務者の資力との不均衡などを理由とする一般的な責任制限規定も導入されていない。

280)　455条については、普通保証に限定されるものなのかは疑問視する考えもある（遠藤研一郎「保証の「補充性」補論──ドイツ保証法における Subsidarität について」新報127巻5・6号［2021］1頁以下、同・前掲論文（**注279**）44頁以下）。

281)　遠藤・前掲論文（**注279**）43〜44頁、47頁以下。

282)　遠藤・前掲論文（**注279**）48〜49頁。

283)　遠藤・前掲論文（**注279**）52頁。

3 保証人固有の抗弁１──補充性に基づく抗弁

(1) 催告の抗弁権 4-32

(a) **催告の抗弁権の意義・違反の効果**　　保証債務の補充性の結果として、債権者が保証人に履行を請求したときは、保証人はまず債務者に対して催告をするよう主張することができ（452条）、これを**催告の抗弁権**という。しかし、裁判外の催告でよいため、実益はないと評価されている。催告の抗弁権が行使されたのに、債権者が主債務者への催告を怠り、その後主債務者から全部の弁済を得られなくなった場合には、保証人は直ちに催告をなせば弁済を受けられた限度においてその義務を免れる（455条）。更には、請求がなくとも、債権者の信義則上の保証人の利益への配慮義務（保証人保護義務）を認め、保証人からの請求がなされたのに、主債務者への請求・執行を債権者が怠った場合に、455条の類推適用また信義則による責任制限が認められるべきである。

(b) **催告の抗弁権が認められない場合**　　保証人が催告の抗弁権を有しない場合 4-33
として、①主債務者が破産宣告を受けた場合（452条ただし書）、②主債務者が行方不明の場合（同前）、③連帯保証とされている場合（454条）、および、規定はないが、④催告の抗弁を放棄した場合がある[284]。いずれも債権者が、催告の抗弁を阻止するために主張立証することが必要になる。実際上、保証契約では連帯保証とされており、ここに述べる２つの抗弁権の登場の余地は殆どない。

(2) 検索の抗弁権 4-34

(a) **検索の抗弁の意義・要件**

　　ア　**検索の抗弁権の意義**　　上記に見たように催告の抗弁権は殆ど意味がなく、民法は補充性に基づく抗弁権をもう１つ認めている。即ち、保証人は、①主債務者に「弁済をする資力があり」、かつ、②「執行が容易であること」を証明して、「先ず主たる債務者の財産に付き執行を為す」よう債権者に主張できる（453条）[285]。これを**検索の抗弁権**という。主債務者の財産への執行が問題であり、

---

284)　**於保**272頁。

主債務者が抵当権を設定していればそれを実行するよう求めることができるが、物上保証人が設定した抵当権については検索の抗弁は認められない。

4-35　　　**イ　検索の抗弁権が認められない場合**　　検索の抗弁が認められないのは、①主債務者に弁済の資力があり、かつ、執行が容易であることを証明した場合（453条）——ここだけ証明まで要件に明示されているが、抗弁規定であり要件事実論的には当然の注意規定——、②連帯保証とされている場合（454条）、および、規定はないが、③催告の抗弁を放棄した場合[286]である[287]。①については、債権者側で主債務者の無資力を証明する必要はなく、主債務の資力が十分でありかつ執行容易であることについての証明責任は、検索の抗弁を主張する保証人が負う（②③は債権者に証明責任あり）。主債務者に「弁済をする資力があり」というのは、完済の資力がある必要はなく、債権額に比して相当と思われる程度の額を弁済するに足る資力があればよいと解されている（通説）。

4-36　(b)　**検索の抗弁権の効力**　　検索の抗弁権も抗弁権なので、保証人が行使しない限り、無条件の請求認容判決が出される。検索の抗弁権が行使されたのに債権者が執行を怠り、その後主債務者から弁済を受けられなくなったときは、直ちに執行をすれば弁済を受けられた限度で、保証人は責任を免れる（455条）[288]。あく

---

285)　ドイツ民法では、「**先訴の抗弁権**」といわれており（771条）、保証人は、債権者が、主債務者に対する強制執行を試みて成果を得なかった場合でない限り、債権者に対する弁済を拒絶することができるものとされ、保証人が先訴の抗弁権を主張したときは、債権者が主債務者に対する強制執行を試みて成果を得なかった時まで、債権者の請求権の消滅時効は保証人に対して停止するものと規定する。

286)　**於保**274頁など。単純保証であり、例えば共同保証の場合に分別の利益は認められるが、補充性の抗弁だけを放棄することが可能である。

287)　ドイツ民法773条1項は、先訴の抗弁権が否定される場合として、①保証人が抗弁権を放棄したとき、特に、保証人が連帯保証人として保証を行ったとき、②主債務者に対する権利の行使が、保証の引受後生じた主債務者の住所、営業所または滞在場所の変更により、本質的に困難となったとき、③主債務者の財産について破産手続が開始されたとき、および、④主債務者の財産に対する強制執行が、債権者を満足させるに至らないことが推認されるときには認められないことを規定する。ただし、③④については、債権者が、質権または留置権を有する主債務者の動産から債権の満足を得られる限りにおいて、抗弁は否定されない（同2項）。

288)　**＊連帯保証の場合**　　連帯保証の場合には、債権者が主債務者の財産から回収するかどうかは自由であり、主債務者から適時に債権回収をしなかったため、主債務者が弁済期以降に資力が悪化し、保証人が求償しても回収が期待できなくなった場合、保証人は何らの保護を受けないのであろうか。情義的保証人に対しては、連帯保証であっても、債権者の信義則上の保証人保護義務（保証人の収益への配慮義務）を認めるべきであり、連帯保証であっても主債務者の財産からの優先的な債権回収義務を認めて、その義務違反には信義則による保証人の責任制限を認めるべきである。債権者の保証人に対する不法行為を問題にする学説もある（大澤慎太郎「保証人の保護に関する一考察」私法79号［2017］103頁）。

までも抗弁権であるため、請求を受けていないのに保証人が積極的に債権者に主債務者の財産への執行を要求することはできず、455条の免責の効果も認められない。しかし、4-32に述べたように、情義的保証人に対する債権者の保証人保護義務を認め、保証人から主債務者の財産からの適時の債権回収を求められたのに、債権者がこれを怠ったと認められる場合には、保証人の信義則による責任制限また455条の類推適用を認めるべきである。

(3) 催告・検索の抗弁権が認められない共通の事由　　4-37

①連帯保証の場合には、催告・検索の抗弁権は認められない（454条）[289]。②連帯保証ではなくても、催告・検索の抗弁権だけを放棄することは可能である[290]。連帯保証の特約は、補充性また共同保証の分別の利益を放棄する特約である（☞7-7）。連帯保証としながら分別の利益を維持できるが、連帯保証としながら補充性の抗弁を維持することはありえない[291]。主債務者・保証人について生じた事由は、主債務者について生じた事由だけ付従性の観点から問題にすれば足り、連帯特約は補充性の抗弁の放棄特約であり、分別の利益も放棄しているかは事例によることになる。連帯保証という概念はなくても足りる。

◆情義的保証人についての信義則による責任制限　　4-38

(1) 特定保証における信義則による保証人の責任制限の可能性　　債権者は、契約締結段階で、主債務者に信用不安があり、主債務者からの回収は難しく保証人から回収することが必至なのに、そのことを保証人に伝えずに保証させたとする。錯誤により取消しを認めるかどうかという解決の中間として、これを不法行為として損害賠償請求を認めたり、信義則により保証人の責任を制限するということが考えられる。信義則による保証人の責任制限は、根保証人、とりわけ包括根保証人について議論されてきたが、特定債権についても、保証の第三者による担保としての効果、即ち主債務者からの債権回収不能のリスクの第三者への転嫁を、相当な範囲に限界づけることが認められるべきである。

---

289) ドイツ民法773条1項は、「先訴の抗弁権」が排除される場合として、①保証人が抗弁権を放棄したとき、特に、保証人が連帯保証人として保証を行ったとき、②主債務者に対する権利の追求が、保証の引受後生じた主債務者の住所、営業所または滞在場所の変更により、本質的に困難となったとき、③主債務者の財産について破産手続が開始されたとき、④主債務者の財産に対する強制執行が、債権者を満足させるに至らないことが推認されるときをあげる。日本とは④が異なり、保証人側が主債務者の財産が十分ではないことを証明しなければならないことになっている。

290) **岡村**208頁。

291) 信用保証協会の保証では、協会は連帯して保証すると規定しながら、債権者に先ず主債務者から取り立てることを義務づけ、なお履行されないときに、信用保証協会が保証債務の履行責任を引き受ける旨の特約がされている。

4-39 　(2)　**債権回収の懈怠への適用**　　では、保証人に催告・検索の抗弁が認められない場合、主債務者からまず回収すべき義務はないので、債権者が主債務者からの債権回収を適切に行わなかったため、主債務者から回収できず、保証人から回収することになった場合、保証人の責任は全く制限されないのであろうか。保証人は、主債務者に対しては事前求償権（本書では免責請求権）があるので、債権者が主債務者から債権回収を怠っていれば、自らその損失を回避すべくこれを行使すべきであり、これをしなかった以上、全面的な責任を追及されてもやむを得ないのであろうか。この点、情義的保証人に関する限り、主債務者に保証人に対する免責義務を認めるだけでなく（☞4-26）、債権者にも適時に債権回収を行い、保証人の負担を可能な限り軽減すべき信義則上の義務を認めるべきである。これを突き詰めれば、催告・検索の抗弁権を排除する条項は、消費者契約法10条に反して無効であると考える可能性がある。更に抗弁権を超えて、保証人による積極的な請求権を認め、455条を拡大してこれに結びつけるべきである[292]。

4　保証人固有の抗弁2──保証人固有の事由

4-40　　保証人が、保証債務についての**自己固有の事由**を債権者に主張できるのは当然である。例えば、保証人が、債権者から期限の猶予を受けた、免除を受けた場合、主債務者にこれらの事由がなくても、保証人はこれらの事由を主張できることになる。保証人が破産免責を受けた場合も同様である。また、保証契約の取消しによる保証債務の消滅を主張できる。保証人だけ破産免責を受けることもできる。債権者の担保保存義務違反による免責（504条）も同様である。消滅時効については、主債務が時効にかかっていないのに、保証債務だけ消滅時効にかかることはない（457条1項）。主債務と共に保証債務も時効にかかった場合には、保証人は保証債務の時効を援用することができる。

5　保証債務の消滅事由のまとめ

4-41　(a)　**付従性による消滅原因**　　保証債務の消滅事由については、付従性によるものとして、主債務の消滅による保証債務の消滅が考えられ、問題となる主債務の

---

292)　また、根保証についても、極度額があるとしても、例えば賃借人が賃料を滞納しているのに、保証人から回収すればよいと考えて、保証人に賃料の請求をし続け──支払えば債務不履行はなくなり解除はできない──契約を解除しないで、賃借人の滞納を放置することは適切ではなく、信義則上相当額への減額を認める余地がある。

消滅原因については既に説明した。主債務を生じさせた契約の取消しや解除については、絶対効であり保証債務も消滅し、消滅時効の援用も同様であるが、主債務者がこれらの権利を行使していない段階で、時効とそれ以外では異なった扱いを受ける。取消権や解除権については、その存在を保証人が抗弁ととして援用できるにすぎない。「主たる債務者が……有するときは」（457条3項）と、主債務者にこれらの権利が存在することが前提要件になるので、主債務者が追認してしまえば──不利益変更の不対抗に触れることなく──保証人も抗弁権を失う。相殺権も同様である。これに対し、時効援用権は、保証人に固有の援用権が認められ、保証人との相対的関係で主債務を時効により消滅させることができる。主債務者が援用権を放棄しても影響はない。

(b)　**保証債務独自の消滅原因**　　保証債務の独自の消滅原因としては、保証債務　　**4-42**
が独自に消滅時効に係ることはないことは 5-26 に説明をする。それ以外には、もちろん保証債務の履行（代物弁済、更改、相殺もこれに準ずる）による消滅が考えられ、この場合には、主債務は消滅せず弁済者代位が生じ、債権者の有していた権利を保証人が取得することになる。また、免除による消滅も考えられる。債権者と保証人との混同によっても保証債務は消滅し、この場合に主債務はどうなるのかは 1-40、7-17 に述べる。

　他には、債権者の担保保存義務違反による免責、催告・検索の抗弁権が行使されたのに債権者が主債務者から適切な債権回収をしなかったことによる免責、免責的債務引受が保証人の同意なしに行われた場合の保証債務の消滅が考えられる。なお、フランスでは根保証につき「保証する債務」の「消滅」が議論されるが、本書の立場では根保証特約の効力の終了（＝確定）を考えればよく──確定の効力が生じる──、確定により根保証債務が特定されることになる（☞ 9-156〜）。

第5章

主債務者または保証人について生じた事由の効力（影響関係）

1 　主債務者について生じた事由の効力

（1）　付従性から生じるもの　　　　　　　　　　　5-1

（a）　**保証人に有利な事由——保証人が援用できる**　　「保証人は、主たる債務者が主張することができる抗弁をもって債権者に対抗することができる」（457条2項）。この規定における「抗弁」は、保証契約当時のものだけでなく、保証契約後に生じた抗弁も含まれる。主債務について履行期が延期されたならば、保証人もこれを援用できる（大判大9・3・24民録26輯392頁）。主債務の弁済期が例えば1年後に延長された場合に、保証人も保証債務について主債務と同じ主張ができるので、保証人は主債務の1年の期限の猶予を援用することができる（ただし、保証人に選択権を認めるべき☞6-36）。この結果、保証債務の時効の起算点も変更される（大判明37・12・13民録10輯1591頁）。

（b）　**保証人に不利な「加重」——保証人に対抗できない**[293]　　他方で、保証人　5-2
に不利益な変更は、「主たる債務の目的又は態様が保証契約の締結後に加重されたときであっても、保証人の負担は加重されない」（448条2項）とされている[294]。債権者と主債務者間で主債務の目的や態様を変更することは自由であるが、保証人には対抗できないのである。主債務者が期限の利益を放棄して、期限の1か月前に支払を約束したり、約定利息の利率を例えば10％から15％に変更しても、保証人には対抗できない。これらの点は、保証人が付従性を根拠に主張しうる事由について説明したので、詳しくはそこに譲る（☞4-2〜）。また、消滅時効の完

成猶予や更新については、民法に特例が規定されており、この点は後述する（☞ 5-25）。

5-3 ◆主債務者の期限の利益の喪失

448条2項に規定しているのは、主債務の「目的又は態様」の「加重」である。債権者と主債務者との合意による場合に限らない。主債務についての期限の利益喪失はどう考えるべきであろうか[295]。保証契約後に、新たに期限の利益喪失条項を結んだ場合には、保証人には対抗できない。これに対し、法定の期限の利益喪失事由（137条）や保証契約時から存在する期限の利益喪失条項については、保証人に対抗できそうである。ただ、この点も、例えば、保証契約後に、主債務者が担保提供の合意をして、その提供ができなかったため期限の利益を失った場合には、保証人に対抗できないと考えるべきである。保証契約前にその担保提供の合意があれば対抗できてよいが、保証人がこれを知らなかった場合には、その提供がされないことによる期限の利益の喪失を保証人に対抗できないという考えがある[296]。なお、保証人に期限の利益喪失事由があっても、保証債務だけ独立して期限の利益を失うことはない。

---

293) **＊債権者・主債務者間の確定判決の保証人への効力**　実体法上の事由ではなく、主債務を生じさせた契約の無効、取消し、弁済等の消滅原因の有無が争われているときに、債権者・主債務者間で訴訟がなされた場合、判決の効力は問題になる。保証人についても、その争いについて時効同様の固有の利益を有している。確定判決の効力（既判力）については、民事訴訟法115条1項により「当事者」のみに及び、例外も規定されているが「保証人」はその例外には掲げられていない。そのため、消極に解する学説（**鳩山**318頁、**嘉山**323頁）もあるが、保証人に不利な債権者勝訴判決については保証人に効力が及ばず、債権者敗訴の保証人に有利な判決については、保証人が援用できるという学説が有力である（**磯谷**221頁、**石坂**1088頁、**横田**660頁、**岡村**214頁）。債権者が、主債務者に敗訴したのに、保証人に対する訴訟で再度争い、保証人に勝訴することも可能だとすると、保証人の求償が問題になるからである。求償できないというのは保証人に酷であり、求償できるというのでは主債務者に酷である。主債務者について生じた事由で、保証人に不利な事由には効力が及ばず、有利な事由は保証人に効力が及ぶということをここにも適用すべきである。

294)　債権者と主債務者とで、期限の猶予を与え、その代わりに違約金を約束したり、利息を合意したりまたは利息の利率を高くしたりした場合、448条2項の適用はどう考えるべきであろうか。事由ごとに考察し、有利な期限利益付与は保証人は援用できるが、不利な違約金や利率を高める合意は対抗を受けないと考えるべきであろうか。それは公平ではなく、全体として問題の合意が保証人に不利で対抗できないか――期限の利益だけを援用することはできない――、それとも有利な変更で保証人が援用でき他方で不利な部分も対抗を受けるかを考えるべきである（潮見佳男ほか編著『Before/After 民法改正〔第2版〕』229頁［福田誠治］、**改正債権法コンメ**359頁［齋藤由起]。

295)　**＊主債務者の期限の利益喪失と保証人への対抗**　この問題については、尾島茂樹「期限の利益の喪失と保証」金沢法学61巻2号（2019）181頁以下参照。フランスでは議論があり、保証の付従性、このときのための保証であること、保証人の黙示の承認などを根拠に保証人に対する効力を肯定する考えもあったが、判例は、1890年7月3日の破毀院審理部判決以来、保証人への対抗を否定している。その根拠は、債権者の主債務者への信用が失われたことが期限の利益喪失の根拠であり、保証人に期限利益喪失事由がないのに保証人の期限の利益を失わせることはできないこと、債権者は害されないこと――期限の利益喪失事由のない保証人にも、当初の期限が到来すれば請求できる――、および、保証人保護の必要性にある（M. Cabrillac, C. Mouly, S. Cabrillac, P. Pétal, nº 248, p.175）。2016年改正により、1305-5条にこの結論が明記された。債務者の期限の利益喪失は、連帯していようとその共同の債務者には対抗できないものと規定された。そのため、実際の取引では、主債務者の期限の利益喪失が保証人にも対抗できるという条項を入れるのが普通であり、私的自治の原則によりこのような条項は有効と考えられている（Cass. 1 re civ., 30 oct. 1984, JCP G 1985, 4, 336）。

◆**債権者の保証人（個人に限定されない）に対する情報提供義務**[297]　　　　　5-4

　改正法は、保証契約後に主債務者に生じた事由につき、以下の(1)(2)のように、債権者に保証人に対する情報提供義務を 2 つ規定した。

(1)　主債務の履行状況についての情報提供義務

　(a)　受託保証人であれば個人保証人である必要はない

　　ア　提供すべき情報　　まず、受託保証人は、債権者に対して「主たる債務の元本及び主たる債務に関する利息、違約金、損害賠償その他その債務に従たる全てのものについての不履行の有無並びにこれらの残額及びそのうち弁済期が到来しているものの額」について情報提供を請求でき、債権者は請求があったならば「遅滞なく」これらにつき保証人に対して「情報を提供しなければならない」（458条の 2 ）。受託保証人であればよく[298]、個人保証人である必要はない。根保証以外では、保証人が死亡し、相続人が保証を知らない場合には、情報提供請求権はまさに「絵に描いた餅」に等しいことになる。請求に応じた情報提供義務とは別に、請求がなくてもなすべき毎年 1 回の情報提供義務を規定すべきであったと思われる。

　　イ　適用の要件など──受託保証人であれば法人保証人でもよい　　本条の適用は、保証人　5-5
が個人保証人であることを要件としておらず法人保証人にも適用される[299]。また、事業債務の保証に限定されておらず、個人債務についての保証にも適用される[300]。情報提供義務を負う債権者についても、金融機関に限定されておらず全ての債権者に適用になる。この情報提供義務は、受託保証人からの開示請求（照会）に対応する応答義務と理解されている[301]。無委託保証人には、

---

296)　**石田穣**846頁。

297)　**＊フランスにおいて民法に移された消費法典の規定**　　フランス民法は2021年改正により、消費法典にあった規定の一部を民法に修正の上規定しており、以下のようである（消費法典に維持された規定もある）。

　①民法2302条 1 項（改正前2293条 2 項［ルクセンブルク民法2016条 2 項がほぼ同様の規定を置く］に充当規定が加わっている）は、事業上の債権者は、個人保証人に対して、前年12月31日おける主債務の元本、利息その他の付随的債務の金額を、その費用負担において、毎年 3 月31日に知らせなければならず、これを怠った場合には、債権者は、その前に通知がされた時から新たな通知がされるまでの利息や違約金についての保証人に対する権利を失うものとされる。そして、この期間において主債務者によりなされた支払は、元本に優先的に充当されたものと扱われる。

　②また、同 2 項は、事業上の債権者は個人保証人に対して、その保証の期間、また、期間が定まっていない場合には、いつでも保証人が解約できることまたその要件について、その費用負担で知らせるべきであり、これを怠った場合にも同様のサンクションを債権者に認めている。以上の規定は、企業に対してなされた金融機関による融資については、法人保証人についても適用が認められている（同 3 項）。

　③2303条 1 項は、事業債権者に、個人保証人に対して、主債務者が支払を怠られた月があったらその賦払いを知らせなければならず、その通知がされるまでの利息および違約金を求める権利を失うものとされる。また、同 2 項では、同期間において、主債務者がなした支払は、元本に充当されるものと規定する。

298)　**＊無委託保証人について**　　反対解釈として、無委託保証人に対して債権者は情報提供義務を負わないことになる。債務不履行の有無など主債務者の信用にかかわる情報の開示請求権になるので、主債務者の委託を受けていない無委託保証人に対しては認めなかったのである（「『部会資料76A』11頁）。この趣旨からは、主債務の未払い額やそのうちの弁済期到来分の額については、債権者は主債務者に守秘義務を負わないことになり、無委託保証人についても458条の 8 を類推適用してよいと考えられている（**改正債権法コンメ**367頁［齋藤由起]）。なお、ホステス保証のように、保証人が、客の依頼によらずに、債権者との包括的な保証契約により、つけで飲食した自分の客の飲食代金債務について保証をさせられる場合には、保証契約の付随義務として、債権者（店側）には客の債務状況についての情報提供義務があると考えるべきである。

債権者に対する照会を求める権利はないことになる[302]。

5-6 **(b) 違反の効力**　　この義務に違反し、情報提供を怠ったまたは虚偽（支払が遅滞しているのに支払ったと説明するなど）の情報提供をした場合の効果については、何も規定されていない。保証人側の善意といった要件も規定されていない。①主債務者が履行遅滞に陥っていることを認識できていれば、早期に弁済ができたのに、情報の提供を受けなかったために不必要に負担することになった損害の賠償が認められる[303]。保証人が催告をしても、債権者が情報の提供をしないとしても、541条ただし書の軽微な不履行にすぎず、保証人は保証契約を解除することはできない[304]。

5-7 **(2) 主債務者が期限の利益を喪失したことの通知義務**

(a) 個人保証人保護規定——受託保証人である必要はないが法人は除外　　改正法は、主債務者が期限の利益を失った場合には、債権者に保証人への主債務についての期限の利益喪失を2か月以内に通知することを義務づけ（458条の3第1項）、これを債権者が怠った場合には、通知があるまでの遅延損害金については、保証人に履行を請求できないという制限をした（同第2項）。これは保証人が、遅延損害金が膨らむ前に代位弁済する機会を保障しようとする趣旨である[305]。保証人からの請求があったことは必要ではない。これは個人保証人保護のための規定であり、保証人が法人の場合には適用されない（同第3項）。個人保証人であればよく、受託保証人であるこ

---

299)　フランス民法は**注297**のように毎年の情報提供義務を規定している。**DCFR** IV. G.- 4 :106条（1）は、消費者保証の場合につき、主債務者の同意を要件として（一度与えた同意は撤回できない）、債権者は、主債務および利息その他の従たる債務について、担保されている総額を毎年、担保提供者に知らせなければならないものと規定する。主債務者の情報であるが、保証委託があることを前提として、主債務者の承諾は不要としている。ケベック民法2345条は、「債権者は、保証人の請求により、主債務の内容及び態様ならびにその履行状況についての全ての有益な情報を提供することを義務づけられる」と規定する。違反の効果の規定はない。保証人の請求が必要であるが、年1回という制限はない。保証契約後の債権者の情報提供義務については、齋藤由起「保証契約における契約締結後の情報提供義務(I)」阪大法学63巻6号（2014）87頁以下参照。

300)　債権譲渡があった場合には、譲受人が情報提供義務を負い、債権の一部譲渡があった場合には、譲渡人・譲受人がそれぞれの有する債権についての情報提供義務を負う（**筒井ほか・Q & A**38頁以下）。弁済者代位また一部代位も同様といわれている（同41頁）。物上保証人による頭割りでの代位には情報提供義務を認めてよいが、一部代位を否定する特約があった場合は、保証人は求償権しか取得していないので、主債務については債権者が情報提供義務を負う。

301)　**改正債権法コンメ**367頁［齋藤由起］。本規定については、債権者を守秘義務から解放するという意義があると考えられている（新井剛「講演録：「改正債権法における保証制度のあり様」」早稲田商学459号［2020］80頁）。

302)　新井・前掲（**注301**）講演録81頁は、「なお、委託を受けない保証人から債権者に対して情報提供請求がなされた場合の問題がございまして、実はこの場合こそ、保証人とすると情報を欲するのではないか。なぜなら、主たる債務者との間で保証委託契約がございませんから、主債務者に対して履行状況を尋ねるということは普通考えられない。そのため、債権者にその内容、情報を尋ねる必要性が高いわけでございます。しかしながら、他方で、458条の2には債権者を守秘義務から解放するということに意義がございますから、もしこれを安易に債権者が提供するならば守秘義務違反の問題が発生し得る。そこで、このような場合には、主債務者の同意をあらかじめ得るという形で実務では対応されるのではないか」と述べている。

303)　**筒井ほか・Q & A**37頁、**改正債権法コンメ**367頁［齋藤由起］。新井・前掲（**注301**）講演録80頁は、「その情報提供義務の義務違反が重大であるとするならば、重大な不履行があるということで、保証契約そのものの解除ということも考えられるだろう」と説明するが、重大かどうか自体の判断は避けている。

304)　**筒井ほか・Q & A**37頁、**改正債権法コンメ**367頁［齋藤由起］。

とは要求されていない。また、事業債務の保証であることも必要ではない。住宅ローンの保証にも適用される。分割払いで期限の利益を失うといった事例が適用対象であるため、弁済期に主債務者が弁済せず利息が積み重ねられているといった事例には適用にならない[306]。

　(b)　**保証人が悪意でも適用されるか**　458条の3第1項は、660条1項ただし書のように通知 **5-8** の相手方が事実を知っている場合を除外していない。①保証人が知っていれば通知の必要はないため、通知不要説も主張されている[307]。②立法担当官は通知必要説であり[308]、通知不要説では、債権者が保証人の悪意を争うことができ好ましくなく、通知義務違反だけで形式的画一的に解決できることが好ましい――通知義務違反は保証人に証明責任あり――。法制審における審議の途中までは、「ア 主たる債務者が分割払の定めによる期限の利益を有する場合において、主たる債務者が支払を怠ったためにその利益を失ったときは、債権者は、保証人に対し、[遅滞なく／2週間以内に]、その旨を通知しなければならない。ただし、主たる債務者が分割払の定めによる期限の利益を失う前に、保証人が、主たる債務者が支払を怠ったことを知っていたときは、この限りでない。」と、ただし書があったのを最終的には削除したという経緯からいっても（「部会資料70A」14頁）、善意・悪意を問わない趣旨であることは明らかである。

　(c)　**違反の効果**　2か月以内に通知がされなかった場合、期限の利益喪失後、通知がなされ **5-9** るまでの間の遅延損害金について、保証人には請求しえなくなることである――2か月以内に通知がされれば、原則通り当初からの遅延損害金の保証が認められる――。本規定制定のきっかけは、期限の利益を失って、保証人が一括の支払請求を受けて経済的困窮に陥ることを防ぐことを求める意見であったが、改正法では、期限の利益の喪失自体の対抗は否定されていない。分割払いにおける期限の利益の喪失自体は対抗でき、債権者は保証人に全額の一括での支払請求は可能であるが、通知をするまでのその全額を規準として利息の支払請求ができなくなるにすぎない。

（C)　**債務消滅行為の取消し**　主債務者が代物弁済により主債務を消滅させたの **5-10** に、その後、合意により代物弁済をなかったことにして主債務を復帰させても保証人に対抗できないことは、先に述べた。これに対して、主債務者のなした代物弁済が債権者により詐欺を理由に取り消された場合には、取消しによる主債務の

---

305)　当初は個人保証人に限定することも考えられたが、保証人一般に適用が認められるようになっている。**DCFR** IV. G.-2 :107条(I)は、債権者に、主債務の不履行もしくは支払不能または履行期の延期を、不当に遅滞することなく、人的担保の担保提供者に通知しなければならないとする。なお、根保証以外では保証人が死亡した場合、連帯保証債務が共同相続により分割連帯保証債務になり、相続人ごとに個別に通知をすることが必要になる。当初の保証契約で、当初の保証人により申請された住所に通知すればよいという特約がされた場合、相続人にもその効力を認めるべきかは疑問が残る。スイス債務法505条1項は、主債務者が6か月以上元本の支払を遅滞した場合、1季（3か月ごとの）の利息または年次償却の支払を怠った場合、そのことを債権者は保証人に知らせなければならない、保証人より求められたならば、債権者はいつでも債務状況について情報を提供しなければならないと規定する。

306)　遠藤・前掲論文（**注279**）52頁は、期限の利益を失うことなく、期限が到来し履行遅滞になった場合、保証人が期限の到来を認識しておらず、かつ、認識していないことに一定の合理性がある特段の事情があることを保証人が証明した場合に、458条の3を（類推）適用することを提案している。

307)　**潮見 II** 673頁。

308)　**筒井ほか・Q & A**53頁以下。**中田**581頁、**奥田・佐々木・中**686頁も通知必要説である。

復帰を保証人に対抗できる。保証人は96条3項の第三者には該当しない（独立した利益ではない）。主債務者のなした弁済や代物弁済が、主債務者の債権者によって詐害行為として取り消された場合はどうであろうか。2017年改正法では、取消判決の効力は「債務者」には及ぶが（425条）、保証人に及ぶのかは疑問が残される。この点、担保という従たる性質を考えれば保証人にも効力を及ぼすと考えるべきである[309]。破産法上の否認権の行使の事例であるが、いったん消滅した保証債務は当然に復活するとした判例がある（最判昭48・11・22民集27巻10号1435頁）。

5-11
（2） 付従性が制限される場合

（a） **保証人が援用できない主債務者についての事由1──明文規定がある場合**
　　ア　法律による付従性の制限　　主債務者が個人であり破産免責を受けた場合、保証など担保に影響を及ぼさないことが明記されている（破産法253条2項。民事再生法177条2項、会社更生法203条2項も同様）[310]。破産免責については、①債務を消滅させるという理解もあるが（**債務消滅説**）、②通説・判例は、債務は消滅させず強制力だけが消滅するものと考えている（**自然債務説**）。自然債務説であっても、保証人は、主債務者の主張しうる事由を主張できるため（457条2項）、上記規定によれば保証人は主債務の免責＝自然債務化を援用できないことになるので、付従性が立法により制限されていることになる。

5-12
　　イ　その後の権利関係　　その後に、保証人が保証債務を履行した場合、保証人は主債務者に対して求償権を取得するのであろうか。債務消滅説では、保証人は主債務を消滅させるという求償権の成立要件を充たしていないが、自然債務

---

309)　主債務が復活するのは、弁済を受けた債権者が受けた給付を主債務者に返還またはその価額を償還した時であり（425条の3）、保証債務が復活するのも、付従性からしてこの時点になる。

310)　フランス民法は、2021年改正によって2298条2項に、保証人は主債務者について生じた事由を援用できるという同1項の原則に対する例外を規定している。即ち、「ただし、これと異なる規定がない限り、支払不能の場合に享受する法定または裁判上の措置についてはこれを援用することができない」と規定している（例えば、個人たる債務者についての商法 L. 622-28条2項の免責）。これは、保証の債務者の支払不能の危険を担保するという目的から当然に導かれるものであり、保証の付従性の例外と考えるべきではないと評される（M. Cabrillac, C. Mouly, S. Cabrillac, P. Pétal, nº 257, p.180）。付従性の例外ではないとまでいうのは疑問である。他方で、この場合、付従性は機能せず、「この場合には、保証の目的自体が、保証人が主債務者に置き換わること（substitution）にある」とも評される（P. Delebecque, P. Simler, nº 48, p.45）。

説ではこれを充たしているので求償権の成立を認めることができる。しかし、保証人を犠牲にしてでも主債務者を免責するという法律の趣旨と抵触するので、代位取得する債権が自然債務のままであるだけでなく、求償権も自然債務として成立すると考えるべきである。情義的関係に委ねても、保証人に負い目を感じている主債務者は、余裕が出てくれば求償に応じる可能性があり、求償権の成立を認めることは無意味ではない[311]。

(b)　保証人が援用できない主債務者についての事由2──明文規定がない場合　5-13

ア　相続の限定承認

❶　**保証人は利益を享受できない**　　主債務者が死亡して相続人が限定承認をしても（915条、922条）、責任財産が相続財産に限られるだけで、債務自体は制限されず相続人に承継され、保証債務には影響を与えないと考えられている[312]。主債務について責任財産が相続財産に限定され、それは相続人に限定される保護であるためである。主債務は存続するが、保証人が援用できる主債務についての事由ではない。

◆**保証人による援用を否定する法的説明**　　　　　　　　　　　　　　　　　5-14

　　主債務者の限定承認による責任制限を、保証人は援用できない結論には異論がないが、その法的説明は、倒産したり限定承認などがあったときのための「担保」だから当然視するとされ、突き詰めては考えられていない。この点、岡村博士は、相続財産を相続債務が超過する部分について、「其部分の債務は相続人に対しては自然債務として存続し（……）、保証人に対しては自然債務に非ざる債務として全部存続す」るという[313]。相続債務について、相続財産のみを責任財産とし相続人の財産は責任財産にならないというのは、相続人保護のための制度であり、相続人についてのみ一身専属的に認められるにすぎないことになる。保証人の保証債務については、限定承認前からその財産が全て責任財産であったのであり、主債務者の相続人の限定承認の影響を受けない

---

311)　この問題をめぐる日本の議論については、花本広志「保証債務の「消滅における附従性」について」一橋論叢109巻1号（1993）81頁以下、鳥山泰志「担保権存在条件としての『債権』（3・完）」一橋法学3巻3号（2013）224頁以下参照。倒産の場面については、山野目章夫「倒産と債権の効力の実体的変動」別冊NBL60号（2000）166頁、金山直樹「破産免責・法人破産と民法理論」潮見佳男編『民法学の軌跡と展望──國井和郎先生還暦記念論文集』（日本評論社・2002）518頁参照。フランスでは、消費法典 L. 742-22条により、手続の終結により個人債務者の債務については消滅（effacement）することになり、これにより保証人も免責されると考えられていたが、2021年改正により2298条2項が導入されたため、この結論は導けなくなり、保証人は主債務者の免責を主張しえなくなった（M. Cabrillac, C. Mouly, S. Cabrillac, P. Pétal, nᵒ 375, pp.271 et s.）。

312)　**我妻**485頁、**柚木・髙木**299頁、**松坂**178頁、**淡路**400頁、**近江**197頁など。大判昭5・12・24民集9巻1205頁。ドイツ民法768条1項は、保証人は、主債務者に帰属する抗弁権を主張することができるが、主債務者が死亡し、相続人が債務について制限付でのみ責任を負うことについては、保証人が援用できないことを規定する。なお、保証人は、主債務者が抗弁権を放棄したことによっては抗弁権を失わないものと規定されている（同2項）。

313)　**岡村**213頁。

ことになる。また、後述のように付従性についての特約を認めることが考えられる。

5-15 ❷ **その後の権利関係** 　主債務者は、責任財産が相続財産に限定されるが、主債務自体は全額負担したままである。そのため、残額の債務について、保証人が支払をした場合には、主債務を消滅させているので、保証人の主債務者に対する求償権が成立することになる。この場合、弁済者代位により取得した債権は主債務者の固有財産を責任財産とできない債権であるが（自然債務といってよい）、求償権はどう考えるべきであろうか。この点、破産免責同様に、求償権も相続財産のみを責任財産とするものとしなければ、限定承認制度を認めた趣旨が没却されてしまう。それでも、保証人に被相続人が迷惑を掛けたことを相続人（子や配偶者）が負い目を感じて、保証人には支払をする事実上の可能性はある。

5-16 **◆主債務者たる法人が倒産し解散した場合**[314]
(1) **保証債務を認めた法律の精神を根拠とする判例** 　主債務者が法人であり倒産手続を経て解散した場合、主債務者が存在しなくなり主債務が消滅する。しかし、このような場合に対処するための担保であるので、保証債務を付従性により消滅させるのは妥当ではない。そのため、学説は保証債務の存続を認め、判例も、「主たる債務者の人格消滅に因り主たる債務の消滅する場合にも亦保証債務の消滅するものと為すは、保証債務を認めたる法律の精神に副はざるものと為さるべからず」。「主債務者たる株式会社か破産手続終了の結果其の債務を弁済するに至らずして其の人格を失ふに至りたる場合の如きは、寧ろ主債務者が其の債務を履行せさる場合に該当するものと解するを相当とする」と判示する（大判大11・7・17民集1巻460頁）。付従性の原則に対して例外を認めるための理論的な根拠付けについては、何も説明がない。学説の説明は分かれる[315]。

5-17 (2) **法人格の存続を擬制する学説** 　法人が破産により解散しても、「会社は、残債務の主体たる範囲において権利能力を持続し、保証される債務の存続を維持する」と、付従性と辻褄を合わせようとする学説がある[316]。しかし、最判平15・3・14民集57巻3号286頁は、「会社が破産宣告を受けた後破産終結決定がされて会社の法人格が消滅した場合には、これにより会社の負担していた債務も消滅するものと解すべきであり、この場合、もはや存在しない債務について時効による消滅を観念する余地はない」と判示している。主債務は消滅するが、保証人は免責されないことを認めている。破産法253条2項（☞ 5-11）と同様の解決を図ろうとするものであるが、明文規定なしにどう法的根拠づけるのか疑問が残る[317]。

5-18 (3) **保証の本質からの説明**[318] 　法人格は消滅し主たる債務は消滅するが、保証債務に影響はないと説明するのが判例であり（上述）、学説にも主債務の消滅を認めつつ保証債務の存続を認める主張がある。即ち、この根拠を、「保証の本質、つまり保証というのは主たる債務者の資力不足のときにこそその支払を担保するという点に、求めなければならない」といわれている[319]。「保証の

---

314) この問題については、山本宣夫「保証と主たる債務者の法人格消滅」同志社法学332号（2009）117頁参照。

315) この問題については、山野目章夫「破産終結に伴う会社の法人格の消滅と会社債務の保証人による主債務の消滅時効援用の可否」ジュリ1269号（2004）69頁。

316) **我妻**485頁。**松坂**178頁、**奥田**401頁、**川井**254頁、**林ほか**448頁など同旨。山野目・前掲論文（**注311**）166頁は、債務は消滅せず、債権者のない債務として存続するという。

本質」、債務者がいなくなっても債権者に満足を与えなければならないという本質から、保証債務の存続を説明するのである。ただそれはもはや保証債務ではなく、主債務がなくても存続する独立債務である。保証債務は、いざという事例においては、独立債務として存続する、債務が同一性を保ったまま付従性を失い独立債務となると考えるべきである[320]。この結論は、担保の本質から要請される結論であり、個人保証人以外については、規範的解釈により付従性の抗弁の放棄を導くことができる。他方で、情義的保証人については**付従性の抗弁を放棄する特約**が必要であり、明示の合意を要すると考えるべきである。

◆私的整理における債務免除（債権放棄）の場合　　　　　　　　　　5-19

(1)　**問題点**　　実務上は正規の更正手続や破産手続がとられずに、私的清算手続がとられたり、債権者会議により債務者の更生のための手続が決められる事例が多い。その場合に、債務について保証人がいる場合には、保証人に支払を約束させ、主債務者の債務を免除することが行われる。破産手続や更正手続では、明文規定により保証など担保には影響が及ばないことになっているが、私的整理手続における主債務者の債務免除は、保証債務についてどのような効力を及ぼすのであろうか。保証人が支払を約束しておきながら、付従性を援用して保証債務の消滅を主張することを認めるのは適切ではない[321]。

(2)　**判例・学説**　　　　　　　　　　　　　　　　　　　　　　　　　5-20

(a)　**新たな独立債務の負担**　　判例は次のように意思表示解釈により問題を解決をしている（最判昭46・10・26民集25巻7号1019頁）。即ち、債権者委員会でXに対する主債務者の債務を80％免除し、連帯保証人Yが債務全額を支払うことを議決し、連帯保証人がその後これを承諾した事例で、Yは、主債務者の「債務の一部が免除されたにもかかわらず、あえて右免除部分を含む債務全額につきXに対しその履行をなすべき債務を負担する旨の意思表示をした」と分析し、この場合には、Yは「右意思表示によって主たる債務につき免除があった部分につき<u>付従性を有しない独立の債務を負担する</u>に至ったものというべく、同人が負担していた<u>連帯保証債務は右の限度においてその性質を変じた</u>」と説明している[322]。

(b)　**破産法の規定と同趣旨の解決**　　破産法の免責の効果は、保証人や物上保証人には効力が　5-21

---

317)　**柚木・髙木**299頁は、大判大11・7・17民集1巻460頁は、主債務者がその債務を履行しない場合に該当するものとして、保証債務の存続を認むべきとするが、これに反対し、改正前破産法326条2項の類推適用によることを提案する。同規定は、「強制和議は破産債権者か破産者の保証人に対して有する権利及破産者と共に債務を負担する物に対して有する権利及破産債権者の為に供したる担保に影響を及ほさず」と規定していた。

318)　**岡村**212頁は、「保証人は斯る場合に付き同一の目的を有する独立の債務を負担すべき契約を少なくとも暗黙の間に締結せるものと認むるを妥当とす。而して如上の場合に従来保証人たりし者の負担する独立の債務は、従来の債務が爾後従来の債務と別個の債務に非ずして存続するものと解するを相当とす」という。

319)　**船越**337頁。

320)　共同保証の場合には、両者ともに主債務者たる法人の解散後には独立債務になる。主債務者に対する求償権は成立しないが——主債務者の保証債務との関係での存続を認める学説では、形だけ成立する——、保証規定の類推適用を認めてよい。465条の類推適用により、元共同保証人間の求償が認められる。

321)　**＊訴求力のみの免除（フランス）**　　フランスでは、主債務者の免除により、保証人は連帯保証であっても免責されるものと明記されている（1350-2条1項）。これは付従性の帰結である。この点、債権者が、保証人に対する権利を留保しつつ、主債務者だけを免責できないか議論がされている。判例はこれを認めている（Cass. 1re civ., 28 oct. 1991 : Bull. civ. 1991, 1, no 285）。この点は、**1-75**以下参照。

及ばないが、免責と同時に新たに独立債務を負担させるものではなく、主債務は自然債務になるが、付従性の原則についての例外を認めるにすぎない。学説には破産法253条2項を類推適用する主張がされているが[323]、下級審判決にも同様の解決を妥当とする判決がある[324]。筆者としては、保証債務は、潜在的にこのような事態に備えた独立債務性を内在していると考える。しかし、情義的保証人については、債権者保護に一方的に傾斜した「担保」としての帰結を押しつけることはできず、付従性の原則に対する例外的効果を認めるためには、保証契約時または債権放棄時に保証人の個別の合意が必要であると考える。また、改正法では、免責的債務引受が、旧債務者の免除、新債務者による債務の新たな負担という構成になったので（☞ 5-24）、このような事例は保証人による免責的債務引受——保証債務は付従性により消滅——によることが可能になる。

5-22　　　　　　　　　　(3)　随伴性から生じるもの——債権譲渡

保証人に対する債権だけを譲渡することはできない。主債務者に対する債権と

---

322)　当事者が自由に合意できるので、保証人も交えた主債務者の残債務についての債権放棄などの効力を保証人にも及ぼすかどうかは、合意の解釈に任される。東京地判平8・6・21判タ955号177頁は、傍論的に保証債務への効力を認めている（結論としては認めない）。「Yは本件整理契約が締結された当時訴外会社の<u>代表取締役であった</u>こと、本件整理契約は訴外会社側の弁護士とXの担当者との交渉の上締結されたものであることが認められるが、本件において、本件整理契約によって主たる債務の内容が制限されたにもかかわらず、Yによって制限されない債務を負担する旨の意思表示がされたり、XY間にその旨の合意が成立したとの事実を認めるべき証拠は存在しない（本件整理契約の契約書上、Yに対する請求を留保する等の条項も存在しない。）。」「したがって、本件整理契約によって訴外会社に対して与えられた期限の猶予や条件付権利放棄の効果はYに対しても及ぶというべきである」という。

323)　**船越**335頁。林部実「判批」『担保法の判例Ⅱ』（有斐閣・1994）207頁は、会社整理手続では相対的債務免除、私的整理手続では独立した債務を新たに負担したものとして処理をする。筆者の長年の金融実務経験で見聞した両整理手続の実態に支えられたものであると付け加える。また、保証人の同意が得られるのであれば、保証債務の切り替えは免責的引受がもっとも適切であるという。

324)　＊**東京地判昭51・8・26判タ348号239頁**　　表記判決は、「主債務者たる訴外Aについて、破産的清算に代わる内容の私的整理がなされた場合には、そこにおいて、残余債権（未配当債権）について債務免除ないしは権利放棄等の手続がなされたとしても、それらは主たる債務者の保証人および主たる債務者のために第三者から提供されている担保については影響を<u>及ぼさない</u>と解するのが相当である。このように解すると、一見、保証債務や担保物権の附従性に反するようにも見えないではないが、およそ保証債務とか担保物権とかは、本来、債務者が無資力なために完全な満足が受けられない場合に備えてなされるものであるから、保証人とか担保義務者が破産的清算に代わる内容の私的整理によって利益を受けるとすれば、主たる債務の履行を確保するために人的ならびに物的担保を設定させた本来の目的に反することになり、かかる結果は到底是認し難いものであるし、また、本件のように株式会社たる法人に対して破産的清算に代わる内容の私的整理がなされた場合に、最終的に各債権者の残余債権について債務免除ないしは権利放棄等がなされるのは、債権者相互間において私的整理が異議なく完了したことを確認する意味合いに重点があり、自然人と異り、法人に対する右の意味での私的整理終了後の残余債権は形骸的なもので、その免除ないしは放棄は経済的にはなんらの意味もないものである（……）から、法人について破産的清算に代わる内容の私的整理がなされた場合には、そこにおいて、残余債権につき債務免除ないしは権利放棄等の手続がなされたとしても、それらは保証人や担保義務者に対しては影響を及ぼさないと解するのがむしろ合理性があるというべきである（なお、破産法326条2項、和議法57条参照）」という。

保証人に対する債権とは、被担保債権と担保という不可分一体の関係にある。主債務者に対する債権が譲渡された場合に、保証人に対する債権も当然に随伴して譲受人に移転する（随伴性☞1-86）。大判明39・3・3民録12輯435頁は、「保証債務は主たる債務に附随し之と其運命を共にすべきものにして、主たる債権を譲渡したるときは、其譲渡の効力は保証人に対する債権にも及ぶことは保債務の性質上当然の結果」であるという。保証人に対する独自の対抗要件は不要である（☞1-87）。

◆併存的債務引受および免責的債務引受

（1）2017年改正前　2017年改正前は、債務引受は**債務の移転**であり、例えばА→Вの100万円の債権をСが引き受ける場合、А→Сの債権とする債務の承継ないし移転（譲渡ではなく引受という）であり、Вを免責する**免責的債務引受**が原則形であった。そして、Вに同一内容の債務を負担させ、Аに対してВСを連帯させるのが**併存的債務引受**であった。А→В債権についてDが保証人になっている場合、主債務者がВからСに変更されると、保証人は、主債務者がВなので自分が支払わされることはない、もし支払ったとしてもВならば求償できると考えた信頼が害される[325]。そのため、保証人の同意がなければ、債務引受により保証人は免責されると考えられていた。ただ主債務者ではなくなるが、Вが連帯債務者のままである併存的債務引受については、負担部分については求償が可能なのか──Вの債務も保証の対象になるか──問題があった。 5-23

（2）2017年改正法　2017年改正法は、債務引受は**債務の移転ではなく**、上記の例でВの債務と同一内容の債務を引受人Сが新たに負担するだけの取引となり、当初の債務者Вの債務にСの債務が連帯債務として加わる**併存的債務引受が基本形**になった（470条1項）。Сによる新たな債務の引受に伴い、債務者Вを免除するものが免責的債務引受になる（472条1項）。А→В債権にDが保証人になっている場合、併存的債務引受ではВは債務者のままであり、Dの保証債務には影響はない。これに対して、免責的債務引受では、主債務者が免除され主債務が消滅するので、付従性により保証債務は消滅することになる[326]。ただし、保証人Dの承諾があれば、А→С債権の保証へと移し替えることができる（472条の4第3項）。この承諾は書面によることが必要である（同4項、5項）。新たな保証契約ではなく、保証契約の内容（主債務者）の変更であるため──保証債務は同一性を保持する──、保証契約の締結に準じた規制をしたのである[327]。 5-24

325）　この趣旨は、連帯債務であっても、負担部分のない連帯債務者にも妥当する。そのため、負担部分のない連帯債務を認めず、これを保証債務と認定するか、または、負担部分のない連帯債務を認めつつ、保証の規定や法理を適用する必要がある。後者の処理では、この場合でいえば負担部分を持つ債務者（実質的な主債務者）について免責的債務引受があれば、承諾がない限り負担部分のない連帯債務者は免責されると考えることになる。更にいうと、相互保証という観点からは、負担部分についての免責を認める余地もある。例えば、Аに対してВСが100万円の連帯債務を負担し、負担割合が50％ずつだとして、ВについてDが免責的債務引受がされた場合、Аに対するСの債務はСの承諾がない限り50％消滅し、D100万円、С50万円の不等額連帯になるものと考えることができる。

326）　債務者の変更でも、相続については保証債務には影響はない（個人根保証は例外☞9-112）。確かに人的信用関係は失われるが、主債務者の財産はそのまま承継される（これが免責的債務引受けとの大きな差）、他方で、たまたま相続が生じたために、保証を失うのでは債権者に酷だからである（免責的債務引受けには債権者の承諾が必須）。

(a)　主債務の時効完成猶予・更新は保証債務にも及ぶ

　　ア　時効における原則　　主債務の消滅時効（以下、「時効」という）と保証債務の時効とは、別の債務の時効であり、起算点、完成猶予、更新はそれぞれ別々に考えるのが原則である——被担保債権と抵当権も同様——。民法は、「第147条又は第148条の規定による時効の完成猶予又は更新」、「第149条から第151条までの規定による時効の完成猶予」、「前条［152条］の規定による時効の更新」は、その事由が生じた「当事者及びその承継人の間においてのみ、その効力を有する」と相対効の原則を宣言している（153条1項〜3項）。私的自治の原則から、他人について生じた事由の効力が自分に及ぶことがないことが原則とされ、その時効における確認にすぎない。起算点については——猶予が問題になる——規定がない。

5-26　　イ　保証債務についての例外　　ところが、民法は、「主たる債務者に対する履行の請求その他の事由による時効の完成猶予および更新は、<u>保証人に対しても、その効力を生ずる</u>」と、相対効に対する例外を認めている（457条1項）[328]。主債務の時効の完成猶予・更新は、保証債務にも効力が及ぶことになる。この結果、主債務の時効が完成していないのに、保証債務だけ時効が完成することはあり得ないことになる[329]。なお、フランス民法では、連帯債務についても、請求については——保証と異なり債務承認は対象外——請求を受けた連帯債務者以外の連帯債務者について時効中断の効力が認められているが（フランス民法2245条）、日本民法は2017年改正で請求の絶対効が否定されたので（旧434条の削除）、連帯

---

327)　主債務者の資力等について465条の10の情報提供義務、A→C債権が貸金債権の場合の保証意思宣明公正証書の作成については準用規定がなく、解釈に任されている。保証委託者の関係に立つCの情報提供を受けて、D保証の主債務者の変更について承諾をするという点で、保証契約締結のプロセスに類似するので465条の10は類推適用する余地がある。この点の類推適用を認めれば、保証意思宣明公正証書の改めての作成は不要と考えてよい。

328)　457条1項については、秋山・前掲論文（**注79**）133頁以下を参照。なお、457条1項の適用を排除する特約は有効である。

329)　スイス債務法509条3項は、自然人たる保証人の保証債務は契約締結から20年で消滅するという除斥期間を規定している。この結果、主債務または保証債務につき更新手続をとり続けても、保証債務は20年の経過で消滅することになる。ただし、同5項では、書面により保証人は、保証期間満了の1年前まで10年を限度として延長をすることを承諾することができると規定する。債権者保護の反面、このような個人保証人保護を用意することが好ましい。

債務については相対効の原則による（441条本文）。

◆457条１項の沿革と比較法　　　　　　　　　　　　　　　　　　　　　　　　　5-27
(1)　旧民法　　　457条１項は、旧民法債権担保篇27条に由来する。同規定は「債務者に対して時効を中断し又は債務者を遅滞に付する行為は保証人に対して同一の効力を生ず」（１項）、「保証人に対したる右同一の行為は保証人が債務者の委任を受け又は債務者と連帯して義務を負担したるときに非ざれば債務者に対して効力を生ぜず」（２項）と規定していた。主債務者による主債務の債務承認は対象とされておらず、保証債務は中断せず先に時効が完成することになる。保証人についての時効中断措置の主債務者への効力も合わせて規定していた――受託保証人と連帯保証人につき肯定――ことは興味深い。

(2)　フランス民法とドイツ民法　　　　　　　　　　　　　　　　　　　　　　　5-28
　(a)　フランス民法　　　旧民法の上記規定の沿革は、フランス民法旧2250条（2008年の時効法改正前）に求められ、ほぼ現行法2246条に受け継がれる。2246条は、「主債務者に対してなされた請求及びそのなした承認は、保証人に対しても時効を中断する」という単純な規定である。主債務者の債務承認も含まれている。主債務者に対する更生手続の開始の宣言は、保証人に通知がされなくても、保証人につき時効中断の効力が認められるという2006年の破毀院商事部判決がある）。2008年改正に際しては、さしたる議論はされていない。保証債務の時効が主債務の時効よりも短くなる事例としては、主債務が民事執行手続法典 L. 111‐4 条により10年の時効期間になったが（確定債権）、保証人については当初の時効期間が適用される場合が考えられている[330]。

　(b)　ドイツ民法　　　ドイツ民法には457条１項に対応する規定はない。ドイツ民法では、2001　5-29
年改正で時効中断が時効の新進行（更新）に変更されたが、時効の新進行が主債務者に生じても、その効力は保証人には及ばないと考えられている[331]。債務承認を含めて、相対効が主債務・保証債務についても貫かれているのである。主債務の時効が完成していなくても、保証債務だけ先に時効が完成することが可能になる。もちろん、主債務の時効が一新され完成が認められないため、保証人も主債務の時効の完成を主張しえなくなるのは当然である。

◆主債務についての完成を援用権者ごとにばらばらに考えるか　　　　　　　　　5-30
(1)　問題点の確認　　　保証人や物上保証人について独自の援用権を認めると、例えば、ＡのＢに対する債権に、Ｃが連帯保証人になり、Ｄがその所有の不動産に抵当権を設定した場合、Ａ→Ｂ債権の時効が完成すれば、ＣＤにも援用権が認められる。これは、Ｂについて時効が完成したら、ＢだけでなくＡ→Ｂ債権につきＣＤも援用権を認められるというにすぎない。しかし、独自の援用権が認められることから、Ａ→Ｂ債権につき、援用権が認められる者ごとに時効の完成を問題にし、Ｂの時効完成猶予や更新（起算点につき**注376**参照）がＣＤにも及ぶのかどうかを問題にしているかのような判例が見られる[332]。

(2)　時効の起算・完成猶予をばらばらに考えると　　　　最判平７・３・10判時1525号59頁は、債　5-31
務者の承認により被担保債務についての時効中断（更新）の効力は、396条の趣旨から物上保証

---

330)　P. Delebecque, P. Simler, n° 258, p.296. 判決の人的効力の問題と考えられているのか、日本とは異なり、主債務の確定債権化は保証債務には及ばないことが前提になる。

331)　秋山・前掲論文（**注79**）144頁以下。

332)　学説にも、457条１項は、主債務者についての中断（完成猶予、更新）の効力が保証債務にも及び、保証債務の時効が中断することを認めた規定ではなく、主債務の時効についての保証人の抗弁権の喪失を規定したと理解する主張がある（秋山・前掲論文（**注79**）162頁以下）。そして、「承認」を457条１項の事由から除外し、その効力は保証人には及ばないものとする（同166頁以下）。

人にも及ぶものと判示している。債務について時効の中断（完成猶予・更新）・完成をばらばらに考えることが前提にされている。396条は被担保債権より先に抵当権の時効完成を認めない趣旨であり、もし(1)に指摘したように独自に時効の完成を考えるのだとすると、その趣旨から物上保証人Dに効力を及ぼすことは適切である。債権者は物上保証人に対して、独自に債務の時効中断（完成猶予・更新）措置がとれないので、結論としてこれが妥当であると考えられている。物上保証人所有不動産の競売手続において、債務者の所在が不明なため、開始決定の債務者への送達が公示送達の方法により行われた場合にも、債務者につき時効中断の効力が認められ、物上保証人にも及ぶものと解されている（最判平14・10・15民集56巻8号1947頁）。

5-32　(3)　**時効完成は債務者についてのみ考える**　　しかし、そもそも完成したら援用権が認められるからといって、起算、更新、完成猶予、完成までばらばらに考えなければならないものではない。時効完成は債務者Bについてのみ考えればよく、物上保証人への時効完成猶予の効力を考える必要性がない。保証人については457条1項を主債務の時効の更新・完成猶予につき、保証人との関係でも主債務の時効が更新されたり完成猶予がされると考える必要はなく、主債務についての更新等が保証債務にその効力を及ぼすという規定と考えれば足りる。従って、債権者Bについて時効が完成したかどうかだけを考えればよく、完成していなければ保証人Cや物上保証人Dにも時効援用権が認められないことになる。(2)のような議論はそもそも不要である。

5-33　**◆時効中断（現行の完成猶予）の効力が拡大された特殊な事例**
　　(1)　**問題となった事例**　　商事代理の場合には、相手方が代理行為であることを知り得なかった場合には、相手方は商法504条ただし書により代理人と本人のいずれかとの契約を選択できる。Aが売主で、その代理人Bが顕名せずにCに商品を販売したとする。AがCに代金の支払を求めて訴訟を提起したが、訴訟中に、CがBが売主であると主張して、Bとの売買契約を商法504条ただし書を根拠に選択した。そのため、BC間の売買契約になり、B→Cの代金債権が成立することになる。この場合、当初のAによる代金債権の訴訟提起による時効中断（当時）の効力は、一旦A→Cの代金債権に及ぶが、Cの選択によりB→C代金債権と帰属が変更されることになる。本人Aによる代金債権の行使による時効中断は、相手方Cの代理人Bとの契約の選択により無にされてしまうのであろうか。最高裁は催告に準じた効力を認めており、完成猶予に先例価値は受け継がれる。

5-34　(2)　**判例による解決**　　判例は、「相手方の選択以前には本人の債権と代理人の債権が併存していると解されるが、両者は別個独立の債権というより、後者が選択されれば前者はその主張ができなくなるという関係において単に権利の帰属者の点においてのみ択一的な債権として併存しているにすぎず、債権の実体は単一であるとみることができる」。したがって、本人による「訴訟が係属している間継続的にされているとみうる本人の権利主張に着目し、かつ、相手方に対する本人および代理人の債権の実質的単一性ないし相関的性格にかんがみるときは、本人の請求は、その提起した訴訟が係属している限り代理人の債権について暫定的中断事由たる催告に準じた時効中断の効力を及ぼすものと解するのが相当である」と判示する（最判昭48・10・30民集27巻9号1258頁）。もし、Cの代金債務について保証人Dがいたならば、当初の時効中断の効力は457条1項により保証人Dにも及ぶことになる。これは完成猶予にもそのまま当てはまるものと考えられる。

5-35　(b)　**457条1項の趣旨とその適用事由**

　　　　ア　**457条1項の趣旨**　　本規定は、担保が被担保債権と独立して消滅時効

にかかることを回避する規定であり[333]、抵当権についての396条と同趣旨の規定である。これは「担保」という本質から導かれる効果であるが、同じく「担保」ということから導かれる付従性とは別の法理である。保証債務の付従性から必然的に導かれるものではない[334]。457条1項の趣旨について判例の理解は確立しているとはいえず、「保証債務の付従性に基づく」といった言及をした判決もあるが（最判昭43・10・17判時540号34頁☞5-40）、「付従性」という表現で言いたかったのは「担保」であるということだと思われる。担保という性格から、担保だけ独立して時効にかかることを阻止する政策的な規定と理解すべきである[335]。

イ　**457条1項の適用事由**　　457条1項は、改正前は「時効の中断」（解釈 5-36 により停止にも拡大適用されていた）、改正法は「時効の完成猶予及び更新」と、その原因たる事由を制限していない。そのため、権利行使型の猶予・更新事由だけでなく、承認による更新にも適用される。主債務者が債務承認をすれば、それによる更新の効力は保証人（保証債務）にも及ぶ──主債務の成立、消滅が争われている場合には、和解契約により主債務が承認されても、和解の効力は保証人には及ばず、保証人は主債務者の和解に拘束されず主債務を争うことができる──。ところが、債務承認は、権利行使ではないことから保証人への効力を問題視する学説もある[336]。しかし、担保を先に時効により消滅させないという趣旨は妥当し、

---

333)　ただし、**梅**170頁は、本規定を保証債務の補充性によって根拠づけるかのようである。そのように考えると、補充性の抗弁権が認められず保証人に請求が可能な連帯保証の場合には、457条1項は付ないと制限解釈がされるべきことになる。しかし、そのような解釈は学説・判例の認めるところではない（遠藤・前掲論文（**注279**）128頁以下参照）。

334)　**淡路**401頁。改正前457条1項は、「時効の中断」についてのみ規定しており、時効の停止には適用されないという学説があった（**注民（11）**263頁［中川淳］）。しかし、停止であれ、主債務が時効完成していないのに、保証債務の時効が完成することは、規定の趣旨と抵触する結論であった。2017年改正法は、従前の停止はこれを完成猶予に整理したため、457条1項の適用が認められることになった。

335)　**於保**276頁、**奥田**402頁、**淡路**401頁等（秋山・前掲論文（**注79**）139頁以下参照）。主債務の時効期間より保証債務の時効期間が短いことは可能なのか、その場合、保証債務の時効期間も主債務と同じ期間とされるのかは議論されている（☞5-38）。主債務が確定債権化した後に、新たに保証契約がされた場合には問題になる。担保だけ独立して時効完成を認めない457条1項の趣旨からは、396条同様、保証債務は主債務と共に完成せず、それまで**時効の完成が猶予される**と考えるべきである。ただこのような完成猶予を認めるならば、主債務の確定債権化も、保証債務には及ばず、保証債務は時効期間が満了しても主債務の時効完成までその完成が猶予されると考えることができる。457条1項自体は、条文通りに解するしかなく、その意味では一貫はしない。主債務が更新により時効が完成しない場合、保証債務は更新せず時効期間の満了は認められるが、主債務と共にでないと時効の完成はせず、それまで完成が猶予されると再構成するのは、字句的に無理がある。

336)　**岡村**208頁以下。

制限解釈をすべきではない。

5-37　**◆457条1項に言及する関連判決**

（1）　**主債務についての期限の猶予**　　大判明37・12・13民録10輯1591頁は、「保証債務は、主た
る債務の弁済を確保する所の従たる債務なれば、特に其従たる債務を消滅に帰せしむる事由なき
限りは、其性質として常に主たる債務と運命を共にせざる可からず。而して主債務に付弁済期限
を延長するは債務消滅の事由に非ざるは勿論、新債務を創設するものにも非ざるがゆへ、仮令保
証人が自から之に関与せざりしにせよ其効力の当然保証債務に及ふべきは民法施行前後に通ずる
所の法理にして即ち例外の一なりとす」と述べる。主債務の期限の猶予により時効の起算点が延
期されるが、その効力を保証人にも当然に及ぼすものである。保証債務が主債務よりも先に時効
にかかるのを認めない457条1項の趣旨にも合致することになる。ただし、保証人の当初の弁済
期日に弁済する利益を害することはできない（☞ 6-37）。

5-38　（2）　**主債務の時効期間より短い保証債務の時効期間は可能か**

（a）　**保証債務のみの商事時効の適用を認める**　　保証債務について主債務よりも短い時効期間
が認められるのかが議論された事例で、大判昭13・4・8民集17巻664頁（四宮和夫「判批」法
協56巻9号1881頁）は、「保証債務は主たる債務の履行を担保することを目的と為すものなるを
以て主たる債務に附従する性質を有すること勿論なりと雖も、主たる債務の一部を為すものに非ず。
之とは別個独立の債務になるを以て、保証債務に付主たる債務の存続期間より短き存続期間を定
め其の他独立の消滅原因の存在を認むることは毫も保証債務の性質に反するものに非ず。従て消
滅時効の期間の如きも主たる債務と保証債務とに付各別個に之を定むへく主たる債務が民事債務
にして保証債務が商行為に因りて生じたる債務なるときは短期時効の規定に該当せざる限り前者
は10年の消滅時効に罹り後者は5年の消滅時効に罹るものと解すべく此の理は保証か単純保証な
ると連帯保証なるとにより異るものに非ず」と判示する。

5-39　（b）　**457条1項についての言及**　　「尤も民法第457条第1項の規定に依れは主たる債務者に対
する履行の請求其の他時効の中断は保証人に対しても其の効力を生ずるものなりと雖も、此の規
定は保証契約に於ける当事者の意思を推測し債権者を保護せむとする便宜的規定にして、保証債
務の附従性より当然生ずる結果に非ざるを以て、此の規定より推測し消滅時効に付ては保証債務
は常に主たる債務と其の運命を共にし時効消滅の如きも保証債務の因りて生じたる行為の性質の
如何を問ふことなく常に主たる債務のそれと一致すべきものと為すが如きは正当に非ず」という。
保証債務の時効について主債務と常に一致させることは必要ではなく、457条1項は保証契約の
意思推定規定であるとする。現行法では保証債務の時効期間が主債務の時効期間より短くなるこ
とは考えられないが、主債務が確定債権になった場合の問題が残され、この論理では保証債務に
影響を及ぼさないことになってしまいそうである。主債務の確定債権化については次に説明する。

5-40　**◆主債務の確定債権化と保証債務への効力**

（1）　**保証債務への効力を認めるのが判例**　　判決等で確定され主債務が確定債権となり10年の消
滅時効期間に服することになった場合に、保証債務についてもその効力が及び、それが商事5年
（当時）の時効のかかる場合でも10年の時効期間に変わるものとされている（最判昭43・10・17
判時540号34頁。最判昭46・7・23判時641号62頁も同様）。最判昭43・10・17は、「民法457
条1項は、主たる債務が時効によって消滅する前に保証債務が時効によって消滅することを防ぐ
ための規定であり、もっぱら主たる債務の履行を担保することを目的とする保証債務の付従性に
基づくものであると解されるところ、民法174条の2の規定によって主たる債務者の債務の短期
消滅時効期間が10年に延長せられるときは、これに応じて保証人の債務の消滅時効期間も同じく
10年に変ずるものと解するのが相当である」という。改正前174条の2についての判断であるが、

改正169条にそのまま妥当するものと思われる。

(2)　拡大の根拠　　上記判決は、判決の効力が、保証債務にも及び保証債務も確定されたという　　**5-41**
ことになるというのではなく、457条１項の趣旨を根拠とするのである。したがって、保証債務
が確定債権になるのではないのはもちろんである。判決は「付従性」というが、457条１項は、担
保である保証債務を担保する債権よりも先に消滅時効にかかることを阻止しようとする規定であ
り、396条と同趣旨であり、いわば旧174条の２（現行169条）の人的な拡大適用である。学説も、
主債務の確定債権化の保証債務への影響については、肯定するのが通説であるといえる。457条
１項を「時効の点では主債務と保証債務と足並をそろえさせて、主債務の方を押さえておけば、
保証債務だけが先に時効に罹らないようにする趣旨」であり、その趣旨はここにもあてはまるこ
とを認め、保証債務の確定債権化を肯定する[337]。筆者は、完成猶予や更新の問題ではなく、むし
ろ396条のような処理をし、確定債権になるのではなく、保証債務は主債務と同時でなければ時
効は完成せず、それまで完成が停止（猶予）されると考える（☞**注335**）。

2　保証人について生じた事由の主債務者に対する効力　　5-42

(a)　相対効が原則　　保証人が行った弁済、代物弁済、供託、相殺など債権（被
担保債権）を満足させる事由は──相殺は債権者から保証人に対するものでもよ
い──、主債務者にもその効力が及ぶのは当然である。

　保証人が行ったそれ以外の事由については主債務者に効力が及ばないのが原則
であり、保証人が主債務を承認しても主債務の時効は更新されず、保証人が債権
譲渡の通知を受けても主債務者には対抗できない──保証人も対抗不能を援用で
きる（457条２項）──。保証人について判決を得て保証債務が確定債権化した場
合については、**5-43**に述べる。保証人が支払期限の猶予を受けたり、免除を受け
ても、主債務者には影響はない。なお、連帯保証については**7-15**で述べる。

(b)　保証債務の確定債権化と主債務への影響　　保証債務につき確定債権化が　　**5-43**
あっても、主債務については何等の影響がないというのが判例である（大判昭
20・9・10民集24巻82頁、岡山地判平5・3・25判時1499号107頁、東京地判平8・8・5
金判1481号61頁、大阪高判平12・6・30金法1598号49頁）。大判昭20・9・10は、「当該
判決の当事者間のみに限り発生する効力にして、縦令債権者と連帯保証人との間
の判決に因り債権確定したるときと雖も、該当事者の間に於てのみ短期時効は十
年となるに過ぎずして、当事者以外の主たる債務者との関係に於ては右確定判決

---

337)　兼子一「判批」『判例民事法昭和20年度』40頁。通説である（石田・前掲書（**注257**）629頁等）。

は時効期間に付何等の影響なく、該債権は依然短期時効に服すべきものと解する
を相当とす」という原則を宣言する[338]。学説は分かれる。

5-44　　　ア　否定説　　まず、判例と同様に、保証人への影響のみ肯定し、保証債務
の確定債権化の効力が主債務に及ぶことを否定する学説がある[339]。否定説は、
5-40は457条1項の趣旨による特例にすぎず、174条の2（現169条）の効果は、
「当事者間で確定判決のあったことに基づく付従的効果であるから、確定判決の
既判力の及ぶ者、したがって通常は当事者に限り、またその確定された債権につ
いてだけ生じると認めるのが当然である」と述べる[340]。否定説では主債務の時
効期間は5年のままであり、保証債務も付従性によりそれ以上に時効期間を延長
させられず[341]、たとえそうでないとしても、主債務は5年で時効にかかり、保
証人はこれを採用できる。保証債務だけの確定債権化は何の意味もないことにな
る。

5-45　　　イ　肯定説　　これに対して、主債務への効力を肯定する学説もある。5-43
の昭和20年判決については判例に好意的評釈が現れた後、我妻博士により「当否
はすこぶる疑問」と批判がされ[342]、これに引き続いて、判例のような解釈は「連
帯保証については本条の趣旨を結局無意味に帰せしむる」という平井教授による
批判も現れる[343]。主債務者が行方不明であったり無資力であったりして、主債
務者に対して権利行使をしても無益であり、また、判決理由中に主債務が確定さ
れるということもある。四宮教授により、「確定判決によって保証債務としての
存在が確定されたのであれば、主債務も、存在が明確になったものとして、10年
の時効に転換される、と解すべきであろうか」と述べられ[344]、また、山野目教

---

338)　原判決は、連帯保証における理由として「連帯保証人に対する確定判決の基本たる訴に依る裁
　　判上の請求は民法第458条第434条に依り主債務者に対しても消滅時効中断の効力を有するものなる
　　を以て、債権者及び連帯保証人間に於ける債権者の権利も亦主債務者に対する関係に於て確定判決
　　に依り確定したる権利と謂うことを得るものと解すべし」としたのを破棄したものである。

339)　石田穣・前掲書（注257）629頁。柚木馨『判例民法総論下巻』（有斐閣・1952）457頁は、「多
　　少の疑いはあるが、結果としては是認せざるをえまい」という。

340)　兼子・前掲判批（注337）40頁。今泉光太郎『新民法総則』（泉文堂・1956）581頁も同様。否
　　定説として、末川博「判批」民商23巻4号60頁、石田穣・前掲書（注257）627頁など。

341)　たとえ保証債務が10年の時効期間に服する債務であっても、保証債務の付従性から、主債務が
　　より短い期間の消滅時効に服するのであれば、その時効期間の限度に短縮されるものと考えられて
　　いる（大判大4・7・13民録21輯1387頁など）。末川・前掲判批（注340）62頁は、「たとい連帯
　　証人に対する債権が判決によって確定したにしても、主たる債務の短期時効が延長されない限りは、
　　連帯保証債務だけの時効期間が10年に延長されることはない」と明言する。

342)　我妻栄『新訂民法総則』（岩波書店・1965）501頁。

343)　川島武宜編『注釈民法(5)』（有斐閣・1967）371頁［平井宜雄］。

授により、458条と434条の趣旨を推及して、連帯保証については肯定すべきであるという提案もされる[345]。そして、酒井弁護士が詳細な説明をするに至り[346]、流れは肯定説へと変わっている。

　　ウ　考察（否定説を支持）　　私見としては、判例の否定説に賛成したい。確　5-46
定判決の効力が及ぶ者は、訴訟当事者、他人のために訴訟当事者になった場合のその他人、口頭弁論終結後の承継人、および、請求の目的物を所持する者に必られている（民訴115条1項1号〜4号）。たとえ保証人と債権者との間で主債務が弁済されていないと確定しても、主債務者に及ばないのである。457条1項の担保を担保する債権より先に時効により消滅させることを阻止するという趣旨であり、保証債務を確定債権化するものではなく、逆の場合にはあてはまらない。債権者は、確かに面倒であるが、念のために主債務者も被告にする必要がある。連帯保証債務についても同様である。改正後もこの結論は変わることはない。

◆**保証人に対する権利行使による時効の完成猶予・更新の主債務者への効力**　　　5-47
　　主債務者についての時効の完成猶予や更新の効力は、保証債務にも効力が及ぶが（457条1項）、保証人に対する保証債務の時効の完成猶予また更新は、主債務また主債務者には効力を及ぶことはない。そのため、主債務者が無資力であるため、債権者が保証人に対して履行を求めて訴訟を提起しても、訴訟中に主債務の時効が完成してしまい、保証人がこれを援用することが考えられる。これを阻止、即ち時効完成を阻止するためだけに、主債務者も被告として訴訟を提起する必要があるが、それは負担が大きいといわれる。フランスでは、保証人に対する時効中断の効力が主債務者に及ぶことが認められているが、同様の解釈を日本においても認める学説がある。即ち、保証人に対する時効の完成猶予や更新が生じた場合に、債権者が保証債務の完成猶予、更新を主債務者に通知するか、主債務者がそれを知ったときには、主債務者にも完成猶予、更新の効力が生じると解する学説がある[347]。解釈論としては無理なように思われるが、受託保証人については、保証人についての完成猶予、更新の効力が主債務者また主債務に及ぶという特約——主債務を生じさせる原因契約における特約——を有効と認めることはできると考える。

---

344)　四宮和夫『民法総則〔第4版〕』（弘文堂・1986）311頁以下。

345)　山野目章夫「判批」判時1461号200頁。

346)　酒井廣幸「連帯保証人に対する確定判決と主債務の時効期間の延長」銀法42巻7号（1998）22頁は、まず、訴訟物＝既判力の範囲と時効中断の範囲とはずれを生じており、連帯保証人についての確定判決により主債務まで10年に変更されてしまうと、主債務者に予想外の不利益を生じさせ不当なようにも思えるが、これは連帯保証人による請求による主債務の時効中断でも同様であり、それは「主債務者と連帯保証債務者との密接かつ主観的な関係からによるものであろう」とし、「とすれば時効延長の関係においても、右主債務者の不利益は、とくに取り上げるに値しないともいえよう」という。そして、もし判例のように考えると、主債務が5年、保証債務が10年の時効期間になることになるが、「主債務より長い連帯保証債務の時効期間を認める必要もなく、……当然主債務も確定判決を契機にしてその担保たる保証債務に合わせられるとして不当ではない。」という（同・前掲書〔**注261**〕207頁以下も同旨）。

347)　**石田穣**910頁。

第6章

保証人の求償権

1 保証人の求償権総論

(a) 第三者弁済により債務は消滅するのか

ア　原債権は存続（弁済者代位）　　保証債務の履行は、被担保債務たる主債務の履行である。それが債権者との関係で義務とされているというだけで、主債務者との関係で代位弁済（第三者弁済）をしたことになる[348]。第三者弁済は、保証人によるか否かを問わず、**弁済者者代位**の効力を生じる。債権（原債権）は消滅せず[349]、代位弁済者の債務者に対する求償権のために、代位弁済者にその担保と共に移転すると考えるのが判例・通説である（**債権移転説**[350]）。本来は第三者

---

[348]　本書の代位弁済義務説では、保証人は債権者との関係で——主債務者に対して履行の引受契約がない限り義務を負わない——、代位弁済を義務づけられる、債権者からいうと保証人に対して代位弁済を請求する権利が認められることになる。保証人の債権者への弁済は、債権者に対する自己の義務（代位弁済義務）の履行であるが、なしたのは代位弁済である。同一内容別債務説では、保証人の保証債務の履行は債権者に対する自己の債務の履行であるが、主債務者との関係では、実質上、他人の債務の弁済になると説明されている（**鈴木**447頁）。

[349]　弁済により債務が消滅するのは、「債務者」がなした弁済だけである（473条）。第三者も弁済ができるが（474条1項）、債務の消滅原因ではなく、弁済者代位により債務は存続し、債権（原債権）が債権者から保証人に移転することになる。弁済者代位には債権譲渡についての467条が準用されており、債権の移転が前提になっている。

[350]　最判昭59・5・29民集38巻7号885頁は、「弁済による代位の制度は、代位弁済者が債務者に対して取得する求償権を確保するために、法の規定により弁済によって消滅すべきはずの債権者の債務者に対する債権（以下「原債権」という。）及びその担保権を代位弁済者に移転させ、代位弁済者がその求償権の範囲内で原債権及びその担保権を行使することを認める制度であり、したがって、代位弁済者が弁済による代位によって取得した担保権を実行する場合において、その被担保債権として扱うべきものは、原債権であって、保証人の債務者に対する求償権でない」と判示する。債権移転説が通説である（**我妻**253頁、**於保**388頁、**奥田**538頁等）。

弁済により債務が消滅するはずであるが、原債権の担保を利用することを可能とするために、存続させ移転させるのである。

6-2 **イ 求償権に担保を接木したら第三者を害する** 担保を取得させることが目的であれば、求償権に担保権を結びつけ、原債権は消滅させてもよいのであるが、それでは被担保債権が求償権になり利息の特約があれば、後順位抵当権者らが不利益を受ける。そのため原債権の担保という関係を維持するのであるが、債務を消滅させて、求償権のために代位弁済された債権の保護を<u>原債権の限度で認める</u>という便宜的制度だけで足りる（**新接木説**[351]）。しかし、判例は債権移転説で確立しているので——民法も債権の移転を考えている（500条）——、判例の債権移転説で考察することにしたい。

6-3 **(b) 民法は保証委託の有無により分ける** 保証債務の履行は、主債務者の委託を受けていれば委任事務処理の費用となり、委託を受けていなければ事務管理また不当利得が問題となる。しかし、民法は保証人の求償権について特に規定を置き、保証人が主債務者から依頼を受けて保証したか否かにより求償の内容を異にしている（☞**【表6-3】**）。民法に規定のない事項については、委任の規定、事務管理・不当利得の規定により規律されることになる。委任では、①事前の費用支払請求権（649条）、②委任事務処理のために負担した債務の代位弁済請求権（650条2項）、③費用支出後の求償権（650条1項）の**3**つが認められ、受託保証人にもこれらが適用されることになる。民法が規定した保証人の求償権は事前・事後の**2**つであり、委任規定の適用との関係が問題になる[352]。以下に、委託を受けた保証人か否かで分けて説明をしていこう。なお、保証人の求償権についての規定は、物上保証人にも準用されている（351条、372条）。

【表6-3】 保証人の求償権規定

1. 受託保証人の求償権
   ① 事後求償権
     ⓐ 履行期における債務消滅行為（459条）

---

351) 村田利喜弥「消滅時効における原債権の確定と求償権との関係」ジュリ1130号（1998）124頁は、原債権は余計であり、求償権こそ中心に据えるべきであるという考えによるものである。民法が500条で原債権の移転を前提としていることは無視することになるが、判例がもし変更の余地があるのであれば、このような構成が簡単であり結果も不都合がなく、判例法の変更を望みたい。

352) 福田誠治「委任等の法理からみた二重支出の不利益割当基準」『民商法の課題と展望— 大塚龍児先生古稀記念』（信山社・2018）351頁以下参照。

　　　ⓑ　履行期前の債務消滅行為（459条の２）
　②　事前求償権（460条）
２．無委託保証人の求償権（事後求償権のみ）
　①　主債務者の意思に反しない場合（462条１項、３項）
　②　主債務者の意思に反する場合（462条２項、３項）

◆代位弁済は保証委託契約の委任事務か　　　　　　　　　　　　　　　　　　6-4

⑴　保証契約締結義務など

　(a)　保証契約締結義務　　主債務者により**保証人になる**ことを頼まれ、これを了解した場合には、保証委託契約が成立し、保証人となることを約束した者が、合意に反して保証契約を締結しなければ債務不履行になる。これにより主債務者が損害を被れば、保証受託者は損害賠償義務を負うことになる。しかし、無償契約であり、何ら理由を要することなしに**任意解除が可能である**（651条１項）。なお、保証委託は債権者と保証人との保証契約の要件ではないため、保証委託契約が無効であったり取り消されたとしても、締結された保証契約の効力には影響はない[353]。

　(b)　信用付与の委託？　　保証人は、保証人になることにより主債務者が債権者と取引をして　6-5 もらえるよう支援することを義務づけられるが、義務としては保証契約の締結だけで、主債務者の信用付与──不履行時に代わりに支払って与信をしてもらう──は、保証契約締結の結果反射的に主債務者が利益を受けるにすぎない。これに対して、福田教授は、**清算目的説**の立場から（☞ **6-65**）、「保証委託の内容は保証契約の締結という法律行為にとどまらず、一定期間の信用供与なのであって、その信用供与期間中、保証人は保証債務にとどまる義務を負う。この保証債務への拘束義務は不作為債務であって、保証人は何もしないことがその履行にあたる」[354]という。弁済期まで保証人でいるという信用供与を給付として理解することは、一般に承認されている履行とは言えない（☞ **1-42**以下も参照）。

⑵　代位弁済まで保証委託契約上の義務か　　　　　　　　　　　　　　　　　　6-6

　(a)　委託事務肯定説　　保証受任者が、保証委託契約で引き受けた義務内容は何であろうか。その給付義務は何であろうか[355]。この点、「弁済は委任事務処理であり、弁済のための出捐は委任事務処理の費用としてその償還を請求しうる」と説明されている[356]──少し躊躇を示すものとして「弁済その他の出捐は間接にもせよ畢竟主たる債務者の委託に因るもの」ともいわれる[357]──。これに対して、石坂博士は、保証の委託は保証人になることの委託にすぎないが、「同時に弁済の委託をも含むを通常とすべし」──保証の委託とは別に──と説明し、保証委託の内容ではないが、それと同時に弁済委託が為されていると考え、本来ならば649条で費用前払請求権が認められることを認める[358]。この考えでは、本来費用前払請求権が認められ、それを制限したのが事前求償権ということになる。

　(b)　委任事務否定説（保証契約締結義務説）　　　しかし、履行引受が合意されない限り、保証人　6-7 が主債務者に対して代位弁済を義務づけられることはない。債権者との保証契約で代位弁済が義務づけられているにすぎず、主債務者との保証委託契約においては、保証人は債権者との保証契

---

353)　**磯谷**463頁。大判大６・９・25民録23輯1364頁は、「保証契約は保証人と債権者との間に成立するものなるを以て、保証人が主たる債務者の委託を受けて保証を為したる場合に於ても、其委託契約の無効は保証契約に何等の影響を及ぼさざること言を俟たず」という。

354)　**福田・保証委託**88頁。

355)　保証委託契約につき、**福田・保証委託**参照。保証意思宣明証書の作成費用や公証事務所にいく交通費が委任事務処理のための費用となることは疑いない。

約の締結（債権者への人的担保の供与）を義務づけられているにすぎない。債権者に対して主債務者が融資等の条件として保証人の提供を義務づけられ、主債務者が取引を受けられるように助力するために、保証契約の締結義務を引き受けているのである。担保の提供なので利益を受けるのは債権者であるが、保証委託契約で担保が成立するのではなく、主債務者が融資を受けられる取引をしてもらえるといった利益を受けることになる。保証人としての弁済までは保証委託契約で約束した給付内容ではない。本書はこの立場である。

6-8　**(3)　保証委託者（主債務者）の義務**

　　(a)　保証人免責義務——特に情義的保証人に対して　　保証委託者は、保証人に取引に対する信用付与を超えて、自分が支払えない場合に代わりに支払うこと（実質融資予約）まで合意がされていない限り、保証人に迷惑をかけないことを義務づけられると考えるべきである。弁済期に支払ができるよう事業運営等を適切に行い、弁済期になったならば、遅滞なく支払をして保証人を免責すべき義務を負う[359]（保証人免責義務☞2-78、4-27、6-58）。保証人は、保証委託契約に基づいて、主債務者の保証人免責義務の履行を求めることができ、債権者に支払って保証債務を消滅させる、別の保証人を立てる等により保証人を債権者に免除してもらう等を行うよう請求できる。これを履行しない場合には、保証人は、主債務者に債権者への支払を求め——650条2項とは異なり代位弁済請求権ではない——、その履行の強制ができる。

6-9　　**(b)　保証料支払義務など——有償の保証委託の場合**　　保証委託契約が有償契約（双務契約）である場合には、保険契約同様の射倖契約となり、保証人は、リスクを合理的に計算された保証料を保証人になってもらう対価として負担することになる。特定債務の保証か根保証かで、保証料は変わってくる（☞2-81）。保証料の支払が、保証人による保証委託契約の履行、即ち保証契約の締結の先履行になるかは契約による。また、有償か否かを別として、保証契約締結の費用を、主債務者は負担しなければならない。保証意思宣明公正証書の作成の費用、そのための交通費なども、保証人は主債務者に請求することができる。

6-10　**◆信用協会保証における保証委託契約と保証契約の関係**

　　(1)　2つの契約の結びつきを認める学説　　伊藤教授は、「信用保証取引では、必ず被保証人から委託があり、そこではじめて、保証契約が締結される仕組みになっているわけで、保証契約と保証委託契約とを切断させることはその法的構造として適切ではない。保証契約の成立が、保証委

---

356)　**我妻**488頁。他に肯定説として、**前田**367頁、**潮見Ⅱ**697頁注158等通説。判例としては、大判昭6・10・3民集10巻851頁が、求償権が商事時効によるかどうかの判断をめぐって、「保証人が主たる債務者の委託を受けて保証を為したる場合に於ては、主たる債務者との間に於て委任の関係成立するを以て、其の保証人が主たる債務者に代り債権者に弁済を為したる場合に於て主たる債務者に対して有する求償権は、委任に基き生じたるものに外ならず、又保証人が主たる債務者の委託を受けずして保証を為したる場合に於ては、保証人が為す弁済は一面主たる債務者の為に其の債務の弁済を為すもの即主たる債務者の事務を管理するものなるを以て、其の保証人か主たる債務者に対して有する求償権は事務管理に基くものと謂はざるべからず」と判示する。また、最判平2・12・18民集44巻9号1686頁は、物上保証人への事前求償権規定の類推適用を否定するに際して、「保証の委託とは、主債務者が債務の履行をしない場合に、受託者において右債務の履行をする責に任ずることを内容とする契約を受託者と債権者との間において締結することについて主債務者が受託者に委任することであるから、受託者が右委任に従った保証をしたときには、受託者は自ら保証債務を負担することになり、<u>保証債務の弁済は右委任に係る事務処理により生ずる負担</u>であるということができる」という。

357)　**岡村**220頁。

358)　**石坂**1106～1107頁。649条の特則と理解する学説として、**川名**411頁。

359)　富越和厚「判例解説」『最高裁判所判例解説民事篇平成2年度』（法曹会・1992）77頁、151頁。

158

託契約と関連し、保証委託契約の無効等は保証契約に影響が生ずるものとしての構造をもった新しい保証が好ましい」と主張される[360]。

(2)　錯誤が問題となった事例 1　　反社会勢力の関係している主債務会社の委託により信用保証協会が保証委託を受け、債権者と保証契約を締結した事例を扱った最判平28・1・12民集70巻1号1頁がある[361]。

6-11

(a)　錯誤無効（改正前。以下本解説において同様）は否定

ア　この問題について取り決めはない　　「X は融資を、Y は信用保証を行うことをそれぞれ業とする法人であるから、主債務者が反社会的勢力であることが事後的に判明する場合が生じ得ることを想定でき、その場合に Y が保証債務を履行しないこととするのであれば、その旨をあらかじめ定めるなどの対応を採ることも可能であった。それにもかかわらず、本件基本契約及び本件各保証契約等にその場合の取扱いについての定めが置かれていないことからすると、主債務者が反社会的勢力でないということについては、この点に誤認があったことが事後的に判明した場合に本件各保証契約の効力を否定することまでを X 及び Y の双方が前提としていたとはいえない」。

イ　内容化されておらず錯誤無効は認められない　　「両者間の保証契約について、主債務者が反社会的勢力でないということがその契約の前提又は内容になっているとして当然にその効力が否定されるべきものともいえない」。「そうすると、C 社が反社会的勢力でないことという Y の動機は、それが明示又は黙示に表示されていたとしても、当事者の意思解釈上、これが本件各保証契約の内容となっていたとは認められず、Y の本件各保証契約の意思表示に要素の錯誤はない」。

6-12

(b)　保証契約における債権者の付随義務違反

6-13

ア　保証契約の付随義務としての反社会勢力についての調査義務　　「金融機関及び信用保証協会は共に反社会的勢力との関係を遮断する社会的責任を負っており、その重要性は、金融機関及び信用保証協会の共通認識であった」等の「点に鑑みれば、主債務者が反社会的勢力でないことそれ自体が金融機関と信用保証協会との間の保証契約の内容にならないとしても、X 及び Y は、本件基本契約上の付随義務として、個々の保証契約を締結して融資を実行するのに先立ち、<u>相互に主債務者が反社会的勢力であるか否かについてその時点において一般的に行われている調査方法等に鑑みて相当と認められる調査をすべき義務を負う</u>」。

イ　義務違反の効果　　「Y がこの義務に違反して、その結果、反社会的勢力を主債務者とする融資について保証契約が締結された場合には、本件免責条項にいう X が「保証契約に違反したとき」に当たると解するのが相当である」。「本件についてこれをみると、本件各貸付けの主債務者は反社会的勢力であるところ、X が上記の調査義務に違反して、その結果、本件各保証契約が締結されたといえる場合には、Y は、本件免責条項により本件各保証契約に基づく保証債務の履行の責めを免れるというべきである。そして、その免責の範囲は、上記の点についての X の調査状況等も勘案して定められるのが相当である」（この問題を審理させるため、破棄差戻）。

6-14

(3)　錯誤が問題となった事例 2　　信用保証協会による保証について、類似した事例を扱った判例がある。事業譲渡により中小企業としての実体を失っていた主債務会社の委託により信用保証協会 Y が保証契約を債権者 X と締結した事例を扱った最判平28・12・19判タ1434号52頁である[362]。6-11判決と同様に、錯誤無効を否定しつつ、特約を根拠に免責をしている。

---

360)　伊藤進「「機関保証」理論の動向」**伊藤・保証・人的担保論**98頁。
361)　主債務者が反社会勢力の事例は念頭にないと思われるが、伊藤教授は、その機関信用保証論から、「信用保証協会による保証は、一定の資格を持った中小企業者につき、その信用を保証する政策的保証であるとの特質を考慮して、被保証資格のない者についての保証は、信用保証の目的を達成することができないものであるという意味において、常に、無効になると解すべきではないか」という（伊藤進「信用保証協会の保証の現状と問題点」**伊藤・保証・人的担保論**144～145頁）。

6-16　　(a) 錯誤無効は否定
　　　ア　原審判決は錯誤無効を認める　　原審は、「本件会社が本件事業を行う中小企業者であることは、Ｙが本件制度を利用した保証契約を締結するための重要な要素であるところ、本件保証契約の締結及び本件貸付けの時点では、本件会社は事業譲渡によって本件事業を行う中小企業者としての実体を失っていたにもかかわらず、Ｙは、本件会社が本件事業を行う中小企業者であると誤信して本件保証契約を締結したと認められるから、Ｙの本件保証契約の意思表示には要素の錯誤がある」と認めた。

6-17　　　イ　最高裁は錯誤無効を否定
　　　❶　一般論　　最高裁は以下のように判示して、錯誤無効を否定する。
　　「意思表示における動機の錯誤が法律行為の要素に錯誤があるものとしてその無効を来すためには、その動機が相手方に表示されて法律行為の内容となり、もし錯誤がなかったならば表意者がその意思表示をしなかったであろうと認められる場合であることを要する。そして、動機は、たとえそれが表示されても、当事者の意思解釈上、<u>それが法律行為の内容とされたものと認められない限り、表意者の意思表示に要素の錯誤はない</u>」（上記(2)の判決を援用する）。

6-18　　　❷　あてはめ　　「Ｘは融資を、Ｙは信用保証を行うことをそれぞれ業とする法人であるから、主債務者が中小企業者の実体を有しないことが事後的に判明する場合が生じ得ることを想定でき、<u>その場合にＹが保証債務を履行しないこととするのであれば、その旨をあらかじめ定めるなどの対応を採ることも可能であった</u>にもかかわらず、本件基本契約及び本件保証契約等にその場合の取扱いについての定めは置かれていない。これらのことからすれば、主債務者が中小企業者の実体を有するということについては、この点に誤認があったことが事後的に判明した場合に本件保証契約の効力を否定することまでをＸ及びＹの双方が前提としていたとはいえない」。「本件会社が中小企業者の実体を有することというＹの動機は、<u>それが表示されていたとしても、当事者の意思解釈上、本件保証契約の内容となっていたとは認められず</u>、Ｙの本件保証契約の意思表示に<u>要素の錯誤はないというべきである</u>」。

6-19　　(b) 特約違反による免責を認める　　「もっとも金融機関は、信用保証に関する基本契約に基づき、個々の保証契約を締結して融資を実行するのに先立ち、主債務者が中小企業者の実体を有する者であることについて、相当と認められる調査をすべき義務を負うというべきであり、Ｘがこのような義務に違反し、その結果、中小企業者の実体を有しない者を主債務者とする融資について保証契約が締結された場合には、Ｙは、そのことを主張立証し、本件免責条項にいう金融機関が「保証契約に違反したとき」に当たるとして、保証債務の全部又は一部の責めを免れることができる」（上記(2)判決を参照とする）。

6-20　　(4)　若干の検討
　　　(a)　法律行為の内容となることとは？　　動機が法律行為（契約）の内容にされているという意味は明らかではない。(3)判例によるならば、主債務者が中小企業者の実体を有していることを、保証契約の要件としておくことが必要になる。当事者の合意で有効要件にするならば、錯誤取消しを持ち出すまでもなく、保証契約は無効になる。要件にしないが内容にする場合が、錯誤を問題にする意義のある事例になるが、容易には想定できない。この種の錯誤は95条では保護されず、

---

362)　本判決の評釈として、久保野恵美子「判批」法教440号148頁、松尾弘「判批」法セミ751号118頁、下村信江「判批」金法2073号37頁、池田真朗「判批」『民事判例（日本評論社）15（2017年前期号）』86頁、近江幸治「判批」判時2350号148頁（判評707号44頁）、西内康人「判批」金法2081号46頁、金山直樹「判批」リマークス56号22頁、竹中悟人「判批」『平成29年度〔重要判例解説〕』65頁、加藤保大「判批」金法2087号56頁、姜昌勲「判批」関西大学法科大学院ジャーナル14号38頁がある。

契約で有効要件にしたり、条件にすることが必要であると言ってもらった方が納得がいく。筆者は基本的にそのような考えであるが、ただ債権者が悪意でその点につき保証人に対して情報提供義務があるのに、それを怠った場合には、保証人に錯誤取消しを認めてよいと考えている[363]。

(b) 債権者の調査義務＋免責特約の意味　　上記判例は、債権者の主債務者の反社会勢力、中小企業該当性についての調査義務を認め、この義務に違反すれば免責特約により協会は全部または一部の免責が認められるという。錯誤取消しについても、動機の黙示の表示ないし当然の前提、債権者の確認義務を介した認識可能性を問題にする筆者の考えでは、同じ結論は錯誤取消しでも導くことが可能である。ただ、免責条項では、一部免責が可能な点は意義がある。信用保証協会と債権者のいずれにも過失があり、過失相殺的に不利益を分担させることが可能になり、錯誤ではオールオアナッシングの解決しかできないのを修正できる。錯誤を排除して、このような柔軟な解決に一元化しようとすることに最高裁の意図があるとすれば、それは妥当なものである。ただし、過失相殺をして債権者に対する損害賠償請求による考えでも（☞**注288、注370**）、同じ解決は可能である。 6-21

◆**「枠」保証の信用保証委託契約論** 6-22

個別の保証契約の委託ではなく、限度額を定めた上で、その金額までの保証を引受ける包括的に保証委託契約を基本契約として行うことは可能であり、この枠の限度で、保証人はその後に個別の融資に際して、保証人に保証契約の締結を求めることが可能になる。伊藤教授は、信用保証協会の保証を「信用の保証」と構成した上で、次のような提言を述べる。

信用保証協会と被保証者との間で、「被保証人の信用・事業状況等から判断して、被保証人がその事業活動に伴って金融機関から融資をうけるにあたっての、一定範囲の債務について保証を与えることを約束し（信用委託契約）、信用保証協会と金融機関との間では、この一定範囲を「枠」として、その範囲内において、かつ信用委託契約によることを内容とした被保証人に対する信用を補完し、代わって債務の弁済を行うことを約束（保証契約）する。一定「枠」の範囲での信用供与を行うことを約束する（「枠」保証）わけである」[364]。

◆**信用保証契約における免責条項──旧債振替禁止** 6-23

信用保証協会と債権者との保証契約については、信用保証協会連合会の作成による「「営業店のための信用保証協会信用保証取引」約定書」が公表され、また、その解説も公表されており、11条所定の事由がある場合には、信用保証協会は、その履行について全部または一部の責めを免れるものとされている。その1つに3条の禁止に違反したことが規定されており、いわゆる旧債振替えの禁止に違反し、既存の債務の支払に協会保証に係る借入金を充てたことが免責事由とされている。事業資金の借入れのための支援として信用保証がされるのであり、事業資金ではなく既存の債務の支払のための借入れはその支援の趣旨を逸脱するためである。借入金の1/7を既存の債務の支払に充てた事例で、最判平9・10・31民集51巻9号4004頁は、①違反した場合には当然に無効になる（無効の根拠は約定書の条項）、また、無効になるのは、旧債振替えに充てられた

---

363)　平野裕之『民法総則』（日本評論社・2017）220頁。
364)　伊藤進「「機関」保証の動向」**伊藤・保証・人的担保論**101頁。信用保証協会と金融機関とにおいて、保証取引の基本的な事項を包括的に定めた「約定書」による合意がされており、これを前提に、個々の保証取引のつど、金融機関に「信用保証書」が交付され、これに基づいて貸付けが行われる。この「約定書」による事前の保証契約内容の取り決めは、銀行取引約定書の締結のように一種の規範設定契約と考えられている（伊藤進「信用保証協会の保証の現状と問題点」**伊藤・保証・人的担保論**142頁以下）。

部分に限られることを確認している。学説上は種々の議論があるが省略する[365]。

6-24 ◆履行引受契約──実質的な融資

(1) 立替払いは融資に等しい　委任契約、例えば、A（本人・委託者）が、絵画の代理人としての買い付けをBに依頼し、その際、代金（例えば、100万円）の立替払いを受任者（代理人）Bに依頼しこれが了解される場合、委任契約の本来の内容ではない代位弁済が引き受けられていることになる。この場合、代位弁済義務の引受けは、実質的には、代金100万円の受任者Bによる委託者Aへの貸付け、Aの指図による売主Cへの直接の交付ということになり、AB間に金銭消費貸借がなされていると考えることができる。求償権ではなく、貸金債権が成立し、これにつき利息の合意や担保の取得が可能になる。Bが自己の名で買い取る間接代理の場合には、費用償還請求権によるしかない。

6-25 **(2) 保証の場合**　保証の場合には、先にみたように、保証委託契約をどう理解するかによる。もちろん委託なしに保証人になった場合には、債権者に対して代位弁済を義務づけられるにすぎず、弁済により債務が消滅するので（☞ 6-2 の新接木説はそうだが、通説では消滅しない）、不当利得返還請求権が成立するにすぎない（債務が消滅しないのに不当利得になることには疑問は残る）。他方で、保証契約締結の委託だけでは、主債務者に対して、代位弁済義務を負わないが、委任事務処理として保証契約を締結し、それにより保証債務を負担したことを考えれば、650条1項を拡大して運用することを認めてよい。他方、保証契約の委託だけでなく、支払ができない場合に、代位弁済をすることを合意している場合には、(1)のように考えることができ、金銭消費貸借の予約、支払後は貸金債権が求償権として成立すると構成できる（☞ 6-27も参照）[366]。保証人は、求償権たる貸金債権のために弁済者代位が認められる。

6-26 ２ 受託保証人の求償権

(1) 受託保証人の求償権の位置づけ

委託を受けた保証人（以下、「受託保証人」という）の求償権につき、民法は、①弁済その他の出捐をなした後の求償権（事後求償権）の他に、②一定の要件の下に弁済等の出捐をなす前にも求償権（事前求償権）を認めている。①は委任事務処理費用の求償ができ（650条1項）、②は弁済のための費用の前払請求を制限したものと考えるのが、かつての通説であった（☞ 6-6）。しかし、現在では、代

---

365)　中舎寛樹「法人根保証と保証契約解約事由」**椿ほか・法理**91頁以下参照。中舎教授は、契約不履行による解除で、当然に解除の効力が発生し、解除の範囲は、不履行の程度に応じて段階的であると考えている。

366)　信用保証会社は、形式は保証人であるが、保証人として弁済して代位取得した債権の回収を行うものであり、「むしろ実質は債権管理会社」であると評されている（座談会「現代の保証──機関証を中心に」**金融取引法大系第5巻**390頁）。

位弁済まで委任事務の範囲に含めない理解が有力になっており（☞6-7）、ただ委任された保証契約締結により負担した義務の履行であることから、650条1項同様に直ちに利息の発生が認められているものと考えられている[367]。

◆信用保証協会の求償権──実質つなぎ融資の貸金債権

(1)　2つの権利が混在した権利　　伊藤進教授は、信用保証協会の求償権について次のようにいう。

「信用保証協会の目的は、保証をすることによって金融の調達を円滑にし中小企業を育成することにある。そうだとすると一度保証をし資金を得させるだけでは事が足りるのではなく、中小企業者が支払不能に陥ったときでも、立ち直りうるよう援助をすることまで考慮しなければならない。このため、信用保証協会の代位弁済は、債権者との関係では保証債務の履行ではあるが、主たる債務者に対する関係では、一次のつなぎ融資的な機能を有するものといい得る。信用保証協会は、代位弁済後は中小企業者に対し、このような意味での特殊な債権をもつことになる」。「他面では、弁済のために出捐したものの返還請求という性格のあることを見逃すわけにはいかない。この意味において、信用保証協会保証での求償権は2つの性格の混在した権利とみるべきである」[368]。

(2)　実質は貸金債権──そのような契約も可能

(a)　実質は融資　　保証人による保証債務の履行としての支払も、履行引受まで内容とされていれば、委任の受任者による立替払いも実質融資であるが、形式は貸金債権ではなく求償権とされ、出捐時からの利息を当然に付けることになっている（650条1項、459条2項、442条2項）。信用保証協会の支払は融資の「機能」を有し、求償権は特殊であり2つの性格を有するというのは、実質融資の機能が特に意識され利用されている故であろうが、法的には形式的に求償権でしかないことは変わりがない。法的効果にどのような差が認められるのかを明らかにすることが必要になる。ところで、その実質を契約内容として直截に合意することも不可能ではない。次にこの点の確認をしてみたい。

(b)　直截に契約内容として構成すると

ア　融資予約の実行　　保証人・主債務者間で、履行引受ないし融資の予約をしていれば──消費貸借契約の予約規定は削除されたが解釈により認めるか、諾成的（要物性不要という意味で）消費貸借とする──、主債務者の要請により、返済資金を融資し、主債務者の指図により債権者に直接支払っているのに等しく、その支払は第三者弁済ではなく主債務者の支払になり、保証債務の履行ではない。保証人の主債務者に対する貸金債権が成立するだけである。弁済者代位はないので、主債務は消滅する。新たな貸金債権のために担保を取ることが必要になる。これを実質ないし経済的に要素になっているというのではなく、直截にその通りの法的構成にすることは可能であるが、そうすると保証の部分も改変が必要になる。

イ　保証も再構成　　この構成であれば、債務の保証ではなく「信用の保証」だという理解は納得がいく。しかし、保証債権がなく、債権者が保証債務の履行を請求できないというのは気にかかる。支払不能の場合に融資をする予約がされており、主債務者が保証人に融資を実行することを請求できるだけでなく、第三者のためにする契約として、主債務者の指図により融資金を債権者に直接支払うことが合意されており、債権者が融資金の交付請求権を取得するという構成が考えられる。主債務者・保証人間の融資予約の融資金交付請求権を、債権者は取得していることになる。現実の契約の解釈としては難しいが、直截に主債務者・保証人間で融資予約をし、そ

6-27

6-28

6-29

6-30

---

367)　フランス民法2308条2項は、特に受託保証人に限定することなく、支払の日から当然に利息が発生するものと規定している。

368)　伊藤進「個人保証と信用保証」**伊藤・保証・人的担保論**124頁。

の権利を債権者に付与する第三者のためにする契約によることも不可能ではない。

6-31 **◆求償権のための抵当権設定の登記原因**
　　保証人が将来取得する求償権のために抵当権の設定を受ける場合、その登記原因は、登記実務では個々の保証契約を記載し、その主債務も表示すべきものとされている（昭和36・11・22民事甲第2919号民事局長回答、昭和40・10・14民事甲第2790号民事局長回答）。しかし、登記原因は保証委託契約でよく、信用保証契約のように、数回の保証を断続的に行うことが予定されている場合には、保証契約締結ごとに抵当権を設定しなければならなくなると批判されている[369]。批判説に賛成である。

6-32 ## (2)　受託保証人の事後求償権

(a)　求償権の要件および内容
ア　弁済期後に債務消滅行為がされた場合の求償権

【表 6 -32①】受託保証人の求償権の成立要件
① 受託保証人であること
② 主債務の存在
③ 保証人が自己の出捐により債務消滅行為をして、主債務者を免責させたこと

【表 6 -32②】保証債務を履行した受託保証人に認められる権利
① 支出した財産の額についての求償権（459条1項）
② ①についての免責後の法定利息の支払請求権（459条2項、442条2項）
③ 避けることができなかった費用その他の損害の賠償請求権（459条2項、442条2項）
　＊③については、412条3項により請求から遅延損害金が発生する

---

❶　**自己の財産をもって債務を消滅させる行為**　　受託保証人の求償権の要件・効果は【表 6 -32①②】のようにまとめることができる。
　受託保証人が、「主たる債務者に代わって弁済その他自己の財産をもって債務を消滅させる行為」（債務消滅行為）をした場合に[370]——弁済、代物弁済、更改、相殺[371]等——、保証人が主債務者に対して求償権を取得する（459条1項）。連帯債務についての442条2項が準用され（459条2項）、弁済その他免責がなされた日以後の法定利息および避けることができなかった費用その他の損害の賠償を請求

---

369)　伊藤進「個人保証と機関保証」**伊藤・保証・人的担保論**127頁。

することができ[372)、これは委任の650条1項、3項と同様である[373)。しかし、保証人が主債務者に通知をして弁済を対抗できるようになることが必要であり、正確には通知の時が利息発生の基準時である。

◆強制執行や債権者からの相殺によっても求償権が成立　　　　　　　　6-33

「消滅させる行為」と、保証人の「行為」が必要なように規定されているが、保証人が債権者により強制執行を受けた場合や、債権者から相殺を対抗された場合でもよい。これらの場合でも、敢えて459条の類推適用というかどうかは措くが、保証人の主債務者に対する求償権の成立が認められる。

ただ、弁済ではないので、保証人の通知義務（463条3項）を認めるべきかは微妙である。かといって、強制執行や相殺をした債権者に、主債務者に対する通知義務を負わせることはできない。しかし、その後に、主債務者が知らずに債権者に弁済をして無効となる不利益が予見できる以上──主債務者には受託保証人に対する事前の通知義務はない──、保証人は、相殺の通知を受け

---

370)　＊保証人の善意無過失を要件に加える学説　　自己の出捐による債務消滅行為が求償権の成立要件であるが、福田教授は、求償要件として、①「弁済のための支出」、および、②「保証人の無過失」を設定する（福田・前掲論文（**注259**）49頁）。秦教授が根拠としたように、旧459条1項ならば条文上の根拠もあった。改正459条1項には「過失なく」という文言がなくなったが、保証委託という委任法理から導かれるものであり、改正法の下でも解釈として可能とされる（同40頁）。本書は、463条1項の反対解釈として、主債務者の抗弁事由の対抗を受けないための要件として保証人の抗弁についての善意無過失を必要とするが、463条1項の適用を排除するための要件を加重するだけである（☞**6-41**）。求償権自体は、保証人が悪意でも弁済により成立することになる。

371)　フランスでは、債権者の保証人に対する保護義務違反により、保証人が債権者に対して損害賠償請求権を取得し、これと保証債務との相殺をすることができるが、この相殺により保証債務は消滅するものの、主債務は消滅しないと考えられている（☞**2-100**以下）。そのため、保証人に主債務者に対する求償権も発生しない。実際には、日本における信義則による保証人の責任制限に等しい。保証人が自分の求償権を行使する場合を recours personnel（自己の権利による求償［2308条、2312条の法令用語］）を、債権者の有していた権利を行使する弁済者代位による場合を recours subrogatoire（代位による求償［2312条の法令用語］）という。

372)　フランス民法2308条は、「保証人が、債務の全部または一部を支払った場合、その支払った金額及び費用並びに利息につき求償権を取得する」（1項）、「利息は、支払時から当然に発生する」（2項）、「保証に対する訴訟提起があった場合、そのことを保証人が主債務者に知らせた後でなければ、費用［の償還］を請求することができない」（3項）、「保証人が、第1項の金額の支払遅滞とは別に損害を被った場合にも、その賠償を受けることができる」（4項）と規定する（改正前は2028条である）。

373)　442条2項の避けることができなかった費用と損害賠償については、福田誠治「保証委託関係や連帯債務関係における求償権の範囲」駒沢法学18巻2号（2018）34頁以下、また、同規定の免責日以降の利息については、同41頁以下参照。福田教授は、委任法理では、委任者の利益ではなく、受任者が被った不利益に着目する点が特徴であり、保証委託関係もこれと同様の観点から求償範囲を確定すべきであり、委任法理と乖離しており理論構造を取り違えていると批判する（前掲論文114頁）。ちなみに利息の対象は、650条1項は委任事務処理費用であるが、442条2項は、同1項の出捐だけであり、避けられなかった費用と損害は対象にならず、請求により遅滞に陥ることになる（412条3項）。この点、微妙に委任とは異なっている（福田・前掲論文42頁、45頁参照）。しかし、準用される連帯債務についての442条2項がどうして委任と同様の規律になっているのかは疑問が残る（福田・前掲論文47頁以下参照［委任・組合説、委任・組合擬制説、範囲法定説に分類する］）。連帯債務が相互保証であり、共同購入や組合の共同事業といった関係がある場合には、委任規定との整合性が図られることは不合理ではない。

たこと、また、強制執行を受けたことを伝える信義則上の義務が認められるべきである。463条3項の類推適用とすると——主債務者の事前通知はなくてよい——、損害賠償義務ではなく主債務者の弁済が有効とされることになる。465条3項の類推適用を認めるべきである。

6-34　❷　**全額である必要はない**　主債務の全額を弁済する必要はなく、弁済した額について求償権が成立する。また、代物弁済をした場合について、連帯債務におけるのと同様の規制がされており（459条1項括弧書き）、例えば、100万円の債務につき、保証人が150万円の財産で代物弁済をしても、保証人は100万円の求償しかできない（465条1項にも類推適用すべきである）。反対に、100万円の債務につき、80万円の財産で代物弁済をして全額を消滅させた場合には、80万円の求償権を取得するにすぎない。「そのために支出した財産の額」の求償権と規定されていることから導かれる結論である。

6-35　イ　**弁済期前に債務の消滅行為がされた場合**　受託保証人が、「主たる債務の弁済期前に債務の消滅行為をしたときは」、主債務者が「その当時利益を受けた限度において求償権を有する」（459条の2第1項第1文）。この場合、主債務者が保証人の求償に対して、「債務の消滅行為の日以前に相殺の原因を有していたことを主張するときは」（求償請求に対して、債権者に対する反対債権で相殺を持って対抗する場合）、「保証人は、債権者に対し、その相殺によって消滅すべきであった債務の履行を請求することができる」（同第2文）。443条1項第2文と同趣旨の規定である。

6-36　**◆期限の猶予との関係について**
　⑴　**利益であり保証人に当然に対抗できるか**　主債務者が、債権者により期限の利益を付与された場合、①その効力は当然に保証人に効力が及ぶという考えと——保証債務の弁済期も延期されるので457条2項の問題ではなくなる——、②保証人は自ら関与しない弁済期の猶予を強制されるべきではなく、保証人は抗弁権として457条2項により援用することができるにすぎないという抗弁権説とが考えられる[374]。①では、保証人による事前の弁済がされた場合には、直ちに求償権は成立するが、主債務の弁済期以降ではないとこれを行使できず（459条の2第3項）、また、「弁済期以後の法定利息及びその弁済期以後に債務の消滅行為をしたとしても避けることができなかった費用その他の損害の賠償」が請求できるにすぎないことになる（同第3項）。
6-37　⑵　**保証人に選択権を認めるべきである**　しかし、保証人の同意を得ることなく、債権者が主

---

374)　**改正債権法コンメ**363頁［齋藤由起］。フランスの2021年改正2320条2項は、債権者が主債務者に期限の利益を付与した場合、保証人は当初の期限になれば、債権者に支払、主債務者に求償することができるものと規定する。保証人が主債務者の期限の利益付与に拘束されるとすると、当初の期限後の主債務者の信用の悪化を負担しなければならないことになり、保証人の予期に反することになるためである（M. Cabrillac, C. Mouly, S. Cabrillac, P. Pétal, nº 253, p.177）。

債務の弁済期を延期しその間の利息の支払が約束された場合には、保証人は利息が膨らむ前に従前の債権額を支払う必要があり、抗弁権の行使をするかどうか保証人に選択を認めることが適切である[375]――460条 2 号が参考になる――。したがって、受託保証人は、弁済期がその同意なしに延期された場合、当初の期日に弁済をして、459条の 2 の制限和受けることなく求償が可能と考えられる[376]。

(b)　保証人の事前・事後の通知義務違反による求償権の制限[377]　　便宜上、受 6-38

託保証人と無委託保証人を合わせて比較しつつ説明する（【表 6 -38】参照）。

【表 6 -38】保証人・主債務者の通知義務

	受託保証人	非受託保証人
1.　保証人の通知義務		
①　事前の通知義務	通知義務あり（463条 1 項）	通知をしても対抗を受ける
②　事後の通知義務	通知義務あり（463条 2 項）	通知義務あり（463条 1 項）
2.　主債務者の通知義務	通知義務あり（463条 3 項）	通知義務なし（463条 3 項反対解釈）

ア　事前の通知義務違反

❶　受託保証人――事前・事後の通知義務あり　　連帯債務と同様に、保証人には主債務者に対する弁済前また後の通知義務が規定されている[378]。まず、事

---

375)　齋藤・前掲論文（**注136**）524頁。
376)　**改正債権法コンメ**371頁［齋藤由起］。当初の判例は、保証人の承諾がない限り保証人には弁済期の猶予の効力は及ばないとしたが（大判明34・5・30民録 7 輯147頁）、その後変更された（大連判明37・12・13民録10輯1591頁）。「何人と雖も自己の関与せさる契約の効力を以て対抗せらるへきものに非ざるは一般の原則なれども、此原則も亦例外なき能はず。抑保証債務は主たる債務の弁済を確保する所の従たる債務なれば、特に其従たる債務を消滅に帰せしむる事由なき限りは其性質として常に主たる債務と運命を共にせざる可からず。而して主債務に付弁済期限を延長するは債務消滅の事由に非ざるは勿論新債務を創設するものにも非ざるがゆへ仮令保証人か自から之に関与せさりしにせよ其効力の当然保証債務に及ふへきは民法施行前後に通する所の法理にして即ち例外の一なりとす」と、弁済期の猶予の保証人への対抗を認める。学説も同旨であった（**注民（11）**234頁［中井美雄］等）。消滅時効の起算点が変更される点については、保証人も甘受すべきであるが、当初の期日に支払をする利益は奪われるべきではない（459条の 2 の制限を受けない）。事前求償権――本書では免責請求権――との関係でも（461条 2 号）、保証人への対抗を否定すべきである。ドイツでは、猶予期間中に主債務者が支払不能になる場合には、弁済期の猶予の効力は保証人に及ばないが――保証人は免責請求権の行使や自ら支払ができるということか――、そうでない限り保証人の弁済期の猶予の効力が及ぶと解されているということである（**注民（11）**234頁［中井］）。
377)　この問題は、2017年改正前の旧463条は、連帯債務についての旧443条を準用していたが、改正法保証独自の規定を設けた（新463条）。改正論議では削除も含めて検討され、学者委員と実務会員との対立も見られた。その論議の詳細については、福田・前掲論文（**注259**）13頁以下参照。

前の通知義務[379] であるが、改正前は、443条を保証人に準用していた（旧463条 1
項）。改正法は、「保証人が主たる債務者の委託を受けて保証をした場合において、
主たる債務者にあらかじめ通知しないで債務の消滅行為をしたときは、主たる債
務者は、債権者に対抗することができた事由をもってその保証人に対抗すること
ができる。この場合において、相殺をもってその保証人に対抗したときは、その
保証人は、債権者に対し、相殺によって消滅すべきであった債務の履行を請求す
ることができる」と、保証独自の規定を置いた（463条 1 項）。

6-39　◆対抗が問題となる事由
　　　①主債務者が弁済をしていた場合には、保証人の弁済は無効であり、受託保証人について463
　　　条 2 項の保護が用意されているにすぎない。②同時履行の抗弁権が付いていた場合、保証人の弁
　　　済は有効であるが、その求償に対して主債務者は同時履行の抗弁権を対抗できる。③主債務者・
　　　債権者間で相殺が可能であった場合——どこまで対抗を認めるかは、469条、511条が参考にされ
　　　るべきである——、主債務者は、債権者に対する債権を自動債権、保証人の求償権を受働債権と
　　　した相殺が可能である。この場合、保証人は、自動債権とされた主債務者の債権者に対する権利
　　　を取得——相殺は対抗できるが消滅しない——することになる。④主債務の時効が完成していた
　　　場合、保証人が援用せず弁済すれば弁済は有効であり、求償権が成立するが、主債務者の時効の
　　　利益を奪うべきではない。そのため、主債務者は、主債務者の時効を援用して遡及的に主債務が
　　　消滅していたものとして、求償権の成立を否定することができる。保証人の弁済は有効であり、
　　　保証人は債権者に不当利得返還請求はできない。ひとり保証人のみが不利益を受けることになる。

6-40　❷　無委託保証人——事後通知義務のみ、事前通知義務は削除　　　上記規定は
その適用を受託保証人に限定している[380]。無委託保証人を除外しているのは、
事前の通知をしようと求償権につき制限を受けるためである（462条、459条の 2
第 1 項前段）。事前通知義務は通知を尽くせば、主債務者が対抗しえた事由の対抗
を受けなくなる制度でもあるため（無過失の要否につき☞6-41）、制限をしたので
ある[381]。この結果、受託保証人は事前の通知をすれば、主債務者が債権者に対

---

378)　スイス債務法502条 3 項は、「債務者に帰属する抗弁を［債権者］に対抗することを怠った保証
　　人は、それが支払を免れるものである場合には、求償権を失う。ただし、過失なしにそれを知らな
　　かったことを証明した場合にはこの限りではない」と規定するのみである。事前の通知義務は規定
　　していないため、主債務者が失踪していたりすれば、通知をしないで支払っても過失なしというこ
　　とも考えられる。
379)　**DCFR** IV. G.- 2 :112条(1)は、人的担保の提供者は、履行前に、主債務者に、通知し、かつ、被
　　担保債権の未払総額および被担保債権に対する抗弁または反対債権についての情報提供を求めなけ
　　ればならないとし、同(2)は、これに違反した、または、主債務者から知らされた抗弁ないしその他
　　の理由で知った抗弁の提出を怠ったときは、求償権は、主債務者がこの不履行または懈怠から生じ
　　る損害を避けるために必要な範囲に縮減されるものと規定する。通知だけでは足りず、確認義務ま
　　で負わされることになる。

する対抗事由を有していても対抗を受けないという保護を受けるが、無委託保証
人は事前通知をしてもこの保護を受けない。また、主債務者は、無委託保証人の
弁済を知りつつ弁済をしても非債弁済（705条）にはならず、自己の弁済を有効
とみなすことができる（463条2項の反対解釈）。

◆保証人は通知さえすればよいのか──善意無過失の要否 6-41

　463条1項の反対解釈により、保証人が主債務者に事前の通知を行えば、主債務者が債権者に
対して対抗事由を有していても、保証人による求償請求に対して対抗できないことになる。しかし、
このような無条件に反対解釈してよいのかは問題である。というのは、受託保証人は、保証委託
契約上の義務として、弁済まで義務づけられているかどうかを問わず、主債務者の利益について
配慮すべき付随義務を負うと考えられるからである。例えば、主債務につき時効が完成している
場合、保証人がそれを知っていれば、事前の通知に際して援用するのかどうか、主債務者に確認
をすべきである。主債務者が時効を援用するので支払を避けるよう求めたならば当然、主債務者
から明確な回答がなかったからといって、145条で固有の援用、457条2項で主債務者の援用権の
成立を抗弁として主張できるので、支払を避けるべきである。こうして、保証人が抗弁として債
権者の請求に対して主張できる事由がある場合には、保証人は善意無重過失──有償委託の場合
は無過失──を必要とすると考えるべきである[382]。

◆事前の通知義務が特約で免除されている場合（信用保証協会） 6-42

(1)　問題点　　信用保証協会による有償保証の場合には、主債務者との保証委託契約において、
保証人の主債務者への事前通知義務が免除されている。事前通知義務の規定は任意規定であり、
特約により免除することは有効である。では、主債務の時効が完成しており、保証人が主債務者
に事前の通知をせずに債権者に弁済をした場合、保証人の主債務者に対する求償につき、主債
者は時効をもって対抗することができなくなるのであろうか。事前通知義務免除にはそこまでの
効力が認められるべきなのであろうか。この問題を扱った下級審判決に、次の判決がある。

---

380)　無委託保証人については、不当利得の最低限の権利が認められているにすぎない（**梅**192頁）。
　受託保証人については、強行規定ではないので、保証人と主債務者との合意により修正は可能であ
　る。例えば、信用保証協会への保証委託契約では、保証協会は債権者により請求された場合には、
　主債務者更には求償保証人に対して通知、催告なしに弁済をすることができる旨の条項が規定され
　ている。スイス債務法508条も、全部または一部の弁済をした保証人に、主債務者への通知を義務
　づけ（1項）、それを怠り、主債務者が弁済を知らずまた知りえなかったため弁済をした場合には、
　保証人は求償権を失うこと（2項）、その場合、保証人は債権者に不当利得返還請求権を取得する
　こと（3項）を規定する。
381)　**筒井ほか・Q＆A**34頁。
382)　秦光昭「判批」金法1567号（2000）9頁は、保証人の支払が主債務者に利益をもたらさない場
　合であっても、「受託保証人については、民法459条1項の特則により、保証人が過失なくして弁済
　したときは、債務者においてたとえ抗弁権を有していたとしても、これをもって受託保証人に対抗
　することはできないと解すべきではなかろうか」という。上記引用文の459条1項は旧規定であり、
　「過失なくして」という文言は、債権者に弁済をすべき判決を受けたというだけでなく、弁済等に
　もかかると解するのである。改正でこの文言はなくなったので、解釈として主張せざるをえなくな
　っている。「過失なくして」というのは弁済等にはかかっていなかったという理解による改正とい
　ってよい。

　(2)　東京高判平11・5・25金判1078号33頁

　　(a)　**求償は認められない**　「連帯保証人Xは、訴外銀行からの弁済請求に対して、主債務者である Y とは別個にそれぞれの連帯保証人あるいは主債務者の立場において消滅時効の援用をしてその弁済を拒否することも、その援用をしないで弁済をすることも可能であるが、時効利益の放棄は相対的な効力しかなく、連帯保証人が時効利益の放棄をしても、主たる債務者がその援用権を失うものでないから、委託を受けた連帯保証人が主たる債務の消滅時効の援用ができるのにそれをせずに弁済をして主債務を消滅させても、それは主債務者に利益をもたらすものではなく、主たる債務者のためにする保証委託契約の本旨に適うものとは認め難く、連帯保証人には主債務者に対して求償し得ないものと解さざるを得ない」。

　　(b)　**事前の通知義務免除との関係**　「Xにおいて、主たる債務者であるYに対して事前通知のあるなしにかかわらず、Xにおいて容易に判断して行使し得べき抗弁等を、Yのために自主的に行使する責務を軽減する効果を有するものではない」。「本件保証委託契約に基づく連帯保証人であるから、その弁済は自己の連帯保証債務によるものであっても、主債務者との関係では弁済が委任事務の処理であり、その求償は、その実質は委任事務処理費用の償還請求の性格を有するものである。したがって、右委任事務の処理に当たっては善管注意義務が存するので、右注意義務に違反して主債務者であるYの訴外銀行に対する消滅時効等の抗弁権が存在するときには、これをYの利益のために援用すべきであり、これを看過したときは、信義則上その代位弁済に基づく求償はなしえないものと解するべきである」。

　　(c)　**考察**　本判決がいうように、事後通知と異なり、事前通知は、保証人の主債務者の利益配慮義務の一環として、対抗事由についての確認義務ともいうべき義務である。これを免除することは有効であり、主債務者が、対抗事由を有している場合には、保証人に通知をした事由のみが対抗できることになる。したがって、主債務者から積極的に時効完成についての通知がない以上、求償について時効の対抗を免れるはずである。ただし、「Xにおいて容易に判断して行使し得べき抗弁等」を除外しており、悪意または重過失がある場合には免責を否定する趣旨と考えられる。これには本書も賛成であり、免責特約があっても、保証人が悪意または有過失であれば、通知義務はなくても支払をしてよいか主債務者に確認すべき義務を認めるべきであり、これをせずに支払った場合には免責特約を援用できないと考えるべきである。ただし、主債務者も積極的に保証人に通知をすることを怠っているため、時効を対抗できる額を相当な範囲に制限すべきである。

　　イ　**事後の通知義務違反——全ての保証人**

　❶　**規定の確認**　保証人の事後の通知義務について、民法は、「保証人が債務の消滅行為をした後に主たる債務者が債務の消滅行為をした場合においては、保証人が主たる債務者の意思に反して保証をしたときのほか、保証人が債務の消滅行為をしたことを主たる債務者に通知することを怠ったため、主たる債務者が善意で債務の消滅行為をしたときも、主たる債務者は、その債務の消滅行為を有効であったものとみなすことができる」と規定する（463条3項）[383]。消滅行為とあるので、代物弁済、更改、相殺にも適用される。

　　❷　**463条3項の根拠——現実賠償制度**　保証人の弁済により主債務は消滅し、保証人の主債務者に対する求償権が成立する。主債務は消滅しているので、

その後の主債務者の弁済は無効になる。保証委託の有無を問わず——即ち保証委託契約の効力ではなく——、保証人が弁済を主債務者に知らせないと、主債務者は保証人への事前通知義務がないので——受託保証人であっても——、主債務者が無効な弁済をして損失を被ることが予想できる。そのため、法定の作為義務として、事後の通知義務を規定し、その違反の効果を損害賠償ではなく、主債務者に自己の弁済を有効とみなす権利（形成権）を付与することにしたのである。一種の現実賠償制度である。

---

383)　**＊旧民法およびフランス民法の規定**
　(1)　旧民法の規定　　旧民法債権担保篇33条は、以下のように規定していた。
「1　保証人は有効に弁済したるも債務者に其旨を有益に通知することを怠り為めに債務者が善意にて再び弁済し此他有償にて自己の免責を得たるときも亦其求償権を失ふ
　2　右に反して債務者が自ら債務を消滅せしめたることを保証人に通知することを怠りたるときは債務者は場合に従ひ其債務の消滅後保証人の為したる弁済に付き責任ありとの宣告を受くること有り
　孰れの場合に於ても利害の関係ある当事者は受取ることを得さるものを受取りたる債権者に対して求償権を有す」
　現行民法とは若干異なる点がある。まず、1項は、主債務者が債務消滅行為を「有効であったものとみなすことができる」というのではなく、保証人の求償権が当然に消滅するものとなっている（フランス方式）。また、2項は、主債務者の通知義務違反については、求償権が消滅するとは規定できないため、主債務者が「保証人の為したる弁済に付き責任ありとの宣告を受ける」ことができるという規定になっている。「責任」の意味が不明であるが、保証人の支払は無効であり債権者に返還請求権を持つが、主債務者もその支払の「責任」を負うという趣旨と考えられる。債権者と主債務者とが不真正連帯債務の関係に立つので、むしろ現行法よりも厚い保護になっているといえる。
　(2)　フランス民法の規定
　　(a)　2021年改正前　　2021年改正前は、①まず事後の通知を規定し（旧2308条1項）、保証人が弁済をしたのに、主債務者に通知（avertir）をせず、主債務者がその後に弁済をした場合には、「求償権を有しない」と規定していた。②続けて事前の通知を規定し（同2項）、保証人が債権者から請求もされていないのに、主債務者に通知をせずに支払をした場合に、主債務者が保証人の支払時点で「債務の消滅を主張できる事由」（le moyens pour faire délarer la dette éteinte）を有していた場合には、保証人は主債務者に対してやはり「求償権を有しない」と規定する。債権者に対する返還請求はできることは確認規定が置かれている。
　　(b)　2021年改正規定　　ところが、2021年改正規定（2311条）は、「保証人は、主債務者に通知することなく支払をした場合、その後に主債務者が債務消滅行為をした、または、［保証人の］支払の時に［主債務］の消滅を主張できる事由を有していたならば（le moyens de la [la dette] faire déclarer éteinte）、求償権を取得しない。［この場合］保証人は、債権者に対して返還を請求できる」とひとまとめに規定した。通知の時期は明確にしておらず、事前でも事後でもよいかのようである。重複弁済をした主債務者の善意を要件としていない。主債務者の抗弁を認めるのではなく、今日証券自体が否定されている。日本の規定と比べると解釈に任せる領域が広い。債権者から請求されたことは要件ではなくなっている。
　(3)　スイス債務法　　スイス債務法508条1項は、保証人は全部または一部の支払をした場合には、債務者にそのことを知らせなければならないとし、同2項は、債務者が、保証人による支払を知らずまた知らないことが許される状況でその後に支払をなした場合、保証人は債務者に対する求償権を失うものと規定する。3項は、その場合、保証人は債権者に不当利得返還を請求できることを確認している。

6-48 ❸ **463条3項の要件** 　463条3項の要件は、①主債務者側については、ⓐ保証人の弁済を知らずに（善意）、ⓑ債務消滅行為——相殺は463条1項——をしたことである。ⓐについては、損害賠償では、主債務者に過失があっても過失相殺がされるが、そのような調整ができないので、無過失まで必要と考えるべきである。②保証人側については、受託保証人かどうかは問わず、事後の通知義務を怠ったことだけが要件である[384]。

6-49 ❹ **463条3項の効果**

ⅰ **絶対的効果説** 　463条3項の効果については、連帯債務についての443条2項同様に相対的効果か絶対的効果かということが問題になる。物上保証人や共同保証人がいる場合に問題になる。まず、**絶対的効果説**では、全ての者との間で保証人の弁済は無効になり、主債務者の弁済が有効になるので、一度成立した保証人の物上保証人に対する弁済者代位、共同保証人に対する465条1項の求償権は、成立しなかったことになる——求償権は一旦成立するが主債務者の弁済により覆される——。

6-50 ⅱ **相対的効果説** 　問題は**相対的効果説**である。保証人はその弁済を主債務者に対抗できないだけで、物上保証人や共同保証人との関係では保証人の弁済が有効なままとなる。保証人は、物上保証人への物上代位、共同保証人への求償権は否定されないことになる。しかし、連帯債務では相対的効果説（連帯債務についての443条2項の判例［大判昭7・9・30民集11巻2008頁]）でよいが、保証では主債務者への求償が中核であり、それに他の法律関係も従うべきである。①主債務者に求償できないのに、そのための弁済者代位や共同保証人への求償権を認めるべきではない。②これを認めると、これらの者が主債務者に更に求償することが問題になる。保証をめぐっては絶対的効果説によるべきである。

6-51 ◆**主債務者の受託保証人への事後の通知義務**[385]
(1) **善意で弁済をした保証人の保護** 　主債務者が弁済をしたが、それを知らずに保証人が更に

---

384) 逆にいうと、事後の通知をすれば弁済（消滅行為）を、主債務者に対抗しうるということである。事後の通知の対抗力はその主債務者への到達によって生じ（97条1項）、主債務者が通知を知らなくてもよい。ただし、保証人が、弁済をしたので自分に支払うよう請求する通知が主債務者に到達したが、それと入れ違いに主債務者による善意での支払（振込み）がされた場合には、到達後でも463条3項を拡大して適用すべきである。なお、事前の通知をせずに弁済をした以上は、事後の通知をしても463条1項の適用は避けられない。
385) この問題については、福田誠治「求償制度の解釈目標（上）（下）」駒澤法学22巻1号（2022）1頁以下、2号（2023）1頁以下参照。

弁済をした場合、主債務者の弁済により主債務は消滅しまた保証債務も付従性で消滅しており、保証人の弁済は無効である。従って、保証人が主債務者を免責させたという効力が認められないため、保証人の求償権の成立要件を充さず、保証人は債権者に返還請求をするしかない。この原則に対して、保証人を保護するために、民法は、「保証人が主たる債務者の委託を受けて保証をした場合において、主たる債務者が債務の消滅行為をしたことを保証人に通知することを怠ったため、その保証人が善意で債務の消滅行為をしたときは、その保証人は、<u>その債務の消滅行為を有効であったものとみなすことができる</u>」と規定をした（463条1項）。

(2)　463条2項の根拠および要件　　6-52

(a)　**463条2項の根拠——保証委託契約**　463条2項により保護されるのは、受託保証人だけである。主債務者が保証人に保証を委託している場合には[386]、委託契約上、保証人の利益への配慮義務が認められ、その一環として主債務者の弁済等についての受託保証人への通知義務が認められていると考えられる。即ち、主債務者にも債務消滅行為をした場合にその通知を受託保証人に対してなすべきであり、①主債務者がこれを怠ったため自己の弁済を無効とされてもやむを得ないという不利益負担の根拠が与えられ、②保証人が善意で[387]弁済等の債務消滅行為をしたならば、本来無効なはずの保証人の弁済行為を、主債務者との関係で保護しようとしたのである（ここでは対抗不能＝相対的効果説が適切☞6-50）。

(b)　**463条2項の要件**　463条2項が適用されるための要件は、①主債務者側については、保証人への通知義務——保証委託をしたことがその成立要件——を怠ったこと、②保証人側については、ⓐ受託保証人であること[388]、ⓑ主債務者の弁済につき善意であることが、民法の規定する要件である。しかし、解釈により要件を加重すべきである。ⓒ次の無過失要件に吸収されるかもしれないが、保証人がその義務づけられている事前の通知義務を果たしていることが、いわば保護要件として必要になる（463条3項につき☞6-48）。ⓓまた、善意では足りず、例外的保護であり、**無過失まで必要である**と解すべきである。例えば、保証人が事前の通知をして、主債務者からの連絡を待たずに直ちに振込みをしたといった場合、すぐに既弁済の事実を連絡してきた主債務者の保護が優先されるべきである。

(3)　**463条2項の適用範囲また効果**　本条の適用については、連帯保証人が2人以上いる場合の465条1項の求償にも類推適用すべきである[389]。また、その効果については、相対的効果か絶対的効果かということが、連帯債務についての443条2項また463条3項と同様に問題になる。例　　6-54

386）受託保証人にその適用は限定されているため、主債務者が、無委託保証人がいることを知っていても、弁済後にこれに通知をすることは必要ない。無委託保証人が事前に通知して善意で弁済しても、主債務者は弁済した旨の通知義務はなく——無委託保証人は債権者に確認するしかない——、無委託保証人は自己の弁済を有効とみなすことはできない。

387）**潮見Ⅱ**707頁は善意のみならず無過失を必要とする。

388）**＊主債務者の時効援用後の保証人による弁済**　消滅時効の完成により債務が当然に消滅すると考える解除条件説では、時効完成を知っていても、保証人の事前の通知に対して、時効が完成していることを通知する義務はない。時効による債務消滅は、463条2項の「債務の消滅行為」ではないからである。他方、援用により初めて債務が消滅すると考える停止条件説では、主債務者が援用して債務が消滅する。そのため、時効援用の意思表示が債務消滅行為になり（出捐はない）、463条2項の適用を認める余地がある（**内田**433頁は類推適用した）。受託保証人が事前の通知をして、主債務者が援用をしたことを知らせずに、保証人が弁済した場合はその弁済は有効になり、主債務者への求償が可能になる。②ただし、保証人の弁済を無効ということを前提として、保証人の事前の通知に対して、主債務者が時効援用済みであることを伝えるなど適切な対応をしなかったため、主債務者が弁済をした場合、保証委託契約上の義務の不履行として損害賠償請求ができるという考えもある（**中田**584頁）。後者では過失相殺が問題となる。それは柔軟な解決とも評価できるが、筆者としては、画一的な処理が可能な①の解決を指示したい。

えば、保証人の他に物上保証人または共同保証人がいる場合を考えてみたい。

6-55　　(a)　**絶対的効果説**　　まず、絶対効を認めると、債権者や物上保証人や共同保証人との関係でも、保証人の弁済が有効で、主債務者の弁済が無効になり、保証人は物上保証人に対して弁済者代位を主張しまた共同保証に対して465条1項の求償が可能になる。物上保証人らが、主債務者の弁済により免責された既得権を、自己に何らの帰責事由なしに失わせることになる。

6-56　　(b)　**相対的効果説**　　他方で、相対効と考えると、主債務者が保証人に自己の弁済を対抗できないだけで、保証人は主債務者に対して求償できるにすぎない。物上保証人や共同保証人との関係では、主債務者の弁済が有効なままである。物上保証人への物上代位や、共同保証人への465条1項の求償権は認められないことになる。463条3項とは異なり、主債務者の弁済により責任を解放された共同保証人らの保護（既得権）を優先すべきであり、463条2項については相対的効果説が適切である（6-50との差別化は可能）。また、「みなすことができる」という規定であり、形成権が成立することになるだけで、当然に保証人の弁済が有効になるわけではない。なので、保証人はこれを援用せず、債権者に返還請求することを選択することが許される。

6-57　　**(3)　受託保証人の事前求償権（事前請求権）**

(a)　事前求償権の意義

ア　事前求償権についての規定

❶　**事前求償権は正確には事前請求権**　　保証人には、3つの場合に主債務者に対して「あらかじめ、求償」をすることが認められている（460条）[390]。「求

---

389)　**＊共同保証人がいる場合**　　600万円の債務の主債務者A、連帯保証人BCとして、Aが弁済したがBCに通知をせず、BがACに通知をして弁済をしたとする。①絶対的効果説では、Bの弁済が有効となり、BのAへの600万円の求償だけでなく、<u>Cへの300万円の求償も認められる</u>。②相対的効力説では、Cとの関係ではAの弁済が有効のままになり、BはAに600万円の求償はできるが、<u>Cへの300万円の求償ができない</u>ことになる。Aの弁済によりCが保証債務を免れた利益をAの帰責事由によりいわれなく奪うべきではなく、相対的効果説が適切である。

390)　**＊旧民法の規定**　　旧民法財産篇34条は以下のように規定していた。現行460条に受け継がれている。

「委任を受けて義務を負担したる保証人は弁済を為す前又は訴追を受くる前にても債務者より予め賠償を受くる為め又は未定の損失を担保せしむる為め左の三箇の場合に於て之に対し訴を為すことを得

　　第1　債務者が破産し又は無資力と為り且債権者か清算の配当に加入せさるとき

　　第2　債務の満期の到りたるとき

　　第3　満期の不定なる債務か其日附より十个年を過ぎたるとき」

また、同35条は続けて以下のように規定する。これも現行461条に受け継がれている。

「債権者か完全の弁済を受けざる間は前条及び第29条に依り債務者より予め保証人に供すべき賠償は債務者其債権者に対する自己の免責を保する為め債権者の名を以て之を供託し又は其他の方法にて之を留存することを得」

　　ここで「賠償」とは求償のことである。旧民法では、求償のことを賠償と称している。例えば、30条は、「主たる債務を弁済し其他自己の出捐を以て債務者に義務を免かれしめたる保証人は債務者より<u>賠償を受くる</u>為め之に対して担保訴権を有す但左の区別に従ふ」と規定する。

償」と表記されているため、これを**事前求償権**と称するのが一般的である[391]。
ただし、「求償」とは表示されているが、求償権は費用償還請求権の性質を持つ
ものであり、出捐をして初めて成立するものであるため（650条1項に対して、
649条、650条2項）、出捐前に特別に認められた「**事前請求権**」（☞ 6-63）というの
が正確な表現である（便宜上、自説の説明以外では事前求償権と記述する）。

❷　**免責請求権として事実上機能**　　主債務者としては、保証人に支払うので 6-58
あれば債権者に支払えばよいので、事前求償権は、事実上は免責請求権として機
能することになる。ただ保証人が事前求償権に基づいて強制執行をかける余地が
あるので、保証人が主債務者から受け取った金銭を費消してしまい、主債務者が
二重弁済をさせられるリスクがある。威嚇を超えて実際に権利行使された時の主
債務者の二重弁済のリスクからの保護のために、民法は、保証人が担保の提供を
することを抗弁権として認めたのである（461条1項）。なお、分別の利益のない
共同保証の場合、共同保証人全員に本権利が認められるが、主債務者は1人に履
行すれば全保証人に対する義務を免れる。

❸　**免責請求権を認める規定なし**　　事前求償権は事実上免責請求権として機 6-59
能するとしても、保証人に直截に免責請求権を認める規定はない。債権者に支
払って保証人を免責するよう請求する単なる「作為請求権」を認めても、結局は
事実上威嚇としての機能しかないと考えられたのかもしれない。しかし、保証人
への支払を求める金銭債権を認める事前求償権は、保証人に過ぎた保護を与える
ものではないかという疑問がある。直截に免責請求権を認めて、その執行を適切
な内容とすれば足りる。しかし、これまで460条は「求償権」を認める規定と考
えられ、また、別個に免責請求権を模索することはされてこなかった[392]。

　イ　**2017年改正による微修正──内容的変更なし** 6-60
　なお、改正前は、460条3号は旧459条1項に規定されていたが、事前求償権

391）　事前求償権はローマ法に遡る制度である（西村重雄「保証人の事前求償権──民法459条のロー
　マ法的沿革」『鈴木禄弥先生古稀記念　民事法学の新展開』[有斐閣・1993] 246頁参照）。ドイツ
　では免責請求権となり、フランスでは補償請求権となり（フランス中世法については、福田誠治
　「中世末期における保証人の事前求償権──民法460条2号の形成史」上智大学法学会編『変容する
　社会の法と理論』[有斐閣・2008] 324頁以下参照）、微妙に制度は異なるが（☞ 6-70）、日本民法
　はフランス民法の流れをくんでいる。
392）　**梅**182頁は、弁済前に求償を認めるのは「一見奇なるがごとし」であるが、「今に於て主たる債
　務者に対し求償を行うに非ざれば復其求償権を行うことを得ざるか又は之を行うも殆ど其効なき
　に至るの虞なしとせざるを以て本条の規定を設けたるなり」という。

を認める規定なので、460条に移した。また、旧460条3項は、「債務の弁済期が不確定で、かつ、その再長期をも確定することができない場合において、保証契約の後10年を経過したとき」にも事前求償権が認められていたが、実際に問題とされることのない規定であり削除された[393]。事前求償権の法的理解をめぐっては、事前求償権と事後求償権との関係が問題になった最判昭60・2・12（☞6-87）また物上保証人への事前求償権の認否が問題になった最判平2・12・18（☞6-81）を契機として議論されるようになり、民法改正論議においては、事前求償権自体の削除も検討されたが[394]、規定を残すことを求める実務の意見が強かったため、結局、規定は維持された（「中間試案の補足説明」215頁）[395]。

6-61　　ウ　事前求償権の問題点

　①受領した金銭を保証人が債権者に渡さないリスクについては、その回避のために、主債務者に担保提供の抗弁権が認められている（461条1項）。②免責請求権ならば保証人の債権者が代位行使しても債権者への支払しか請求できないが、保証人の事前求償権が単なる金銭債権だとすると、保証人の債権者がこれを差し押さえまた代位行使をして、債権者に支払われず保証人の債権者がいわば横取りできてしまうからである。事前求償権をめぐっては、法的にどう根拠づけるかは議論があり、次にこの点を説明してみよう。

6-62　(b)　**事前求償権の法的根拠づけ——保証人の委任事務の内容**

【表6-62】

法的性質		事前求償権	事後求償権
	判　例	費用前払請求権	委任事務処理費用の償還請求権
	反対説	事前請求権 （法定の請求権）	費用償還請求権
	本　書	免責請求権 （法定の請求権）	同上

---

393)　**筒井ほか・Q & A**32頁参照。
394)　**債権法改正の基本方針**【3.1.7.11】は事前求償権規定の削除を提案していた。
395)　事前求償権が現実の取引で活用されている例として、信販会社などのノンバンクが顧客のために保証したが、顧客が支払不能となったことで、保証人たるノンバンクが顧客に対して強制執行をかけようとするケースがあると指摘されている（**福田・保証委託**13頁）。この場合、保証委託の際に求償にかかわる公正証書を作成することがあり、そこで表示する債権を事前求償権と事後求償権のいずれとすべきかが問題となり、事前求償権については問題がないのに対して、事後求償権とすると、執行証書としての一定額性（民執22条5号）の要件を欠くとみるものと、要件充足を認めるものとに下級審判決は分かれている（**福田・保証委託**13〜14頁）。

ア　委任事務処理費用の前払請求権と位置づける旧通説

　まず、受託保証人に限定されていることから、事前求償権の根拠を保証委託契約に求めることが考えられる。委託を受けた保証人にとり代位弁済は委任事務処理であると考えれば[396]、民法の委任の規定によるならば、保証人は委任事務処理費用の**前払請求権**が認められることになる（649条）。この理解では、代位弁済のための費用として支払うべき金銭を主債務者に対して請求しうることになり、それでは保証を委託した意味がなくなるため、民法は、保証人の前払請求権＝事前求償権を制限したことになる[397]。この考えと反対説、また本書の立場をまとめると、【表6-62】のようになる。

イ　委任事務処理費用の前払請求権とは位置づけない近時の理解

6-63

❶　政策的な保護規定である　　しかし、保証契約を締結することを依頼することは、保証契約の締結という事務を依頼するものであり、第三者弁済まで約束されているわけではない（☞6-4～）[398]。費用前払請求権という理解に反対する学説が近時は有力である[399]。また、求償権ないし求償権の保全といった理解にも反対する[400]。この立場では、用語として、出捐による免責を与えていないので「求償権」ではないため、**「事前請求権」**や**「解放請求権」**などと称される。受託保証人を保護するために、法が認めた即ち法定の請求権であり、「保証人の債務が拡大することを防止するため」[401]、「その負担を合理的な範囲に限定する

---

396)　**川名**401頁は、「其委託契約……の内容は独り保証契約をなすことに限らるるに非ずして債務を履行し其他債権者をして満足を得せしむることも其内容とせる也」と説明する。また、**石坂**1106頁以下は、「保証が主たる債務者の委任に基く場合には単に保証人と為るべきことを委任するに止まらず必要ある場合には債権者に弁済を為すべき委任をも包含するを通常とすべし」といい、注では確かに「単に保証人として立つことを委任することあるべし」しかし、通常は弁済の委任を含むものであるとしている。

397)　**鳩山**325頁、**磯谷**547頁、**我妻**491頁、**淡路**402頁以下、**鈴木**447頁、柚木馨「保証人の求償権をめぐる問題点（上）」金法261号（1961）24頁（649条の「特則であることは、疑いがあるまい」と断言する。古積・後掲論文（**注415**）が、近時ではこの説を指示する。649条の適用を排除し460条を規定したというのではなく、649条の適用を460条の要件に該当する場合に限定したものと説明する学説もある（**潮見II**712頁）。**福田・保証委託**265頁は、事後求償権も事前求償権も、保証委託関係の清算を目的とする点で共通しているが、前者は終局的な清算手段であるのに対して、後者は暫定的な清算を直接の目的とするという。

398)　弁済まで委任事務処理に含めることに疑問を呈する学説として、高橋論文の他に、林良平「事前求償権と事後求償権」金法1143号（1987）30頁、國井和郎「事前求償権と事後求償権」金融法研究・資料編(3)（1987）71頁、同「判批」法時63巻6号（1991）31頁以下、米倉明「判批」法協109巻4号（1992）709頁以下、山田誠一「判批」金法1304号54頁、並木滋「判批」金法1288号14頁、渡邊力「受託保証人の事前保護制度」法と政治62巻1号（上）〔2011〕4頁以下などがある。

399)　もちろん委任事務処理費用に該当する交通費等については、649条に基づき事前の費用支払請求が可能である（渡邊・前掲論文（**注398**）4頁）。

ための制度」といった説明もされている[402]。

6-64　　❷　**清算目的説1**（高橋説）　　高橋教授は、事前求償権を、事後求償権の発生そのものを防ぐために、保証からの免責を求める権利であるとする。保証委託を、第一次的には弁済期までの主債務者に対する信用の供与であり、弁済期までは主債務者に保証債務の負担を免責させるよう請求できないが、履行期の到来により主債務者に対し、「信用供与の期間の終了に伴い、いわば負担のない状態への原状回復として、適切な方法により保証債務の負担から免れさせることを請求することができる」という[403]。「信用供与の期間は終了しているのであるから、弁済の資金を主債務者に請求しても、何ら保証の趣旨に反するものではない」という。そして、免責を実現するために金銭の支払請求権という形をとることは、内容の確定しない「免責」の強制実現には技術的に困難な面があること、主債務者に二重弁済を強いられないように抗弁権が認められていることから、合理性があると評される[404]。

6-65　　❸　**清算目的説2**（福田説）

　　i　**無償の保証委託の場合**　　弁済期の到来により、保証による信用供与の委託期間が終了するという高橋教授の考えを受け継いだのが、福田教授の考えである。弁済期の到来により保証委託は目的を達成したことになり、主債務者は保証人に対して免責義務を負い、その代替手段が事前求償制度であると考える。「目的達成後に保証債務が残っていることが保証人の損失なのであって、将来において主債務者が資力を喪失するかもしれず、そのために債権者からの請求を受

---

400)　判例は、「事前求償権は……、事後求償権を確保するために認められた権利である」という（最判平27・2・17民集69巻1号1頁）。國井・前掲判批（**注398**）32頁は、「「事前求償権」なるものは、求償不能の危機に瀕した保証人保護のため法が特に設けた保証人と主債務者との利害調整の制度であって、本来的に委任事務処理費用の前払請求の性質を有するものではなく、保証制度の性質・特質に由来する」と述べる。事後求償権保全のためではなく、そもそも出捐を回避、予防するための制度であるということになり、本書も免責請求権と再構成するが、この説明が示す制度の理解には賛成である。

401)　**近江**200頁。

402)　**中田**591頁。

403)　**高橋・代位**87頁。林・前掲論文（**注398**）30頁は、事後求償権の保全のための制度として位置づける（並木・前掲判批（**注398**）19頁も同様）。國井和郎「フランス法における支払前の求償権に関する一考察——わが国の事前求償権との関連において」阪大法学145・146号（1988）245頁以下は、免責請求権を立法論として是認する。渡邊・前掲論文（**注398**）18頁は、「**事前請求アプローチ**」と「**免責請求アプローチ**」に整理する（自身は、2つ認める「**競合的アプローチ**」を提案する）。

404)　**高橋・代位**87頁以下。

ける可能性がある限り、保証人はその除去を求めることができる」という[405]。通説が事前請求権を事後求償権の付属物のようにみることを疑問視し、主債務者の無資力リスクを回避することがその制度目的ではなく、出捐を迫られる可能性そのものの回避を制度目的とする[406]。

　　ii　**有償の保証委託の場合**　　保証委託契約が有償の場合には、「保証料の　**6-66**支払度保証債務の負担が対価関係にある」将来の出捐リスクは保証料により填補され、保証人が引き受けるリスクと保証料の等価性を確保するため、主債務者の資力を見極め、リスク規準に適合しない場合には保証委託を拒絶することになる。保証委託が終了すれば主債務者は保証料の支払義務を免れる一方で、リスクを保証人に押しつけることができなくなる。この場合、保証人に免責請求権のような作為義務を保証人に付与するだけではその利益保護は不十分であって、「保証額に相当する金印について金銭請求を認め、迅速に保証委託関係を清算すべきだと思われる」という[407]。

◆**保証人への支払請求を認める金銭債権とすることの必要性**　　　　　　　　　**6-67**
⑴　**保証人への支払を求める金銭債権の必要性**　　　ドイツでは免責請求権とされ、保証人への支払請求は認められず、フランスでも求償ではないが請求権を付与していたものの、解釈により担保請求権と理解され、2021年改正で規定がそもそも削除された（☞ **6 -70**）。このような比較法の状況下で、日本において、求償権ではないものの、保証人への支払請求権を認めるのはどういう根拠によるのであろうか。460条が「あらかじめ、求償できる」（求償権ではないので事前の支払請求権と読み替える）と規定していることが、条文上の根拠であるが、実質的な根拠としてその必要性が説かれている。即ち保証人保護のためには、「単に免責請求権を付与するだけでは不十分であって、迅速な保証免責を実現するための手段として金銭債権を付与すべきである」と説明されている[408]。

---

405)　**福田・保証委託** 3 〜 4 頁。また、保証人に金銭債権を認めると、保証人が弁済に使わずに費消してしまうリスクがあるが、そのリスクに対応しておけばよいはずであるという。弁済期までの信用委託ということから、460条 2 号ただし書の、債権者が主債務者に与えた期限の猶予は保証人に対抗できず、保証人と当初の弁済期に事前求償権が認められることを説明する。また、保証委託終了後における保証人の利害は保証債務の免責に尽きており、具体的な清算方法は重要ではなく、事前求償権は金銭債権の形をとっているが、「それは免責実現のための手段にすぎず、実質的には免責請求権だといえる」という（同 4 頁）。そのため、出捐した費用の回収を目的とする求償権とは性格を異にし、事前求償権ではなく「**事前請求権**」と表現した方が適切であるという。**潮見 II** 710〜711頁も求償権ではなく、「**解放請求権**」と称するが、「免責」と「解放」とは異なる内容と考える必要はない。
406)　**福田・保証委託**19頁。通説は、費用償還請求権や事後求償権との類似性に着目してきたが、むしろ、「保証委託契約の終了に伴って生ずる清算請求権が形を変えて金銭債権になったとみるべきだ」という（同19頁）。
407)　**福田・保証委託**23頁以下。
408)　**福田・保証委託**16頁。

6-68　　(2)　**保証人が債権者に支払わないリスクについて**　　保証人への支払請求を認めることについては、①保証人に支払うのであれば債権者に支払う、②保証人が受け取った金銭を費消する危険性があるといった批判がされている。この点については、保証人は弁済期まで保証債務の拘束に服したことで、保証委託契約の委任事務処理は終了し、主債務者は保証免責義務を負担している。②のようなリスクがあるので、だったら①の自ら債権者に支払うということを間接的に促すことになる。迅速な免責の実現につき主債務者が責め立てられるのは仕方ない。「金銭債権の付与は保証免責の早期実現という制度の本質的な目的に適っている」と反論している[409]。主債務者に保証人免責義務があることは当然視した上で、それを間接的に実効あらしめる手段として事前請求権（求償権と呼ばない点につき☞6-57）の必要性を認めるのである。確認すると、それは心理的な威嚇ということに尽きず、事前請求権に担保を設定したり、公正証書を作成できる点である。

6-69　　(3)　**検討**　　いずれも説得的である。ただ、(2)の①については、情義的保証人は、主債務者は保証人に迷惑を掛けることに心を痛めており——主債務者が自殺する例が多い——、免責させられるのであればとっくにしている。心理的プレッシャーは十分すぎるほど受けている。②について、信用保証協会のように、特約で事前の請求権を合意し、担保を設定したり公正証書を作成することは有効であり、必要な場合に業界の自主的運営に任せてよい。免責請求権は弁済して免責させるという行為請求権に尽きず、金銭債権としての性質を認めるべきであり、第三者のためにする契約の要約者の債務者に対する受益者への支払請求権のように、履行の強制（直接強制）を認めるべきである。ついでに事後的求償権の保全という点について言及すると、詐害行為取消権の被保全債権は詐害行為前に「原因」があればよく、相殺も同様に拡大されている（469条2項、511条2項）。主債務者につき倒産手続が開始したが、債権者が破産手続きに参加しない場合には、保証人が弁済前に将来の求償権に基づいて破産手続に参加できる（破産法104条3項）。フランス民法が規定を削除し、一般的な保全的権利に委ねたことは参考になる（☞6-70）。

6-70　　◆　**「求償権」以外の理解**

　　(1)　**比較法的に異例な立法**

　　　(a)　**フランス民法における2021年改正による廃止**　　フランス民法旧2309条は、保証人は主債務者から補償を受ける（indemnisée）——支払前なので求償とは規定しない——ことを請求できる場合として、5つの場合を規定していた[410]。主債務者の資力が悪化する危険から保証人を保護するための権利と考えられていたが、殆ど実際には行使されることはなく、保証規定の中で最も意味不明な規定の1つと評され、議論されていた。補償請求権と解する学説、事前の求償権と解する学説が対立し、請求できる金額に影響することになる。判例は、求償ではなく「補償」の請求権にすぎないと考え、その内容について柔軟に運用をしていた。この規定は批判が強く、結局、2021年改正により削除された。ドイツのように免責請求権に改正したというのではなく、完全な削除である。そのため、保証人の救済手段は、将来の求償権を実効ならしめるための、主債務者の倒産の危険に備えるための一般的な保全的権利によることになったといわれている[411]。

6-71　　　(b)　**ドイツ民法——免責請求権**　　ドイツ民法775条は、保証人の主債務者に対する解放請求権（免責請求権）を、主債務者の財産関係が著しく悪化した場合、主債務者の住所、営業所の変更によって、主債務者に対する訴追が著しく困難になった場合、主債務者が履行遅滞にある場合、債権者が主債務者に対して執行力ある判決の言い渡しを受けた場合に認めている（1項）[412]。また、主債務が弁済期になっていない場合には、主債務者は解放に代えて担保を提供できる（2項）[413]。

6-72　　　(c)　**立法論としての廃止論**　　弁済もしていないのに、「求償権」を認めるのは論理矛盾である。求償権は不当利得返還請求権の性質を持つものであり（前払費用請求権は求償権ではない）、事前

---

409)　**福田・保証委託**16〜17頁。

求償権は「求償権」とは言うものの異なる権利であり、「解放請求権」としての特徴を持つと評される[414]。そのため、立法論として解放請求権（免責請求権）とすべきであるという提案もあり[415]、2017年改正に際しては、廃止論も出され検討されたが（注394も参照）、実務界の反対も強く結局は規定が維持された（☞6 -60）。

(2)　解釈論としての免責請求権（担保提供請求権）を認める提案　　　　　　　　　6-73

(a)　担保提供請求権と読み替える学説　　筆者は、460条とは別に650条2項を根拠に免責請求権を認め、460条を無視し死文化することを提案している（☞6 -75）。解釈論としては無理であり、立法論にすぎない、また、立法論としても事前請求権の意義は否定できないと批判を受けていた。

---

410)　改正による廃止される前のフランス法については、國井・前掲論文（**注403**）参照。フランス古法では、保証人の事前請求のためには、ポティエは債権者の請求を必要としたが、ドマは弁済期の到来だけでよいものとし、フランス民法は請求と弁済期とを並列させた。19世紀後半には、事前請求権を否定し担保請求に止めることが一般的理解となる。ただし、折衷説もあり、主債務者が債務を履行する蓋然性が縦断にある場合には担保請求権、その蓋然性が低い場合には金銭請求を認めていた（以上、**福田・保証委託**30頁以下）。

　　なお、**DCFR** IV. G.- 2 :111条(1)は、主債務者の委託による場合または明示もしくは推断される同意に基づいて負担した人的担保の担保提供者に（経営指導念書の事例も含まれる）、履行期が到来したとき、主債務者に支払能力がないまたはその資産が著しく減少しているとき、債権者が担保提供者に対して人的担保に基づき訴訟を提起した場合に、「主たる債務者による救済を請求することができる」と規定する。フランス民法のように請求できる内容が明確ではない。スイス債務法506条は、①債務者が定められた期間内に保証人を免責するという合意に違反した場合、②債務者が住所を他の国に移したために、より回収が困難な状況になっている場合、③担保の消滅または減少のため、または債務者の過失により、保証人が債務を負担した時よりも相当に危険が増した場合には、保証人は、債務者に担保の提供を求めることができ、債務が弁済期にあるときは、免責するよう求めることができると規定する。ドイツ同様に、免責請求権に止めており、弁済期前にも担保提供請求権が認められることになる。

411)　L. Aynès, A. Aynès, P. Crocq, n° 80, p.95, M. Cabrillac, C. Mouly, S. Cabrillac, P. Pétal, n° 290, p.200. オルドナンスの準備草案では、保証人は「支払をする前であっても、民事執行手続法典第5編の要件を充たすことを要件として、債務者の財産に対して保全手続を採ることができる」という規定を置くことを提案していた。これは改正前規定の多数説の考えを明文化するものであったが、保全手続がとれることは明文規定を待つまでもなく当然であり、規定を置く意味がないということで、結局2021年改正ではこの規定は置かれなかった。司法大臣は単純に削除を望んだということである。この制度の廃止は、①求償の理論的な根拠付けができず、また、②実際に利用されていないことにより説明される（Marine Parotin, Les recours de la caution in R. Broussais, M. Hoyer, E. Petitprez, Le droit du cautionnement depuis l'ordonnance du 15 septembre 2021, CEPRISCA, 2023, n° 10, p.144)。また、集団的債権決済手続（procedures collectives）においては、商法 L. 622-34条により、保証人は、弁済前でもその求償権を保全するために、その求償権に基づいて手続に参加することが認められている。また、保証人が債権者によって訴求されている場合には、保証人は主債務者を強制的に訴訟参加させることができるといわれている（A. Gouëzel, n° 277, p.159)。

412)　解放請求権の要件は、775条1項で、受託保証人にのみ認められるが、その要件は、①主債務者の財産関係が本質的に悪化したとき、②主債務者に対する権利の追及が、保証の引受後生じた主債務者の住所、営業所または滞在場所の変更により、本質的に困難となったとき、③主債務者が、その債務の履行について遅滞にあるとき、および、④債権者が保証人に対して、履行を求める執行力ある判決を得たときである。

413)　ドイツ法については、渡邊・前掲論文（**注398**）21頁以下参照。

414)　**潮見II** 710～711頁。

415)　古積健三郎「保証人の事前求償権の法的性質」新報113巻7 - 8号（2007）52頁以下。國井・前掲判批（**注398**）32頁も立法論としては、事前求償権を疑問視し免責請求・担保請求に止めることを是としていた。

この他、石田穣教授は、解放請求権（免責請求権をこのように呼んでいる）に対して、主債務者は担保を供してこれを免れることができ、解放請求権は担保請求権と変わるところはないとして、「事前求償権は担保提供請求権を意味する」と、事前の求償権ではなく担保請求権と読み替えている[416]。事前求償権を否定することに対しては、立法論としても異論が出されている[417]。

6-74　　（b）　競合的アプローチ　　渡邊教授は、460条が「あらかじめ、求償権を行使することができる」と規定しているため、事前の求償権を認める規定と理解し、また、事前請求権の意義を認める。「事前求償権は排除されるべき権利ではなく、今後はかえって有効に利用されるべきであると考える」という[418]。その上で、更に461条2項から、受託保証人の免責請求権を導こうとしている[419]。461条2項を根拠に、受託保証人は「事前求償権」しか請求できないが、その主張の中には「副次的に免責請求や担保請求に応じても良い」という権利内容が含まれているとみるべきであるという[420]。

6-75　　　ウ　本書の立場──金銭債権としての免責請求権

❶　免責請求権への制限解釈　　筆者としては、受託保証人に、主債務者・保証人間の保証委託契約上の義務として、弁済期が到来したならば、主債務者は主債務（＝被担保債務）の弁済をして保証人を免責させる義務を負い（☞4-26）、保証人は免責請求権として、主債務者に対して主債務（＝被担保債務）の弁済を請求できると考える[421]。主債務者の債権者への弁済は、債権者に対する義務であると同時に、保証人に対する義務でもある──これを怠れば保証人に対する債務不履行にもなる──。保証委託契約の規範的解釈として導かれる結論である[422]。また、460条を制限解釈して「求償権」ではなく事前請求権、解放請求権と構成して、その内容を債権者への弁済をして保証債務を消滅させるよう求める請求権と解することもできる[423]。

---

416)　**石田穣**897頁。

417)　渡邊・前掲論文（**注398**）1頁以下参照。

418)　渡邊・前掲論文（**注398**）82頁。廃止論への再犯論の詳細については、同83頁以下参照。

419)　渡邊力「共同保証人間の求償権と弁済者代位の統合可能性」法政論集270号（2017）417頁以下、同・前掲論文（**注398**）78頁以下。

420)　渡邊・前掲論文（**注398**）79〜80頁。

421)　賃貸保証のように根保証でも、保証債務集積型の場合には、保証人は、賃料債権の支払期日が到来するごとに、賃借人（主債務者）に対して賃料を支払って保証人を免責するよう請求できることになる。

422)　なお、特約で、保証人の主債務者に対する支払資金の交付請求権を合意すること、また、それに更に保証等の担保を付ける合意は有効である。実際、信用保証協会の保証委託契約では、事前求償権について特約で定められている。

423)　免責請求権構成に対しては、金銭債権でなければならず、免責請求権といった「作為債権」では不十分である批判がなされる（**福田・保証委託**40頁）。渡邊教授とは異なり、事前求償権は否定する。保証人の債権者がこれを代位行使したり差し押さえて、弁済資金を横取りできる可能性をなくすべきである。なお、主債務者は、担保を提供することを、免責請求に対する抗弁として認めてよい。

❷　**事後求償権とは別の制度──出捐の回避・予防**　　福田教授は、事前求償　　6-76
権を委任事務処理費用の前払請求権と理解したり、事後求償権の保全のための権
利として、「事前請求制度を事後求償権の派生型」とみることに反対する[424]。こ
れには筆者も賛成であり、出捐して免責をしていないので「求償権」はあり得ず、
事後求償権と関連づけて考える必要はなく、出捐を回避するための予防的制度で
あり、求償権とは全く別の権利である。保証人として弁済をさせられるのは最悪
の事態であり、それを避けることこそが保証人の最善の手段である[425]。問題は、
その予防のために保証人に認められる権利の内容である。

◆**債務を負担した場合に認められる他の制度における権利との比較**　　　　　6-77
(1)　**保証債務の負担以外**　　①賃借人賃借物を修補し、修補した業者に対して修補代金債務を負
担した場合、ⓐ未だ支払をしていなくても費用償還請求権を取得する（608条1項）。免責請求権
（代位弁済請求権）は規定されていない。ⓑただし、「支出したときは」というのを厳格に解し、
支払前は代位弁済請求権（のみ）を解釈により認めるという解決も考えられる。②不法行為の被
害者が、例えば自動車を損傷され、修理業者に修理を依頼した場合にも、未だ修理代金を支払っ
ていなくても、修理代を不法行為者に損害賠償請求できる。免責請求権は認められていない──
認めても、金銭賠償主義とは矛盾しないが──。③間接代理の委任の場合には、受任者が自己の
名で目的物を買い受け代金債務を負担した場合、未だ代金を支払っていなければ費用償還請求権
は認められない（650条1項）。民法はこの規律を免責請求権（代位弁済請求権）によらしめてい
る（650条2項）。①とのバランス論は疑問になり、この場合にも650条1項を適用し、受任者は
費用償還請求権と免責請求権との選択を認めるという解決も考えられないではない。
(2)　**保証債務との比較**　　①～③と、保証についての規律が大きく異なるのは、第三者に対して　　6-78
主債務者自身が債務を負担しており、保証人はそれを担保するために保証債務を負担していると
いう事情に由来する。自分のみが第三者に対して債務を負担しており必ず支払わなければならな
いのではない。万が一のための担保であるから、保証人が支払うのは極めて例外になる。それな
のに、債務を負担しその弁済期が到来したというだけで、費用償還請求権を認めるのは過剰な保
護である──461条1項のような担保権を主債務者に認めるとしても──。保証では、主債務者
が履行して終了するのが平常な展開であるので、保証人は、①主債務者に対しては、債権者に支
払って保証人を免責させるよう免責請求、②債権者に対して、主債務者からの適切な債権回収を
求めることができれば（☞2-99）、それで十分である。保証人の権利を免責請求権に止めることは、
他の制度と比較しても不合理ではない。

---

424)　**福田・保証委託**68頁など。判例は、「事前求償権は……、事後求償権を確保するために認めら
　　れた権利であるという関係にある」と述べる（最判平27・2・17民集69巻1号1頁）。
425)　問題になるのは、460条2号ただし書の事例である。弁済期を猶予しても、弁済期に主債務者
　　が支払をして保証から解放されるはずであった保証人の保護のために、弁済期の猶予を保証人には
　　対抗できない。この場合、保証人は、主債務者に債権者に支払って保証からの解放を求めることが
　　できるが、債権者は受領を拒絶できる。そのため、保証人の請求に基づく主債務者の弁済の受領を
　　債権者も拒絶できず、拒絶した場合には主債務者は供託ができると考えるべきである。

6-79　　❸　**金銭債権としての免責請求権**　　保証人の免責請求に対して、その実現方法は主債務者に委ねられ、当然には金銭の請求権が認められるものではないと批判がされている[426]。しかし、主債務の債権者への弁済という「作為請求権」であり、主債務者は、債権者に保証人を免除してもらえば免責請求権は消滅し、また、相当の担保を提供することで免責義務を免れることができる[427]。そして、主債務が金銭債務である場合には、金銭債権となるが債権者への支払を求めることになる。保証人は、金銭債権であるので直接強制が可能であり、主債務者の金銭債権を差し押さえ、また、主債務者の財産を競売して買い受け代金の債権者への交付（拒絶した場合には供託）を求めることができる。

6-80　　❹　**その法的効果**　　保証人の主債務者に対する免責請求権は、被担保債務の履行を求める権利なので、債権者への支払を請求する権利である。そのため、保証人の債権者が、保証人の免責請求権を差し押さえたりまたは代位行使しても、債権者への支払をして保証人を免責させるよう請求できるだけである。免責請求権であるため、例えば、2000万円の債務について1000万円のみの一部保証であっても、保証人は2000万円全額を弁済するよう請求できる。主債務者が保証人に対して金銭債権を有している場合、保証人と主債務者のいずれも免責請求権との相殺をすることは許されない（650条2項の議論に類似する）。なお、主債務者に倒産手続が開始した場合、債権者が破産手続に参加しない場合には（☞注431）、保証人が弁済前にあらかじめ将来の求償権に基づいて破産手続に参加できる（破産法104条3項）。

6-81　　**◆物上保証人への460条の類推適用**

⑴　**判例は否定**　　物上保証人には保証人についての規定が準用されるが（351条、372条）、そこで問題にされているのは、事後求償権であり、460条を物上保証人に類推適用することができるかが問題になる。

　　この点、判例は類推適用を否定している（最判平2・12・18民集44巻9号1686頁）。注356のように述べた後、①「事前求償権は委任事務処理費用の前払請求権の性格を有するが、物上保証人の場合には、委任事務処理は抵当権の設定それ自体であり、抵当不動産の売金代金の配当等を事

)　古積・前掲論文（**注415**）42頁。**福田・保証委託**114～115頁は、保証人に金銭債権を認めるか、免責請求権に止めるかは、前者ではそれが債務名義になっている場合には、主債務者の財産に対する強制執行が可能という差が認められ、金銭債権であることが保証人の利益の確保のためには必要であるという。

427)　**福田・保証委託**116頁は、出捐リスクの回避を重視する立場からは、求償担保の供与や担保供託により主債務者は事前請求を免れないという。主債務者の無資力に関するリスクや保証人の出捐を回避するためには、保証人に金銭請求を認めるべきであるともいう（同120頁）。

務処理とは解することはできない」こと、②「抵当不動産の売却代金による被担保債権の消滅の有無及びその範囲は、抵当不動産の売却代金の配当率によって確定するものであるから、求償権の範囲はもちろんその存在すらあらかじめ確定することはできない」と、否定する理由を説明する。

(2)　学説は分かれる　　　　　　　　　　　　　　　　　　　　　　　　6-82

(a)　否定説　國井教授は、そもそも受託保証人についても、立法論としては免責・担保請求をもって、保証人の不利益を回避するのに十分であり、物上保証人について事前求償権が必要不可欠な場合を想起することはできないが、判例のような事例については、簡便・有益な場合であり、物上保証人に債務者に対する免責または担保請求を認めてしかるべきであるが、事前求償権まで認めることには賛同しかねるという[428]。判例のように、費用の前払請求権の性質を有するので、物上保証人には認められないというのではないが、免責・担保請求権ならば認めるべきであるという主張には注目される。

(b)　肯定説の可能性　保証についての弁済者代位また担保保存義務違反による免責が、物上　6-83
保証人など法定代位権者に拡大されているように、その保護の必要性が認められれば、保証人についての保護を物上保証人に拡大することは可能である[429]。本書では、事前求償権ではなく、免責請求権、即ち被担保債務を弁済し担保を消滅させるよう求める請求権として構成するため、物上保証にも免責請求権を認めることは可能になる。抵当権の実行を阻止する物上保証人の必要性は保証人に劣らないというべきであり、物上保証人に免責請求権を認めるべきである。不可分性があるので、被担保債権全額を物上保証人の免責のために支払うよう請求できる──被担保債権全額の支払請求ができるので判例の指摘する②の問題は当てはまらない──。

(c)　事前求償権（事前請求権）の要件と主債務者の抗弁権　　　　　　　　　　　6-84

　　ア　事前求償権（事前請求権）の成立要件　　受託保証人が事前求償権（本書では免責請求権。以下同様）を行使できるのは、【表6-84】の3つの場合である[430]（受託保証人であることも要件である）。

【表6-84】事前求償権（事前請求権）が認められる3つの事例
　①「主たる債務者が破産手続開始の決定を受け、かつ、債権者がその破産財団の配当に加入

---

428)　國井・前掲判批（**注398**）34頁。なお、判決に関与した調査官による解説は、「人的無限責任を負担することとなる保証と物的有限責任を負担することとなる物上保証の際は、事前求償権の行使の可否を決する上で無視することのできない差異というべく、本判決の説示は相当というべきである」と評している（宮越和厚「判例解説」『最高裁判例解説民事篇（平成2年度）』［法曹会・1992］513頁）。

429)　**高橋・代位**88頁は、事前求償権についての前述の立場から、委託を受けた物上保証人にも認めることができるという。類推適用肯定説としては、新美育文「判批」リマークス2号36頁以下、米倉・前掲判批（**注398**）210頁以下などがある。なお、物上保証人の保護については、椿久美子「物上保証人の保護法理──日本法、フランス法およびドイツ法の対比」ジュリ1060号（1995）105頁以下参照。

430)　2017年改正前は、旧460条3号に「債務の弁済期が不確定で、かつ、その最長期をも確定することができない場合において、保証契約の後10年を経過したとき」という規定があった。無期の終身年金がその例に挙げられており、年金受給者が生存している限り給付義務が存続するが、そもそも問題とされた事例がなく、また、個人の場合には個人根保証による契約期間の5年という制限が適用され、規定の必要性もない。そのため、改正法では削除された。

しないとき」
②「債務が弁済期にあるとき。ただし、保証契約の後に債権者が主たる債務者に許与した期限は、保証人に対抗することができない」
③「保証人が過失なく債権者に弁済をすべき旨の裁判の言渡しを受けたとき」

　①は、事後求償権に限定すると、配当加入することができず実際に支払った時には破産手続が終了しているということも考えられる。そのため、事前求償権（免責請求権）での配当加入を可能にしたのである[431]。②は弁済期が到来しているのに債権者が主債務者に履行請求しないでいるうちに、主債務者の資力が悪化し保証人が損失を被る――また、その間に利息も膨らんでいく――のを防ぐためである。また、保証人は弁済期の主債務者の財産状態を考慮して保証をしたのであり、そのため、債権者が主債務者に期限の利益を与えた場合であっても、保証人の事前求償権は当初の弁済期に成立する。

6-85　　イ　主債務者のなしうる法的主張　　保証人の事前求償権に対して、主債務者は、①これに応じる際に[432]、保証人に担保を供せしめ、または、保証人に自己の免責を得せしむべきことを請求でき（461条1項）、②供託をなし、また、保証人の免責を債権者から得て事前の求償を免れることができる（461条2項）。①の担保提供は抗弁権と解されており、このため、保証人が主債務者に対して債務を負担していても、保証人からの相殺は担保を提供しない限りできないことになる[433]。本書のように、債権者に支払って保証債務を消滅させるよう請求する免責請求権と構成すれば、これらの権利（抗弁）を主債務者に認める必要性はない。

---

431)　債権者が配当加入しても、債権者が主債務者から回収できない残額は保証人から回収することになり、破産手続が進行しているので、支払う前に仮定の求償権として事前求償権を認めて、求償権の回収可能性を担保する必要がある。そのため、主債務が100万円であれば、債権者が100万円で配当加入しても、保証人が事前求償権で100万円の配当加入ができてよい。この意味で、破産手続では、免責請求権だけでなく、事前求償権を認める余地がある――私的整理の場面もその必要性は否定できない――。ところが、破産法104条3項は、債権者が配当加入した場合に、事前求償権による配当加入を否定し、同4項により債権全額を消滅させた場合に、債権者の破産債権について破産債権者として行使が認められているだけである。

432)　求償に応じて支払うことを旧民法は「賠償」と称していて、2004年の現代語化前の民法は、461条も「賠償」と表現していたが、現代語化により「償還」に変更された。650条1項は、当初から「償還」と規定されており、敢えて「賠償」と規定したのは、支払う前なので「償還」と区別したのかは不明である。649条は「前払い」と規定する。

433)　主債務者から抗弁の放棄をして相殺することは可能であり、主債務者の保証人に対する債権は消滅し、保証人が債権者に弁済しても事後求償権は成立しないことになる。その後保証人が支払をなさないリスクは主債務者が引き受けることになる。主債務者による相殺の実益があるのはどのような事例か不明である。

また、免責請求権なので、金銭債権ではあるが相殺適状が否定される。

◆事前求償権（事前請求権）と事後求償権の関係[434]

6-86

(1)　時効をめぐる問題点

(a)　事後求償権の時効の起算点

　　ア　2つは別の権利である　　事前求償権と事後求償権は1本の同一の債権であると考えれば、5年の消滅時効の期間は、保証人が事前求償権の成立を知った時から起算されることになる。しかし、2つは別の債権であると考えれば、事後求償権については弁済などにより成立してから5年の時効が起算されることになる。なお、事前求償権についてはそもそも時効の進行を否定することが考えられる[435]。事前求償権を免責請求権と考える本書の立場では、事後求償権と別個の権利であることは当然であり、また、免責の必要がある限り存続し、消滅時効にはかからないと考える。

　　イ　判例も別権利説　　この問題を初めて扱った最判昭60・2・12民集39巻1号98頁は、

6-87

事後求償権は、「免責行為をしたときに発生し、かつ、その行使が可能となるものであるから、その消滅時効は、委託を受けた保証人が免責行為をした時から進行するものと解すべきであり、このことは、委託を受けた保証人が、……事前求償権……を取得したときであっても異なるものではない。けだし、事前求償権は事後求償権とその発生要件を異にするものであることは……明らかであるうえ、事前求償権については、事後求償権については認められない抗弁が付着し、また、消滅原因が規定されている（同法461条参照）ことに照らすと、両者は別個の権利であり、その法的性質も異なる」ことから、「事前求償権を取得しこれを行使することができたからといって、事後求償権を取得しこれを行使しうることとなるとはいえない」として、事後求償権についてはその成立時から時効を起算すべきものとした。

　　(b)　事前求償権についての完成猶予手続と事後求償権　　最判平27・2・17民集69巻1号1頁

6-88

は、「事前求償権は、事後求償権と別個の権利ではあるものの……、事後求償権を確保するために認められた権利であるという関係にあるから、委託を受けた保証人が事前求償権を被保全債権とする仮差押えをすれば、事後求償権についても権利を行使しているのと同等のものとして評価することができる。また、上記のような事前求償権と事後求償権との関係に鑑みれば、委託を受けた保証人が事前求償権を被保全債権とする仮差押えをした場合であっても民法459条1項後段所定の行為をした後に改めて事後求償権について消滅時効の中断の措置をとらなければならないとすることは、当事者の合理的な意思ないし期待に反し相当でない」として、「事前求償権を被保全債権とする仮差押えは、事後求償権の消滅時効をも中断する効力を有するものと解するのが相当である」とした[436]（改正後は、時効完成猶予・更新へと同じ解決が引き継がれる）。本書の免責請求権説では、そもそも権利内容が異なり上記議論は妥当しない。

---

434)　主債務者が保証人の事前求償権の行使に応じて、主債務の金額を保証人に支払った場合、事前求償権は消滅する。主債務者には、保証人に対する免責請求権が成立し、債権者に支払うなどするよう請求でき、保証人がこれを債権者に支払に充てても、自己の出捐ではないので事後求償権は成立しない。主債務は消滅し、弁済者代位も問題にならない。

435)　東京高判平19・12・5金判1283号33頁は、「委託に係る事務である保証債務が存在し、その債務の履行により事後求償権の発生が予定されている限り、履行前の請求あるいは事後求償権の保全が許されなくなる理由はないというべきであるから、受託保証人の事前求償権は、受託事務である保証債務の履行責任が存在する限り、これと別個に消滅することはない（その消滅時効が進行を開始することもない）と解すべきである」と判示する（下村信江「受託保証人の事前求償権と消滅時効の進行」NBL919号［2009］70頁以下も時効否定説）。

6-89 (2) 時効以外の問題点

(a) 担保の問題　ところが他方で、保証人が将来の事後求償権のために、主債務者から担保の設定を受けていた場合に、その担保目的物が第三者により競売された場合には、主たる債務の弁済期が到来しているときは、保証人は未だ免責行為をしていなくても、担保目的物の競落代金から優先弁済を受けるとされている（最判昭34・6・25民集13巻6号810頁）。この判決と6-87の判決と両立させることは容易ではないと評されている[437]。両求償権の同一性を認めれば後者の判例は説明がつくが（事後求償権のための抵当権の被担保債権に事前求償権も含めうる）、前者の判例とは矛盾するというわけである。

6-90 (b) その他の問題　①時効、②担保以外にも、③事前求償権に基づいて訴訟を提起している最中に、保証人が弁済した場合にどうなるか、④保証人に対して主債務者が金銭債権を有していてそれが差し押さえられた後に、保証人が弁済した場合（求償権による相殺の対抗）、⑤事前求償権成立後、事後求償権成立前の主債務者の詐害行為を取り消せるかといった問題がある[438]。前後1つの権利と考えれば全ての問題は解決できる。判例・通説の別権利説でも、④⑤は原因が差押えや詐害行為前であることから解決は可能である。本書の免責請求権説では問題にならないが、④については、511条2項により保証人による相殺が可能になる。

6-91 ◆事前求償権による相殺

(1) 事前求償権説では

(a) 判例は相殺を否定　保証人が主債務者に対して金銭債務を負担していて、主債務者に対して事前求償権を取得した場合、保証人は事前求償権を自働債権とする相殺ができるのであろうか。最判昭58・12・19民事140号663頁は、相殺を認めた原審判決を破棄している。即ち、「保証人が民法460条に基づいて主たる債務者に対して取得するいわゆる事前求償権は、法定相殺における自働債権としての要件に欠け、保証人はこれを相殺の用に供しえない」とする（大判昭15・11・26民集19巻22号2088頁参照）。

6-92 (b) 相殺を否定する理由　その理由は、「主たる債務者の委託を受けて保証した保証人が民法460条に基づいて取得する事前求償権を行使する場合には、主たる債務者は、同法461条1項に基づき、債権者が債権全額の弁済を受けない間は保証人に対し担保の供与を請求することができ、右担保の供与があるまでは当該求償に応ずることを拒絶することができるものであるところ、事前求償権を自働債権とする相殺を許容するときには、主たる債務者からゆえなく右の抗弁権行使

---

436)　この問題について詳しくは、吉岡伸一「事前求償権による仮差押えと事後求償権の時効中断」岡法65巻第3・4号（2016）695頁以下参照。同707頁は、事後求償権の「保全」ではなく「確保」と表現したことについて、微妙な違いかもしれないが、確保という方が「この場合の両者の関係を表すのに適切であろう」といい、同708頁は、「事前求償権は、事後求償権を確保するために認められたものであり、事前求償権により仮差押えが認められた時効中断の効果は、事後求償権にもその効果が及ぶと解しても何ら差し支えない」と、判例に賛成している。本書の免責請求権説では、免責請求権の履行の強制として、主債務者に債権者への履行を請求でき、間接強制ではなく直接強制ができ仮差押えができるとしても、別個に成立する求償権（事後求償権）の時効とは無関係であり、事後求償権成立後に、改めて完成猶予のための手続を取ることが必要になる。

437)　**鈴木**321頁。

438)　他に、主債務者が保証人に対して金銭債権を有しており、それを主債務者の債権者が差し押さえてきた当時、保証人は事前求償権しか取得しておらず、差押え後に弁済をして事後求償権を取得した場合、保証人は事後求償権による相殺を対抗できるのかが問題になる。事後求償権は差押え前の債権ではないため、相殺を対抗できなかった。しかし、2017年改正民法では、511条2項は、差押え後に取得した債権であっても、差押え前の原因によって取得した債権であれば、相殺はできるものと規定したため、相殺が可能になった。

の機会を奪い、不公平な結果を招くからである」と説明されている。

(2)　免責請求権説では　　判例の理由からは、保証人が担保を提供すれば相殺が可能になり、また、**6-93**
主債務者からは抗弁を放棄して相殺できることになる。これを禁止する積極的な理由は、認めら
れない。主債務者は、事前求償を受けた保証人が支払をしないため二重に債権者に支払をしたと
しても、保証人から不当利得返還請求を担保により回収可能である。主債務者が抗弁を放棄した
のであれば自己責任である。敢えて問題にするとすれば、主債務者の債権者が主債務者の保証人
に対する債権から債権回収をする可能性を奪う点である。これに対して、本書の免責請求権説では、
650条2項の議論に類似するが、債権者への支払を求める請求権であり、主債務者・保証人間の
支払を清算する関係ではなく、そもそも相殺適状が否定されると考えられる。主債務者からの相
殺も否定すべきである。

3　委託を受けない保証人（無委託保証人）の求償権 　　6-94

（1）　無委託保証人の求償権の法的性質

(a)　委任契約上の費用償還請求権は認められない

委託を受けない保証人（無委託保証であるホステス保証等）は、主債務者との委任
契約がないため、委任契約関係は認められず、そのなした弁済は、主債務者に不
当利得が成立するため求償権が成立するが、主債務者の意思に反しない場合には
事務管理に類する権利を認め、意思に反する場合には不当利得の最低限の権利が
認められているにすぎない。

(b)　受託保証人の求償権との差 　　6-95

無委託保証人の求償権については、①主債務者の意思に反するか否かでその内
容に差が設けられており、②事前求償権──本書では保証委託契約上の免責請求
権──が認められず、また、③事後求償権については、459条の2第1項が適用
され、459条2項（免責後の利息請求権の付与）が適用にならず、請求により遅滞に
なり遅延損害金の支払義務が認められることに注意すべきである[439]。結局、委
託を受けない代位弁済者の請求権と同じであるが、保証人を経由して支払うと、
単なる代位弁済者の事務管理に基づく費用償還請求に対する特則──費用全額で
はなく受けた利益のみの償還請求権──が認められることになる。

(c)　その根拠は事務管理 　　6-96

　　ア　事務管理該当性　　①無委託保証人が委託を受けずに保証人になること

189

については、ⓐ事務管理になるという学説もある。ⓑしかし、保証契約締結は主債務者の利益を目的としているが、主債務者の事務そのものではない。そのため、保証契約締結自体が事務管理と考えることは無理であり、その締結にかかる費用の請求を認めるべきではない[440]。②他方で、主債務を代位弁済することは、弁済は、債権者との関係では義務であるが、主債務者との関係では義務ではなく事務管理になる。そのため、代位弁済に着目して、保証契約があっても代位弁済を事務管理として――主債務者に対して代位弁済義務は負担していない――費用償還請求権（求償権）が成立することを認めるべきである。

6-97　　**イ　事務管理による規律**　　もし事務管理により規律されるとなると、①主債務者のために有益な費用なので、その償還を請求できる（702条1項）。②主債務者のために有益な債務を負担した場合には、650条2項が準用されるが、保証債務の負担だけで事務管理にならないことは**6-96**に述べた。③事前の費用前払請求権は702条では準用されていないので、事前の求償権は無委託保証人には認められないことになる。④保証人になること――むしろ代位弁済――が主債務者の意思に反する場合には、主債務者が現に利益を受けている限度でのみ、①②の権利が認められる（702条3項）。以下の保証規定は、基本的にこれらを確認する規定である。

6-98　　　　　　　　(2)　**主債務者の意思に反するか否かで差がある**

(a)　**主債務者の意思に反しない場合**　　保証人となったことが――代位弁済――主債務者の意思に反しない場合には、主債務者が保証人の免責行為の「当時利益を受けたる限度に於て」求償を請求しうるだけである（462条1項）。委託を受け

---

439)　＊**無委託保証人の求償権の破産手続における処遇（相殺の可否）**　　最判平24・5・28民集66巻7号3123頁は、①破産者に対して債務を負担する受託保証人の破産手続開始後の弁済による求償権に対する相殺について、「この求償権を自働債権とする相殺は、破産債権についての債権者の公平・平等な扱いを基本原則とする破産手続の下においても、他の破産債権者が容認すべき」であるが、②破産者に対して債務を負担する「無委託保証人が破産者の破産手続開始前に締結した保証契約に基づき同手続開始後に弁済をして求償権を取得した場合についてみると、この求償権を自働債権とする相殺を認めることは、<u>破産者の意思や法定の原因とは無関係に破産手続において優先的に取り扱われる債権が作出される</u>ことを認めるに等しいものということができ、この場合における相殺に対する期待を、委託を受けて保証契約を締結した場合と同様に解することは困難」とされ、相殺が否定されている。①は傍論であるが、相殺を肯定しており注目される。

440)　①説として、**鳩山**327頁、**石坂**1120頁、**川名**416頁、②説として、**岡村**227頁。

た保証人と異なり、免責の日以後の法定利息および損害賠償は請求しえない。この求償権は、表現は異なるが、内容的には本人の意思に反しない事務管理者の費用償還請求権（702条1項）の範囲と同様である。代物弁済で100万円の債務で財産が80万円の場合、支出した費用が80万円なので費用償還請求権は80万円になる。明記されていないが、462条1項も同様と考えてよい。

(b)　**主債務者の意思に反する場合**　　保証人になったこと──代位弁済──が主　6-99
債務者の意思に反する場合には、保証人は主債務者が現に利益を受ける限度においてのみ求償しうるにすぎない（462条2項）。これは、本人の意思に反した事務管理者の費用償還請求権（702条3項）の範囲と同様である。100万円を支払って主債務者に100万円の利益を与えたが、その後に利益が縮減することは考えられない。

4　数人の主債務者がいる場合の保証人の求償権　6-100

(1)　債務者全員のために保証人（連帯保証人）になった場合──民法に規定なし

(a)　分割債務の場合

　ア　どのような保証関係か　　例えば、AがBCに甲製品を100万円で販売し、代金債務についてDが連帯保証人になったとする。特約がない限り、BCの代金債務は50万円ずつの分割債務になる。AD間に1つの保証契約また保証債務があるが、その担保の対象は、A→B、A→Cのそれぞれの50万円の代金債権になる。保証債務がそれぞれ50万円ずつ成立するのではなく[441]、DのAに対する1つの100万円の保証債務が成立し、それによりBCの50万円の債務という複数の債務が担保されると考えるべきである。

　イ　求償について　　主債務者を免責させたという求償権の要件は、Dが　6-101
100万円を支払った場合、B50万円、C50万円についてのみ充たすにすぎず、DはBCに対してそれぞれ50万円の求償権を取得するにすぎない[442]。判例も、求償関

---

441)　**鳩山**331頁は、「各各が保証債務を成立せしむ」という。
442)　**鳩山**331頁、**我妻**495頁。

係でも分割債務になることを認める（大判明37・1・16民録10輯12頁）。では、Dが50万円のみを支払った場合はどのように考えるべきであろうか。主債務の弁済の充当の問題になるが、公平の観点から、BCの代金債務がそれぞれ25万円消滅し、それぞれ25万円の求償権を取得すると解すべきである。ただ充当の問題だとすると、保証人が指定でき、例えばBの代金債務の代位弁済と指定すれば、Bの代金債務だけ消滅し、Bに対して50万円の求償権が成立することになる。なお、事前求償権（本書の立場では免責請求権）も、BCに対してそれぞれ50万円ずつ認められることになる。

6-102　(b)　**不可分債務または連帯債務の場合**

　　ア　どのような保証関係か　　AがBに建物を賃貸し、CがBのために保証人になった後に、Bが死亡し、DEが相続分平等で相続し、CがDEのために保証を続けることを承認したとする（賃料10万円とする）。判例・通説ではDEは10万円の不可分債務、本書の立場では10万円の連帯債務を負担することになる。この場合にも、(a)の分割債務の場合と同様に、①保証債務とDEの主債務ごとに2つ成立するのではなく、②抵当権のように、BCの2つの連帯債務を保証する1つの連帯保証債務が成立すると考えるべきである。事前求償権（免責請求権）も、DEに対して10万円全額につき認められる。

6-103　　　イ　求償（事後求償権）について　　Cが保証人として賃料10万円を支払った場合、DEはいずれも10万円という債務負担を免責されることになる。そのため、DEのいずれについても全額の免責を受けたという求償権の要件を充たすことになる。この結果、Cは、DEのいずれに対しても10万円の求償権を取得し、427条は適用されず、DEは求償においても連帯したままということになる[443]。更に言えば、弁済者代位により、Aの連帯債務者DEに対する10万円の賃料債権

443)　**鳩山**331頁、**石坂**1130頁、**磯谷**558頁、**我妻**495頁、**於保**281頁。464条は、保証された主債務者には全額の求償ができることを前提としており、その主債務者が複数になるだけである。また、求償において分割主義が適用されるのは「負担部分」に応じる同列の債務者間に限られる（442条1項）。なお、フランス民法2310条は、主債務者が連帯債務者である場合には、全員の主債務者に対して全額の求償権を取得することを明記している。全債務者のために保証人になったことは要求しておらず、判例は、連帯債務者の1人についての保証人であっても、債権者に支払をなした場合には、債権者が主債務者に対して有していた全ての権利に代位でき、これは保証をした主債務者に対してだけでなく、保証をしていない他の連帯債務者に対しても同様としている（Cass. com., 19 mars 1962, D., 1962. 505）。そうすると、求償権は保証した主債務に対してしか取得しないが、そのための弁済者代位として、他の連帯している主債務に対する債権者の債権を代位取得することになる。

を代位取得することになる。ただし、学説には、50万円ずつの求償権しか認めない学説もある[444]。

◆主債務者が連帯免除を受けた場合

6-104

例えば、AのBCに対する100万円の債権が連帯債務とされており、DがBCのために連帯保証をしたが、その後に、AがBCを連帯免除し、BCが50万円ずつの分割債務になったとする。Dの保証債務も、BCの50万円の分割債務についての連帯保証になる。Dが合計100万円を支払わなければならないことには変わりはない。問題は求償である。

Dが100万円を支払った場合、BCが連帯債務であれば、BCはDに対する求償関係においても100万円連帯したままであったが、分割債務になると、DはBCに対してそれぞれ50万円の求償権を取得するだけである。この意味で、連帯免除は、保証人に不利な変更になる。そのため、連帯免除がされても、DはBCに対して全額の求償権を取得し、BCは連帯して全額の求償義務を負うと考えられている[445]。妥当な解決であり、現行法としては、448条2項の適用または類推適用（ないし445条の類推適用）として説明することができる。

(2)　債務者の1人のために保証人になった場合

6-105

(a)　**分割債務の場合──民法に規定なし**　　6-100の例で、DがBについてのみ保証人になった場合、Dの保証債務はBの50万円の債務を保証するだけの50万円の保証債務になる。そして、Dの50万円の支払は、Bの代金債務の代位弁済なので、Bが弁済したのと同じことになり、Bは債務を免れCの代金50万円のみが残る。したがって、Dは、Bに対して50万円の求償権を取得する。BにはCに対する25万円の求償権が成立し（442条1項）、464条の反対解釈によればDのCに対する求償権は成立しない（直接訴権の制度だとすると類推適用の余地あり）。100万円全額を支払った場合、Cに対しては依頼がない限り事務管理規定に基づいて費用償還請求ができるだけであり（また、不当利得規定）、BCそれぞれに対する50万円の求償権・費用償還請求権を取得するにすぎない[446]。

(b)　**連帯債務または不可分債務の場合──民法に規定あり**

6-106

ア　求償権　　Aに対してBCが100万円の連帯債務を負担し（BC負担部分

---

444)　**勝本**500頁以下。これでは求償の連鎖が生じること、また、連帯債務の内部関係と同様に債務者側の内部関係と考えることが理由である。

445)　**我妻**496頁、**松坂**183頁など。

446)　**鳩山**332頁は、保証した主債務者に対してのみ求償権を取得し、他の債務者に対しては求償権を取得しないというが、保証人の求償権についての議論であり、本文のような費用償還請求権を認めることを否定するものではないと思われる。

平等）、DがBの債務についてのみ保証債務を負担したとする。この場合、Dが
Bに「代わって」100万円をAに支払った場合、特別規定がなければ、【表
6-106】①②の2つの求償権だけが成立する。

【表6-106】連帯債務者の1人ついての保証と求償権

① D→Bの100万円の求償権
② B→Cの50万円の求償権
③ D→Cの求償権は成立しない

まず、DはBに「代わって」100万円を支払ってBを免責させたので、Bに
対して免責額100万円全額につき求償権を取得する（☞①）。また、Bが弁済した
ことになるので、BからCへの連帯債務者間の求償権（442条1項）が成立する
（☞②）。DはCに「代わって」支払っていないので（459条1項参照）、Cに対する
求償権は成立しない。確かに、Dの支払によりCも100万円の債務を免れている
が、D→Cの不当利得返還請求権は成立しない。DはBへの求償権を取得して
おり（損失なし）、他方で、CはBに不当利得返還義務を負うためである（利得な
し）。

6-107　**イ　弁済者代位**　ただし、DはBに対して全額100万円の求償権を取得し、
連帯債務が人的担保の一種であることを考えると、Aが有していた、BCに対す
る連帯債務の関係にある100万円の債権を代位取得することになる（フランスの判
例☞注443）。この結果、DはCに対しても100万円の支払を請求できることになる。
しかし、このような代位は、次の民法の規定──DのCに対する直接の権利を
認めるが50万円に限定する──と抵触する。ただし、Cの②の義務の限度での代
位取得を認める余地はある。Cの債務に物的担保がついていれば弁済者代位の実
益も認められる。

6-108　**ウ　民法による直接請求権の付与**　民法は、「他の債務者に対し、その負
担部分のみについて求償権を有する」ものと規定した（464条）。上の例では、
D→Cの50万円の直接の求償権の成立を認めたのである。D→B100万円、
B→C50万円の求償権の連鎖があり、Bが無資力であれば、DがB→C50万円
の求償権を代位行使できるが（423条1項）、D→C50万円の直接の固有の求償権
を認めたのである。当然には導かれない法定の債権であり、これを認めた根拠に
ついては後述する（☞6-111以下）。

◆負担部分のない連帯債務者について
6-109

(1)　保証債務と解釈すれば共同保証になる　　保証の対象となっていない主債務者の連帯債務が負担部分のないものであれば、この主債務者には求償ができない（大判大15・6・3民集5巻444頁）。しかし、疑問がないわけではない。上記の例で、C は併存的債務引受により連帯債務を負担し負担部分がなく、D は B の債務について連帯保証人になったとする。負担部分のない連帯債務を認めずこれを保証債務（連帯保証債務）と解釈する学説（☞10-5）では共同保証になり、共同保証の規定により規律される。

(2)　負担部分のない連帯債務を認めると　　では、負担部分のない連帯債務を認めて——444条2項は2017年改正により新設された規定であるが、負担部分のない連帯債務を認めている——、464条により規律されるものと考えると、D が100万円を支払っても B に求償できるだけで、C には一切求償ができず、また、C が100万円を支払っても、B に全額求償ができるが、D には求償ができないことになるのであろうか。本書では、隠匿行為として連帯保証契約を導くことの可能性を認める（☞10-4）。これが無理だとしても、実質は保証債務であり、可能な限り保証の規定の類推適用を認めるべきである。したがって、CD は共同保証に準じ465条を類推適用し、CD のいずれが100万円を支払っても、C から D、D から C に50万円の求償を認めるべきである。

◆権利の位置づけについて
6-111

(1)　権利の位置づけ

(a)　便宜的規定説　　464条の根拠付けをめぐっては、まず、D が B から100万円を回収し、その上で、B が C から50万円を回収するのを、C の部分については二度手間になるので直接 C から D に支払わせるようにしただけであり、「求償関係を簡易に決済するために設けられた便宜的規定である」という理解がされている[447]。この理解では、当然には出てこない法定の権利ではあるが、特に D の保護が目的ではないことになる。

(b)　直接訴権説（本書の立場）　　しかし、本書としては、保証人 D が C から優先的に求償を
6-112
受けられるようにした直接訴権の制度であると考える（その類推適用につき☞6-105）。D につき、B の C に対する50万円の求償権について、何も規定がなければ債権者代位権を行使したり、差し押さえて取り立てることになるが、B が無資力で他に多数の債権者がいれば、D は50万円全額の回収はできないことになる。しかし、B→C 50万円の求償権の原資は D の出捐である。B の他の債権者と債権者平等というのは公平ではない。そのため、D に C に対する直接請求権を認めたものである[448]。いわば担保しての**直接訴権**の規定であり、D の保護を全うするためには、完全直接訴権として——自賠法のように——B が D に支払うまでは、B の C に対する求償権は成立しないと考えるべきである。A→C 債権の弁済者代位による取得は、D→C の本条による求償権を被保全債権とすべきである。なお、D が C から50万円の支払を受ければ、D→B 債権は100万円から50万円になる。

(2)　求償の要件　　また、特例であることから（(b)の立場）、D の C に対する464条の求償権は、
6-113

---

447)　**松坂**183頁。**磯谷**557頁、**於保**281頁。**注民（11）**285頁［中川淳］は、「複雑な法律関係を整理する便宜のため」というが、「この求償権の性質は、不当利得の返還請求権である」と位置づける。ただ、理論的には、「保証の付着する債務者に対する求償権の法律上の移転を認めたもの」であり、債務者が弁済者代位により取得する権利の行使を認める。

448)　例えば、**鳩山**332頁は、C は E に対して求償権を取得しないはずであるが、D は C に対して「各自の負担部分に付て求償権を有する者なるが故に民法は便宜規定を設け保証人をして直接に他の債務者に対して求償権を有せしめたるなり」と説明する。C が E から E の負担部分を直接に回収した方が1回の支払で済み便宜的だというのである（いわば**便宜規定説**）。直接訴権といった意識は見られない。**我妻**497頁の、「この関係を簡易に決済することにもなる」という説明も同様である。

465条1項同様に、Bの負担部分を超えて履行することを必要と考えるべきである。DがAに60万円を支払った場合、30万円ではなく——BはCに30万円求償できるので(a)ならば30万円になりそう——10万円を求償できることになる。

6-114　**◆主債務者たる連帯債務者に共同相続があった場合**

例えば、Aに対して、BCが連帯して100万円の債務を負担し、BについてのみDが連帯保証をしたが、BにB1・B2による共同相続（相続分平等）があったとする。Bの連帯債務は、B1・B2の50万円ずつの分割連帯債務になる。

この場合、Dが50万円のみを支払うとして、同一債務説（☞1-31）では、保証債務の履行にすぎないので、Cの主債務が50万円消滅するのはよいが、B1・B2の主債務はどうなるのであろうか。公平に25万円ずつ消滅するのであろうか。本書の代位弁済義務説（☞1-36）では、保証人の弁済は、主債務の弁済（代位弁済）であり——それが、代位弁済義務たる保証債務の履行にもなる——、保証人がB1・B2のどの主債務を弁済するかを保証人が指定できる。例えば、DがB1の50万円の主債務の弁済と指定すれば、B1の50万円の主債務は消滅し——B2の50万円の主債務はそのまま——、DはB1に対して50万円の求償権を取得する。50万円を越えて支払った場合に、その超えた金額のみCに464条に基づき求償ができるにすぎないので、未だCへの求償は認められない。

第 7 章

特殊な保証 1 ――連帯保証

1 連帯保証の意義および発生原因

(1) 連帯保証の意義とその特殊性

(a) 連帯保証の意義

ア　保証債務と併存して連帯債務が成立するのではない　「保証人が主たる債務者と<u>連帯して</u>債務を負担」する場合を**連帯保証**という（454条、458条）。連帯保証が成立するのは、合意（連帯特約449)）による場合、法律規定による場合（商法511条2項）とがある。連帯債務で負担部分ゼロの場合は実質的には連帯保証に等しい450)。連帯保証に対して、連帯特約のない保証を、**単純保証**という。では、「連帯して」保証債務を負担するというのはどういう意味であろうか。連帯債務を負担するものではない。ところが、この点の理解は曖昧である。

---

449)　**＊フランスでは不可分特約が可能**　連帯債務が共同相続されると分割連帯債務になり、これは連帯保証についても、分割連帯保証債務になる。フランス民法では、このような事態に対処するために意思表示により不可分債務とすることが可能とされており、不可分特約がされた場合には、共同相続がされても全員が全額の不可分債務を負担することになる――遺産分割で分割債務にできないが、1人にのみ帰属させる合意は、もとは債務者1人であったので可能なように思われる――。そのため、債権者は、連帯特約と共に不可分特約を入れることが多いと言われている。保証債務について、連帯保証を超えて不可分特約が可能なのかは不明である。いずれにせよ、日本では、「性質上」不可分しか認めない改正がされたので、合意により不可分債務にはできず、保証債務について不可分特約ができるのかを考える必要はなくなった。

450)　444条2項で、そのような連帯債務を認めているが、学説にはそれは保証債務と認定すべきであるという主張もある。全て保証債務の規定により規律されることになる。この考えでは、併存的債務引受けがこの負担部分なしの連帯債務の事例になり、併存的債務引受は保証債務の負担であると分析する。

7-2 **イ 連帯保証であっても保証の付従性は失われない**　同じく「連帯」とは称されるが、連帯債務も連帯保証も、いずれも「同一の目的を有する数個の債務」であるが、連帯債務は、「各債務は平等の地位に在り」、これに対して、連帯保証では「両者は不平等の地位に在り、保証債務は主たる債務に従として存す」と説明される[451]。いわば主従のある連帯債務ということになるが、果たしてそれは「連帯債務」なのであろうか。連帯特約で意図されているのは、保証債務を同時に「連帯債務」にすることなのであろうか。負担部分ゼロの連帯債務は実質保証の場合であっても（☞ 6-109）、付従性は認められない。

7-3 **ウ 保証ついての特約にすぎない**

❶ 川名博士の説明──連帯債務ではない　川名博士は、連帯保証というと、「連帯債務と保証債務とが併存するが如き外見を呈す」が、「保証人が保証契約をなすに当り債務者の債務を弁済すべき債務を自己独立の債務の如く弁済すべきことを約したるに過ぎず、保証人として其債務を負担すると同時に亦連帯債務者として其債務を負担するものと見るべきにあらずと思う、換言すれば保証人が催告検索の両抗弁権を予め放棄して保証契約をなしたるものに過ぎず」という[452]。また、「其性質は純然たる保証債務にして決して連帯債務と保証債務の二個の性質を併有するものに非ず、又其両者の中巻に介在するものに非ざるなり。何となれば一面保証債務にして他面に主債務たる連帯債務の性質を有すると云うが如きは到底論理上相容れざる所なればなり」ともいわれる[453]。

7-4 **❷ 「連帯」には意味がない**　要するに連帯保証とは、保証債務に連帯債務の性質を付与するのではなく、債権の効力を強める特約を意味し、催告・検索の抗弁権また分別の利益等を放棄する特約のされた保証であり、その特約を伝統的

---

451)　**石坂**987頁。

452)　**川名**382頁。西村博士は、連帯保証を「連帯債務の特質を加味した保証債務」であり、「連帯債務の2大特色すなわち第1次責任性と全額義務性が取り入れられている」と評する（**注民（11）** 255頁［西村信雄］）。これを突き詰めれば、要するに連帯債務になるのではなく、保証債務にこの2つの特約がなされているというに尽きる。

453)　**磯谷**531頁。大判明41・2・28民録14輯162頁は、「主たる債務者と連帯して債務を負担したる保証人と雖も、亦一の保証人たることを失はざるか故に、連帯債務者と同一視することを得ざるは多言を要せざる所なり。然り而して債権者が主たる債務者に対し履行期間中に在りて任意に契約を解除するに於ては、主たる債務者が契約に依り負担したる債務を消滅せしむるが故に、主たる債務者と連帯して債務を負担したる保証人の債務も亦当然消滅するは言を待たざる所なり」という。ただ解除しても原状回復義務や損害賠償義務について保証の効力が及ぶものとその後の判例により変更される（☞ 1-50）。

に「連帯特約」と呼び、そのことからその特約の付された保証を連帯保証と呼び慣わしているにすぎない[454]。「連帯」ということに拘泥して、保証人について生じた事由につき、主債務者への効力を連帯債務の規定を準用する必要は到底存在しない（☞7-10〜）。被担保債務と担保という関係は、連帯特約によって失われることはない。次に、連帯保証の特殊性について分析してみたい。

(b)　連帯保証の特殊性

7-5

ア　連帯保証と単純保証の差　連帯保証と単純保証との差は、【表7-5】の3つである。

【表7-5】連帯保証の特殊性

①　補充性に基づく2つの抗弁権の否定（454条）[455]

②　連帯債務の1人ついて生じた事由についての規定が準用される（458条）

③　共同保証において分別の利益が認められない（解釈）

---

②は意味がないことは7-11以下に述べる。①と③は連帯債務性によって根拠づける必要はなく、それぞれの箇所で説明するが、特約で排除できるのであり、補充性や分別の利益を放棄する・・・特約があると解すれば足りる。連帯債務になるからだという説明を介する必要はない。

イ　連帯保証は連帯債務か

7-6

❶　**負担部分のない実質保証である連帯債務について**　確かに連帯債務であれば、例えばABが連帯債務者となり、Aが100％の負担、Bが負担部分0であれば、実質保証でありながら、連帯債務の規定また法理により規律される。Bに催告・検索の抗弁また分別の利益は認められない。Aに対する債権だけ譲渡でき、Bの債務に随伴性は認められない。民法の規定では、Aが免除されてもBには影響はない。これであれば、実質的には保証でありながら「連帯」債務の効果が

---

454)　フランスの判例は、連帯特約は「保証という性質を変更するものではなく、その効果のいくつかを修正するものにすぎない」と判示している（Cass. req., 19 fév. 1908, S., 1911, 1, 529, note Wahl）。

455)　連帯特約は禁止されておらず、個人保証でも消費者契約法10条で無効とされることはない。フランスで連帯特約は自由であるが、法令で禁止されている事例が1つだけある。2018年11月23日の法律（いわゆるエラン［ERAN］法）により導入された、le bail mobilité（短期の居住をする学生や移動性の事業者がより借りやすくするために新たに導入された短期の居住用賃貸借）については、1989年7月6日の法律89-462号が改正され、付け加えられた規定の中の25-13条Ⅱ項は「共同賃借人又は保証人についての連帯を予定している条項は、記載なきものとみなす」と規定している（手書き要件もある☞注159）。

認められる。

7-7 　❷　**連帯保証は連帯債務でもあるのか**　　しかし、連帯保証の場合には、保証法理によって規律され、【表7-5】①と③は、特約がされていると考えればよい。同②については、連帯債務ということに拘泥する必要は全くない。要するに①と③は特約があるから排除されるのであり、連帯債務になるからないし連帯債務にする特約があるからではない。そもそも保証債務と連帯債務とは相容れない概念である。①と③の特約を「連帯特約」、①③を排除する特約のされた保証を「連帯保証」と呼んでいるにすぎない。保証でありながら「連帯債務」にもなると理解する必要はない。

7-8 **(2)　連帯保証が認められる場合**

(a)　**連帯特約がある場合**　　連帯保証とされる場合は、当事者の特約による場合と、法律による場合とがある。連帯特約の本質が【表7-5】①③の特約、保証人の利益を否定する特約にあることを考えれば、要式行為の書面における連帯特約の合意が必要になる。連帯については口頭の合意がされても、書面に記載されていなければ連帯債務とは認められないことになる。書面に記載がなくても、他の事情から連帯保証と認定することを認める判例があるが（大判昭6・3・4新聞3246頁）、要式契約とされる前の判例であり、先例価値は認められない。連帯特約と保証金額については、書面が必要なだけでなく保証人の手書きを要求する立法もある（フランス法☞注159）。

7-9 (b)　**合意によらない連帯保証——法令による**　　法令としては、商法に一般規定があり、「保証人がある場合において、①債務が主たる債務者の商行為によって生じたものであるとき、②又は保証が商行為であるときは、主たる債務者及び保証人が各別の行為によって債務を負担したときであっても、その債務は、各自が連帯して負担する」（同511条2項）、と規定している（①②は加筆）。②はよいとしても、①まで個人保証人であっても当然に連帯保証になることは、立法論的には疑問である——個人保証には制限解釈により適用を排除できないか——。なお、民法には主債務について事業債務という類型が認められているが（465条の6、465条の10など）、主債務が商行為による債務という区別も、この規定だけであるが存在しており、保証の類型化において見落としがちである。

2　連帯保証への連帯債務規定の準用

(1)　連帯債務の絶対的効力事由について

(a)　2017年改正前

　　ア　連帯債務の規定を準用──その疑問点　　2017年改正前の旧458条は、旧434条から旧440条までの連帯債務者の1人について生じた事由の効力についての規定を、連帯保証に準用していた。旧434条は請求の絶対効、旧435条は更改の絶対効、旧436条1項は相殺の絶対効、旧437条は免除の絶対効、旧438条は混同の絶対効、旧439条は時効の絶対効、旧440条は相対効の原則を宣言する規定である[456]。しかし、準用の意味があるのは、旧434条の請求および旧438条の混同の絶対効だけといわれていた[457]。主債務者について生じた事由は付従性を問題とし、連帯保証人について生じた事由については、この2つ以外は準用がなくても、即ち単純保証でも認められるものだからである。

　　イ　「連帯」は根拠になるのか　　また、そもそも連帯保証は、「連帯」という表示がされてはいるが、連帯債務になるわけではなく、債権の効力を強化する

---

456)　旧民法は、債権担保篇27条1項に「債務者に対して時効を中断し又は債務者を遅滞に付する行為は保証人に対して同一の効力を生ず」と規定し、同2項は「保証人に対したる右同一の行為は、保証人か債務者の委任を受け又は債務者と連帯して義務を負担したるときに非ざれは、債務者に対して効力を生ぜず」と規定していた。また、同28条1項は「主たる債務者の為したる債務の自白は保証人を害す」と規定し、同2項は「保証人の為したる自白は委任又は連帯ある場合に非されは債務者を害せす」と規定していた。受託保証人か連帯保証人については、保証人についての時効中断事由が主債務者にも効力を有し、また、保証人の承認が主債務者にも効力を及ぶことになっていた。よくわからない規定である。連帯保証について催告・検索の抗弁を否定するだけでなく、保証人について生じた事由についての一般規定を置いたようであるが、趣旨は明確ではない。連帯しているがなお保証の関係なので、連帯債務の規定を適用できないが、旧434条から旧440条までは適用したというだけである（**梅**174頁）。フランス民法の2021年改正前規定では、検索の抗弁の規定において、連帯保証には認められないことを規定するに際し、連帯保証につき、その債務関係は連帯債務についての原則によって規律されることが規定されていた（旧2398条）。しかし、改正2305条ではこの部分は削除されている。旧規定の上記部分は学説により例外なく批判され、**注454**の判決が出される。連帯保証でも、検索の抗弁と分別の抗弁が認められないだけで、保証であり担保としての付従性は否定されず、債務者との関係、共同保証人との関係、債権者との関係のいずれにおいても、単純保証と変わりないと考えられていた（P. Delebecque, P. Simler, nº 64, pp.58 et s.）。なお、予備草案2291条2項は、「保証人と債務者との連帯は、前者につき検索の抗弁を失わせるという効果を持つに過ぎない」という規定を提案していたが、実現されなかった。保証連帯は、連帯債務とは随分異なるが、政府はこの議論を立法により解決することを好まず、裁判所による再検証に委ねている（A. Gouëzel, nº 68, p.42）。

457)　**磯谷**532頁など。

特約——催告・検索の抗弁権、分別の利益を放棄——のされた特殊な保証である
にすぎず（☞7-4、7-7）、連帯債務の規定を適用する必然性は全くない。連帯保
証に連帯債務の規定を適用するというのは、「連帯」ということに捕らわれた立
法過誤といってよい。保証人について生じた事由について、単純保証と異なる扱
いをする根拠はない。改正前であれば、請求の絶対効については、債権の効力を
強化するということでかろうじて説明がつくが、だとしても旧434条だけの準用
規定で済んだはずである。

7-12　(b)　**2017年改正法**　　　上記の疑問点は改正により解消されたのであろうか。そ
もそも請求、免除、時効の絶対効は絶対効ではなくなった。改正法で連帯保証に
準用される連帯債務規定は、【表7-12】①〜④である。どれも連帯債務の性質を
有するが故の効果とはいえない。単純保証であれ連帯保証であれ、全て保証の法
理（付従性）により規律されるべきであり、少なくとも改正法を見る限り連帯債
務の規定による意義は認められない。458条は削除すべきであった。注456に述べ
たように、フランスの連帯保証を連帯債務の原則により規律するの規定は無視さ
れており、2021年改正で削除された。

【表7-12】458条の準用する規定
① 　438条（更改の絶対効）
② 　439条1項（相殺の絶対効）
③ 　440条（混同の絶対効）
④ 　441条（相対効の原則）

7-13　　　　　　　　　　　　　　　(2)　**具体的検討**

(a)　**主債務者に生じた事由**
　　ア　**準用規定の検討**　　　まず、【表7-12】④の相対効の原則は問題ない。
①の更改が主債務者と債権者との間で行われれば、主債務が消滅するので、438
条を持ち出すまでもなく、保証債務の付従性によって保証債務は消滅する。②の
相殺もそうである。主債務者が債権者に対して相殺をすれば、439条1項ではな
く、主債務が消滅するので保証債務は付従性で消滅するだけである。③も同様で
ある。AがBに対して100万円の債権を有し、Cが連帯保証人になった場合に、

Aが死亡しBが単独相続すれば（Bが死亡しAが単独相続しても同じ）、Aの債権（Bの主債務）は混同で消滅し、Cの連帯保証債務も付従性で消滅する。

　　イ　準用の意義についての結論　　以上のように、458条は、主債務者につき生じた事由に関する限り意味はなく、保証の付従性の法理を適用するだけで足りる。【表7-12】①〜③は、準用規定が適用されない単純保証であっても、保証の付従性により同じ結論が導かれる──ただし、③は法的構成が異なることになる（☞7-17〜）──。改正前は、請求に絶対効（旧434条）があったため、主債務者への請求が保証人にも効力が及んだ点に意味があったが、これが削除された現在、準用規定の意味は失われた。

(b)　連帯保証人に生じた事由

　　ア　更改と相殺は単純保証にもあてはまる

　❶　**相対効の原則および連帯保証人についての更改**　　他方で、連帯保証人について生じた事由については、【表7-12】④の相対効の原則はあたり前なので、それ以外が問題である。【表7-12】①の更改が、連帯保証人と債権者との間で行われれば、保証債務は履行により消滅し、債権者は新債権を連帯保証人に対して取得する。主債務はこれにより消滅するが、「連帯」保証という特殊性によるものではない。単純保証でも主債務は消滅すると考えるべきである（反対解釈をすべきではない）──いずれにせよ、新債務負担だけでは出捐にならないとすれば、新債務を履行して初めて求償権が成立する──。

　❷　**連帯保証人についての相殺**　　【表7-12】②の相殺も同じである。連帯保証人が債権者に対して債権を有していて相殺をしたならば──債権者から相殺をしても同じ──、受働債権である保証債務を履行したと同じことになり主債務は消滅する。保証債務（代位弁済義務）の履行に準じて考えてよく、連帯債務になるから主債務も消滅するのではない。準用規定のない単純保証でも、保証人が相殺をすれば、主債務は消滅する。準用には何らの意味もない。

　　イ　混同について

　❶　**単純保証の場合**　　AのBに対する100万円の債権につき、Cが単純保証をした場合、Aが死亡しCがAを単独で相続すれば（Cが死亡しAがこれを単独相続しても同じ）、特別規定がない限り、AC間の保証債務は混同で消滅する。混同は相殺とは異なり保証債務の履行にはならないので、何も規定がなければA（ないしC）のBに対する債権はそのまま存続することになる。単純保証ではこのよ

7-14

7-15

7-16

7-17

うになり、これで特に不都合があるとは思われない。

7-18　**❷　連帯債務の場合──連帯保証の検討の前提として**　Ａに対して、ＢとＣとが１／２の負担割合で100万円の連帯債務を負担している場合（Ｃが負担部分ゼロの場合も考えられる）、Ａが死亡しＣが単独相続した（またはＣが死亡しＡがこれを単独相続しても同じ）ならば、その連帯債務は弁済をしたものとみなされる（440条）。従って、Ｃ（またはＡ）は、Ｂに対して50万円の求償権を取得することになる。そうでないと、Ｃ→Ｂ債権が100万円のままで、ＢはＣに100万円を支払って、Ｃに50万円を求償するという無駄なことをすることになる。これを初めから清算をしてＣ→Ｂ債権を50万円に減額したのであり、合理的な規定である。

7-19　**❸　連帯保証**　連帯保証については、❶ではなく❷の連帯債務の解決が適用されている（458条による440条の準用）。そうすると、ＡのＢに対する100万円の債権につき、Ｃが連帯保証をし、Ａが死亡しＣが単独相続をした（Ｃが死亡しＡがこれを単独相続をしても同じ）場合、保証債務を履行したものとみなされ、Ｃ（またはＡ）はＢに対して100万円の求償権を取得することになる（債権を代位取得）。準用がなければ❶により、Ｃ（またはＡ）はＢに対する当初の債権を相続により取得し、保証債務が混同で消滅するだけである。

なお、ＣＤが相続分平等で共同相続した場合、Ｃの１／２（50万円）についてのみ上記の効力が生じる。

【図 7-19】

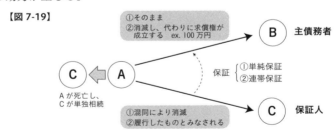

7-20　**❹　検討──意味のある準用か**　単純保証では元の債権のまま、連帯保証では、元の債権は弁済により消滅したものとみなされ、求償権を取得することになる。❶❷いずれにおいても、Ａ→Ｂの100万円の債権が認められる点は変わりなく、当初の債権の存続ではなく敢えて求償権の成立を認めるのである。単純保証と連帯保証とでこのような差を認めるのは必然的なのかはなはだ疑問である(458)。連帯特約とは先の7-7の特約を意味するものにすぎず、「連帯」ということには

意味はない。それなのに「連帯」保証という文言に惑わされた扱いであり、連帯保証であっても、主債務者について生じた事由だけでなく、保証人について生じた事由についても単純保証と連帯保証とで差を認める必然性はない。敢えて言えば、458条は立法過誤として無視すべきである[459]。フランスでも、連帯保証につき連帯債務の規律によるという規定は、無視され、改正により削除された（☞注456）。

　　ウ　**請求の絶対効の否定**　　改正前は、請求の絶対効（旧434条）が認められ　　7-21
ていたために、連帯保証人について生じた事由に連帯債務の規定を適用する意義があった。連帯保証人に請求すれば、主債務者にも請求した効果が認められたのである。しかし、連帯債務について請求の絶対効の規定が削除されたので、連帯保証人に請求しても、主債務者にはその効力は及ばないことになった。そもそも連帯債務について、請求に絶対効を認める根拠が疑問視され、保証の場合に「連帯」という文言を入れただけで、保証人への請求に絶対効が認められるのか

---

458)　**改正債権法コンメ**365頁［齋藤由起］。
459)　**＊債権者による保証人の相続**　　連帯保証を離れて、保証債務の一般論としては、債権者と保証人との混同により主債務が消滅するのか否かは議論がある──債権者と主債務者との混同は、主債務を消滅させ付従性により保証債務は消滅する──。AのBに対する100万円の債権について、Cが保証人になり、その後に、Aが死亡しCが単独相続をしたとする。A→Cの保証債務は混同で消滅し、Cについて、C→Bの主たる債権の取得を認めるか（☞①）、連帯債務の規定によりこれを消滅させ、C→Bの50万円の求償権を認めるか（☞②）という問題である。
　　①絶対効を認めず、保証債務だけ消滅し、C→Bの100万円の債権を相続による取得を認める考え（**鳩山**318頁、**嘉山**321頁、**石坂**1091頁、**川名**400頁）、②絶対効を肯定し主債務の消滅を認める考え（**岡村**215頁）とが対立している。連帯保証については、改正前後を問わず、混同の絶対効の規定が準用されているので、混同による保証債務の消滅だけでなく、主債務も消滅するので、規定からは②のようになる。そうすると、②説では、連帯保証と単純保証とで差が生じないが、①説では差が生じ、連帯債務の規定は甚だ疑問と評される（**石坂**1092〜1093頁）。絶対効を認めて求償権をCがBに取得するよりも、絶対効を否定して、CのBに対する主たる債権を存続させた方が簡単である。連帯保証であっても458条は無視し、①説で統一的に処理すべきである。なお、保証人による主債務者の相続については **1-40**参照。
　　フランスでは、共同保証の場合に、債権者と共同保証人の1人につき相続があった場合について議論があった。上の例で言うと、更に保証人Dがいる場合である（CD共に連帯保証）。しかし、2016年改正で立法的解決が図られた。1349-1条2項後段は──前段は、債権者が保証人を相続しても保証債務が消滅するだけで、主債務は連帯保証であろうと消滅しないことを規定──、債権者と共同保証人の1人との間に混同が生じた場合には、主債務者は免責されることなく（C→Bに対する100万円の債権はそのまま）、他の連帯債務者は、混同のあった保証人の負担部分につき免責されると明記した。債権が100万円であれば、C→D債権は50万円となる。日本法の解釈としては、440条を類推適用すると、CのBに対する100万円の求償権（＋弁済者代位）、CのDに対する50万円の求償権（＋弁済者代位）となるが、フランスと同様の解決も不可能ではない（規定がなく法の欠缺）。なお、CDの共同保証人間の単独相続は、混同は生じないが、弁済後の共同保証人間の求償権は混同の趣旨から成立が認められないと考えられる。

は疑問であった[460]。必要ならば、その旨を債権者・主債務者間で特約をしてお
かなければならないことになる（441条ただし書のような規定はないが、特約は有効）。

460）　ただし、債権者が、主債務者が倒産状態にあり連帯保証人に対して権利行使をしていて、主債
　　務者に対する債権の時効が完成することを避けるため、連帯の有無を問わず、保証人への請求が主
　　債務者にも効力を及ぼすことの意義は否定できない。そのため、金融機関としては、保証人への請
　　求の絶対的効力事由として認めることを各種契約書に規定しておく必要があると考えられている
　　（三井住友銀行総務部法務室ほか編・前掲書（**注170**）169頁）。

第8章

特殊な保証2——共同保証

1 共同保証の意義および種類

(a) **共同保証の意義**　同一の債務について「数人の保証人がある場合」(456条、465条1項)、学理上これを**共同保証**という(465条の表題)——根保証の場合は**共同根保証**——。抵当権では、共同抵当というのと同様であり、同一の債権について担保が複数あるということを示すだけの名称である。共同して債権者と1つの保証契約を締結する必要はなく、それぞればらばらの保証契約を締結する場合も、名称としては紛らわしいが「共同」保証である。要するに、同じ債務について複数の保証人がいることを広く意味している。保証人が、他に保証人がいることを知らなくてもよい。

(b) **共同保証の種類**　共同保証は、その態様によりいくつかの類型に分けることができる。その基準となるのは【表8-2】(1)の3点であり、その組み合わせが【表8-2】(2)のようである。

【表8-2】(1)　共同保証を分類する基準

①	債権者・保証人間	単純保証か連帯保証か
②	保証人間	保証人間に連帯特約があるか(ある場合を保証連帯という)
③	主債務	不可分か可分か

【表8-2】(2)　共同保証の分類

① 保証連帯がある場合

　ⓐ 単純保証　　　　　　　　分別の利益なし　×

ⓑ	連帯保証	分別の利益なし	×	
②	保証連帯がない場合			
ⓐ	単純保証（可分債務）	分別の利益あり	○	（分別の利益の放棄をすることはできる）
ⓑ	単純保証（不可分債務）	分別の利益なし	×	
ⓒ	連帯保証	分別の利益なし	×	

　次にみるように、民法は分割主義の原則を共同保証にも適用し、共同保証人の債務が分割債務になることを原則とするが、保証連帯または連帯保証があれば、分割主義の原則が排除される——保証連帯により共同保証人の債務が連帯債務になっても、主債務者と連帯保証になっていない限り、催告・検索の抗弁権を認められる——。そのため、8-3の分別の利益が認められるのは、単純保証かつ保証連帯もない場合に限られる（☞【表8-2】(2)②ⓐ）。なお、不可分債務の保証の場合には、連帯保証でなくても、また、保証連帯でなくても、その性質上保証人全員も不可分的給付を代位弁済すべき保証債務を負担することになり、やはり分割主義の原則の適用は排除される（465条1項参照）。

2 共同保証の対外関係

(1) 分別の利益——共同保証にも分割主義を適用

ⓐ 分別の利益の意義——抗弁権ではない

　　ア　分別の利益の意義　　「数人の保証人がある場合には、それらの保証人が各別の行為により債務を負担したときであっても、第427条の規定を適用する」（456条）[461]。例えば、AのBに対する100万円の債権につき、CとDとが保証人になった場合、427条の分割主義の適用により50％の割合で債務を負担し、CもDも50万円の分割保証債務になる——債務者による一部弁済があっても同じであり、残額50万円になれば25万円ずつの分割債務になる——。ローマ法では、共同保証人の債務は100万円であるが分別の抗弁の主張ができるだけであったが、異なる立法によったのである[462]。このように、共同保証の場合には分割責任となることを、保証人の利益として**分別の利益**という。

　　イ　法定の効果である　　同時に保証する必要はなく、Cが保証人になった

後に D が保証人になれば、C の保証債務は100万円から50万円に軽減されることになる[463]。他に共同保証人がいることを知って、分別の利益を期待して保証人になったことは必要ではない。意思表示の効果ではなく、法定の効果である。そのため、保証人の 1 人につき保証契約が無効であったり取消しがされ保証債務が成立しない場合には、他の保証人の分別の利益は成立せずまた失われる[464]。こ

---

[461]　旧民法債権担保篇23条 I 項は、「一人の債務者の為め数人の保証人あるときは、債務は均一にて当然其間に分たる但不均一にて分別することを定め又は其保証人が或は債務者と共に或は各自の間に連帯して義務を負担し、若くは其他の方法にて分別を拋棄したるときは此限に在らず」と規定していた。例えば AB が共同保証の場合に I／2 ではなく、I／3・2／3 の分割保証債務とする特約ができる。分別の利益を放棄する特約は可能であり、特約がなくても連帯保証の場合には当然に分別の利益が否定されることを明記している。
　　現行法は456条に分別の利益が否定される場合を規定せず、465条 I 項に、①債務が不可分の場合、②「各保証人が全額を弁済すべき旨の特約」をした場合について、共同保証人間の求償を認める規定を置き、これが分別の利益が否定される場合を規定したものと考えられている。
　　また、旧民法同前 2 項は、「保証の義務が各別の証書より生ずるときと雖も分別の利益は存在す」と規定していた。これは、共同で保証契約をした場合なのか、別々の保証契約で全額主債務を保証する保証債務を負担した場合でも、分別の利益が認められるということである。保証人の頭割りでの保証債務だけを負担するという合意の効果ではなく、保証人の負担軽減のための法定の効果ということになる。

[462]　フランス民法はこのローマ法に倣い、同一の債務につき複数の保証人がいる場合、全員が全部について責任を負担することを認めた上で（2306 I 項）、訴訟提起を受けた保証人は、債権者に対して、分別の抗弁（le bénéfice de division）を対抗できるものと規定し（2 項）、この抗弁の主張を受けた債権者は、請求を分割し、その保証人に対してはその負担割合についてしか支払を命じる判決を求めることができなくなる（3 項）。保証人は、保証連帯の場合と、分別の利益を放棄した場合には、分別の利益を主張しえないものとされる（4 項）。ケベック民法2349条以下はほぼ同様である。
　　また、分別の抗弁は、共同保証人に支払能力が認められる場合にのみ認められ、分別の利益は遡及された時点から直ちに主張ができ（2306-I 条 I 項）、分別の抗弁を主張された時点で支払不能の保証人がいれば、残りの保証人だけで分別の抗弁が認められる。分別の抗弁を保証人が行使され認められた場合には、その後に他の保証人が支払不能の状態になっても影響を受けない（同 2 項）。日本の民法には、支払能力のある保証人についてのみ分別の利益を振り分けることは規定されていないため、支払不能の保証人がいても当然に分割保証債務となる。
　　スイス債務法497条 I 項は、複数の者が同一の可分債務について保証人になる場合、その負担部分については単純保証人として責任を負い、他の共同保証人の負担部分については副保証人として責任を負うものと規定する。そして、同 2 項は、共同保証人が主債務者と連帯保証する場合、また、共同保証人間で連帯債務（保証連帯）を負担することを合意した場合には、全員が債務全部について責任を負うものとする。ただし、共同保証人は、保証連帯の場合に、保証人全員に対して訴訟が提起されていない場合には、自己の負担部分以外の支払を拒絶できる、反対の特約がない限り、支払をした共同保証人は、その負担部分を支払っていない他の共同保証人に対して求償ができ、これは主債務者に対する求償を先に行う必要はない（補充性はない）ものと規定する。

[463]　分別の利益については、尾島茂樹「分別の利益・再考」金沢法学42巻 2 号（2000）129頁以下、齋藤由起「分別の利益に関する一考察」阪法69巻 3・4 号（2019）291頁以下、下村信江「共同保証における分別の利益の再検討」金法2134号（2020）15頁以下参照。日本の427条を適用し当然に分割債務になるという立法——知らずに全額支払っても不当利得として債権者に返還請求できる——の方が適切である。ただし、全額を支払った保証人は、第三者弁済としてこれを追認し、主債務者に求償することも選択できると考えるべきである。

の保証人については錯誤が問題になるだけである。一度受けた利益は、その後に
Dが免除されたりDの債務につき消滅時効が完成しようと失われることはない。
免除については、債権者が任意に保証人の負担を変更することができないからで
ある[465]。

8-5 (b) 分割保証債務とした理由

　　ア　起草者による説明　　立法は分かれるが、民法は抗弁ではなく分割保証
債務とする立法を採用したものである。起草委員の梅謙次郎は、共同保証の場合
に、旧主義の立法と新主義の立法があり、後者を採用したと説明をしている。即
ち、以下のように言う[466]。

　　「旧主義の法律に於ては保証人は原則として各全部に付き責任あるものとし唯
抗弁として分別の利益を対抗することを得るに止まるものとせしより此名あるな
り。然りと雖も一旦法律を以て保証人に此権利を認めたる以上は所謂分別の利益
は寧ろ分別の権利にして敢て恩恵的のものと視るべからず」。「新主義の法律に於
て数人の保証人ある場合に於ては其保証人は各平等の割合を以て債務を分担すべ
きものにして、従て仮令保証人中に無資力者あるも他の有資力者は其無資力者の
負担部分を負担することあらざるものと」する。

8-6 　　イ　法定の当然の分割　　分別の抗弁を認めるローマ法を受け継ぐ立法が多

い。フランス民法2306条、2601-1条は、ローマ法に倣い、各保証人は全額に
ついて保証債務を負担するが、分別の抗弁の抗弁を認めて、債権者に対して分割
して請求するよう求めることを認めている（分別の抗弁主義）――他の保証人が無
資力であれば認められない――。他方で、スイス債務法497条1項のように、連
帯保証または保証連帯でない限り分割債務になり、ただ、他の共同保証人の債務
について副保証（したがって、他の保証債務に対して補充性あり）の責任を認める立
法もある。旧民法は、当然に分割保証債務にして保証人の保護を更に進めた[467]。

---

464)　**石坂**1074頁など。
465)　**石坂**1077頁など。
466)　**梅**167頁。なお、150万円の債務につき、BCが共同保証し、その後Cが死亡しDEが相続分平
等で共同相続した場合、共同相続人が2人から3人になったため、BDEが1/3ずつの債務になる
という分別の利益を受けることはない。DEは、Cの1/2の分別の利益を相続するだけで、Bが
1/2、DEがそれぞれ1/4の分別の利益を受けることになる。
467)　当然分割主義は、**岡松**195頁では、旧民法しか例が挙げられていないので、旧民法以外に実際
に立法例があったのかは不明である（現在ではスイス債務法☞8-6）。これに対し、検索の抗弁に
ついては、①連帯保証の場合、②検索の抗弁を放棄した場合、および、③判決による場合を規定し
(2305条)、連帯債務はその性質上当然に補充性を排除するものとしている。

補充責任も認めない。現行法はこれを受け継いだものである。

　　ウ　立法論としての疑問　　　　　　　　　　　　　　　　　　　8-7

　❶　ローマ法に倣わない立法もある　　日本民法では、法律の規定により性質
上当然に保証債務が分割債務になるため、裁判所は、保証人が分別の利益の抗弁
を提出すると否とを問わず、職権を持って調査して分別の利益を超える部分の請
求は棄却すべきであると言われている[468]。以上のような立法に対して、ドイツ
民法769条は、ローマ法に倣わず、保証を共同で引き受けたときでなくても、
「各自は連帯債務者としての責任を負う」ものと規定しつつ、分別の利益を認め
ない。1 人の保証人では心配なので、担保を強化するため複数の保証をとったと
いう、債権者の意図に最も適合的な立法である。

　❷　立法論的批判　　分別の利益を認めること、特に現行法の当然分割主義に　8-8
ついては批判が強い。例えば、「保証人を保護し、法律関係を簡明にするのでは
あるが、普通の場合の当事者の意思に合うかどうか、また保証制度の目的に適す
るかどうか、すこぶる議論である」と評されている[469]。

　分別の利益は債権者の利益を損なうことはなはだしい。というのは、債権者は
C だけでは不安なので、担保を強化するために D も保証人に追加したのに、分
割債務になるというのはその予期に反する。プラスにならないどころか、別々に
回収しなければならないため、むしろマイナスになっている。

　❸　連帯保証の通常化　　日本民法は分別の利益が否定されるためには、これ　8-9
を放棄する積極的特約を必要としたが、次にみるように連帯保証の連帯特約に分
別の利益を放棄する特約としての意味を認めるので、実務では殆どが連帯保証と
されており分別の利益が認められないことになる。単純保証は、信用保証協会の
保証のような場合以外には殆ど認められない。なお、分別の利益を知らずに全額
を支払った場合、保証債務の履行を保証債務がない部分は数量的に無効となるが、
主債務はあるため弁済を有効として、弁済の錯誤無効（改正前）によった判決が
ある（札幌地判令元・ 5 ・13裁判所 web）。この点は **8-38**で論じる。

---

468)　**磯谷**519頁。
469)　**我妻**504頁。

(2) 分別の利益が否定される場合

　共同保証の場合でも、【表8-10】のいずれかの場合には、保証人に分別の利益が認められないと考えられている[470]。③があるために、分別の利益が認められる事例は実際には殆ど考えられない。

【表8-10】分別の利益が否定される場合

① 主債務が不可分である場合

② 保証連帯の特約がある場合

③ 保証債務が連帯債務の場合（分別の利益を放棄する特約がある場合）

---

　①は実際に殆ど考えられないが、判例では共同賃借人の賃料債務などに適用になる。②は、保証債務が連帯債務（**保証連帯**という）になることから、分割主義の適用が排除されると説明されている。しかし、保証債務の「連帯」特約は、保証人間に何らかの関係があり分別の利益を放棄して全員全額を支払う特約——債権者との——と考えるべきである。③が問題である。連帯保証の場合には456条は適用されないと考えられている（大判明39・12・20民録12輯1676頁、大判大6・4・28民録23輯812頁、大判大8・11・13民録25輯2005頁、大判大10・5・23民録27輯957頁）。なお、連帯債務も共同相続により分割連帯債務になるように、連帯保証債務も共同相続により分割連帯保証債務になる。A→Bの100万円の債権につき、CDが連帯保証をし、DにEFによる共同相続があると（相続分平等）、EFの50万円の分割連帯保証債務になる。

8-11　◆連帯保証において分別の利益が否定される理由

(1)　**連帯して「全額支払う」特約の効力**　　不可分債務は性質上当然に分別の利益が否定され、保証連帯は分別の利益を放棄して連帯する特約の効果である。では、連帯保証は、連帯保証とい

---

470)　**鳩山**321頁など通説。フランス民法は、分別の利益が否定される場合として、①保証連帯の場合、および、②保証人が分別の利益を放棄した場合（放棄した保証人のみ）を規定している（2306条3項）。連帯保証というだけでは足りず、分別の利益を放棄することが必要である。フランス民法では、総論規定で、保証には①単純と②連帯とがあること（2290条1項）、連帯も、ⓐ保証人・主債務者間、ⓑ保証人間またⓒ全ての者の間において考えられること（同2項）を規定している。ⓐ縦の連帯（solidarité vertical）、ⓑは横の連帯（solidarité horizontale）、ⓒは縦横の連帯（solidarité vertical et horizontale）と呼ばれる。保証人間だけの連帯は希であり、とりわけ同一の行為で行われる場合、縦横の連帯が約束される（A. Gouëzel, nº 64, pp.39 et s.）。すべての連帯についての一般規定があり、「連帯には法定のものと約定のものとがある。連帯は推定されない」と規定している（1310条）。

う債務の性質から分別の利益が当然に排除されるのであろうか。この点、「連帯保証人は他の共同保証人の有無を問わず主債務者と連帯してその債務の全額を弁済すべき旨を債権者との間に約せるものであって、あらかじめ分別の利益を放棄したものと考うべきものであるからである」と説明される[471]。即ち、正確には分別の利益を放棄する特約の効力によると考えられる。

(2)　**任意規定であり特約が可能**　　単純保証であっても、分別の利益を放棄する特約は可能である。8-12
また、連帯保証を認める法律規定は、456条の適用を排除する趣旨を含むと考えるべきである。連帯保証について述べたように、「連帯」保証とは保証でありながら「連帯債務」になり、連帯債務になるから分別の利益が否定されるのではなく、「連帯」保証とは補充性の抗弁や分別の利益が否定される保証類型を示す表現にすぎず「連帯」という表現に惑わされるべきではない。分別の利益が放棄されているから分別の利益が否定されると考えればよい。通常の保証人と連帯保証人とがいれば、単純保証人についてだけ分別の利益が認められる。分別の利益の認められない連帯保証人には465条1項が適用され、分別の利益が認められる他の共同保証人に対する求償が可能である。

3　共同保証人の1人について生じた事由の効力（影響関係） 　　8-13

(1)　分別の利益が認められる場合および保証連帯の場合

(a)　**分別の利益が認められる場合**　　保証人が分別の利益を有する場合には分割保証債務になるため、共同保証人の1人について生じた事由の他の保証人への効力については、特別の問題は生じない。共同保証人の1人が免除を受けても、他の保証人の債務には何ら影響はない。1人への請求は、他の共同保証人に何らの効力を有しない。

(b)　**保証連帯がある場合**　　また、保証連帯では、保証人間の保証債務が連帯債務なので——保証債務の連帯債務は可能というべきか——、連帯債務の438条から441条が適用になる。例えば、共同保証人の1人につき債権者と相殺適状があれば、他の保証人はその負担部分について支払を拒絶できそうである（439条2項）。しかし、本来の負担部分は主債務者100％であり、465条1項の趣旨からし 8-14

---

471)　**柚木・髙木**309頁。分別の利益を放棄する保証債務の負担に「連帯特約」をつけることが、分別の利益を放棄する「各保証人が全額を弁済すべき旨の特約」を認めることになる。連帯保証にするにもかかわらず分別の利益を保持するのであれば分割連帯保証を約束できるのに、何の制限を付けずに連帯保証にしたのは、「保証人は夫々主たる債務者と連帯して全部弁済の義務を負担する意思なるを普通とするが故に反証なき限り分別の利益を有せざるものと解するを相当とす」と説明される（**岡村**218頁）。**石坂**1075頁は、「分別の利益を放棄せるものと解すべきが故に」と説明する。

ても共同保証人間に適用してよいのかは疑問があり、否定すべきである。また、混同は絶対的効力を生じる（440条）。例えば、AのBに対する100万円の債権につき、CDが相互に連帯して保証債務を負担し、その後にDが死亡してAが相続したとする。Aは弁済を受けたものとみなされ、Dの地位を承継したAは、主債務者Bに100万円全額、共同保証人Cに50万円の求償権（465条1項）を取得することになる——連帯債務者間の求償権（442条）を認めるべきではない——。

8-15   **(2)　保証連帯のない共同連帯保証人**

(a)　**満足事由**　　問題は連帯保証人が数人いる場合であり、例えば、AのBに対する100万円の債権につき、CとDとが連帯保証人になった場合である。CDの連帯保証債務は、主債務（被担保債務）を等しくする2つの担保であるという関係しかない。Cによる弁済、相殺[472] などの満足事由については、それによりBの主債務（被担保債務）が消滅するので、Dの保証債務も付従性で消滅する。AがCを免除した場合については **8-49**に説明する。

8-16 (b)　**更改と混同**　　上記の例でAとCとで更改契約がされた場合にも、主債務そしてDの保証債務も消滅するが、求償権の成立のためにはBD（Dは465条1項）のいずれに対しても、更改後にCにより出捐がされたことが必要である。ACの混同（例えば、CによるAの単独相続）については、①Bの債務は消滅せず、Dは全額の保証債務を負うか、それとも、②連帯債務同様に、Bの債務は消滅し、CはBに対して求償権を取得し、Dに対して半額の求償権（465条1項）を取得するのであろうか。CD間の公平を考えれば、②によるべきである。1人の共同保証人への請求は、他の保証人に効力が及ばないのが原則であるが、以下のように特約がされることがある。

---

472)　共同保証人の1人つき債権者と相殺適状があれば、保証連帯がある場合には439条2項の適用が問題になるが（☞ **8-14**）、連帯保証が競合している場合はどうであろうか。フランスでは、2016年改正により、1347-6条2項により、連帯する共同債務者の1人つき債権者と相殺の主張ができる場合に、他の共同債務者はこれを援用してその債務者の負担部分につき債務を減額することができるものとされている。主債務者の相殺を援用することが、主債務者の保証人免責義務に根拠があるとすれば、共同保証人間に439条2項の適用また類推適用は認めるべきではない。共同保証人間に事前通知義務を認めるか、共同保証人間で他の保証人の求償に対しても相殺の対抗を認めるかという問題にもかかわる（規定がないため否定すると、上記の否定説とも整合する）。

◆特約を規定した例1──リース料債権の保証

8-17

　公益社団法人リース事業協会による契約書Ａ方式によれば、連帯保証人と題して次のような保証関係条項が置かれている（根保証型については後述）。共同保証については、1人への請求が、他の保証人にも効力を有するものと規定している（☞②）。

【特定債務保証型】

第24条①連帯保証人は、この契約に基づく甲の乙に対する次の各号に掲げる支払債務（以下「主たる債務」という。）を保証し、甲と連帯して、債務履行の責任を負います。
　　1．第6条に規定するリース料及び第13条第3項の消費税等相当額
　　2．第18条第2項に規定する損害賠償金（別表(8)記載の金額）
　　3．第20条第1項に規定するリース料の全部
　　4．前各号に係る第21条に規定する遅延損害金

②乙が連帯保証人のいずれか一人に対して履行の請求をしたときは、甲及び他の連帯保証人に対しても、この履行の請求の効力が生ずるものとします。

③連帯保証人が保証債務を履行した場合、連帯保証人は、この契約及び第22条の再リース契約に基づく取引が終了し、かつ、主たる債務すべてが弁済されるまで、書面による乙の事前の承諾がなければ乙の権利に代位しません。

④連帯保証人は、乙がその都合によって他の保証または担保を変更若しくは解除しても、免責の主張及び損害賠償の請求をしません。

　……以下省略……

◆特約を規定した例2──信用保証協会による保証

8-18

(1)　**465条1項を修正する特約**　　例えば、東京信用保証協会の信用保証委託契約書13条には、共同保証について次のような規定が置かれている[473]。共同保証の形式を採っても、求償保証と変わらないことになる。

第13条4．保証人が金融機関に対して貴協会の保証にかかる借入金債務につき保証をし、または担保の提供をしたときは、貴協会と保証人との間における求償および代位の関係を次のとおりとします。
　(1)　貴協会が第6条第1項の弁済をしたときは、保証人は貴協会に対して第7条の求償権全額を償還します。
　(2)　貴協会が第6条第1項の弁済をしたときは、保証人が当該借入金債務につき金融機関に提供した担保の全部について貴協会が金融機関に代位し、第7条の求償権の範囲内で金融機関の有していた一切の権利を行うことができます。
　(3)　保証人が金融機関に対する自己の保証債務を弁済したとき、または保証人が金融機関に提供した担保の実行がなされたときは、保証人は、貴協会に対して何らの求償をしません。

---

473)　当初はこの特約がなかったようであり、札幌高函館支判昭37・6・12高民集15巻4号289頁は、次のように465条1項の求償権のみを認める。
　　「Ｘは信用保証協会の保証は、制度上主債務者が金融機関から貸付を受けるに際し、その信用を保証するものであり、たんなる債務の保証である民法上の保証とは性格を異にしこれらと同列に立つものではないから、信用保証協会は代位弁済した後は債権者の地位を承継して代位弁済の全額につき、主債務者に対してはもとより他の保証人に対してもその保証債務の履行を請求できるものであると主張する。しかし……制度上民法の保証と要件、効力を異にする別個のものとは解されない」、法令に「「債務の保証」の内容については特段の規定を設けていないのであるから、その要件及び効力については特約のないかぎり当然民法上の保証の規定によるべく、それが制度上信用の保証であって債務の保証ではないから、民法上の保証とは異なるという法律上の根拠はない」。

(2)　債権者が独自に徴求した共同保証人との関係　　信用保証協会Ａと共同保証人Ｂとで、上記のような特約がなされた場合、これがAB間で有効なことは疑いない。問題になるのは、債権者が例えば主債務者の経営者Ｃや更には全くの第三者Ｄを共同保証人としている場合である。Ｃは主債務者の関係者であり、上記特約の効力を及ぼしてもよいが、Ｄは問題である。この点、伊藤教授は、「他の保証人は主たる債務者の支払不能による損害を負担することを第一義的に覚悟している者であるのに対し、信用保証協会は保証をすることによって主たる債務者の信用を補完するのが第一義的目的で、損害負担は第二次的要素であるにすぎない」ことなどから、信用保証協会は常に他の共同保証人に対し特約の有無にかかわらず全額の求償を行うことができるという[474]。信用保証協会の保証は、単なる債務保証ではなく、信用保証であると考えて、債権者が独自に徴求した共同保証人がいても、求償保証と同様の扱いをすることになる。

4　共同保証人間の求償関係

（1）　共同保証人間の求償権──弁済者代位との関係[475]

　　民法は共同保証人間の求償権を認めるが、２つの事例に分けており、その適用事例の理解は学説により異なる（☞【表8-20】）[476]。いずれも、自己の負担部分を超える額の弁済をしたことが要件であることは共通である。

【表8-20】465条1項と2項の関係

1. **民法の規定**
   ① 　465条1項　ⓐ主債務が不可分の場合、ⓑ「各保証人が全額を弁済すべき旨の特約がある場合」　⇒442条から444条が準用される。
   ② 　465条2項　「互いに連帯しない保証人」　⇒462条が準用される。

---

474)　伊藤進「個人保証と機関保証」**伊藤・保証・人的担保論**129頁〜130頁（上野隆司「信用保証協会保証の特色」**担保法大系第5巻**459頁も同旨）。その法的根拠付けについては、「信用保証協会の負担部分は零で、約定利率による範囲の求償をすることができるという内容の保証をするのだという慣習ないし慣習法が存在するのだと説明できないであろうか」と述べる（伊藤・前掲論文130頁）。しかし、実質求償保証であることを考えると、協会との特約なしに、このような扱いを認めるのはかなり難しいように思われる。自己の出捐によることが必要なので、事前求償権を行使して受領した金銭で支払っても、他の共同保証人に対する求償権は成立しない。また、共同保証人の1人が、主債務者たる会社の経営者が会社の財産で支払った場合に、他の共同保証人に対して求償えないという下級審判決がフランスにはある（Poitiers, 11 juin 1981, D. 1982. 79, note Mestre）。日本でも、同じ解決は可能であり、求償を争う共同保証人が証明責任を負う。

475)　文献として、下村信江「共同保証人間の求償権と弁済による代位─最一小判平成27年11月19日を契機として」近畿大学法科大学院論集13号（2017）43頁以下がある。

> **2. 通説・判例の理解**
> ①　465条 1 項　分別の利益が認められない場合（ⓑに保証連帯と連帯保証の事例を含める）
> ②　465条 2 項　分別の利益が認められる場合
> **3. 本書の理解**　＊共同保証人に分別の利益が認められる場合についての規定はない。
> ①　465条 1 項　ⓐ主債務が不可分の場合、ⓑ保証連帯の場合
> ②　465条 2 項　連帯保証の場合

ⓐ　保証連帯の特約がある場合および主債務が不可分債務の場合　　保証連帯の 8-21 場合には、連帯債務の規定（442条～444条）により——不可分債務ではその準用（430条）により——、他の共同保証人に対しても求償できそうである[477]。しかし、保証連帯の特約があっても、保証人間に何らかの関係があり分別の利益を放棄しているにすぎず、保証債務である本質に変わりがなく、主債務者への求償が中核である。負担部分を負うのは100％主債務者なので、共同保証人間の求償は特例を認める規定が必要である（根拠につき☞ **8-27**）、また、特例なので自己の負担部分を超えた出捐をしたことという特別の要件が設定されている（465条 1 項）。

◆主債務者に対する求償権と共同保証人に対する求償権の関係——求償権成立後の法律関係　8-22
⑴　主債務者について生じた事由
　　(a)　主債務者による支払など　　100万円の債務につき、AB が連帯保証をし、B が弁済をした場合、B は主債務者 C に対する求償権100万円の他、A に対して50万円の求償権を取得する。この場合、主債務者 C が B に100万円を支払えば、B の A に対する求償権も消滅する。50万円が支

---

476)　フランス民法では、分別の利益により当然には分割債務になるわけではなく、共同保証につき、分別の抗弁がない場合に限らず、その負担部分を超えた弁済をした場合に、他の共同保証人への求償を規定していた（旧2310条）。2021年改正により修正を受けたフランス民法2312条は、保証人が複数いる場合には、弁済をした保証人は、他の保証人に対して、その負担割合に応じて、①求償権を取得しまた②弁済者代位が可能であることを規定する。ただし、解釈により、その負担割合を超えた支払をすることが必要とされている（Civ, I re, 3 oct. 1996, *JCP* N 1997. II. 1631, note S. Piedelièvre）。保証人として支払うのであり、まず自分の負担部分について免責する効果を有するにすぎないからであると説明される（S. Piedelièvre, p.124, no176）。弁済をした保証人は、他の保証人への固有の求償権を行使することも——連帯債務者同様に分割求償の原則（le principe de la division）が妥当し、ABC 3 人で300万円について連帯保証をしていて A が300万円を支払えば、BC にそれぞれ100万円ずつ求償が可能である（L. Bougerol, G. Mégret, p.270, no23. 65）——、弁済者から代位取得した債権を行使することもできる。日本のように固有の求償権を行使するという構成は考えられていない。弁済者代位の場合には、債権者が保証債務について有していた担保を行使することができることになり、他方、原債権についての対抗できた抗弁を、請求を受けた他の保証には請求者たる弁済をした保証人に対抗できることになる（M. Cabrillac, C. Mouly, S. Cabrillac, P. Pétal, nos 294 et s., p.202）。
477)　主債務者に対する求償権と共同保証人に対する求償権とは、選択債務の関係ではなく、不真正連帯債務の関係と考えられている（**柚木・髙木**310頁）。

払われた場合 B の A に対する50万円の求償権は、①消滅する、②存続するという 2 つの考えが可能である。①では B が C からの求償不能のリスクを100％負担することになり、②が適切である。C が60万円 B に支払えば、B の A に求する求償権は50万円から40万円になる。

8-23 　　(b)　**主債務者の免除、時効完成**　　上記の例で、弁済をした B が主債務者 C を免除した場合、A への求償権は主債務者からの求償のための従たる権利であり、A に対する求償権も消滅する。B の主債務者 C に対する求償権が時効にかかった場合にも、実質保証に等しい A に対する求償権も付従性により消滅すると考えるべきである。B と主債務者 C との間に混同が生じた場合には、求償権が混同で消滅し、やはり付従性により B の A に対する求償権は消滅すると考えるべきである。実質保証に等しいとなると、主債務者 C に対する求償権につき更新や完成猶予があった場合、457条 1 項の類推適用により A に対する求償権も更新などの効力が及ぶのか問題になるが、そこまでの効力を認めるのは疑問である[478]。

8-24 　(2)　**共同保証人について生じた事由**　　上記の例で共同保証人 A について生じた事由は、まず、A が B に50万円を支払えば、A が主債務者 C に対して50万円の求償権を取得し、B の主債務者 C に対する求償権は50万円分弁済者代位により A に移転する。C に対して AB が50万円ずつの分割債権を取得することになる。次に、B が A を免除したり、A に対する求償権が時効にかかっても、B の主債務者 C に対する100万円の求償権には影響はない。A が死亡し B が単独相続し、B の A に対する求償権が混同で消滅しても、B の主債務者 C に対する100万円の求償権には何ら影響はない[479]。

8-25 (b)　**保証連帯の特約がない場合――457条 1 項と 2 項の関係**

　　ア　**主たる債務が不可分の場合**　　①「主たる債務が不可分であるため」または②「各保証人が全額を弁済すべき旨の特約があるため」、共同保証人の 1 人が「その全額又は自己の負担部分を超える額を弁済したとき」、442条から444条（連帯債務の求償規定）を準用するものと規定されている（465条 1 項）[480]。このため不可分債務の共同保証も分別の利益が否定され、共同保証人間の求償が認められる。しかし、意思表示による不可分が否定された現在（430条）、問題になるのは共同賃借人の賃料債務などに限られる――本書は連帯債務とする――。

---

478)　**潮見Ⅱ** 733頁は、主債務者に対する求償権の完成猶予・更新は、共同保証人間の求償権には効力が及ばないという。共同保証人間の求償権は、付従性はあるが、特に法が認めた権利であり、法定の保証ではなく、主債務者についての完成猶予や更新の他の共同保証人への効力は否定するのが適切である。

479)　465条 1 項、2 項のいずれの他の共同保証人に対する求償権についても、保証人の主債務者に対する求償権とは請求権競合の関係に立ち、選択関係に立つものではない（**鳩山**334〜335頁）。そのため、共同保証人 A が主債務者に対して求償を求める訴訟を提起し勝訴判決を受けた後に、他の共同保証人 B に465条の求償をすることも可能である。

480)　旧民法債権担保篇38条は以下のように規定していた。
　「一箇の債務に付き数人の保証人ありて、其中の一人が任意なると否とを問はず、債務の全部を弁済したるときは、其保証人は主たる債務者に対する求償に関し上に記載したる条件、制限及び区別に従ひ或は事務管理の訴権に因り或は債権者の訴権に因り、他の保証人の各自に対して均一部分に付き求償することを得
　右の保証人が債務の全部を弁済せずして自己の部分より多く弁済したるときは、其超過額の為めの求償は他の共同保証人の間に均一に之を分つ」。

イ　「各保証人が全額を弁済すべき旨の特約がある」場合[481]　　通説は465　**8-26**
条1項の「各保証人が全額を弁済すべき旨の特約がある」場合を、分別の利益が
認められない場合と理解し、保証連帯の事例と連帯保証の事例を含める[482]。そ
の結果、465条2項を分別の利益が認められる場合の規定と位置づける。しかし、
465条2項は「互いに連帯しない保証人」を対象とし、「自己の負担部分を超え
る額を弁済した」と規定しており、保証連帯以外で分別の利益が認められない事
例が念頭に置かれている。そのため、本書は、1項の「各保証人が全額を弁済す
べき旨の特約」とは、2項の反対解釈として「互いに連帯」する特約であり、保
証連帯の事例と解する。以上のように解する結果、分別の利益が認められる場合
についての規定がないことになる[483]。

(c)　**規定の趣旨——共同保証人間の公平**　　保証においては、共同保証人がいよ　**8-27**
うと負担を負うのは主債務者であり、共同保証人間の求償は法が認めた特例であ
る（☞ 8-21）[484]。この点、全員が全額弁済の義務があることは連帯債務の場合と
同じである故に、連帯債務の求償についての規定を準用したものと説明されてい
る[485]。しかし、負担部分を超えることを要件とした理由の説明にはなっていな
い[486]。465条1項、2項の趣旨は、支払った保証人が主債務者からの求償不能の

---

481)　**＊共同保証人間の求償についての特約**　　フランスでは、共同保証人間の求償規定は強行規定
　　ではなく、求償を放棄でき、その場合、放棄した保証人は他の保証人に求償できないだけでなく、
　　他の保証人が弁済した場合には、放棄をした保証人に全額求償権を取得すると考えられている（S.
　　Piedelièvre, p.124, nº 175）。判例に現れている事例は、共同保証人の1人が金融機関で、他の共同
　　保証人が主債務者たる会社の経営者または個人たる主債務者の近親者である事例だといわれる（P.
　　Delebecque, P. Simler, nº 229, p.261）。日本でも特約は可能と考えられている。負担割合を変更する
　　だけでなく、一部の保証人が全面的に負担する旨の特約も有効である。例えば、主債務者がA会
　　社であるが、Bが全株式を有し支配している個人会社であり、Aの債務についてBとBから依頼を
　　受けたBの友人Cが連帯保証をした場合には、特約がなくてもBが全面的に負担することを認め
　　るべきである。特約による例としては、公益社団法人全国有料老人ホーム協会が、加盟のホームの
　　倒産による前払金返還債務について保証をする際に、ホームの信用状態に不安がある場合には、そ
　　の親会社に共同して連帯保証人になってもらい、かつ、465条1項の求償を排除すると共に、協会
　　からは負担割合を超える弁済という要件なしに支払った金額全額の求償を認める特約がなされてい
　　る。実質的には求償保証をさせているに等しい。
482)　**我妻**505頁、**柚木・高木**309頁など。判例でもある（大判大8・11・13民録25輯1005頁）。
483)　尾島・前掲論文（**注463**）154頁も、「各保証人が全額を弁済すべき旨の特約がある」場合を保
　　証連帯の場合に限定し、465条1項を保証連帯の事例にのみ適用し、連帯保証がされているにすぎ
　　ない場合には、465条2項が適用されると主張する。不可分債務について等閑視している点は疑問
　　視されているが（福田・前掲論文（**注259**）114頁）、分別の利益が否定される事例と、465条1項の
　　適用とをパラレルに考える必要はなく、卓見である。連帯債務ということから保証人間にも求償権
　　を根拠づけるのは、主債務者への求償という本体のない保証には認めるべきではなく、465条1項
　　の求償権は公平の観点から認めたもので、同2項は分別の利益があり義務でもないのに弁済した場
　　合の直接訴権を認める清算規定にすぎないと考えている。

リスクを全面的に負担することの不公平さを是正するため、本来ならば発生しない共同保証人間の求償権を認め（創造規定）、そのため例外にふさわしい要件を設定したものと考えるべきである。また、共同保証人間になんらかの関係が考えられる保証連帯と、そうではない連帯保証の場合とで、求償内容に差を設けたものと考えられる。

8-28　**◆共同保証人間の事前・事後の通知義務**
　　　共同保証人間に保証連帯が認められる場合には、連帯債務についての443条が適用になる。問題は、共同保証人がいずれも連帯保証にすぎない場合である。相互に求償関係が認められることから、事前・事後の通知による保護が必要なことはここでも同様である。ＡのＢに対する100万円の債権につき、ＣＤが連帯保証をしたとする。
　　　①保証人間には連帯はないため、通知をしあう関係にはなく、443条を類推適用することには疑問がある。②他方で、Ｄが弁済をしてＢに通知をし、Ｃが弁済前にＢに事前通知をしたが、ＢがＤによる弁済を伝えず、Ｃが二重に弁済をしてしまった場合、Ｄの弁済がＣに対抗できないとするのは適切ではない。主債務者Ｂの落ち度で弁済をした保証人Ｄが不利益を受けるのは適切ではないからである。③通知を怠った主債務者に、弁済をした保証人に対する損害賠償義務（709条）を認めるに止めるしかない。

8-29　**◆３人の共同保証人がいる場合の求償**
　　　(1)　負担割合に応じた求償　　ＡのＢに対する300万円の債権につき、ＣＤＥがそれぞれ連帯保証をしたとする。Ｃが300万円を支払った場合には、ＤＥに100万円ずつ求償をすることができる（465条2項）。もし、Ｃが200万円を支払った場合には、ＤＥに50万円ずつ求償することができることになる。Ｃが100万円を支払い、その後にＤが200万円を支払った場合には、ＤはＥに100万円の求償ができるだけである[487]。

8-30　　**(2)　求償無資力者がいる場合──444条の類推適用**　　　上記の例でＣが300万円を支払ったが、Ｅ

484）　＊**共同保証人間の求償権の趣旨及び主債務者への求償権との関係（判例）**　　最判平27・11・19民集69巻7号1988頁は、「民法465条に規定する共同保証人間の求償権は、主たる債務者の資力が不十分な場合に、弁済をした保証人のみが損失を負担しなければならないとすると共同保証人間の公平に反することから、共同保証人間の負担を最終的に調整するためのものであり、保証人が主たる債務者に対して取得した求償権を担保するためのものではないと解される」とした。このことから、「保証人が主たる債務者に対して取得した求償権の消滅時効の中断事由がある場合であっても、共同保証人間の求償権について消滅時効の中断の効力は生じない」ものと判示している。しかし、主債務者が無資力かどうか問うことなく弁済者代位が可能なはずであり、本文に述べたように、特別の保護を創設したという理解には疑問がある。そして、2017年改正法では固有の求償権を被保全債権として、主債務者に対する債権を代位行使できるのである。

485）　**梅**201頁。
486）　**柚木・髙木**310頁は、「共同保証人は分別の利益を有しない場合にも内部関係においては分割された一定額についてのみ債務を負うとされるからであろう」と説明する。
487）　300万円の債務について、Ａ300万円、Ｂ100万円、Ｃ50万円の連帯保証債務を負担しているとして（ＢＣは一部保証）──根保証で極度額がばらばらであり確定した場合に考えられる──、負担割合はどう考えるべきであろうか。L. Bougerol, G. Mégret, n° 23. 67, p.272は、Ａは300/450で200万円負担、Ｂは150/450で66.66万円負担、Ｃは50/450で33.33万円負担とする。Ａは200万円を超えた支払をした場合に、その超えた部分をＢに2/3、Ｃに1/3を求償できることになる。

が無資力だとする。保証連帯の場合には、465条1項により444条が準用されるが、本書の立場では、連帯保証にすぎない場合には、465条2項によるため444条の準用はされない。444条自体が公平の観点からの調整であり、保証人間に連帯特約がなくても認められるべきである。旧民法債権担保篇39条は、「共同保証人中に無資力と為りたる者あるときは弁済したる者は其無資力者の引受人に対して求償権を有す若し引受人あらさるときは無資力者の部分は債務を弁済したる者を加へ他の有資力なる共同保証人の間に之を分つ」と規定していた。465条2項についても、444条の類推適用を認めるべきである。フランスでも、共同保証人間の求償については1317条3項（日本の444条に匹敵する規定）に対応する規定はないが、その趣旨があてはまり同様に扱ってよいと考えられている。ケベック民法2360条3項は、明文でもって資力ある共同保証人間で求償不能の部分を負担することを規定している。

(2)　465条1項の求償権の要件など

8-31

(a)　適用の要件──不可分債務または保証連帯の場合

　465条1項の「各保証人が全額を弁済すべき旨の特約」は、保証連帯と考えるべきであり、連帯保証であるため分別の利益がない場合には、465条2項によるべきである。ところが、判例は、連帯保証がされている場合にも465条1項の適用を肯定している（最判平7・1・20民集49巻1号20頁）。「連帯保証人は、自己の負担部分を超える額を弁済した場合は、民法465条1項、442条に基づき、他の連帯保証人に対し、右負担部分を超える部分についてのみ、求償権を行使し得るにとどま」ると、465条1項を適用する結論を述べるのみで、理由の説明はない。しかし、8-26に述べたように、これには反対である。

(b)　弁済者代位との関係

8-32

　　ア　主債務者からの求償不能のリスクを公平に分担　　465条1項は、共同保証人間の公平を図るために政策的に求償権を創設した特例であるので、442条1項とは異なり、自己の負担部分を超えた弁済を要件としたものであろうか。第三者が代位弁済をしたならば、共同保証人CDに対する保証債権を代位取得する。ところが、Cが弁済したら、Dに対する保証債権100万円全額を代位取得できるというのは、先に弁済した者が他の保証人に主債務者からの求償不能のリスクを全面的に転嫁できることになり、適切ではない。保証人・物上保証人間のように頭割りの代位ということも考えられるが、それでは例えば20万円支払っても10万円の一部代位ができることになる。

　　イ　弁済者代位と同趣旨しかし要件を制限──弁済者代位も可能　　465条1項はこれを制限して、負担部分を超える弁済をした場合に、その超える部分の

8-33

み他の共同保証人に権利行使ができるように制限した規定だと考えられる。当然には生じない求償権を認める規定であり、弁済者代位よりも制限するために置かれた規定である。501条において、共同保証人間の代位を当初の民法規定には置かなかったのは、そのためであると思われる。しかし、保証債権に担保がついている場合には、固有の求償権ではなく弁済者代位を認める実益がある。そのため、改正法は、共同保証人間にも弁済者代位を認めるが、465条1項の共同保証人間の求償権を限度とするという制限をし、465条1項の求償権を弁済者代位の被保全債権として接木したのである（501条2項括弧書き）。

8-34

(3) 465条2項の求償権

(a) **465条2項の適用事例の確認**　判例・通説は、465条1項を複数の連帯保証人がいる場合にも適用し、要するに分別の利益が認められない場合の規定と考えている。そうすると、465条2項は分別の利益が認められるのに、保証人の1人が自分の債務を超えて、任意に全額ないし債務額以上の支払をした場合の規定とならざるをえない[488]。しかし、「自己の債務額を超えて」ではなく、「自己の負担部分を超えて」と規定されており、債務については全額の支払義務を負い、それとは別に負担部分が問題とされる事例が想定されている。465条2項は、465条1項以外で分別の利益が否定される場合、分別の利益を放棄する特約がある場合、即ち連帯保証が並列する事例に適用される規定と解すべきである。

8-35 (b) **465条2項の求償権——同条1項との差**　465条2項では462条（委託を受けない保証人の求償権）が準用される。同じ分別の利益が認められない事例なのに、1項と2項とで差を設けることは疑問である。保証連帯がある場合には、保証人間に何らかの関係があり、当然に利息の発生を認めてよいと考えたのかもしれないが、特例であることを考えれば、立法論としては、いずれも請求により遅滞に陥るものとするのが適切であった——共同保証人間に通知義務はない——。なお、共同保証人に分別の利益が認められる単純保証人と、これが認められない連帯保証人とがいる場合には、465条2項は後者にのみ適用される。

8-36 (c) **分別の利益が認められる場合**　判例・通説では、分別の利益が認められる

---

488)　通説はそのように考えている（**我妻**507頁など）。

場合には465条2項が適用になることになる。これに対して、本書の立場では、分別の利益が認められる場合については規定はないことになる。465条1項、2項は、本来生じない共同保証人間の求償権を、公平の観点（☞ 8-27）から認めるものである（465条1項、2項）。これに対して、分別の利益が認められ、分割債務になるのに、他の保証人の分まで支払ったならば、その弁済は主債務だけでなく保証人の代位弁済義務の代位弁済になる。しかし、特別規定がない限り、主債務者に対する求償権を取得するにすぎないと考えられる[489]。

◆分別の利益を知らなかった場合　　　　　　　　　　　　　　　　　　8-37
(1)　**分別の利益を知らずに全額支払った場合の問題点**　　育英会（学生支援機構の前身）の奨学金についての保証人は、親族保証人Aは連帯保証、それ以外の保証人Bは単純保証となり、Bだけ分別の利益が認められる（現在の学生支援機構も同様）。しかし、育英会が分別の利益をよく理解せず、例えば債務が100万円であり、Aは100万円の連帯保証債務、Bは50万円のみの単純保証債務なのに、Bに全額請求し、Bが100万円を支払ったとする。この場合、50万円分の支払が有効で、Bは主債務者への求償権を有し、他方で、育英会（を承継した学生支援機構）に対して50万円の不当利得返還請求ができるのであろうか、それとも100万円の弁済が有効で、主債務者に100万円の求償、Aに50万円の求償ができるのであろうか。

(2)　**保証債務の法的構成との関係**　　　　　　　　　　　　　　　　　8-38
(a)　**同一内容別債務説**　　同一内容別債務説では、保証人Bは、自分の保証債務を履行したのであり、それが50万円なのに、分別の利益を知らずに100万円の弁済をすれば、50万円を超える部分は無効で、債権者に不当利得返還請求ができることになる。しかし、主債務はあるため弁済を主債務への弁済として有効としつつ、50万円を超えた部分の弁済（50万円）の錯誤無効（改正前）による判決がある（札幌地判令元・5・13裁判所web）。同控訴審判決（札幌高判令4・5・19裁判所web）は、育英会は「不当利得の発生根拠となる事実関係を全て知っており、法律上の根拠も認識していたのであり、分別の利益について保証人の主張を要すると認識したことについてやむを得ないといえる特段の事情があるとはいえない」として、704条の「悪意の受益者」とした。50万円分の弁済部分は無効になるので、主債務者またAの50万円の連帯保証債務は残っていることになる。

(b)　**代位弁済義務説**　　本書の代位弁済義務説では、代位弁済義務は、Bについては50万円し　　8-39
かないが、なされた100万円の代位弁済は、主債務が100万円あるので有効になるのではないかという、(a)と同様の問題が生じる。100万円の代位弁済をする意思で100万円の代位弁済をしており、上記判例のように全額の保証債務があると誤解したという動機の錯誤を問題にすべきであろうか。しかし、保証は人的担保だということを重視すれば、担保が無効なのに、担保を実行して被担保

---

489)　AのBに対する100万円の債権について、CDが単純保証をした場合、CDは50万円の分割保証債務を負担するが、もしDが保証債務の範囲を超えて100万円の支払をしたならば、50万円は保証人としての義務的な代位弁済、残りの50万円は任意の代位弁済になり、いずれにせよ弁済者代位の効力が認められる。そのため、AのBに対する100万円の原債権を取得し、その担保たるCに対する50万円の保証債権を代位取得することになる。この場合、Dが60万円を支払った場合には、50万円は保証債務の履行で、10万円が第三者弁済の部分と考えるべきであり、それなのに一部代位で30万円（60万円の2分の1）保証債権を取得するというのは適切ではない。そのため、465条1項同様に、保証債権を代位取得できるのは10万円のみと考えるべきである。

債権を回収するのは無効であり不当利得になるはずである。保証債務の履行が有効なことが代位弁済の前提であり、50万円を超える分の保証債務の履行は無効である。担保（人的担保）なしに受けた利益は不当利得になる。そのため、50万円を超えた代位弁済部分は担保がないのに受けたものとして無効と考えるべきである。

8-40　◆主債務者が無資力の場合と負担部分を超えた弁済の要否
　　　⑴　主債務者が無資力の場合に例外を認める考え
　　　　（a）444条類推適用説　　連帯債務とは異なって、連帯保証の場合に、465条1項が自分の負担部分を超えた債務消滅行為をした場合に、その超えた額だけ求償できるものとされているが、主債務者が無資力の場合には、465条1項の制限はなく、負担部分を超えた弁済をすることは不要であるという考えがある。東京高判平11・11・29判夕1047号207頁は、「連帯債務者の一部に無資力者がいる場合の負担割合を定めた民法444条を準用し、債権者に弁済をした連帯保証人は、弁済額が自己の負担部分の額を超えないときでも、他の連帯保証人に対し、本来の負担割合に応じた金額……を求償することができる」ものとする。465条1項の適用を否定し、444条の準用（類推適用）により支払った金額につき頭割りでの求償を認めることになる。

8-41　　　　（b）465条制限解釈説　　また、負担部分を超えた額しか求償を認めない理由が、主債務者への求償可能性にあることを考えれば、主債務者が無資力でありこの者に求償することができないのであれば、「保証人としての二次的責任分担の公平という観点からは、負担部分を超えない額を債権者に弁済した場合であっても、他の共同保証人に本来の負担割合に基づく分担を求めるのが合理的である」という学説もある[490]。100万円の債務について、ABが連帯保証をし、主債務者が無資力であれば、Bが10万円を支払っても、Aに5万円の求償権を取得することになる。

8-42　　　⑵　主債務者の無資力は組み込み済み（制限を適用してよい）　　465条1項は、主債務者への求償ができない場合に、支払った保証人が求償不能のリスクを全面的に負担するのは公平ではないため、保証人間に本来なら発生し得ない求償権を認め、保証人間の公平を図る規定ための規定である。まさに主債務者が無資力の場合に対処するために、444条同様に本来ならば出てこない求償権を法が認めたのが465条1項の求償権であり、主債務者無資力は初めから織り込み済みである――ただ444条は自己の負担部分を超えた弁済をする必要はない――。主債務者が無資力の場合でも465条1項をそのまま適用してよい[491]。東京高判平12・11・28判時1758号28頁も、主債務者が無資力であっても465条1項を適用する。なお、共同保証人がABC3人いて、Aが弁済し、Cが無資力であれば、AB間に444条を類推適用することは認めてよい（☞8-47）。

8-43　◆その後の主債務者の弁済の465条1項の求償権への影響
　　　⑴　問題点　　例えば、AのBに対する100万円の債権につき、CDが連帯保証をしたとする。①主債務者が50万円を支払えばCDの債務も50万円になり、その後にCが30万円支払えば、当初の50万円ではなく、主債務者の弁済により減額した50万円を基礎として、1/2の25万円を超える5万円の求償がDに対して認められる。②では、Cが50万円をまず弁済した場合、この段階ではDに対して求償権は認められないが、その後に主債務者Bが残りの50万円を支払ったらどうなるのであろうか。ⓐ求償権は認められないままなのか、それとも、ⓑ計算をし直して25万円の求償を認めるのか。

8-44　　　⑵　計算をし直すべきである　　東京高判平12・11・28判時1758号28頁は「保証人が自己の負

490)　**潮見II** 737頁。
491)　野田恵司・横田典子「共同保証人の弁済と求償、代位の要件」判夕1144号（2004）24頁、**奥田・佐々木・中**748頁等。

担部分を超える額を弁済したかどうかは、<u>当該弁済の時における主たる債務の額を基準として判断するのが最も公平であり、相当であると解される。その後の主たる債務の弁済や免除等の偶然の事情によって共同保証人間の求償権の行使の可否や求償権の範囲を定めるのは、法的安定性を害するものであり、相当ではない</u>」と、ⓐの解決を採用した。しかし、主債務者の弁済が、保証人の弁済の前か後かで、保証人間に不公平が生じるのは適切ではなく、最終的な保証人の負担すべき額で計算をして465条１項の求償を認めるべきであり、ⓑの解決が適切である。一部弁済後の絶対的免除の事例と同様に考えるべきである。

◆共同保証人間の求償と弁済者代位　　　　　　　　　　　　　　　　　　　　　　　　　　8-45
(1)　**弁済者代位が規定されていなかった**　　同一の債務につき、保証人と物上保証人がいる場合に、物上保証人が代位弁済をした場合には、保証人に対する債権を頭割りの割合により弁済者代位により取得することができる（501条３項４号）。したがって、保証債務も弁済者代位の対象になりうる。当初の規定に共同保証人間の弁済者代位の規定がなかったのは、465条１項に、同様の債務者の求償不能のリスクを担保負担者間で公平に分担させるための規定があったためである。保証人間の主債務者無資力のリスク分配は、465条１項の固有の求償権を認めることで対処することにしたためである。

(2)　**改正法による501条２項括弧書きの新設**　　しかし、保証債権に抵当権がついている場合には、8-46
無担保の465条１項の求償権ではなく、弁済者代位を認める必要性がある。ところが、弁済者代位では一部代位も可能なのに対して、465条１項は負担部分を超える弁済をしその超えた額のみ求償できるという制限をしている。この制限が弁済者代位を認めることで回避されてしまうのは適切ではない。そのため、改正法は、501条２項括弧書きを新設し、共同保証人間の弁済者代位を認めると共に、主債務者への求償権ではなく、465条１項の求償権につき弁済者代位の効果を結びつけた。したがって、**8-43**の事例で、Ｃは60万円を弁済したならば、10万円についてＤに対する求償権を取得し、Ａの有していた債権と担保とを代位取得することになる。

◆共同保証人が３人いる場合また物上保証人がいる場合の弁済者代位　　　　　　　　　　8-47
(1)　**共同保証人が３人いる場合**　　例えば、900万円の主債務についてＡＢＣが連帯保証をしている場合、Ａが900万円を弁済すれば、ＢＣに300万円ずつ求償権を取得できる。では、Ａが600万円を支払ったらどうであろうか。ＢＣに150万円ずつ求償権を取得すると考えるべきである――Ｃが無資力ならば、Ｂに75万円求償可能（444条類推適用）――。また、この求償権につき、501条２項括弧書きにより弁済者代位が可能である。なお、ＡＢＣ３人の保証人がいて、ＡがＢを単独相続した場合、ＡはＡＢ２つの地位を有することになり、例えばＣが弁済すればＡにＢの分も求償できる。

(2)　**物上保証人がいる場合**　　なお、弁済者代位と関連して、例えば、900万円の債務につき、連8-48
帯保証人がＡＢ、物上保証人がＣであるとして、Ｃは代位弁済すればＡＢに300万円ずつ保証債権を代位取得できる。では、Ａが900万円を支払ったらどうなるのであろうか。Ｃの設定した抵当権について300万円の限度で代位取得できるのはよいが、問題はＢについてである。①465条１項により、共同保証人間で1/2である450万円の求償権を取得するのであろうか。②しかし、465条１項が弁済者代位とパラレルな制度であることを考えると、300万円のみの求償権と考えるべきである。更に問題は一部弁済である。Ａが600万円のみを支払った場合、ＡはＣの抵当権に150万円のみ代位でき、Ｂについても150万円の求償権のみ認められると考えられる。

◆共同保証人たる連帯保証人の１人の免除の効力――改正法により解決された　　　　　8-49
(1)　**問題点**　　ＡのＢに対する100万円の債権につきＣＤが連帯保証をしたが、ＣがＡから債務

免除を受けたとする。Bが無資力の場合に、Dは100万円をAに弁済しても、Cに50万円を求償できた。しかし、Dが弁済した時には共同保証人の要件を充たしていないので、465条1項の「数人の保証人がある場合」に該当せず[492]、Cに求償できなくなる。AはCを免除するのは自由であるが、Dに不利益をもたらすことは認められるべきではない。弁済者代位であれば、504条が適用になるが、465条1項は504条に匹敵する免責規定は置かれていない。そのため、上記の例のDをどのようにして救済するかが問題になる[493]。

8-50　(2)　**免除を受けた保証人に利益を与えない解決**　　まず、免除を受けたCに対して、Dが465条1項の求償権の行使を認めることで、Dの保護を図ることが考えられる。その説明としては、①465条1項の「数人の保証人がある場合」というのを、一度数人が保証人になっていればよく、その後に免除があっても要件充足したままということが考えられる。しかし、これでは免除により「保証人ではなくなった」のに、その利益を受けられないことになる。②そこで、Aの免除を意思表示解釈として、免除ではなく不訴求の合意と認定することが考えられる。これは、そのような認定ができれば可能である。免除である以上は、免除を受けたCに利益を与え、Dを保護するために免除をしたAに不利益を負わせるべきである。問題はそれをどう構成するかであり、次にDを保護する構成について検討してみたい。

8-51　(3)　**免除を受けた保証人に利益を与え、他の保証人も保護する解決**
　　(a)　**改正前の議論**　　①2017年改正前は、連帯債務には免除の絶対効を認める規定があり（旧437条）、それを共同保証人に適用できないかが議論されていた。いわば、504条の代用として437条を機能させようとしていたのである。この点、判例は、保証連帯の場合か商法511条2項に該当する場合でなければ、「各保証人間に連帯債務ないしこれに準ずる法律関係は生じないと解するのが相当であるから、連帯保証人の1人に対し債務の免除がなされても、それは他の連帯保証人に効果を及ぼすものではない」と、旧437条の適用による免責を否定していた（最判昭43・11・15民集22巻12号2649頁）。旧437条は改正法では削除されたので、もはや旧437条に依拠した解決はできなくなった。

8-52　　(b)　**改正法では**　　465条1項には504条に匹敵する規定がないのが問題である。これを弁済者代位と異なり免責を認めない趣旨と理解するのは、不合理な差を容認することになり適切ではない。①465条1項に504条を類推適用することが1つ考えられる。②更にいえば、改正法では501条2項括弧書きにより465条1項の求償権に501条の弁済者代位を結びつけるので（☞ 8-45）、504条を直接適用することができる。従って、Dは、Aからの100万円の請求に対して、504条を援用して50万円の支払を拒むことができる。

---

492)　また、442条1項のように明記されていないが、求償のためには「共同の免責」が必要であると解される。Dの弁済によりCは免責という利益を受けていないのである。

493)　フランスでは、共同保証人の1人に対する債権者による免除は、他の共同保証人に対しても、免除を受けた保証人の負担割合について免責の効力を認めるのが判例である（Cass. 1re civ., 18 mai 1978 : Bull. civ. 1978, 1, n° 195, p.157）。これは意思表示解釈によっていたが、2016年改正により、1350-2条2項に「連帯保証人の1人に対してなされた免除は、主債務者を免責することはないが、他の共同債務者［共同保証人］につき、［免除を受けた共同保証人の］負担部分につき免責の効力が認められる」と規定し、現在では明文規定ができたのでこれを根拠とすることになる（**注 476**）。

第9章

特殊な保証3──根保証

1 根保証の意義、種類および法的性質

(1) 根保証の意義および規律

(a) 根保証の意義

ア 一定の範囲の「不特定の債務」の保証 「一定の範囲に属する不特定の債務を主たる債務とする保証契約」を「**根保証契約**」という（465条の2第1項）──以下、単に**根保証**という──。将来の「不特定の債務」を、「一定の範囲」として特定の基準を設定して包括的に保証するものである。根抵当権についての398条の2第1項の「一定の範囲に属する債権」というのを、抵当権では被担保「債権」と債権を表記するが、保証では保証人が代わりに履行する「債務」から表記されている（446条1項など）。なお、特定の債務の保証を、根保証に対して**特定保証**という[494]。

イ 不特定の債務について

❶ 契約を多数締結する場合 金融機関と事業者との当座貸越契約、食材の卸問屋と弁当の生産者との間の食材の継続的供給契約（枠契約としての継続的給付契約）においては、基本契約に基づいて繰り返し契約をしてその都度債権（債務）が成立する。この場合に、1つ1つの契約についての債権ごとに保証契約をしてもらうのは煩雑であり、包括的に一定の基準により特定された将来の債権を保証することを認める実務上の要請が高く、民法の当初規定には規定はないがそのような保証も有効と考えられていた。特に貸付けのような信用取引の根保証につい

227

ては、信用保証と呼ばれている[495]。

9-3 　❷　**１つの契約上の債務**　　他方で、契約は１つであるが、そこから多数の債務が発生する場合も考えられ、これも根保証の対象になる。賃貸借契約の場合、賃料についても、期間の定めのない賃貸借であればいつまでと限定されず、賃貸期間が合意されていても、判例によれば更新後の債務も保証の対象になる。また、賃借人の債務は、賃料に限られず、賃貸物の損傷による損害賠償義務、契約終了後の不当利得返還義務なども考えられ、これらも保証の対象とすることが必要である。ファイナンス・リースのリース料債務については、場合による[496]。

9-4 　**◆根保証の分類**

　⑴　**包括根保証・限定根保証**　　根保証は、保証期間の制限も、保証額の制限もない包括根保証と、保証期間または保証金額のいずれかにおいて制限された限定根保証とに分けられる。期間が限定されたものは**期間限定根保証**、保証限度額が設定されているものを**保証額限定根保証**と呼び、また、両者とも限定されたものを**期間・保証額限定根保証**ということができる。

　2004年改正法により、貸金等債務については個人による包括根保証は禁止され、2017年改正法では個人根保証すべてに包括根保証禁止が拡大された（465条の2第2項）。保証期間については、2004年改正法は元本確定期日という概念を導入し規制したが（465条の3）、この規定につい

---

494)　**＊賃貸保証の被担保債権の範囲**　　いかなる範囲の債務が根保証の対象になるのかは根保証契約の解釈による。賃料のみに限定する特約がない限りは、「賃貸借上の一切の債務につき責に任ずる趣旨と解するのが妥当な意思解釈と思われる」といわれる（**注民（II）**156頁［西村］）。賃貸保証では（中田裕康「不動産賃借人の保証人の責任」同『継続的契約の規範』［有斐閣・2022］174頁以下参照）、賃貸借契約が更新された場合の更新後の債務が保証の対象になるのかは後述する（☞**9-89**）。賃貸保証では、その他、目的物の損傷による損害賠償義務が保証の対象になることは争いないが、保証人の同意なしに賃借人が転貸し、転借人が目的物を損傷した場合も問題になるが、利用補助者の過失なので、賃借人が損害賠償責任を負うので、転借人の613条の義務が保証の対象になるのかを考えるまでもなく、根保証の対象になる。転貸借場合、保証人が賃借人に代わり賃料を支払った場合、賃借人の転借人に対する転貸料債権への代位を考えるまでもなく、賃貸人の613条１項の転借人に対する賃料債権を代位取得できる。
　なお、賃貸借上の債務の保証でも、賃料債務のみ契約期間の２年間に限り、当初の賃料額でもって保証するというのは、２年分の賃料債権という特定された債権の保証であり、根保証ではない（**筒井ほか・Q＆A**78頁）。従って、極度額を定めていなくても有効である。
495)　この点、「根保証」「信用保証」「継続的保証」といった「近似観念の整序が問題になろう」、「これほど明確な観念が確立していない用語は、やはり整序に値しよう」と指摘されていた（椿寿夫「判批」『担保法の判例II』［有斐閣・1994］183頁）。今では、学理的には「個別保証債務集積型」「根抵当権類似型」といった分類・整理、条文上は「貸金等債務」の根保証、事業上の債務の根保証といった分類・整理がされている。必要ならば、賃貸保証、入院保証等の契約類型に応じた表示をすれば足り、「信用保証」といった概念・表示はとりたてて使用することは必要だとは思われない。
496)　ファイナンス・リースのリース料は、目的物の購入代金と購入のための事務処理費用また報酬を分割払いし、利息を付けて支払うものであり、賃料ではない。基本は立替払いの代金の分割払いであり、リース料のみの保証は根保証ではない。これに対して、更新された場合に更新後のリース料を主たる債務とする保証や、リース料に限定されないリース契約上の一切の債務の保証については、根保証と考えられている（西村あさひ法律事務所編・前掲書（**注170**）135頁以下［宮澤哲］）。

ては、2017年改正法でも貸金等債務の個人根保証への適用の限定が維持された。貸金等個人根保証以外の個人根保証、賃貸保証、入院保証、老人ホームの入居に際しての保証などは、この規定の適用を受けないことになる。

(2)　被担保債権を基準とした分類　9-5

(a)　学理的分類　根保証はいかなる主債務を保証するかにより、被担保債権が金融機関と事業者との当座貸越契約上の債権など、信用取引による債権である場合には**信用保証**、賃貸借契約上の賃借人の債務の保証を**賃貸保証**、雇用契約における被用者の使用者に対する債務の保証は**身元保証**と呼ぶのが慣わしである（ただし、損害担保契約☞11-6～）。このほか、判例となった事例は少ないが、継続的供給契約における代金債務の保証もある。判例はなく実際に争われることはないが、入院患者の債務についての保証、有料老人ホームの入居者の債務の保証等、現実の社会では種々の根保証が行われている。類型により、根保証人保護の必要性も異なってくる[497]。

(b)　民法における分類　9-6

ア　当初は貸金等個人根保証だけ　2004年改正法は、①「その債務の範囲に金銭の貸渡し又は手形の割引を受けることによって負担する債務（以下「貸金等債務」という。）が含まれるもの」で、②「保証人が法人であるものを除く」を対象とし、これを「**貸金等根保証契約**」と呼んでいた（465条の2第1項）。そのため、すべての個人による根保証（個人根保証）が対象ではなかったが、2017年改正法は、個人根保証を次の3つに分けている。

イ　個人根保証の種別　改正法では、①自然人ないし個人による根保証契約（個人根保証契約）については、主債務が事業上の債務と個人的債務とが考えられるが、465条の2および465条の4第1項は、およそ**個人根保証**一切を対象とする。②主債務が「金銭の貸渡し又は手形の割引を受けることによって負担する債務」（**貸金等債務**）である個人根保証契約を「**個人貸金等根保証契約**」とし、465条の3および465条の4第2項、465条の6以下はその適用をこの類型に制限をしている。③465条の10（保証委託に際する情報提供義務）は、個人根保証で、被担保債務が「事業のために負担する債務」である場合に適用される。個人の入院保証や賃貸保証は含まれないことになる。　9-7

【表9-7】個人根保証の類型と適用規定

① 　個人根保証すべて（465条の2および465条の4第1項）

② 　事業上の債務の個人根保証（465条の10）

---

497)　**＊賃貸保証の特殊性**　賃貸保証については、火災を生じさせるなど高額の損害賠償義務が問題になりうるが、実際には保険により解決され、また、賃料も定額を毎月支払うものであり、滞納があっても相当期間内に賃貸人から解除がされるのが普通であり——たまに10年以上も滞納しそれが常態化している特殊ケースもある——、解除しないで賃料が蓄積している場合には、信義則による責任制限もある（☞9-94）。そのため、極度額も期間の合意もない改正前の賃貸保証でも、信用保証の包括根保証のように保証人保護が大きな問題とされることはなかった（遠藤研一郎「不動産賃借人保護と保証人保護法理」新報122巻1・2号［2015］85頁以下参照）。賃貸保証人保護については、その他、中田裕康「不動産賃借人の保証人の責任」千葉大学法学論集28巻第1・2号（2013）1頁以下（**注494**前掲書所収）、岡田愛「建物賃貸借契約における保証人保護について——東京高判平成25年4月24日建物明渡請求控訴事件を題材に」京女法学11号185頁以下がある。中田・前掲論文4頁は、賃貸保証人保護（個人保証）については、①貸金等の根保証よりも限定的でよいという見解と、②身元保証に近い保護を与えるべき場合もあるという見解とに分かれると整理する。①も原則論を述べるものであり、例外的事例を否定するものではなく、②も原則論としては貸金等根保証のような保護が必要とされる事例ではないことは否定するものではない。原則的には貸金等債務の根保証と同等の保護は要請されないが、特別の保護が必要とされる事例もあるということは、いずれも共通して認めるところである。

9-8　**(3)　個人根保証・法人根保証など**

　　(a)　個人根保証の要保護性　(2)の分類と重複するところが大きいが、保証主体による根保証の分類として、個人が根保証人になる場合を**個人根保証**といい、他方、事業者が根保証人になる場合を**事業者根保証**、また、法人である場合には**法人根保証**ということができる。無償で、義理人情で断れずしかも自分が責任を取らされることはないだろうと軽率になされる個人保証人で、しかも、実際にどれだけの債務が発生するか未確定の根保証では、特に保証人の保護の要請が高い。

9-9　　**(b)　法人根保証また有償取引（保証委託契約）たる根保証の場合**　合理的計算に基づく事業活動としての有償の保証委託契約、更には、無償であっても法人グループにおいて自己の利益にも関わるためになされる法人による根保証さらには個人企業の経営者による根保証の場合には、個人保証のような保護を考える必要はない。その意味で、保証人また保証法理は一枚岩ではなく、保証人に応じた保証法理が適用されるべきであることは、根保証にもあてはまる（多様な保証法理の根保証への適用である）。

9-10　　**(c)　個人根保証人も多様**　2004年改正法が特に保護に値する個人根保証人にその適用を限定したのは適切である。ただし、会社＝経営者である個人企業についての問題は残されたままである（弁済者代位や共同保証人間の求償権などにも問題意識は及ぶ）。また、個人根保証といっても、いかなる主債務を保証するかによりその規律も変わってよく、2017年改正法もすべての個人根保証に適用される規定、貸金等債務の根保証にのみ適用される規定、事業債務の根保証に適用される規定とを分けている（☞9-7）。商法511条2項には主債務が商行為によって生じたときを問題にするが、2017年改正民法は、このような種別ではなく「事業にかかる債務」（第3目の表題、「事業のために負担」する、ないしした債務といった基準を導入した。近時の消費者・事業者という区別が参考にされているものといえる。

9-11　**◆事業者による賃貸保証──賃貸保証についての家賃債務保証業者登録制度**

　　アパートやマンションの賃貸借における賃貸保証については、営利事業として保証会社が賃借人から保証料を取って取引として行うことが普及している（信販系、LICC系、独立系などに分かれる）。これも、①通常の保証の事例と、②支払委託型と呼ばれるものがあり、後者は、毎月の賃料を保証会社が立替払いをして、賃借人は賃料を保証会社に支払うことになる。保証会社をめぐっては、その契約条項が問題になり（保証会社が賃貸借契約を解除できる等[498]）、また、保証会社による賃借人の追い出し行為が問題になった。家賃債務保証会社についての業務規制がなかったため、国土国交省により、家賃債務保証の業務の適正化を図るために、国土交通省の告示による家賃債務保証業者の登録制度が創設されている（告示公布 H29.10.2、告示施行 H29.10.25）。「一定の要件を満たす家賃債務保証業者を国に登録し、その情報を公表することにより、家賃債務保証業者選択の判断材料として活用すること」を可能とすることが目的とされている。登録業者は、令和5年5月23日時点で97社である。

---

498)　賃貸借契約は、「当事者間の信頼関係を基礎とする継続的契約であるところ、その解除は、賃借人の生活の基盤を失わせるという重大な事態を招来し得るものであるから、契約関係の解消に先立ち、賃借人に賃料債務等の履行について最終的な考慮の機会を与えるため、その催告を行う必要性は大きい」ことから、「所定の賃料等の支払の遅滞が生じた場合、原契約の当事者でもないYがその一存で何らの限定なく原契約につき無催告で解除権を行使することができるとするものであるから、賃借人が重大な不利益を被るおそれがある」として、最判令4・12・12は、賃料の保証会社に無催告解除の権限を認める条項を消費者契約法10条に違反して無効であるとした。

(b)　**根保証についての規律**　　根保証については、当初は規定がなく判例法によ　9-12
り規律され、2004年の民法改正により、個人根保証のうち貸金等債務を主債務
とする根保証を規律する465条の２以下の規定が導入されたが、個人根保証でも、
貸金等債務以外の個人根保証は依然として判例法により規律されていた。2017
年改正は、465条の２および465条の４第１項については一切の個人根保証に適
用を拡大したが、465条の３および465条の４第２項については貸金等債務の根保
証への適用に限定することを維持した[499]。法人による根保証は依然として規定
がなく、判例による規律に任される[500]。個人根保証規制も一枚岩ではなく、【表
9-7】のように分けられる。

◆**根保証の法的規制の歴史（概説）──2004年改正および2017年改正法**　　　9-13
(1)　**2004年改正前**
　(a)　**根保証も有効と認められる──包括根保証も有効**　　旧民法また当初の民法規定は、特定
保証を念頭においた規定しか置いておらず、根保証についての規定はなく（抵当権も同様）、身元
保証をはじめ根保証については解釈に任されていた。これを当然に無効とする理由はなく、根保
証契約も有効と考えられ、ただその法的構成は解釈に任され議論があった。包括根保証について
は幾度となく公序良俗違反が主張されたが、判例はこれを有効とし立法による規制が希求されて
いたところである。まず、問題となり判例の積み重ねもあった身元保証については、1933年（昭
和８年）に後述する身元保証法が制定されている（☞11-6）。
　(b)　**包括根保証についての保証人保護**　　判例法により、貸金債務や継続的供給契約上の代金　9-14
債務などについての根保証について、包括根保証について信義則による責任制限を認めたり、包
括根保証人たる地位の相続を否定したり、特別また任意の解約権を根保証人に認めるなどの結論
が認められていた[501]。包括根保証が根拠とされる判例法は、限定根保証に限定されたため、2004
年改正法の下ではその限定価値が失われることになる。他方で、限定根保証についての判例は、
改正法の下でも先例価値が保持される[502]。その後も商工ローンについての限定根保証の事例で、
保証人の保護が判例により図られている。
(2)　**2004年改正法**　　2002年（平成14年）６月に「経済財政運営と構造改革における基本方針　9-15
(2002)」の中で、起業の促進・廃業における障害除去という目的実現の観点から個人保証のあり
方の検討、見直しを進めることが求められ、「新しい中小企業金融の法務に関する研究会」が
2003年（平成15年）７月16日に報告書を出し、同年12月の産業金融機能強化関係閣僚等の会合
でも、「経済活性化のための産業金融機能強化策」の中で、個人保証、特に根保証についての規制
が求められた。これを受けて、2004年（平成16年）２月10日に、法務大臣から保証制度の見直
しのための要綱を示すことが法制審議会に諮問され、法制審議会に保証制度部会が設けられ、同
年５月24日に「保証制度の見直しに関する要綱中間試案」が決定され、広く意見募集が行われ
た[503]。そして、保証法の改正が民法の現代語化法と一体化され同年12月１日に法律として交付さ
れ、2005年（平成17年）４月１日から施行されたのである。

---

499)　保証目的でしかしその規制を回避するために併存的債務引受という体裁をとっても、保証に関
　　する規律が類推適用されるべきであると考えられている（鎌田ほか・前掲書（**注213**）155頁［内
　　田］）。

　　(3)　2017年改正と残された問題点

　　　　(a)　適用対象の拡大　　こうして2004年改正法により個人根保証が規律されるに至るが、個人

---

500)　**＊フランスの根保証規定**　　フランス民法は、2021年改正により2292条を導入し、「保証契約により、1つ又は複数の、現在又は将来の、特定された又は特定可能な債務を保証することができる」と規定した。日本でいわゆる根保証（cautionment general ou omnibus 等と呼ばれる）を認めるものであり、当事者また債務が十分な基準により特定可能であることを要求するものである（P. Simler, nº 16, p.18）。根保証かどうかを問わず個人保証人についての過大な保証を避ける債権者に義務や保証人の収入・財産に釣り合った債務に効力を制限する規定を置き、根保証については、les cautionnements de dettes futures（将来の複数債務の保証）と称され、個人保証人に限らず、「保証の終了」の所でいくつかの関連規定を置いている（2021年改正による新設）。それによると、将来債務の保証に期間の定めがない場合には、保証人は、合意による予告期間、合意がないときは相当な予告期間をおいて、いつでも保証を終了させることができると規定する（2315条）――1211条の適用といわれる――。また、将来の債務の保証が終了した場合には、それ以前に発生した債務については、その後も、反対の特約がない限り債務を負ったままであること（2316条）、将来債務の保証人の相続人は、保証人の死亡までの債務についてのみ責任を負い（2317条1項）、これと異なる条項（相続性を認める条項）は無効とされる（同2項）。共同根保証人がいる場合に、例えば、AB が2人の根保証人がいることを考慮して根保証した場合、A が解約をする場合には B に知らせることを義務づけられると考えられている。この通知をしなかったため、B が解約その他の適切な措置をとる可能性が奪われた場合、B は自分が1人だけそれ以降の債務について保証人になることにつき、A は責任を負うものと考えられている（Cass. 1 ʳᵉ civ., 7 déc. 1999, Bull. civ., I, nº 335）。ケベック民法2362条も、将来の不特定債務についての期間の定まっていない保証の場合に、3年経過後には保証人に相当な予告期間を置いての解除権が認められることを規定する。

　　フランスでも、金額の限度を定めないことができ、また、期間も定めないでも保証契約は有効と考えられていた（Cass. com., 3 avril 2002, RDbancaire et fin. mai-juin 2002 comm. 85, obs. D. L）。保証契約時の債務と資力とのバランスを欠いた過剰保証を債権者の不法行為とする解決は、契約時に金額が決まっていないので適用にならないため、保証人の救済ができなかった。2003年の消費法典の改正により個人保証人には金額の手書きが必須になったため（☞注159）、包括根保証ができなくなった（2021年改正では2297条）。根保証については、極度額を定めない青天井方式ができなくなっただけでなく、種々の解釈上の保証人保護が図られている。まず契約解釈による保証範囲の制限がされており、債権者と主債務者の間の一切の債務とされていても、不法行為による損害賠償義務を除外したり（Cass. com., 12 mai 1992, Bull. civ., IV, nº 176）、保証契約の当時にはなかった全く新たな取引による債務については保証の対象外とされている（Cass. com., 7 juill. 1992, Bull. civ., IV, nº 260）。次に、約款条項の作成時の状況が考慮され、その条項が明確に表示していない間接的な危険については保証の範囲に入らないとされている。例えば、企業の銀行に対する全ての債務の保証という場合、手形の第三者所持人としての債権は保証されない（直接の取引ではない）とされ（Cass. com., 12 mai 1992, Gaz. Pal. 1992, pan, 309）、保証と同時に貸付がなされた場合に、この貸付のみが保証されたという認定もされている（Cass. com., 9 juin 1998, JCP E 1998, p.1330）。

501)　この点につき、平野裕之『保証人保護の判例総合解説〔第2版〕』（信山社・2005）参照。

502)　例えば、期間10年、債権極度額500万円とされた商工ローンについての個人保証人につき、借入債務者だけでなく主債務者が第三者の保証人として債権者に対して負担する保証債務も保証範囲としていた事例で、東京高判昭55・9・29金法950号52頁は、次のように判示する。

　　「主債務者の負担する債務の中に別の第三者のための保証債務も含むとすれば、かような契約を順次重ねることにより連帯根保証人の実質上の主債務者は連鎖的に無限に拡大する可能性を含むことに論理上ならざるを得ない」。「かような人的担保にあっては、主債務者と連帯根保証人との間の人的関係が重要と考えられ、これを無視して実質上の主債務者の無制限な拡大を許すことは、双方当事者の合理的な意思に即しないというべきである。従って、…… A［主債務者］の保証債務の主債務即ち第三者の債務には、その第三者が別の第三者のために負担する保証債務を含まないと解すべきである」。

根保証すべてではなく貸金等根保証に限定されていた。個人根保証でも、貸金等債務以外の個人根保証は依然として判例法による規律に委ねられたのである。これは金融機関については立法につき了解を得られたため、とりあえず貸金等根保証についての規定を設けたという経緯によるものである。そのため、両議院において付帯決議で適用範囲の拡大が求められており、2017年改正では、465条の2以下の個人根保証の適用をすべての個人根保証に拡大する予定で審議が開始された。しかし、詳しくは後述するが、465条の3（元本確定事由）と465条の4第2項（元本確定事由の一部）については、貸金等債務の根保証に限定することが維持されたのである。

(b)　**確定前の権利関係——履行請求の可否および随伴性**　中間論点整理の段階では、元本確 **9-17** 定前の保証人への請求の可否および債権者の主債務者に対する債権の譲渡や弁済者代位における随伴性が検討対象とされていた。銀行側からはいずれも肯定する意見が出され、パブコメでは、いずれも否定する意見、請求は認めるが随伴性は否定する意見が出され紛糾していた。ところが、その審議中に後記平成24年判決が出されたため、これを明文化するという意見と議論を見守るべきであり明文化は時期尚早という意見とに分かれ、結局は解釈に任せることにして明文化は避けられた（詳細につき☞9-141～）。

(c)　**その他の問題点** **9-18**

ア　取締役らについての確定請求権　そのほか、取締役など一定の地位を前提として根保証がされている場合に、元本確定期日前にその地位を失った場合の根保証人の保護、また、従前の判例の特別解約権を根保証人の元本確定請求権として明文化すべきかが検討課題とされた。パブコメでは、概ね明文化に好意的意見が支配的であったが、賛成する意見もその条文化が困難を伴うことは認められていた。反対論は、積極的な反対論もあるが、極度額規制もされたので十分であり、また、信義則による責任範囲の制限も解釈により可能であり、法的安定性を害さないで条文化をすることは難しいので避けるべきであるという慎重な立場からの反対論が多かった。結局、明文化は見送られた。

イ　債権者の確定請求権　また、確定まで保証人に履行請求できないことにするならば、 **9-19** 債権者側に元本確定請求権を認めて保証人への履行請求ができるようにすべきことが、金融機関側から主張された。後述平成24年判決によれば、債権者は確定前でも保証人への履行請求が可能であり、また、「考慮すべき様々な要素を的確に表現することが極めて困難であり、裁判規範として不明確なものとなるおそれがあるという問題が指摘されていたことなどを踏まえて見送ることとされた」のである（部会資料70A4頁）。

(2)　根保証の法的構成 **9-20**

(a)　2つの根保証の可能性

ア　個別保証債務集積型（継続的保証）　根保証には2つの種類が考えられ

---

503)　金融法務事情編集部「法制審議会「保証制度の見直しに関する要綱中間試案」を取りまとめ」金法1708号（2004）16頁、同19頁以下に「資料　保証制度の見直しに関する要綱中間試案（平成16年5月24日法制審議会保証制度部会決定）」が掲載されている。法務省参事官民事局室「資料　保証制度の見直しに関する要綱中間試案補足説明」金法1710号38頁参照。2004年保証法改正の経緯については、長谷川貞之「貸金等根保証契約をめぐる諸問題」獨協ロー・ジャーナル創刊号（2006）5頁以下、同「根保証の立法化をめぐる問題」獨協法学64号（2004）23頁以下参照。

【図 9-20】個別保証債務集積型（複数説）

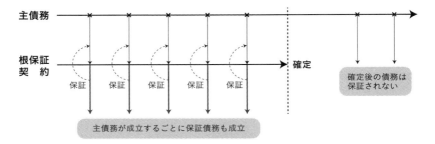

ており、物権法定主義（175条）の適用のある根抵当権とは異なり、契約自由の
原則が適用されいずれの合意も有効である。

　当初、継続的契約関係として根保証を構築しようとした西村博士により、**継続
的保証**という概念が提案された[504]。主債務が成立するごとに、それに対応して
「派生する支分債務としての具体的保証債務」が成立することになる（**【図 9-20】**
参照）。2004年の改正により、「根保証」という表現が採用されたため、根保証
を 2 つに分けて表現するようになり、この類型は改正論議において「**個別保証債
務集積型**」と呼ばれる[505]。主債務に対応して保証債務が成立するため、債権者
は保証債務の履行が請求でき、また、主債務に対応する債権が譲渡されれば、保
証債務も随伴することになる[506]。個別の保証債務の発生は、継続的契約たる根
保証契約の効力であり、その発生を止めるには継続的契約を終了させる解除（告
知）が必要になる。

---

504)　西村博士は、継続的保証を「継続的債権契約の特質を具えている保証契約を指称する」といい、
「継続的保証にあっては、保証人は、保証契約成立後その終了に至るまで、終始、継続的に、抽象
的基本的保証責任を負担し、契約所定の一定の事由の発生するごとに、この基本的保証責任から派
生的に発生する支分債務としての具体的保証債務を負担する」という（**注民（11）** 144頁［西村信
雄］。**西村・継続的保証**も同様）。また、「根保証」という概念を認め、根保証は「……一定の時期
における決算によって確定する主たる債務のための保証」と理解し、「いわゆる継続的保証の範疇
に属することだけはまちがいない」という（**注民（11）** 148頁［西村］）。
505)　筆者は、広義の根保証を、継続的保証と狭義の根保証（根抵当権類似型）に分けた。大澤・後
掲判批（**注544**）113頁は、「個別債権根保証説」、「確定時債務根保証説」という略称を提案してい
る。これらの名称の善し悪しは決められないが、2017年改正法の審議で本文に述べた名称が使われ、
これが論文などでも定着しつつあるので、遺憾ながら本書もこれによる。
506)　将来債権についての集合債権譲渡でも同じであり、例えば将来の賃料債権を 2 年分譲渡した場
合には、根保証がされていれば、譲受人の下で賃料債権が成立するごとに、保証債務がそれに対応
して成立することになる。根抵当権類似型では、確定時に賃貸人が有する債権が保証の対象になる
ので、譲受人が取得した債権は保証の対象にならない。

◆根保証における基本的保証責任と支分たる保証債務　　　　9-21

(1)　**金銭債務たる保証債務とは別に源となる債務を想定する**　　①利息債務につき、利息を発生させる源として基本権たる利息債権と具体的に発生した金銭債権たる支分権たる利息債権とを区別するように、根保証においても、個別的な保証債務を発生される源である基本たる保証債務（抽象的基本的保証責任）と、個別具体的に発生した金銭債務たる支分債務としての具体的保証債務とを区別することが考えられる。②この点、フランスでも、保証される債務の枠を定めその範囲内の債務を保証する債務（obligation de couverture）と、その範囲内の債務が発生した場合にそれを支払う金銭債務（obligation de règlement）とを分けるのが、近時の学説また判例[507]である——それ以前は、保証予約や条件付き債務の保証などと説明されていた——。ただし、前者についても批判説がある[508]。

(2)　**分析——平成24年判決とは別の議論**　　　　9-22

(a)　**二段階にする構成——特約の効果か保証する債務の効果か**　　まず、主債務ごとに保証債務がその数だけ成立すると考えると、①根抵当権類似型では、確定まで保証債務は成立せず、確定したら確定時の債務に対応する複数（ないし1つ）の保証債務が成立することになる。②個別保証債務集積型では、主債務が成立するごとにそれに対応した保証債務が成立し、確定によりそれ以降の債務は保証されなくなる。フランスでは、包括的な将来債務が保証される法的構成については、かつては予約（promesse）がありその効果と説明されたが、9-21のように Mouly は「保証する債務」をここに設定した。債務なのか履行が考えられるのか反対も強いが、学説では通説とされ、2021年改正もこの構成を基本としていると理解されている。日本では、①②の分類は普及したが、9-21の議論は深められず、平成24年判決もこの点は判断していない。

(b)　**根抵当権のように構成できないか——1つの可変的な根保証債務論（本書の立場）**　　　　9-23
　　ア　複数の主債務を担保する1つの根保証債務の成立　　　根抵当権では、将来の不特定多数の債務を担保する1つの抵当権（根抵当権）を成立させ、実行ができるためには確定が必要である。根保証についても、1つの抵当権に匹敵する1つの担保を想定する解決も可能である（☞【図9-23】）。預金債権のように、1つの根保証債権（債務）が根保証契約により成立し、例えば主債務 a 100万円が成立すると、根保証債務が100万円成立し、主債務 b 50万円が成立すると、根保証債務は150万円になる。a が支払われると、根保証債務は50万円になり、b も支払われると消滅する。しかし、根保証の合意があるので、その後に主債務が発生すれば再び根保証債務が発生する。

---

507)　1982年6月29日の破毀院商事部判決（Cass. com., 29 juin 1982, Bull. civ. 1982, IV, n° 258）は、保証期間が定まっていない事例で、保証人（根保証人）の死亡により保証する債務（obligation de couverture）は終了するが、既に生じた支払義務は消滅しないという債務の二重性（dualité）を認めており——2021年改正により2317条1項に明記される（☞**注500**）——、その後、多数の破毀院判決により根保証における債務の二重性が承認される。保証する債務（obligation de couverture）は保証契約により直ちに成立し、主債務が成立すると、それを支払う金銭債務（obligation de règlement）が直ちに成立するといわれるので、日本の個別保証債務集積型（☞**9-20**）が念頭に置かれているようである。主債務が成立すれば保証債務がそれに対応して成立するというのが、普通の理解であり、抵当権類似型というのはそのような明示の特約があれば認められるにすぎないというのが社会通念なのかもしれない。

508)　保証する債務（obligation de couverture）に対しては、債務の目的（objet）がない、将来の債務が発生するまでは何らの給付を義務づけられていない、債権者は何らこの債務の履行を請求できない、また、その不履行を観念できず賠償請求をすることが考えられない、契約の債務的効力（la force obligatoire）と債務の内容とを混乱させている、obligation de couverture は債務（obligation）ではない、等と批判されている（cf. M. Cabrillac, C. Mouly, S. Cabrillac, P. Pétal, n° 104, p.80）。これに対しては、「保証すること」それ自体が給付であり、保証人の地位は、保険会社のそれに類似しているといわれる（M. Cabrillac, C. Mouly, S. Cabrillac, P. Pétal, n° 104, p.81）。

【図9-26】 本書の立場（単一説）

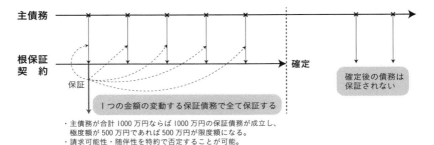

・主債務が合計1000万円ならば1000万円の保証債務が成立し、
　極度額が500万円であれば500万円が限度額になる。
・請求可能性・随伴性を特約で否定することが可能。

フランスのように、obligation de couverture と obligation de règlement の2つ（☞9-21）を考える必要はない。

9-24　　　**イ　2つの類型との関係について**

❶　根抵当権類似型　　根抵当権類似型（☞9-27）と呼ばれる事例は、本書の立場からは以下のように説明することになる。確定前から1つの**根保証債務**が成立し、その被担保債務（主債務）は変動するので預金債権のように**1つの債権（債務）だが金額が変動する**。確定前から、主債務の合計額に対応した1つの根保証債務が成立しているが、確定して初めて履行請求が可能になる。確定するまで保証債務は発生していないと考える必要はない。また、確定後の債務は担保されないことになる。確定前に成立した主債務に対応する債権が譲渡された場合、原則として随伴性が認められるが、特約により確定時に債権者に帰属していることを存続要件と合意されている事例である。その場合には、譲渡されると根保証債務の被担保債権から除外される。

9-25　　　**❷　個別保証債務集積型**　　また、個別保証債務集積型（☞9-20）は、本書の立場では以下のようになる。根保証の合意により、主債務が成立すればその合計額に対応する**1つの根保証債務**が成立し、主債務の発生、消滅に対応してその内容（金額）が変動することになる。根抵当権類似型とは異なり、債権者に確定前でもその履行請求が可能であり、確定によりその後の債務を保証する効果はなくなることになる。確定は被担保債権を打ち止めにするという効果をもたらすだけであり、また、主債務に対応する債権が譲渡された場合に、随伴性を認めるかどうかはここでも自由に合意でき、債権者に帰属することを被担保債権の要件ともできるが、何も合意がなければ原則どおり随伴性が認められる。抵当権とは異なり、譲渡された債権に対応する保証債権（債務）が独立して成立することになる。

9-26　　　**ウ　私見のまとめ**　　筆者は、かつて個別保証債務集積型の場合には、根保証「特約」の効果として主債務に対応してその数だけ保証債務が成立し、根抵当権類似型は、確定までは保証債務が成立せず、確定時に存在する主債務のために、それに対応する保証債務が主債務の数だけ成立すると考えた。しかし、今は改めて、上記のように、保証契約における根保証特約により1つの根保証債務が成立し、要件を充たした主債務が発生・消滅するごとにその内容を取り込んで内容が変動するものと考える（【図9-26】参照）[509]。根抵当権類似型・個別保証債務集積型のいずれもこの構成で説明でき、どちらかと結びつく議論というものではない。確定前の請求の可否、

509）「保証する債務」を想定し、保証するという履行が、例えば2年間の根保証契約であれば、1年経過すれば1年分履行したと、1年分の債務が履行により消滅したと考える必要はない。1つの根保証債務の存続期間が2年であり、1年が経過しただけである。

【図 9-27】

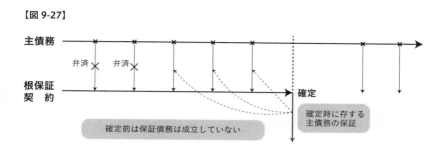

随伴性を認めるかは、その点についての合意によって決まる——随伴性があれば弁済者代位も可能——。平成24年判決はこの点の判断はしておらず、個別保証債務集積型と推定するという結論を示しただけであり、本書の立場は平成24年判決と抵触するものではない。いずれの合意か明示していなければ、即時請求可能性また随伴性を認めるのが原則であり、判例の推定に賛成する（詳しくは **9 -170**以下）。

イ　根抵当権類似型根保証　　　　　　　　　　　　　　　　　　　　　　　9-27

❶　我妻博士による根担保理論　　我妻博士は継続的保証説（☞ **9 -20**）に依拠していたのを改説し、「根保証・信用保証においても、保証人の一般財産による責任が現実の担保価値として把握され、将来その保証が実現される際に、確定された債権によってその帰属と数量が決定される……とみるのが、両者［筆者注：根抵当・根保証］共通の理論として、事柄を明瞭にするであろう」[510]、「基本関係が正常に係属している間は、債権者は、特別の定めのない限り、個々の債務について保証人に請求することはできず、基本関係が終了したとき、または保証人の保証期間が終了したときに、はじめて請求ができると解するのが、制度の趣旨にも、当事者の合理的な意思にも適するものと思う」と述べるに至った[511]。

❷　荒川教授による確定理論の導入　　その後、①実務家の石井眞司氏により　　9-28

---

510)　**我妻**462〜463頁。
511)　**我妻**475頁。当時は根抵当権も立法前である。「確定」といった概念を導入するなど根担保説の土台がここに見出される（用語も「根保証」による）。座談会「現代の保証——機関保証を中心に」**金融取引法大系第5巻**440頁における、銀行実務家である吉原省三、石井真司発言は、我妻説を前提としている。同446頁の吉原発言は、確定という言葉を使う必要はなく、「ただ保証に基づいて履行すべき主債務が特定しただけ」という。他方、林良平「根保証人の代位弁済と担保権の移転」手研307号（1981）75頁以下は、我妻説を「やや技巧にすぎる」と批判し、「一般的には、債権者は個々の債務についても、保証債務の履行を求めるというべきである」（法定代位も可能）、そして、限定根保証では、個々の債務の弁済は限度額を減殺するものではないとし、確定前の根保証債務の履行の請求は、これを確定事由とみる途があるという。

本格的に「根担保」という上位概念を設定して根保証と根抵当権とを性質に反しない限りパラレルな規律をすべきことが検討され[512]、②学説においても鈴木録弥教授が、根保証への根抵当権規定の類推適用を支持し[513]、③荒川教授はこれを発展・集大成し、④松本教授の基本的な支持を受ける[514]。根抵当権同様の関係として構成し、「確定」という概念を導入したのが荒川教授である。保証債務は未だ発生しておらず、将来の確定時に存する主債務を保証するというあくまでも将来債務の保証と構成する[515]。確定前は、保証債務はなく、保証人への履行請求はありえず、債権譲渡があっても保証債務が随伴するということはありえない。「確定」の観念を根保証に導入することになる。根抵当権と同様の扱いをすることになるため、「根抵当権類似型」と呼ばれている。

9-29　◆平成24年判決前の根保証の確定前の法律関係をめぐる議論──改正論議および平成24年判決後は後述

(1)　確定前における履行請求の可否

(a)　否定説

ア　否定説の根拠　継続的保証説が支配的であった時期に、我妻博士は、「基本関係が正常に係属している間は、債権者は、<u>特別の定のない限り</u>、個々の債務について保証人に請求することができ」ないとするのが、①制度の趣旨また②当事者の合理的な意思にも適するという主張をしている[516]。いずれの根保証の合意も可能であるが（下線部分）、原則として確定時債務根保証と考えるべきであり、その根拠は、①根保証をめぐる当事者の利害関係の合理的な規律からいって確定時債務根保証が適切であり、また、②それ故に当事者の通常の意思は確定時債務根保証を締結するものと考えるべきであることである。根担保説から改正保証法前からこの結論が主張され

---

512)　石井真司「根保証の法律構成の再検討（その1）〜（その8・完）」手研286号4頁、288号22頁、291号4頁、295号4頁、299号18頁以下、302号4頁以下、315号16頁（1979〜1980）、同「根保証への根抵当権の規定の類推適用」手研334号1982（143頁）、同「限定根保証の法律関係」金法1000号（1982）70頁以下、同「根担保と根抵当権」『金融担保法講座 2巻 根抵当権・特殊抵当』（筑摩書房・1986）91頁以下。

513)　鈴木録弥「根保証人の解約権」『判例先例 金融取引法 新訂版』（金融財政事情研究会・1988）186頁。

514)　松本恒雄「根保証の内容と効力」**担保法大系第5巻**238頁以下。また、槇悌次「根保証」『現代契約法体系第6巻』（有斐閣・1984）72頁も、根抵当権の規定が性質に反しない限り、根保証に広く類推されていくものと思われるという。同88頁は、根担保を統一的に把握する見地から、継続的契約関係の告知権ではなく、「確定をもたらす事由の1つとしての確定請求権として再構成すべきものである」という。

515)　荒川重勝「根担保論」星野英一編『民法講座別巻(1)』（有斐閣・1990）181頁以下、同「根保証の『確定』」『鈴木禄弥先生古稀記念 民事法学の新展開』（有斐閣・1993）197頁以下、同「『根保証論』再論」立命館法学249号（1996）911頁も参照。根抵当権について造型された「確定」の観念を根保証に導入し、これまで根保証における解約権を確定請求権に、保証期間を確定期日に、終了事由を確定事由として再構成し、両根担保を統一的に把握しようとする。

516)　**我妻**475頁。

517)　加藤一郎・鈴木禄弥編集『注釈民法（17）』（有斐閣・1969）329頁［鈴木禄弥］、荒川・前掲論文（**注515**民法講座別巻）189頁以下、松本・前掲論文（**注514**）242頁等。

ていたが[517]、2004年改正後も否定説は新たな支持者を増やしている[518]。

イ　否定説に対する批判

9-30

❶ 債権者に酷　まず債権者の保護に欠ける、例えば、5年の保証期間を定めた場合に、5年経過するまで保証人に請求できないというのは適切ではないと批判される。この点は、債権者に確定請求権を認めれば足りると反論される[519]。しかし、それではそれ以降に生じた主債務について保証人の責任追及ができなくなるとの反論が考えられる。否定説からの再反論として、主債務者に信用不安がなければこれから回収すべきであるし、主債務者に信用不安があるのに保証人から回収することを考えて主債務者と取引を継続することは、正当な期待に基づく行為ではないと批判することになるが、極度額までは保証人は覚悟すべきであるという再反論が考えられる。

❷ 保証人が任意に支払っても極度額が減らせない　確定前には保証債務が成立していないので、確定前に保証人が任意に支払った場合に、保証債務の履行がされたことにはならず、極度額からその額分が引かれないのではないかという疑問がある。確かにこの問題はある。しかし、保証人が請求もされずに支払うということはありえず、❶のように債権者の保証人への請求を確定請求権の行使と考えさえすれば、問題は解決される。なお、2004年前の議論は包括根保証であり、包括根保証が禁止された以降の議論と、極度額に責任が限界づけられるか否かという前提の差は注意をする必要がある。

9-31

❸ 465条の4第1号と抵触する　2004年改正は、改正規定との関係も検討される。465条の4第1号は、確定前に保証人への請求ができることが前提になっており、否定説はこの規定に抵触するという批判も考えられる。しかし、2004年改正法はいずれの立場に依拠するか決めず中立的・汎用的な立場から規定を置いたのであり、2004年改正法の規定を根拠とするのは正当な主張ではない。

9-32

(b)　肯定説

9-33

ア　肯定説の根拠

2004年改正法前でも、継続的保証説は、当然視しているためか明示的にこの点を論じるものが殆どないが、債権者は主債務について個別に履行期が到来すれば保証人に履行請求できること、また、保証が弁済者代位の対象になることが認める主張はあった[520]。2004年改正後は、改正保証法が適用になる限定根保証について[521]、確定前の履行請求を肯定する論稿が増えている。その理由は、①債権者の要請が充たされること、②限定根保証について、保証人が履行した金額分極度額から責任が減少すると考えれば保証人を害することはないこと[522]、③また、465条の4第1号は肯定説と整合的であること[523]、④更には、実際の根保証契約の文言

518)　上甲悌二「根保証に関する平成16年改正と残された実務的問題点」『民法改正を考える』（日本評論社・2008）237頁、座談会「新しい保証制度と金融実務（下）」金法1736号（2005）23頁［村田］は、確定前に保証人に履行請求できるのは「理論的におかしい」という。

519)　山野目章夫「根保証の元本確定前における保証人に対する履行請求の可否」金法1745号（2005）11頁。既に、林良平「根保証人の代位弁済と担保権の移転」手研307号（1981）75頁は、債権者の請求を根保証の確定とみる可能性を認める。

520)　**西村・継続的保証**81頁、**注民（11）**144頁、154頁［西村］。林・前掲論文（**注519**）76頁［我妻説］によっても、保証人への履行請求を確定事由とすることが考えられるという（398条の20の類推適用という）。2004年改正法後の論稿であるが、吉田光碩「貸金等根保証契約における保証債務の随伴性」判タ1214号（2006）75頁は、この提案に賛成する。

521)　保証人が何度も履行しなければならないとなると極めて重い責任を負うことになるため、包括根保証では請求できるためには確定を要求するので（**9-27**の我妻説は、包括根保証を念頭に置いているといえる）、2004年改正法の適用がある限定根保証が念頭に置かれている。

522)　例えば、山野目・前掲論文（**注519**）9頁、能見善久「根担保——根保証を中心に」『担保法制をめぐる諸問題』（2006）9頁。能見・前掲論文8頁は、包括根保証については、根抵当権と同様に、保証人に履行請求するためには元本を確定させなければならないという。

にも適合的であることである。銀行関係者の論稿は当然ながら肯定説を採用し[524]、銀行実務家は、元本確定期日前に主債務の支払が滞った場合に、確定前に保証人への請求を認めないのは、「債権者にあまりにも酷であるし、実務感覚からも遊離する」と強調する[525]。

9-34 　　**イ　肯定説に対する批判**　　両説の対立は、結局のところ、結果の妥当性についての価値観の差にあるといってよい。肯定説のほうが債権者保護に資するのに対して、否定説は保証人保護に資することになり、いずれの結論を是とするかという評価の差がみられる。肯定説への批判とこれに対する反論は、先にみた否定説への批判とそれに対する反論の裏表であり、債権者の保護としては確定請求権を認めればよいと批判するのに対して、それでは保証期間内極度額まで保証の利益が受けられるはずの債権者の利益を不当に害し、保証人は極度額を覚悟しているので支払った分に応じて極度額を減らせばその保護として十分と反論されることになる。

9-35 　**(2)　確定前の随伴性──確定前に譲渡された債権への保証の効力**
　　根抵当権につき民法は、「元本の確定前に根抵当権者から債権を取得した者は、その債権について根抵当権を行使することができない。元本の確定前に債務者のために又は債務者に代わって弁済をした者も、同様とする」と規定した（387条の7第1項）[526]。これは根抵当権では1つの抵当権のみが成立し、随伴性を認めると抵当権の準共有により法律関係が複雑になるので、これを避けるという政策的な考慮に基づく（強行規定）。根保証では、1つの基本的根保証債務で複数の主債務が担保されるわけではないので、根抵当権のような考慮は必要ではない（平成24年判決の原審判決が強調した点である）[527]。なお、従来の実務の考え方は「随伴性なし」というのが一般

---

523)　中原利明「保証」金法1874号（2009）57頁は、465条の4第1項は、債権者が保証人の財産に対して強制執行ができることを論理的な前提としており、そうである以上、保証債務の履行を請求することを許しているというべきであると評する。

524)　前掲座談会（**注518**）22～23頁［河野］は、確定前の保証人への請求を当然視する。同24頁では、主債務に対応する個別保証債務が既に成立しているという立場を採用していることを、確定前請求肯定の前提として述べる。同24頁［岡本］も河野意見に賛成し、債権者が確定させて請求できないと、保証は使えないツールになってしまうという。
　　中原・前掲論文（**注523**）57頁も履行請求を認める（根拠は465条の4第1号）。銀行で使われている根保証の保証文言は「……現在および将来負担する一切の債務について保証する」となっていて、「主債務が発生するごとに保証債務が発生することになり、元本確定時に存在する主債務を保証することを合意しているものではない」という（57頁）。請求できないのは、債権者にあまりにも酷であり、実務感覚からあまりにも乖離するという。これは銀行側からの見方であり、消費者保証人には明確ではなく、実務感覚も銀行側の実務感覚にすぎない。その他、肯定説として、能見・前掲論文（**注522**）9頁、岡本雅弘「根保証の元本確定前における保証人に対する履行請求の可否」金法1783号（2006）5頁、内海順太「新保証制度における元本確定に関する検討」金法1759号（2006）37頁、佐藤正暢・村上祐亮「保証」NBL925号（2010）101頁、長谷川貞之「貸金等根保証契約の適用範囲とその外延」**椿ほか・法理**176頁がある（確定前に保証人が任意に支払った場合には、極度額の減少を認めるべきであり、肯定説のほうが減少を認める理論的な難点は少ないとして肯定説を採用）。

525)　中原・前掲論文（**注523**）57頁。その他、佐藤・村上・前掲論文（**注524**）101頁も肯定。

526)　しかし、根抵当権の一部譲渡（398条の13）および被担保債権の範囲の変更（398条の4）により、譲渡された債権を根抵当権によって担保することは可能であり、これにより随伴性を認めるのと同じ結果を実現することができる（鈴木禄弥『根抵当法概説〔新版〕』[新日本法規・1993] 298頁参照）。

527)　なお、小賀野昌一・原田真希「新しい個人保証制度について」金判1204号（2004）5頁によれば、随伴性については特に規定を設けず、根抵当権のように制限規定を置く必要はなく、実務では随伴性が認められると考えられており、実務上制限する要請が特にないため、根抵当権のように制限規定を置かなかったということである。

的であるとも評されるが[528]、実務は逆という意見もあるので（後述の法制審議会での議論）、実際の運用は確かではない。

(a)　随伴性否定説[529]

ア　2004年改正民法前　　根担保説（確定時債務根保証説）は、確定前の随伴性も否定する。例えば、石井氏は随伴性を否定し、その理由として、①もし随伴性を認めると、同一人が根保証人になると同時に根抵当権を設定している場合には、一方（根保証）は随伴し他方（根抵当権）は随伴しないという複雑な関係になる、②包括根保証の場合には、複数の債権者のために包括根保証をしたのと同じことになる、③限定根保証の場合に、譲受人は極度額めいっぱい保証されると思っていたのに、その後の債権者（＝譲渡人）の債権の存在により予期せぬ結果を生じることなどを挙げる[530]。この結論から確定時債務根保証が妥当であることを根拠づけている。また、鈴木録弥教授も、根担保説によって随伴性を否定するほうが、「法律関係の複雑化を回避しえ、かつ、保証人の通常の意思にも適合するから、妥当というべきであろう」という[531]。譲受人の保護という問題は、随伴性に特殊な問題点である。確定前の履行請求は保証人との関係での議論であったが、随伴性の問題は譲渡人と譲受人との利害調整も必要になる。

イ　2004年改正民法後──2004年改正では解決されていない　　2004年改正の立法担当者は、「確定前の法律関係についてまで根抵当と同様に取り扱うべきものとはしていない」、398条の7のような確定前の随伴性を否定する規定を置かず、「これらの点については、従前どおり契約

9-36

9-37

---

528)　澤重信「貸金等根保証契約と実務上の留意点」銀法641号（2006）16頁。座談会「セミナー根保証」**金融取引法大系第5巻**438頁［吉原省三］は、「……将来の一定時期における債務を保証しているわけです。ただ途中の債務を個別的に保証しているわけではないからその段階で債務が処分されても随伴性はない」という。明らかにその前提に根保証＝確定時債務保証説の理解が前提にある。同座談会442頁の吉原、石井発言は随伴性否定（石井発言は398条の7類推適用）、鈴木録弥もこれを聞いてそのような気がしますと賛成。サービサーの実務では、随伴性の有無についての結論が明確ではないことから、保守的に、根保証が随伴しないことを前提とした運用をしているというのである（（**注609**）**『パブコメ概要』**847頁）。

529)　保証債務の随伴性について述べたものではないが、我妻博士は、先の確定前の履行請求を否定する立場から、保証人による弁済者代位について次のように述べる。
「保証人は、たとい個々の債務について弁済をしても、代位権は行使しえないと解するのが正当であろう。けだし、前段に述べたように、信用保証は、取引関係が正常に継続する間は、発生変動する債務を全体として保証するものであって、債権者も保証人に対して個々の債務について請求しえないものと解するのが正しいとすれば、保証人もまた、その継続中は、その関係を全体として担保する物的担保権を債権者に代位して実行することはできないと解すべきことはむしろ当然だからである」（**我妻**476頁）。
これも理論的にすっきりしていないと言わざるを得ない。未だ根抵当権の随伴性を否定する規定がなかった時代の議論であり、現在では、根抵当権の随伴性を否定する明文規定が置かれたので、根保証についての個別保証債務集積型でも、極度額は減るが根抵当権に代位はできないのは当然である。

530)　石井眞司「根保証の法律関係の再検討（その3）」手研291号（1979）6頁。同「根担保と根抵当権」『金融担保法講座Ⅱ』（筑摩書房・1986）87頁も随伴性を否定する（被担保債権に質権が設定された場合に、質権の効力は根保証には及ばないとし、代位弁済も否定する［88〜89頁］）。同「根保証への根抵当権の規定の類推適用」手研334号（1982）114〜115頁も398条の7類推適用を肯定（質入れ、転付命令も同様に扱う）。澤重信「貸金等根保証契約の実務上の留意点」銀法641号（2005）16頁は、随伴性なしとするのが一般的理解という。

531)　鈴木録弥編『新版注釈民法（17）債権8』（有斐閣・1993）480頁［鈴木録弥・山本豊］、旧版328頁以下も同様）。我妻博士の履行請求の否定と同様に、結果の妥当性＋（それ故の）当事者意思への適合性が根拠になっているといえる。

自由の原則を基礎とする解釈論に委ねられている」と説明している[532]。2004年改正の法制審議会保証制度部会において座長を務めた野村教授は、「個々の債権との関係は、議論していないといえば議論していないと思います」と述べ[533]、同委員会の委員であった松本教授も、「確定」ということを採用したが、根保証の本質、確定前請求や随伴性については、改正保証法は何もいっておらず判例・学説の解釈に委ねられると評している[534]。そのため、改正後、未解決の問題として——ただし、根保証全ての共通の問題——随伴性が問題とされる[535]。

9-38 　　❶　原則として否定　　2004年改正後は、根保証「契約」の特質から随伴性否定説を根拠づける試みがされている[536]。即ち、能見教授は、「根保証契約を締結した者が優先的ないし独占的に保証の利益を受けるものとして設定される保証であるとするならば、債権譲渡によって債権譲受人が保証の利益を受けるというのは適当ではないということになろう。そこで、根保証の性質から、この問題に関しては根抵当権の規定を類推適用して解決するのが適当である」という[537]。限定根保証に限定しての議論といってよいが、債権者が主債務者との間の継続的な取引関係から生じる債務が残っている以上、根保証は根保証契約の当事者である債権者の債権を担保するために優先的に（独占的に）使われるべきものであるというのである。いわば根保証契約の当事者たる債権者に対してのみ保証的効果が及ぶという内容の契約と考えているものといえる。なお、下級審判決には一般論として否定説を宣言する判決があるが、確定後の譲渡の事例である[538]。

9-39 　　❷　明示的特約があれば例外可能　　長谷川教授は、法律関係の複雑化・無用な混乱を招くこ

---

532)　**吉田・筒井・保証制度**34頁以下。座談会「新しい保証制度と金融実務（上）」金法1735号（2005）23頁［筒井］も同様。

533)　座談会「保証制度の改正」ジュリ1283号（平17）67頁［野村豊弘］。

534)　前掲座談会（**注518**）24頁［松本恒雄］。

535)　この時期の議論として、吉田光碩「貸金等根保証契約における保証債務の随伴性」判タ1214号（2006）70頁参照。堀・前掲論文（**注233**）59頁は、「根保証の極度額を根抵当権の極度額と同様に枠と考えるならば、根抵当権と同様に、元本確定前の被担保債権（被保証債権）が譲渡されても、担保である根保証は、随伴しないと考えるのが妥当であると考える」という。

536)　継続的保証説の立場に立つようであるが、吉田教授は、随伴性を否定して、債権が譲渡されても「根保証債務は移転しない」という説明をして、債権者が常に極度額まで保証されることを認める（吉田・前掲論文（**注535**）75頁）。

537)　能見・前掲論文（**注522**）8頁（弁済者代位も否定する）。確定前の保証債務の履行請求を認めるが、随伴性は否定するという中間的解決をする考えもある（能見・前掲論文（**注522**）9頁、佐藤・村上・前掲論文（**注524**）103頁、福井・後掲判批（**注544**）143頁、長谷川貞之「貸金等根保証契約の適用範囲とその外延」**椿ほか・法理**175〜176頁）。福井・後掲判批（**注544**）140頁、143頁は、特定の債権者と特定の債務者との間の継続的な取引関係から生じるという縛りを債務について掛けるのが通常であり、この縛りから外れる債権譲渡や債務引受が行われた場合には、その対象から外れると考えるのが通常であろうと評する（これがデフォルトルールであるという）。大澤・後掲判批（**注544**）104頁も、「少なくとも、随伴性については、否定するというのがまさに「当事者の意思」ではないだろうか」と述べる。

538)　千葉地判平21・3・19金判1337号46頁は、「一般に、基本的な継続的取引関係から生ずる多数の債務を担保することを予定している保証契約においては、その基本的関係が正常に継続している場合、特別の定めがない限り、個々の主債務が移転しても保証債務は移転しないものの、基本的関係が終了した場合には、その時点で存していた債務のみを担保することに定まると解されるところであり、そうであれば、それ以後においては、主債務の移転に伴って、保証債務もまた移転していくものと解するのが相当である」と、一般論としては否定したが、破産宣告後（＝確定後）の譲渡であったため事案では随伴性を肯定している。そのため、事例では必要のない傍論であった。なお、中原・前掲論文（**注523**）59頁によると、未公刊の東京地判平17・8・29が随伴性を肯定しているということである。

とが予想されることから、原則として随伴性を否定し、明確な規律を伴う合意がある場合に限り随伴性を認めるという考えを採る[539]。問題は当事者がこの点について明確に合意していない場合の根保証契約の解釈である。中田教授は、随伴性を認めると、複雑な問題が生じるため、明示の合意がある場合にのみ随伴性を認めるうるとも考えられるが、元本確定前に履行請求を認める合意があるならば、個別保証の場合同様に、随伴性を認めるのが当事者の合理的意思であるとも考えられると評する[540]。

　(b)　随伴性肯定説　　2004年改正以前から随伴性について肯定説の主張はあった[541]。当時の個　**9-40**
別債務根保証を念頭に置く継続的保証法理からは当然の結論である。2004年改正後も、根保証を根抵当権と同様に考える論理的必然性はないとして、個別保証の集合体という根保証の理解に基づいて、確定前の履行請求のみならず随伴性も肯定する主張がなされている[542]。野村教授は、被保証債務総額が極度額を超える場合に、どの債務が保証の対象となるのかに関して明確な規範（当事者の合意、合意がなくても弁済充当規定による）があれば、随伴性を認めてもよく、「とくに、債権譲渡の当事者が根保証によって担保されていると考えているかどうかが重要な判断要素である」という[543]。譲渡の当事者、即ち譲受人の意識を持ち出しているところは注目される。

(b)　2004年改正民法の規定との関係　　　　　　　　　　　　　　　9-41

ア　「根保証」と表示——適用範囲を制限する意図なし

　❶　根抵当権類似型に限定する趣旨ではない　　上記の2つの根保証はいずれもその旨の合意がされれば有効であり、問題は、①いずれか不明な場合にいずれと認定すべきか、また、②民法の根保証の規定はいずれに適用されるのかである。民法の規定は「確定」という用語を認めていて、根抵当権類似型のみに適用されるかのようである。しかし、この点は、当時すでに慣用されていた「根保証」や「確定」という用語を採用しただけで、この問題を解決する意図は有していなかった（☞9-37）。民法の規定はいずれの根保証にも適用があり、「根保証」という表現は汎用性のあるものとして使用されているのである。

　❷　残された問題点　　そのため、いずれの根保証と認定するかは、民法に規　**9-42**
定のない事項に関して意味があることになり、判例で問題になったのは随伴性である（☞9-43）。2つの根保証で差が生じるのは【表9-42】の3点である（本書の立場はこれとは異なる☞9-23〜）。

---

539)　長谷川・前掲論文（**注537**）176頁。
540)　**中田**612頁。
541)　前掲座談会（**注528**）438頁［鈴木正和］は、根抵当権みたいに法律で随伴性を否定していない以上は、「当然随伴性も出てくる」という主張する。
542)　中原・前掲論文（**注523**）58頁。
543)　野村豊弘「根保証の随伴性」『金融法務研究会第2分科会報告書「担保法制をめぐる諸問題」について』（金融法務研究会・2006）19頁。

【表9-42】 2つの根保証の差　＊本書の立場では②③は特約にかかる。

		個別保証債務集積型	根抵当権類似型
①	保証債務の成立時	主債務が成立するごとに成立	確定時に成立
②	確定前の請求可能性	請求できる	請求できない
③	債権譲渡の随伴性	あり	なし

9-43　　　イ　平成24年判決の登場──判例は個別保証債務集積型と推定

❶　個別保証債務集積型と認定するのが合理的　　この点、最判平24・12・14民集66巻12号3559頁（以下、「平成24年判決」という）は個別保証債務集積型と推定すべきであるとした。「根保証契約を締結した当事者は、通常、主たる債務の範囲に含まれる個別の債務が発生すれば保証人がこれをその都度保証し、当該債務の弁済期が到来すれば、当該根保証契約に定める元本確定期日（……）前であっても、保証人に対してその保証債務の<u>履行を求めることができる</u>ものとして契約を締結し、被保証債権が譲渡された場合には<u>保証債権もこれに随伴して移転</u><u>する</u>ことを前提としているものと解するのが合理的である」とした[544]。個別保証債務集積型と推定したのである。そのため、確定前に債権が譲渡された場合でも、譲受人は保証債務つきの債権を取得し、これを行使できるものとする。

9-44　　　❷　契約解釈の問題であり「別段の合意」があれば別　　平成24年判決は、これに続けて、「そうすると、被保証債権を譲り受けた者は、その譲渡が当該根保証契約に定める元本確定期日前にされた場合であっても、<u>当該根保証契約の当</u>

---

544)　本判例の評釈は多数ある。大澤慎太郎「判批」千葉大学法学論集28巻4号（2014）126頁、同「判批」伊藤進監修『改正民法［債権法］における判例法理の射程』（第一法規・2020）361頁、福井修「判批」富山大学紀要富大経済論集59巻3号（2014）129頁、井government公量「根保証の確定前の随伴性」岡山大学臨床法務研究20号（2014）11頁、赫高規「判批」NBL994号4頁、田路至弘・本村健・平山賢太郎・政本裕哉・岡香里・大櫛健一「判批」旬刊商事法務1991号40頁、清水恵介「判批」税経通信68巻7号189頁、松尾弘「判批」法セミ703号144頁、松本恒雄「判批」金融・商事判例1422号2頁、下村信江「判批」金法1977号37頁、平野裕之「判批」新・判例解説 Watch13号77頁、角紀代恵「判批」法学教室別冊附録401号〔判例セレクト2013-Ⅰ〕18頁、岩藤美智子「判批」金法1981号30頁、松田佳久「判批」創価法学43巻2号347頁、山本宣之「判批」判時2205号140頁、吉田光碩「判批」リマークス48号22頁、阿部裕介「判批」『ジュリスト臨時増刊1466号〔平成25年度重要判例解説〕』77頁、高部眞規子「判批」金法1990号44頁、辻博明「判批」法時87巻9号118頁、小峯庸平「判批」法協132巻7号123頁、畑佳秀「判例解説」『最高裁判所判例解説民事篇平成24年度』729頁、副田隆重「判批」民事判例7号98頁、齋藤由起「判批」『民法判例百選Ⅱ債権　第9版』42頁等。神津博史「判批」銀法757号67頁、近藤康彦「判批」銀法760号18頁、高橋恒夫「判批」銀法760号58頁、藤原彰吾「判批」金法1965号4頁、永井弘二「根保証債務の随伴性」（判例評釈）OIKE LIBRARY37号34頁。

事者間において被保証債権の譲受人の請求を妨げるような別段の合意がない限り、保証人に対し、保証債務の履行を求めることができるというべきである」と述べている。随伴性を排除する「別段の合意」は可能であり、理論的に個別保証債務集積型しかあり得ないのではなく、契約解釈の問題であることを確認している。「別段の合意」はこれを自己に有利に主張する者が、主張立証責任を負うことになる。

◆平成24年判決における須藤正彦裁判官の補足意見　9-45

(1)　**特約は可能**　　本判決には、須藤正彦裁判官（裁判長）の補足意見がある。「根保証契約については、契約自由の原則上、別段の合意により保証債権に随伴性を生じさせないようにすることも自由であり、したがって、例えば、根保証契約において、主たる債務の範囲に含まれる債務のうち、元本確定期日の時点で主債務者が当初の債権者に対して負う債務のみについて保証人が責めを負う旨の定めを置いておけば、その定めは、法廷意見における「譲受人の請求を妨げる別段の合意」と解されて、そのとおりの効力が認められるというべきである」。

(2)　**本事例について──別段の合意否定**　　「「金銭消費貸借・手形割引等継続取引並びに限度付根保証承諾書兼金銭消費貸借契約証書」（以下「本件根保証契約書」という。）には、保証人たる上告人は、極度額（48億3000万円）の範囲内で、同日付けの貸付けに係る債務のほか、本件根保証契約締結日現在に発生している債務及び5年間の保証期間（元本確定期日の前日まで）に発生する債務並びにこれらのうち債権者（A）がCに譲渡した債権に係る債務を保証する旨が記載されている。このような本件根保証契約書上に記載された文言からすれば、主たる債務の範囲に含まれる債務のうち、元本確定期日の時点で主債務者たるBが当初の債権者たるAに対して負う債務のみについて保証人としての責めを負うとの趣旨はうかがい得ない」。「本件根保証契約書の記載文言に沿った合理的意思解釈という見地に立ってみた場合、本件根保証契約においては、被上告人の請求を妨げるような別段の合意がされたとみることはできない」。

　　ウ　平成24年判決の射程　　平成24年判決は、法人根保証の事案であるが、9-47
一般論として述べており、個人根保証にも先例としての射程は及ぶと解するのが一般的理解である[545]。しかし、消費者取引では「作成者に不利に」という解釈が妥当するはずである。ところが、確定時の債権を保証する根保証というのは、相当技術的であり、特に根気強く説明されない限りは理解できず、個人保証人の信頼を問題とすることは難しい。また、主債務者の資力が悪化する前に支払って、主債務者から求償を受けられるという点では、個別保証債務集積型の方が保証人に有利であるといえる。筆者は判例の推定が個人根保証に及ぶことには反対したが、現在では後述のように考えている（☞9-156、9-170）。

---

545)　本判決の射程は、「あらゆる根保証契約に及ぶものと考えて良い」と評されている（小峯庸平「判批」法協132巻7号132頁）。

9-48　◆**特約を規定した例**

　　公益社団法人リース事業協会による契約書Ａ方式では、連帯保証人と題して次のような根保証
にかかわる条項が置かれている。

【根保証型】（連帯保証人）

第24条　①〜④は特定債務の保証と変わりないので省略。

⑤　連帯保証人が法人でないときは、以下の規定が適用されるものとします。

　　１．法人ではない連帯保証人の本条に基づく保証債務の極度額は、別表（13）記載の金額とし
　　　ます。法人である連帯保証人につき、その保証債務に極度額は定めません。

　　２．甲は、以下の情報をすべて、法人ではない連帯保証人に提供済みであること、及び提供し
　　　た情報が真実、正確であり、かつ不足がないことを、乙に対して表明及び保証します。

　　　ア　財産及び収支の状況

　　　イ　主たる債務以外に負担している債務の有無並びにその額及び履行状況

　　　ウ　主たる債務の担保として他に提供し、または提供しようとするものがあるときは、その
　　　　旨及びその内容

　　３．法人ではない連帯保証人は、甲から前号の情報すべての提供を受けたことを、乙に対して
　　　表明及び保証します。

⑥　甲は、乙が連帯保証人に対して、甲の乙に対する債務の履行状況を開示することをあらかじ
　　め承諾します。

9-49　**2**　個人根保証における保証限度額（極度額）設定の必要性──包括根保証の禁止

(1)　保証人についての要件──法人根保証ではないこと[546]

(a)　**個人根保証につき極度額設定を要件とした**　　根保証には、保証する限度額
（**極度額**という）を定めない青天井でどれだけ巨額になるかわからない**包括根保証**
と（更に保証期間の定めもない場合に限定して使用することもある）、極度額が定められ
た**限定根保証**とがある（☞9-4）。2004年の根保証規定の導入前は、判例は、包
括根保証は公序良俗に違反することなく有効と認めていたが、2004年改正により
「貸金等債務」の個人根保証に限りこれを無効とした。その後、2017年改正によ

---

546)　フランスには包括根保証を禁止する規定はない。これは、2299条および2300条の規制（**注
**　**500**）が、特定保証・根保証を問わず適用になるからである──確認すると、金額を手書きで記入
　　することが要件になっている──。根保証に特化した規制としては、期間が定まっていない場合に
　　つき、いつでも、契約で定められた予告期間に従い、期間の合意がなければ合理的な予告期間を設
　　定して、終了させることができるものと規定されている（2315条）。保証の範囲に含める「保証す
　　る債務」（obligation de couverture）の効果を終了させるだけであり、それ以前に成立した主債務に
　　ついては責任を免れないことが確認されている（2316条）。

り、債権者、主債務者また債務如何を問わず、すべての個人根保証につき包括根保証が禁止された（465条の2第2項）。

(b)　要件は法人根保証ではないということだけ　　　　　　　　　　9-50

ア　法人でなければよい——必然的に全ての個人（事業者、経営者も含む）

❶　**消費者法ではない**　　465条の2第1項の保証人についての要件は、根保証人が「法人でない」ことだけである。消費者契約法は、消費者（消費者契約法2条1項）が保護の対象であり、消費者と「事業者」との契約（消費者契約）が規制の対象になっている。事業者については、「法人」は当然に事業者になり、個人も「事業として又は事業のために」契約当事者になる場合には「事業者」になる。事業者と法人とは異なる概念であり、個人は消費者にも事業者にもなりうる。ただ、「事業」については定義がなく、民法の保証規定の各所でも見られるが（465条の6第1項、465条の10第1項）、やはり定義はない。趣旨が異なるので、消費者法と必ずしも同じ意義で解する必要があるのかどうかは分からない。

❷　**個人事業者も含まれる**　　465条の2第1項は保証人が法人でなければよ　9-51
いので、上記の定義でいうと個人であれば、事業者でもまた有償でもよいことになる。実際には考えられないが、個人が有償で保証事業を行っていても、包括保証禁止の保護を受けることになる。個人の場合には、事業者であっても、生活を考えなければならないので、「個人」（破産法248条1項）であれば事業者でも破産法により破産免責を受けられるのと同様である。465条の6や465条の10でも、主債務は事業上の貸金等債務、事業上の債務であることが必要であるが、保証人については法人でなければよく、保証人が個人事業者であってもよい。

イ　個人を広く保護した理由　　個人保証人に限定したのは、個人の場合に　9-52
は予想を超える過大な責任を追及されることによって生活の破綻という問題を考慮する必要があるのに対して、法人の場合には生活の破綻という問題が生じない上に、機関保証に代表されるように経済的合理性にかなった行動をとることが一般的に期待できるという考慮に基づくものと説明されている[547]。上記のように個人には破産免責が認められていることを想起させる根拠づけである。個人による有償保証事業は実際にみられないし、個人が事業者として保証するというのは（○○商店甲野太郎として保証）、実際にはありえないというのが本音なのかもしれ

---

547)　**吉田・筒井・保証制度**27〜28頁。

ない。

9-53　◆消費者法と個人保証人保護

(1)　消費者契約であれば　　9-50のように、消費者法、特に消費者契約法は消費者・事業者間の消費者契約に適用される。ところが、民法の保証人保護は、消費者契約に限られず消費者とは微妙にずれている。包括根保証禁止は、個人の破産免責のように（事業債務でもよい）、個人の生存権確保の側面があり、消費者法とは視点が異なる。保証の三面関係では、債権者・保証人の保証契約、保証人・主債務者間の保証委託契約とが問題になる。消費者契約になるためには、保証契約では、債権者が事業者、保証人が消費者であることが必要になり、保証委託契約では、保証人が事業者（有償事業者）、主債務者が消費者であることが必要である。この要件を充たせば、それぞれの契約について消費者契約法が適用になる。

9-54　(2)　民法の保証人保護規定──消費者契約とは別の観点からの保護？

(a)　民法は法人と個人を対置　　民法は消費者法ではないので、消費者・事業者という概念による規律はしていない。465条の2は法人を除くとして、「個人」根保証契約として、法人・個人を対置している。しかし、消費者法では、個人でも事業者は事業者になり消費者ではない。民法では法人でさえなければよいので、個人事業者でも保証人保護規定の対象になる。保証人保護規定は、常に法人を排除するものではなく（446条2項、3項、458条の2の他、事前求償権なども）、保証人保護は消費者法とは微妙にずれている。経営者などが排除される例があり、主債務者の事情を知らずに軽率に保証人になる個人の保護のための規定がその例である。しかし、465条の6はそのようであるが、465条の10はそうなっておらず一貫していない。

9-55　(b)　主債務者（主債務）については事業者を問題にする規定もある　　ところが、民法は主債務については、事業上の貸金等債務（465条の6）、事業上の債務（465条の10）と「事業」を問題とし（第3目の表題は「事業に係る」）、主債務が事業上の債務ということは、主債務者に関する限りは法人かどうかではなく、事業者であることが要件とされている──商行為による債務という分類もある（☞7-9）──。しかし、それは主債務者保護に関わる規定について主債務者が事業者の場合は保護しないというのではなく、個人保証人を保護する要件としてである。保証人保護については法人でなければよいという要件設定と矛盾するものではない。いずれにせよ、保証人に関しては、消費者のみを保護するものではなく、個人であれば事業者でも保護され、ただ規定によっては個人でも経営者等について保護の対象外とされている。保証人保護の趣旨によって規定により要件が多様になっている。

9-56　(c)　債権者は不問　　フランス民法は2021年改正で、消費者保護を消費法典から民法に取り込み、事業上の債権者（le créancier professionnel）、自然人たる保証人（la caution personne physique）といったことを要件として明記している（2299条以下）。日本民法はこの点の躊躇があり、主債務者は上記のように事業者であることを要求する規定があるが（☞9-55）、債権者が事業者であることを要件にする規定は1つもない。個人（消費者）や個人事業者が債権者である場合にも適用される規定になっている。法人かどうかを分けるので、債権者についても法人たる債権者を要件に設定して、個人事業者たる債権者の事例を適用除外とするのは適切ではない。消費者法に一歩足を踏み入れつつ、踏みとどまっているのである。個人（消費者）が事業者に金銭を融資する場合に、個人保証人を付ける場合にも、465条の10は適用になる。

9-57　(3)　個々の規定と将来の展望　　【表9-57】1および2は事業者間にも適用される保証の一般規定になっている。同3および4は保証人が法人でなければよいので、個人事業者が保証人になる場合、更には有償で保証する場合にも適用になる。主債務が事業債務ということは要件になっていないので、主債務者が事業者であることは必要ではなく、個人のカードローンでもよい。同5は求償権についての債権者が法人でなければよいが、事業者でも保証人が個人であれば包括根

証が禁止されるので、同規定の適用は問題にならない。同 6 では、法人ではなければよく、個人も独自の観点から除外規定があるにすぎず、有償の個人事業者にも適用される。同 7 は、保証人が法人でさえなければよいので、同様である。フランスは、消費者たる保証人と事業者たる債権者との保証契約に適用を限定し、債権者と主債務者間では事業上の債務であることは要件にしない。「個人」保証人保護をベースとしつつ、規定ないし制度によりそれぞれの趣旨から適用除外を個別的に考えるべきである。DCFR は消費者保証の特則を 1 つにまとめている（☞ **注 4**）。

【表 9 -57】保証人保護と消費者法・消費者契約

	債権者────────保証人		保証人────────主債務者
［ 消費者契約 ］	①　　　　　　　　保証契約	②　　　　　　　　保証委託契約
	事業者────────消費者	事業者────────消費者

　　＊事業者には法人以外に個人も含まれる。個人であっても事業者は消費者ではない。また、
　　　以上の他に、債権者・主債務者の契約の債務の性質も保証人保護につき考慮される。

1. 要式契約（446条 2 項、 3 項）
　　①主体一切不問。事業者間にも適用される。②そもそも適用なし。

2. 債権者の履行状況についての情報提供義務（458条の 2 ）
　　①主体一切不問、ただ受託保証人であることだけが必要。
　　②委託契約があることが必要であるが、主体は一切不問。

3. 期限の利益喪失についての債権者の情報提供義務（458条の 3 ）
　　①債権者は不問、保証人は法人ではないことが必要（個人であれば、事業者でもよい）。
　　②委託を受けたことは必要ではない。

4. 包括根保証規制（465条の 2 ～465条の 4 ）
　　①債権者は不問、保証人は法人ではないことが必要（個人であれば、事業者でもよい）。
　　②委託を受けたことは必要ではない。規定によっては主債務が貸金等債務であることが
　　必要であるが、事業債務である必要はない。

5. 法人根保証の求償保証（465条の 5 ）
　　①求償債権者は法人であることが必要、保証人は法人ではないことが必要（個人であれば、
　　事業者でもよい）。②委託を受けたことは必要ではない。

6. 保証意思宣明公正証書［465条の 6 ～465条の 9 ］
　　①債権者は不問、保証人は法人ではないこと、それ以外に種々の除外事由がある。
　　②については、委託は必須ではないが、主債務者の債務が事業上の貸金等債務であるこ
　　とが必要。

7. 主債務者の保証委託に際する情報提供義務（465条の10）
　　①債権者は不問、保証人は法人ではないことが必要（個人であれば、事業者でもよい）。
　　②保証委託が必要。保証人は法人でないことが必要であるが、主債務者は事業債務であ
　　ることが必要なので事業者であることが必要（法人に限定されていない）。

（2） 主債務についての要件——債権者、主債務者についての要件

465条の6は事業上の貸金等債務、465条の10は事業上の債務を主債務とすることが要件であり、主債務者は法人である必要はなく、個人事業者を主債務者とする取引上の債務についても適用される。他方、465条の2により包括根保証が禁止される「個人根保証」の主債務については何らの制限はない。主債務者が個人であればよく、有料老人ホームの諸費用、入院費等の個人的債務であろうと適用される。賃貸保証もこの例外ではなく（反対意見もあった）、極度額の定めがない賃貸保証も無効になる。ホステス保証（☞ 2 -14）も一種の根保証であり、個人根保証の規制を受ける。債権者については、【表 9 -57】の全ての規定につき、保証人との関係、主債務者との関係のいずれにおいても、事業者や法人といった要件は設定されていない。

（3） 極度額についての要件

(a) 極度額による制限の対象になる債権

ア 債権極度額であることが必要　　包括根保証が禁止される結果、個人根保証では必ず極度額を定めなければならず、民法は極度額の内容について要件を規定している（465条の2第1項）。即ち、極度額は元本のみの限度額ではなく（**元本極度額**[548]）、利息等の従たる債務も含めた極度額（**債権極度額**）でなければならない。また、保証債務については、保証債務独自に違約金や損害賠償額の約定をすることができるが（447条2項）、「保証債務について約定された違約金又は損害賠償」も含めて極度額に制限されている。

イ 契約締結後の極度額の変更　　なお、極度額を契約締結後に変更することは可能と考えられている[549]。極度額を軽減する個人根保証人に有利な合意は、

---

[548]　熊本地判平21・11・24判時2085号124頁は、「一般に、貸金等根保証契約にかかる「極度額」の定めは、保証人が負担する保証債務の範囲の全部を対象とし、その上限の金額が一義的に明確でなければならず、かかる方式に依らない元本の「極度額」のみの定めは、同条1項の「極度額」の定めには当たらない」と、元本極度額を定めた個人根保証を無効とした。元本極度額の合意を無効として債権極度額としての効力を認めるのではなく、根保証契約全体を無効にするという厳しい解釈がとられている。ダメ元で元本極度額を定めることが横行してはならないので、妥当な解釈といえる。

一種の免除として自由に認めてよい。問題は、極度額を増額する個人根保証人に不利な変更である。保証契約の内容を変更する合意であり、書面によることが必要なのは当然である。問題になるのは、保証意思宣明公正証書（465条の6）との関係である。465条の6の趣旨からいえば、極度額の増額に限らず根保証内容の個人根保証人に不利な変更をするには、保証意思宣明公正証書からやり直すことが必要である（☞2-67）。

(b)　**極度額の定め方についての要件**　　極度「額」を定めて保証人が保証に応じ　　**9-61**
るかどうか判断できるようにする必要があるので、具体的な金額が確定されていることが必要になる。そのため、確定時の主債務の10％といった制限では、極度額を定めたことにはならない[550]。賃貸保証において賃料の4か月分というのは、将来の増減の可能性があるので、契約時に額が確定しておらずやはり無効となる。ただし、賃料の4か月分と記載しかつ賃料の月額が例えば10万円と明記されている場合には、40万円と確定されていることになり有効である[551]。保証契約は要式契約であり、極度額は必須の記載事項であるため、口頭で極度額の合意をしていても書面に極度額の記載のない場合には、個人根保証契約は無効となる（465条の2第3項）。

(c)　**金額の適切性について**　　　　　　　　　　　　　　　　　　　　　　　**9-62**

　　ア　極度額の定めを要求しただけで十分か　　では、極度額を定めればいくら巨額でもよいのであろうか。立法によっては、特定保証も含めて保証人の資産・収入からしてバランスを失する保証の超過部分を無効として規制するものもあるが（バランス原則☞1-14）、2017年改正では議論されたものの同様の立法は見送られた。特定保証でもいくらでも個人に保証させてよいはずなく、それと同様に根保証についても極度額を定めればいくらでもよいというのは不適切である。

　　◆極度額の金額が不適切な場合　　　　　　　　　　　　　　　　　　　　　**9-63**
　　(1)　**無効とされる場合——著しく不相当な場合**　　立法担当官は、「極度額を定めるように求めた法律の趣旨に照らせば、主債務者の資金需要や保証人の資力等を勘案しないで著しく高額な極度額が定められたといったケースについては、公序良俗違反（新法第90条）を理由に、保証契約が無効にされる可能性もあるものと解される」と説明する[552]。公序良俗違反で無効といえるのかは、主債務を生じさせる取引や根保証人の資力、保証人となる経緯など総合的に判断して決めるしか

549)　**吉田・筒井・保証制度**30頁。
550)　**吉田・筒井・保証制度**30頁。
551)　**筒井ほか・Q&A**12頁。

ない。根保証にかぎらない保証人の資力・収入とのバランス原則の導入により立法的に解決されることに任せることになる。また、保証意思宣明公正証書が作成される貸金等債務の根保証の場合には、事前の公証人の介在により、不相当な極度額による契約締結が水際で回避されることになる。

9-64　**(2)　無効にはならないが不相当な場合**　　極度額の合意が無効になれば、極度額の定めがないことになり根保証契約は無効になる（465条の2第2項）。しかし、そこまで不相当でない場合、無効という保護は与えられないが、何らの保護も与えられないものではない。改正前には包括根保証について、信義則や契約解釈による制限、更には、特別解約権や任意解約権といった規制がされていたが、極度額を必須としたことで当然にこれらの規制が不要になったと考えるのは適切ではない。少なくとも、無効とまではならないが、極度額が不相当に過大な場合には、従前の包括根保証についての規制を適用する余地があると考えるべきである。

9-65　　イ　包括根保証についての改正前判例法の参照　　根保証契約全体を公序良俗違反として無効（90条）とするまで極度額が巨額ではなくても、不相当に過大であれば、解釈上の規制が考えられてよい（☞9-64）。①債権者が、信義則上の保証人保護義務に違反するような取引をしたり、債権回収を怠ったりした場合には、個人根保証人の責任を信義則により合理的な金額に制限すべきである。②また、当初予定されていた取引量を取引通念の許容限度を超えて拡大した場合には、そのような多額の取引まで保証の対象とするつもりはなかったものとして、保証契約の解釈として合理的な範囲に主債務を限定することが考えられる[553]。解約権については9-73、9-138に述べる。

9-66　　**(4)　無効の内容および脱法規制**

(a)　無効の内容

　ア　契約全体が無効

　❶　**根保証契約は無効**　　個人根保証契約は、「前項に規定する極度額を定めなければ、その効力を生じない」（465条の2第2項）。民法は他の規定では「無効とする」と明記するのに対して（90条、93条1項、94条1項）、敢えて無効という形式にしていない。その理由は不明である。立法関係者は「極度額の定めがない

---

552)　**筒井ほか・Q & A**85頁。90条違反による無効を認めるものとして、東京弁護士会法友全期会債権法改正特別委員会編著『弁護士が弁護士のために書く債権法改正』（第一法規・2017）108頁［福士貴紀］。

553)　**内田**443頁は、包括根保証事例について、「取引の通念に於て相当なりと認め得べき範囲内の債務に限り保証する趣旨」として、保証契約の解釈により保証債務を限定した判例（大判大15・12・2民集5巻469頁）を、改正法でも参照されるべきであると評する。

貸金等根保証契約［引用者注：2004年改正当時］は無効となることを定めるもので
ある」と、「無効」と説明をしている[554]。無効であるが特に証明責任に配慮して
このような規定にしたという趣旨もないようである。ましてや自然債務として認
めるというつもりは毛頭ない。

❷　**法定の要件を充たした極度額の定めが必要**　　無効となる要件は「前項に
規定する極度額を定めな」いことである。単に極度額を定めないではなく「前項
に規定する」極度額と限定したことからして、極度額の定めが全くない場合だけ
でなく、定めがあるが前項の要件を充たした極度額ではない場合にも、個人根保
証契約は無効になる[555]。例えば、元本についてのみの極度額とした場合がこれ
に該当する。極度額の相当性は要求されていないので、保証人の収入や資産を考
慮して不適切に高額であっても、当然には無効にはならない（☞9-63）。　9-67

　　イ　**追認ができるか**　　本条の無効は絶対的無効であり、保証人による追認
は認められない（119条）。改めて極度額を定めて保証契約を締結するしかない。
法的知識がなく、無効と知らずに、個人根保証人が保証債務を履行した場合、弁
済は無効になる。根保証人は、債権者に支払った金額について返還を請求できる。
しかし、書面要件のところで述べたように、債権者が無資力で、主債務者が有資
力というまれな事例では、根保証人が主債務者に求償ができた方が、根保証人の
保護に資する（☞2-11）。　9-68

(b)　**包括根保証禁止に対する脱法規制**　9-69

　　ア　**併存的債務引受けなど**　　本条の規制を回避するために、根保証契約で
はなく、極度額を定めることなく根併存的債務引受契約がされた場合には、①脱
法行為としてこれを民法90条違反で無効にする、②保証契約と認定する、または、
③債務引受と認めつつ465条の2以下を類推適用することが考えられる（☞10-8
以下）。損害担保契約によって根保証規制を回避しようとしても、類推適用等に
より個別的に妥当な解決を図ることが考えられている[556]。

　　イ　**限度額の相当性**　　極度額が無効とされるほど高額ではないが適切な金
額ではない場合、無理を承知でいえば、現行法でも「極度額」規制を介して「バ
ランス原則」を解釈により実現することも全く不可能ではない。個人根保証人の　9-70

---

554)　**吉田・筒井・保証制度**19頁。
555)　**吉田・筒井・保証制度**29頁。
556)　**吉田・筒井・保証制度**19頁以下。

資力・収入とのバランスを不相当に失する極度額については、465条の2第2項の極度額を求めた趣旨から、不相当な金額部分は無効になると考えられないであろうか。しかし、解釈論としては難しく、**9-64**、**9-65**に述べた規制に止めるべきである。

9-71 **3** 個人根保証における保証期間——確定期日

(1) 適用範囲の拡大は見送られた

(a) 個人根保証——貸金等債務の個人根保証のみ

ア 個人根保証一般に拡大する予定であった 2004年改正民法は個人根保証一切ではなく、主債務の範囲に「金銭の貸渡し又は手形の割引を受けることによって負担する債務」（改正前465条の2第1項で「**貸金等債務**」と略称される）が含まれる場合に、その適用を限定していた。2017年改正では、この点も個人根保証一般にその適用を拡大する予定で改正作業が開始された。しかし、結果としては、保証期間（確定期日）については、適用範囲は拡大されず、貸金等債務（その括弧書きでの定義規定も465条の3第1項に移された）の個人根保証に限定されたままとされた。

9-72 **イ 貸金等個人根保証への適用に制限されたままになった** これは、貸金等債務であれば、新たな保証人を出さない限り融資をしないといった対応が可能なのに対して、賃貸保証では新たな保証人を立てないと使用させないとはいえないと、不動産業界からの異論が出されたからである。しかし、継続的供給契約の代金の根保証では、同様に新たな保証人を出さないと取引をしないという対応ができるので、貸金等債務以外全て適用を除外したのは行き過ぎである。立法論として改正の余地があり、また、解釈論としても拡大適用を認める余地はある。465条の3の適用のない場合を**9-73**以下また**9-82**以下に説明し、465条の3の適用のある場合について**9-75**以下に説明したい。

9-73 **(b) 個人貸金等根保証以外**

ア 任意解約権 個人貸金等根保証以外については、個人根保証であっても上記の規制は適用されない。この結果、貸金等根保証でなければ個人根保証で

も確定期日の定めのない根保証が3年で当然に確定することはなく、また、5年以上の期間の根保証も有効になる。保証期間の定めのない場合に、保証の対象となる取引が継続している限り保証人が拘束され続けるのは酷であり、改正前の包括根保証の事例では、根保証人は相当期間経過後には相当の予告期間をおいて将来に向って——既発生の債務については責任を免れない——保証契約を解約することが認められていた（大判大14・10・28民集4巻656頁、大判昭7・12・17民集11巻1334頁、大判昭9・2・27民集13巻215頁など）。これは**任意解約権**と呼ばれ、事情にもよるが実務上2〜3年経過すると認められていた。

イ 改正法と任意解約権 改正法では、必ず限定根保証でなければならな 9-74 いため、包括根保証の事例についての、上記判例の先例価値は疑問視されることになる。極度額が定められたので、個人根保証人保護はそれで十分であり、包括根保証についての任意解約権を認める判例の先例価値を否定するのが一般的理解といってよい。確かに極度額が適切な額に設定されていれば、筆者としてもこの結論に賛成したいが、極度額が不相当な金額の場合には、依然として任意解約権を認める余地があると考える557)（☞ 9-64、9-65）。日本にはバランス原則はないが、バランス原則が適用される不相当な金額である場合につき、任意解約権や信義則による責任制限などを認めるべきである（☞ 9-70）。

| (2) 保証期間（確定期日）の定めがある場合 | 9-75 |

(a) **5年を越える根保証の禁止** まず、保証期間を定める場合に、5年を超えて定めることを禁止し、5年を超えた場合には、超えた期間分だけ無効とするの

---

557) **＊賃貸保証人の任意解約権** 経営紛争研究会・Q & A148頁は、465条の3の適用がないため、「任意解約権の行使が認められる余地はある」という。賃貸保証については、極度額がなくても、主債務が賃料債務が考えられるだけなので——火災等がない限り——、改正前では任意解除権を認めないのが、判例また通説であった（任意解約権を認める学説として、**西村・継続的保証**87頁、槇・前掲論文（**注514**）89頁）。465条の3も適用されが、期間の定めのない賃貸保証が改正後も許されるが、保証人には任意解約権は認められないことになる。そのことを考えれば、賃貸保証の極度額は、賃料の半年分程度にすべきであり、法律による規制は無理だとしても、ソフトローたる国交省の通達などで規制すべきである。また、賃貸人は、契約終了時においては、敷金からの優先回収を保証人に対して義務づけられ——債務者提供の担保からの優先回収義務——、敷金から回収できない残額につき保証人に債権回収ができると考えるべきである。フランスでは、1989年7月6日の法律22-1条により、賃貸保証人は、賃貸期間の定めがないまたは不確定期限の定まった賃貸借の場合には、一方的に保証契約を解約することができる。

では「ダメ元」で5年以上の合意が横行する可能性があるので、期間の定めを無効とし期間の定めのない根保証としている（465条の3第1項）。そのため、後述のように3年で自動確定することになる。元本確定期日の合意は必ず書面でしなければならず、また、元本確定期日の変更も3年を超えるものについても書面でしなければならない（465条の3第4項による446条2項、3項の準用）。

9-76 **(b) 保証期間（確定期日）の変更合意**

ア　変更合意の要件　一度定めた有効な保証期間（確定期日）を変更する合意も可能であるが、変更日から5年を超える場合にはその変更は効力を生じない（465条の3第3項本文）。保証契約の内容を変更する合意であり、書面によることが必要である。この場合、期限の定めのない根保証になるのではなく、変更の効力が生じないので従前の期日が有効なままとなる。したがって、2023年4月1日から5年の期間を合意した1年後の2024年4月1日にそこから7年間の保証期間に変更した場合には、その変更合意は無効となり、当初の保証期間が有効のままである（2028年3月末で確定）。

9-77 **イ　確定期日の2か月以内に変更する場合**　ただし、元本確定期日の2か月以内に確定期日を変更する場合には、その合意から5年を過ぎていても変更前の確定期日から5年を越えなければ、その合意は有効である（465条の3第3項ただし書）。例えば、2023年4月から5年を保証期間としておいた場合（2028年3月31日を経過することにより確定）、確定の2か月前、例えば2028年3月1日に保証期間を変更する場合には、それから5年内でなくてもよく、2033年3月末まで（5年1か月）と合意することができる。期間満了前に、満了後の5年間の更新をするのと実質的に変わらないからである。

9-78 **(c) 根保証契約の更新**

ア　更新の要件　また、保証期間（確定期日）を延長させるのではなく、再度同じ内容の継続的保証を締結する「更新」も可能であり、実際には区別は難しい。民法は保証期間の契約期間中の変更について規定し、更新については規定を置いていない。更新は既存の契約の契約期間についての合意による変更であるが、同一内容の契約を新たな締結するのと実質的に変わらず、改めて書面を作成する必要があり、また、465条の6以下、465条の10が適用され、期間については465条の3第1項、第2項が適用されると解すべきである。

9-79 **イ　更新の効果**　更新後の保証契約では、更新前の債務も保証されると考

えるべきであろうか。もし1つの契約が継続しているのだと考えれば、これは肯定せざるをえない。しかし、そうすると、5年の保証期間満了時に更に5年保証期間を延長し根保証契約を更新した場合、合計10年分の債務が保証されることになる。極度額の定めがあるのでそれで問題ないようにも思われるが、極度額と5年という期間制限を二重に設定している趣旨からして、原則として、更新の場合には更新後の債務のみが保証されると考えるべきである。ただし、更新の際に既存の債務も保証の対象になることを書面で以て合意し、更新後の根保証の被担保債務とすることは許される。元本確定期日の合意は必ず書面でしなければならないので、元本確定期日の変更も3年を超えるものについても書面でしなければならない（465条の3第4項による446条2項、3項の準用）。

◆**自動更新条項**　　　　　　　　　　　　　　　　　　　　　　　　　　　　9-80

　当初の根保証契約において、当事者から更新を拒絶する意思表示がされない限り同一条件で根保証契約が更新されるという旨の条項が規定されている場合に、これは有効であろうか。予め当然の更新を合意することで、5年という制限が骨抜きにされるのは好ましくない。実際には、根保証人が、関心が薄れていちいち更新拒絶の意思表示をするのは面倒でありそのままになる可能性が高く、また、口頭で更新拒絶をしてもそれを証明できないことが起こりうる。465条の3第3項は、このような自動更新を避けるために「変更をした日から」と規定したと説明されている[558]。この結果、予め自動更新条項を入れていても無効である。更新をするには改めて契約をするか、また、保証期間についての変更合意を経由することが必要になる。

(3)　保証期間（確定期日）の定めがない場合　　　　　　　　　　9-81

　期間の定めのない根保証契約も有効であり、その場合には、根保証人からの解約（確定請求）を待つまでもなく、個人貸金等根保証契約締結の時から3年の経過する日が元本確定期日とされる（465条の3第2項）。5年を超える期間を定めた場合には期間の定めのないものと扱われ、本規定が適用になる（☞9-75）。立法の方法としては、例えば2年経過したら保証人に解約権（確定請求権）を認める方法も考えられるが、解約（確定請求）をしないままになる可能性が高く、また、解約していたとしてもその証明ができないことも考えられるので、当然の確定を認めたのは適切な立法である。

---

558)　**吉田・筒井・保証制度**40頁。

◆**個人貸金等根保証以外の個人根保証の保証期間**

(1) **465条の3は適用されない**　　以上の規律が適用されるのは個人貸金等根保証に限られる。それ以外の個人根保証には上記の規制は適用されず、従前の判例法が適用される（☞9 -73）。例えば、継続的供給契約上の代金債権についての根保証、賃貸保証、入院保証などについては465条の3は適用にならず、5年という期間制限はなく、また、期間を定めなくても3年経過による当然の確定という効果も認められない。そのため、更新後の債務について賃貸保証人の責任を認めた判例（☞9 -89）は、改正法の下でも先例価値が認められることになる——ただし、包括根保証禁止となったことは先例価値の評価において注意すべきである——。

9-83　(2) **改正前の判例**

(a) **包括根保証には任意解約権が認められていた**　　保証期間の定めのない包括根保証の事例では、保証人は相当期間経過後に将来に向って——既発生の債務については責任を免れない——一方的に保証契約を解約する任意解約権が認められていた（大判大14・10・28民集4巻656頁、大判昭7・12・17民集11巻1334頁、大判昭9・2・27民集13巻215頁など）。事情にもよるがこの相当期間は実務上2〜3年とされている。上記大判昭9・2・27の傍論であるが（主債務者の資力悪化を理由に解約した事例）、「主債務の一定額までを限り之を保証す若くは或時期までに生ずる主債務に限り之を保証すと為し、或は保証人に対しては何時まてに請求を為すべく此時以後は最早保証人に取懸るを得すと約する等此種の定めあれば格別、爾らざる限り各場合の事情に照し相当と目すべき時間を経過したる後は、保証人に於て相当の予告期間を以て任意解約権を行使するを得」るという——続けて、**特別解約権では相当の予告期間の設定は不要**と宣言する——。

9-84　(b) **賃貸保証について**　　ただし、賃貸保証については、「契約上の責任限度は一定金額を以て月々生ずべき賃料の外に出でず又右契約の効力の持続を不当とするが如き特別の事情の変更を生ずることを予想し得ざるが故に、此の如き契約を前述の如き身元保証契約と同様に」扱えないとして、任意解約権を認める主張が排斥されている（大判昭7・10・11新聞3487号7頁）。その後、特別解約権は認められているが、任意解約権を認める判例変更はされていない[559]。賃貸保証の場合に賃料債務が基本たる主債務になり、保証人の予期を反して巨額の債務の保証が問題になることはないので、特別解約権のみを認めれば足りるという解決も不合理ではない[560]。しかし、期間の定めがない場合には、賃貸借が継続する限り保証人が延々と拘束されることになるのは不合理であり、賃貸保証でも、次に述べるように任意解約権（確定請求権）を認めるべきである。

9-85　(3) **改正法下での任意確定請求権**　　任意解約権は改正法の下では否定されたという理解が一般であるが、極度額が定まっていても、期間の定めがない限りいつまでも拘束されるのは適切ではない。期間の定めが必要ではない個人根保証については、任意解約権を認めるべきである（☞9 -74）。また、賃貸保証も同様である（☞9 -84）。また、極度額が不相当に高額である場合には、契約を無効にできないまでも、任意解約権を認める相当期間の設定において考慮されるべきである。ついでに付言しておくと、極度額の定めがあっても極度額が不相当な場合には、債権者に不適切な取引の拡大等の債権回収不能についての帰責事由が認められるならば、包括根保証についての信義則による責任制限を適用してよいものと考えられる。

---

559)　特別解約権は、賃貸借契約においても、大判昭8・4・6民集12巻791頁により認められ、大阪地判昭39・6・29判タ170号164頁、東京地判平9・1・31判タ952号220頁などで認められている。

560)　このため、身元保証や、包括根保証とは異なり、賃貸保証人の保護が社会問題になり法律学においても深刻に向き合う必要性は認められてこなかったが、これに疑問を持つ学者により、任意解約権ではなく、賃借人に何らかの重大な事情変更が生じた場合には、賃貸人に保証人への通知を義務付け、それ以降の解約を保証人に認める方向での解釈・立法が望ましいと主張されている（遠藤・前掲論文（**注497**）109頁）。

◆基本たる法律関係の更新と根保証人の責任　　　9-86

(1)　継続的供給契約上の債務の根保証──基本たる契約についての期間だけの保証

　(a)　465条の3の適用の有無にかかわらず問題になる　　主債務を生じさせる基本たる法律関係について契約期間が定まっているが、根保証契約については確定期日（保証期間）が定められていない場合、主債務者・債権者間の契約が更新された場合に、保証人の責任はどうなるであろうか。改正法では、貸金等根保証でなければ期間の定めのない根保証も有効である。貸金等根保証でも、法定の3年の確定期日よりも、基本たる契約関係につき、それより短い契約期間が定まっている場合（例えば2年）、同じ期間を根保証についても合意したと契約解釈すべきなのかが議論されていた。

　(b)　改正前の判例と改正法　　　9-87

　　ア　更新後の債務につき責任を否定する判例──包括根保証　　信用保証では、更新後の契約については保証人には責任がないものとされている（大判昭9・6・9大審院裁判例8巻民142頁）[561]。信用保証は保証人に酷になりがちということで、学説もこれに賛成している。契約解釈の問題であり、債権者と保証人の通常の意思の推測、また合理的な意思であることが必要なことから、結論の妥当性も必要になる。当時は包括根保証が普通であったという事情が背景にはある。

　　イ　改正法ではどう考えるか（賃貸保証については☞(2)）　　次の賃貸保証についての判例が示した、①更新されて続くのが通常であり、保証人も予想できること、②予期に反した巨額な責任が生じることは原則としてないことといった基準は、事例によっては継続的供給契約上の債務の根保証にもあてはまり、合理性という観点からは、包括根保証が禁止されたという事情は大きい。他方で、更新後も責任ありと合意できたのに、この点を明記しなかった不利益は、基本的には契約書を作成する債権者側が負担すべきであるという「作成者に不利に」の原則があてはまる。基本契約の契約書の保証人欄に署名押印をする場合、基本契約の期間の定めがあれば、それが根保証の保証期間と考えて保証人になる可能性がある。契約書に明記がなくても、保証人が更新後も責任を負うことを覚悟すべき特段の事情──主債務者たる会社の経営者である等──がない限り、更新後も責任を負う旨の明記がない限り、更新後には責任がないと考えるべきである。

(2)　賃貸保証　　　9-89

　(a)　原則として更新後も責任あり

　　ア　正当事由制度導入による判例変更　　賃貸保証では、当初は(1)と同様に考えられていたが（大判大5・7・15民録22輯1549頁、大判昭6・3・11新聞3256号8頁）、正当事由制度導入後において、学説は多くこれを批判した。その後、最判平9・11・13判時1633号81頁は、「賃貸借の期間が満了した後における保証責任について格別の定めがされていない場合であっても、反対の趣旨をうかがわせるような特段の事情がない限り、更新後の賃貸借から生ずる債務についても保証の責めを負う趣旨で保証契約をしたものと解するのが、当事者の通常の合理的意思に合致する」と判示し、判例を変更した[562]。

　　イ　更新後も責任が認められる理由　　その理由としてあげられているのは、①「期間の定　9-90めのある建物の賃貸借においても、賃貸人は、自ら建物を使用する必要があるなどの正当事由を具備しなければ、更新を拒絶することができず、賃借人が望む限り、更新により賃貸借関係を継

561）　貸金等債務の根保証については2004年改正法との関係を考える必要がある。基本契約が2年とされ、根保証について期間の定めがない場合に、本文の判例では根保証は当初の2年の基本契約上の債務だけを保証することになるが、改正法では期間の定めのない根保証は3年の期間と法定されるので、更新後もあと1年は責任が存続することになるのであろうか。しかし、根保証契約の解釈として同じ契約期間を約束したという扱いをするのだとすれば、改正後も従前の判例が妥当すると考えるべきである。

続するのが通常であ」ること、②「賃借人のために保証人となろうとする者にとっても、右のような賃貸借関係の継続は当然予測できるところであ」ること、③「保証における主たる債務が定期的かつ金額の確定した賃料債務を中心とするものであって、保証人の予期しないような保証責任が一挙に発生することはないのが一般であることなど」である。また、④信義則による責任制限がされることも理由になっている（傍論☞ 9 -94）。

9-91　　　（b）　賃貸保証人（個人保証人）の保護
　　　　　ア　任意解約権（任意確定請求権）　　そうすると、賃貸保証人は賃貸借が更新される限りいつまでも根保証人の責任を負い続けることになる。極度額の定めが必須になったこともあり、本判決は2017年改正法でも先例価値が認められることになる。しかも、賃貸保証については任意解約権が認められていない（大判昭 7 ・10・11新聞3487号 7 頁[563]）。相続性も認められていたが（大判昭 9 ・ 1 ・30民集13巻103頁）──賃借人が相続しても終了しない（大判昭12・ 6 ・15民集16巻931頁）──、この点は、根保証人また主債務者の死亡が確定事由になったので（465条の 4 第 1 項 3 号）、問題は解決された。改正前には、賃貸根保証にも任意解約権を認める主張があったが[564]、賃貸根保証も限定根保証になったので、改正法の下では認めるのは難しい（本書は極度額が適切な額でなければ認める☞ 9 -85）。

9-92　　　　イ　特別解約権（特別確定請求権）[565]
　　　　　❶　認める判例 1 　　　しかし、特別解約権については、「其の保証人が期間の定なき保証契約を締結したる後、相当の期間を経過し且賃貸人が屡賃料の支払を怠り将来に於ても誠実に其の債務を履行すべき見込なきに拘らず、賃貸人が依然として賃借人をして賃貸物の使用収益を為さしめ賃貸借解除明渡等の処置を為さざる場合に於て此も保証人か保証責任の存続を欲せざるときと雖尚賃借人の債務不履行に付保証人の責任を免るることを得ずと為すは信義の原則に反するものと謂ふべきを以て、斯の如き場合には保証人は賃貸人に対する一方的意思表示に依り保証契約を解除することを得る」と認められている（大判昭 8 ・ 4 ・ 6 民集12巻791頁）。

9-93　　　　❷　認める判例 2 ──事例を拡大　　　大判昭14・ 4 ・12民集18巻350頁は、その後より詳細に（②③の部分が追加される）、「期間の定めなき賃貸借に付賃貸人の為に其の債務の履行を保証せる場合に、爾後相当の期間を経過し」、下記の①～③のいずれかの事由がある場合には、「保証人は引続き保証責任の存続することを欲せさるものなること通常の事態なるを以て、斯る場合に於ても

---

562)　フランス民法1740条は、不動産賃貸借における黙示の更新の場合に、賃貸保証は更新後の債務については責任を負わないことを明記する。更新について破毀院は新たな契約の締結と構成しており──学説も新たな契約と理解（ex. S. Piedelièvre, n⁰ 139, p.105）──、保証する債務（obligation de couverture）は終了するといわれ、賃貸借に限らず、期間の定められた与信取引について更新などの場合にもあてはまる、一般原理であるといわれる（M. Cabrillac, C. Mouly, S. Cabrillac, P. Pétal, n⁰ 193, p.141）

563)　同判決は、「Ｙ にして本件家屋賃貸借に付右の如き契約を為したる以上、右賃貸借の存続する限り借主と連帯して賃料支払の責に任ずるを要すべきは当然にして、仮令右賃貸借に期限の定めなく又 Ｙ の連帯責任を負担すべき期間に何等の限定なきものとするも、右賃貸借の終了前妄りに一方的意思表示を以て前記契約に基く債務関係より離脱することを得ざるものと謂はざるべからず」という。身元保証契約と異なり、「本件に於けるＹ の前記契約上の責任限度は一定金額を以て月々生ずべき賃料の外に出でず。又右契約の効力の持続を不当とするが如き特別の事情の変更を生ずることを予想し得さるか故に此の如き契約を前述の如き身元保証契約と同様に論し去らんとするの失当なるや明なり」ともいう。

564)　**淡路**427頁。

565)　スイス債務法510条 I 項は、将来の債務を保証する場合に、債務者の経済状態が当初予想したよりも相当程度悪化した場合に、保証人が解約をすることができることを規定するが、主債務が成立する前であることが要件になっている。

尚且賃貸借契約の存続する限り賃借人の債務不履行に付保証人の責任を免るることを得ずと為すは信義の原則に反するものと謂ふべく、斯の如き場合には保証人は其の一方的意思表示に依りて保証契約を解除し爾後其の責任の異常なる加重を避くることを得」と判示する。

---

① 「賃借人が継続して賃料の支払を遅滞し、将来に於ても誠実に其の債務を履行する見込なきが如き事態を生じたるか」

② 「或は保証後に至り賃借人の資産状態著く悪化し夫れ以上保証を継続するときは、爾後の分に対し将来求償権の実現到底覚束なき虞あるか」

③ 「若は賃借人が継続して其の債務履行を怠り居れるに拘らず、賃貸人に於て保証人に対して其の事実を告知し又は其の遅滞の生ずる毎に之が保証債務の履行を求むる等の挙措に出でず、突如として一時に多額の延滞賃料支払を求め保証人をして予期せさる困惑に陥らしむるが如き事態を生じたるに拘らず、賃貸人に於て依然賃借人をして賃借物の使用収益を為さしめ延滞賃料の異常なる増加従て保証人の責任の過当なる加重を来さしむるに至るが如き事情存する場合」

ウ　信義則による制限は可能　　ただし、最判平9・11・13（☞9-89）は、傍論として次のように述べている。即ち、「もとより、賃借人が継続的に賃料の支払を怠っているにもかかわらず、賃貸人が、保証人にその旨を連絡するようなこともなく、いたずらに契約を更新させているなどの場合に保証債務の履行を請求することが信義則に反するとして否定されることがあり得ることはいうまでもない」。包括根保証であることが前提であるが、限定根保証にも妥当するものと考えるべきである。本件判決傍論は滞納しているのに更新をしている場合を考えているが、更新後に賃料の滞納があり、それにもかかわらず、賃貸人が保証人からの回収を考えて、賃貸借契約を解除せず放置した場合にも——期間の定めのない賃貸借でもよい——、信義則による責任制限を認めるべきである[566]。 9-94

エ　改正法との関係　　以上の判例は、期間の定めも極度額の定めもないことを前提としている（包括根保証）。2017年改正法では、期間の定めがなくても有効であるが、賃貸保証でも必ず極度額の定めが必要になった。賃貸人としても、極度額までは賃料滞納があっても保証人からの回収に信頼して、賃借人に強く回収行為に出ない自由も保障されてよいという考えも可能である。そのため、信頼関係を破壊するほどの滞納賃料額の範囲内に極度額が止まっていれば、信義則による責任制限はすべきではないが、これを超える場合には、特別解約権を認め[567]、また、信義則による責任制限を認めるべきである。このように、不相当な金額——火災は保険を掛けておくべき——の場合には、依然として信義則による責任制限を認めた判例の先例価値は認められるべきである[568]。 9-95

◆信義則による制限が認められた特殊事例（大判昭10・5・27民集14巻11号949頁） 9-96

(1)　**事案**　　AとX会社との代理店契約において、「保証人は代理店が本契約に関して負担する債務に付之と連帯して全責任を負担するものとす」との約旨に従い保証人になったYに対して、Aが保険契約社より火災保険契約の申込を受けたときは申込書等をXの東京支店に送付しこれを通

566）　遠藤・前掲論文（**注497**）も、賃借人に重大な事情の変更が生じた場合に解約権を認め（109頁）、賃貸人に保証債務額が拡大しないように保証人に通知するなどの義務を課し、そのような義務を果たさなかった場合には積極的に保証債務の減額調整を行うことは、身元保証や信用保証と同様に必要である」という（113〜114頁）。

567）　**経営紛争研究会・Q&A**148頁は、特別解約権は、「法定の元本確定事由に該当しない事情変更が生じた場合などは、個人根保証人と保護の観点から、認められる余地があると考える」という。

知すべき義務あるのに、AはBとの間に締結した保険契約について通知義務を怠り、Xにおいて保険事故について再保険に付する機会を逸し、その間に保険事故が発生し保険金の一部を支払わざるのやむなきに至ったとして損害賠償責任につき、Xが保証人であるYに請求をした事例。原審は保証の範囲と認め請求を認容する。Yが上告し、大審院は上告を受け入れて次のように述べ破毀差戻しをしている。

9-97　(2)　**大審院判旨**　Aのこの通知義務はYが保証人として調印した代理店契約書中には何等定める所がなく、AXの内部的訓示とも見るべき事務取扱心得書に記載があるにすぎない。局外者のYにてはAのこの通知義務を知らずもしくは知り得ないものと推測すべき。また、Aがこの通知義務不履行によりXが他の会社と再保険契約を為す機会を失し保険事故発生の場合にYに実損害を被らしめたのは、「Yとしては意料の外に在りと称するも過言に非ず。加うるに単なるA通知義務懈怠の結果が其の取扱ひたる保険契約金額に比例して何程の巨額に上るも、Yに於て其の賠償義務を辞するに由無しと作すが如きは洵にYの意思に反し到底首肯し得ざるところなるにより」、先の保証の約示につき「原判示の如くAの債務が業務上特殊の事情に基くと否とを問わず総てYに於て之が責に任ずる趣旨なりと解するは、特段の事由無き適切妥当なるものと称することを得ざるものとす」。

9-98 **4** 　個人根保証における元本の確定

(1)　はじめに──改正前の特別解約権よりも厚い保護

(a)　**確定事由の意義**　元本の確定は、個別保証債務集積型では根保証の対象となる主債務を確定させ、その時点で存在している債務のみを保証し、それ以降の債務が保証されないことを意味する。他方、根抵当権類似型では、確定時に存する主債務について保証債務が成立し履行請求が可能になることを意味するもので

568)　東京地判平20・12・5　Westlawjapan 2008 WLJPCA12058001 も、10年間の滞納賃料が請求された事例で、法定更新から2年間の滞納賃料を超えて支払請求をすることは信義則に反し許されないとする。東京地判平22・6・8　Westlawjapan 2010 WLJPCA06088010 も、早期に法的手続をとることも可能であったにもかかわらず、積極的に債権回収を図ることもなく、約8年もの長期間にわたって何らの連絡もせず、未払賃料の額が2000万円を超えてから、保証債務の履行を求めたものであり、保証人Yとしては「賃料不払の状況が長期間継続した後に発生する債務についてまで、自らの保証責任が発生するとは予期していなかったというべきであり、少なくとも、上記のとおり時効により消滅した分以降の未払賃料、賃料相当損害金、執行手続費用及び現状回復費用の支払を求める部分について、Yに対して保証債務の履行を求めることは、信義則に反し、許されない」とした。特殊事例であるが、東京高判平25・4・24判時2198号67頁（評釈として、岡田愛「判批」京女11号185頁）は、平成18年3月以降滞納された635万円余の請求に対して、平成21年4月1日までは退去（賃借人の子が居住）を実現できたとして、平成21年4月分以降の滞納賃料の請求は「信義則に反し、権利の濫用として許されない」とする。他に、信義則による責任制限をしたものに、横須賀簡判平26・9・8 消費者法ニュース101号254頁がある。

ある。本書の立場は、9-170に説明するように、いずれの類型でも、確定前から１つの根保証債務が成立しているが、確定により根保証特約の効果は終了し、それ以降の債務は保証されないことになる。

(b)　**2017年改正**　合意によりどのような事由を確定事由と定めるかは当事者の自由であり、465条の4は合意がなくても認められる法定の元本確定事由である。2004年改正法は貸金等債務の個人根保証にその適用が限定され、2017年改正に際しては、中間試案では個人根保証全般に拡大することが提案されていた。ところが、改正法は、第１項の確定事由はすべての個人根保証に適用を拡大したが、第２項の確定事由は貸金等個人根保証に限定したままである。

◆**法定の元本確定事由による確定を否定する特約の効力**

民法の規定する以外の元本確定事由を定めることは、保証人の責任を軽減するものであり有効と考えてよい[569]。他方で、民法の確定事由の適用を排除する特約は有効であろうか。これを強行規定と考えれば、当然に無効であるが、任意規定と考えれば、消費者契約法10条に違反する場合に初めて無効になる。この点、債権者が保証人の責任を追及することができる範囲を広め、保証人に不利であり、保証人を保護するとの法定の元本各位事由を設けた趣旨に反するとして、「基本的には無効であると解される」と説明されている[570]。強行規定と考えてよい。

(c)　**確定事由の分類と適用範囲の制限**

ア　適用範囲の制限　確定事由は、①債権者が保証人の資力悪化を自認する行為につき、それ以降は保証人の資力を信頼して取引をするものではないことを理由に確定を認めるもの（465条の4第1項1号、2号）、②行為基礎たる根保証人・主債務者間の個人的信頼関係が一方の死亡によりなくなるため確定を認めるもの（同3号）、および、③債権者が主債務の資力悪化を認識した後の取引を保証人に責任を負わすのは「衡平」に反することを理由に確定を認めるもの（2項）、に整理できる。融資は主債務者の資力悪化を知ればこれを控えることができ、保証人から回収すればよいと安易に融資すべきではなく、また、保証人の資力悪化についても、債権者は資力ある保証人を立てないと融資をしないとの対応が可能である。ところが、賃貸保証では、これらの対応ができないのである。

イ　改正法についての評価と疑問　ただし、①は貸金等債務以外の根保証

9-99

9-100

9-101

9-102

---

569)　**経営紛争研究会・Q＆A**139頁。例えば、根抵当権類似型で、債権者に確定請求権を認め、確定させて保証人に請求を可能とする、保証人のための特約としては、配偶者が根保証人の場合の離婚、取締役が根保証人の場合の退任等が考えられる。

570)　**筒井ほか・Q＆A**88頁。

にも妥当するとしても、②については、主債務者の死亡については、相続性は否定されるものではない。それにもかかわらず、これを確定事由としたのは根保証人保護を拡大するものである。③は特別解約権として認められていた類型であるが、包括根保証について認められていた法的保護であり、これを限定根保証に認めたことになる。以上のように、465条の4は、個人根保証人保護を従前の判例法よりも厚くしたことになる。ただ、465条の3も含めて、賃貸保証の確定を認めても、賃貸人は賃借人に対して新たな保証人を立てることを求め、賃借人がそれに応じなければ賃貸借契約を解除できると考えれば、適用を拡大しても大きな不都合はなかった。

9-103

(2) 個人根保証に共通の確定事由（465条の4第1項）

まず、個人根保証一般についての元本確定事由として、①「債権者が、保証人の財産について、金銭の支払を目的とする債権についての強制執行又は担保権の実行を申し立てたとき」、②「保証人が破産手続開始決定を受けたとき」、および、③「主たる債務者又は保証人が死亡したとき」の3つが規定されている（465条の4第1項1号〜3号）。貸金等根保証だけでなく、賃貸保証、継続的供給契約上の代金債務の根保証など全ての個人根保証に適用され、主債務が事業債務であることも必要はない。

9-104 (a) **債権者による保証人の財産への金銭の支払を目的とする債権による強制執行または担保権の実行の申立て**（1項1号）

ア　立法の趣旨　2004年改正法について、債権者が、保証人の財産について強制執行の申立てをしたとき、「それが保証債務の履行を求めるものであると保証債務以外の債務の履行を求めるものであるとを問わず、<u>保証人の資産状態が悪化しているという債権者の認識が表示された</u>と見ることができるから、その後に債権者が主たる債務者に対する融資を行った場合には、<u>その融資は、保証人の資力をあてにしないで行われたものと見るのが衡平に資する</u>と考えられる」というのが、確定を認める理由である[571]。

9-105 **イ　手続の実行が開始されることが必要**　なお、実際に強制執行または担

571）　**吉田・筒井・保証制度**47頁。

保権の実行の手続の開始があったときに限る（1項ただし書）。これは、申立ての取下げ等により手続の開始に至らなかった場合には、「元本確定の効果を生じさせるまでの必要性がないという考慮による」[572]。根抵当権の398条の20第1項ただし書と同趣旨である。これは、いわば法定の解除条件であり、実行に至った場合に、確定の効力が生じるのは申立ての時である。保証債務についての責任追及に限定されていないことに注意すべきである。

ウ　2017年改正による個人根保証すべてへの適用の拡大　2017年改正によりこの規定は全ての個人根保証に拡大された。賃貸保証にも適用され、保証人の財産に強制執行手続を採ると根保証は確定し、賃貸借は保証人不在になる。賃貸を続けてその後の賃料も保証人から回収することは「衡平ではない」からである。しかし、賃貸人は賃借人に新たな保証人の提供を求めることができ、これを賃借人が怠ると、賃貸人は賃貸借契約の解除ができ特に不合理ではない。　9-106

エ　2004年改正前の特別解約権との関係　9-107

❶　**包括根保証についての特別解約権**　2004年改正前は、①「主債務者の財産状態に著しき缺陥を生じたるとき」（大判大14・10・28民集4巻656頁）、②「保証人の主債務者に対する信頼関係が害されるに至った等保証人として解約申入れをするにつき相当の理由がある場合」（最判昭39・12・18民集18巻10号2179頁）、根保証人に特別解約権が認められていた。ただ、包括根保証に限定されていた。

❷　**2004年改正法による変更**　2004年改正法では、包括根保証が禁止され限定根保証のみになった。それなのにいくつか元本確定事由を認めており、従前の判例が包括根保証を前提としていたので、大きな変更——個人根保証人の保護の拡大——がされたことになる。このような特例としての確定事由の承認であり、法定の確定事由の安易な類推適用は慎むべきである。抽象的・一般的規定を置く方法（一般規定方式）によらずに、個別事由列挙規定方式を採用したことからもそう解する必要がある。しかし、極度額が根保証人の資力や収入からして不相当な場合には、包括根保証に準じて、❶の判例の適用を認めるべきである——改正法では特別確定請求権となる——。　9-108

❸　**特別解約権とは根拠が異なる**　特別解約権は、❶のように予期しない主債務者の信用不安や主債務者の背信的事由により主債務者・保証人間の信頼関係　9-109

---

572)　**吉田・筒井・保証制度**50頁。

が失われ保証契約の後期基礎がなくなったこと、この2つのいずれかに根拠づけられていた。ところが、465条の4第1項1号の元本確定事由は、債権者が保証人の資力をあてにしていないことを示す権利行使がされた場合に、矛盾行為禁止的に「衡平」の観点から、もはやそれ以降の主債務につき保証人の責任を追及しえないものとしたのである。規定なしに、特別確定請求権を認めることはできる（☞9-108）——極度額が不相当であることを要件として——。

9-110 (b) **保証人についての破産手続開始決定**（1項2号）

　　　ア　**破産手続に限定した**　　保証人につき破産手続が開始したことも、個人根保証契約すべてに共通の元本確定事由となる（465条の4第1項2号）。これは根抵当権についての398条の20第1項4号と同趣旨の規定であると説明されている[573]。398条の20第1項4号については、再建型倒産処理手続への類推適用が議論されているが、465条の4第1項2号は、この問題を認識しつつ敢えて解釈に任せたのである。適用事例を限定する場合、①例示型、②反対解釈による否定型、③解釈に委せる型が考えられ、③の類型となる。だとしても、破産手続に限定してよい。

9-111 　　　イ　**手続がその後に取り消された場合を除外せず**　　第1号の強制執行等の申立てについては、その後に取り消された場合には元本確定の効力が認められないが、破産手続については同様の制限はされていない。根抵当権には、破産手続開始の決定があっても事後的にその効力が消滅したときは、元本確定の効力は生じなかったものと扱われるが（398条の20第1項4号）、これに倣わなかったことになる。これは、優先権ある根抵当権については、新たに行う融資について従前の根抵当権を利用したいという債権者の利益を保護する必要性があるのに対して、根保証では、債権者は改めて根保証人を立てることを主債務者に求めればよいからであると説明されている[574]。

9-112 (c) **主債務者または保証人の死亡**（1項3号）

　　　ア　**根保証人の死亡**

　❶　**包括根保証人たる地位について相続性否定**　　根保証人の死亡については、改正前の判例は、包括根保証人たる地位については相続性を否定し、継続的保証

---

573)　**吉田・筒井・保証制度**51頁。
574)　**吉田・筒井・保証制度**51〜52頁。

法理を前提として、根保証契約は終了し既に発生している個別保証債務のみが相続されることが認められていた（例えば、最判昭37・11・9民集16巻11号2270頁［継続的取引上の代金債務の包括根保証]）。しかし、限定根保証については相続性が否定されたことはなく、2004年改正は限定根保証にも個人根保証人の死亡を元本確定事由と認めるので、判例よりも根保証人保護を強化したことになる。

❷　**債権者・保証人間には一身専属的要素なし**　　相続性の否定、即ち一身専属性の根拠であるが、上記最判昭37・11・9は、「当事者の人的信用関係を基礎とするものであるから、かかる保証人たる地位は、特段の事由のないかぎり、当事者その人と終始するものであって、連帯保証人の死亡後生じた主債務については、その相続人においてこれが保証債務を承継負担するものではない」と説明する。しかし、問題になっているのは債権者と保証人との保証契約であり、根保証人たる地位の相続性を否定することには疑問が提起されていた。そのため、相続性を認めつつ、相続人に特別解約権を認めるという処理も提案されていたのである（☞9-115～）[575]。 9-113

❸　**相続性の否定から確定事由へ**　　2004年改正法は、このような一身専属性を理由とした相続性の否定という議論を不要とし、元本の確定事由としたのである。なぜ元本確定事由なのかということの説明が必要になったが、この点は明確ではない。主債務者・根保証人間の個人的信頼関係が債権者・根保証人間の根保証契約の行為基礎になっているため、それが失われた場合には、根保証契約は失効するといった理解であるといってよい（行為基礎論）。ただし、根保証人の死亡の事例についても、債権者が根保証人の死亡を知ることは確定の要件ではない——主債務者は債権者に知らせるべきである——。 9-114

◆**相続をめぐる改正前の議論——改正法は何を変えたのか** 9-115
(1)　**賃貸保証の場合——被担保債務が限定されている根保証**
　(a)　**判例の状況**　　賃貸保証についての判例は根保証人たる地位の相続性を認めている[576]。大判昭9・1・30民集13巻103頁は、賃貸人が賃貸保証の保証人の相続人に対して、保証人として賃料の支払を請求したのに対して、相続人が賃貸保証の保証人たる地位は相続性がないとして争った事例である。大審院は次のように述べて、相続を認める。

---

575)　平野裕之「根保証契約における保証人の死亡」法論73巻4・5号（2001）85頁参照。
576)　賃借人の相続の事例であるが、大判昭12・6・15新聞4206号7頁は、「借地法施行地域内に於ける建物の所有を目的とする土地の賃貸借に在りては、其の存続期間は長期に亘り従て其の保証人の責任も亦長く存続するは免れざるところなりと雖も、斯る理由を以て賃借人の相続人自身の債務に付ては保証人に責任なしと為すことを得ず」と述べている。

「賃貸借契約に因り之と同時に賃貸人が賃借人に目的物の使用収益を為さしむる対価として賃借人は賃借を支払ふべき基本の法律関係を生ずべく、此賃借人の基本債務は将来の使用収益義務履行を俟ちて発生すべき個々の借賃債務とは異れりと雖、右基本債務に付保証を約したる者は将来使用収益義務履行の場合之に対する個々の借賃債務の保証債務を負担すべきこと勿論にして、従て右基本債務の保証人を相続し因て其の地位を承継したる者が、相続後の使用収益義務履行の場合に之に対する個々の借賃債務の保証債務を負担すべきや当然なり」。「賃借人の為め其の賃貸借に因る債務を保証した者は通常身元保証人の如く信用関係を基礎とし広汎なる範囲に於て責任を負はざるべからざるものに非ざるが故に、賃借人の保証人の義務を以て身元保証人の義務と同視し特別の事由なき限り保証人の死亡に因り消滅し相続人之を承継せざるものと為すべき何等の理由なし」。

9-116　　(b)　学説の状況

❶　相続肯定説および制限肯定説　　賃貸保証においては、包括根保証であっても、保証人の責任が基本的には賃料に限定され予見できないほど拡大することはないため、通説は判例を支持して保証人たる地位の相続性を肯定している[577]。ただし、槇教授は、保証人の責任の予めの概括的確定の可能性があり相続性は否定できないというが、「問題が賃料を超えて、借家焼失等の責任の保証となってくると、それは事故や危険の損失を引き受ける全く別個の性格の取引となってくるわけであり、引受けるべき危険性を否定すべき」と、相続後の責任を制限する[578]。また、鈴木教授も、「保証限度額の「おおよそ見当のつく」もののみに相続性が認められるべきだという見地から、基本的保証債務は、賃料債務を保証するという限りでのみ相続され、賃借物滅失の損害賠償債務を保証する部分については相続されないと、解すべきことになるかもしれない」という[579]。

9-117　　❷　相続性に疑問を提起する学説　　水本教授は、賃貸保証においても、長期の存続期間保証人を拘束することは不都合であり、信用保証・身元保証と同様に相当な期間経過後は保証人によるかを認めてよいと述べ、同じ理由から相続性について肯定すべきであると単純に割り切ってよいかは疑問であるとする[580]。また、泉教授は、相続人の救済制度である相続放棄や限定承認の選択のために、予測のつかない責任の発生する可能性を持つ保証債務の相続は否定するという立場から、賃貸保証（根保証）についても相続性を否定している[581]。

9-118　　(c)　2017年改正法　　2017年改正法は、限定根保証であることが必要になったが、465条の4第1項3号を一切の個人根保証に適用を認めることにより、問題を解決した。賃貸保証も個人根保証である限り、極度額の定めは必須になったが、賃貸保証人の死亡は、根保証の確定事由となる。この結果、根保証人の死亡により根保証契約は確定し、その後の債務については保証人の相続人は責任を負わないことになる。議論のあった相続性の否定ではなく、根保証人の死亡を確定事由（根保証契約の終了事由）としたのである。

9-119　　(2)　限定根保証という点について

(a)　判例の状況（相続肯定）　　判例は、包括根保証とは異なり限度額の定めのある限定根保証については、根保証人たる地位の相続を肯定し、相続後の債務についても相続人の責任を肯定する。その理由は、相続性を否定する理由である責任の広汎性、一身専属性が認められないということ

---

577)　**平井**6頁、**船越**364頁など。
578)　槇・前掲論文（**注514**）93頁。
579)　鈴木禄弥「根保証の相続性」金法500号（1968）34頁。賃借人が長期にわたり滞納している場合には、保証人には解約権が認められるし、また、賃貸人が解除もしないで保証人に請求する場合には信義則上保証人の責任を制限すべきであるという。
580)　**水本**222頁。
581)　泉久雄『相続人・相続財産　総合判例研究叢書民法（26）』（有斐閣・1965）298頁以下、303頁。

である。例えば、大判昭7・6・1新聞3447号8頁は、極度額の定めのある信用保証の事例につき、「一定の金額を定め此範囲内にて保証責任を負担する場合に於ては、法律上若くは合意上特に期間の定めなき以上、主たる債務の存在する限り保証責任も亦継続す可きは保証の性質上殆んど自明」のことであるという（大判昭10・3・22法学4巻11号1441頁も同様）。委任契約など当事者の死亡が契約の終了原因になっているもの以外は、契約上の当事者たる地位も相続されるのが原則となる（896条本文）。

(b)　学説の状況

9-120

❶　相続肯定説1　　限定根保証では極度額が設定されていて、保証人の責任が思いもよらない巨額に及ぶことはない。そのため、「相続性の否定は、どこまでになるかわからぬ無定量の債務についてのみ語られるべきであろう」という主張される[582]。通説も相続性を肯定していた[583]。ただし、限度額が保証人の資産・収入を基準とした保証能力との乖離の程度が甚だしく合理的な限度を超えており、実質包括根保証と同視されるような場合に、相続性は否定されるべきであるといわれていた[584]。

❷　相続肯定説2──解約を認める学説　　前田教授は、責任限度額と保証期間の定めがあれば相続されるが、「保証の人的信頼という面からして、事情変更の原則から解約が可能であ」ると述べている[585]。また、槇教授も、後述の債務の確定可能性を要求する立場から、極度額の定めがあれば遺産の計算が可能であるとして相続性を肯定するが、「保証人の死亡は重大な事情変更となるのが普通であり、したがって、これを画一化して、相続人に一律に確定請求権を与えるという解釈論に向かいたいところである」という[586]。これに債権者の相続人に対する、保証意思の確認義務でも結びつけるならば、保証人の責任はかなり軽減されることになる[587]。

9-121

❸　相続否定説　　限定根保証についても、相続開始に成立していた債務の限度においてのみその保証債務は相続され、相続開始後に成立した債務については、保証義務は消滅すると述べるものがあるが、詳細は不明である[588]。また、泉教授は相続人の救済制度である相続放棄や限定承認の選択のために、予測のつかない責任の発生する可能性を持つ保証債務の相続は否定するという立場から、責任の最高額が定まっているので責任の予測が立つように見えるが、「相続人は一方で責任を負うのか否か不確定な立場におかれているのに、他方では熟慮期間を徒過すれば放棄、限定承認の道も閉ざされてしまうからである。やはり債務の相続は相続開始時点で具体的にその額が確定したものに限られるというべきであろう」という[589]。

9-122

❹　確定の問題として処理する学説　　荒川教授は、「いわゆる包括根保証の場合であれ極度根

9-123

---

582)　石田喜久夫「銀行取引と保証契約」『金融取引法の諸問題』（成文堂・1982）212頁。
583)　鈴木・前掲論文（**注579**）34頁も保証限度額がおおよその検討のつくものであればよいという。石田喜久夫・前掲論文（**注582**）211頁以下なども限定根保証につき相続性を肯定する。
584)　酒井栄治「保証債務の共同相続（I）」手研245号（1976）16頁、近藤寛「保証人の変動27死亡」手研388号（1986）75頁。中津次郎「根保証の相続性」『判例先例金融取引法新訂版』（金融財政事情研究会・1988）215頁も、「保証責任の限度額が実際の取引からかけはなれた金額になっているものや保証期間があまりにも長期になっているものは、「責任の及ぶ範囲の広汎性」において包括根保証となんら異なるところはない」ため、相続性が否定される場合が出てこようという。
585)　**前田**383頁。中津・前掲論文（**注584**）215頁も、解約権が認められる場合があると考えられるという。
586)　槇・前掲論文（**注514**）92頁。
587)　他にも、「座談会　融資取引と相続I保証人の相続（I）」金法1092号（1985）14頁での野村重信発言も、金額が多額、期間が長期の場合には相続により相続人に解約権が認められる可能性が多分にあるという。
588)　田代有嗣「根保証と相続」金法689号（1973）151頁。
589)　泉・前掲書（**注581**）299頁。

保証の場合であれ、問題を根保証の「確定」の問題として捉え、根保証人の死亡の際に、その相続人に取引の継続・非継続（確定・終了）の判断の機会と自由を与える解釈が妥当である」として、問題を確定という観点から処理し、その確定につき次のような考察をする。

確定の方法には2つ考えられる。①まず、「相続人に確定請求権を与え、この行使があってから「相当の期間」の経過によって根保証が確定するという構成」は、「相続人が根保証債務の存在を知らないため確定請求権を行使しないまま経過することがありえ」る。②しかし、「根保証人の相続人と債権者との合意によって、相続開始後に主債務者が負担する債務も保証することとした場合にはこれによるが、この合意が相続開始後6か月以内になされなかったときは、根保証は相続開始時に確定するものとする構成」を、やや疑問が残らないではないが、妥当としておきたいという[590]。

9-124 　　　(c)　**2017年改正法でどう変わったか**　　以上のように、改正前は、判例により限定根保証では根保証人たる地位の相続性が認められ、学説には相続性の問題ではなく確定の問題として考えるものがあったが（☞9-123）、改正法は、根保証人の死亡を確定事由として認めることで問題を解決した。この点は、個人保証人の保護における大きな前進である。賃貸保証も対象にされたことから、賃貸人は、個人保証人についてはその死亡による確定を甘受しなければならなくなった。それを避けるためには、法人による有償保証を賃借人に義務づけることが考えられる（保証料は賃借人が負担）。また、個人根保証による場合には、賃借人に根保証人の死亡の債権者への通知義務、そして新たな根保証人の提供義務を合意しておくことが必要になる。

9-125 　**(3)　包括根保証における根保証人の相続**

　　　(a)　**判例の状況（相続否定）**　　判例は、包括根保証については相続性を否定している。大審院判決が大正14年に出されて、これが昭和2年の身元保証についての判例に採用されていくのであり（☞11-31）、その根拠は身元保証におけると同様に、①責任の広汎性、および、②相互の信用を基礎とする一身専属性である。大判大14・5・30新聞2459号4頁、評論15巻民8頁は、貨物運送の継続的取引につき、「計算金並損害金の支払担保に関する契約」につき、以下のように判示して相続性を否定する。

　　「原判示の如き契約は特定の債務に付負担する普通の保証債務と異り<u>其の責任の及ぶ範囲極めて広汎にして一に相互の信用を其基礎と為す</u>ものなれば、斯る契約は<u>特別の事由なき限り</u>当事者其の人と終始するものにして、相続の開始あればとて当然に其の相続人に於て同契約上の義務を承継すべきものと解すべきに非ず。然るに原判決は何等特殊の事由存することを判示すること無く、契約者たるA死亡後に於ても引続きBが前示商号の下に為したる本件取引上の債務に付Yに履行の責ありと断じたるは、理由不備の不法あるか若は法則の適用を誤りたる違法ある」[591]。

9-126 　　　(b)　**包括根保証をめぐる学説の状況**

　　　ア　**相続否定説**　　学説も判例を支持して、根保証人たる地位の相続性を否定している。包括根保証人たる地位の相続性を否定する法的根拠は、判例同様に一身専属性（896条ただし書）である。しかし、主債務者と保証人の間が個人的信頼関係を基礎にしていることはよいが、債権者と根保証人間にはそのような関係がなく、ここで問題になっているのは、債権者と根保証人と間

---

590)　荒川重勝「根保証の『確定』」『鈴木禄弥先生古稀記念　民事法学の新展開』（有斐閣・1993）215頁。

591)　その後も、大判昭6・10・21法学1巻379頁、大判昭10・10・23裁判例9巻257頁、大判昭11・9・17法学6巻86頁、判決全集3巻10号11頁、大判昭12・9・18法学6巻12号86頁、最判昭37・11・9判時322号24頁と、相続を否定する判例が続く。ただし、いずれも「特別の事由なき限り」、「特段の事由がない限り」という留保をしている。大判昭12・9・18は「別段の定なき限り」と、当事者の合意を問題にする。この点は、一身専属性は債務の性質により決められ、事案によっては否定されるということには批判がある。

の根保証契約である。そのため、「法律政策上ないし司法政策上の考慮に基づく一身専属的義務」というものを認めて、「実質的にすなわち法政策的にいってそれが一身専属的とされなければならぬ理由、つまり、この債務を相続人に承継させることが妥当でない理由が、示されなければならない」といわれる[592]。

イ　相続肯定説

❶　**解約権による保護**　相続肯定説の根拠は大きくは2つである。①まず、債権者・保証人間では一身専属性を問題にすることはできないということである。②そして、相続人保護は、相続人への解約告知権の付与等、別の制度により図ればよいというのである。まず、相続という事情変更により、相続人に特別解約権を認める主張がある。例えば、「私は信用関係とは関係なき人間の死亡に保証契約終了原因を与えずに、信用関係を重大なる影響を有する主たる債務者の資産状態の悪化に保証契約解約原因を与え、以って将来債務の保証なる法律関係をめぐって生ずる不当なる結果を除去せんとするのである」と主張される[593]。

❷　**信義則による責任制限による保護**　また、「この問題は、根保証契約の相続可能性の見地から論じたのでは解決できない」、「保証債務の範囲を合理的な範囲に制限する方向で解決するほかなく、またそれで足りるのではないかと考えられる」として、特別また任意解約権、信義則上の責任制限などを保証人の相続人に柔軟に運用することで対応をしようとする提案もある。即ち、「たとえば、保証人の死亡は多くの場合主債務者に対する監督力の著しい減退を生じようから、これを特別解約権の行使の事由と認めてよい場合が多いであろうし、また、このことを前提にして、債権者においてその義務がないにもかかわらず、保証人について相続があったことを知りながら新たな与信行為を行ったような場合は、信義則違反を理由に相続人の責任を否定することも可能なのではなかろうか」といわれる[594]。

❸　**相続時の債務額を限度とする限定根保証への転換**　西村教授は、当座貸越契約についての包括根保証に限定しての記述であるが、相続当時の貸越額を限度とした限定根保証に転換させればよいと考え、限度根保証同様に相続され相続後の債務も保証されるという考えを提唱している。「私見は、この場合における保証契約の終了なるものは、他の場合と異なり、単に抽象的基本的保証債務の最高限をその終了当時における貸越残額に限定するだけの意味しかないと考える。即ち、保証人は、依然として後日確定すべき主債務についての抽象的基本的保証債務を負担するも、その責任は保証契約終了当時の貸越残額を限度とするものと解するのである」。「かく解するときは、保証人の死亡その他の事由によって相続が開始した場合には当初の無限保証がここに有限保証に変ずることとなり、しかも有限保証については判例は相続性を認めるのであるから、結局は無限根保証においても相続開始当時における貸越額を限度とする有限保証責任が相続人に承継せられることとなる」と主張される[595]。

❹　**根保証の確定により処理する学説の登場**　荒川教授は、根保証の「確定」により処理す

---

592)　鈴木・前掲論文（**注579**）32頁。

593)　中川一郎「将来債務の保証（二・完）」論叢30巻6号（1934）996頁。泉教授も立法論として断った上でだが、このような処理のほうが、「相続という偶然の事実によって、保証債務の存続を遮断してしまうよりは、その存続の当否を当事者の意思によらせる点において合目的的であると思われる」という（泉・前掲書（**注581**）304頁）。ただし、その後、保証債務一般については相続性を否定し、身元保証についても改説をしている。

594)　秦光明「債務者・保証人の死亡」手研334号（1982）88頁。このような柔軟な解決を模索する根拠としては、「この問題は結局のところは債権者と保証人の相続人との間の利害をどこで調和させるかの問題であるから、相続開始後の主債務についての保証債務の存否についてもオール・オア・ナッシング的な解決ではなく、個々の諸事業に則して妥当な解決がはかられるべきである」ことを指摘している。

べきことを提案する。即ち、「問題の所在を直視するならば、まず問われているのは、根保証債務の「相続性」の有無というよりも、責任の量的無限定からの相続人の保護、である。ところで、いわゆる包括根保証の「相続性」が否定されるということは、相続開始時までに生じた債務は被保証債務の範囲に入るが、その後に生じた債務は被保証債務とならないということであり、このことは、根保証論の視点からすれば、まさに被保証債務の「確定」を意味するものに他ならない。「確定」によって根保証の包括性＝量的無限定性は止み、相続人の責任範囲が相続時の被保証債務額に限定される。したがって、問題を、いわゆる包括根保証の「相続性」＝「一身専属性」の有無といった相続法の次元から根保証の「確定」という根担保論の次元へと移動させて法的構成を吟味することが妥当であると思われる。そうすれば、問題は、相続開始に際して相続人に取引の確定・終了か継続かの判断の機会・自由を提供すべきか、ということになる」と述べる[595]。

9-131　　　(c)　**2004年改正法**　　以上のように、債権者・保証人間の保証契約では相続性否定については理論的な疑問があったこと、また、広汎性が根拠であり包括根保証以外には妥当しないこと等から、改正法は政策的考慮に基づき、この問題を「確定」の問題として処理し、また、限定根保証への適用を認めた[597]。**9-130**の荒川説をベースに、限定根保証にその適用を拡大したのである。従来の議論は一蹴されたといってよい。なお、ケベック民法は、根保証人の死亡を根保証契約の終了原因と規定する。当事者の死亡を契約の終了原因とすることは相続性の否定に等しい。フランスでは、根保証人の死亡後の債務は保証されないと規定し、暗に「保証する債務」の消滅が前提とされている。日本では、明確に相続問題から離れて「確定」の問題として解決したことは、相続をめぐる理念的な議論を避ける意味で適切であったといえる。

　　なお、判例は特段の事情がある場合に例外を認める余地を残しており、考えられていた事例は、経営者保証の事例である。Ａが設立し株式を全て保有する甲会社の乙との取引についてＡが包括根保証をしていて、Ａが死亡しＢが相続し、株式を全て相続し経営者たる地位を承継した場合である。改正法の解釈としても、確定を否定することが考えられる。経営者保証の場合には、保証意思宣明公正証書の規定が適用されないだけでなく（465条の9第2号）、根保証人の死亡が元本の確定事由にならないなど、情義的保証人と異なる扱いが考えられる。

9-132　　　**イ　主債務者の死亡——行為基礎の喪失が根拠**　　一身専属性の根拠たる情義的関係は、債権者・保証人間ではなく、主債務者・保証人間の関係である。2004年改正法は、根保証人たる地位の相続の問題から「確定」の問題へと切り替える際に、主債務者と個人根保証人の個人的信頼関係を個人根保証の行為基礎とした元本確定という構成に依拠し、主債務者の死亡も確定事由と認めた[598]。

---

595)　西村信雄『保証債務の相続性　総合判例研究叢書民法（14）』（有斐閣・1960）107頁以下。**注民（II）** 172頁［西村］も同様。このような処理についても、結論自体は穏当なものだが、「なにゆえ相続開始当時の貸越額が責任限度額となるのかについて説明が十分でなく、理解に困難であって、この点に疑問をもつ」と批判される（鈴木弘「根保証の相続性」金法926号［1980］23頁）。

596)　荒川・前掲論文（**注590**）213～214頁。

597)　フランス民法は、保証人の相続人は、死亡前の債務についてのみ責任を負うものと規定する（2317条1項）。これに反する特約は無効とされる（2項）。個人については金額を手書きする必要があるため限定根保証であることが要求され、2299条、2300条の規制があり、また、相続人の死亡により「保証する債務」（☞注500）が消滅する。主債務者の死亡については規定がないが、**注598**のように、主債務者の死亡も消滅原因と解されている。

主債務者が死亡して相続人がその事業を継続する場合、確かにそれだけで信用不安が生じたわけではないが、その主債務者だから根保証をしたという個人的信頼関係を問題にしたのである[599]。債権者は、相続人と取引を継続するのであれば新たな根保証人を立てるよう求め、それまでは取引を拒絶することで対処できる。賃貸保証でも、賃借人が死亡し、相続人が賃借人たる地位を承継した場合にも、根保証は確定することになる[600]。

◆主債務を発生させる契約が継続的契約関係である場合　　9-133

　　民法に規定はないが、主債務を発生させる契約が継続的契約関係である場合に、それが終了したときには、新たな債務が発生しないことが確定するので、根保証契約もそこで終了し、根保証債務が確定すると考えられる。民法の確定事由の規定は制限列挙ではなく、例示列挙と解すべきである。また、解釈により特別解約権（確定請求権）が認められるが（☞9-138）、すべて特別解約権によるべきであると考えて解釈による確定事由を否定する必要はない。例えば、食材の供給契約における代金債務の根保証であれば、継続的供給契約が、例えば債権者から解除がなされて終了したならば、その後新たな取引はなされず、根保証は当然に確定する。もし一旦解除がされた後に、債務者に懇願されて債権者が取引を再開しても、根保証人に改めて根保証契約をしてもらわなければ、根保証人はその後の取引による債務について責任を負うことはない。

◆賃貸借保証における確定後の債務——特に賃借人死亡後の債務　　9-134

　　賃貸借契約の場合には、賃貸借契約が終了しても、それは根保証の確定事由ではないので、明渡までの賃料相当額の不当利得返還義務も、根保証の対象になる。賃借人が死亡した場合には、

---

598)　フランスでは、保証する債務（☞注500）について、債権者または主債務者の死亡により終了すると考えられている（D. Legeais, n° 202, p.162）。日本でいうと、債権者の死亡を根保証の確定事由として認めることになる。ちなみに、2318条も、根保証契約を念頭に置いて、債権者または債務者について吸収合併、分割または1844-5条の事由があり法人格が吸収された場合、それが第三者に対抗可能になる以前の債務については、保証人は責任を負担したままであるが、それ以降の債務については保証人の同意を得ていない限り保証人は責任を負わないものと規定する。保証する債務の終了事由となる。他の企業を吸収して存続する場合には、保証債務に何ら影響はない。

599)　主債務者と根保証人との信頼関係が根保証契約の行為基礎であるとすれば、それが失われるのは当事者の死亡に限らない。判例は主債務者の背信行為により特別解約権の成立を認めていた。最判昭39・12・18民集18巻10号2179頁は、「期間の定めのない継続的保証契約は保証人の主債務者に対する信頼関係が害されるに至った等保証人として解約申入れをするにつき相当の理由がある場合においては、右解約により相手方が信義則上看過しえない損害をこうむるとかの特段の事情ある場合を除き、一方的にこれを解約しうる」と判示した原判決を正当として認容している。改正後も特別解約権（元本確定請求権）が解釈により認められるべきかは問題になる。この点は後述する。

600)　賃借人が共同賃借人ABで、その1人のAが死亡し、Bがそのまま居住し賃借し続ける場合には、ABの賃料債務（連帯債務）の保証であったのが、Bの賃料債務の保証として存続することになる。有料老人ホームや終身賃貸借契約の場合、入居者や賃借人の死亡により契約が終了し、原状回復義務が発生し、また、明渡しまで賃料相当額の支払義務が発生するが、個人根保証人の債務の対象でないことになる（新井・前掲（注301）講演録145頁）。そのため、特約で根保証の対象としておくことが必要になるが、465条の4が強行規定とすればそのような合意は無効になってしまう。しかし、必要性もありまた根保証人もそのような場合を想定しているので、特約の効力を認めてよいように思われる。

例えば有料老人ホーム入居契約のように、終身賃貸借であり当然に契約が終了するが、遺品の引取り等明渡までは債務が発生し続ける。ところが、根保証は確定し、賃借人死亡後の債務は保証されなくなる。①まず、賃借人の死亡が賃借建物での自殺の場合、それによりそのアパートなどが自殺物件になるという損害を賃貸人に生じさせるが、それは死亡前の原因によるものであり（相続人が相続した債務）、収益の減額分の損害賠償を根保証人に請求することができる[601]。②また、死亡した賃借人の荷物を相続人が片付けて部屋を明け渡すまでは、ⓐ通常の賃貸借ではその建物の賃料債務は賃借人たる地位を承継した相続人の下で、確かに相続後に発生するが（相続人の元で発生する債務）、「実質上は、死亡した賃借人の賃料債務ということができ」、保証の対象になると考えられる[602]。ⓑ有料老人ホームでは、相続人は賃借人の地位を承継しないが、明渡までの不当利得返還義務（契約条項で規定されている）を負うことは同じであり、同様に考えてよい。

9-135

（3）　個人貸金等債務の根保証に特有の元本確定事由

　民法は、個人貸金等根保証の場合に限定して、以下の2つの確定事由を認めている（465条の4第1項1号、2号）。

⒜　債権者による主債務者の財産への金銭の支払を目的とする債権についての強制執行または担保権の実行の申立て

　ア　衡平に反することが根拠　　まず、債権者が、主債務者の財産に対して強制執行の申立てをすることは、それが主債務の履行を求めるものであるか否かを問わず、「主たる債務者の資産状態が悪化しているという債権者の認識が表示されたと見ることができるから」、その後に敢えて債権者が主債務者に「融資」を行った場合に、強制執行の申立て後に行われた融資の分まで保証債務の履行を求めるのは「衡平に反すると考えられる」と説明されている[603]。民法は敢えて個人貸金等根保証の場合に限定したので、継続的供給契約において、債権者が主債務者に対して強制執行を申し立てても確定はないことになる。

9-136

　イ　当事者の特約の可能性　　「衡平」が確定の根拠であるとすると、事前の当事者の特約により確定の効果を排除することはできない。では、いったん貸金等個人根保証で上記の事由により確定した後に、当事者の合意により確定の効

601）　**筒井ほか・Q & A**89頁。この問題については、山田創一「賃貸借における個人根保証契約と賃借人の自死」新報127巻11号（2021）139頁以下参照（自死につき、賃借人自体の債務不履行を否定する）。
602）　山田・前掲論文（**注601**）144頁。もちろん、金銭債務の保証ではなく、遺体や遺品についての引取義務を負担する身元保証人については、死亡後の事務処理を引き受けるものであり、賃借人の死亡によりその責任がなくなることはない。
603）　**吉田・筒井・保証制度**46頁。

果がなかったことにすることができるのであろうか。「衡平に反する」ことが確定の根拠であるということであるが、保証人本人が同意している以上その効力を認めてよい。新たな根保証契約の締結ではないので、根保証契約締結に関する種々の要件や規制は適用にならないが、書面は必要と解すべきである。

(b)　主債務者が破産手続開始の決定を受けたとき　　9-137

　根保証人が破産手続開始の決定を受けたときとは異なり、主債務者が破産手続開始の決定を受けた場合には、貸金等個人根保証のみの元本確定事由とされている。そのため、貸金等個人根保証以外については、元本の確定事由ではない。

　2003年改正前は、判例により、包括根保証人に告知期間不要かつ保証期間が定まっていても認められるいわゆる**特別解約権**が認められていた。その事由は、①主債務者の資力悪化（大判大14・10・28民集4巻656頁など）、ないし、②主債務者の背信行為（最判昭39・12・18民集18巻10号2179頁）である。これが限定根保証にも適用できるため（☞ **9-64**）、改正後も、継続的供給契約上の債務などの個人根保証については、依然として特別解約権により処理されることになる。

◆解釈よる特別解約権　　9-138

　2004年改正前は、判例により、包括根保証人には、告知期間を不要とされるまた保証期間が定まっていても認められるいわゆる**特別解約権**が認められていた。特別解約権が認められる事由は、①主債務者の資力悪化（大判大14・10・28民集4巻656頁など）、または、②主債務者の背信行為（最判昭39・12・18民集18巻10号2179頁）である。以上の確定事由は、これらをすべて網羅するものではない。改正法では包括根保証が禁止されたので、個人根保証人保護はそれで十分であり、確定事由は限定根保証なのに特に法が保護を拡大したものであり、安易に例外を認めるべきではないかもしれない。しかし、定められた極度額が根保証人の資産・収入との比較で不相当である場合には、改正後も、貸金等根保証に限らず継続的供給契約上の債務の根保証についても、特別解約権を認めることが可能であると思われる。改正法も一般規定を設けることが検討されたが表現が難しいため断念されただけで、特別解約権が否定されたわけではない[604]。

◆一定の職務・地位を離れたことに基づく特別解約権　　9-139

(1)　代表取締役・従業員　　代表取締役が会社の債務を保証する場合のように、一定の地位に基づいて保証をした場合、その者がその地位を離れたならば保証契約を解約できると解されている（大判昭6・11・24新聞3376号12頁、大判昭16・5・23民集20巻637頁）。その地位を離れると当然に保証契約が効力を失うのではなく、保証人に解約権が発生するだけである。保証期間が定まっていても、解約可能である。同様の問題は、会社の債務を従業員が保証したが、退職したような事例においても生じる。大阪地判昭49・2・1判時764号68頁は、従業員について、保証（限定根保証）契約の解釈として、退職後の債務まで契約解約により保証していないとした。これ

---

604)　**吉田・筒井・保証制度**45頁、53頁、**潮見II**752頁。なお、改正前の任意解約権及び特別解約権については、**注民（II）** 164頁以下［西村信雄］参照。

275

らは元本確定事由としては規定されていないが、改正後も先例としての価値が認められるものと考えられる。

9-140　**(2)　配偶者**　　妻が個人事業者である夫の債務について根保証をしたり、夫の経営している会社の債務について根保証をしたが、その後、離婚した場合にも同様の問題がある。①解釈により、事情変更の原則により、根保証契約は確定するという意見がある[605]。確定事由を制限列挙ではなく、規定のない確定事由を解釈により認めることになる。②本書としては、債権者が知らずに取引を続けるリスクがあるので、信義則上、解約権を認めるにとどめるべきであると考える[606]。そして、解約がされていなくても、基本契約が更新される場合には、その時点で、債権者は離婚を知りまたは知り得た場合には、保証人に対して保証人としての責任存続を承諾するかどうかの確認義務があり、これが怠られた場合には更新後の債務について根保証人たる妻は責任を負わないと考えるべきである[607]。

9-141
(4)　確定前の法律関係——立法論議・平成24年判決後の議論[608]

(a)　2017年改正に際する立法論議

　　ア　当初は検討対象とされた　　確定前の根保証をめぐる法律関係については、平成24年判決までの議論は既に紹介した（☞9-20以下）。以下では、2017年改正に際する議論と、平成24年判決後の議論とについて紹介したい。まず、2017年改正に際する議論を説明する。法制審議会における民法（債権法）改正作業の中間論点整理で検討課題として取り上げられ、パブコメの対象とされ（平成23年［2011年］）、本格的な立法論議の対象となった。法務省によりパブコメの意見の概要が紹介され[609]、また、法務省に提出された意見はまとめられているが[610]、インターネットに個別に公開されているものも含めて検討対象としたい。

9-142　**◆パブコメに寄せられた意見など**
　　(1)　確定前の保証人への履行請求

---

605)　**実務上の課題**181頁［黒木］。
606)　日本弁護士連合会消費者問題対策委員会編・前掲書（**注174**）159頁も、根保証契約については、事情変更の原則による解除が認められると解すべきであるという。
607)　フランスでは、2005年8月2日の法律により、1387-1条が導入され、夫婦が、事業の範囲内で、連帯してまたは個別に提供した担保や債務については、事業上の財産を有する一方配偶者また財産がない場合には事業者の資格を有する配偶者に、全面的に負担させることができるものと規定されている。しかし、分かり安い条文ではなく、2つの解釈の可能性があり、一般に支持されているのは、事業者ではない配偶者に対する債権者の権利行使を否定するという理解である。
608)　文献として、下村信江「根保証における確定前の法律関係—民法改正要綱仮案も踏まえて」金法2002（2014）66頁以下がある。
609)　金融財政事情研究会編『「民法（債権関係）の改正に関する中間的な論点整理」に対して寄せられた意見の概要』（2012）。以下、本書では『**パブコメ概要**』で引用する。
610)　商事法務編『民法（債権関係）部会資料集第2集〈第1巻〉』（2013）第2部参考人説明資料。

276

　　(a)　**確定前履行請求の可能性を明記すべきであるという意見**　　意見を出している者の立場は重要なので、その所属で分けて紹介する。①まず、銀行側関係者から確定前履行請求の可能性を明記することに賛成する意見が出されている[611]。②一般社団法人流動化・証券化協議会民法改正ワーキング・グループ「『民法（債権関係）の改正に関する中間的な論点整理』に対する意見」（平成23.8.1）は、「元本確定前の根保証債務の履行請求について、履行請求を肯定する旨の明文の規定を設けるとともに、元本確定前に保証人が保証債務を履行した場合、履行した金額について極度額の減少を認める規定を設けるべきである」。「立法によって取扱いが明確化される必要性がむしろ高い点であり、デフォルトルールを明確化した上で、合意による別途の取扱いを認めるべきである」という意見を表明している。③法曹界からは、日本弁護士連合会「民法（債権関係）の改正に関する中間的な論点整理に対する意見」（平成23.9.15）は、「根保証契約の元本確定前に保証人に対する保証債務の履行請求について、賛成する」（91頁）というが、理由の説明はない[612]。

　　(b)　**確定前の請求を禁止すべきであるという意見**　　逆に、確定までは保証人への履行請求を　9-143
禁止する明文規定の導入を求める意見がある。弁護士個人または弁護士会の意見は概ねこの立場である。「保証人の責任範囲の明確化という観点から」、確定後でないと保証人に対する履行請求を認めず、確定事由を広げて債権者からの確定請求権を明文化する、保証人に対する履行請求を端的に法定の確定事由とするという提案がある[613]。大阪弁護士会の意見も、端的に債権者に確定請求権を認めればよい問題であるとして、確定前の履行請求には反対である[614]。大阪弁護士会民法改正問題特別委員会有志により法制審議会に提出された「保証の主要論点についての条文提案」（平成24.3.27）は、条文形式で確定前の履行請求を禁止する立法提案をしている[615]。

(2)　確定前の随伴性　　　　　　　　　　　　　　　　　　　　　　　　　　　　　　　　　9-144

　　(a)　**全面禁止の提案（特約不可）**　　保証被害対策全国会議のパブコメ（7・完）は、「根保証

---

611)　中原・前掲論文（**注523**）56頁。平成23年（2011年）8月の全国銀行協会「『民法（債権関係）の改正に関する中間的な論点整理』に対する意見」33頁は、「根保証の随伴性および元本確定前の履行請求の可否については、民法にデフォルトルールを設ける方向で検討すべきである」と述べるだけである。

612)　仙台弁護士会「『民法（債権関係）の改正に関する中間的な論点整理』に対する意見書」（平23年［2011年］10月20日）81頁は、根保証契約の元本確定前に人に対する債務履行請求が認められかどうかについては、意見が一致しなったため意見を留保しているが、仮これを認める場合には元本確定前保証人が弁済した額に応じて極度減される旨の明文規定を置くべきであると意見があったという説明をしている。

613)　上甲・前掲論文（**注518**）237頁。榛葉隆雄「『民法（債権関係）の改正に関する中間的な論点整理』に関する意見募集に対する意見」全国クレジット・サラ金問題対策協議会『民法（債権法）改正と保証人保護』（2011）88頁〜89頁は、債権者の保証人への履行請求を元本確定事由として加えるべきことを主張する。確定前の保証人への履行請求を確定事由にする提案としては、司法書士個人の意見がある（（**注609**）『**パブコメ概要**』840頁）。債権者に確定請求権を認めその意思表示を必要とするのではなく、裁判外であろうと保証人への履行請求で確定するという提案である。

614)　大阪弁護士会編『民法（債権法）改正の論点と実務〈上〉』（商事法務・2011）369頁以下。なお、日弁連消費者対策委員会有志が法制審議会に提出した「『民法（債権関係）の改正に関する中間的な論点整理』に対する意見書〜消費者の観点から〜」（平成23［2011］.6.28）は（商事法務編『民法（債権関係）部会資料集第2集〈第1巻〉』［平25］に収録されている）、「根保証契約においては、もともと、債権額が、保証人の把握し得ない、債権者と主債務者間のやりとりで、変動するという危険性がある。その上に、元本確定前に履行請求を認めるとなれば、保証人が弁済した後に、さらに、主債務者が借入れをなすなどして債務額が増加した場合、保証人の当初弁済時点での期待（債務が減額するであろうという期待）に反する結果となる危険性もある」という意見で反対する（28頁）。極度額があるので、どういう意味かは判然としない。

契約は継続的かつ人的な関係に基づく契約であり、債権の一部譲渡により、予期せぬ債権者に対する責任（あるいは、複数の債権者に対する責任）を負わせることは根保証人を不安定な地位に追いやることとなる。随伴性は否定されるべきである」という。日弁連消費者対策委員会有志意見は、「根保証契約においても、同規定［筆者注：398条の7第1項］と整合性を図るべきであるし、確定前に随伴性を認めれば、責任の範囲が不明確となるため保証人保護のためには、これを否定すべきである」という（28〜29頁）。日本弁護士連合会意見（平23.9.15）は、随伴性については、「理論的には、確定前の根保証の場合、根抵当権と同様に随伴性が無いと解すべきであるが、明文の規定を欠いており不十分である。そのため、民法398条の7のような規定を設けるべきである」という（91〜92頁）。「理論的には」随伴性がないという説明は違和感がある[616]。大阪弁護士会の意見も、「根抵当権と整合性、保証人保護の観点からは、これを否定すべきと考えられる」と反対である[617]。保証人にとって債権者が誰かは重大な関心事であることを否定提案の根拠に挙げる説明もされている[618]。なお、随伴性を否定しても、保証人の協力を得て等しい結論を実現することはできる[619]。

9-145　　　**(b) 原則否定提案（特約許容）1──確定前の履行請求も否定する提案**　　他方で、また、確定前の保証人への履行請求を否定する立法提案をする弁護士により、同様に確定前の被保証債権の譲渡については随伴性を否定するのが、「論理的に明快であるものと考えられ、また、当事者の合理的意思にも合致する」といいつつも、任意規定として当事者が反対の合意ができるようにすべきであるという[620]。随伴性についてだけ禁止であろうか。

9-146　　　**(c) 原則否定提案（特約許容）2──確定前の履行請求は肯定**　　銀行関係者により、確定前

---

615)　提案1010条は、「債権者は、根保証契約における主たる債務の元本が確定しないときは、保証人に対し、根保証契約に基づく債務の請求をすることができない」と明記し、他方で、1011条の元本の確定事由の中に「債権者が、保証人に対し元本の確定を請求したとき」（1項4号）と規定し、そして、「債権者が保証人に対し元本の確定前に根保証契約に基づく請求をしたときは、前項第4号に定める元本の確定の請求があったものとみなす」（2項）と、確定請求権を認めれば足りるという意見を条文化している。

616)　福岡県弁護士会『判例・実務からみた民法（債権法）改正への提案』（民事法研究会・2011）212頁も、「理論的には、確定前の根保証の場合、根抵当権と同様に随伴性が無いと解すべきであるが、明文の規定を欠いており不十分である。この点も明確にすべきである」と述べる。

617)　大阪弁護士会編・前掲書（**注614**）370頁。先の大阪弁護士会民法改正問題特別委員会有志による「保証の主要論点についての条文提案」はこれを条文化し、1012条（根保証の被保証債権の譲渡等）「元本の確定前に債権者から根保証契約における主たる債務に係る債権を取得した者は、その債権について保証人に対し根保証契約に基づく請求をすることができない。元本の確定前に債務者のために又は債権者に代わって根保証契約における主たる債務を弁済した者も、同様とする。」（1項）「元本の確定前に債務の引受けがあったときは、債権者は、引受人の債務について、保証人に対し根保証契約に基づく請求をすることができない。」（2項）という規定を提案する。

618)　榛葉・前掲論文（**注613**）88頁。司法書士の個人意見（**注609**）『**パブコメ概要**』840頁）にも、随伴性を否定する規定を置く提案あり。愛知県弁護士会も398条7のような明確に随伴性を否定する規定を導入すべきであるという（『**パブコメ概要**』844頁）。弁護士個人の意見で否定（『**パブコメ概要**』847頁）。根抵当権との整合性・保証人の保護の観点から、随伴性に反対の弁護士個人意見（『**パブコメ概要**』847頁）、同じ理由により否定する堂島法律事務所弁護士有志の意見（『**パブコメ概要**』848頁）。

619)　佐藤・村上・前掲論文（**注524**）103頁は、明文規定で随伴性を否定すべきであると主張するが、債権者と保証人との合意で極度額を減額し、そして、保証人と譲受人との合意で譲り受けた債務について新たに保証をすることができるので不都合はないという。このような特約も可能なことから、日本大学法学部民事法・商事法研究会「『民法（債権関係）』の改正に関する中間的な論点整理』に対する意見」日本大学法学紀要53巻（2011）377頁は、否定説によるべきであるという。

の履行請求について立法論として肯定しつつも、①法律関係の複雑化の回避、②根保証契約の当事者の意思、③根保証人の債権者が誰であるかの期待の保護のために、随伴性を有しないものとするのを原則とすべきであるという主張がされている[621]。一般社団法人流動化・証券化協議会民法改正ワーキング・グループ「『民法（債権関係）の改正に関する中間的な論点整理』に対する意見」（平成23.8.1）も、随伴性を否定する規定を置きつつも、任意規定に止める提案をする。

　(d)　肯定提案（排除特約可）　　中間論点整理後の法制審議会の会議では、銀行関係者から随伴性を認める立法提案を支持する意見が出されている（後述）。これを否定する特約は否定しないものと思われる。これに確定前の履行請求を認める立法を組み合わせると、債権者に偏りすぎであるその印象は否めず、個人保証についてはコンセンサスが得られるとは思われないものであった。 **9-147**

　イ　中間論点整理　　中間論点整理後の法制審議会の審議では、より具体的な案が作られている。次のようである（「部会資料36」70頁）。 **9-148**

---

(2)　根保証に関する規律の明確化
ア　元本確定前における保証債務の履行請求
　　根保証契約における主債務の元本が確定する前に、債権者が保証債務の履行請求をすることの可否については、次のような考え方があり得るが、どのように考えるか。
　【甲案】債権者は、根保証契約における主債務の元本が確定する前は、保証人に対して保証債務の履行を請求することができない旨の規定を設けるものとする。
　【乙案】債権者は、根保証契約における主債務の元本が確定する前であっても、保証人に対して保証債務の履行を請求することができるが、その場合において、保証人が保証債務の履行をしたときは、その履行がされた額の限度で当該根保証契約の極度額が減少する旨の規定を設けるものとする。
　【丙案】明文の規定を設けないこととする。
イ　元本確定前における保証債務の随伴性
　　根保証契約における主債務の元本が確定する前に主債務の範囲に属する債権が譲渡された場合において、当該債権の譲受人に対して保証人が保証債務を負うかどうか（保証債務の随伴性）については、次のような考え方があり得るが、どのように考えるか。
　【甲案】　この場合における当該債権の譲受人に対して、保証人は保証債務を負わない旨の規定を設けるものとする。
　【乙案】　この場合における当該債権の譲受人に対して、保証人は保証債務を負う旨の規定を設けるものとする。
　【丙案】　明文の規定を設けないこととする。

---

620)　上甲・前掲論文（**注518**）237頁。中原・前掲論文（**注523**）60頁も同様。足立格ほか「座談会債権法改正における『保証』の論点」事業再生と債権管理133号（2011）48頁［栗生］も、随伴性を認めると法律関係が非常に複雑となり、随伴性を肯定することが自然とはいえないと評する。
621)　中原・前掲論文（**注523**）60頁。

9-149 　　ウ　その後の法制審での議論　　上記案については、法制審議会民法（債権関係）部会第44回会議（平成24年4月3日開催）で審議され、実務家による発言がなされている（『法制審議会民法（債権関係）部会第44回会議議事録』32頁）。以下の2つの弁護士会また銀行業界を代表する委員による団体の意見の紹介がされただけで、この点について特に立ち入った議論はされていない。

9-150 　❶　弁護士委員による弁護士会の意見の紹介　　まず、岡委員（第一東京弁護士会）が、弁護士会の多数の意見を紹介する。①元本確定前の履行請求について、「大半は甲案賛成でございます。根抵当権と同様のシステムにしておくことでいいのではないかというのが理由でございます。ただ、家賃保証については少し別に考えてもいいのではないかという意見はございました。加えて、債権者からの元本確定請求制度を、それを設ければ、あるところで打ち切って、債権者が請求できるのではないかという意見もございました」と述べる。②また、元本確定前の随伴性についても、「基本的には甲案が分かりやすいだろうと。ただし、債権者のほうから確定請求できる制度を組み合わせればよりよいのではないかということでございます」と説明する。

9-151 　❷　金融関係委員の発言　　次に三上委員（三井住友銀行法務部長）により、「アとイに関しましては、これは任意規定である、契約で変え得るという前提でのお話になりますが、乙案を支持します。これだけ議論になっているのに、丙案のように明文化の機会を逃すこともももったいないと考えています。今の実務は乙案を前提にできておりまして、もし仮にデフォルトルールとしてでも甲案になるのであれば、経過措置を置いて、施行前のものはこれまでどおりの解釈というような形にしていただかないと、大混乱が生じると思います」と述べられる[622]。

9-152 　　エ　中間試案における改正の断念　　2013年3月の「民法（債権関係）の改正に関する中間試案」では、根保証の確定前の履行請求および随伴性の問題は改正対象からはずされた（32頁参照）。中間試案の直前に平成24年判決が出されたため、①同判決を条文化すべきであるという意見と、②この判決に対する学界・実務会からの評価を見極める必要があり、明文化は時期尚早という考えとに分かれ、

---

622)　確定前の随伴性に関しては、銀行関係者は随伴性を前提として実務は行われていると主張するが、実務は否定を前提として運営されているという意見もある。少なくとも、金融取引以外の、賃貸保証や継続的供給契約についての根保証などは、実務の意識は未確定である。ただ平成24年判決がおよそ一般論を述べたので、現在では平成24年判決により規律されることになる。

結局は解釈に任せることにして、規定を置くことは断念された（前掲『補足説明』
225〜226頁）。

(b)　**確定前の法律関係をめぐる解釈論——平成24年判決後の議論状況**　根保　9-153
証の確定前の法律関係については、 9-152 に述べたように2017年改正法は規定を
置くことはなく、解釈に任された。判例によれば、個別保証債務集積型の根保証
と推定されることになるため、個別保証債務集積型をめぐって、確定前の法律関
係についていくつか問題点を指摘して検討してみたい[623]。

◆平成24年判決の評価　9-154

　平成24年判決の個人根保証事例への射程については 9-47 に述べたので、平成24年判決につい
ての賛否を評釈から確認してみたい。確定前の保証人への履行請求また随伴性が認められること
を推定したことについては、銀行実務家また弁護士からは、随伴性を認めることについて、当事
者の合理的な意思に合致しており、適切な判例であると評価されている[624]。確定前の随伴性や保
証人への支払請求を認めることによって、債権者が、主債務者の資力悪化後も、根保証人からの
債権回収を期待して主債務者と取引を継続することが可能になる——根保証人の犠牲の下に主債
務者が保護される——。他方で、根保証人の保護への配慮も不可欠であり、債権者の保証人に対
する説明義務や信義則、権利濫用などによって個別に対応することができると言われる[625]。

◆2017年改正の影響——公証人の介在による根保証内容の明確化　9-155

　2017年改正は、この問題について解釈に任せたが、改正法の影響が全く見られないわけではな
い。というのは、貸金等債務についての個人根保証では、保証契約締結前に保証意思宣明公正証
書の作成が必要になったからである[626]。根保証の場合には、 2 つの可能性があるため、公証人と
しては、いずれの根保証を締結しようとしているのか確認をすることが必要になる。保証予定者が、
債権者から根保証の内容について明らかにされていない場合には——平成24年判決が出されたこ
とで、債権者側は敢えて個別保証債務集積型であることを明記しない根保証を保証受託者に提案
することが多いと思われる——、公証人は、明記がないので個別保証債務集積型になることを保

---

623)　根抵当類似型の場合には、譲渡により根保証の対象外になるが、集合債権譲渡担保がなされ、
　　譲渡人に実行まで受領権が付与されている場合には、債権質が設定されたに等しいので、確定後、
　　集合債権譲渡担保が実行されるまでは、依然として譲渡人による権利行使を認めるべきである。根
　　保証の対象外になるのは、譲渡担保ではなくその実行の時と考えるべきである。
624)　藤原・前掲判批（**注544**） 5 頁、赫・前掲判批（**注544**） 7 頁、近藤・前掲判批（**注544**） 18頁、
　　永井・前掲評釈（**注544**）34〜35頁。藤原・前掲判批（**注544**） 5 頁は、「従来の金融実務において
　　は、改正民法施行前に主流であった包括根保証の場合には、極度も終期もないため、個々の主債務
　　が成立すれば当然に保証がつき、それらが譲渡されれば随伴するという認識で何ら問題なく、限定
　　根保証の場合も殊更差異を意識することなく同様に解されていた」と述べる。また、永井・前掲評
　　釈（**注544**）34頁は、確定前であろうと、弁済期後に主債務者が債務を履行しない場合には、保証
　　人は代わって弁済の責任を負うことを前提として契約に応じていると言えると評する。吉岡伸一
　　「保証制度の見直しに関する民法の一部改正について」銀法646号（2005）44頁も、随伴性を認める
　　ことを前提としていると考える。
625)　赫・前掲判批（**注544**） 5 頁。
626)　大澤慎太郎「根保証における元本の確定（465条の 2 、465条の 4 ）」伊藤進監修・川地宏行・
　　長坂純編『改正民法［債権法］における判例法理の射程』（第一法規・2020）369頁。

証予定者に伝えて、意思確認をすることになる。場合によっては、債権者にいずれの根保証か確認することを、保証予定者に求めることも考えられる——作成中に、債権者にいつでも連絡ができるように、債権者に予定の日時を伝え待機しておいてもらうべきである——。こうして、貸金等債務の根保証については、紛争予防を任務とする公証人が介在するため、事前にいずれの根保証かが明らかにされることが期待できる。

9-156　　　　ア　包括的な１つの根保証債務（本書の立場）　　　根保証の場合には、物的担保でいえば、確定までの債権を被担保債権とすることを合意しているのと等しい。フランスでは「担保する債務」、日本でも西村博士の「基本的保証責任」という考えがあることは先に述べた。本書は、この問題を、「担保」としての変動する１つの根保証債務という法理による解決を考えている（☞9-26）。根保証の合意の効果として、確定前から根保証債務が成立しているため、確定前でも債権者は保証人への履行請求ができ、また、随伴性があるのが原則であるが、いずれもないしいずれかを特約で排除することは可能である。この２つが認められるか否かはこの点についての合意にかかる。理論的には、複数債務（個別保証債務集積型）か単一債務（本書の立場）かという根保証の本質論が重要である。

9-157　　　　イ　確定前の支払の効果——責任の軽減、主債務者への求償　　　根保証人は、確定前に弁済をした分は極度額が減額され、直ちに主債務者に求償できる。主債務者から支払を受けたとしても、その分につき減額された極度額が復元することはない。主債務につき根抵当権が設定されていても、弁済者代位はできない（398条の7第1項）。例えば極度額が100万円の場合に、保証人が確定前に100万円を履行すれば、確定期日また確定事由の生じる前でも、また、主債務が残っていても、保証人の根保証債務は消滅し——また、根保証特約の効力は終了し——、その後の主債務は保証の対象にならない。確定前の主債務が200万円の場合、根保証債務は200万円成立するが、100万円が責任限度額となり、根保証人は100万円の支払により責任を免れ根保証債務を全て消滅させることができる。もちろん主債務者に対する求償権が成立し、その請求ができる。

9-158　　◆同一人が根保証人になり根抵当権の設定をしている場合
　　(1)　根抵当権類似型の場合
　　　(a)　問題点　　　根保証人が根抵当権の物上保証人を兼ねている場合、例えば、ＡのＢに対する金融取引上の債権について、Ｃが根保証人となり2000万円の極度額が合意され、他方で、Ｃがその所有の甲地に2000万円の極度額の根抵当権を設定したとする。まず、根保証が、根抵当権類似型の場合を考えたい。この場合に、債権が4000万円で確定したならば、債権者Ａは、根保証によ

りCの一般財産から2000万円、根抵当権により甲地の抵当権により2000万円、合計4000万円の回収ができるのであろうか。なお、本書の立場はこの区別とは異なるが、従前の議論を前提にして分析をしておく。

(b)　**二重の負担を引き受けているのか**　同一債務について保証人と物上保証人の地位を兼ねる場合には、2つの地位で1つの共通の負担を引き受けているにすぎないというのが、弁済者代位における確立した理解である（最判昭61・11・27民集40巻7号1205頁）。ところが、共同根抵当権については、特約がない限りは累積式とされるのであり（398条の16）、特定債務の保証と抵当権とは異なり、根保証、根抵当権ではその極度額までそれぞれ引き受けることが、当事者の意思に合致する。かくして、確定したのが4000万円の場合、それぞれ2000万円を限度として保証人、物上保証人として責任を負うと考えるべきである[627]。確かに、保証人・物上保証人に酷である。保証人はこれを避けたければ、確定時の保証債務を被担保債権とした将来の債権を被担保債権として抵当権（根抵当権ではない）を設定するしかない。

(2)　**個別保証債務集積型の場合——確定前に根保証の支払が考えられる**　他方で、個別保証債務集積型の場合には、確定前には根抵当権は実行できないが、根保証については確定前でも履行請求ができる。判例は根保証につき、個別保証債務集積型を原則としたため、根保証人が弁済しても、根抵当権の極度額は減少しないとすると、極度額までの責任が累積し続け、保証人のリスクが高まるおそれがあると批判される[628]。しかし、確定前でも2000万円を支払えば、根保証債務は消滅する。根抵当権は極度額2000万円のまま存続することになる。ただ、根保証債務を被担保債権として根抵当権を設定した場合には、根保証の極度額2000万円のみが根抵当権で担保されていることになり、結局責任は2000万円を限度とする。その場合には、2000万円支払えば、根保証債務はなくなるため、根抵当権も消滅することになる。

◆**共同根保証における求償**

(1)　**確定後**　根保証人が数人いる場合の法律関係はどうなるのであろうか。例えば、極度額1000万円で、AとBとが同一の債務について共同根保証をしたとする。この場合、確定して後についてまず考えたい。確定した主債務が2000万円の場合に、ABの責任はどう考えるべきであろうか。債権者は、ABに極度額の1000万円までAB合計2000万円を請求できるのか、それとも、ABの共通の極度額で、債権者はABから1000万円を限度で支払を求めることができるにすぎないのであろうか。

(a)　**共同保証人全員の極度額とする考え**
　ア　**共同で根保証をした場合についての適用**　この点、5人の根保証人で、極度額1000万円で根保証した場合、意思解釈の問題と断った上で、「そういう書き方では5人で1000万円と考えるのが普通ではないですか」、「1つの保証書に5人連署して極度1000万円の保証をしたという場合」、「普通は我々全員で1000万円というのではないですか」、「各人に1000万円を請求できるけれども1人が支払えばそれで終わりということですね」という意見がある[629]。ただし、「別々の保証書の場合には、何らかの契約があるか了解がない限り独立ではないですか」という（同454

---

627)　松田・前掲判批（**注544**）360頁も、根保証と根抵当権とは異なる法的制度であり、責任の累積を認めることはやむを得ないとしてこれを肯定する。

628)　松本・前掲判批（**注544**）6頁、辻・前掲判批（**注544**）120頁。

629)　座談会**金融取引法大系第5巻**454頁の吉原省三発言。契約自由に任される類型なので、500万円は共通、それを超えた500万円については各根保証人が累積式に保証するということも可能と考えられている（同座談会456頁の鈴木禄弥発言）。また、複数の共同保証人例えばABとCDで極度額を累積しつつ、求償はそのグループ内だけにするといった合意も可能と考えられている（同座談会456頁の鈴木正和発言）。

〜456頁の吉原発言）。従って、事例によるということになり、共同で保証した事例についての議論である。

9-163　　　イ　共通の極度額の場合の法律関係　　共同の極度額の場合、債権者は、AB いずれに対しても1000万円の支払を請求できるが、主債務が2000万円であっても、いずれかが1000万円を支払えば、AB 両者の責任は消滅することになる。ただし、連帯保証でなければ、分別の利益が認められるが、2000万円全額が主債務であり、分別の利益により1000万円の債務になるだけで、1000万円の責任であるが、主債務が1000万円で確定すれば、500万円の保証債務になるので、AB 共に500万円のみ支払えば足りる。分別の利益がなければ、共同保証人間の求償が465条1項により認められ、確定した主債務が600万円あり、A が600万円を支払えば B に300万円を求償できる。

9-164　　　(b)　累積式の極度額とする考え　　しかし、共同根保証人で、共同で同一の極度額を限度として根保証をしたという事情がない限りは、それぞれの根保証人の責任を限界づけるにすぎないというのが一般的理解であると思われる。従って、AB が別々に極度額1000万円で根保証をした場合、確定した主債務が2000万円であれば、2000万円全額がそれぞれ保証の対象になるが、責任が1000万円に限界づけられるにすぎないことになる。債権者は、AB にそれぞれ1000万円の支払を求めることができ、合計2000万円を支払うよう請求できる。この場合、共同保証人間の求償権は認められるべきではない。これに対して、主債務が1200万円で確定した場合、A が1000万円を支払い、B が残りの200万円を支払った場合に、求償ができないのは衡平ではない。1200万円を基礎として600万円を負担部分として、それを超えた400万円を A は B に求償できると考えるべきである。

9-165　　　(2)　確定前
　　　(a)　共通の極度額の場合　　では、確定前はどう考えるべきであろうか。確定前に請求ができる個別保証債務集積型において問題になる。上記の例で、100万円の主債務が発生したとして、単純根保証であれば分別の利益が認められ、50万円ずつ AB は責任を負う。AB 共に1000万円まで支払うと責任はなくなる。500万円を超えた支払をしたならば、その超えた部分の求償が可能になる。例えば、A が200万円を支払ったところで、主債務が100万円で確定し、B がこれを支払ったら、改めて確定後に求償につき清算をする必要がある。この場合には、合計300万円を母数とし、150万円を超えて支払った者はその超過額を他の保証人に求償することができる。即ち、A は B に50万円の求償権を取得する。442条2項の準用による利息の発生時期は問題である。

9-166　　　(b)　累積式の極度額の場合　　他方で、AB の共同根保証が累積式の場合には、100万円の主債務が発生したならば、債権者は AB に100万円の支払を請求できる。A が100万円を支払っても、根保証であり多数の債権が発生するので煩雑さを避けるためにも、確定までは共同保証人間の求償を否定すべきである。AB ともに、合計1000万円を支払えば責任はなくなる。共同保証人間の求償は認められないが、確定後に修正の可能性があることは(a)と同様である。例えば、確定前に A が1000万円を支払っており、その後に200万円で確定したならば、A は1200万円を基礎として、400万円を B に求償することができる。

9-167　　◆債権者の確定請求権
　　　(1)　確定請求権を認める立法を求める意見があった　　確定前の法律関係については、「従前どおり契約自由の原則を基礎とする解釈論に委ねられている」と説明されている[630]。銀行側からは、実務的観点から、債権者に確定請求権を認める必要性があることが主張されていた[631]。根抵当権同様に根保証を考える根抵当権類似型を前提としており、債権者が任意に確定をさせて保証人へ

---

630)　**吉田・筒井・保証制度**35頁。
631)　中原・前掲論文（**注523**）57頁。

の請求を可能とすることを求めたのである。2017年改正でも、この点は検討課題とされた。特に積極的な反対は出されておらず[632]、パブコメに対する意見においても、次の随伴性に対しては反対する意見の者も確定前の保証人への履行請求については容認する立場に立つことが多かった。しかし、反対の意見がなかったわけではなく、それなりの数の反対意見もあった。

(2)　規定は置かれなかった　この点は、審議中に平成24年判決が出されたことの影響は大きい。9-168
解釈論として、確定するまでもなく、確定前にも保証人への履行請求が可能であることが確認されたのである。①継続的保証の場合には、契約終了後は保証債務が新たに発生しないだけで、それ以前に保証債務の履行請求は可能である（個別保証債務集積型を原則として推定）。債権者に元本確定請求権を認めて確定をさせて初めて履行請求ができるというものではない。②根抵当権のように確定まで請求できないという特約は可能であるが、例外なので明示的な合意が必要である。立法を待つまでもなく平成24年判決により問題が解決されたため、債権者の確定請求権を認める規定は置かれなかった。

(C)　確定前の債権譲渡への随伴性

9-169

ア　パブコメにおける意見――随伴性否定が大多数　先に見たように、2017年改正に際して随伴性の問題が議論されていた（確定前の保証人に対する請求については☞9-142）。中間検討課題として掲げられ、パブコメにおける意見は、確定前の履行請求は認容する意見が多かったのに対して、随伴性については反対意見が多数を占める[633]。もちろん事業者側からの肯定意見も出されている[634]。

確定前の根保証の随伴性については、「理論的には」根抵当権と同様に随伴性がないと解すべきであると、論理必然的な結論として随伴性の否定を主張する提案もある[635]。しかし、多くの否定意見は、根抵当権と同様の規定を置くべきであるといった結論を述べるのみである[636]。根抵当権との整合性、保証人保護の観点から否定すべきであるという意見もある[637]。この点、平成24年判決が随伴性を認めたため、解釈に任せ立法は断念されたこと既述の通りである。

---

632)　大阪弁護士会『実務家からみた民法改正（別冊NBL131号）』（商事法務・2009）165頁、同編・前掲書370頁等。

633)　座談会「現代の保証――機関保証を中心に」**金融取引法大系第5巻**442頁では、吉原省三氏は、原則的に随伴しない、「根保証をある時点における残額を保証したと考えれば、保証の対象外ということになりますし、包括根保証の場合も、ある当事者間に対立している権利債務について保証したというのが当事者の合理的な意思だろう」というのが理由である。後者について随伴性を排除する特約は有効であると発言する。狭義の根保証は当然、継続的保証でも特約により譲渡されたら保証が外れるというのである。石井真司氏も、随伴性を否定する結論に賛成し、398条の7の類推適用できないかと提案する。

634)　商事法務編『民法（債権関係）部会資料集第2集〈第3巻（上）〉』（商事法務・2013）887頁［預保］、同882頁［一弁］。

635)　商事法務編・前掲書（**注634**）871頁［福岡弁護士会］。

　　イ　本書の立場の再確認

❶　**1つの内容の変動する根保証債務**　　個人根保証人保護に特化した問題ではなく、法人根保証にも関わる問題であり、根保証の総論規定があればそこに規定されるべき問題である。規定がない以上、当事者の合意で自由に決められるので、契約解釈により認定されることになる[638]。本書の立場では（☞ **9-23**）、確定前から根保証特約の効力により主債務が発生することにより1つの根保証債務が成立し、主債務の増減により金額は変動するものの1つの根保証債務が存続することになる。確定によりそれ以降の主債務は被担保債務とはされなくなり（根保証特約の効力が終了）、根保証債務からその時点で存在する特定の主債務のための1つの保証債務（特定保証）になる。1つの根保証債務とはいえ、保証債務が成立するので、特約により排除されない限り、確定前でも保証人への請求可能性また随伴性が認められるのが原則である（判例の結論に賛成）。

　❷　**随伴性について**

　　ⅰ　**随伴性を認めるかどうかは合意による**　　確定前でも、主債務に対応したそれらを担保する1つの根保証債務が成立しており、確定前でも請求できるかということと、随伴性とは必ず結びつくものではなく、いずれも特約で自由に決められる（随伴性を排除する特約は有効☞**注141**）。債務が成立する以上、原則として随伴性が認められ、特約により随伴性が排除されるため、特約を主張する者にその証明責任がある。随伴性が認められない場合には——根保証の範囲についての合意であり466条2項の制限を受けない——、譲渡された債権は、根保証債務の被担保債権から除外されることになる。第三者の弁済により弁済者代位が生じて

---

636)　商事法務編・前掲書（**注634**）877頁［流動化・証券化協WG］、879頁［日弁連］、同880頁［青司協］、同881頁［保証被害会議］、同882頁［愛知県弁護士会］、同885頁［日弁連消費者有志］、同887頁［堂島有志］、その他、弁護士の個人の反対意見もあり。なお、秋山智恵子「根保証の法的性質に関する一考察一特に、保証債務の「個数」と保証人の「責任」について一」新報122巻1・2号（2017）1頁以下も参照。改正が見送られた後であるが、井藤・前掲判批（**注544**）17頁以下は、やはり規定が置かれるべきであり、①確定前の保証人への保証債務の履行請求については、これを否定し、「個人保証については強行規定とする」、②無確定前の随伴性については、根抵当権の398条の7と同様の規定を置くべきであり、全面的に禁止すべきであるという。

637)　大阪弁護士会・前掲書（**注614**）370頁。

638)　座談会「現代の保証——機関保証を中心に」**金融取引法大系第5巻**444頁は、保証は一種の契約関係なので、第三者が直接関係してくること以外は原則として当事者の合意で全部何とでも決められ、合意がないときにどっちと解すべきかということが問題になると指摘する。いずれの契約も可能であり、個別事案の契約解釈、また、規範的解釈における実質的な任意規定の判例による創設の問題であることは異論はないと思われる（大澤・前掲判批（**注544**）113頁など）。

も同様である。

ⅱ 随伴性が認められる場合　随伴性が認められる場合、例えばＡのＢ　9-172
に対する継続的供給契約上の代金債権についてＣが根保証をした場合、例えば
α 債権100万円と β 債権100万円が成立したならば、それらを担保するＣの１つ
の200万円の根保証債務が成立する。Ａが α 債権をＤに譲渡した場合、１つの
根保証債務はどうなるのであろうか。２つの構成が考えられる。①債権譲渡がさ
れた場合には、Ｄの債権が保証の対象とされたまま保証債務がその分独立すると
いう構成、および、②１つの根保証債権が AD に準共有されるという構成である。
Ｄまで根保証債権を取得するのは適切ではなく、また、AD 共同でないと自己の
債権額部分も権利行使ができないのも適切ではない。①と考えるべきである。Ｄ
の債権はＣの保証により担保されるが根保証債権ではなくなり、Ａの債権のみ
が金額の変動する１つの根保証債権の性質を保持することになる。

◆随伴性を肯定した場合の権利関係　9-173
⑴　個別保証債務集積型の事例では　個別保証債務集積型では、個々の債権に対して具体的な
保証債務が成立し、債権が譲渡されるとそれが随伴し——本書の立場でもこの点は同様——、確
定前でも保証人への履行請求ができる。問題は、総債権額が極度額を超えている場合である。例
えば、極度額500万円の根保証で、α 債権500万円が成立しこれを譲渡後、β 債権500万円が成立
した場合、保証債務はどうなるのであろうか[639]。本書の立場では、α 債権につき500万円の保証
債権（根保証債権ではない）が成立し、根保証の被担保債務の基準を充たす以上は、β 債権につ
き根保証債権が成立するが、責任は500万円に限定される。譲渡人の β 債権と譲受人の α 債権と
は債権者平等と扱われる。しかし、この点、保証のついた確実な債権として譲渡した場合には、
譲渡人が債権者平等を主張することはできないと考えられる。
　⒜　保証債務の個数論との関係　9-174
　　ア　単一債務説
　　❶　**極度額を責任制限とする構成（本書の立場）**　根保証債務は１つだと考える単一債務説
（本書の１つの根保証債務説）では、２つの債務合計1000万円で、極度額が500万円の場合、まず
前提問題として極度額を超える主債務が発生した場合の債務関係を確認しておく必要がある。①

639）　一部保証でも同様の問題は生じる。例えば100万円の債務について50万円の一部保証の場合に
　　は、①100万円の保証債務が成立して責任が50万円に限界づけられるのか、②保証債務が50万円に
　　なるのであろうか。通常は後者と考えられているであろうが、ここで債権の一部譲渡、例えば50万
　　円の譲渡があったらどうなるのである。随伴性により保証債権が移転するが、その構成には問
　　題である。ⓐ保証つきの債権部分かどうか譲渡に際して合意していないと、25万円ずつの保証債務
　　に分かれるのか（保証人が50万円をいずれかに支払うと25万円分は無効［478条適用の余地はある］
　　になる）、それとも、ⓑ100万円全体が保証されているので不可分性からして、債権者が２人になっ
　　てもそれぞれの債権につき50万円を限度として保証されているという関係は存続し、譲渡人と譲受
　　人のいずれにも50万円の保証債務が帰属しているというべきか（保証人がいずれかに50万円を支払
　　えば有効）。はじめから２つの債権（50万円×２）につき50万円の一部保証した場合、１つの50万
　　円の保証債務で両債権が保証されるが、それと同じ関係と考え、ⓑによるべきである。

【図9-174】 単一債務説

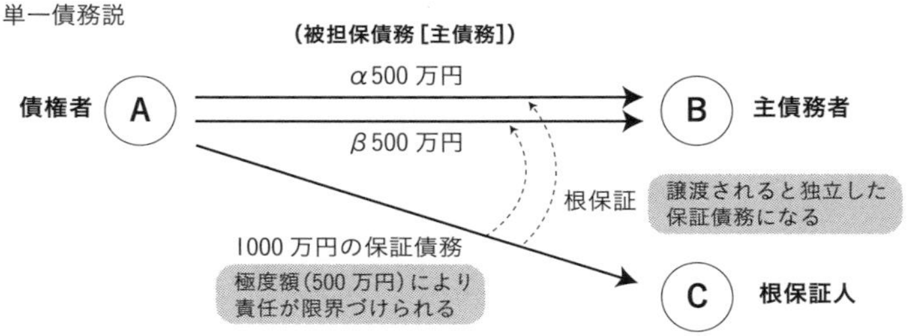

極度額が500万円なので500万円の保証債務しか成立しないのか、それとも、②保証債務も1000万円成立するがその責任の限度が500万円なのかが問題になる。本書としては、②のように考え、債権譲渡に際して特別の合意がされない限り、α債権とβ債権いずれについても、それぞれの保証債務が合計1000万円成立し、保証人は合計で500万円のみを支払えば足りることになる（【図9-174】参照）。執行手続や倒産手続では、債権者平等であれば、譲渡人・譲受人にそれぞれ250万円ずつ支払われるが、保証付きの確実な債権として譲渡していれば、譲受人が優先し、まず譲受人、残額を譲渡人に配当することになる（譲受人に500万円全額が支払われる）。

9-175 　　　❷ **極度額を限度とする保証債務しか成立しないとする構成** 　　これに対して、極度額に対応する金額の保証債務しか成立しないとすると、9-174の例では、保証債務は500万円のみ成立するにすぎない。保証債務は全てα債権に随伴して移転してしまい、β債権には保証債務が成立しないことになりそうである。しかし、それではα債務について主債務者が支払をなすと、未だ確定していないのに根保証人が免責されることになる。β債権のために保証債務が復活するという構成も考えられるが、法律関係が複雑になるので適切ではない。2つの債権が成立後に、α債権だけ譲渡したり、2つを別々の者に譲渡した場合も問題になる（☞9-178）。

9-176 　　　イ **複数債務説**
　　　❶ **分割債務説** 　　主債務ごとに保証債務の成立を認める複数債務説でも、①極度額により保証債務の額が制限されないと解すればア❶と同様であるが、②極度額に保証債務の額は制限されるという考えでは、ア❷と同様になる。もしα債権、β債権が成立後にα債権だけ譲渡されたらどうなるのであろうか。①のように考えると、譲渡前から2つの500万円の保証債務が成立し、500万円という共通の制限がかかり、保証付きの確実な債権として譲渡したならば、譲受人が優先することになる。②のように考えると、譲渡前でありα債権、β債権いずれにも250万円の保証債権が成立しそうである。α債権成立時は500万円の保証債権が成立し、これが譲渡されたらどうなるのであろうか。

9-177 　　　❷ **不可分の原則を適用する説** 　　保証債務の額が極度額に制限されるとしても、担保の不可分性より（給付の不可分性が理由ではない）、α債権（500万円）とβ債権（500万円）とにつき、500万円の保証債務がそれぞれ成立し、500万円という共通の責任制限を認めることも考えられる。譲渡によってもこの関係が変わることはなく[640]、不真正連帯債権のような関係になる。この場合、合計で極度額限度を超える請求が債権者と譲受人とによりなされた場合、債権の売主としての担保責任が認められない以上は、債権額に応じて平等とされる[641]。内部における分配義務は問題として残される[642]。なお、債権譲渡によって1つの根保証債務から独立を認め、また、債権ではな

---

640) 　根抵当権では不可分的に被担保債権全額に抵当権の効力が及び、物的責任が極度額に制限されることになる。保証債務を認めない加賀山説では同様に一般財産による物的責任が制限されるだけである。

【図 9-176】複数債務説

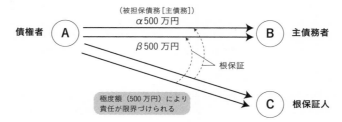

く責任を極度額で制限する本書の立場でも、２つに保証債務が分かれても全体に50万円という極度額の制限が及ぶ。そして、保証付きの確実な債権という特約付きで譲渡がされていない限り、債権額に応じて平等に扱われる。

9-178 　(b) **債権が別々の譲受人に譲渡された場合**　極度額が1000万円で、既発生の主債務が2000万円の場合（1000万円の債務が２つでもよい）、この2000万円の債権が譲渡されれば、全部が根保証により担保されたままで、ただ根保証人の責任は1000万円に限界づけられることになる。債権が２つで、α債権1000万円は A、β債権1000万円は B に譲渡された場合、２つの債権の関係はどう考えるべきであろうか。本書の立場では、債権譲渡に随伴する保証債権は譲渡により根保証債権ではなくなるが、全て2000万円の債権が保証の対象とされたままである。根保証人はいずれかに1000万円支払えば責任を免れることになる。AB 間は、担保責任が問題になる債権者・譲受人間とは異なり、債権者平等の原則が適用される。

9-179 **(2) 根抵当権類似型の事例では**　根抵当権類似型では、確定まで保証債務の成立を認めないので、確定前に債権譲渡が問題になることはそもそもない。しかし、本書の立場では、確定前でも１つの根保証債務の成立を認め、請求可能性と随伴性は、それぞれについての特約にかかってくる。①確定までの請求は認めないが、随伴性を認めることも可能である。この場合には、以上までの事例についての本書の立場がそのままあてはまる。②他方、随伴性も否定ないし随伴性のみ否定する特約がされる場合も考えられる。その場合、確定時に、譲受人が1000万円のα債権、譲渡人（債権者）が1000万円のβ債権——確定後なので根保証債権ではなくなっている——を有しているとして、譲渡人（債権者）が1000万円のβ債権だけが保証されることになる。極度額が2000万円であったとしても、譲受人が取得したα債権は保証されないことになる。

9-180 **◆債権質の設定があった場合**

　根保証の対象である債権につき、債権譲渡ではなく債権質が設定された場合にも同様の問題がある[643]。質権設定だけではまだ銀行（債権者）の債権のままであるという点を考慮して、譲渡と差を設けるかが問題とされている。例えば、A を債権者、B を債務者とする銀行取引により B が

---

641)　α債権（200万円）とβ債権（100万円）だとすると、それぞれにつき極度額を限度とする50万円の保証債務が成立し競合するが、α債権が譲渡され両債権が別の債権者により行使された場合には、債権額に応じて（２対１）平等に扱われるべきである。

642)　分割義務を認めるのであれば初めから分割債務にすればよいようにも思えるが、保証人が極度額まで１人の債権者に支払ったから一部無効になるので、保証人の弁済保護（478条の代用）のために連帯債務にする余地はある。従って、債権者間の利害調整の問題であるが、債権の二重譲渡のように自由競争に任せるのが適切と思われる事例とは異なり、分配義務を認める余地はあるであろう。

643)　座談会「現代の保証——機関保証を中心に」**金融取引法大系第5巻**442頁参照。

負担する債務につき C が根保証をし、極度額が500万円であるとする。A が B に対して、α 債権500万円と β 債権500万円とを取得し、A が自己の債権者 D の為に α 債権に債権質を設定したとする。A は D に対して債務を負担しそのために質権を設定しているので、D による α 債権の質権に基づく取立が優先されるべきである。A の他の債権者が β 債権を差し押さえたとしても、債務者 A 以上の法的地位を主張することはできない。

9-181　**◆債務引受けがあった場合**
　確定前に被担保債権について併存的債務引受けがあっても、主債務者の債務がそのまま残るため（470条1項）、保証人に不利益を与えることはなく、根保証に影響はない。これに対して、免責的債務引受けの場合には、債務者が変更されるので、たとえ確定後でも根保証人の同意がなければ、保証債務は消滅する（472条の4第3項）。確定前でも、根保証人の同意があれば、確定時の根保証の対象とすることができるが、根保証人の同意は書面によることが必要である（472条の4第4項）。

9-182　**◆賃貸保証における賃貸人ないし賃借人の変更**
　(1)　**賃貸人の変更——賃貸不動産の譲渡**　　不動産賃貸借において、賃貸人が目的不動産を第三者に譲渡し、賃貸人たる地位を合わせて譲渡したまたは賃借権の対抗を受けて賃貸人たる地位が承継された場合、賃貸保証はどうなるのであろうか。契約内容の保証人に不利な内容的変更ではなく、担保の随伴性からして、新賃貸人の債権の担保として存続することになる。確定前に保証人に賃料支払請求ができるかどうかは、契約によることは他の根保証と同じである。担保の随伴性の問題であり、特別な問題はないものと思われる[644]。

9-183　(2)　**賃借人の変更——賃借権の譲渡**　　他方で、賃借人が、賃貸人の同意を得て、または、譲渡を認める特約に基づいて、賃借権を譲渡した場合、賃貸保証はどうなるであろうか。2 つの点が問題になる。①まず、賃借人が個人の場合、保証人は賃借人との情誼的関係からその債務を保証したのであり、第三者が賃借人になるのではこの行為基礎を失うことになる。②また、免責的債務引受の場合には、保証人の同意を得なければ保証は消滅することになるため（472条の4第3項）、賃借人の変更は債務者の変更となるので、この規定の趣旨を及ぼすことができる。この観点からの保証人保護は個人保証人に限らず、事業者保証にもあてはまりそうである。そのため、保証人の同意を得ない限り——保証契約時に譲渡性のある賃借権であることから事前に同意を得ておくこともできる——、新賃借人の債務は保証されないことになる。

9-184　(d)　**確定後に一部保証となった場合の法律関係**
　ア　**特定保証と同じ法律関係になるのか**　　根保証の確定後の法律関係については、民法に規定はない。そのため、解釈によることになり、また、基本的に個人保証か法人保証かで規律が異なることはなく、規定を置くならば総論規定を置くべきである。この点、根保証も確定後は、特定保証と変わることはないと考えられている。随伴性も認められる。他に根保証人ないし特定保証人がいれば、

---

644)　フランスでも、2004年12月6日の破毀院判決により、賃貸不動産が売却された場合、新所有者に保証契約は承継されることが認められている（1743条、1692条、2013条［現2290条］、2015条［現2292条］の効果）。賃貸人につき吸収合併があった場合にも、保証契約は当然に承継されることが破毀院商事部の2005年11月8日の判決により認められている。

465条１項による求償が可能である。本書の立場では、主債務が変動する１つの根保証債務から、特定の債務を担保する保証債務に変容する。ただし、新たな債務を担保しなくなるだけで、例えば極度額が1000万円で、確定した主債務が2000万円の場合、保証債務も2000万円成立するが、責任の限度額が1000万円とされるという関係はそのままである（**責任制限説**）。確定後は全面的に特定保証になり、1000万円の債務になるという考え（**債務制限説**）も考えられる。

イ　一部保証となる場合 9-185

❶　**当初からの一部保証とは異なる法律関係**　　問題となるのは、確定した債権額が極度額を超える場合である。例えば、極度額500万円で、確定した主債務が800万円であるとして、465条の２第１項によれば、その全部800万円について、極度額500万円を「限度として、その履行をする責任を負う」ことになる。本書の理解では、800万円全額につき保証債務が成立するが、500万円を「限度として」その履行をする責任を負うにすぎない。そのため、保証債務自体が500万円に限定される、当初からの一部保証とは異なる法律関係になる。

❷　**主債務者が確定後に一部を支払ったら**　　とはいえ、一部保証でも不可分 9-186
性により800万円の主債務を、500万円の保証債務により不可分的に担保することになり、具体的な結論に差が生じるとは考えられない。確定した800万円の債務につき、主債務者が400万円を支払った場合（まだ400万円の主債務が残る）、一部保証では保証人の責任がその分減って100万円になるのかは議論がある（☞3-12）。根保証では残額400万円につき400万円の保証債務が存続し、責任が極度額500万円に限界づけられるにすぎない。確定したのが1000万円で、主債務者が300万円を支払えば（主債務残額700万円）、保証債務も700万円になるが、その責任は極度額の500万円のままである。

5　法人根保証契約の個人による求償保証の規制 9-187

⒜　**法人根保証の極度額についての規制——貸金等債務である必要はない**

ア　**個人根保証の規制の潜脱**　　法人による根保証契約には465条の２以下は適用されず、包括根保証も可能でありまた元本確定期日が契約から５年を超えていても有効である。これに求償権の保証という「特定」債務——しかし額は未

確定——の保証とを組み合わせることにより、民法の個人根保証の規制が潜脱される恐れがある。例えば、AがBに対する銀行取引による借入債務につき、Bの関連会社Cに根保証をさせ、CがBに対して確定時に——狭義の根保証——取得する求償権について、Bから依頼されてDが個人保証をしたとする。求償保証が「不特定の債務」の保証ではなく、未確定であるが特定債務の保証だとすると[645]、個人根保証の規制を回避できてしまう（☞1-6）。

9-188 　　イ　民法による規制　　しかし、求償権と「特定」されていても、不特定多数の主債務の「求償権」という実質を持つのである。そのため、民法は、法人根保証人——貸金等債務が含まれることは必要ではない——の求償権について個人が保証人になる場合につき、法人根保証が極度額の定めがない場合には、個人による求償保証は無効とした（465条の5第1項）。法人が保証人の場合は除外され（同第3項）、個人求償保証人保護のための規定である。法人根保証において設定される極度額は、個人の求償保証人の資力・資産を基準に過大かどうかが判断されるべきである。

9-189 (b)　法人根保証の元本確定期日の規制——貸金根保証契約について　　法人による根保証契約であり「主たる債務の範囲に貸金等債務が含まれるもの」については、元本確定期日の定めがない場合には、個人によるその求償保証は無効とされる（465条の5第1項）。求償保証人が法人の場合には適用除外とされる（同第3項）。この規定も、求償保証とすることによる貸金等債務の個人根保証の規制が潜脱されるのを回避するためである。

9-190 (c)　残された問題点　　465条の4の潜脱についてはこれを制限していない。求償保証人Dが死亡しても、AB間の根保証の確定は問題にならない。465条の4を類推適用して、Dの相続人はそれまでに発生していた主債務についてのCがBに対して取得する求償権のみ保証すればよいと考えられる。また、465条の6以下については、特例であり安易に465条の5を類推適用することは無理である。他方、465条の10については、BがCに対してDに求償保証を依頼するに際して類推適用することは考えられる。

---

645)　信用保証協会の事例について、求償保証人に対する求償保証は、特定債務保証といえるだろうと評されている（吉田光碩「保証制度の改正が保証協会実務に与える影響」『伊藤進教授古稀記念論文集　担保制度の現代的展開』［日本評論社・2006］223頁）。

6 法人根保証契約について──根保証総論

9-191

(a) **特別規定なし──根保証総論規定の必要性**　法人による根保証契約には465条の2以下は適用されず、規制する条文がなく、契約自由に任され、合意のない部分は判例法により規律される。ただし、個人根保証についての規定でも、個人根保証人保護に特化したものではない、根保証理論として一般化可能なものは、共通規定として法人根保証にも拡大適用が考えられる。また、以上で論じてきた内容の中でも、根保証の一般論として議論することが可能なものは、根保証の一般理論として認めることができる。立法論としては、根保証についての総論規定を置き、その特則として個人根保証の規定を置くという立法も考えられる。以下には、既に検討した内容と重複するが、法人根保証について、根保証総論を兼ねて確認してみたい。

(b) **根保証（根保証契約）の意義**　465条の2第1項の「一定の範囲に属する不特定の債務を主たる債務とする保証契約」という、根保証契約の定義は、根保証一般に通じるものであり、法人根保証もこの基準によって規律されてよい。将来の不特定の債務を包括的に保証するが、どの債務が保証の対象なのかの「特定」の基準が定まっていることが必要である。個人根保証とは異なり、極度額の定め、また、保証期間についての規制はなく契約自由に任される。もちろん保証契約の一般規定が適用になる──例えば書面が必要である（446条2項、3項）──。

9-192

(c) **根保証の基礎理論**　個別保証債務集積型か根抵当権類似型かは（☞9-21～）、当事者の合意に任されるが、理論的な議論は解釈に任せてこの点の規定を置かないか、改正により学理的議論に終止符を打つべきなのか判断が難しい。ただ、判例の結論だけ任意規定──即ち異なる特約可能──として明文化することは考えられてよい。考えられるのは、①確定前の保証人への請求の可否、請求できる場合に極度額の定めがある場合には、支払った分は主債務者から求償を受けようと責任が消滅すること、②債権が譲渡された場合の随伴性である。随伴性についても、譲渡人と譲受人の債権の優劣についても推定規定を用意しておくことが考えられる。その他、あくまでも本書の立場からの提案にすぎないが、参考まで以下のような提案をしておきたい。

9-193

　ア　**極度額の理解──限定根保証**　極度額が定まっている場合、例えば1000万円の極度額が合意されている場合、主債務が2000万円であるとして、保

9-194

【表9-195】

		確定前の保証債務	確定前の請求可能性・随伴性
個別保証債務集積型	複数型	主債務ごとに複数の保証債務が成立する	あり
	単一型	1つの保証債務が成立する	合意による（原則あり）
根抵当権類似型		成立せず	なし

証債務がどうなるのかは理解が確立していない[646]。①保証債務も1000万円になり一部保証と同様になるという理解が1つ考えられる（債務制限説）。②もう1つは、保証債務も2000万円につき成立するが、その責任の限度が1000万円に限られるという理解も考えられる（本書の立場［責任制限説］）。465条の2第1項では、「極度額を限度として、その履行をする責任を負う」と規定されていて、いずれの解釈も可能である。ただ極度額の限度で「履行する責任を負う」という表現は、責任制限説に親和的かもしれない。これを明文を設けて解決することが考えられる。

9-195　　イ　保証債務の理解──単一説・複数説　　確定前に保証債務の成立を認める考えにおいても、①それぞれの主債務のために保証債務が複数成立するのか（複数債務説）──狭義には個別保証債務集積型はこの事例だけとし、根保証を3つの分類することも可能──、それとも、②全ての主債務を保証する保証債が1つ成立するのか（単一債務説）は議論がある（☞表9-195）。この点も、解釈に任せて規定を置かないのが適切であろうが、本書の立場（単一説☞9-174～）では②で規定をすることになる。繰り返しになるが、保証契約における根保証特約の効果として、主債務を全て担保する1つの「根保証債務」が成立し、その金額は主債務の発生・消滅により変動することになる。一度主債務が消滅してゼロになり根保証債務も消滅しても、主債務が発生すれば根保証債務も再度発生する。そのような根保証債務を発生させる「基本的保証債務」や「保証する債務」を観念する必要はなく、「根保証の合意」の効果と考えるべきである。

9-196　(d)　根保証の確定について

　　❶　確定の効果──根保証特約の効力の終了　　確定の効果も法人保証・個人

---

646)　極度額が定められた場合には、個人根保証同様に債権極度額と解するべきであるといわれている（堀・前掲論文（注233）86頁）。

保証に共通の問題であり[647]、総論規定に規定を置くことが好ましい。仮に本書の立場で規定をするならば、主債務が発生するごとに1つの根保証債務に担保として取り込んでいき、確定によりそれ以降の債務は担保されないことになる。その結果、確定時に存在している複数の主債務を担保する1つの保証債務として確定し、根保証特約の効力は終了し可変性のある根保証債務ではなくなる。ただし、確定しても完全に特定保証と同じになるのではなく、主債務が2000万円、極度額1000万円であれば、保証債務は2000万円でその責任が1000万円に限界づけられることになる。

❷　**確定事由**（根保証特約の効力の終了事由）　　根保証の確定事由として、①保　9-197
証期間の満了（確定期日の到来）がまず考えられる。これも、ⓐ合意された保証期間の経過の他に、ⓑ期間の合意がない場合に、相当期間を経過した場合には、根保証人に解約権（確定請求権）を認める規定が置かれてよい。親会社らが根保証人の場合、実際には解約権が行使されないことになる。②465条の4の確定事由については、総論に規定し、個人根保証に特化されるべきもののみ個人根保証の規定に移すべきである。基本的には、根保証人と主債務者の死亡以外は全て総論に移してよいかもしれない。

(e)　**共同根保証**　　共同根保証について規定を置くことが考えられる。例えば、　9-198
AB間の継続的供給契約上の代金債権につき（債権者A、主債務者B）、CDが連帯根保証をしたとする。極度額について、以下のような組み合わせが考えられる。

---

① 　CD いずれも極度額なし

② 　CD いずれも極度額1000万円

③ 　C 極度額1000万円、D 極度額3000万円

④ 　C 極度額1000万円、D 極度額なし

　以下これらの事例について、確定後と確定前とに分けて検討してみたい。個人根保証、法人根保証のいずれにもあてはまる議論である。結論をまとめると【表9-198】のようになる。

---

647)　堀・前掲論文（**注233**）87頁は、貸金等根保証契約における元本確定の考え方は、原則として取り入れられると考えてよいという。

【表9-198】

	確定した金額		
	2000万円	4000万円	1000万円
①の事例	C 2000万円（1000万円）	C 4000万円（2000万円）	C 1000万円（500万円）
	D 2000万円（1000万円）	D 4000万円（2000万円）	D 1000万円（500万円）
②の事例	C 1000万円（1000万円）	C 1000万円（1000万円）	C 1000万円（500万円）
	D 1000万円（1000万円）	D 1000万円（1000万円）	D 1000万円（500万円）
③の事例	C 1000万円（500万円）	C 1000万円（1000万円）	C 1000万円（250万円）
	D 2000万円（1500万円）	D 3000万円（3000万円）	D 1000万円（750万円）
④の事例	C 1000万円（666万円）	C 1000万円（800万円）	C 1000万円（500万円）
	D 2000万円（1333万円）	D 4000万円（3200万円）	D 1000万円（500万円）

＊債権者が請求できる金額（最終的な負担額）

9-199　　　ア　確定後の法律関係

❶　①の事例　　CDいずれも支払うことなく確定したならば、①の場合はCD頭割りで負担し、確定した金額が2000万円であれば、債権者に対してはCD共に2000万円全額につき保証債務を負担し、CDの内部関係では頭割りで1/2ずつ負担する（1000万円）。従って、1/2を超えた金額を支払ったならば、その超えた金額を他方に求償できることになる（465条1項、2項）。Cが2000万円を支払えば、Dに1000万円の求償ができる（1500万円を支払ったならば、500万円）。

9-200　　❷　②の事例　　②の場合には、ⓐ2000万円で確定したならば、債権者に対してはそれぞれ1000万円を限度で別個に責任を負担することになり——保証債務はいずれも2000万円——、相互に求償はできない。ⓑ4000万円の場合には、CD共に1000万円を責任限度とし、やはり相互に求償はない。ⓒしかし、2000万円未満の場合、例えば1000万円で確定した場合には、債権者に対してはCD共に1000万円を負担するが、CD間では1/2（50％）の負担割合となり、500万円を超える支払をした場合に、その超えた金額を他方に求償することができる（465条1項、2項）。

9-201　　❸　③の事例　　③の場合も割合が違うだけで原理は②と同様である。ⓐ確定した金額が4000万円であれば、債権者に対して、Cは1000万円、Dは3000万円を負担し（いずれも保証債務は4000万円）、相互に求償はない。ⓑ他方で、確定した金額が4000万円未満の場合、例えば2000万円の場合には、債権者との関係では、C1000万円、D2000万円全額を負担するが、CDの内部関係では1対3で負担し、Cは500万円を超える支払をした場合に、その超える金額についてD

に求償ができる（2000万円全額支払えば、1500万円）。Dも1500万円を超える支払をすれば、Cに求償できる。

❹　**④の事例**　④の事例が問題である。公平な解決をどう実現すべきか考え　9-202
なければならない。確定した金額が⑧1000万円、⑥2000万円、⑥4000万円だとすると、それぞれ債権者は、⑧ではCD共に1000万円、⑥ではC1000万円、D2000万円、⑥ではC1000万円、D4000万円を請求できる。内部的負担はどう決めるべきであろうか。上記の責任割合によるならば、⑧では1対1（1000万円以下なら500万円でも同じ）。⑥では1対2、⑥では1対4になる。割合が一定しないが、全て同じ割合にするのも適切ではなく、確定した責任負担の割合によるのは消去法として致し方ない解決であると思われる。求償もこれを基準として、465条1項、2項が適用される。

　イ　確定前の法律関係──個別保証債務集積型について　9-203

❶　**支払ごとに求償を認めるか**　個別保証債務集積型では（本書の立場では、確定前に請求しないという特約がない場合）、確定前でも債権者は保証人への請求が可能である。では、100万円の主債務が成立し、CがBから懇願されて100万円の支払をした場合に、CからDに対する求償についてはどう考えるべきであろうか。主債務ごとに保証債務が成立すると考えれば、他に100万円の主債務があっても、保証債務100万円全部を支払ったので、CはDに求償ができそうである。①②では半額の50万円、③では750万円の求償になりそうであるが、④では負担割合を決めるのは難しい。本書の1つの根保証債務を考える立場では、他に100万円の債務があれば、CDの根保証債務は200万円でありこれを母数とすることになりそうであるが、そもそも未だ確定していない根保証債務である。根保証債務の段階で465条1項、2項を適用することには疑問がある。

❷　**確定までは求償を認めない**　本書の考えでは、確定までは内容未確定の　9-204
1つの根保証債務である。そのため、そもそも確定前に465条1項、2項を適用して共同根保証人間の求償を認めるべきではない。確定まで最終的負担額が確定しないため、確定前の保証人の支払によっては、主債務者に対する求償権しか成立せず、共同保証人間の求償権は成立しないと考えるべきである。債権者と主債務者間の取引終了ではなく、保証人ごとの期間満了などによる確定では、全員が確定していないため求償が認められないが、その場合には主債務者への求償が事実上期待できる。主債務者からの求償不能が問題となるのは、全保証人について

確定が生じる場合なので、求償に全保証人の確定を要求してもさほど不合理では
ない。確定後の負担割合はアに述べた通りである。

第 10 章

保証以外の人的担保 1 ——併存的債務引受

1 併存的債務引受の意義

（1） 併存的債務引受が基本型——債務の移転を認めない

　改正前は、**免責的債務引受が基本形**であったが（☞5-23）、2017年改正はこれを変更し、**併存的債務引受を基本形**とした。民法は、先ず併存的債務引受につき、「併存的債務引受の引受人は、債務者と<u>連帯して</u>、債務者が債権者に対して負担する債務と同一の内容の債務を負担する」と規定する（470条1項）。例えば、AがBに対して商品を販売し100万円の代金債権債権を取得し、Cが保証人ではなくBと同じ100万円の代金債務をAに対して負担し、Aに対して<u>BCが連帯債</u>

<u>務を負担する</u>のが**併存的債務引受**である。これに加えて、Bの債務を免責するのが**免責的債務引受**であり、併存的債務引受の＋αの修正バージョンということになる648)。

---

648)　改正に際しても、免責的債務引受を「債務の移転」構成で規定し、次いで併存的債務引受を規定すべきであり、両者は意義も異なるので成立要件から区別して考えるべきであるという提案もされていた（池田真朗「債権譲渡から債務引受・契約譲渡へ」『内池慶四郎先生追悼論文集・私権の創設とその展開』[慶應義塾大学出版会・2013] 163頁以下）。フランス民法は2016年改正で、「債務の譲渡」と明記しており、ドイツでも議論はあったが債務の移転が認められている（大橋エミ「19世紀ドイツ法における債務引受概念の生成(1)～（3・完)」大阪市立大学法学雑誌67巻1・2号、3号、4号 [2021-2022] 参照)。

【図10-2①】 債務を移転させる債務引受

【図10-2②】 債務を移転させない改正法の債務引受

(2) 併存的債務引受と保証

(a) **2017年民法改正前**　改正前は、債務引受は、債務を意思表示により移転させるものであった。A → B債権（α債権）が同一性を保持したままA → C債権になる（α債権のまま）。併存的債務引受は、債務の移転（債務引受）に加えて、旧債務者が同一内容の債務を負担し（Bが新たにA → B債務を負担［β債権］）、引受人の信用を補完するものであった（【図10-2①】参照）。改正前でも、契約自由の原則から、A → B債権（α債権）はそのままで、引受人が新たな債務（A → C債権［β債権］）を負担し連帯債務の関係とすることも可能であったが（【図10-2②】参照）、その法的評価としては、①連帯債務の負担という考え、②保証債務の負担という考え、③いずれか当事者の意思解釈によって決する考え[649]、に分かれていた。改正法は、10-1のようにこれを併存的債務引受と構成したため（【図10-2②】参照）、この議論が引き継がれることになった。

10-3 (b) **改正法の下での併存的債務引受と保証**

　　　ア　**保証と併存的債務引受の棲み分け**　2017年改正法では、Cが新たに債務者として加わる方法として、保証と共に併存的債務引受が正規の民法上の制度として認められたことになる。では、BがCに保証人ではなく、併存的債務引

受をして連帯債務者になることを依頼する場合、保証とは何が異なるのであろうか。①引受人が連帯債務の負担につき利益を享受し、BC間で負担部分を観念できる場合は、併存的債務引受（連帯債務）、②Cに何らの利益もなく負担部分ゼロの場合には、保証と分けるべきであろうか。ところが、負担部分ゼロの連帯債務も可能と考えられており（444条2項参照）、議論が混乱を極めている。

　　イ　**保証の実体を持った併存的債務引受**（連帯債務）　　では、実質的には保 **10-4**
証なのに併存的債務引受と合意した場合、その法律関係はどう規律されるべきであろうか。保証についての脱法規制を考えなければならない。この点、①連帯債務として合意されていても、契約解釈により保証契約と認定する、または、②連帯債務を負担する併存的債務引受と認めつつ、負担部分がない場合には保証規定を類推適用することが考えられる。③筆者としては、引受人に負担部分のない場合、特段の事情がない限り、併存的債務引受は虚偽表示であり——通謀はBCで行うが、債権者Aが了解している必要がある——、隠匿行為（隠された真実意図された行為）として保証契約を認めるべきであると考える[650]。①とは、契約解釈か隠匿行為かという説明上の差があるにすぎない。保証であることを主張する者に、負担部分がないことの証明責任が負わされる。

　◆**負担部分のない連帯債務を認めない学説もある**　　　　　　　　　　　　　　**10-5**
　　連帯債務では負担部分のない実質保証も可能と考えられており、そのような連帯債務を併存的債務引受により負担することも可能である。そうすると、保証か併存的債務引受かは、いずれの契約形式を採ったという形式だけの問題に帰することになる。しかし、ドイツでは、引受人が債務について固有の利益を有すれば併存的債務引受（連帯債務）、そうでなければ保証と考えられ、

---

649)　**於保**258頁注（6）。**近藤・柚木**172頁は、原則として連帯保証と推定する。**注民（II）**219頁〔椿寿夫〕は、「連帯債務における強度の独立性を非とするならば、債権者の地位を強くする必要があって特に連帯債務とする趣旨が明示されていないかぎり、連帯保証と認定するほうが担保的債務としては妥当である、とも考えられぬではない」という。判例には、大判昭12・11・1大審院裁判例11巻民275頁は、「他人の金借に付人的担保を為す方法（所謂判方となる方法）は、必しも保証契約を締結する一途に限るものにあらず。真実の借主と連帯債務を負担することに依りても亦同一の目的を達するを得べし。従て借用証書に数人が連帯債務者として連署したる事実あるに於ては、仮令其の一人が真の借主にして其の他は之を保証する意図を以て連署せること明なる場合と雖、之を以て直に他の者は連帯保証を為したるものと認むるを得ず。斯る場合は寧ろ他に特別の事情を認むべきものなき限り、当事者は真実の借主以外の者に於て連帯債務を負担する方法に依り債権担保の目的を達せんとしたるものと解するを相当とす」と、保証目的であっても連帯債務によることが可能であるとしている。

650)　**筒井ほか・Q＆A**112頁は、保証意思宣明公正証書の作成をめぐる議論であるが、連帯債務者とされている者の「実質的な意思が、他人の債務を保証するために契約を締結するものであったと認定すべき」場合には、その契約は「保証契約と認定され、保証意思宣明公正証書に関する規定が適用される」という。

日本でも、実質によりこの2つを区別する考えもある（フランスでも負担部分のない連帯債務について議論がある☞注652）。石田穣教授は、Bが最終的な負担をする場合は保証であり、最終的な負担を分担しあう場合を併存的債務引受と解している[651]。筆者は10-4のように、連帯債務の合意は無効とし、保証の契約を真実の行為として取り上げる。負担部分を負う連帯債務の場合のみが、併存的債務引受になる。

10-6　　　**ウ　問題は保証についての規制の脱法**　　10-5の異説では、形式ではなく実質によりいずれかが決められることになり——構成は違うが10-4の私見もこれに近い——、この考えでは、負担部分のない場合は必ず保証と認定されることになる。保証の規制がないがしろにされることはない。他方、通説では、負担部分のない連帯債務を認めるので、保証か併存的債務引受になるのかは、形式によって評価されることになる。そのため、併存的債務引受の形式を採ることにより、保証人保護の規制が回避される、また、保証についての法理（付従性等）が回避されてしまうが、何らかの規制をしなくてよいのかが問題になる[652]。

10-7　　**◆判例は実質保証となる併存的債務引受を認める**
　　　判例は、負担部分のない実質保証である併存的債務引受を容認しているといってよい（☞注649）。例えば、息子の起こした事故につき、父親が責任をとることを被害者に約束した場合に、併存的債務引受と認定されている（横浜地判平6・5・24交民集27巻3号463頁）。また、貸金業者が関連会社を設立し、その有する貸金債権をそれにすべて譲渡する場合、主要な財産である債権をすべて譲渡し、過払い金返還義務を譲渡会社に残そうとした事例で、過払い金返還義務を新会社が併存的債務引受をしたと認めている（最判平23・9・30判時2131号57頁）。狙っているの

---

651)　**石田穣**1001頁。
652)　**＊負担部分のない連帯債務**　　フランスでは、負担部分のない連帯債務者は、le codébiteur non intéressé à la dette（債務負担に利益を持たない共同債務者）または le codébiteur adjoint（付加的共同債務者）と呼ばれている。le codébiteur intéressé à la dette（債務負担につき利益を有する共同債務者）とは異なり、保証との関係が問題とされている。債務負担により利益を受けない債務者を連帯債務者として有効に合意できるのかは、保証契約の違法な潜脱（contournement illicite）ではないかという疑問があるが、契約自由の原則からいって有効と考えられている（S. Piedelièvre, n° 220, p.158）。また、破毀院もこれを有効と認めている（Cass. Ire civ., 17 nov. 1999, Bull. civ., I, n° 309）。しかし、保証との違いが明確ではないため、保証であると認定される可能性がある、また、債権者の詐欺または誠実な契約を締結する義務の違反として契約が無効になる可能性があることを指摘する意見がある（D. Legeais, n° 323, p.248）。
　　　負担を有する債務者を真実の債務者（le veritable débiteur）と呼び、付加的債務者は支払ったならば、この者に全面的な求償ができる——真実の債務者は一切求償できない——。そのため、この特殊な連帯債務は人的担保であると言われている（M. Cabrillac, C. Mouly, S. Cabrillac, P. Pétal, n° 469, p.358）。付加的債務者も債権者との関係では、通常の連帯債務者と扱われ、保証人の特別の保護は与えられないと言われているが（M. Cabrillac, C. Mouly, S. Cabrillac, P. Pétal, n° 469, p.359）、おそらく負担の有無という内部事情を債権者は知りえないためであると考えられる。弁済者代位についての担保保存義務違反による免責（2314条）を認めた1991年のヴェルサイユ控訴院判決がある。

は、保証と同じ担保であるが、付従性を回避するために併存的債務引受と認定している印象である。

2 保証規制に対する脱法対策

(1) 脱法規制についての立法論議　　　　　　　　　　　　　　10-8

(a) **併存的債務引受への準用規定の提案**　　2017年改正の法制審での審議過程において、個人根保証についての規制が、連帯債務や損害担保契約などにより脱法されることが懸念され、その規制が検討された[653]。法制審では賛成・反対また賛成もどのように規制するか議論が煮詰まらないまま、中間試案では（注）書きで言及されるに止まった。即ち、（注）書きで以下のように付記されていた。

　「以上に付け加えて、併存的債務引受のうち、①引受人が債務者の負う債務を保証することを主たる目的とする場合、②債務者が引受人の負う債務を保証することを主たる目的とする場合について、保証の規定のうち、保証人の保護に関わるもの（民法第446条第2項等）を準用する旨の規定を設けるという考え方がある」[654]。

(b) **趣旨説明**　　この（注）の説明については、「当事者の意思としては明らか　10-9
に併存的債務引受を採用していると言えるが、その実質が保証と異ならないという場合があり得る。保証の規定の潜脱を防止するためには、推定規定を設けることでは足りず、併存的債務引受の一定の類型に保証の規定を準用することが必要となるとの指摘がある。このような指摘を踏まえて、本文(1)から(4)までに付け加えて、併存的債務引受のうち、①引受人が債務者の負う債務を保証することを主たる目的とする場合と、②債務者が引受人の負う債務を保証することを主たる目的とする場合について、保証の規定のうち、保証人の保護に関わるもの（民法第446条第2項等）を準用するという考え方があり、これを（注）で取り上げた。」と説明されている[655]。

653)　松田佳久「保証の潜脱に利用される併存的引受」日本不動産学会誌30号1号（2016）43頁以下では、法制審議会における、個人根保証規制の脱法規制についての議論状況について詳しく紹介している。
654)　法務省民事局参事官室『民法（債権関係）の改正に関する 中間試案の補足説明』（商事法務・2013）265頁。

10-10 (C) **検討課題**　このような規定を設ける際の検討課題も指摘されている。「(注) のような規定を設ける場合には、特に要件の在り方が今後の課題となる。ここでは、「引受人が債務者の負う債務 (又は債務者が引受人の負う債務) を保証することを主たる目的とする場合」という考え方を取り上げているが、この考え方に対してはどのような場合が射程に入るのか不明確であるとの批判のほか、この要件に該当するものは基本的に保証と認定されるはずであるから、保証の規定の潜脱を防止するために規定を設けるという趣旨と整合しないとの批判がある。引受人が債務者との関係でわずかに内部負担をすることによって保証の規定の適用を免れることを防止する必要があるということに異論はないと思われるが、これに対応するための規定を設けることができるか否かについては、規定の適用範囲について一定の共通理解を形成することができるか、その適用範囲を表す要件を適切に設定することが可能かという点が検討課題となるものと考えられる」と説明されている。

10-11 **(2)　規定導入は断念された**

(a) **第3読会における規定導入の断念**

　　ア　対象の限定また規制の仕方についての意見の一致をみなかった

　❶　**具体的方法につき意見の一致を見なかった**　　第3読会(4)では、結局上記規定の導入を断念することにした656)。「このような問題意識を支持する意見は、パブリック・コメントの結果を見ても少なくなかったが、その具体的な方法については、意見が分かれている。そもそも、併存的債務引受に保証人保護の規律を及ぼすべき場面として想定しているのが、(i) 引受人が内部負担割合を負わないが、当事者が併存的債務引受という法形式を選択したというような場面だけなのか、(ii) 引受人がわずかな内部負担割合を負って併存的債務引受をしたような場面も含むのかということについて、部会の審議においても、意見の一致を見ていない」とのことである。

10-12 　❷　**出された考え**　　「具体的な規律の在り方について、① (注)［☞10-8］の

---

655)　法務省民事局参事官室・前掲書 (**注654**) 267頁。
656)　以下の引用は、全て部会資料67A「民法 (債権関係) の改正に関する要綱案のたたき台(2)」(2013) 34〜35頁である。

考え方を支持する意見、②引受人を個人とするものについて、保証の規定を準用するという意見、③併存的債務引受は、保証の目的でされたものと推定する旨の規定を設けるという意見など、様々な意見が寄せられている状況にある」といわれている。

❸　それぞれの問題点　　①～③の意見について、それぞれ以下のような問題 10-13
点が指摘されている。「①に対しては、上記の問題意識を支持する立場からも、基準として不明確であり、法的安定性を害するという批判が寄せられている。②③は、基準として明確ではあるが、②については、なぜ引受人を個人とする場合にだけ保証の規定を準用するかについての合理的な説明が困難であるという問題があるほか、②③のいずれについても、保証人保護の規律を準用する範囲が広すぎることに対する批判が予想される」、と。

イ　規定の導入が回避されたその他の理由　　　　　　　　　　10-14

❶　問題となる事例は債務引受だけでない　　脱法規制のための規定を導入することが避けられた理由は、具体的規制の仕方について意見の一致を見なかったことの他に、「以上のほか、保証と機能が類似するものとしては、併存的債務引受以外にも、損失補償契約等があるにもかかわらず、併存的債務引受についてのみ規定を設けることに合理的な理由がないという意見があるなど、（注）のような規律を設けることに反対する意見も少なくない」ということが説明されている。フランスでは、損害担保契約を個人に負担させることを禁止している。

❷　現行法解釈でも対応可能　　「また、（注）の規律を設けないとしても、真 10-15
に保証人保護の規律を及ぼすべき場合は、法形式が併存的債務引受等であったとしても、柔軟な契約の解釈等を通じて、適切な結論を得ることが可能であると考えられる」。「以上を踏まえ、このたたき台では、（注）の考え方を取り上げないこととした」と述べられている。規定がなくても、現行法解釈により、保証人保護規定を適用することで妥当な解決を図ることができるので、立法をする必要性はないということである。

(b)　検討および解釈論　　　　　　　　　　　　　　　　　10-16

ア　現行法解釈での対応可能性　　併存的債務引受（連帯債務）による脱法だけが問題になるのではない。そのため、連帯債務にのみ規定をするのではなく、保証規定に脱法規制のための規定を置くのが適切であるが、単に脱法は許さないという趣旨の規定では意味がない。脱法を禁止する規定がなくても脱法規制は可

能なのであり、規定を置くとしたら、どういう行為が脱法行為になるのか具体的指針を示してこそ意味が認められる[657]。それができない限り、規定を置く必要はない。そして、これができないというのが、今回の改正論議の結論である。要するに規定を置かなければ解決できない問題ではなく、解釈で対応可能であり、他方で、規定を置くのは限界づけなどの点で難しいのである。

10-17　　**イ　現行法解釈による対処**

　　❶　保証契約と認定する　　では、現行法解釈としてどう対処すべきであろうか。①まず、併存的債務引受や損害担保契約とされていても、それは虚偽表示であり、隠匿行為として保証契約また保証委託契約がなされているものと認める方法（隠匿行為論）、または、②契約解釈により、その契約で意図されているのは、保証契約であるとして、保証契約の合意と法的に評価する方法（規範的解釈論）が考えられる。③負担部分のない併存的債務引受を否定する考えもある（☞10-5）。本書の立場は①であるが（☞10-4）、判例がそのような大胆な認定をすることは期待できないので、10-4の②の考えに基づいて類推適用による規制についても検討しておきたい。

10-18　　**❷　類推適用による規制**　　負担部分のない併存的債務引受（連帯債務）や保証の代用としてなされた損害担保契約も有効としつつ、適切な規制をすることが考えられる。まず、考えられるのが、個人保証人保護規定についての類推適用である。併存的債務引受等が個人によってなされた場合に、脱法目的が認められるならば、その適用を認めることができる[658]。例えば、保証意思宣明公正証書の規定を類推適用して、その手続を経ていないので併存的債務引受を無効とするこ

---

657)　前掲《座談会》（**注171**）では、金融関係者の見解が述べられている。連帯債務や併存的債務引受が常に債務者の信用補完として用いられているわけではない、例えばアパートローンで、親子連帯債務者とするが（親子リレーローン）、銀行の融資を受けてアパートを建築してアパート業を営む場合、親に相続が発生した場合に、特定の子がその債務を弁済し続ける目的で契約がされており、情義的な保証とは異なるといわれている［同15頁27頁の日々の発言、高梨発言］。これを保証規制の潜脱といわれるのは困るというのである。保証の規制の適用を免れる意思がない点で悪質性がないのは間違いないともいわれる［同28頁の松尾発言］。ただ裁判官がどう対応するか分からないため、主債務者の死亡を停止条件とする債務引受という構成にすることが検討されており、それだと保証規定の潜脱と認定されるリスクはかなり軽減されるといわれている［同28頁の高梨発言、松尾発言］。

658)　三井住友銀行総務部法務室ほか編・前掲書（**注170**）176〜177頁は、保証の規律を潜脱することのみを目的として併存的債務引受を行う場合には、保証の規律が適用されるが、保証の潜脱を主目的としない併存的債務引受については、保証の規律は及ばないと解している。名藤ほか・前掲論文（**注176**）48頁は、保証意思宣明公正証書の作成について、この規律を潜脱する意図がある場合は別として、従来からある併存的債務引受については、基本的にその適用を否定する。

とが考えられる。それを超えて保証規定また保証法理一般を、個人を超えて法人
による場合に適用するかは、個別規定また法理ごとに検討するしかない。

3 保証代用としての併存的債務引受の規律 10-19

(1) 併存的債務引受の要件・契約締結に際する規制

(a) **債務についての要件**　　負担部分のない引受人による併存的債務引受につい
て、保証の規定や法理の適用をめぐって各論的な検討をしてみたい。併存的債務
引受は、引受の対象となる債務が有効に存在することが必要であり、また、その
債務が第三者によっても実現できることが必要になる。この点は、保証と変わり
がない。併存的債務引受までの債務者についての事由は、引受人が援用できるの
で（471条1項）、457条2項を類推適用する必要はないが、それ以降の事由は
457条2項の類推適用の可否にかかる。負担部分ゼロの実質保証でも、連帯債務
の扱いを受けるため（470条1項）、連帯保証と同じ扱いになり、補充性の抗弁や
分別の利益は否定されることになる。

(b) **要式性について**　　併存的債務引受は、保証契約とは異なり要式契約には 10-20
なっていない（470条参照）[659]。引受人が個人であり、脱法行為と認められる場合
には、保証の規定を類推適用すべきである。保証人保護の趣旨を及ぼすべき場合
には、保証と法性決定をするか、保証人保護規定の類推適用が許されると主張さ
れている[660]。また、債務者と引受人の間に最終的な責任を分担する旨の合意が
ない場合、併存的債務引受と称していても保証であり、書面によらなければ原則
として無効になるという考えがある[661]。

---

659)　フランス民法では、一方の当事者のみが一定額の金銭の支払または種類物の引渡しを約束する
　　合意一般について、債務を引き受ける当事者による署名、その引き受ける金額また品質について文
　　字また数字が私署証書において手書きでの記載がないと証拠としての効力が認められず、また、記
　　載と異なるという主張がされても、記載された数字と文字のみが証拠力が認められることになって
　　いる（1376条）。従って、印刷された金額が書かれた書面では、署名がされていても成立は認めら
　　れないことになる。保証については別に規定があるので、この規定により、債務引受、独立担保、
　　経営指導念書は規律され、要式契約になる。改正前の規定についてであるが、Cass. civ., 1 re, 13
　　mai 1998, Bull. civ., I, n⁰ 173, p.115は、本規定は物上保証人には適用されないものとする。
660)　日本弁護士連合会編『実務解説改正債権法』（弘文堂・2017）287頁、債権法研究会『詳説 改
　　正債権法』（金融財政研究会・2017）273頁［井上聡］、**中田**706頁。

10-21　(c)　**契約締結に際する規制について**　　個人保証では、保証意思宣明公正証書の作成が必要であり、これをしないで締結された保証契約は無効になる（465条の6 ☞2-41〜）。また、主債務者による保証の委託に際して情報提供が必要であり、この違反が認められ、債権者が違反またその違反がなければ保証契約が締結されなかった事実を知りまたは知りえたならば、保証人は保証契約を取り消すことができる（465条の10）。これらを、保証代用としてなされた個人による併存的債務引受に類推適用することを認めるべきであろうか。全面的に保証規定を類推適用するか、規定ごとに類推適用を決めるべきであろうか。前者ならば10-17の方が適切であり、後者は10-17にない柔軟性が認められるが、適用を分ける基準を設定する必要がある。なお、根保証に対応する「根引受」も考えられないではないが、現実的ではないので省略する。

10-22 **(2)　契約当事者について**

(a)　**債権者と引受人との契約による場合**　　契約当事者については、2つに分けて規定されている。規定はないが、債権者、債務者および引受人の3者で契約ができるのは当然である。まず、「併存的債務引受は、債権者と引受人となる者との契約によってすることができる」（470条2項）。債務者の承諾は不要である。これはまさに保証契約に匹敵するものであり、保証代用として併存的債務引受けとしてなされても有効である。

10-23　(b)　**債務者と引受人との契約による場合**　　また、「併存的債務引受は、債務者と引受人となる者との契約によってもすることができる」が、「この場合において、併存的債務引受は、債権者が引受人となる者に対して承諾をした時に、その効力を生ずる」（470条3項）。保証契約も、保証人と主債務者との契約により第三者のためにする契約として行うことが可能と考えられており（☞2-13）、この点も保証代用として行われても問題はない。

---

661)　**石田穣**840頁。

(3)　併存的債務引受の効果

(a)　引受人と債権者との関係

　　ア　債務者と同一内容の債務を負担　　併存的債務引受の効果として、引受人は「債務者と連帯して」「同一内容の債務」を負担することになる。したがって、その債務について債務者が主張できる事由を、引受人も主張できることになる。即ち、「引受人は、併存的債務引受により負担した自己の債務について、その効力が生じた時に債務者が主張することができた抗弁をもって債権者に対抗することができる」(471条1項)。また、「債務者が債権者に対して取消権又は解除権を有するときは、引受人は、これらの権利の行使によって債務者がその債務を免れるべき限度において、債権者に対して債務の履行を拒むことができる」(471条2項)。これはまさに保証と同じ規律であり、債務引受の効力発生後の債務者の事由（免除、時効等）が問題になる。

　　イ　債権者の情報提供義務など　　保証では、保証人による照会があった場合、債権者は主債務者の履行状況について情報を提供することを義務づけられ(458条の2)、また、主債務者が期限の利益を失った場合に保証人に通知をすることを義務づけられる(458条の3)。これらを負担部分のない併存的債務引受人に類推適用することを認めるべきであろうか。10-1の例でいうと、Cは負担部分ゼロであり支払をすると、Bに全面的に求償をする必要があることは保証と同じであり、類推適用をしてよいと考えられる。しかも、両規定は個人保証人に適用が限定されていないので、個人保証人以外にも認めることが可能である。ただし、債権者が、引受人には負担部分はなく保証人に等しいことを知って契約をしたことが必要である。

(b)　債務者と引受人の関係──求償関係

負担部分ゼロの併存的債務引受については、10-1の例でいうと、支払ったCからBへの求償のみが可能であり、保証と同様であることは上記のようである。そのため、保証人の求償規定を類推適用してよい。免責請求権（事前求償権）も同様である。事前事後の通知義務は連帯債務規定ではなく、保証規定によるべきである。負担部分ゼロの引受人が複数いる場合、例えば、ABCの連帯債務で、Aが100％負担、BC負担部分ゼロの場合、465条の類推適用ではなく、この場合のために用意された444条2項が適用される。

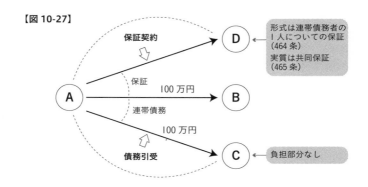

【図10-27】

保証契約

形式は連帯債務者の
1人についての保証
（464条）
実質は共同保証
（465条）

保証

100万円

連帯債務

100万円

債務引受

負担部分なし

10-27 （C） **債務の担保について** 　　併存的債務引受がされた債務に担保がついている場合、元の債務者はそのままで引受人の債務が加わるだけであるので、第三者の担保であってもその予期に反する事態ではなく、担保はそのまま存続する。正式の保証人がいる場合には、負担部分ゼロの併存的債務引受人とは実質的には共同保証人と等しい関係になる（【図10-27】参照）。例えば、AのBに対する債権につき、Cが負担部分のない併存的債務引受人、Dが連帯保証人の場合、CD間に465条1項を類推適用し、両者の間での求償権を認めるべきである。464条によると、Cに負担部分がないため、DはCに対して求償できない――DはCの債務は保証していないので、Dの求償につきBCが連帯することはない――。Dが物上保証人であれば、501条3項4号を類推適用して弁済者代位を認めるべきである。

10-28 　◆**フランスにおける担保のための支払指図（délégation-sûreté）**

　（1）**担保のための支払指図の意義**　　例えば、A→Bと100万円の債権、B→Cの100万円の債権がある場合、BがCに対してAに100万円を支払うよう支払指図がなされた場合、これは債務の履行の方法であり、**弁済のための支払指図（délégation-paiment）**といわれる（délégationは1336条以下に規定がある）。支払指図が、A→B債権の担保の手段として使われることがあり、これは**担保のための支払指図（délégation-sûreté）**と呼ばれ、あまり普及はしていないといわれる[662]。BC間の支払指図の合意によりA→Cの債権が成立し（1336条1項）[663]、①Bを免責す

662）　M. Cabrillac, C. Mouly, S. Cabrillac, P. Pétal, n°s 563 et s., pp.415 et s. 同書はこれを人的担保に位置づけて説明をする。なお、用語であるが、債権者に該当するAを受益者（délégataire）、債務者に該当するBを委託者（délégant）、担保負担者に該当するCを受託者（délégué）と呼ばれる。また、通常の場合は、délégation parfait（完全な支払指図）、担保の場合には délégation imparfait（不完全な支払指図）と学理的に呼ばれる。

663）　Aに権利を与えない、単なる支払指示（la simple indication）は、更改にも支払指図（délégation）にも該当しないものとされる（1340条）。

る場合には債務者交替による更改になり（1337条）、②Bを免責しない場合には、BもCも債務者になり（1338条1項）、併存的債務譲渡（引受）──A→Bの債務がBからCに移転しつつ、新たにBが債務を負担する（1327-2条後段）──と等しくなる[664]。担保として利用する場合も2つに分けられる[665]。

(2)　2つの担保のための支払指図　　　　　　　　　　　　　　　　　　　　　　　　　　　10-29

(a)　確実な担保のための支払指図　　まず、A→B債権の支払のためということを指示せずに、BがCへの支払を指図する場合があり、A→B債権についてのBの抗弁をCがAに対抗できないため、確実な担保のための支払指図（delegation-sûreté certaine）と呼ばれる（完全な「parfait」と表示することもある）。担保の場合には、Aが債権者、Bが債務者、Cが担保負担者（garant）と位置づけられる。Cは、反対の特約がない限り、BのAに対する抗弁だけでなく、A→C債権につき、CのBに対する抗弁も対抗できない（1336条2項）。そのため、最高の担保（la garantie supreme）、独立担保に匹敵するものと言われる[666]。Aに無因の債権を付与することになるといってよい。CからAに支払われても、AB、BCのそれぞれの間の原因関係が問題になり清算され、B→C債権と清算される場合には求償の問題を生じない。

(b)　不確実な担保のための支払指図　　他方、BがCに、A→B債権のためであることを指図　　10-30
に示し、そのため、CがA→B債権においてBが主張できる抗弁をAに対抗できるものがある。抗弁の対抗を受けるため、不確実な担保のための支払指図（delegation-sûreté certaine）と呼ばれる（不完全な「imparfait」と表示することもある）。Cは、BC間の抗弁をAに対抗することはできないが、これは、保証契約において、保証委託契約についての自由を対抗できないのと同様である。AはBCのいずれに対しても請求することができる。しかし、保証ではなく支払指図という形式によるため、付従性がないだけでなく、Cは保証についての保証人保護法理の適用を受けない、それらは厳格な解釈に服するからである。ただし、Cは担保負担者にすぎないので、B→C債権なしに行われる保証代用の場合には、Cが支払をすればBに求償することはでき、弁済者代位は認められ、1804年のナポレオン法典の保証に戻ったようであると評される。

---

664)　この場合には保証代用になり、国際取引でプロジェクトファイナンス（financement de projet）として利用される。海外で工場を建築する際に、地元の金融機関から資金の融資を受け、そのための担保を求められ、保証の代わりに支払指図が用いられる（D. Legeais, nᵒ 327, p.249）。

665)　債権譲渡担保や直接訴権に等しい法律関係になる。Bが賃貸人、Cが賃借人の場合、A→B債権のため、B→Cの賃料債権の担保としては、Aに賃料債権を譲渡してA→C債権を取得させることになり、直接訴権は、Aが賃貸人、Bが賃借人、Cが転借人の場合に、A→Cの直接訴権が認められる。A→Cの直接債権が担保目的で認められる点は同じである。下請けの場合に使われるというのも──下請人C→元請人B→注文者の場合に、A→Cの債権を認める支払指図がBからCになされる──うなずけるところである。

666)　L. Aynès, A. Aynès, P. Crocq, nᵒ 229, p.223. そのため、CのAに対する債務は、独立債務（obligation autonome）と呼ばれる（S. Piedelièvre, nᵒ 218, p.157）。

第 11 章

保証以外の人的担保 2
——損害担保契約（独立的人的担保）

1 損害担保契約（独立的人的担保）の意義[667]　11-1

(a)　**損害担保契約の意義**[668]　　保証契約とは異なり付従性のない特殊な保証類似の契約に**損害担保契約**がある。損害担保契約は、「広い意味では、一方の当事者が他方の当事者に対して、一定の事項についての危険を引き受け、これから生ずることのあるべき損害を担保することを目的とした契約」[669]、「契約当事者の一方（諾約者・担保引受人）が、その相手方（要約者）に対し、後者が一定の事項（例えば、事業の企て）から蒙ることあるべき損害を塡補することを引き受ける契約」[670]と定義されている。保証とは異なり、主債務が発生することは要件ではなく、付従性がない点に特徴がある。

(b)　**統一的な理論を定立すべきか**　　古くから規定はないが[671]、契約自由の原　11-2
則の下、このような取引が有効なことは認められていた[672]。身元保証契約がその例であり（☞11-6〜）、近時では損害担保契約（無因保証）が国際取引で行われている[673]。於保博士は、損害担保と履行担保とを並立させるとしても、「そこには統一的な理論が構成されなければならない」と主張する[674]。しかし、「損害担保契約といっても、かなり多義的で、適用範囲も人によって、さまざまなものが想定されている。そのようなものに統一的な理論が構成されうるのか」疑問提起

---

667)　＊**表明保証など**　　「**表明保証**」は、企業買収等に際して、売主が買主に対して、契約締結日や譲渡日などのある特定の時点における財務や法務などの一定項目について、「その内容が正しいことを表明し保証する」ことであり、「保証」という言葉が使われているというだけで、保証のように第三者が債務を引き受けるものではない。もとは英米法に由来する取引であり、内容に誤りがあった場合に、損害賠償条項を入れておけば損害賠償が可能になる。

313

がされている[675]。

11-3 (C) **損害担保契約の具体例また背景**　①身元保証契約の他、②保証で本来事足りるが、地方公共団体が、企業のために保証をするには法律による制限があるため、保証に代えて損害担保契約が便宜的に用いられることがある[676]。③また、

668）　損害担保契約については、松嶋泰「損害担保契約」堀内仁監修『判例先例金融取引法』（金融財政事情研究会・1979）182頁以下、新美育文「損害担保契約」手研334号（1982）48頁以下、峯崎二郎「損害担保契約」**担保法大系第5巻**749頁以下、小笠原浄二「損害担保契約」手研388号（1986）106頁以下、中嶋皓「損害担保契約と保証契約」手研448号（1991）1頁、鶴井俊吉「損害担保契約の観念は、どのような内容のものとして有用ないし必要か」椿寿夫編『講座・現代債権と現代契約の展望第3巻担保契約』（日本評論社・1994）34頁以下、小笠原浄二「保証予約と損害担保契約」銀法553号（1998）12頁以下、御室龍「保証(5)」銀法576号（2000）86頁以下、吉田光碩「損害担保契約と保証」**別冊NBL61号**28頁以下、椿久美子「損害担保契約の多様性と指導念書・請求払保証（上）（中）（下）」NBL778号63頁以下、780号65頁以下、782号64頁以下（2004）、滝沢昌彦「損害担保契約」椿寿夫・中舎寛樹編『解説　新・条文にない民法』（日本評論社・2010）316頁以下、下村信江「損害担保契約に関する一考察」近畿大学法科大学院論集12号（2016）29頁以下参照。

　　　1994年に請求払無因保証取引約定書試案が制定されており、この点につき、飯田勝人「請求払無因保証取引約定書試案の制定について」ジュリ1056号（1994）105頁以下参照。江頭憲治郎「請求払無因保証取引の法的性質」金法1395号（1994）6頁以下参照。柴崎暁「自律的ギャランティー「請求払無因保証」の終了・失効」『現代法と法システム：村田彰先生還暦記念論文集』（酒井書店・2014）、小梁吉章「「請求即時払い保証状」の無因性について」国際商事法務30巻1号（2002）31頁、橋本喜一「銀行保証状（バンク・ギャランティー）の識別基準─ある高裁判決への否定的評論」国際商事法務29巻9号（2001）1062頁、大仲淳介「英国における請求払い履行保証状」関西大学大学院法学ジャーナル68号（1999）1頁、飯田勝人「新「請求払保証に関する統一規則（URDG758）」における重要条文の要旨」金法1899号（2010）48頁以下、喜志幸之佑「請求払保証の経済的効果─信用状統一規則改訂に関連して」大阪商業大学論集93号（1992）95頁、柴崎暁「請求払補償の原因、自律性および濫用」山形大学法政論叢14号（1999）75頁、相澤吉晴『銀行保証状（スタンドバイ信用状）と国際私法』（大学教育出版・2003）、新美育文「信用状と保証」**椿ほか・研究**128頁以下、同「信用状と保証」**別冊NBL61号**134頁以下参照。

669）　**我妻**452頁。

670）　**注民（11）**192頁［椿寿夫］。

671）　旧民法には損害担保契約の規定はなく、現行民法の起草時にも議論の対象にされなかったが、他方で、ドイツ民法では、起草の際に損害担保契約についての規定を設けるかどうかは議論がされている（椿久美子「損害担保契約の多様性と指導念書・請求払無因保証（上）」NBL778号［2004］65頁）──規定は置かれなかった──。

672）　フランスでは、既に1982年また1983年に3つの破毀院判決により独立担保を認め原因関係の抗弁を主張しえないことが認められており、2021年改正では2321条に独立担保の規定を置いているが（2006年の担保法改正で導入された規定の位置を変更しただけである）、詳細は解釈に委ねている（下村・前掲論文（**注668**）29頁以下参照）。ただ、請求があり次第支払う（1項）、明らかな詐欺、濫用の場合に拒絶権を認める（2項）というように、国際取引における請求払無因保証を念頭に置いた規定である。規定はないが、求償は可能であり、また、保証人の弁済者代位の規定も適用されると考えられている。

673）　日本で初めて損害担保契約が議論されたのは、菅原春二「担保契約論(1)」論叢4巻2号（1920）1頁以下であるが、日本で慣用されている身元保証はこの独立担保には位置づけられていなかった。身元保証が損害担保契約として理解されるようになるのは、鳩山博士によるものといわれる（椿久美子・前掲論文（**注671**）65頁）。

674）　**於保**290頁。

675）　吉田光碩「損害担保契約と保証」**別冊NBL61号**28頁。

銀行と販売業者の提携ローンの場合に、銀行の貸付けにつき、提携先が保証ではなく、損害担保契約をすることがあり、これは借入れが無効・取消しにより無効とされた場合に対処するためである。④商社の海外プロジェクトにつき、海外の企業に銀行が貸付けをし、海外の借入れ企業の信用の調査ができないため、商社にこの貸付けにより被ることのあるべき損害について担保させることがある。⑤海外の会社のために保証をすることが、外為法などにより制限または禁止されている場合に[677)]、損害担保契約を代わりに使うことがある[678)]。その他は、省略する。

(d)　民法改正論議　　　　　　　　　　　　　　　　　　　　　　　　　11-4

　　ア　改正論議　　最高裁判決としては、最判昭46・10・26（☞5-20）が、主債務者を免除し、保証債務に代えて保証人が独立債務を負担したことを認めている。東京高判昭47・4・27金判328号18頁は、損害担保義務を認めている。請求支払無因保証については、準拠法が英国とされ英国法を適用した判決がある（大阪高判平11・2・26金判1068号45頁）。立法に際して依拠できるような確立した判例があるわけではない。そして、損害担保契約は、「一箇の独立した法概念として統一した理論を構成する必要はなく、主債務とは付従性、補充性のない保証類似のものが各種存在するが、それは各契約ごとに、契約の目的、当事者の個別事情を勘案して、その法律効果を個別的に検討すべき」ことが提案される[679)]。要するに、各契約ごとに契約解釈により解決されるべきものであり、統一的規定を設ける意義は疑問視されている。

　　イ　改正法は規定を設けず　　改正論議においては、『民法（債権関係）の改　11-5
正に関する中間的な論点整理』45頁は、「(2)保証類似の制度の検討　損害担保契約など、保証に類似するが主債務への付従性がないとされるものについて、明文

---

676)　山本宣之「民法の保証理論からみた安曇野事件訴訟」産報9巻1＝2号（2012）72頁以下、國井義郎「民事上の保証契約と「損失補償契約」」名古屋学院大学論集（社会科学編）50巻2号73頁以下、同「損失補償契約と民事上の保証契約に関する再考察」同51巻2号（2014）221頁以下参照。椿久美子「地方公共団体による損失補償契約と損害担保契約」**椿ほか・法理**379頁以下も参照。

677)　ただし、違反してなされた保証契約の私法上の効力は否定されない（最判昭50・7・15民集29巻6号1029頁、最判昭62・10・16金法1200号51頁）。

678)　以上、峯崎・前掲論文（**注668**）750頁以下による。国際取引では、スタンドバイ（stand-by）証書による取引と、請求払い（garantie à premiêr demande {GAPD}）証書による取引とでは、目的は等しく、機能も殆ど異ならず、前者はアメリカで、後者はヨーロッパで用いられるという地域的な違いがあるにすぎないといわれている（S. Piedelièvre, p.163, nº228）。フランスでは、請求払保証はそれまでは知られておらず、1970年代後半から飛躍的に発展したものである（S. Piedelièvre, nº 229, p.163）。

679)　吉田・前掲論文（**注675**）29頁。

規定を設けるべきであるとの提案については、その契約類型をどのように定義するか等の課題があることを踏まえつつ、検討してはどうか」と、検討課題の俎上に載せるかどうかを提案したが、結局は規定を設けないことにした。しかし、実務家には規定を置くことの意義を唱え、立法を求める意見があった[680]。かくして、法規定のある身元保証以外は、当事者の契約により規律されることになる。

　以下には、身元保証、国際取引における請求払無因保証、損害担保契約の一般論の順で説明していきたい。

11-6 ## 2　身元保証

(1)　身元保証法ができるまで

(a)　**身元保証法立法への動き**　　身元保証については、後述の身元保証法制定前は必ずしも確立した概念があったわけではなく、義務内容も金銭債務の引受に止まらず、被用者の支援・指導、病気、怪我また死亡の際の対応など多様な義務を引き受けるものであって、前近代的・封建的な制度として発展してきた[681]。そして、その責任の過酷さを緩和するために、判例は努力を重ねてきた。その成果を踏まえ、立法により規制することが望まれていた。大正9年（1920年）の第44回帝国議会に上畠益三郎氏により法案が提出され成立しないまま、同氏により第45回、第46回帝国議会にも同法案が提出されている。しかし、成立に至らず、立法運動は一旦途絶える。

11-7 (b)　**身元保証法の制定**　　その後、昭和5年（1930年）の第59回帝国議会において、一松定吉氏ほか3氏により法案が提出され衆議院を通過したが、成立には至らなかった。その後昭和7年（1932年）の第64回帝国議会において、同氏らにより法案が再度提出され、衆議院で修正を受け、更に貴族院でも修正を受けて

---

680)　中原・前掲論文（**注523**）60頁以下。
681)　勝本正晃「身元保証に就いて」法時3巻5号（1931）19頁（同33頁に、それまでの所有文献がまとめられている）によると、「其内容は種々であって、必ずしも一律に決定し得ないのみならず、当事者は身元保証、身元引受なる慣用語の下に、極めて漠然たる合意を為すことが多い」と評する。そして、3種類のものがあり、無名契約たる損害担保契約に属するものが原則形態と考えられている（同20頁）。

ようやく制定に至る[682]。これが「**身元保証ニ関スル法律**」（以下、**身元保証法**という）であり、昭和 8 年（1933年） 3 月31日に裁可され、同年 4 月 1 日に法律第42号として公布され、勅令第249号をもって同年10月 1 日より施行されている[683]。法律制定後、同法は一度も改正されておらず、また、身元保証をめぐる研究は低調といわざるを得ない。2017年債権法改正に際しては、保証法改正に関連した改正もされていない。それでも、近時再び研究の対象とされ[684]、「社会の変化に合わせた見直しがなおいっそう急務である」と評されている[685]。

(2)　身元保証の意義　　　　　　　　11-8

(a)　**損害の賠償に限定**　　「引受、保証其ノ他名称ノ如何ヲ問ハズ期間ヲ定メズシテ被用者ノ行為ニ因リ<u>使用者ノ受ケタル損害ヲ賠償スルコトヲ約スル身元保証契約……</u>」と、身元保証法 1 条は規定し、これが定義規定にもなっている。損害賠償義務に限定され、金銭債務以外の身元引受は規制対象ではなく、また、雇用に際する被用者の使用者からの借入金債務について身元保証ではなく、民法の保証によることになる。被用者の損害賠償義務について保証人として賠償するというものではなく、保証債務の引受ではない。保険のように損害塡補義務を引き受ける契約ということになり、一種の損害担保契約であると考えられている。金銭債務ではない身元引受義務の引受けは、別の契約になる（☞11-18）。

(b)　**保証契約との関係**　　伝統的には、上記のように被用者が使用者に与えた損　　11-9
害を賠償するという契約内容なので、身元保証は損害担保契約と解されてきたが、近時は異論が出されている[686]。確かに、被用者が損害賠償義務を負う場合に限定されていないので、被用者に過失がなく——例えば病気や事故による負傷で就

---

682)　法案起草者（法案提出議員）自身による法律の解説として、一松定吉「身元保証に関する法律の趣旨」法時 5 巻 6 号（1933）25頁参照。同26頁によれば、衆議院・貴族院共に満場一致で可決されたということである。

683)　詳しくは、**西村・コンメンタール** 7 ～ 8 頁参照。また、身元保証法についての身元保証人保護法理については、遠藤研一郎「身元保証法理の存在意義について」平井一雄・清水元編『日本民法学史・続編』（信山社・2015）参照。

684)　前注の遠藤論文の他、実態調査として、能登真規子「現代の身元保証(1)～(5)——2012年度実態調査」彦根論叢399号156頁、400号136頁、401号 4 頁、402号20頁、403号202頁（以上、2014）、同「身元保証の裁判例(1)（2・完）——過去20年間の裁判例の考察」彦根論叢392号 4 頁、393号50頁（以上、2012）がある。

685)　能登・前掲論文（**注684**）（2・完）彦根論叢393号61頁。

労できない事例——損害賠償義務を負わない場合にも身元保証人が損害賠償義務を負うことになり、保証とは異なる。しかし、契約で念頭に置かれているのは横領等の被用者が損害賠償義務を負う事例である。また、身元保証法も「被用者ノ行為ニ因リ」と限定している。解釈により身元保証は保証（根保証）そのものと再構成すべきである（☞11-15）。

11-10　◆**使用者の受けた損害——出向の事例について**
　(1)　**事案**　身元保証の対象となるのは、使用者の受けた損害である。そのため、身元保証の対象たる従業員が出向により他の会社で就労し、出向先に損害を与えた場合、特約がない限り出向先の損害については身元保証の対象にはならない[687]。この点判断した下級審判決として、横浜地判昭58・4・26判時1091号123頁がある。Xは、土木建築設計施工管理を営業目的とする株式会社であるが、実質は代表者Aの個人企業もしくはAの親族からなる同族会社である。Z会社は、Xが企画した土地造成、分譲、建築、土木工事等の実施を主たる目的として、Aの全額出資により設立された会社であり、従業員はすべてXが採用して出向させることとし、Xは、Z会社の経理担当者にあてることを予定してBを採用し、入社と同時にZ会社に出向させていた。Bは出向先のZ会社の業務に関連して横領行為をなした。Xから身元引受人Yに対する損害賠償請求がなされた。

11-11　(2)　**判旨**
　(a)　**原則論**　「一般に身元保証契約の当事者は、被用者本人が契約当事者となった使用者の業務に関して不法行為をなし右使用者に対して与えた損害の賠償を保証することを約するものであるから、出向先の業務に関してなした不法行為による損害については、これをも保証の範囲とする旨の特約がある場合はさておき（……）、これがない場合には、原則として身元保証人に責任はない」。

11-12　(b)　**例外論**　「しかしながら、前記認定の事実によれば、Z会社はXの営業所の実質しか有しないうえ、同社に出向したとはいっても、XとBとの間には、指揮命令関係が存し、BはX代表者の指揮監督の下にZ会社の経理事務を担当し、右業務を遂行するに際して本件横領行為をなしたものであって、Xの業務遂行中に不正行為をなした場合と何ら変わるところはないから、Yは本件行為の結果原告が被った損害につき身元保証人としての責任を免れない」（200万円についてのみ責任を認める）。

11-13　(c)　**保証債務のような付従性はない**　被用者が与えた損害の賠償責任であり[688]、被用者の損害賠償義務の「保証」債務ではない。被用者に過失がなく損害賠償義務を負わない場合にも適用があり、被用者が損害賠償義務を負う事例で、被用者が免除されても、保証債務ではないので付従性はなく、身元保証人の損害賠償義務には影響がない。ただし、被用者が損害賠償をしたならば、目的が共通しているので、身元保証人の損害賠償義務もこれに応じて消滅する。同法では保証限

---

686)　身元保証には損害担保を含めて理解するのが鳩山博士の分析以来一般的であるが、実際には、身元保証人の責任が追及されるのは被用者の故意的不法行為の事例であり、身元保証が損害担保契約と認められるのは極めて希な事例と考えられている（**西村・身元保証**53頁以下）。そして、身元本人に帰責事由がない場合にまで、身元保証人に損害賠償義務を負わせるのは、使用者が優越的地位を利用して身元引受人に損害を転嫁させる契約であり、公序良俗違反により無効であると解する学説もある（椿久美子・前掲（**注668**）（下）NBL780号69頁）。

687)　ただし、使用者たる会社と出向先の会社が実質的に同一個人の経営に属する会社である場合には、例外を認める余地がある。

度額についての合意は必要とはされていない。

◆身元保証契約は保証以上の内容を含むものか 11-14

(1)　**拡大する解釈**　原因が「被用者の行為」、使用者が受けた損害の賠償義務を負担することを内容とする場合のみが規定されているが、身元保証契約は損害担保契約でありより広いものと考えられている。①身元本人の「行為」に起因する損害のみが対象とされているが、身元本人の病気や怪我など、身元本人に関するその他の事由による損害の賠償義務、②身元保証人が、身元本人を常時監督するなどして忠実に勤務せしめ、使用者に損害（迷惑）を被らしめないよう尽力すべき義務、③病気にかかった身元本人の身柄を引き取る等、使用者に対してそれ以上に損害を拡大しないように尽力すべき義務などを負担する契約も、身元保証契約であるといわれている[689]。

(2)　**解釈による合理化──根保証契約としての再構成**　しかし、①は使用者が引き受けるべき 11-15
危険であり（債権侵害のように）、保険の利用は別として、情義的関係を利用して親族等に危険を転嫁することは認めるべきではない。身元保証法は被用者が損害賠償義務を負う事例にその適用は限定されるものと解すべきである。②③は、身元保証法にいう身元保証ではないが、契約自由の原則から身元引受契約として、その効力を認める可能性がある（☞11-18）。この点は、有料老人ホーム入居契約などで、保証人とは別に身元引受人を定めておくのと同様であり、必要性・合理性があるものに限って認められるべきである。被用者の適切な就労への家族の協力義務は、道義的な義務に止めるべきであり、その違反により損害賠償義務を認めるべきではない。③の引取義務は認めてよいが、身元保証法の従たる契約なので身元保証契約と運命を共にし、責任期間など別個に規律する必要はない。

　こうして、身元保証法上の身元保証は保証契約（根保証契約）に限定すべきであり[690]、特則が適用にならない限りは、保証の規定そして法理により規律されるべきである。そして、それ以外の義務についての合意は、契約自由の原則から別の契約として認め、その事例に応じた適切な解釈運用がされるべきである。

◆身元保証と身元引受 11-16

(1)　**身元保証法は雇用契約に限定される**　身元保証人という用語は、実務においては雇用契約に限られず、大学などの入学契約においても用いられている。また、賃貸借や有料老人ホーム入居契約で、金銭の保証人の他に、**身元引受人**という金銭債務以外の義務を引き受ける者が必要とされることがある[691]。これらに対して、身元保証法は「被用者」「使用者」間の雇用契約についての付随的契約関係であり、それ以外については適用されない。身元保証法制定前は、身元保証人の義務は曖昧にかなり広範に理解されていたようであるが[692]、身元保証法では損害賠償義務に制限された。

(2)　**雇用契約でも保証と身元保証を区別する**　雇用契約についても、身元保証を、①金銭債務 11-17

---

688)　身元保証契約は保証ではなく損害賠償義務を引き受ける契約であり付従性がないと考えられているが、身元保証と称していても、被用者の損害賠償義務の保証以上は考えておらず、伝統的な書式を参考にしようしたにすぎない場合も考えられる。そのため、身元保証と称していても、損害賠償義務の保証にすぎないと解釈するのを原則とすべきであるという主張もある（新美・前掲論文（**注668**［手研334号］）48頁、**経営紛争研究会・Q & A**278頁）。社会通念がそのように変容していることが認められることを条件として、これに賛成したい。

689)　**西村・コンメンタール**14〜15頁。

690)　被担保債務たる主債務は、被用者の雇主に対する損害賠償義務であり、この点、労働基準法16条は「使用者は、労働契約の不履行について違約金を定め、又は損害賠償額を予定する契約をしてはならない」と規制をしている。

について将来の債務の保証である場合と、②「損害担保契約たる性質を有する１つの無名契約」と分けることが、古くから通説的分類であった[693]。ただ、この２つを分けることは、学者にだけ通用し、社会一般に通用する名称ではないといわれていた[694]。西村博士が、昭和38年（1963年）に行った「身元保証に関する実態調査」によれば、約500通入手した「身元保証書」「身元引受書」はいずれも広範な引受文言が記載されているということである[695]。

11-18　　**(3)　保証また身元保証と区別された身元引受**　　雇用契約を離れると、有料老人ホーム入居契約では、身元引受人は、身上監護や、入居者が、認知症が進んだ場合に後見開始などの手続を取ったり、入居者が死亡した場合に遺体の引取り、遺品の引取りなどを義務として引き受ける者である[696]。有料老人ホームでは、身元引受人とは別に、賃料等の金銭債務の保証については、保証人（身元保証人と称することもある）を取り、これは単純に金銭債務の保証である。同一人が両者を兼ねることも許されている。実務では、名称には依然として混乱はある。金銭債務の保証ではない場合、たとえ「保証」と表記されていても、民法の保証また個人根保証の規定の適用はない[697]。

---

691)　身寄りのない高齢者を委託者とする民間の有償の死後事務処理の受任契約が利用されるようになっており、トラブルも生じている。消費者委員会「身元保証等高齢者サポート事業に関する消費者問題についての建議」(2017)、「身元保証等高齢者サポート事業に関する消費者問題についての調査報告」(2017)、総務省「身元保証等高齢者サポート事業における消費者保護の推進に関する調査〈結果に基づく通知〉」(2023)、国民生活センター「身元保証などの高齢者サポートサービスをめぐる契約トラブルにご注意」(2019) など参照。論文としては、栩本一三郎「市場化する社会保障・社会福祉と身元保証制度からみる消費者保護の在り方についての覚書」上智大学社会福祉研究45号 (2020) 3頁、能登真規子「高齢者サポート契約の内容」滋賀大学経済学研究年報28号 (2021) 53頁がある。

692)　身元保証法制定前の身元引受人の義務としては、被用者（身元本人）が誠実に就労するよう指導する義務、病気になった場合に身柄を引き取るなどの、金銭保証人とは異なる「為す債務」も負担していた（遠藤・前掲論文（**注683**）[続編] 315頁参照）。後述の経営指導念書における為す債務の負担を彷彿させるところである。なお、身元保証法の適用は損害賠償の合意に限定されているだけで、契約自由の原則から、身元保証法制定後も上記のような為す債務を合意することは許されるのかは問題になる。この点、そのような合意を認めず損害賠償義務に限定することも意図されていると考えるべきである。遠藤・前掲論文（続編）319頁は、契約内容に行為義務に関する文言が盛り込まれていても、今や心理的・道義的な意義を超え法的拘束力を伴うものと捉えうるかは疑わしいという。

693)　鳩山秀夫『増訂日本債権法各論（下）』（岩波書店・1924）533頁、我妻栄『債権各論中巻二』（岩波書店・1962）571頁。

694)　**西村・コンメンタール**49頁。

695)　**西村・コンメンタール**50頁。

696)　平野裕之『高齢者向け民間住宅の論点と解釈』（慶應義塾大学出版会・2022）244頁以下参照。この問題についての詳しい研究として、能登真規子「入院・入所時の身元保証」滋賀大学経済研究年報26号 (2019) 39頁参照。入院保証については、医師法19条１項（医師の応召義務を認める規定）との関係で、保証人が得られないと入院を拒絶できるのかが問題になる。この点、厚生労働省医政局医事課長「身元保証人等がいないことのみを理由に医療機関において入院を拒否することについて」医政医発0427第２号（平成30年４月27日）は、身元保証人等がいないことのみを理由として、医師が患者の入院を拒否することは医師法19条１項に抵触すると明言し、各都道府県衛生主管部（局）長宛てに、適切な対応を求めている。

697)　**筒井ほか・Q & A**96頁。また、有料老人ホーム入居契約に際して、賃料等の根保証と身元引受とを同じ合意で行った場合、保証また根保証の規律を受けるのは、根保証の部分に限られる（同97頁）。

◆**身元信用保険との競合**　　　　　　　　　　　　　　　　　　　　　11-19

　使用者が、個人による身元保証の他に身元信用保険を利用している場合、対象たる被用者が使用者に損害を与えた場合、身元保証人の無資力を保険の要件とされている場合には致し方ないが、このような要件がない限り、身元保証人の責任は補充的なものと考えるべきである[698]。使用者（債権者）としては、身元保証人に対する保護義務、可能な限りその負担を軽減して保護を図る義務があり、身元信用保険の利用は必須の義務ではないが、これを利用した場合には、まず身元信用保険から回収を図るべき義務を負うと考えるべきである。その意味で、身元信用保険との関係において、単純保証同様の補充性が認められるべきである。

(3)　身元保証期間　　　　　　　　　　　　　11-20

(a)　**保証期間の定めのない場合**　　保証期間の定めのない場合には、身元保証契約はその成立の日から3年間効力を有する。この期間は、商工業見習者については5年とされる（身元保証法1条）。後者の5年については、封建的年季奉公的徒弟契約の慣行を考慮したものであり、現在では削除されるべきであると評されている[699]。この期間の経過により、身元保証人の解約の意思表示を要することなく、身元保証契約は当然に失効する。民法の規定では、貸金等根保証ではないので465条の3は適用にならず、特例ということになる。

(b)　**保証期間を定める場合**　　保証期間を定める場合も、保証期間は5年を越え　　11-21
ることはできず、これより長い期間を定めた場合には5年に短縮される（同2条1項）。更新も可能であるが[700]、その期間は5年を超えることができない（同2条2項）。原案では7年であったが、貴族院で5年に変更され、衆議院も変更を容認している、民法の個人根保証についての貸金等債務の規律と等しいが[701]、465条の3は貸金等根保証にしか適用にならないので、やはり特則ということになる。

◆**契約時既発生の損害賠償義務について**　　　　　　　　　　　　　　　　11-22
(1)　**事案**　　福岡高判平18・11・9判時1981号32頁[702] は、AがXに雇われていたが、その信頼を裏切って横領行為を繰り返したが、Xは刑事告訴を見合わせ、Aを引き続き雇用し、その見返りにAの身内からある種の保証を得ようとして、Yら（Aの母と兄姉）に確約書の提出を受けた。

---

698)　**林ほか**473頁。

699)　**西村・身元保証**302頁。

700)　身元保証期間中に、従業員が定年になり、一旦退職した上で、嘱託社員として採用された場合には、定年前の身元保証契約は定年退職により終了する（横浜地判平11・5・31判タ1037号227頁）。

701)　第44回帝国議会に提出された法案1条は、期限を定めなかった場合には「2年間効力ヲ有ス」ものとされ、また、2条には、「不相当ナル長キ期限又ハ契約ノ際ニ於ケル各当事者ノ位置ニ相当セサル巨大ノ金額ノ金額ハ之ヲ期限及金額ノ定メナキモノト看做ス」という規定が用意されていた。

再びＡが同様の行為をしたりした場合等には、ＹらがＡと連帯して既発生の損害金3506万1830円の支払をすることを約束させていたところ、その後Ａが再び工事代金を着服、横領したため、ＸがＹらに対し、上記連帯保証契約に基づいて、上記損害金およびこれに対する訴状送達の日の翌日以降の遅延損害金の支払を求めた事案である。

11-23　　(2)　**判旨**　「本件連帯保証は、一種の身元保証であり、その変型であるともみなされるところ、いかにＡが引き起こした不始末であるとはいえ、3500万円余の連帯保証債務をＹらに負わせるというのは酷に過ぎ、相当でない」。「そこで、身元保証に関する法律第5条の趣旨に従い、また、Ａが給料から毎月6万円を損害賠償充当分としてＸに支払っていたこと（……）、将来の退職金も放棄することを約していたこと（念書）、Ｘの事務所及び寮として使用するための建物を購入し、その資金繰りのためにＢ株式会社から1000万円を借り入れていたこと（……）、Ｙ1とＹ2は主婦であって、格別の収入もないこと、Ｙ3（Ａの兄）も会社員であって、年収が380万円程度にすぎないこと、他方、Ｘにおいては、Ａが上記多額の横領金の使途などを明らかにしないにもかかわらず、同人をそのまま旧来の職務に復帰させたことなど、諸般の事情を考慮し、Ｙらが責任を負うべき上限を700万円とするのが相当である」。「上記700万円を超える部分については公序良俗違反により無効とする」。

11-24　　(3)　**考察**　身元保証法で念頭に置かれているのは、被用者の将来の不法行為である。将来の就労が適切に行われることへの適正の保証が意図されており、それ故にその不法行為をめぐる事情を考慮して責任の減額が認められている。本件は契約時に既に発生している損害賠償義務についての保証にすぎない。しかし、身元保証法1条は「被用者ノ行為ニ因リ使用者ノ受ケタル損害ヲ賠償スルコトヲ約スル身元保証契約」となっており、既存の損害賠償業務は文言上は除外されていない。また、被用者の親族が被用者を助けるため保証人になるという事情、また、契約前の不法行為でも同様にその発生経緯について使用者側の事情の考慮を問題にできることは変わらない。そのため、むしろ身元保証法5条を直接適用できるのではないかと考えられる[703]。

11-25　　　　　　　**(4)　使用者の保証人への通知義務と身元保証人の解約権**

(a)　**使用者の通知義務**　　使用者は、①被用者に業務不適任または不誠実な事跡があって、このため身元保証人の責任を惹起するおそれがあることを知ったとき、または、②被用者の任務または任務地を変更し、このために身元保証人の責任を加重またはその監督を困難ならしめるときには、遅滞なく身元保証人に通知しなければならない（同3条）。この通知義務の違反の効果については身元保証法に

---

702)　本判決の評釈としては、塩崎勤「判批」登記インターネット10巻4号66頁、野口恵三「判批」NBL881号115頁、戸谷義治「判批」季刊労働法222号239頁、長尾貴子「判批」別冊判例タイムズ25号（平成20年度主要民事判例解説）20頁、能登真規子「判批」彦根論叢388号42頁がある。

703)　横浜地判昭39・10・31判タ172号209頁は、「身元保証法にいわゆる身元保証契約は雇用関係の開始にあたり将来被用者の行為により生ずることあるべき不確定の損害につき締結されるのを通例とするが、身元保証法はこの点に関しなんらの規定をしていないから、雇用関係の継続中において既に生じている損害でその額の判明したもの及び今後判明するもの並びに将来使用者の行為により生ずることあるべき損害のすべてにつきこれを担保するために締結された身元保証契約もまた、身元保証法の適用を受ける身元保証契約と解するのを担当とする」と明言する（戸谷・上記判批（**注702**）245頁はこれに賛成）。

規定がないが、(d)のように身元保証人の責任の有無または責任額を決定するための一要素になると解されている（大判昭17・8・6民集21巻788頁）。この義務違反により、使用者が身元保証人に対して損害賠償義務を負うというものではない（最判昭51・11・26判時839号68頁）[704]。

(b)　**身元保証人の解約権**　身元保証人が、上記の通知を受けるか、または、上　11-26
記①②の事実を知った場合には、身元保証人は契約を将来に向って解除（告知）することができる（同5条）。これは民法の個人根保証にはない規定である。第44回帝国議会に提出された法案4条は、上記の3条を受けて、「身元引受人前条ノ通知ヲ受ケタルトキハ将来ニ向テ解約ノ申入ヲ為スコトヲ得若シ即時此ノ申入ヲ為ササルトキハ水薬ノ権利ヲ失フ」と規定していた。上記のように通知を受けるまでの責任は免責されるが、法案4条の反対解釈として、通知を受けないと解約ができないことになる。また、通知を受けたならば、即座に解約しないと責任を容認したものとみなされて解約ができなくなることは不合理であった。

(5)　身元保証人の損害賠償義務についての斟酌事由　11-27

(a)　**責任範囲の限定**　「裁判所ハ身元保証人ノ損害賠償ノ責任及其ノ金額ヲ定ムルニ付被用者ノ監督ニ関スル使用者ノ過失ノ有無、身元保証人ガ身元保証ヲ為スニ至リタル事由、之ヲ為スニ当リ用イタル注意ノ程度、被用者ノ任務又ハ民法上ノ変化其他一切ノ事情ヲ斟酌ス」る（同5条）[705]。保証限度額がない場合を念頭に置いて導入された規定であるが、本書の立場では個人根保証規定が適用されるため、2017年改正法により包括根保証は無効とされる。限定根保証のみが認められることになるが、本規定の責任制限は依然として適用されるものと考えられる。ただし、極度額が相当程度の額に押さえられている場合には、そのことは

---

704)　第44回帝国議会に提出された法案3条には、「左ノ場合ニ於テ使用者ハ遅滞ナク身元保証人ニ通知スヘシ若此ノ通知ヲ怠リタルトキハ其ノ以後ニ於ケル被用者ノ行為ニ付キ身元引受人ニ対スル賠償請求権ヲ失ウ」として、①「被用者ニ身元引受人ノ責任トナルヘキ行為アルコトヲ知リタルトキ」（1号）、及ビ、「被用者ノ任務又ハ任地ヲ変更シ之カ為身元引受人ノ責任ヲ加重シ又ハ其ノ監督ヲ困難ナラシムルトキ」（2号）と規定していた。身元引受人は当然に免責されるものとされていたのである。

705)　例えば、信用金庫の従業員が、長期にわたって横領をしていた事例で、容易に横領しやすい体制であったこと、発見までかなり時間がかかっていることなどから、身元保証人の責任を損害額の5割に制限した判例がある（東京地判平5・11・19金法1400号109頁）。

考慮されて運用されてよい。

11-28 (b) **原案は不相当な期間・金額の約定の規制**　第44回帝国議会に提出された法案2条には、「不相当ナル長キ期限又ハ契約ノ際ニ於ケル各当事者ノ位置ニ相当セサル巨大ノ金額ノ金額ハ之ヲ期限及金額ノ定メナキモノト看做ス」という規定が用意されていた。不相当に巨額な金額についての責任額の定めがある場合に、その定めを無効とするだけで、all or nothing の処理がされているにすぎない。現行規定は、不相当に巨額になっているかを問うことなく、適切な金額に責任を制限することになっている。責任の広汎性に制限を設ける規定が登場するのは、第44回帝国議会から12年を経た第64回帝国議会の、しかも貴族院の修正案においてであった[706]。

11-29 (6)　その他の問題点

(a) **強行法規性、保証規定の補充的適用**　本法は片面的強行法規であり、本法と異なる約束は身元保証人に不利益なものは無効とされる（同6条）。本法に規定がない事項については、民法の保証の規定が適用になるのであろうか。保証ではなく独立担保契約であり、身元本人も損害賠償義務を負う場合、付従性はなく不真正連帯債務になる。しかし、先に見たように、身元保証契約は根保証契約として理解されるべきであり（☞11-15）、身元保証法の特則により適用が排除されていない限り、民法の保証また個人根保証の規定が適用になることは当然である。

11-30 (b) **身元保証引受人たる地位の相続性**
　　ア　**身元保証の法的構成**　身元保証を根保証と再構成する本書の立場では、先に述べた根保証の法的構成があてはまることになる。確定を要することなく、身元本人が使用者に損害を与えたならば、身元保証人は1つの損害賠償義務を負い、特約がない限り確定前でも身元保証人に対して賠償請求ができる。身元保証人が死亡した場合、既に発生した身元保証人の損害賠償義務については相続性が認められる。問題は、身元保証人たる契約上の地位、個別の損害賠償義務を発生させる源である法的地位である。身元保証の相続性については、本法は何も規定を置かず解釈に委ねられている。

---

706)　**西村・コンメンタール**10頁。

イ　身元保証人たる地位の相続性についての判例 11-31

❶　身元保証法の制定前の判例　本法制定前の判例は、身元保証人たる契約上の地位が相続されないことを認めていた（大判昭2・7・4民集6巻436頁）[707]。「本件身元保証契約に在りては保証人の責任の範囲は特定の債務に付従たる義務者として負担する普通の保証債務と異り、<u>広汎なる範囲に於て責任を負はざるべからざるに至るべきものなれば</u>、右契約は保証人たるY先代と訴外Aとの相互の信用を基礎として成立したるものにして、<u>専属的性質を有す</u>と謂はざるべからず。従て<u>特別の事由あらざる限り</u>右契約は当事者其の人と終始し、保証人の死亡に依り相続開始するも、其の相続人に於て契約上の義務を承継し保証人として相続開始の後X銀行の為に生じたる損害に付ても責任を負ふものと解すべきに非ず」と判示している。

❷　身元保証法制定後の判例　身元保証法制定後も判例により非相続性が確認されている（大判昭18・9・10民集22巻948頁）。「身元保証契約は保証人と身元本人との相互の信用を基礎として成立し存続すべきものなれば、<u>特別の事情なき限り</u>該契約は当事者其人と終始すべき専属的性質を有するものと云ふべく、従て保証人の死亡に因り相続開始するも、その相続人に於て契約上の義務を承継し相続開始後に生じたる保証契約上の事故に付その責に任ずることなきものとす」（❶の判例を引用する）。「而して身元保証に関する法律に於ては右に反する趣旨の特別なる規定存せざるのみならず、如上の帰結は身元保証契約の性質上自ら首肯せらるべくこの事は又既に判例の示すところなれば、敢て明文を要せずとなしたるの法意を推知するに足り従て右法律施行の前後により其の解釈を異にすべきものにあらず」。 11-32

---

707)　例外として、身元保証人の相続人と被用者との間にも信頼関係が認められる特殊事例においては相続性が認められている（大判昭12・12・20民集16巻1019頁）。身元保証人の相続人が、使用者に被用者を推薦していたという事例であり、自ら身元保証はしていないが推薦しておいて、相続により責任を承継しないということは信義に反することになる。中川一郎「判批」商業経済論叢16巻1号140頁は、例外について、「身元保証債務の相続に関する使用者と身元保証人の相続人との間の特約又は相続人の一方的意思表示であると考える」といい、石田文次郎「判批」論叢38巻6号164〜165頁は、ある債務が一身専属性を有するか否かはその債務の性格に由来するものであり、ある債務が一身専属性のものであれば当然非相続性を有するのであって、ある債務が一身専属性のものでありながら、事情によって相続性を有したり、相続性を有しなかったりという余地はないとして、被相続人との身元保証契約は相続されず消滅するが、それと同一内容の新しい身元保証をするという始期付き身元保証契約が相続人と使用者との間に成立していたと認定するしかないという。

11-33　　◆身元保証人たる地位の相続性についての学説

(1)　相続否定説　　学説の通説は、判例を支持し身元保証人たる地位の相続性を否定する。ただし、その根拠についての学説の説明は微妙に異っている。

(a)　信頼関係ということを強調する説明　　まず、判例と同様に身元保証人と本人との信頼関係から一身専属性を説明しようとする学説がある。❶判例の評釈で、江川教授は、身元保証契約は、使用者と保証人との契約であるが、被用者に対する保証人の信用を基礎とするものであり、また、「保証人が被用者の行為を常に注意し過の発生を防止する」ということも身元保証には含まれているのであり[708]、身元保証人の義務は「属人的のもの即ち保証人その人と共に終始すべきものであって相続によって承継せらるべきものではない」、民法も保証その責任質上特に保証人の一身に専属する性質を有するものであり、「此の意味に於て身元保証契約は委任契約（……）組合契約に類似せるものである」と述べる[709]。

11-34　　(b)　意思表示解釈に根拠を求める説明　　義務の給付の内容から一身専属性を導くことを放棄し、身元保証契約の意思表示解釈から、身元保証の死亡により身元保証契約が終了するものと合意されているものとする説明がある[710]。次のように述べられている。

「身元引受人が引受契約を無償で締結するのは通常当該被用者の性行、閲歴、技能、健康等に信用するに依るのであって、該引受人の相続人は必ずしも其の先代と同様の信用をその被用者に置くものとは限らないのみならず之を雇主の立場から観ても、雇主は引受人の資産のみに着眼して引受契約を締結するものではなく、引受人の地位、人格も亦其の信用の基礎を為すものであることも亦否認し難い事実であって、此の意味に於ては引受契約はむしろ委任契約に類似しているものと謂えるであろう。果たして然らば引受契約に於て特に反対の意思表示なく又反対に解すべき事情の存しない限り、当事者の意思は少なくとも引受人の死亡に依って、当該引受契約を終了せしむるにあったものと解すべきである」と[711]。

11-35　　(c)　社会法的な特別の規律という説明　　山田晟教授は、身元保証につき、「身元保証契約の継続性と身元保証人の責任の広汎性・不可予見性」「身元保証契約の無償性」のほかに、「身元保証契約の動機における特殊性」を挙げ、これにつき、「わが国では使用者が被用者を雇い入れる条件として、ほとんど常に身元保証が要求され、身元保証人がなければ就職できないことになるから、身元本人としては弱者の立場にあり、その親類、友人は「封建的連座制」……ともいうべき身元保証契約の締結を余儀なくされる……。そこで、身元保証契約にたいしては民法の一般原則とは異なった社会法的規制を加えなければならない理由がある」という[712]。また、「身元本人が身元保証人をたよって身元保証を依頼し、身元保証人は情誼上これを拒否することができず、身元本人が身元保証人の責任を惹起するような行為をしないことを期待して契約を締結するのが通常であ

---

708)　渡辺辰吉「保証人の責任に就いて（二・完）」法曹会雑誌11巻8号（1933）27頁も同旨。

709)　江川英文「判批」『判例民事法昭和2年度』（有斐閣・1954）332頁以下。近藤英吉『相続法論上』（弘文堂・1936）341頁も、特別の信任関係を理由に相続性を否定する。

710)　吉川大二郎「判例に現はれたる身元引受契約（二・完）」法曹会雑誌9巻3号（1931）72頁。その後、吉川大二郎「判批」民商20巻1号（1944）では、当事者の意思解釈によるべきか、委任等の規定の類推適用によるべきか、更には相続法上の一身専属義務として処理するか、相続法上の一身専属義務という概念が不鮮明であるため、なお検討の余地があるとするものの、その検討自体は後日に譲るという。

711)　この考えの問題点としては、確かに雇うか否かの判断については、身元保証人の地位や資格を重視するのは当然であるが、しかし、それはその者の保証が被用者の人物選択の資料として信用できるものか否かという観点からのものにすぎないという点がある。契約中の損害賠償義務の履行は別問題というべきである。また、もし意思表示に根拠を求めるならば、使用者は反対の明示をすればよいことになるという不都合もある。

るから……、身元本人とのあいだにこのような関係……の存在しない相続人にまで、予見しえない広汎な責任を無償で負担させるのは正当ではない」という[713]。

(d)　**無償の継続的契約関係ということによる説明**　あくまでも、民法理論で相続性ないし契　11-36
約の終了原因ということを説明しようとする学説もあり、民法のなかから無償契約について当事者の死亡の影響についての規定を調べ、そのことから無償の継続的契約関係は相続性が否定されているということを導き、身元保証契約も無償の継続的契約関係であるということから、身元保証人の死亡を契約の終了原因として説明する[714]。この学説は、義務の一身専属性ということと、契約関係の一身専属性とを区別して契約において当事者の死亡を契約の終了原因と位置づけるようなものであり、そのような提案としては大いに評価はできよう。しかし、無償・有償は被用者と保証人との関係の問題であり、両者の間の契約について語るのであればよいが、債権者と保証人との間でそのようなことがいえるのか疑問であろう。

(2)　**相続肯定説**　身元責任法の制定により身元保証人の責任がかなり制限はされたため、次に　11-37
述べるように身元保証法制定後は相続性を肯定する学説が登場した。しかし、近時の学説は異論なく身元保証人の地位の相続性を否定している[715]。

(a)　**相続性以外の問題として論じる学説**　11-38

❶　**義務の一身専属性の否定による説明**　末川教授は、大判昭2・7・4（☞11-31）の評釈で、被用者の地位の著しい変更を理由として身元保証契約の当然の失効、または、身元保証人の解約権を認めその前提として使用者に通知義務を認めればよいと考え、以下のように相続否定説を批判する。

一身専属義務というものは、「義務者の人格若しくは身分と切り離しては存在することを得ないとかその人でなければ履行できないとかいうやうに、義務それ自体の性質乃至内容からその帰属が一身専属的であるか否かによって判定せられるべきものであって、その義務がどういう理由で成立するに至ったかというようなことによって決定せらるべきではないからである」と[716]。

❷　**身元保証法による責任制限による説明**　また、身元保証法により責任か制限されて責任　11-39
の広汎性がなくなったことを理由にして、相続性を主張する学説もある。東教授は、「身元保証法

---

712)　山田晟「身元保証契約」『契約法大系Ⅳ雇用・請負・委任』（有斐閣・1963）105～106頁。西村教授も後述の包括根保証に対するのと同様のアプローチにより、相続人に過酷であり、身元保証制度の運行をより合理化し、円滑ならしめるためには、身元保証責任の一身専属性を認めることが、法律政策上ないし司法政策上望ましいとする。**西村・身元保証**338頁以下。同「判批」民商47巻2号（1962）86頁以下も同様。なお、身元保証の特殊性として、①身元保証が就職するための条件をなしており、身元保証人の心理的強制の度合いが高いこと、②動機が純粋に非経済的な情義関係にあること、③身元保証は万一の場合に備えるものであり高度の未必性を有し、それゆえに軽率に引受けられやすいこと、④身元本人の地位・職務の変更により具体的責任の発生率、危険拡大率が増大することが多いことを挙げている。
713)　山田・前掲論文（**注712**）116頁。
714)　中川一郎「保証債務の相続性」論叢37巻5号（1937）99頁以下。ただし、中川一郎「将来債務の保証（2・完）」論叢30巻6号（1934）は、まず身元保証につき、身元保証契約の存続期間を短縮し、使用者に通知義務を認め、身元保証人に解約権を認めて保護を図っているのであり、更に相続性まで否定する必要はなく、否定すると、却って身元保証制度の存在意義を喪失しないだろうかと疑問を提起し相続説を主張していた。なお、来栖三郎「判批」『判例民事法昭和18年度』55事件249頁（法協62巻8号86頁）も、一身専属性を義務者の人格や身分と切り離して存在しえないものというように厳格に考える必要はなく、定期贈与の贈与者のようなものも含まれることを、一身専属性に対する批判の反論として述べている。
715)　**柚木・高木**333頁、**近江**257頁、**船越**366頁など。
716)　末川博『破毀判例民法研究第1巻』（弘文堂・1931）140頁（「判批」論叢19巻4号144頁）。

の下に於ては身元保証人の責任は本法制定以前に比して著しく軽減されて居り、「責任範囲の広汎」を以て身元保証債務の一身専属性の根拠とすべき理由はほとんど失われて居ると謂うべきであるから、身元保証債務も普通の保証債務と同じく相続されることを原則として特別の事由ある場合……のみを例外として一身専属性ありと解しても普通の保証人の相続人に比し身元保証人の相続人に特別の不利益を及ぼすものとは思われない」という[717]。しかし、身元保証法の制定以前においても解釈により責任を制限する努力がされていたのであり、いきなり責任制限が実現したわけでなく、また、身元保証法制定の際の議会における議論でも、相続性が判例により否定されているのは明らかであるので敢えて規定を置かなかったと説明されているのである[718]。

11-40　　　　**ウ　身元保証を保証として再構成する立場では**　　本書の立場では身元保証を根保証として再構成するので（☞11-15）、民法の個人保証人についての465条4第1項2号が適用になり、限定根保証しか認められないが、保証人の死亡が確定事由になる。そのため、2020年4月以降に締結された身元保証については、同規定により身元保証人の死亡により身元保証契約は終了することになる。死亡により確定せず相続人が承継するという合意は、上記民法規定は強行規定であり無効になると考えられる。

11-41　　　　　　　　　　**(7)　改正民法の適用**

　　身元保証契約を損害担保契約と考えるならば、民法の保証規定また個人根保証規定の類推適用が問題になるだけである。例えば極度額を定めていなくても有効になる。しかし、個人根保証規制が及ぶという解釈は排除されないという意見も

---

717)　東季彦「判批」『判例民事法昭和12年度』140事件510頁。特別の事情があり相続性が否定される場合として、当事者が反対の意思表示をした場合、身元保証人と被用者との間に特別の関係がある場合を挙げている。身元保証法制定による責任制限を理由に身元保証人たる地位の相続を肯定するものとして、梶田年「身元保証人の責任と相続」新報48巻6号（1938）164頁以下がある。また、大審院は身元保証人の地位の非相続性を急に変更はしないであろうから、特別事由を使って少しずつ非相続性を崩壊させていくべきであるという。西村教授も身元保証法施行後直ちに書いたものでは、同様の理由から相続性を肯定していた（**西村・身元保証**328頁）。また、中川一郎「将来債務の保証（2・完）」論叢30巻6号（昭9）993頁以下も同様であり、また、相続性を制限すると却って身元保証制度の存在意義を喪失しないだろうかと疑問を提起していた（身元保証人が死亡し、新たな身元保証人が見つからないと、被用者は解雇されるのやむなきにいたる可能性があるとまでいう）。

718)　来栖三郎「判批」『判例民事法昭和18年度』55事件248頁以下参照。なおその他に、**勝本**594頁は、「附合的、強制的色彩を有する一般の身元保証債務」については相続性を否定するが、「物的身元保証にして、且つ附合的、強制的色彩なきもの」は相続性を認めてよいという。

719)　**改正債権法コンメ**378頁〔齋藤由起〕。新井・前掲（**注301**）講演録88頁は、「当然、身元保証にも適用があるというのが結論でございます。ですので、今後の身元保証契約においては極度額がなければ無効である」と説明している。

ある[719]。これに対して、本書の立場では、身元保証を根保証と再構成するため（☞11-15）、民法の保証規定また個人根保証の規定が適用になるのは当然である。従って、極度額が定まっていなければ、身元保証契約は無効になる（465条の2第2項）。465条の3は適用にならず、465条の4第1項は適用され、身元保証人の死亡は確定事由になる。なお、保証と評価するため、「連帯」特約がない限り、単純保証になる。

3 請求払無因保証——国際取引

(1)　請求払無因保証の意義

　債務者が、債権者に対して支払を拒絶できる場合にも、保証人は主債務者の抗弁を援用できない無因の保証（on first demande guarantee）があり（**請求払無因保証取引**）、アメリカ合衆国の銀行が、法律上保証業務ができないため、同じ機能を持つ**スタンドバイ信用状**[720]を発行したことから普及した制度である。債務者に帰責事由があるかどうかが争われていても、債権者は保証人から迅速な支払を受けられるため好まれ利用されているといわれている[721]。請求払無因保証取引は、債務不履行から生ずる債権者の損害を担保する目的の保証取引（付従性がないので厳密に言えば保証ではない）であり、債権者が一定の要件を充足した書面を提示すれば、保証委託者（債務者）に実際に債務不履行があったか否かにかかわらず、保証人が約束通り債権者に対して約定の支払義務を負うものであり、スタンドバイ信用状とは法形式は異なるが、同一の機能を果たすものといわれる[722]。

---

720)　スタンドバイ信用状は、日本企業の米国子会社が、アメリカの銀行から融資を受けるに際して、親会社の依頼を受けた日系の銀行が、アメリカの銀行を受益者として発効するものであり、消費貸借契約上の債務の保証の目的で多く使われるということである（江頭憲治郎『商取引法〔第8版〕』［弘文堂・2018］190頁注(2)）。
721)　江頭・前掲書（**注720**）193頁注（8）。
722)　江頭・前掲書（**注720**）190頁注（3）。

(a)　**国際ルールの制定**　　請求払無因保証は、国際的な建設プロジェクトや長期の物品供給契約等を海外の発注者と締結する場合などに広く利用され、統一的なルールとして、1992年に国際商業会議所（ICC）が「**請求払保証に関する統一規則**（Uniform Rules for Demand Guarantees)」を制定しており、これを受けて、1994年に全銀協が「**請求払無因保証取引約定書試案**」(以下では「試案」で引用する）を制定している[723]。「**国際スタンドバイ規則**― International Standby Practices（ICC Publication No. 590)」（いわゆる ISP98）が制定されているが、2010年7月、請求払無因保証についての規則として、「請求払保証に関する統一規則― Uniform Rules for. Demand Guarantees（ICC Publication No. 758)」（いわゆる URDG758）が改訂、発効している。

11-44　(b)　**日本の判例**　　請求払無因保証の解釈が問題となった判例があり、無因保証と認めてよいのかどうか、契約解釈が問題とされている。公刊されている裁判例として、大阪高判平11・2・26金判1068号45頁および神戸地判平9・11・10判タ984号191頁がある。フランスと比較しても、判例はすこぶる少ない。これは国内取引で同様の取引が用いられていないことの証左である。

11-45　　◆**大阪高判平11・2・26金判1068号45頁（イギリス法が準拠法）**
　　「本件保証状に基づく本件保証は、銀行による前払金返還保証（advance payment bond）である（当事者間に争いがない。)」と認められた事例であるが、準拠法がイギリス法とされていたため、イギリス法を適用して判断した判決であり、日本法の解釈を展開したものではない。

11-46　　(1)　**無因保証の意義**　　「無因保証（demand guarantee）においては、保証人は、保証委託者の原因関係上の債務の存否如何にかかわらず、支払請求が保証状に記載された要件を充足しているか否かのみを点検して受益者に支払いをなし、保証委託者に対しその金額の償還を請求できるため、①受益者にとって、原因関係上の債務の存否につき受益者と保証委託者間に争いがあっても、保証状に記載された要件を充足した書類さえ提供すれば、保証人から簡易迅速に支払いを受けることができ（流動性機能)、かつ、②保証人である銀行にとって、原因関係上の争いに巻き込まれることを避けることができる（転換機能)、といった経済的機能があり、銀行としては、特に、右②の機能のゆえに、原因関係上の当事者の争いに関わることなく、受益者から保証状記載の（形式的）要件を充足した請求（ただし、請求自体が詐欺行為である場合を除く。)のみにしたがって保

---

[723]　飯田勝人「請求払無因保証取引約定書試案の制定について」ジュリ1056号105頁以下、黒瀬雄三「請求払無因保証取引の約定書試案制定の経緯とその概要」金法1395号（1994）12頁以下、長久保隆英・宮田啓介・一宮弘之・飯田勝人・中野寿和「請求払無因保証取引約定書試案と実務のポイント」同18頁以下参照。同試案は「資料　請求払無因保証取引約定書試案の制定について」同29頁以下に掲載されている。

証債務を履行さえすれば免責を得られるため、専門に保証を業とする保証会社のような原因関係についての実質的審査の機構や能力を具備していなくても本件におけるような国際取引について保証をすることが可能となったものであり、要するに銀行取引実務上無因保証の保証状の発行を銀行業務として行うことが実際上可能となっているのである」。

⑵　**オン・ディマンド性**　「右のような無因保証（demand guar-antee）においては、保証人は、受益者からの一定の形式を備えた請求を受けて、それのみによって支払いをなすべきものとされ（オン・ディマンド性）、したがって、当該保証状中にオン・ディマンド性を示す文言が含まれている。そして、個々の保証状において実際に支払請求のために要求される書面によって様々な種類に分かれ、最も要件の軽いシンプル・ディマンド（simple demand）は、受益者の保証人に対する支払請求の書類のみで足りるものであり、最も要件が重いものは、第三者機関の発行した証明書や仲裁判決等を求めるものであり、その中間位に位置するのが一般にオン・ディマンド（on demand）と呼ばれるもので、第三者機関の発行する書類を要求せず、受益者自身の作成する書類のみで支払いが可能となる点はシンプル・ディマンドと同じであるが、支払請求の時点で受益者自身が保証委託者に原因関係上の債務不履行があったことを書類上で宣言することが要求されるものである」。　11-47

⑶　**無因性の認定**　「銀行による無因保証は、保証人たる銀行にとって、前記のとおり原因関係に煩わされずに保証債務を履行して免責を得られるメリットがある反面において、原因関係上の抗弁を放棄し、その危険負担において受益者の権利行使を簡便容易にするものであって、銀行にとって危険性の大きいものであることは否定できない。したがって、保証状中に「無条件で」など無因保証であることを明確に示す文言が使用されることが望ましいことはいうまでもない」。「本件保証状にも、①被控訴人の支払義務につき「取消不能」即ちオン・ディマンド性を示す文言の記載はあるものの、②無因保証であることを明確に示す「無条件で」などの文言の記載はなく、また、③原因関係である造船契約について言及した記載があるが、右②③があるからといって本件保証状による本件保証の無因保証性を否定することにはならず、右各判例にしたがうときは、右②③の記載によって本件保証を無因保証とすることを妨げるものではないことになる」。「本件保証状には、原因関係と無関係の保証であることを明確に示す文言はなく、かえって、「本件造船契約の規定にしたがって」との文言が挿入され、かつ、「本件造船契約の規定」も特定されて引用されているものではあるが、本件保証状に基づく本件保証は、銀行による前払金返還保証（advance payment bond）であり、かつ、当該保証状中にオン・ディマンド性を示す文言（第二頁請求部分）が含まれており、ハウ・リチャードソン判決、イーサル判決、シポレックス判決を先例としてみる限り、本件保証は原因関係の影響を受けない無因保証であるということができる」。　11-48

⑷　**当事者の無因保証という認識**　「本件保証における契約当事者がいずれも英国法人でないため、英国におけるような無因保証になじんでいないとすれば、前記のとおり本件保証が無因保証であることを明確に示す文言の記載がなく、かつ原因たる契約である本件造船契約に言及しそれを引用する記載のある本件保証状を用いて本件保証契約を締結するについては、契約当事者（控訴人、被控訴人）は本件保証が右原因たる契約に附従するものであるとの認識を有していたのではないかとの疑問が生じなくもない。しかし、本件保証について契約当事者が準拠法として英国法を選択する合意をした以上、当事者の内心的な認識いかんにかかわらず、本件保証ないしその約定を記載した本件保証状の法的性質は英国法（英国の判例）にしたがって決定されるべきであり、英国の判例によれば、本件保証状による本件保証は無因保証と解すべきことは前記のとおりである。さらに、契約当事者の認識を問題とするにつき、一方の当事者である控訴人が本件保証状は無因保証の約定を記載したものと認識していたことは、被控訴人に対して本件保証債務の履行を求める本件訴訟手続の経過をみれば明らかであり、また、被控訴人に関しても、銀行実務において、　11-49

本件保証がなされるかなり前から、本件のような国際取引についてなされる銀行による保証は、原因関係の抗弁をすべて放棄した無因保証とみなされることがあり、それがむしろ原則であることを指摘するものがあり……、銀行である被控訴人も、本件保証状のような保証状を用いてする保証が無因保証の性質をもつものとされることがありうる程度のことは承知していたものと考えられるから、本件保証の性質についての契約当事者の認識の点も、本件保証を無因保証と解することを妨げるものではない」。

11-50

(3) 請求払無因保証の機能など

(a) 請求払無因保証の保証と異なる機能

　ア　**債権者はとりあえず無因保証人から直ちに支払を受けられる**　請求払無因保証の機能としては、2つの機能がある[724]。まず、受益者たる債権者は、原因契約上の債務の存否につき受益者・保証委託者間に争いがあっても、保証状に記載された要件を充足した書類さえ提出すれば、無因保証人から迅速に支払を受けることができる。

11-51　　　**イ　無因保証人は債務者に求償でき、原因関係は債務者・債権者間で解決される**　　無因保証人は、保証委託者の原因契約上の債務の存否にかかわらず、請求書類が保証状に記載された要件を充足しているか否かのみを点検して受益者に直ちに支払をし、保証委託者に対してその金額の償還を請求できることになっている。無因保証人は、迅速な暫定的保護を債権者に与え、無因保証人にとっていえば、原因関係上の争いに巻き込まれることを避けることができる。原因関係の争いは、最終的に保証委託者が受益者たる債権者に対して提起する訴訟等を通じて解決されることになる。

11-52　(b)　**取引の当事者**　　3者が関係者として登場する点は、保証の場合と同じである。無因保証を行う銀行が、依頼者との委託契約により請求払無因保証の発行依頼書が作成され、これに基づき銀行が債権者に請求払無因保証書を発行することになる（「試案」6条1項）。

11-53　(c)　**無因保証の有償性**　　銀行による請求払無因保証は、依頼者（債務者）との委託契約に基づき締結され、依頼者との委託契約は有償契約である。「試案」5条1項は、①請求支払無因保証、支払請求書および附属書類にかかわる発行手数

---

724)　江頭憲治郎「請求払無因保証取引の法的性質」金法1395号（1994）7頁。

料、保証料、その他手数料、利息、損害金、郵便料、電信料その他の費用、②請求払無因保証、支払請求書および附属書類に基づく貴行の債務の履行、権利の行使または保全のために要する一切の費用、および、③前各号に定めるもののほか、貴行が受益者および通知銀行に対して負担した費用は、依頼者の負担とし、直ちに支払うことが約束されている。

(d)　**無因保証人の抗弁**　　請求払無因保証をした銀行が、相当の注意をもって支 11-54
払請求書および附属書類を点検し、これらが請求払無因保証の要件を充足していると認めて、支払請求書に基づく支払を行った場合には、依頼者はこれを承認する（「試案」7条1項）。ところが、全く拒絶ができないものではなく、以下のような事由による抗弁が認められる。

　　ア　**権利濫用の抗弁**　　無因保証人は、受益者（債権者）からの保証状に基 11-55
づく請求に対して、保証状に記載された要件が充足される限り、支払に応じなければならないが、以下の要件を充足する場合には、受益者（債権者）による請求が権利濫用として、無因保証人が支払を拒絶することができる（権利濫用の抗弁）[725]。

> ①　事実が無因保証人の主張するとおりであるとすれば、原因契約上の債務が不存在であることが、法解釈問題としては争う余地がないほど明白であること
> ②　当該事実が無因保証人の主張するとおりであることにつき、無因保証人の手許に主張を裏づける決定的な証拠があること
> ③　当該事実が、取引の通常の過程ではめったに生じないほど重要なものであること

　　イ　**書面不備による支払拒絶**　　何度も述べた通り、請求払無因保証では、 11-56
保証状に定める要件を充足した請求がなされる限り、無因保証人は支払に応じなければならないが、相当の注意をもって、支払請求書および附属書類を点検し、これらが請求払無因保証の条件と相違していると判断した場合には、無因保証人は、依頼者への通知を省略して、受益者（債権者）に対して支払を拒絶することができる。この場合に生じた損害は、依頼者の負担とされる（試案8条1項）。また、無因保証人が、支払請求書および附属書類を点検し、これらが請求払無因保証の条件と相違していると判断し、依頼者に支払について事前に諾否の照会をし

---

725)　江頭・前掲論文（**注724**）9頁。

た場合には、依頼者は、遅滞なく回答すること、依頼者が回答をしなかった、または拒絶の回答を遅滞した場合には、無因保証人は受益者（債権者）に支払を行うことができる（「試案」8条2項）。

11-57 (e) 依頼者の無因保証人に対する原因契約等に関する通知

　　ア　不履行の通知義務　　依頼者は、請求払無因保証の原因契約等について契約の不履行があった場合には、依頼者は遅滞なくその旨を無因保証人に通知することを義務づけられる。この通知をした場合にも、無因保証人は、請求払無因補償の条件に基づき支払請求書等の提示を受けたときには、保証債務を負担しまたは履行することができ、この場合、9条および12条6項の定めにより直ちに無因保証人に弁済することになっている（「試案」14条1項）。

11-58　　イ　弁済等についての通知義務　　また、依頼者は、請求払無因保証の原因契約等について、履行、弁済、更改、相殺、混同などがあった場合、請求払無因保証の原因契約等について担保、弁済条件の変更などの事由が発生した場合には、依頼者は遅滞なくそのことを無因保証人に通知することを義務づけられる（「試案」14条2項）。

11-59 (f) 償還請求

　　ア　事後の償還請求権　　無因保証人が、請求払無因保証の条件に従って受益者（債権者）に対する補償義務を負担しまたはその履行をした場合、依頼者は、支払請求書に記載の通貨およびその金額による償還義務を負担する（「試案」9条1項）[726]。依頼者の償還義務については、無因保証人からの通知催告があり次第直ちに弁済し、依頼者に銀行取引約定書5条1項各号のいずれかの事由があれば、通知催告がなくても直ちに弁済することが約束されている（「試案」9条2項）。

11-60　　イ　事前の償還請求権　　「試案」12条には、受託保証人の事前求償権に匹敵する、事前の償還請求権が認められている。即ち、依頼者に銀行取引約定書5条1項各号のいずれかの事由が生じた場合には、無因保証人からの通知催告等がなくても、請求払無因補償の通貨による支払請求書の作成許容限度額および利息等について、依頼者は無因保証人に対して予め償還義務を負担し、直ちに弁済す

---

726)　フランスでも、担保負担者（garant）の委託者（le donneur d'ordre）に対する求償は可能と考えられている。これは担保負担者と委託者との契約により、担保負担者が自己の出捐により与信を履行したためであり、保証の場合に保証委託契約に基づくのと同じであると説明され、また、弁済者代位も認められる（L. Aynès, A. Aynès, P. Crocq, n° 246, p.242）。

ることが約束されている（「試案」12条１項）。無因保証人が請求した場合も同様である（同２項）。依頼者は、民法461条に類する抗弁権を主張しないことが約束されている（「試案」12条４項）。

4 損害担保契約の一般論──国内取引での利用の可能性 11-61

(a) **担保される損害**　損害担保契約も、保証が使えれば保証で事足りるのに、法令上の理由から保証の代替として損害担保契約を用いている場合もあれば、保証とは異なる制度が必要なために損害担保契約によっている場合もあり、一律に規律できるものではない[727]。どのような損害を担保するのかは取引により異なり、提携ローンの販売業者の行う損害担保契約では、貸付契約が無効であったり取り消されたために、貸金を無駄に交付したことそれ自体であり、それを取り戻せない損害を問題にする必要はない。従って、交付した貸付金額全額について担保の対象と考えられる。他方で、債権を回収できない損害の担保とすると──保証契約が締結できるならば、有効な債務については保証にしておけばよい──、回収できない損害を問題にせざるをえない[728]。

(b) **随伴性はない**　貸付債権につき回収しえない損害を担保する場合、貸付債権が譲渡されても、担保引受人に対する損害担保請求権は、貸付債権に対して独 11-62

---

727)　フランスでは、契約自由の原則から国内取引においても独立担保を用いることは可能と考えられている。実際に独立担保が使われているが、本来国際取引で行われている取引を国内取引で利用するのは、個人保証についての厳しい規制を回避するという意図があるからである。そのため、消費法典 L. 314-19条は同法典消費者与信の編に規定する消費者与信と不動産与信（住宅ローン）について独立担保を用いることを禁じている。また、商法の倒産手続関連の規定について、保証についての規制が容易に回避されないように、自然人による独立担保については保証と同視されている（J.-J. Ansault, Y. Picod, n° 143, pp.289 et s.）。契約解釈としても、garantie à première demande と契約書に表示してあっても、担保者の義務が債務者の債務を担保することが目的とされているのであれば、裁判所はその取引を保証と認定することは妨げられないと考えられている（J.-J. Ansault, Y. Picod, n° 146, p.293）。

728)　この点、どのような場合に債権回収をしえない損害を受けたことになるのか特約で明記しておくべきであるといわれる（峯崎・前掲論文（**注668**）756頁［その文例を載せている］）。

729)　峯崎・前掲論文（**注668**）762頁。フランス民法2321条４項は、特約がない限り、独立担保には随伴性が認められないことを明記する。このことは、簡易者分割のような包括的な承継の場合にもあてはまり、ただしこの規定は強行規定ではないので、特約で債券の譲渡または包括的な譲渡の場合に随伴性を認める特約を置くことができると考えられている（L. Bougerol, G. Mégret, n° 41.66, p.328）。

立性を有し、随伴姓は認められないので、譲受人に移転することはない。その結果、損害担保契約が、特定債務の不履行による損害を担保するものであったときは、損害担保債務は消滅することになるといわれる[729]。貸付けが無効であった場合の損害担保の場合に、銀行は不当利得返還請求権を取得することになるが、これが譲渡された場合にはどう考えるべきであろうか。債権譲渡の際に、権利者は対価を受けるはずであるので、担保引受人に対する権利を失うと解しても特別に不利益は受けないといわれる[730]。ただし、借主に対する不当利得返還請求権と担保引受人に対する損害担保請求権とが連帯債務的関係に立つと考えれば、存続すると考える余地はあるが、それでも「損害担保」という性質上、債権譲渡により代金を受けていれば、その分は損害から差し引くべきだと思われる。

11-63 (C) **債権者の履行請求があった場合**

　　ア　**担保引受人の依頼者（債務者）に対する通知義務**　　DCFR Ⅳ. G.- 3 :102 条(1)は、担保引受人は、債権者から履行の請求を受けたときは、直ちに依頼者（債務者）にそのことを通知し、履行するか否かを伝えることを義務づけ（(a)項）、また、請求に応じて履行をしたときは、直ちに依頼者（債務者）に通知することを義務づけ（(b)項）、また、請求がされたにもかかわらず履行を拒絶したときは、直ちに依頼者（債務者）に通知をし、拒絶の理由を伝える義務を負うものと規定している。また同(2)は、この通知義務に違反した場合には、担保引受人の依頼者（債務者）に対する履行後の権利は、依頼者（債務者）が、その違反により生じる損害を避けるために必要な範囲で縮減されるものと規定する。保証同様に、損害担保契約の基本に損害担保委託契約があり、その契約上の義務である。

11-64 　　イ　**債権者の履行請求があった場合**

　　❶　**債権者に遅滞なく履行するか拒絶を伝える担保引受人の義務**　　DCFR Ⅳ. G.- 3 :103条(1)は、担保引受人は、担保を引き受ける契約内容通りに、履行が文書により請求された場合にのみ、履行をする義務を負うものと規定する。書面による履行請求を必要としている。日本法としては、契約で書面による請求を要することを規定していない限り、書面によることは要件ではない。また、同(2)は、担保引受人は、債権者に対する個人的な抗弁を主張できることを規定する。相殺が問題になる。同(3)では、担保引受人は、上記要件を充たす履行請求を受けた時

---

730)　峯崎・前掲論文（**注668**）762頁。

から、不当に遅滞することなく、少なくとも7日以内に、請求に応じて履行をするか、または、債権者に理由を述べて履行の拒絶を知らせるかいずれかをすることが必要とされる。

❷　明らかに濫用的または詐欺的な請求　　しかし、DCFR Ⅳ. G.- 3 :105条(1)　**11-65**
は、債権者の請求が、明らかに濫用的または詐欺的である場合には、担保引受人は、履行の請求に応じる義務を負わないものとする。この場合、同(2)は、依頼者（債務者）は、担保引受人が履行をすること、また、債権者が、履行の請求書を作成または利用することを禁止することができるものと規定する。フランス民法は、独立担保につき、合意された方法に従った請求があれば、債務についての委細の抗弁を援用せずに支払うものであることを規定し（2321条1項、3項）、ただし、担保引受人は、受益者（債権者）の濫用または詐欺的主張であることが明らかな場合、または、委託者との通謀による場合には、責任を負わないことを認める（同2項）。

(d)　**担保引受期間**　　DCFR Ⅳ. G.- 3 :107条(1)は、担保引受の期間が明示または　**11-66**
黙示に合意されている場合、債権者が期間満了前に履行を請求した場合には、期間満了後であっても、担保引受人はなお責任を負うものと規定する。同(2)は、担保の引受期間が合意されていないときは、担保引受人は、債権者に対して、3か月以上の期間を定めた通知をすることにより、担保についての期間の制限を定めることができること、また、この場合、担保引受人の責任は、この定められた期間内に債権者が請求できた額に制限されると規定する。ただし、担保が特定の目的のために提供された場合には、以上の規定は適用にならないものとされている。

(e)　**担保引受人が履行をした場合**　　　　　　　　　　　　　　　　　　**11-67**

　　ア　債権者に対する返還請求　　DCFR Ⅳ. G.- 3 :106条(1)は、①請求のための要件が充たされていなかった、または、後に充たさなくなった場合、②請求が、明らかに濫用的または詐欺的であった場合には、履行をした担保引受人は債権者が受けた利益の返還を請求することができるものと規定する。履行が無効であれば、その返還を請求できることは、当然である。

　　イ　依頼者（債務者）に対する求償　　　　　　　　　　　　　　　**11-68**

　❶　求償の認否　　独立担保は、「とにかくまず支払って、後で取り戻す」

---

731)　M. Cabrillac, C. Mouly, S. Cabrillac, P. Pétal, n° 528, p.394.

（payez d'abord, recouvrez ensuite, solve e repete, pay and recover）という制度である[731]。被担保者からの回収不能が損害担保の対象の場合、求償を認めても実際上意味はないが、理論的には求償を否定する必要はない。被担保者が損害賠償義務を負う場合も、連帯債務の関係に立つため、担保引受人からの求償を否定する必要はない。被担保者が損害賠償義務を負わない場合には、もちろん求償は認められない。損害担保引受人が借主の依頼を受けて損害担保契約をした場合には、委任者に対して求償をすることができるとして、650条1項、459条、442条2項を援用する説明もされている[732]。

11-69　　❷　**弁済者代位の可否**　　あくまでも連帯債務者間の求償権であり、付従性を有しない独立した義務であるとすれば、損害担保義務を履行しても、借主の債務を代わりに弁済したのではなく、弁済者代位は認められないことになる。しかし、保証人の代位弁済と損害担保義務者による損害の填補とは、実質的に差がないので、弁済者代位を認めてよいという考えがある[733]。本書も、類推適用として弁済者代位を認めたい。

11-70　　❸　**保証人、共同損害担保引受人に対する求償**　　損害担保引受人の他に保証人がいる場合、損害担保負担者からの保証人に対する求償（および弁済者代位の類推適用）、または、保証人からの損害担保引受人に対する求償はどう考えるべきであろうか。損害担保引受人に被担保者に対する求償を認める以上、弁済者代位を類推適用してよく、また、衡平の観点から、他の保証人に対して465条1項を類推適用してよい。また、保証人からの465条1項の求償を認めなければ衡平ではない。さらに、複数の損害担保負担者がいる場合にも、465条1項の類推適用を認めるべきである。

732)　峯崎・前掲論文（**注668**）766頁。
733)　峯崎・前掲論文（**注668**）768頁以下。

第12章

保証以外の人的担保3
——経営指導念書（支援表明・経営支援状）

1 経営指導念書の意義および法的問題点 12-1

（1） 経営指導念書の意義

(a) **実務から生まれた取引**　親会社が、子会社に融資をしようとする金融機関や子会社と継続的供給契約を開始しようとする会社に対して、子会社への融資また子会社との取引を要請し、金融機関や相手方がこれに応じて融資を行ったり取引を開始することがある[734]。この際に発行される書面（親会社以外が念書を出す場合もあり、また、書面に付される名称は一様ではない）が、広い意味で「**経営指導念書**」といわれるものであるが、経営指導念書という法律上規定された概念があるわけではない。もちろん規制する法令もなく、契約自由そして契約解釈に任されている。親会社は、子会社を支援することを約束し、金融機関らは親会社の後盾・支援の約束を信頼して融資や取引を行うのである。

◆**信用委任** 12-2
　保証人になるCが、債権者（貸主）となるAに、第三者Bに対して信用を供与（融資）することを依頼し、その危険を委任者Cが引き受ける契約を**信用委任**という[735]。保証契約そのもの以上の要素が含まれ、AはCとの関係で、Bへの信用供与（融資）を義務づけられることになる。ロ

---

734)　国際取引で行われていた取引であるが——独立担保同様に国際取引では保証が禁止されているといった事情がある——、1960年代に英米法諸国で行われるようになり、日本国内でもバブル時代に行われ、不良債権と共に問題となってきたものであり、裏保証などともいわれる。保証債務とされることを避けるために、このような念書にしたり、保証予約にしておくことがされたが、保証予約については、商法260条2項2号の「多額の借財」に該当するという東京地判平9・3・17判時1605号141頁がありこの実益はないことが明らかにされている。

ーマ法では、保証契約は問答契約であったため、その不便を補うために用いられたものであり、現在では、AのBに対する融資につきCが危険を引き受けるというAC間の合意は、保証債務の引受であると考えられる。CがAに対してBへの融資を委託するものであり、委任規定が類推適用され、信用供与に保証規定が適用になり、信用供与後も保証規定を補うものとして、委任規定が合わせて適用されると考えられている[736]。CがAにBへの融資をお願いする点は経営指導念書の提供と類似するが、回収しえない危険を引き受けるというのは保証契約と理解してよい。

12-3　(b)　両当事者のせめぎ合いの産物

　　　ア　保証にはしないことの合意がある　　親会社が経営指導念書を発行するのは、債権者側は保証を望んでいるが、保証は避けたいためである[737]。保証契約では財務諸表への注記が必要になり信用格付けに影響し[738]、また、取締役会の決議が必要になり、取締役会議事録に記載され株主に閲覧されるなどの問題があるため、親会社としてはぜひとも保証は避けたいのである。相手方も保証を避けることを了解して、経営指導念書を作成しており、保証文言が含まれていない限り、保証とは認められない。

12-4　　　イ　法的効力は皆無か　　では、何らの法的効果もないのであろうか。この点、親会社としては、保証を避けるだけでなく、何らの法的効力が認められない紳士協定的な合意に止めようとし、他方、債権者側は、保証は無理でも、何らかの法的責任の追及が可能な文言にしようと努めることになる。この両者の異なる意思に基づく文面作成のせめぎ合いで、妥協して書面が作成されることになる[739]。両者の思惑は食い違い、確かに「合意」はあるが、意思の合致を確定す

---

735)　信用委任については、中川一郎「信用委任(I)」新報44巻10号（1934）51頁以下、**注民（II）**149頁以下［西村信雄］、伊藤進「ドイツにおける信用委任（Kreditauftrag）」**伊藤・保証・人的担保論**71頁参照。

736)　伊藤進「狭義の保証人以外の人的担保」**伊藤・保証・人的担保論**68頁。

737)　親会社が保証に応じて、連帯保証をすることももちろんある（堀・前掲論文（**注58**）110頁）。経営指導念書によることの事情はフランスでも同じであり、親会社が、保証や独立担保を負担することなく、子会社の支払につき取引の相手方（債権者）に何らかの信用を与えることが目的とされている（M. Cabrillac, C. Mouly, S. Cabrillac, P. Pétal, p.419, nº 568）。相手方も、親会社が子会社を放置して倒産させることはないだろうと事実上期待することになる。

738)　この点は、2000年3月期決算から連結財務諸表が導入され、子会社の負債は、借入れは負債の部に記載されることになり、これに対応する親会社の保証債務は注記されないことになったため、敢えて保証を避ける必要はなくなった。なお、平成11年の日本公認会計士協会の監査委員会報告書第61号「債務保証及び保証類似行為の会計処理及び表示に関する監査上の取扱い」は、法的効力が保証契約ないし保証予約と同様と認められるについては、保証に順ずるものとして注記の対象としているが、具体的にどのような場合がその対象になるかは明らかにはされていない。

739)　**滝川・経営指導念書**13頁。本来は、国際金融取引で発達してきた取引である。別冊商事法務172号73頁の北発言（ブリヂストン）によれば、具体的文言は1つ1つ銀行とやり合って決めているということである。

340

るのは困難を極める。規範的解釈といっても、契約締結の事情、採用された文言
など多様であり、一義的には考えられない。

(c)　**適切な規定もなく解釈に任されまた事例も多様**　　このように両者の思惑の　　12-5
違いから、妥協により出来上がった念書は文言上明確性を欠くことが少なくない
といわれる[740]。両者の意思が合致していれば問題は起きないが、両者の意思が
合致していないことが、その性質上往々に見られるのである。そのために、<u>契約</u>
<u>なのか</u>またどういう契約なのかが議論されることになる。次にみるような多様な
事例があり、契約解釈とはいいながら、判例法による事例類型に応じた任意規範
を創設する作業がここでは行われなければならない[741]。

(2)　多様な経営指導念書 　　12-6

　　親会社による金融機関への融資についての支援状交付の事例を念頭にして説明
するが、経営指導念書に用いられる文言には次のようなものがある[742]。①から
⑤そして⑨は、保証と異なり支援を約束するだけであるが、⑥から⑧は保証予約
または保証類似の合意と認められる可能性の高い事例になる[743]。

【表12- 6】支援状に用いられる表現（文言）
①　融資認識文言　　親会社が、子会社の借入れについて十分認識していることを確認する 　　文言
②　財務情報提供文言　　親会社が、金融機関に対して子会社の財務情報について報告する

---

740)　秦光昭「経営指導念書の効力」銀法560号（1999）46頁。別冊商事法務172号巻末資料に、英文
　　とその試訳が掲載されている。
741)　経営指導念書については、その効力が不明瞭であり否定される可能性が大きいため、このよう
　　な念書は避けるべきであると評されている（例えば、吉田光碩「『経営指導念書』の効力」金法
　　1572号 [2000] 5 頁、同「経営指導念書」**椿ほか・法理**298頁以下、三上徹「判批」金法1581号
　　[2000] 139頁）。都市銀行行内マニュアルでは（別冊商事法務172号19頁）、「「ないよりはまし」程
　　度に考えておくのが無難」とされている（同書74頁も参照）。
742)　**滝川・経営指導念書**26頁以下を参考にした。緒方延泰「経営指導念書の法的効力」JIPCA ジャ
　　ーナル536号71頁は、①親子関係の維持、②指導監督、③デフォルト防止、および、④デフォルト
　　による損害防止の 4 つに大きく分類する。
743)　フランスでも、用いられる表現により、①債務者が支援状提出会社のグループ企業に属するこ
　　と、これまでの子会社の支援状況といった事実関係を客観的に確認するだけのもの、②債権者に満
　　足を与えるようにするというせいぜい紳士的合意にすぎないもの、③極めて補充性のある保証を負
　　担する場合、④より厳しめの保証を負担する場合、⑤連帯債務の負担する場合、⑥何らかの為す債
　　務を負担する場合、例えば、親子会社の関係を維持し、支払のために経済的支援をすることを約束
　　する場合に分けられる（M. Cabrillac, C. Mouly, S. Cabrillac, P. Pétal, n° 569, p.420）。

　　　　旨を約する文言

③　出資比率維持文言（支援文言１）　　親子会社関係を維持することを約束する文言（出資
　　比率を維持することを約束するものと、変動があったときには連絡するというだけの
　　ものとがある）

④　経営・財務指導維持文言（支援文言２）　　子会社の営業、経営ないし財務内容に関して、
　　健全性を維持するための指導を約する文言（指導・監督を約束するもの、その努力を
　　宣言するだけのものがある）

⑤　資金援助文言（支援文言３）　　親会社が、子会社に何らかの財政的支援を行うことを約
　　束する文言（資金援助を行うことを約束するものから、資金援助を行う方針であるこ
　　とを宣言するだけのものがある）

⑥　債務履行文言（保証類似文言１）　　親会社が、子会社が履行できない場合に、自ら履行
　　をし債権者に一切迷惑をかけないとする文言

⑦　損害担保文言（保証類似文言２）　　⑥と類似するが、代わりに債務を履行するというの
　　ではなく、子会社に万一債務不履行が生じた場合に、回収不能の損害に関して責任を
　　負う旨の文言

⑧　保証予約文言（保証類似文言３）　　金融機関より請求があれば、保証契約が成立するな
　　いし別途連帯保証契約を結ぶといった文言

⑨　保証拒絶文言　　逆に、保証ではない旨を明言する文言を入れておくこともある

12-7　**2**　経営指導念書をめぐる学説・判例について

（1）　学説における議論の端緒

(a)　**議論の始まり**　　経営指導念書の問題が議論し始められたのは、昭和50年
代になってからのことであり、判例もなく、国際金融取引で用いられるものであ
り——先にみたように保証が使えないという事情がある——、外国での状況が紹
介される程度であった[744]。その後、バブル期には、国内取引においても経営指
導念書がかなり用いられたようであるが、判例が現れるのは、親会社さえ倒産の
危機に瀕するようになるバブル崩壊後の平成９年からである。公刊されている判
決は保証や損害担保契約ないしそれに類する合意の成立を否定している。研究と

---

744)　桃尾重明「letter of comfort と保証」金法975号（1981）４頁、小杉丈夫「comfort letter の法的
　　性質とその効力」手研334号（1982）56頁、飯田康弘「いわゆる経営指導念書の法的性質とその効
　　力」手研393号（1988）４頁がパイオニア的な論稿である。

しては、実務家による論説が多く、判例の登場と時期を同じくしていくつか登場する。また、比較法として、ドイツ法やフランス法の状況も紹介され[745]、比較法研究に合わせて学者もこの分野の議論に参戦をし、議論が更に深められていく。

(b)　**学説による分析**　その後、日本の実務において用いられている経営指導念　12-8
書を詳しく分析して、その文言に即した法的扱いを論じる著作が平成13年に公刊される（滝川・経営指導念書）。その後、法的効力を否定しようとする論稿が出されているが（森下論文）、多様な内容の非典型担保として分析をしようとする論稿もある（椿久美子論文☞12-26）。これまで、経営指導念書について議論されてきた問題点は、どのような念書にどのような効力が認められるのか、ということである。敷衍すると、①単なる念書を超えて、法的な債務負担と認められるためには、どのような要件が必要なのか、②保証契約と認定できるためにはどのような念書であることが必要なのか、また、③保証以外の債務負担と認められるとすると、それはどのような債務を負担する契約で、その責任内容はどういったものなのか、といったことが問題となっている。

(2)　**経営指導念書をめぐる判例の状況——全て責任を否定**　　12-9

　判例ではこれまで問題になった事例では、いずれも契約とは認められず、法的な効力は否定され、また、損害賠償請求も否定されている[746]。なお、保証かどうかが争われた事例は、保証契約が要式契約とされる前の事例であり、被担保債権や保証という文言が書面にはなくても、意思表示解釈として保証契約と認定す

---

745)　ドイツ法については椿久美子「保証予約および経営指導念書の法的効力」**椿ほか・研究**148頁以下、フランス法については、平野裕之「フランス法における lettre d'intention の法理について」法論71巻4・5号（1999）101頁以下がある。フランスでは、2006年のオルドナンスによる民法典の改正に際し、2322条（2021年改正による変更なし）に、「経営支援状は、債権者に対するその債務の履行につき、債務者に支援をするための作為又は不作為を行う義務である」と定義規定を置いた。保証や独立債務と異なり「支援」のための為す・為さない（親子会社の関係を切らない）債務を負担する契約と法定された。為す・為さない債務を認める従前の判例の先例価値が認められることになる。保証債務ではないため、①金銭の支払をするということを約束するものではなく、②子会社の特定した支払についての従たる債務ではなく、独立した為す・為さない債務を負担することを約束することが必要になる（M. Cabrillac, C. Mouly, S. Cabrillac, P. Pétal, n° 575, p.426）。実際に付けられる名称は、lettre d'intention の他、lettre de parrainage, lettre d'apaisement, lettre de confort 等多様であり、名称の如何は問わない。なお、保証と認定することは、2294条1項が「保証契約は明確なものでなければならない」と規定しているため認められないことになる。なお、**DCFR** IV. G.-2:101条(2)は、「拘束力のある支援状があるときは、付従的人的担保が成立するものと推定する」と規定する。

る可能性があったため議論がされている。現在では、保証契約は要式契約化されているので、保証であることが明確に記載されることが必要であり、保証の認定をめぐる議論に関する限り過去の議論といってよい。

12-10 (a) **保証との主張が退けられた事例**（東京地判平9・4・28金判1040号48頁[747]）

　　　ア　**本件判決**　　表記判決は、関連会社であるAリースおよびBファイナンスの経営再建のための支援を要請するに際し、Yが「期日到来まで契約金利の利払いを遵守させ、期日にはご返済申し上げます。」という文言の記載された確認書を差し入れた事例で、連帯保証だという主張がされたが、「本件確認書作成の経緯から、本件文言が連帯保証を約束したものと認めることはできない」としている。

12-11 　　　イ　**本判決の評価**　　本判決については、その経緯からして、保証意思（裏保証）があったことを認める余地があるものと評価し判決に批判的な評価[748]、積極的に保証認めるべきであったという評価[749]、また、損害担保契約ともいうべき約定であったという評価[750] もあるが、判決の結論をやむをえないという評価もされている[751]。

12-12 (b) **保証または損害担保契約との主張が退けられた事例**（東京地判平11・1・22判時1687号98頁[752]）

　　　ア　**本件判決**　　親会社であるY銀行が子会社Aの取引先Xに対して、「……会社の業務内容につきましては、親銀行として今後とも指導監督を致します」、「その事業経営については、当社としても深く関心をもち、協力をおしまない」。「金銭消費貸借契約書に基づく債務の履行が困難と認められるに至った場合

---

746)　このほか、東京地判昭40・10・28判タ185頁は、「右約束は必ず実行させます」という記載が被告によりされていた事例で、保証を要求されたがこれを拒絶し、後見的な立場からこのような記載がされたにすぎないという背景から、保証がされたとは認められないとしている。**滝川・経営指導念書**37頁も、「実行させます」となっていて自ら実行するというものではないことから、保証ではないという判断に賛成している。

747)　本判決の判例評釈として、並木茂「判批」金法1526号14頁、野口恵三「判批」NBL639号64頁。

748)　野口恵三「判批」NBL639号64頁、渡辺博巳「判批」ジュリ1154号119頁。

749)　並木茂「判批」金法1526号14頁以下。

750)　野口恵三「判批」NBL639号67頁。

751)　秦・前掲論文（**注740**）46頁、**滝川・経営指導念書**41頁。なお、田原睦夫「『経営指導念書』とその法的効力」金法1590号（2000）5頁は、各事案とも念書に基づく法的責任を追及するのは難しい事例であると評している。

752)　本判決の判例評釈として、萩原秀紀「判批」平成11年度主要民事判例解説（判タ1036号）84頁、三上徹「判批」金融判例100（金法1581号）138頁、堀龍兒「判批」リマークス21号【2000】（下）34頁、森下哲朗「判批」ジュリ1235号94頁がある。

は、当社が……に対し援助を講ずることにより……が貴社に対し、ご迷惑をおかけしないよう十分配慮致す所存であります」等の約束がされた事例で、保証契約または損害担保契約との主張がされたが、「本件念書の文言、その作成過程を斟酌しても保証したものと認めることはできない」、「法的義務を負担するとの意思で、本件念書を交付したと解することはでき」ないとされている。

　　イ　本判決の評価　　口頭で複数回「保証である」と説明をしていたとしても、念書自体がそうでない限り過度の期待をかけ得ないことを、本判決は示していると評されており[753]、また、経営指導念書に法的効力を否定する立場からも、論旨に疑問はあるが、保証を否定した結論には賛成がされている[754]。これに対して、堀教授（執筆当時は日商岩井）は、後述する立場から②判決に疑問を提起し、最善を尽くしていなければ損害担保責任が生じる余地があったと主張している（☞12-25）。

(C)　損害担保契約との主張が退けられた事例　　12-14

　　ア　東京地判平11・6・28判時1703号150頁[755]　　本判決は、「弊行と致しましても同社の経営計画遂行には責任を持って臨んでおり、貴会には一切のご迷惑もおかけしないことを確約いたします。」という念書が発行された事例で、損害担保の合意の成立が主張されたが、「経営責任、監督責任を認め、この決意を表明することはできるが、保証は実質的なものであっても受け入れられないという態度を一貫して執り続けていたこと」から、損害担保契約が成立したとはいえないとされた[756]。母体行が一貫して保証を拒否していた背景から、保証契約を否定した結論は正当とされている[757]。

　　イ　東京地判平12・4・17金法1609号56頁　　本判決は、「貴社から借り　　12-15
受けた借入金及び、これに附帯する一切の債務についても、当組合は、同社をして約定書の各条項を遵守させます」等の文言の含んだ念書につき、「直接何らかの法的責任を負担するとの趣旨を読みとることはできない」、典型的合意は保証

---

753)　**滝川・経営指導念書**44頁。

754)　森下哲朗「判批」ジュリ1235号（2002）95頁以下。

755)　本判決の判例評釈として、西尾信一「判批」銀法44巻3号54頁、落合誠一「判批」ジュリ1233号128頁。

756)　椿久美子「損害担保契約の多様性と指導念書・請求払無因保証（下）」NBL782号（2004）66頁は、「監督義務を負う意思が明確であることから、監督義務を認め、私見による②類型の損害賠償責任を負うと解することができるのではなかろうか」という。

757)　落合・前掲判批（**注755**）129頁、西尾信一「判批」銀法573号54頁。

であり、「これと異なる非典型的合意があったとみるためには、文言上も、その責任の内容及びその要件となる事実について、<u>少なくとも、その概略が記載されていなければならない</u>」、「「迷惑をかけない」との日常的用語が記載されているのみで、<u>その責任の内容はもちろんYが責任を負うべき場合の要件に触れるところがない</u>」ため、「支払担保約束を表示したものとみることはできない」とされた。

12-16 **(d) 債務不履行発生防止義務負担との主張が退けられた事例**（東京地判平11・9・30金法1584号85頁[758]）

　　　ア　**問題とされた事実**　　①YはXに対して、「将来同社の債務不履行が生じないよう、責任をもって管理・監督していくことを確約いたします」等と約束したが、②「Xを含む銀行からの再三の保証書の差入れ要求に対しても、それに応じるわけにはいかない旨回答し、保証書は差し入れなかったという経過がある」。このことから、表記判決は、次のように法的責任を引き受ける合意とは見られないと判示している。

12-17 　　　イ　**判旨（法的責任否定）**　　上記記載は「<u>甚だ抽象的であり、Yの負担すべき具体的義務が明確化されていない</u>。債務不履行が発生する要因は様々であるから、債務不履行が発生した以上いかなる場合にも責任を負うということになれば、Yにおいて結果責任を負担することになり、相当でない。」「したがって、<u>Yの負担すべき義務内容について具体的明確性を有しない</u>本件念書をもって、YにX主張のような<u>債務不履行発生防止義務という法的債務を負担させたものと認めることは困難</u>といわざるを得ない」とされた。

12-18 　　　ウ　**本判決の評価**　　念書の効力に対して厳しい姿勢がうかがわれるが、認定の事実からは両当事者が法的効力を強く期待していたとは見られないとして、本判決は評価されている[759]。契約上の債務負担としては、その内容の不明瞭性故に効力を認められないとしても、先行行為に基づく作為義務を認め、その違反による不法行為を認める余地はある。支援状の提出があるので、適切な支援を親会社として行うものと期待して子会社に融資をするのであり、適切な支援をせず倒産すれば損害を被るということが予見できる以上、不法行為を認めることは十

---

758)　判例評釈として、中野宏一「判批」平成12年度主要民事判例解説（判タ1065号）70頁。
759)　中野・前掲判批（**注758**）71頁。

分可能である。免責を明確に約束することが寧ろ必要であり、上記支援状には責任を負わない旨の合意はない。

(e) 保証契約、損害担保契約、指導・監督・育成義務との主張が退けられた事例 12-19
（東京地判平12・12・20金判1115号50頁[760]）

　本判決は、「当社としても<u>常に経営に対して関心を払い、指導・監督・育成を行う所存であり、貴行にご迷惑をおかけしない様充分配慮致します</u>」などと書かれた念書につき、取締役会決議を経ず、かつまた有価証券報告書にも記載していないことから、「本件念書については、<u>右各保証書とは異なる性格の文書として取り扱っていた</u>。本件念書は、その文言及び差入れの経緯等からして、Ｙが主張するような、保証契約、損害担保契約、指導・監督・育成義務といった法的効力を有するものとは認められない」と判示する。まさに判決のいうとおりと評するほかないといわれている[761]。しかし、**12-18**に述べたことは、本件にもあてはまる。

(f) 判例の評価 12-20

　ア　契約上の債務の引受　　保証は現在では要式契約となっており、書面で明確に保証契約ということが示される必要があり、保証契約の認定をめぐっては、現在は問題が生じない。そのため、保証契約以外の契約を認定できないかが問題になる。以上の判決は、いずれも法的義務を負担する「契約」であることさえ否定している。保証や損害担保契約として明確に合意できるのにそれを避けたという親会社の事情のみを評価していると批判されてもやむを得ない。

　イ　不法行為の可能性　　不法行為の一般論として、近時は先行行為に基づ 12-21 く作為義務を活用して、不法行為——全くの不作為ではなく、作為義務の不十分な履行という形での義務違反——を認める傾向にある。ところが、支援状の提出については、債務の負担が認められないのみならず、不法行為責任に基づく損害賠償請求も否定されている。不法行為の作為義務は明確に合意されることは要件ではない。判例は、「債権者にのみ過大な損害を与える結果になっている」と評されている[762]。それを信頼して融資や取引をした債権者の信頼はないがしろにされている。できるのに明確にそのような合意にしなかった自己責任というのは、

---

760)　西尾信一「判批」銀法45巻7号84頁、塩崎勤「判批」登記インターネット43号73頁。
761)　西尾・前掲判批（**注760**）85頁。
762)　椿久美子・前掲論文（**注756**）65頁。三上徹「判批」金法1581号139頁は、「正式保証が徴求できなかった事実がすべてを語るというわけでもなかろうが、この種念書が法的効力を持つに至るハードルは高いと考えざるをえない」という。

少なくとも不法行為にはあてはまらず、逆に明確な免責の合意がなければ責任を免れないのではなかろうか。ないしは、適切な支援をしたという義務違反の否定が必要である。

| 12-22 | **(3) 経営指導念書をめぐる学説の状況** |

(a) **実務家による評価**　実務家には、単に道義的な責任を生じさせるものとするのが当事者の共通の意思と考えるのが自然であるとして、法的責任を否定しようという主張もある[763]。元銀行実務家でもある学者の意見であり、わが国の実態を踏まえた解釈として、傾聴に値する。他方で、実務家（元商社法務部）にも、法的責任を積極的に認めていくべきであるという提言もされている[764]。

12-23　(b) **経営指導念書の解釈の基準**　「念書作成の経緯やその文言等を総合考慮して検討する必要がある」[765]といったことが述べられる程度である。多少詳しい分析としては、「疑わしきは作成者の不利に」原則と、「表示相手方から見た表示行為の意味の確定」原則に照らし、支援行為の内容決定にとってイニシアチブをとったのはどちらの当事者か、その者の意図は相手方にとってどのようなものとして理解されえたかを規準として、法的意味内容を確定すべきであるという提案がある[766]。なお、文面があいまいな場合には、担当者が口頭で内容を確認して

---

763)　森下哲朗「経営指導念書の将来」ジュリ1230号（2002）94頁以下。道義的責任を負わせる念書でも意味がないのではなく、履行しないと金融界の不評をかうおそれがあるといわれ（飯田・前掲論文（**注744**）6頁）、せめてそのような効果で満足するということもありえないではない。ただし、債務負担の意思表示と認められないとしても、そのような念書をいれて信頼させて融資を実行させたのであれば、不法行為による損害賠償請求の余地はあると考えられている（飯田・前掲論文（**注744**）393頁）。

764)　堀・前掲判批（**注752**）36頁。同37頁では、「この経営指導念書の交付によって、多額の債権・債務が発生しているのであり、単なる紙切れではないのである」、また、「母体行に何らかの責任を負わしたいから経営指導念書を入手するのであって、全く責任のない道義的責任を期待していないのは常識的にみて明らかである」ともいう。匿名座談会「あいまいな担保」債権管理46号34頁の匿名発言Eも、何億という融資が経営指導念書を前提として行われているわけで、念書を差し入れる当事者はなんらかの責任の発生を予め予測していると考えるのが自然だという。

765)　中野・前掲判批（**注758**）71頁（判例④の判批）。文言以外の背景としては、まず子会社の信用状態が考えられる。保証なしには融資が考えられないほど子会社が信用不安の状態の場合には、金融機関が経営指導念書のみで納得するとは考えられないといわれる（**滝川・経営指導念書**89頁）。また、親会社が具体的な子会社債権策を提出していたか否か、保証を要求されたが再三拒絶して、経営指導念書で妥協したという事情、金融についての専門知識を有する当事者間であること、などが考えられる。更に、親子会社以外の場合も考えれば、念書発行会社と債務者との関係も、考慮されるべき背景に入る。

766)　潮見佳男「非典型法人保証」**別冊 NBL61号**133頁。

いるはずであるとして、文面以外からその意味内容を確定すべきことを示唆する提案もある[767]。

(C)　損害賠償義務を認めることはできないか　　　　　　12-24

　ア　損害賠償義務を認める可能性

　❶　否定的見解の根拠　　経営指導義務違反を理由に損害賠償を請求できるためには、その義務が抽象的なものにとどまらず、内容が具体的に定まっている必要があるといわれている[768]。判例が法的義務の引受を否定する根拠として考慮するのは、支援を約束する側が、責任負担を避けるために曖昧な表現にしたという事情である。表現もさながら、責任を回避しようとして支援状にしたということを高く評価するのである。しかし、親会社の後ろ盾を事実上期待したにすぎないのではなく、支援を、その内容を具体的には合意していないものの約束し、相手方はそれを信頼して取引をしているのである。

　❷　積極的な見解　　他方、積極的な評価をすべきことも提案されている。　12-25
「資金援助義務」を規定するものがあり、「その経済的効果は実質的に保証と同じであり、その法的効果も契約違反に対する損害賠償義務によって担保されることになる」といわれている[769]。道義的責任しか生じないといわれている「迷惑をかけない」といった文言の場合でも、商取引において一番の「迷惑」とは、損害、損失であり、損害、損失を負わさないようにするということであり、これは「ま

---

767)　並木茂「判批」金法1526号22頁。飯田康弘「いわゆる経営指導念書の法的性質とその効力」手研393号（1987）4頁は、「その具体的内容と当事者の意思によって決せられるべき」というが、おそらく意思の認定について交渉の経緯等の事情が考慮されるのであろう。

768)　田原睦夫「『経営指導念書』とその法的効力」金法1590号（2000）5頁。秦光昭「経営指導念書の効力」銀法560号（1999）51頁は、「たんに、親会社としての子会社に対する経営方針、意図、指導・支援の約束といった内容のものについては、法的な責任を伴わないと解すべき場合が多い」という。金融機関関係者ないし元関係者の意見は、経営指導念書に厳しい傾向がみられる。飯田・前掲論文（**注744**）6頁もこれらの「義務を負担する旨を約束したものであれば」という留保つきであり、義務を負担する合意か道義的な努力規定なのか、識別は容易ではないであろう。座談会「子会社救済と親会社取締役の責任」別冊商事法務172号73頁では、「○○させます」といったら義務になるということが、事業者側によって肯定されている。

769)　坪田潤二郎「保証類似の書状の種類と効力」金法975号（1981）8頁。

770)　堀・前掲判批（**注752**）37頁。飯田・前掲論文（**注744**）7頁も、一切銀行には迷惑をかけない旨を約束したのであれば、補償契約ないし損害担保契約を含むものといえるというが、堀論文はより広く認めようという趣旨と考えてよい。匿名座談会「あいまいな担保」債権管理46号34頁の匿名発言Cは、「迷惑をかけない」という目的の存在を前提とすると、ある程度責任を伴った義務と捕らえることができ、放漫経営が放置された結果倒産した場合に、指導・監督の義務を怠った責任を問える余地があるという。なお、都市銀行行内マニュアルでは（別冊商事法務172号19頁）、「子会社の借入金については貴行に迷惑・損害をおかけしません」などの表現を挿入してもらって、損害担保責任を追及できる余地を残しておきたいところですと指摘されている。

さに、損害担保責任があるとみるべきである」とする[770]。ただ、債務の内容、責任の内容は詳しくは議論されていない。

イ　椿久美子教授の提案　椿久美子教授は、場合によっては、弱い法的義務を認め、義務違反による損害賠償責任を認め[771]、また、「指導念書を、保証でも損害担保でもない段階的な法的効果を持つ新しい保証類似の人的担保として認めてはどうだろうか」という[772]。そして、ドイツの議論を参考として３つに分け、①道義的責任類型（弱い支援表明）、②不法行為責任あるいは契約責任による損害賠償責任類型（中間的な支援表明）、③履行責任（強い支援表明）と、段階的に分け「法的効力に等級をつけることのできる保証類似の人的担保」と解すべきであるという。

(d)　文言により類型化する提案

ア　法的効果が否定される場合――【表12- 6 】①～④　経営指導念書に用いられた文言を基準とした分析が、滝川弁護士によって行われている[773]。先に掲げた【表12- 6 】を基準とする。①融資認識文言については、法的効力をもつものとはいえない。②財務情報提供文言は、文言からいって念書差し入れ者の法的責任を問うことは難しい。③出資比率維持文言は、法的効果があると考えら

---

770)　椿久美子「取引における保証・物上保証の機能」『現代取引法の基礎的課題』（有斐閣・1999）487頁。

771)　椿久美子・前掲論文（**注756**）65頁。

773)　滝川・経営指導念書132頁以下。緒方・前掲論文（**注742**）72頁も４つに類型化した上で、①親子会社関係維持の文言は明白であり、この義務の違反し親子関係の解消により子会社が信用失墜し、その結果回収不能になったとの因果関係を証明して、債務不履行または不法行為に基づく損害賠償を請求できる、②指導監督文言については、法的義務と規定されたものであれば、債務不履行を問題にできるが、債務不履行の事実および因果関係の証明は①よりもはるかに困難である、③デフォルト防止文言の場合には、文言により、保証契約または損害担保契約が問題になるが、「支援」の約束にすぎなければ、支援義務違反による債務不履行または不法行為に基づく損害賠償請求が可能である、④デフォルトによる損害防止文言については、一義的には決められず、③同様支援義務違反を問題にするしかない場合も考えられる、という主張をしている。小林啓文「保証類似行為の実務上の論点」別冊商事法務172号（1995） 9 頁以下は、①基本型（道義責任型）、②債務履行支援型（子会社に直接間接に債務履行をさせる義務を負うもの）、および、③親会社負担型に分け、②については文言により微妙であるが、親会社の義務不履行による損害賠償責任が認められる可能性があり、③については、文言により、保証債務であったり、損害担保契約であったりするという。佐藤順哉「経営指導念書」『現代企業法務の課題と対策②』（新日本法規出版・1998）127頁以下も、経営指導先との関係を保持するという文言も、具体的状況の下では念書提出者の法的義務となりうる、義務違反により債務が支払えなくなったという因果関係が認められれば、損害賠償義務を負う可能性がないわけではない、②経営指導先を指導ないし管理する旨の文言の場合、何か為されるべき義務がある程度具体化されていれば法的義務になりうる、その約した具体的な義務について債務不履行となった場合には、損害賠償義務を負うことになる、とする。

れない。④経営・財務指導維持文言の場合には、ⓐ義務型の文言では、経営指導を怠った結果、子会社が倒産したならば、債務不履行に基づく損害賠償請求は可能であるが、金融機関が債務不履行の事実を立証することは難しい。ⓑ努力型の場合には、義務型よりも法的効力は更に弱い。

イ　損害賠償義務を認める余地がある場合 12-28

❶　**【表12-6】⑤の場合**　　滝川弁護士は、責任を認められる事例を認めるが、その可能性の肯定にも言及している。まず、【表12-6】⑤資金援助文言、ⓐ義務型の場合には、「その経済的効果は実質的には保証と同じであり、その法的効果も契約違反に対する損害賠償義務によって担保される」とする。他方、ⓑ努力型の場合には、義務型に比べ文言がかなりあいまいであり、資金援助を確定的に実施するとはいっていないので、道義的責任だけしか追及しえないという。

❷　**【表12-6】⑥の場合**　　また、【表12-6】⑥債務履行文言では、ⓐ約束 12-29
型では、「債務を履行することを保証いたします」という場合には、債務不履行を理由に損害賠償を請求できる可能性が高い、「債務を必ず実行させます」といった場合には、不法行為を理由に損害賠償を請求できる可能性が高い。これに対し、ⓑ努力型の場合には、間接的な表現にとどまっているので、債務不履行や不法行為の可能性はあるが、勝訴率はかなり落ち、「債務を弁済するよう配慮すべく最善の努力をいたします」という場合に至っては、道義的責任の追及しかできないという。

❸　**【表12-6】⑦⑧の場合**　　【表12-6】⑦損害担保文言の場合には、債務 12-30
者が債務を履行できないときは、金融機関は親会社に対して損害の補償を請求できる。【表12-6】⑧保証予約文言の場合には、協議型を除いて、保証と同様の効力が認められる。これらのように明確な文言の場合には、法的な責任を負担する合意が認められることになる。

(4)　**本書の立場** 12-31

(a)　**契約解釈の問題である**

ア　法的な義務の引受を否定する合意　　まず、経営指導念書に止めることにより、親会社は保証を避けるだけでなく、法的な責任まで引き受けないつもりであり、そのことを債権者側も了解している場合が考えられる。支援を努力義務

とし、自然債務のように支援するかどうかは正当事由の有無にかかわらず、親会社の任意（努力義務）とすることを合意していなければならない。その場合には、支援表明は形だけで、親子会社の関係にあるという事実を確認し、事実上の信頼を与えるだけである[774]。債務者の信用が高く、また、親会社の力関係が強い場合には、そのような合意に止めておくこともありうる。

12-32 **イ　法的な支援義務を引き受ける合意がある場合**

❶　法的な義務を引き受ける明確な合意があること　　他方で、債務者の信用に不安があり、債権者がなんらかの法的に確実なサポートがなければ融資や取引をしない意思を交渉において表明し、その不安を払拭し安心を与えることが意図され、これに答える形で、保証ではないが法的責任を引き受ける趣旨で合意がされることも考えられる。どのような義務を「債務」として引き受けるかは、契約自由に任され、この点は次に述べる。

12-33 **❷　引き受ける義務の内容**[775]　　①融資や取引による債権が回収できない損害を賠償する義務（損害担保契約）を約束する場合、②債務者が倒産し、債権回収ができなくならないよう、親会社として必要な支援をする義務のみを約束する──どの程度の支援にするかも合意で自由に決められる──場合とが考えられる。②では、親会社の責任が否定されるためには、約束された支援がされたこと、または、十分な支援はされなかったがその点につき親会社に帰責事由がなかったことが必要になる[776]。要するに最善を尽くしたことを証明すれば免責される[777]。

12-34 **(b)　法的義務を引き受けたか否か明確ではない場合**　　他方で、上記のいずれか明確ではない場合には、法的義務の引受を認定できない。しかし、積極的に一切

---

774)　法的な債務負担がないのに経営指導念書で安心するのは、親会社の関係が将来にわたり存続することが与信決定の重要な要素となる場合があるからであり、そのことを確認しておく必要があるためである（無署名「経営指導念書の"教訓"」金法1421号［1995］4頁）。そのような念書を融資判断の資料にしたいということもある（桃尾・前掲論文（**注744**）4頁）。

775)　フランスでは、①資本参加を維持する義務──新たに出資をする作為、保有株式を売却しない不作為──、②子会社が支払のために十分な財産を保持するため、その経営を監視する義務、③子会社がその債務を支払えるように必要な財政的支援をする義務を約束することが考えられている（M. Cabrillac, C. Mouly, S. Cabrillac, P. Pétal, n° 576, p.427）。いわゆる lettre d'intention は、①単なる道義的義務（simple engagement moral）の場合、②保証と認められる場合、および、③為す債務を引き受ける場合とに分けられ、③は手段債務と結果債務とに分けられ、それぞれ問題となる義務が整理されている（P. Delebecque, P. Simler, n°s332 et s., pp.387 et s.）。

776)　為す債務を約束する場合、履行の強制ができるのかは債務内容による。子会社の株式を売却しないと合意がされている場合には、その禁止を求められる。これに対して、子会社に財政的な支援をするという抽象的な内容の場合には、その方法は選択の自由があり、履行の強制には馴染まない。

の責任を免れることまで合意を受けていない。この場合、事実上支援をしてくれて、債務者が破綻して損害を被ることはないと債権者には信頼が成立することになる。その信頼を、(a)アの合意により払拭しない限り、親会社には信義則上この信頼に答えて適切な支援をする義務（不法行為上の義務）を負うと考えるべきである。これに違反し、適切な支援をせず、債務者が破綻し債権者に損害を与えた場合には、信義則上の義務違反による不法行為責任を負う。

(c)　**保証規定の類推適用の可否**　　債務不履行か不法行為かは問わず、12-33また12-34の責任が認められるためには、債権を回収できないという「損害」の発生が必要になる。債権者が債務者から債権の回収ができなかったことが必要になるため、単純保証のような補充性が認められることになる[778]。代位弁済をするものではないが、債務者の債務を実質的に代わりに履行するに等しく、受託保証人同様の求償権が認められる（事実上意味はないが）。債権者の融資や取引が安易・軽率また過大なものである場合には、過失相殺されるべきである。また、実質的には保証に等しい関係なので──使用者責任とは異なる──、親会社には、457条2項、3項を類推適用して、債務者の主張しうる抗弁を援用できると考えるべきである。

12-35

---

777)　それ故、債務内容の確定については、文言だけでなく、念書作成の経緯交渉過程での合意などが考慮されるべきである（無署名「確認書「経営指導念書」の法的効力」金法1511号［1998］66頁は、「やむをえず徴求・交付するときは、事実関係「当事者の発言等」をメモに残しておきましょう」とアドバイスされている）。また、当事者の意思が検討要素として挙げられるが（無署名「経営指導念書の"教訓"」金法1421号5頁）、合致した意思の探求は必要であり、それは念書外の合意の探求という作業に吸収され、念書をめぐる当事者の意思ないし理解が一致していない場合には、いずれの意思が優先されるべきかが、交渉経緯、文言の表現や内容などから決定される必要がある。

778)　この損害賠償義務は保証債務ではないが、ある程度の付従性が認められ、債務者の債務が時効により消滅すれば債権を前提とする損害も語りえなくなるので、損害賠償義務も消滅する可能性がある。なお、別に保証人がいる場合には、両者の関係は難問である。保証債務であれば共同保証として処理されるが、一方が念書の場合はどう考えるべきであろうか。保証があるので損害がないということになれば、親会社の損害賠償義務は認められないことになる。これに対して、あくまでも債務者からの回収不能の損害を受けているとすれば、債務不履行による損害賠償債権を取得し、保証人は支払をなせば全額代位できるということも考えられる。あくまでも、保証人に対して支援の約束をしているわけではないと考えれば前者のようであるが、保証人も支援の合意があることを考慮して保証人になっているはずとすれば、後者のように考える余地もある。いずれが、両当事者の法律関係の処理として公平かはこのような難問であるが、やはり保証よりも弱い効力しか認めないのが、念書の趣旨に合致するので、基本的には前者のように考えるべきである。

3 経営指導念書の将来

(a) **悲観的な評価**　　学説には法的責任が認められる類型を積極的に容認する提案があるものの、公刊されている判例には、支援状発行会社の責任を認めたものはない。経営指導念書の利用に対しては、実務家から警告がされている。「こうした念書に何らかの法的効力を期待し、これに依拠して与信取引を行うことは、きわめて危険である」[779]、「経営指導念書」は、「いざというときの債権回収には何ら役に立たないとの認識をもって、管理回収にあたるべきことになろうし、このような念書の受入れは、今後行わないようにすべきであろう」[780]、「経営指導念書は企業間の信頼関係を前提としたその道義的な効力に鈍化されて意義を持ち続けるべきものであり、法的な効力を期待された保証の代替物としての役割は終わるべきものである」[781] などと、消極的な評価によって占められている。

(b) **法的意義を認める積極的な評価——特定プロジェクトの事例**

　　ア　経営指導念書の再考　　東裕一教授は、自身の実務経験に基づき、本来この念書が使われた経緯から考察し、保証の代用ではなく、プロジェクトを企画・遂行する主体は債務者である事業会社ではなく、実質的にそれらの経営を支配している親会社・出資会社にあることから、債務保証ではなく、何らかの形でプロジェクト遂行上の責任を自覚して行ってほしいとの要請から出現したことを確認し[782]、このような念書の意義また将来像について積極的な評価をする。債権者は、親会社に保証責任の負担を求めるのではなく、プロジェクトの起案実行責任者として、当該プロジェクトの運営主体である債務者に対する指導監督を求め、当初計画通りの運営を保証してもらうというところに主眼があるという[783]。

　　イ　その旨の念書への明確化　　このことから、①念書は、保証のような補充的な役目を果たすために作成するものではなく、「差入者と債権者との間の直接契約であって、その法的効果も、債務者の不履行に起因するものではなく、差入者自身の債務不履行を咎め、債権者の蒙った損害の賠償を求めるためにされたものである」、そこで、債務不履行を問うための要件を具体的に記載すべきであ

---

779)　三上徹「判批」金法1581号（2000）138頁。
780)　吉田・前掲論文［金法1572号］（**注741**）4頁。
781)　森下・前掲論文（**注763**）88頁。
782)　東裕一「経営指導念書」大阪経大論集63巻4号（2012）68頁。
783)　東・前掲論文（**注782**）69頁。

354

るという。それが、本来の債権者の目的に沿った形になり、経営指導念書がこのような形で復権することが期待されている[784]。「もはや第三者のための担保・保証ではなく、契約当事者自身の主たる債務として構成され、差入者自身が債務不履行責任を負うことになる」と断言している[785]。

　　ウ　衰退しない　　東教授は、「企業法務の実務の現場では、経営指導念書　**12-39**
の文案作成公証における債権者と差入者双方の担当者達の意思は、お互いに一致しているのが現実ではないかと推測する」[786]と、これまでの理解は、保証というだけでなく法的責任もなんとか逃れようとするのが親会社の意思の一般的理解であるが、これに異論を提起する。親会社は、保証はしないが、「債務者の経営状態、財務内容、資金繰り等々については責任逃れをするつもりは毛頭ない」。債権者側も、債務者が倒産して不良債権が発生した上での保証債務の履行をしてもらうよりも、倒産に至らないように適切な経営指導を行ってもらい、当初の融資契約が順調に完済され円満終了してもらうことのほうが、本音ベースではありがたいと述べ、このような活用をすれば、衰退することはなく、「強固な具体的な実質的保証の域に達するのではないか」と述べている[787]。

(c)　**検討**　　　　　　　　　　　　　　　　　　　　　　　　　　　　　　　　**12-40**

　　ア　存在意義はないのか　　保証に拘泥しているのは、債権者側の弁護士の主張であり、ドイツやフランスでは、為す債務を問題とし債務不履行の問題としてアプローチをしている。その意味で、ドイツやフランスの判例を研究した上で上記東教授の説明を読むと、大きく頷くことができる。ただ実務家は、親会社は法的負担を避けようと努力していると述べており、また、訴訟ではそのような主張がされる。それは親会社側の弁護士のうがった見方なのか、それとも東教授の経験したような事例ばかりではないということなのか、おそらく後者であると思われる。やはり、経営指導念書も法的に為す債務を負担する合意として認められるものから、紳士協定的な表明に止まるものなど一様ではないといわざるをえない。その意味では、全ての念書が法的に有意義だというのではなく、そのような

---

784)　東・前掲論文（**注782**）70頁。そのために、「表明・保証条項」・「制約条項」を利用することを
　　提案する（同・71頁）。
785)　東・前掲論文（**注782**）72頁。「保証はできないが、それ以外であれば責任は持つ」という経営
　　指導念書の趣旨は全うしているという。
786)　東・前掲論文（**注782**）72頁。
787)　東・前掲論文（**注782**）72〜73頁。

有意義な念書もあるので、そのような念書を使うようにすれば正規の「為す債務」を負担する契約として実務に定着する、と交通整理をする意見として評価できる。

12-41 　　イ　運用の方向性　　1つの経営指導念書という概念があるわけではなく、個々の事例により、合意に至る経緯、また、合意で用いられた表現により、合意の内容また法的性質は異なる。そして、場合によっては、適切な支援等の「為す債務」を負担する合意と認める余地がある。これまで下級審判決しかないが、法的効力を付与することにつき慎重にすぎる嫌いがある。これからは、保証でも、損害担保契約でもない、為す債務を負担する契約として認め、解釈によりその内容を解明していくべきではないかと思われる。予見可能性が与えられるならば、実務でも正規の第三の人的担保として意義のある取引として活用される可能性は否定できない。保証と異なり誰でもできる合意ではなく、親会社や関連会社のみが行うことのできる取引として、重要な意義を有しているからである。

結　章

保証および人的担保の将来

(1)　保証法の現状の確認──保証法の多様化

(a)　個人保証をめぐる状況は変化している　　保証の研究で伝統的に想定されていた事例は、近親者や知人間の助け合い──もちろん債権者に対してではなく主債務者に対して──の精神に基づく**情義的保証**であり、相対的には減少はしているが、なくなってはいない。個人保証（第三者保証）が2017年改正民法などにより規制され、賃貸保証などでは有償保証の利用が増えているものの、依然として情義的保証の利用は多い。同じ個人保証でも、情義的保証とは別の観点から新たに問題とされた**経営者保証**についても、ガイドラインを含めソフトローによる規制が機能し、金融取引を中心として抑止されている。ただし、ソフトローの規制のない業種では相変わらず経営者保証は重宝されているものと思われる。保証人となる気概のない取締役とは取引をしないという、取締役の踏み絵的な意味合いを持たされているからである。

(b)　保証の多様化

　　ア　情義的保証は不滅だが減少している　　日常生活における助け合いの精神に基づく行為は、事務管理や無償委任（準委任）、使用貸借、無償寄託などがいつの時代であろうと存在し続けるように、情義的保証は、これからも絶えることはないと思われる。有償の保証などを利用すると費用がかかるが、これを節約する主債務者の利益も見落とせない。情義的保証がこれからも残る以上は、その責任制限や不合理な事例の抑止が立法また解釈の指針とされることも変わることはない。しかし、現在、情義的な関係を認められる者が減り、また、特に親族保証

については親族の数が減りまたその関係の希薄化が見られるようになり、いつまでも情義的保証に期待するわけにはいかない時代になっている。

K-3　　　イ　有償の保証委託契約に基づく保証の登場

❶　**営利取引としての有償の保証委託契約に基づく保証**　　現在、賃貸保証のように、従前通り保証を求めるが、賃貸人（ないしその管理会社）と提携している賃貸保証会社に、賃借人が有償で保証を委託して保証契約——これ自体は相変わらず無償契約——をしてもらう有償の保証委託が、主債務者が個人か事業者かを問わず普及している。賃貸保証会社は、債務保証だけでなく、賃貸人に代わり契約の解除や賃借人を退去させる等の事務を、賃貸人から委託を受け、それを保証委託契約で賃貸人が承諾するといった入り組んだ関係になっている。金融機関による支払承諾といった保証も、有償契約たる保証委託契約であり、保険同様に合理的な計算に基づく民間企業による営利取引である。

K-4　　❷　**準公的保証**　　また、有償の保証委託契約にも、中小企業の育成支援の一環として、公的資金を投入して保証機関を設立し、これに有償で保証をさせる場合もあり、保証委託契約だけみれば、❶と同じ有償契約であるが、制度自体かなり毛色が異なっている——民商法上の保証とは別物という理解もある——。日本の特徴である中小企業率が高いことから[788]、その育成・支援を図ることが公的政策としても要求され、準公的機関によるものとして、信用保証協会[789]また類似の機関による保証が普及している。先に説明したように、信用保証協会は昭和

---

788)　中小企業が圧倒的な割合を占めており、これが日本の産業構造の特徴である。中小企業の定義は、中小企業基本法により業種によって異なり、製造業その他では、資本金3億円以下、従業員300人以下（小規模事業者は20人以下）、卸売業では、資本金1億円以下、従業員100人以下（小規模事業者は5人以下）、サービス業は、資本金5000万円以下、従業員100人以下（小規模事業者は5人以下）、小売業は、資本金5000万円以下、従業員50人以下（小規模事業者は5人以下）とされている。経産省の中小企業庁による毎年白書が公表されている（最新版は2023年4月の「2023年版中小企業白書・小規模企業白書」）。2016年の経済センサス活動調査によると、個人事業主を含む中小企業は企業数で全体の99.7％、従業員数で68.8％を占めるということである。中小企業の支援は日本の経済政策として重要視されるものである。

789)　業務については、信用保証協会法20条1項（2項業務は省略）により、協会は、次に掲げる業務およびこれに付随する業務を行うことができるとして、①「中小企業者等が銀行その他の金融機関から資金の貸付け又は手形の割引を受けること等により金融機関に対して負担する債務の保証」、②「中小企業者等の債務を銀行その他の金融機関が保証する場合における当該保証債務の保証」、③「銀行その他の金融機関が株式会社日本政策金融公庫の委託を受けて中小企業者等に対する貸付けを行った場合、当該金融機関が中小企業者等の当該借入れによる債務を保証することとなる場合におけるその保証をしたこととなる債務の保証」、④「中小企業者が発行する社債（……）のうち銀行その他の金融機関が引き受けるものに係る債務の保証」である。

28年（1953年）制定の信用保証協会法によって設立された法人であり、「中小企業者等が銀行その他の金融機関から貸付等を受けるについてその貸付金等の債務を保証することを主たる業務とする信用保証協会の制度を確立し、もって中小企業者等に対する金融の円滑化を図ることを目的とする」法人である（同法1条）。公益社団法人有料老人ホーム協会（老人福祉法30条）が、会員のために実施している一時金返還義務についての保証（有償保証である）といったものもある[790]。

ウ　情義的保証ではない特殊な無償保証──経営者保証、無償の法人保証　　K-5

❶　**情義的保証ではない無償の個人保証**　　また、個人保証でしかも無償であっても、株式を全部保有する個人会社の経営者が、会社の債務について保証をするのは、会社＝経営者であり自己の利益のためである。また債務者の情報を周知し、更には債務者が支払できなくなったのは自己の経営についての自己責任である。しかし、雇われ取締役となると状況は違う。情義的人間関係から保証人となるのではなく、債権者が経営者保証を求めるため、仕方なく保証人になっているのである。債務者の状況は熟知しており情義的保証人とは違うとはいえ、保証人保護の必要性は高い。それと違い、経営者や個人事業者の配偶者などは、財布は1つ論でいけば、家族という共通の利益のためであり、保護の必要性はグレーな領域であるが、離婚すれば間違いなくその保護を考える必要がある。

❷　**親会社などによる無償の法人保証**　　また、親会社が、子会社の債権者　　K-6
（融資先や取引先）に対して、子会社を支援するためにその債務について保証をすることがある。この場合には、経営指導念書によることが考えられる。親会社ではなく、グループ企業内の関連会社が保証をすることも考えられる。有料老人ホーム協会による入居者保証も、主債務者であるホーム経営会社（協会加盟会社）

---

790)　同協会の「入居者生活保証制度 業務方法書」6条には、保証制度につき、「入居契約に基づいて制度加入会員が負う前払金返還債務に係る保証事業」（1項）、「別紙の入居追加契約に基づいて制度加入会員が負う損害賠償債務に係る金銭保証事業」を列挙している。また、保証料についてはこれを「拠出金」と称して、同11条に「制度加入会員は、入居追加契約を締結した入居者ごとに、保証制度に関わる拠出金を支払わなければならない」（1項）、「登録ホームの保証制度登録日以後の入居者に係る前項の拠出金の額は、前払金の額及び入居契約締結日の入居者の満年齢に応じ、別表に記載のとおりとする」（2項）と規定する。保証人として支払を為す場合は、主債務たるホームが倒産しているので求償は考えられず、経営者保証を求償のために設定しておらず、求償不能リスクを保険事故とする保険をかけている。求償のための担保を主債務者たる会員ホームから取ることをいろいろ検討したが、会員ということで遠慮がありまた適切な物的担保もないため断念した。これまで保証が発動された事例では、倒産したホームの倒産手続において求償はほぼ受けられないに等しい。

の信用に懸念がある場合には、親会社に共同保証人になってもらい、その際に、465条1項に対する特約をして、親会社が責任を持って支払また協会の全面的な求償を可能——親会社からは求償不可——としている。

K-7 (C) 多様な保証法立法への課題

ア　緻密な類型化 vs 法的安定性　　こうして、一方で情義的保証についての立法・解釈を用意しておくだけでなく、非情義的保証についてその特殊性に対応した立法・解釈がされるべきことになる。保証の共通規定とは別に、類型に応じた多様な保証規定が設計される必要がある。ここで注意すべきは、精緻な類型化をしようとすると、どうしても灰色の事例が残されることである。また、あまりにも大雑把な区別では、柔軟な解決が可能かもしれないが、法的安定性に懸念が生じてしまう。裁判官により判断が分かれる可能性がある。これは個人保証、法人保証のいずれにもあてはまる。法人による保証には、無償ではあるが親会社や関連会社による、グループ企業のための保証もある[791]。

K-8 イ　多様な保証法理は将来への通過点　　かつて保証人により規律を分ける思想はなく、一元的な保証法にすぎなかった。2017年の改正法で顕著になったように、主体またその上で主債務の種類により多様な規律がされるようなっている。法人保証、個人保証とが区別され、後者も経営者保証、第三者保証、共同事業者、事業に従事している配偶者などにより規律を異にしている。更に、個人であっても、主債務によって規律が異なる例もある。個人保証、個人根保証でさえあればよいか、貸金等債務の保証、根保証を必要とするか、事業上の債務の保証ならばよいか等である。解釈上も、保証主体による法的扱いに差を設けることは可能であり、またなされるべきである。特別法も含めて、保証法はこのような多種構造を基礎として今後も発展していくべきである。ある程度は灰色の領域の余地は残しつつ、判例の積み重ねに任せ、その確立までは法的安定性が図れないのは目をつむるしかない。

---

791)　実際にあるかどうかは不明であるが、法人＝経営者といえるような個人会社では、情義的保証人が自己の財産を保持するため、個人で保証をするのではなく、その経営する会社の名義で保証するということも考えられる。実質は個人保証と変わらないとしても、個人財産は無傷であるという差は大きく、個人保証についての規定を類推適用する必要はないと思われる。

⒜　主体による多様な規制の発展問題──解釈論にも派生する

　　ア　保証規定の多様化　　主体に応じた多様な保証法ということは、立法論を考える際に考慮されるだけでなく、従前からの解釈論の議論を再検討することも求めることになる。例えば、保証人が複数いる場合の保証人間の関係についても、保証人が上記いずれの類型に属するのかが考慮される。例えば経営者保証人と第三者保証人が共同保証になった場合や個人保証人と機関保証が共同保証の場合、民法の共同保証の規律がされてよいのか、実質的に求償保証に等しい場合には、共同保証人間の求償につき機関保証会社などに負担部分ゼロという扱いがされるべきなのかは問題になる。また、共同保証ではなく、保証人と物上保証人との間の弁済者代位についても、第三者（物上保証人）の保護を考えることも検討されるべきである。

　　イ　立法の方向──総論と個人保証の特則　　多様化が避けられない保証法　K-10
の立法としては、全ての保証に共通する総論規定が置かれる必要がある。その上で、個人保証人保護の特則が規定されることになるが、更にその中でも、個人保証人の種類などにより特則の内容、特則の適用範囲などに差を設ける必要がある。この点、個人保証人も、情義的保証人と経営者保証人に大きく分かれることから、立法は悩むところである。現行法は法人でなければ、個人保証であることから経営者保証人を保護しようとしており、経営者保証人の保護も図っているが、経営者保証人保護については、経営者保証ガイドラインに任せるべきである。なお、個人保証人といった主体に性質による種別ではなく、委託の有無、連帯保証かどうか等は、求償や催告・検索の抗弁、分別の利益など、関連する規定の特則として規定をしておけば足りる。なお、有償保証について特別規定を置くことも考えられるが、それは保証契約ではなく保証委託契約の問題である。また、無償でも親会社保証などの特則を何について規定するか議論になりうるので、解釈に任せるべきである。

　　ウ　個人保証の特則と消費者法　K-11
　❶　個人保証人を特則でまとめる　　フランスでは、消費法典の個人保証人保護規定を民法に取り込んだが、個人保証人の特則を集めて１つの款にまとめるといったことはしていない。他方、注4のDCFRは「消費者による人的担保の特

則」を独立させている。日本では、法人か個人保証人かを区別しているので、この区別がベースになるものと思われる。個人根保証は第2目にまとめたが、第3目は、個人保証人についての特則であるものの、第2目とは異なり、保証意思宣明公正証書は個人でも一定の類型の者につき例外を認めている（465条の9）。根保証の総論規定は一般規定に置きつつ、個人保証人についての規定は、根保証とその他を合わせて第2目にまとめることが考えられる。個人でも例外規定があることは、まとめることに支障にはならない。

K-12　❷　**消費者法との関係**　　問題は消費者法との関係である（DCFRにつき☞**注4**）。「個人」かつ事業者でないことが消費者の要件である。法人を除くだけではなく、個人が事業として有償で行う保証も除くべきである。この意味で、消費者法に片足を踏み入れるが、保証人への情報提供など、経営者保証人のような例外が、消費者法とは異なる保証法の法理により正当化される。ただし、個人の生活保障という観点からは、個人には破産免責を認めるように、法人にはない保護はあってもよい。個人会社の経営者保証人についても、情報提供を超えて、主債務者会社＝保証人、両者の利益は一体という観点から、個人保証人保護規定の適用を排除することは考えられる。なお、個人保証人保護規定は強行規定としつつ、保証の共通規定について、個人保証人に不利な特約の規制は、民法を離れて消費者契約法10条の規制に委ねるしかない。

K-13　(b)　**保証の多様性・個人保証人の保護以外の問題**

　　　ア　**保証取引をめぐる構造論──主債務者・保証人間の保証委託契約が隠れた主役**　　保証契約自体は民法の典型契約ではなく、また、保証人が有償で行うとしても、債権者との保証契約が有償なのではなく、主債務者との保証委託契約が保証料を支払う有償取引である。債権者と保証人との間には、保証債務を引き受ける保証契約だけでなく、賃貸保証のように賃貸借の管理に関する事項の委託──解除を認め、その後の明渡しを保証会社に任せる──もなされていることもある。主債務者・保証人との間の保証委託契約が有償取引また民法上の委任契約とされる。ところが、この点の規律は、委託に際する情報提供義務や保証意思宣明公正証書が規定されただけで、契約に書面も要求されていない。規制は未だ十分ではない。

K-14　　　イ　**その他保証をめぐる諸々の問題**　　以上の他に、保証法の個々の理論的問題は山積している。理論的には、保証債務の付従性と「担保」ということの両

立を考える必要がある。主債務者が法人で解散した場合、主債務が消滅し保証債務も付従性で消滅するのではないのか、しかし、「担保」という目的からはまさにこのような事例で機能してもらわないと困るのである。どのように、どのような理論的説明でこの2つの理念を調和させるかは残された問題である。その他、根保証の総論的問題として、根保証の基礎理論、連帯保証、共同保証、連帯債務との関係など種々の問題があり、保証をめぐる個別の問題は山積している[792]。一言述べると、本書では保証を「担保」として再構築し、主債務は被担保債務という位置づけで一貫して考えている。

(c)　**国内取引における保証以外の人的担保の発展**　　保証以外の人的担保については、負担部分のない連帯債務が問題になり、そのような連帯債務を追加的に負担する取引として併存的債務引受の問題がある。保証に代わる人的担保には、保証規定また保証法理の脱法規制という問題がどうしてもつきまとう。そして、損害担保契約については、保証が国際取引で行えないことなどの理由から国際取引で発展してきたが、国内取引で契約自由の原則からその利用を無効とはできないとしても、どう規律するべきなのかは問題である。立法をして規律するのかさえ、まだコンセンサスの得られていない状況である。更には、経営指導念書については、経営指導念書という1つ概念があるわけではなく、多様な取引の総称にすぎない。保証とも損害担保契約とも異なる取引として、その有用性を立法により明らかにし──判例は及び腰なので──、今後、保証とも異なる取引としてその活用を期待することは、あながち夢を語るものではない。　　　　　　　　　　　　　　K-15

(d)　**最後に**　　本書では、現時点での保証および人的担保をめぐる研究の到達点を確認した。1世紀前の保証をめぐる議論と現在の議論との間に隔世の感を禁じ得ない。1世紀前の教科書の保証の部分には、保証は親族や知人により行われるものということが前提とされていた。しかし、今や上記に述べたように保証の実態が多様になっていることは、フランスの教科書では顕著に現れており、日本の　　　K-16

---

792)　本書では税法との関係については割愛した。保証と税務との関係については、弁護士法人Y&P法律事務所／税理士法人山田＆パートナーズ『新民法で変わった保証制度と税務』（第一法規・2022）229頁以下の解説が参考になる。事業上の保証債務については、求償権を行使できなかったときは、回収しえなかった金額は一定の所得の必要諸経費に算入される、個人の場合には、保証債務の履行のためにその資産を売却してその代金を保証債務の履行にあてた場合、その資産の譲渡にかかる所得には所得税がかかるが、代金を保証債務の履行にあて、求償権について回収ができなかったときは、一定の要件の下で、所得金額の計算上、回収しえなかった金額はなかったものとされるということである。

教科書でも個人保証をめぐる民法の改正があって以来、保証の多様性に言及することは避けて通れなくなっている。何より法律自体が、多様になった。しかし、まだ立法においても改善の余地があり、個人保証人保護の議論1つをとってみても、消費者法とは完全に一致する議論ではなく、今後の整理は課題として残されたままである。立法のための羅針盤も整っていない、筆者としては、今後ともこの分野の研究を続けていき、必要に応じて本書の改訂を行っていきたいと思っている。

■ 事項索引

や行

ら・わ行

■ 判例索引

平野 裕之 (ひらの ひろゆき)

日本大学大学院法務研究科（法科大学院）教授、慶應義塾大学名誉教授。早稲田大学法学部非常勤講師。

1981年司法試験合格、1982年明治大学法学部卒業、1984年明治大学大学院法学研究科博士前期課程修了、1984年明治大学法学部助手、1987年明治大学法学部専任講師、1990年明治大学法学部助教授、1995年明治大学法学部教授、2004年慶應義塾大学大学院法務研究科（法科大学院）教授を経て現職。

著書に、『高齢者向け民間住宅の論点と解釈─有料老人ホーム・サ高住入居契約の法的分析』（慶應義塾大学出版会、2022年）、『製造物責任法の論点と解釈』（慶應義塾大学出版会、2021年）、『新債権法の論点と解釈〔第2版〕』（慶應義塾大学出版会、2021年）、『新・考える民法Ⅰ─民法総則〔第2版〕』『新・考える民法Ⅱ─物権・担保物権』『新・考える民法Ⅲ─債権総論』『新・考える民法Ⅳ─債権各論』（慶應義塾大学出版会、2019-2023年）、『民法総則』『物権法〔第2版〕』『担保物権法』『債権総論〔第2版〕』『債権各論Ⅰ契約法』『債権各論Ⅱ事務管理・不当利得・不法行為』（日本評論社、2016-2023年）、『コア・テキスト民法Ⅰ民法総則〔第2版〕』『同Ⅱ物権法〔第2版〕』『同Ⅲ担保物権法』『同Ⅳ債権総論〔第2版〕』『同Ⅴ契約法〔第2版〕』『同Ⅵ事務管理・不当利得・不法行為〔第2版〕』（新世社、2017-2019年）、『民法総合3担保物権法〔第2版〕』『同5契約法』『同6不法行為法〔第3版〕』（信山社、2008-2013年）、『製造物責任の理論と法解釈』（信山社、1990年）、『保証人保護の判例総合解説〔第2版〕』（信山社、2005年）、『間接被害者の判例総合解説』（信山社、2005年）ほか多数。

保証・人的担保の論点と解釈

2024年1月30日　初版第1刷発行

著　者────平野裕之
発行者────大野友寛
発行所────慶應義塾大学出版会株式会社
　　　　　〒108-8346　東京都港区三田2-19-30
　　　　　ＴＥＬ〔編集部〕03-3451-0931
　　　　　　　　〔営業部〕03-3451-3584〈ご注文〉
　　　　　〔　〃　〕03-3451-6926
　　　　　ＦＡＸ〔営業部〕03-3451-3122
　　　　　振替00190-8-155497
　　　　　https://www.keio-up.co.jp/
装　丁────辻聡
組　版────株式会社キャップス
印刷・製本──中央精版印刷株式会社
カバー印刷──株式会社太平印刷社

©2024　Hiroyuki Hirano
Printed in Japan ISBN978-4-7664-2939-8